収録内容一覧

■2025年度中学受験用

明治大学付属中野中学校

5年間(＋3年間HP掲載)スーパー過去問

入試問題と解説・解答の収録内容

2024年度　1回	算数・社会・理科・国語	実物解答用紙DL
2024年度　2回	算数・社会・理科・国語	実物解答用紙DL
2023年度　1回	算数・社会・理科・国語	実物解答用紙DL
2023年度　2回	算数・社会・理科・国語	実物解答用紙DL
2022年度　1回	算数・社会・理科・国語	実物解答用紙DL
2022年度　2回	算数・社会・理科・国語	実物解答用紙DL
2021年度　1回	算数・社会・理科・国語	
2021年度　2回	算数・社会・理科・国語	
2020年度　1回	算数・社会・理科・国語	
2020年度　2回	算数・社会・理科・国語	

2019～2017年度(HP掲載)

「カコ過去問」
(ユーザー名) koe
(パスワード) w8ga5a1o

問題・解答用紙・解説解答DL

◇著作権の都合により国語と一部の問題を削除しております。
◇一部解答のみ(解説なし)となります。
◇9月下旬までに全校アップロード予定です。
◇掲載期限以降は予告なく削除される場合があります。

～本書ご利用上の注意～　以下の点について，あらかじめご了承ください。

★**別冊解答用紙は巻末にございます。実物解答用紙は，弊社サイトの各校商品情報ページより，一部または全部をダウンロードできます。**
★編集の都合上，学校実施のすべての試験を掲載していない場合がございます。
★当問題集のバックナンバーは，弊社には在庫がございません(ネット書店などに一部在庫あり)。

合格を勝ち取るための

『スーパー過去問』の使い方

本書に掲載されている過去問をご覧になって，「難しそう」と感じたかもしれません。でも，多くの受験生が同じように感じているはずです。なぜなら，中学入試で出題される問題は，小学校で習う内容よりも高度なものが多く，たくさんの知識や解き方のコツを身につけることも必要だからです。ですから，初めて本書に取り組むさいには，点数を気にしすぎないようにしましょう。本番でしっかり点数を取れることが大事なのです。

過去問で重要なのは「まちがえること」です。自分の弱点を知るために，過去問に取り組むのです。当然，まちがえた問題をそのままにしておいては意味がありません。

本書には，長年にわたって中学入試にたずさわっているスタッフによるていねいな解説がついています。まちがえた問題はしっかりと解説を読み，できるようになるまで何度も解き直しをしてください。理解できていないと感じた分野については，参考書や資料集などを活用し，改めて整理しておきましょう。

このページも参考にしてみましょう！

◆どの年度から解こうかな　「入試問題と解説・解答の収録内容一覧」

本書のはじめには収録内容が掲載されていますので，収録年度や収録されている入試回などを確認できます。

※著作権上の都合によって掲載できない問題が収録されている場合は，最新年度の問題の前に，ピンク色の紙を差しこんでご案内しています。

◆学校の情報を知ろう!!「学校紹介ページ」

このページのあとに，各学校の基本情報などを掲載しています。問題を解くのに疲れたら息ぬきに読んで，志望校合格への気持ちを新たにし，再び過去問に挑戦してみるのもよいでしょう。なお，最新の情報につきましては，学校のホームページなどでご確認ください。

◆入試に向けてどんな対策をしよう？「出題傾向＆対策」

「学校紹介ページ」に続いて，「出題傾向＆対策」ページがあります。過去にどのような分野の問題が出題され，どのように対策すればよいかをアドバイスしていますので，参考にしてください。

◇別冊「入試問題解答用紙編」

本書の巻末には，ぬき取って使える別冊の解答用紙が収録してあります。解答用紙が非公表の場合などを除き，（注）が記載されたページの指定倍率にしたがって拡大コピーをとれば，実際の入試問題とほぼ同じ解答欄の大きさで，何度でも過去問に取り組むことができます。このように，入試本番に近い条件で練習できるのも，本書の強みです。また，データが公表されている学校は別冊の１ページ目に過去の「入試結果表」を掲載しています。合格に必要な得点の目安として活用してください。

本書がみなさんの志望校合格の助けとなることを，心より願っています。

株式会社　声の教育社　編集部

明治大学付属中野中学校

所在地	〒164-0003 東京都中野区東中野3-3-4
電　話	03-3362-8704
ホームページ	https://www.meinaka.jp/
交通案内	JR中央・総武線，都営地下鉄大江戸線「東中野駅」より徒歩5分 東京メトロ東西線「落合駅」より徒歩10分

くわしい情報は
ホームページへ

トピックス

★2025年度より，募集数を第1回180名，第2回90名とし，7学級編制に変更。
★すべての学校説明会・公開行事とも，上履きは必要ありません。

創立年
昭和4年

男子校

高校募集
あり

応募状況

年度	募集数	応募数	受験数	合格数	倍率
2024	① 160名	937名	786名	273名	2.9倍
	② 80名	666名	522名	106名	4.9倍
2023	① 160名	886名	766名	273名	2.8倍
	② 80名	673名	530名	120名	4.4倍
2022	① 160名	1042名	890名	270名	3.3倍
	② 80名	747名	610名	118名	5.2倍
2021	① 160名	1050名	881名	261名	3.4倍
	② 80名	819名	669名	111名	6.0倍
2020	① 160名	1001名	868名	257名	3.4倍
	② 80名	727名	615名	128名	4.8倍

入試情報（参考：昨年度）

試験科目：国語・算数（各50分，各100点満点）
　　　　　社会・理科（各30分，各50点満点）
［第１回］
試験日時：2024年２月２日
合格発表：2024年２月２日　夜
　　　　　※合否照会サイトにて発表
［第２回］
試験日時：2024年２月４日
合格発表：2024年２月４日　夜
　　　　　※合否照会サイトにて発表

2024年度学校説明会等日程（※予定）

【学校説明会・校内見学】〔要予約〕
６月１日　９：30～／14：00～
10月14日　９：30～／14：00～
11月24日　９：30～／14：00～
※10～11月実施の学校説明会は４回のうち，申し込めるのは１回のみです。
※開場時刻は開始30分前です。
【桜山祭（文化祭）】
９月21日　13：00～16：00
９月22日　９：00～15：30

明治大学への推薦制度

高校３年間の各学年での学年末総合成績を高１（２）：高２（３）：高３（４）の比率で換算し，３か年総合成績を算出して内部推薦を決めています（２年次１回，３年次２回，明治大学推薦テストが実施され，成績に加算されます）。また，明治大学への内部推薦の権利を保持したまま，国公立大学を併願することも可能です。

2024年春の主な他大学合格実績

＜国公立大学・大学校＞
東京大，北海道大，千葉大，横浜国立大，東京農工大，防衛医科大
＜私立大学＞
慶應義塾大，早稲田大，上智大，東京理科大，青山学院大，立教大，中央大，順天堂大，立命館大，同志社大

編集部注一本書の内容は2024年5月現在のものであり，変更されている場合があります。正式な情報は，学校のホームページ等で必ずご確認ください。

算数　出題傾向＆対策

◆基本データ（2024年度１回）

試験時間／満点	50分／100点
問題構成	・大問数…６題 計算・応用小問１題（３問）／応用小問１題（６問）／応用問題４題 ・小問数…18問
解答形式	解答のみを記入する形式で，単位などは解答用紙にあらかじめ印刷されている。
実際の問題用紙	Ｂ５サイズ，小冊子形式
実際の解答用紙	Ｂ４サイズ

◆出題傾向と内容

▶過去３年の出題率トップ３
１位：四則計算・逆算10％　２位：角度・面積・長さ９％　３位：辺の比と面積の比８％
▶今年の出題率トップ３
１位：角度・面積・長さ９％　２位：消去算，割合と比，旅人算など６％

はじめの２～３題が計算問題と応用小問で構成され，それ以降が応用問題という形式になっています。

計算問題では，小数と分数の入り混じったやや複雑な四則混合計算や，逆算のこみ入ったものもよく見られます。また，応用小問や応用問題では，場合の数，比と割合（速さ・濃度），縮尺，角度，長さ，面積，体積，平均算，旅人算，相当算など，はば広い範囲から出題されています。ただし，ほとんどが基礎的な問題になっているので，あわてる必要はありません。

◆対策～合格点を取るには？～

全体的に見て，受験算数の基本をおさえることが大切です。まず，計算力（解く速さと正確さ）をつけましょう。ふだんから，計算式をていねいに書く習慣をつけておいてください。難しい計算や複雑な計算をする必要はありません。毎日少しずつ練習していきましょう。図形については，基本的な性質や公式を覚え，グラフについては，速さや水の深さの変化，点の移動と面積の変化などを読み取れるように練習しておくこと。特殊算については，教科書・問題集などの例題・基本問題を中心に，かたよりなく習得しておきましょう。

分野＼年度		2024		2023		2022	
		1回	2回	1回	2回	1回	2回
計算	四則計算・逆算	○	○	◎	◎	○	◎
	計算のくふう	○	○			○	
	単位の計算				○		○
和と差	和差算・分配算				○		
	消去算		◎				
	つるかめ算	○		○		○	
	平均とのべ					○	
	過不足算・差集め算						○
	集まり			○		○	
	年齢算						
割合と比	割合と比	○	○				
	正比例と反比例						
	還元算・相当算			○	○	○	
	比の性質	○		◎			◎
	倍数算						
	売買損益				○		
	濃度	○			○	○	
	仕事算		○	○			
	ニュートン算	○		○			
速さ	速さ						○
	旅人算	○	○	◎			○
	通過算						
	流水算						
	時計算		○				○
	速さと比	○	○	○	○	○	○
図形	角度・面積・長さ	○	◎	◎	◎	○	○
	辺の比と面積の比・相似	○	○	○	○	●	
	体積・表面積	○			○		○
	水の深さと体積		○	○	◎	◎	○
	展開図						○
	構成・分割	○					
	図形・点の移動	○		○			○
表とグラフ			○		○	○	○
数の性質	約数と倍数						
	N進数						
	約束記号・文字式						
	整数・小数・分数の性質	○	○				
規則性	植木算						
	周期算						○
	数列					○	
	方陣算						
	図形と規則					○	
場合の数		○			○	○	
調べ・推理・条件の整理		○		◎	○		○
その他							

※　○印はその分野の問題が１題，◎印は２題，●印は３題以上出題されたことをしめします。

社会 出題傾向＆対策

◆基本データ（2024年度１回）

試験時間／満点	30分／50点
問題構成	・大問数…３題 ・小問数…24問
解答形式	記号選択と適語の記入（漢字指定が多い）のほかに，記述問題も見られる。
実際の問題用紙	Ｂ５サイズ，小冊子形式
実際の解答用紙	Ｂ４サイズ

分野＼年度			2024 1回	2024 2回	2023 1回	2023 2回	2022 1回	2022 2回
日本の地理		地図の見方			○			
		国土・自然・気候	○	○	○	○	○	○
		資源	○				○	
		農林水産業	○	○	○	○	○	○
		工業	○		○	○		
		交通・通信・貿易		○		○		
		人口・生活・文化	○	○	○	○	○	○
		各地方の特色	★	★	★	★	○	★
		地理総合					★	
世界の地理								
日本の歴史	時代	原始～古代	○	○	○	○	○	○
		中世～近世	○	○	○	○	○	○
		近代～現代	○	○	○	○	○	○
	テーマ	政治・法律史						
		産業・経済史						
		文化・宗教史						
		外交・戦争史						
		歴史総合	★	★	★	★		★
世界の歴史								
政治		憲法	○	○			★	★
		国会・内閣・裁判所	○	○	○	○	★	○
		地方自治						
		経済				○		
		生活と福祉		○				
		国際関係・国際政治						
		政治総合	★	★	★	★		
環境問題					○	○		
時事問題				○	○	★		
世界遺産							★	○
複数分野総合								

※　原始～古代…平安時代以前，中世～近世…鎌倉時代～江戸時代，近代～現代…明治時代以降
※　★印は大問の中心となる分野をしめします。

◆出題傾向と内容

本校の社会は地理・歴史・政治の３分野からまんべんなく出され，バランスのとれた構成となっています。問題のレベルは全体を通して標準的といえます。

●**地理**…地形図の読み取りをはじめ，河川と平野・都市・産業についての知識を問うもの，世界遺産についてのもの，100万都市や政令指定都市に関するもの，人口・面積と位置に関するもの，説明文にあてはまる国の位置と国名を答えるもの，各地方の地勢に関するものなどが出題されています。

●**歴史**…各時代の政治，文化，産業といった，はば広い知識を問うものや，宗教・風俗・慣習などについても出されています。また，文化史や経済史などのテーマに沿った出題が見られるほか，写真・絵画などの史料やグラフも多く使われます。

●**政治**…日本国憲法や三権のしくみなどを中心に基本的な用語を問うもののほか，時事的な内容の問題が多く出されています。

◆対策～合格点を取るには？～

標準的な問題が多いので，まずは基礎をしっかり身につけることを心がけましょう。教科書のほか，説明がやさしくていねいで標準的な参考書を選び，基本事項を確実におさえることが大切です。用語などは漢字で正しく書けるようにしておきましょう。

地理分野では，地図やグラフをつねに参照しながら，白地図作業帳を利用して地形と気候をまとめ，そこから産業などへと広げていってください。

歴史分野では，教科書や参考書を読むだけでなく，自分で年表をつくって覚えると効果が上がります。年表は各時代の政治・文化・経済ごとに分けてまとめてもよいでしょう。また，資料集で歴史的史料や地図などに親しんでおくと，楽しみながら実力をつけることができます。

政治分野では，政治のしくみ，日本国憲法の基本的な内容を中心に勉強してください。衆議院と参議院のちがいなど，混同しやすいことがらをしっかりと整理しておくことが得点につながります。本校では時事問題も出題されるので，ニュースをこまめに確認して，それにかかわる単元もふくめてまとめておきましょう。中学受験用の時事問題集に取り組むことも効果的です。

理科　出題傾向＆対策

◆基本データ(2024年度１回)

試験時間／満点	30分／50点
問題構成	・大問数…７題 ・小問数…20問
解答形式	記号選択と適語・数値の記入となっている。記述や作図問題などは見られない。
実際の問題用紙	Ｂ５サイズ，小冊子形式
実際の解答用紙	Ｂ４サイズ

◆出題傾向と内容

各分野のバランスのとれた問題配分といえるでしょう。内容的には，実験・観察・観測を主体にして考えさせる問題が多く，一問一答形式の丸暗記だけでは点がとれないようにくふうされているのが特ちょうです。

●生命…植物・動物・人体に関する小問集合題のほか，メダカ，植物のつくりと種類，身近な生物の成長というように，単元をしぼったものが出題されています。

●物質…二酸化炭素など気体の性質，酸素と水素の反応，水溶液の性質，金属の燃焼などが出されています。

●エネルギー…閉じこめた空気や水の実験，鏡を使った像の見え方，音の伝わり方，てこと滑車，浮力，電気回路と電磁石などが見られ，計算問題も出されます。

●地球…天体がひんぱんに取り上げられている点が注目されます。そのほかでは，地層・岩石，地震，天気図と気圧，マグマのねばり気と火山の形などが出題されています。

分野＼年度		2024		2023		2022	
		1回	2回	1回	2回	1回	2回
生命	植物	★	★	★	○	★	
	動物			★	★		★
	人体	★	★		○	★	★
	生物と環境						
	季節と生物						
	生命総合				★		
物質	物質のすがた	★					
	気体の性質		○	★			
	水溶液の性質		○		★	★	
	ものの溶け方		★				★
	金属の性質						
	ものの燃え方				★	★	★
	物質総合		★				
エネルギー	てこ・滑車・輪軸	★		★			
	ばねののび方					★	
	ふりこ・物体の運動	★	★				
	浮力と密度・圧力				★	★	★
	光の進み方			★			
	ものの温まり方	○					
	音の伝わり方		★				
	電気回路				★		★
	磁石・電磁石						
	エネルギー総合						
地球	地球・月・太陽系			★		★	★
	星と星座	★					
	風・雲と天候				★		★
	気温・地温・湿度		★				
	流水のはたらき・地層と岩石				★	★	
	火山・地震	★	★				
	地球総合						
実験器具				★			
観察							
環境問題							
時事問題							
複数分野総合							

※　★印は大問の中心となる分野をしめします。

◆対策～合格点を取るには？～

各分野からまんべんなく出題されていますから，基礎的な知識をはやいうちに身につけ，そのうえで問題集で演習をくり返しながら実力アップをめざしましょう。

「生命」は，身につけなければならない基本知識の多い分野ですが，楽しみながら確実に学習する心がけが大切です。

「物質」では，気体や水溶液，金属などの性質に重点をおいて学習してください。そのさい，中和反応や濃度など，表やグラフをもとに計算する問題にも積極的に取り組んでください。

「エネルギー」は，かん電池のつなぎ方や方位磁針のふれ方，磁力の強さなどの出題も予想される単元ですから，学習計画から外すことのないようにしましょう。

「地球」では，太陽・月・地球の動き，季節と星座の動き，天気と気温・湿度の変化，地層のでき方などが重要なポイントです。

なお，環境問題や身近な自然現象に日ごろから注意をはらうことや，テレビの科学番組，新聞・雑誌の科学に関する記事，読書などを通じて多くのことを知るのも大切です。

国語 出題傾向＆対策

◆基本データ(2024年度1回)

試験時間／満点	50分／100点
問題構成	・大問数…４題 文章読解題１題／知識問題３題 ・小問数…41問
解答形式	記号選択，適語の記入，本文中のことばの書きぬき，記述問題など，バラエティに富んでいる。
実際の問題用紙	Ｂ５サイズ，小冊子形式
実際の解答用紙	Ｂ４サイズ

◆出題傾向と内容

▶近年の出典情報(著者名)
説明文：浜田久美子　今西乃子　稲垣栄洋
小　説：西田俊也　瀬尾まいこ　赤羽じゅんこ
随　筆：佐藤真澄

●読解問題…題材としては，説明文・論説文または小説・物語文，随筆が取り上げられています。設問の内容は，文脈の理解をはじめ，指示語の内容，接続語・副詞の補充，段落分け，大意・要旨，適語・適文の補充，語句の意味，表現技法など，実に多彩です。

●知識問題…漢字は，書き取り・読みにくわえて，同音異義語などの出題がよく見られます。このほか，反対語，主語・述語，かかり受け，ことわざ，慣用句，品詞の用法，敬語などが，はば広く取り上げられています。

◆対策〜合格点を取るには？〜

本校の国語は，読解力を中心にことばの知識や漢字力もあわせ見るという点では，実にオーソドックスな問題ということができますが，なかでも大きなウェートをしめるのは，長文の読解力です。したがって，読解の演習のさいには，以下の点に気をつけましょう。①「それ」や「これ」などの指示語は何を指しているのかを考える。②段落や場面の構成を考える。③筆者の主張や登場人物の性格，心情の変化などに注意する。④読めない漢字，意味のわからないことばが出てきたら，すぐに辞典で調べる。

また，知識問題は，漢字・語句(四字熟語，慣用句，ことわざなど)の問題集を一冊仕上げるとよいでしょう。

分野＼年度			2024		2023		2022	
			1回	2回	1回	2回	1回	2回
読	文章の種類	説明文・論説文	★					★
		小説・物語・伝記		★		★	★	
		随筆・紀行・日記			★			
		会話・戯曲						
		詩						
		短歌・俳句						
解	内容の分類	主題・要旨	○		○			○
		内容理解	○	○	○	○	○	○
		文脈・段落構成	○	○	○	○		○
		指示語・接続語	○	○	○	○	○	○
		その他	○	○	○	○	○	○
知	漢字	漢字の読み	○	○	○	○	○	○
		漢字の書き取り	○	○	○	○	○	○
		部首・画数・筆順					★	
	語句	語句の意味						
		かなづかい						
		熟語	★		★	★		★
		慣用句・ことわざ	★	★		★	★	○
	文法	文の組み立て	○	★	○	○	○	○
		品詞・用法		○				○
識		敬語						
	形式・技法							
	文学作品の知識							
	その他							★
	知識総合							
表現	作文							
	短文記述							
	その他							
放送問題								

※　★印は大問の中心となる分野をしめします。

カコを追いかけ
ミライをつかめ
「今の説明、もう一回」を何度でも
web過去問
ストリーミング配信による入試問題の解説動画
もっと古いカコモンないの?
カコ過去問
「さらにカコの」過去問をHPに掲載(DL)
声の教育社
詳しくはこちらから

2024年度 明治大学付属中野中学校

【算　数】 〈**第１回試験**〉（50分）〈満点：100点〉

［注意］ 分数で答えるときは，それ以上約分できない形で答えてください。

1 次の □ にあてはまる数を答えなさい。

(1) $15\times2.12+2\times(48-11\times3)-206\div5=$ □

(2) $8\frac{2}{5}\div0.7+0.3\times\{28-(34-5\times6)\}\div6-\left(5\frac{2}{5}+\square\right)\div3=0.2$

(3) ６の約数は，１，２，３，６の４個です。このように約数の個数が４個となる整数のうち，６番目に小さい数は □ です。

2 次の問いに答えなさい。

(1) 兄と弟で700円のお守りをおそろいで買うことにしました。しかし，弟の所持金が足りなかったため，兄が弟に300円をわたしたところ，２人ともお守りを買うことができました。そして，買った後の兄と弟の所持金の比は５：２になりました。２人の最初の所持金の合計が2100円のとき，兄の最初の所持金を求めなさい。

(2) ３％の食塩水と５％の食塩水を混ぜて，ある濃度の食塩水800gを作ろうとしました。しかし，混ぜる量を逆にしてしまったため，はじめに予定していた濃度より0.2％うすくなりました。３％の食塩水をはじめに何ｇ混ぜる予定でしたか。

(3) 下の図のように，長方形ABCDが直線XY上をすべることなく１回転しました。頂点Bが通ったあとの線と直線XYで囲まれた図形の面積を求めなさい。ただし，円周率は3.14とします。

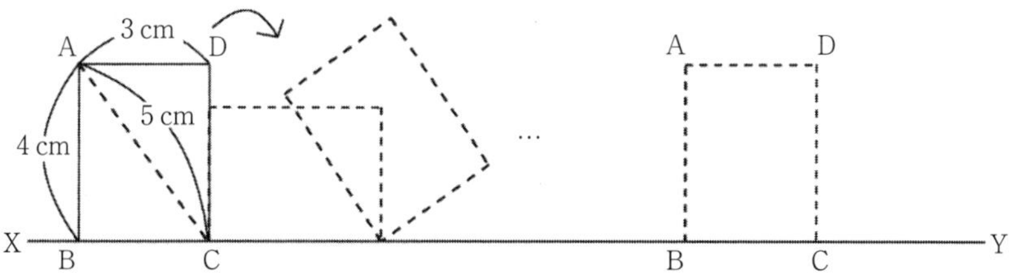

(4)　箱の中に白玉と黒玉がいくつか入っています。白玉は白玉と黒玉の個数の合計の $\frac{2}{3}$ より７個多く，黒玉は白玉の個数の $\frac{2}{7}$ より３個多く入っています。箱の中に黒玉は何個入っていますか。

(5)　右の図の平行四辺形ABCDにおいて，辺BC上にBE：EC＝２：３となる点Eをとり，辺CD上に点Fをとります。三角形ABE，三角形AFDの面積がそれぞれ$10cm^2$，$11cm^2$のとき，CF：FDを最も簡単な整数の比で答えなさい。

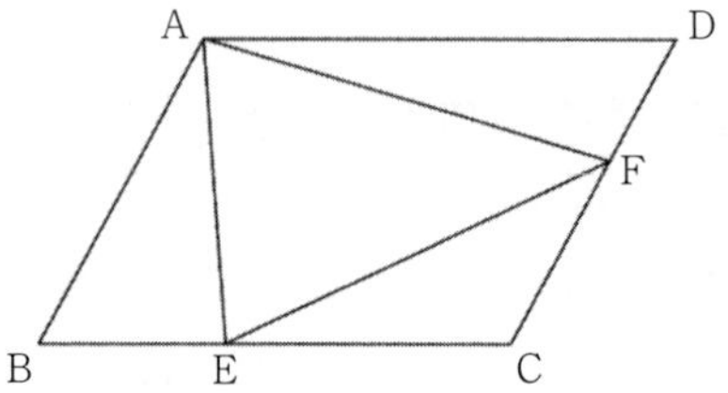

(6)　１辺が１cmの立方体をいくつか積み上げて作った立体があります。この立体を【図１】のように真上，正面，真横から見ると，それぞれ【図２】，【図３】，【図４】のようになりました。この立体の体積が最も大きくなるときの体積を求めなさい。

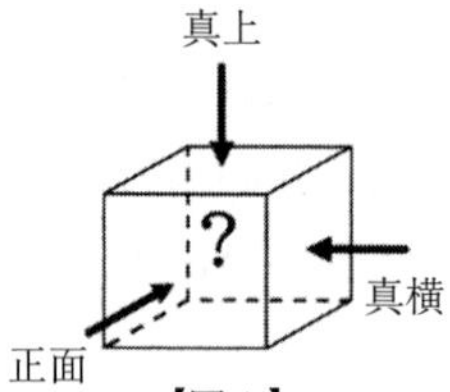

【図１】

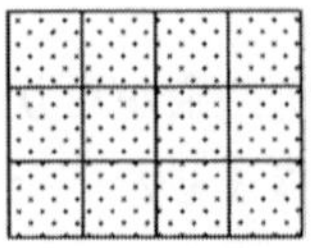
【図２】　真上

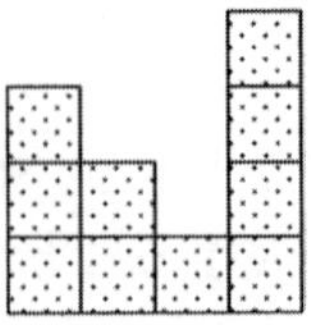
【図３】　正面

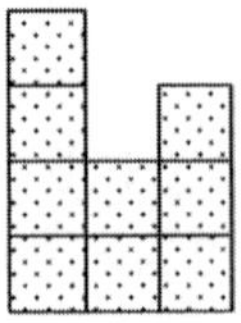
【図４】　真横

3　次の図のように，Oを基準として，右にE1，E2，E3，…，左にW1，W2，W3，…，と目盛りをつけました。はじめにA君はOにいます。さいころを投げて，偶数《ぐうすう》の目が出たらその目の数だけ右へ進みます。また，奇数《きすう》の目が出たらその目の数だけ左へ進みます。

このとき，下の問いに答えなさい。

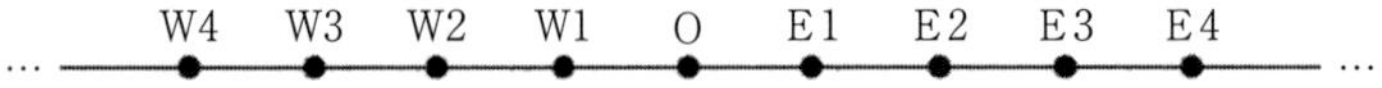

(1)　さいころを４回投げたところ，A君はOにもどりました。そのうち１回目は４の目が，４回目は３の目が出ました。このとき，さいころの目の出方は全部で何通りありますか。

(2)　さいころを３回投げたところ，A君はE1にいました。このとき，さいころの目の出方は全部で何通りありますか。

4　あるお店では１杯《ぱい》350円の「**うどん**」を売っており，追加で「**ねぎ**」や「**えびの天ぷら**」などいろいろな具材も注文できます。右の表は追加で注文できる具材５種類の値段を表したもので，お客さんは次の**【ルール】**に従って注文します。

具材	値段(円)
ねぎ	15
油あげ	70
ちくわの天ぷら	110
えびの天ぷら	130
かきあげ	230

【ルール】

- 「**うどん**」は必ずひとり１杯の注文とし，おかわりはできません。
- 具材だけの注文はできません。
- 具材は，同じものを２つ以上注文できませんが，異なる具材なら同時に注文できます。

例えば，「**ねぎ**」と「**えびの天ぷら**」を追加で注文すると，495円かかります。

消費税は考えないものとし，次の問いに答えなさい。

(1)　２人のお客さんが注文したところ，合計で1065円かかりました。この２人が注文しなかった具材を，すべて答えなさい。

(2)　ある時間帯のお店の様子を見ていたところ，「**油あげ**」を注文した人は５人，「**ちくわの天ぷら**」を注文した人は４人，「**えびの天ぷら**」を注文した人は６人，「**かきあげ**」を注文した人は２人で，この時間帯の売上額が5225円でした。このとき，「**うどん**」と「**ねぎ**」を注文した人数をそれぞれ答えなさい。

5　駅と図書館の間の一本道を，Ａさんは徒歩で，Ｂさんは自動車でそれぞれ一定の速さで移動します。Ａさんは駅を10時に出発し，図書館に12時に到着《とうちゃく》しました。Ｂさんは図書館を10時20分に出発し，駅に到着後すぐにＣさんを自動車に乗せて図書館に向かいました。ＢさんとＣさんは図書館に11時に到着する予定でしたが，Ａさんに追いついたとき，Ｃさんが忘れ物に気づいたため，すぐに折り返しました。そして駅に到着後すぐに図書館に向かいました。このとき，次の問いに答えなさい。

ただし，Ａさん，Ｂさん，Ｃさんが止まっている時間は考えないものとします。

(1)　ＢさんとＣさんが図書館に到着した時刻は何時何分ですか。

(2)　Ａさんが駅を出発してからＣさんが忘れ物に気づくまでに，Ａさんが歩いた距離と，Ｂさんが自動車に乗って移動した距離と，Ｃさんが自動車に乗って移動した距離を合計すると19.8kmでした。駅から図書館までの距離は何kmですか。

6　中野牧場にはある量の草が生えており，草は毎日一定の割合でのびるものとします。１頭のヤギを放すとちょうど15日間で草を食べつくし，１頭のヒツジを放すとちょうど20日間で草を食べつくし，ヤギとヒツジを１頭ずつ同時に放すとちょうど６日間で草を食べつくします。すべてのヤギ，ヒツジが１日あたりに食べる草の量はそれぞれ同じであるとき，次の問いに答えなさい。

(1)　１頭のヤギと１頭のヒツジの１日あたりに食べる草の量の比を最も簡単な整数の比で表しなさい。

(2)　ヒツジを３頭同時に放すと，何日間で草を食べつくすか答えなさい。

(3)　１頭のヤギと１頭のヒツジを１日ごとに入れかえた結果，何日間かでちょうど草を食べつくしました。１日目に放したのはヤギとヒツジのどちらであるか答えなさい。また，何日間で草を食べつくしたか答えなさい。

【社　会】〈第１回試験〉（30分）〈満点：50点〉

1　次の地図を見て，問いに答えなさい。

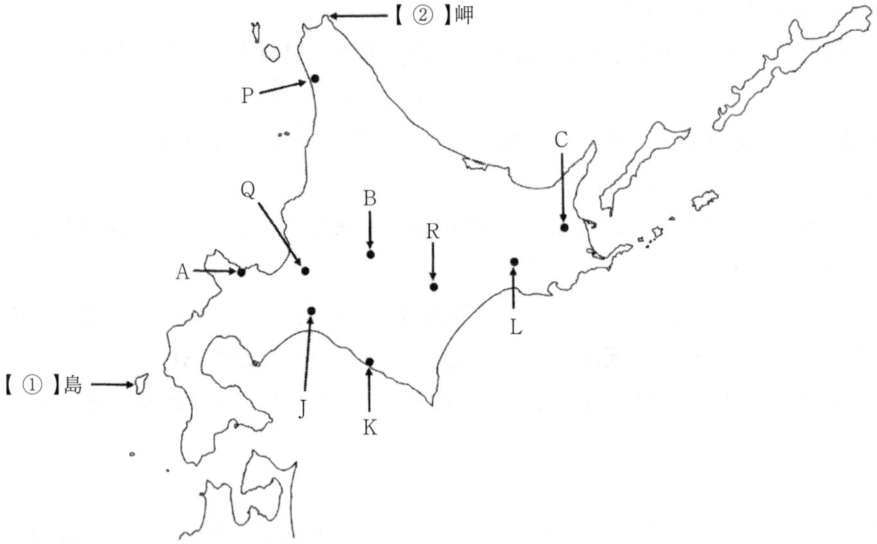

問１．地図中【①】・【②】にあてはまる地名を，それぞれ**漢字で**答えなさい。

問２．次のⅠ～Ⅲの雨温図は，地図中Ａ～Ｃのいずれかの地点のものです。Ⅰ～ⅢとＡ～Ｃの組み合わせとして正しいものを，下のア～カの中から１つ選び，記号で答えなさい。

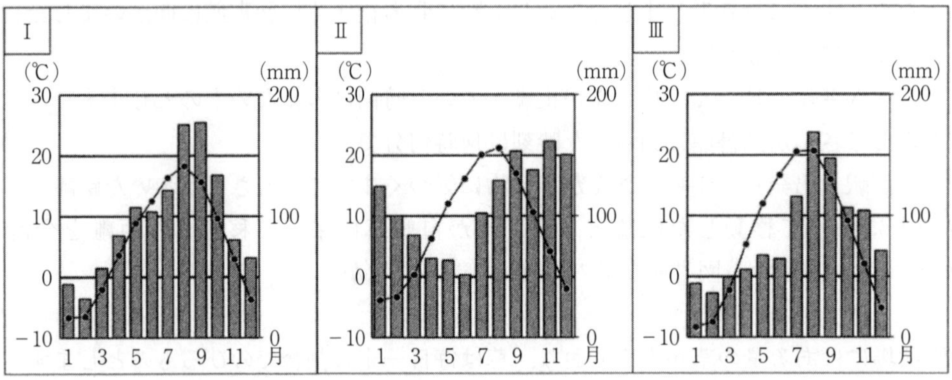

気象庁の統計により作成。

	ア	イ	ウ	エ	オ	カ
Ⅰ	A	A	B	B	C	C
Ⅱ	B	C	A	C	A	B
Ⅲ	C	B	C	A	B	A

問３．国土交通省北海道開発局では，1990年から，市町村の名所，特産品などのイラストを描《えが》いたカントリーサインを作成しています。次のⅠ～Ⅲのカントリーサインは，地図中Ｊ～Ｌのいずれかの市町村のものです。カントリーサインと市町村の組み合わせとして正しいものを，下のア～カの中から１つ選び，記号で答えなさい。

Ⅰ

Ⅱ

Ⅲ

	ア	イ	ウ	エ	オ	カ
Ⅰ	Ｊ	Ｊ	Ｋ	Ｋ	Ｌ	Ｌ
Ⅱ	Ｋ	Ｌ	Ｊ	Ｌ	Ｊ	Ｋ
Ⅲ	Ｌ	Ｋ	Ｌ	Ｊ	Ｋ	Ｊ

問４．次のⅠ～Ⅲは，地図中Ｐ～Ｒのいずれかの地域の農業について説明したものです。Ⅰ～ⅢとＰ～Ｒの組み合わせとして正しいものを，下のア～カの中から１つ選び，記号で答えなさい。

Ⅰ．第二次世界大戦後，牧草地の開発により，畜産業が盛んである。

Ⅱ．かつては泥炭地が広がっていたが，客土が行われ，現在では稲作が盛んである。

Ⅲ．明治時代以降の開拓《かいたく》により，酪農を主体に小麦，ばれいしょ(じゃがいも)，てんさい，豆類などの栽培《さいばい》が盛んである。

	ア	イ	ウ	エ	オ	カ
Ⅰ	Ｐ	Ｐ	Ｑ	Ｑ	Ｒ	Ｒ
Ⅱ	Ｑ	Ｒ	Ｐ	Ｒ	Ｐ	Ｑ
Ⅲ	Ｒ	Ｑ	Ｒ	Ｐ	Ｑ	Ｐ

問５．次のⅠ～Ⅲの地図は，北海道で盛んに生産されている農産物のうち，ばれいしょの収穫《しゅうかく》量，トマトの収穫量，生乳の生産量の2021年における上位５つの都道府県をぬりつぶして示したものです。それぞれの農産物と地図の組み合わせとして正しいものを，下のア～カの中から１つ選び，記号で答えなさい。

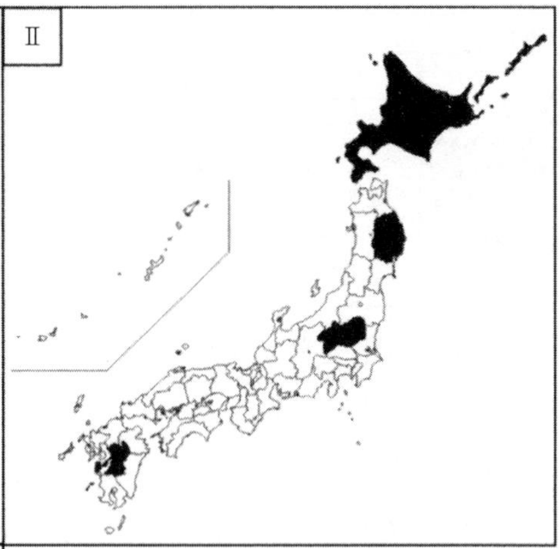

農林水産省の統計により作成。

	ア	イ	ウ	エ	オ	カ
Ⅰ	ばれいしょ	ばれいしょ	トマト	トマト	生乳	生乳
Ⅱ	トマト	生乳	ばれいしょ	生乳	ばれいしょ	トマト
Ⅲ	生乳	トマト	生乳	ばれいしょ	トマト	ばれいしょ

問６．北海道では水産業が盛んに行われています。2020年における※漁獲《ぎょかく》量上位７つの都道府県をぬりつぶした地図として正しいものを，次のア～ウの中から１つ選び，記号で答えなさい。

※養殖は含まない。

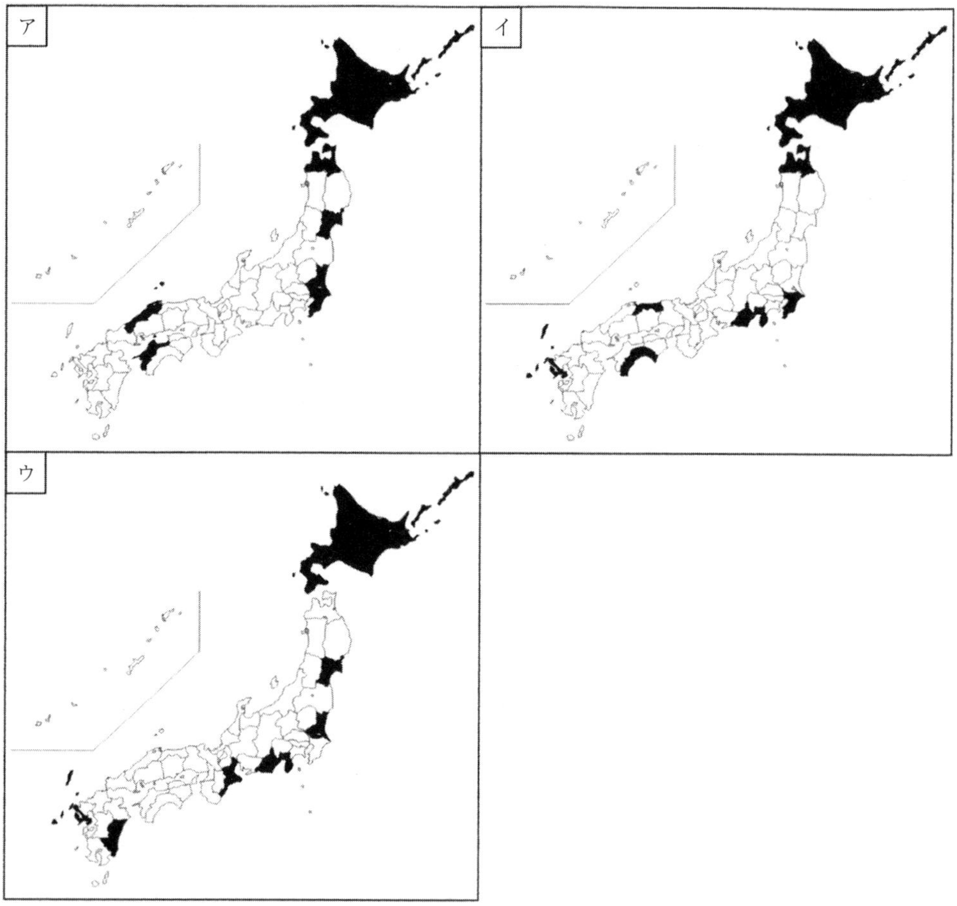

農林水産省の統計により作成。

問７．北海道ではかつて石炭の採掘《さいくつ》が盛んに行われていました。1970年ごろの日本における主な炭鉱の分布図として正しいものを，次のページのア～エの中から１つ選び，記号で答えなさい。

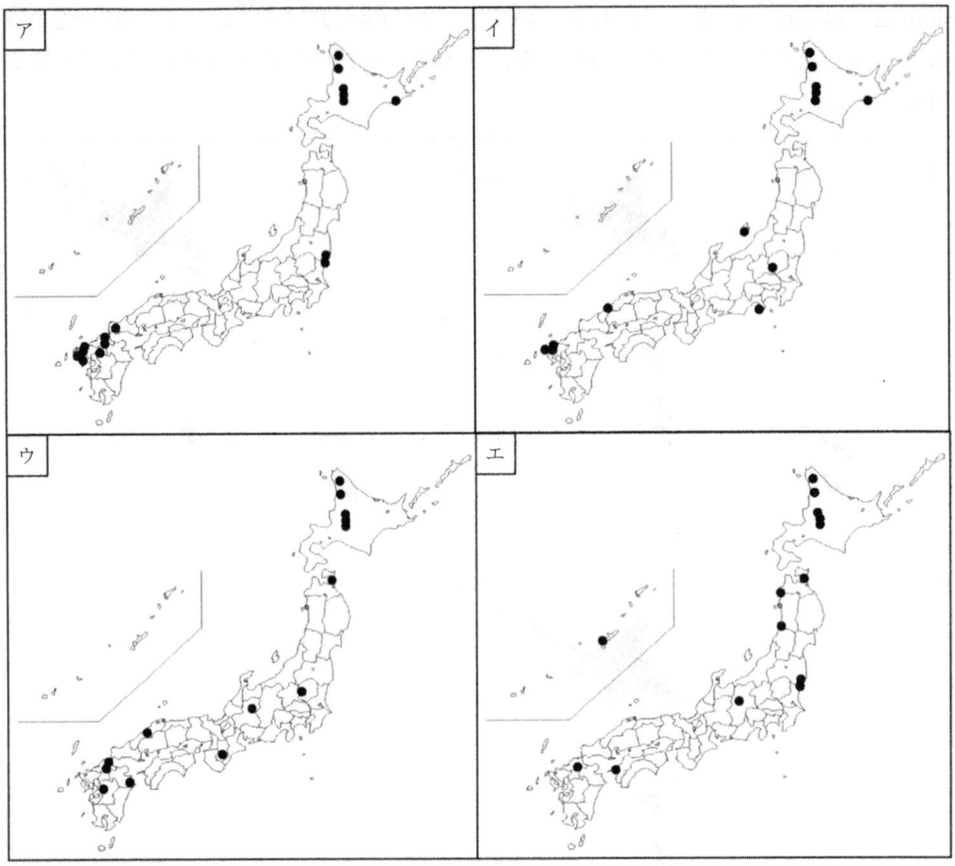

国土地理院の資料により作成。

問８．次の表中ア～エは，北海道と製造品出荷額が同程度の長野県，岐阜県，京都府，山口県の2019年における製造品出荷額といくつかの業種別工業製品出荷額を示しています。岐阜県を示しているものを，ア～エの中から１つ選び，記号で答えなさい。

（単位：億円）

	製造品出荷額	食料品・飲料・たばこ・飼料	化学	窯業《ようぎょう》・土石製品	電気機械
北海道	61,336	24,740	10,850	2,075	2,622
ア	65,735	2,758	32,382	2,356	1,006
イ	62,194	7,422	3,140	1,495	21,991
ウ	59,896	4,594	8,918	3,946	5,992
エ	57,419	14,185	4,055	2,112	8,561

経済産業省の統計により作成。

2 次の文を読んで，問いに答えなさい。

2022年５月，最高裁判所（最高裁）は，①最高裁裁判官の【　　】について，海外在住の日本人が投票できないのは②憲法違反であると判断しました。主権者である国民は，③立法・④行政・⑤司法の三権を担う各機関が⑥国民の権利と自由を保障するために機能しているかどうかを監《かん》視《し》する立場にあります。したがって，【　　】を通して最高裁裁判官の適性を判断することは，三権分立の原則において重要な意味をもっています。

問１．【　】にあてはまる語句を，**漢字で**答えなさい。

問２．下線部①について，裁判官の身分や役割に関する次のⅠ・Ⅱの文の正誤の組み合わせとして正しいものを，下のア～エの中から１つ選び，記号で答えなさい。

Ⅰ．すべての裁判官は，憲法および法律にのみ拘束《こうそく》され，自らの良心に従い職務にあたらなければならない。

Ⅱ．裁判官は，法律に違反《いはん》する罪を犯した疑いのある者を被告《ひこく》人として起訴《きそ》する役割を担う。

ア．Ⅰ―正　Ⅱ―正　　イ．Ⅰ―正　Ⅱ―誤

ウ．Ⅰ―誤　Ⅱ―正　　エ．Ⅰ―誤　Ⅱ―誤

問３．下線部②について，日本国憲法の内容として**誤っているもの**を，次のア～エの中から１つ選び，記号で答えなさい。

ア．天皇は，日本国の元首であり，この地位は神聖にして侵《おか》してはならない。

イ．天皇は，内閣の指名に基づいて，最高裁判所の長たる裁判官を任命する。

ウ．国民は，すべての基本的人権の享有《きょうゆう》を妨《さまた》げられない。

エ．何人も，いかなる奴隷《どれい》的拘束も受けない。

問４．下線部③について，法律案の議決に際し，衆議院が可決した法律案を参議院が否決した場合，衆議院で再可決すれば法律として成立します。議員定数465人の衆議院で438人の議員が出席した場合，再可決のためには最低何人の賛成が必要であるか，**算用数字で**答えなさい。

問５．下線部④について，行政権を行使する内閣に関する次のⅠ・Ⅱの文の正誤の組み合わせとして正しいものを，下のア～エの中から１つ選び，記号で答えなさい。

Ⅰ．内閣を構成する内閣総理大臣と国務大臣は，文民でなければならない。

Ⅱ．衆議院が解散された場合，衆議院議員総選挙後に召集《しょうしゅう》される特別国会では，内閣は総辞職しなければならない。

ア．Ⅰ―正　Ⅱ―正　　イ．Ⅰ―正　Ⅱ―誤

ウ．Ⅰ―誤　Ⅱ―正　　エ．Ⅰ―誤　Ⅱ―誤

問６．下線部⑤について，⑴・⑵の問いに答えなさい。

⑴　日本の司法制度を説明した文として正しいものを，次のア～オの中から**すべて**選び，記号で答えなさい。

ア．裁判の第一審は，事件の内容によって，地方裁判所または簡易裁判所のいずれかで行われる。

イ．裁判員制度とは，日本国民の中からくじで選ばれた裁判員が裁判官とともに民事裁判を行う制度である。

ウ．第一審の裁判所の判決に不服がある場合，第二審の裁判所に上告し，そこでの判決に不服があれば，さらに控訴することができる。

エ．被疑者や被告人が共犯者の犯罪について供述したり，証拠《しょうこ》を提出したりした場合，減刑などをされることがある。

オ．刑事裁判において，被告人が経済的な理由などによって弁護人を依頼《いらい》することができない場合，国が費用を負担して弁護人をつけることができる。

⑵　日本の司法制度では，判決が確定した後でも，新たな証拠によって判決に疑いが生じた場合などには，再審を請求《せいきゅう》することが認められています。1980年に死刑判決が確定したが，

2023年３月に東京高等裁判所によって再審の開始が認められた事件を，次のア～エの中から１つ選び，記号で答えなさい。

ア．島田事件　　イ．袴田事件　　ウ．松山事件　　エ．免田事件

問７．下線部⑥について，右の表は，公共の福祉によって国民の人権が制限される事例を示したものです。

制限される事例	制限される国民の人権
他人の名誉《めいよ》を傷つける行為《こうい》の禁止	X
公務員の争議行為(ストライキ)の禁止	Y

表中X・Yにあてはまる国民の人権として正しいものを，次のア～オの中からそれぞれ１つずつ選び，記号で答えなさい。

ア．財産権　　　イ．労働基本権

ウ．表現の自由　　エ．職業選択の自由

オ．思想・良心の自由

3　次の＜Ａ＞～＜Ｉ＞の文を読んで，問いに答えなさい。なお，＜Ａ＞～＜Ｉ＞は年代の古いものから順に並んでいます。

＜Ａ＞　私は，魏の皇帝に使者を送り，金印や多数の銅鏡を授かりました。

＜Ｂ＞　私が幕府の【　　】として政治の実権を握《にぎ》っていた時に，モンゴル軍(元軍)が２度九州に攻めてきました。

＜Ｃ＞　私は，関白として政治をしていた時に，宣教師の国外追放を命じました。

＜Ｄ＞　私は，将軍として政治をしていた時に，オランダ商館を長崎の出島に移しました。

＜Ｅ＞　私は，国学者として日本の古典を研究し，『古事記伝』を著し，日本古来の精神に立ち帰ることを主張しました。

＜Ｆ＞　私は，故郷の萩で塾《じゅく》を営み，尊王攘夷派の志士を多く育成しましたが，死罪を命じられ，29歳《さい》でその生 涯《しょうがい》を閉じました。

＜Ｇ＞　私は，初代統監として，韓国の外交を日本の管理下に置きました。

＜Ｈ＞　□

＜Ｉ＞　私が内閣総理大臣として政治をしていた時に，日本軍がハワイの真珠湾を奇襲《きしゅう》攻撃し，太平洋戦争が始まりました。

問１．＜Ａ＞について，次のⅠ～Ⅲは私を説明した文です。その内容として正しいものの組み合わせを，下のア～キの中から１つ選び，記号で答えなさい。

Ⅰ．私の政治的支配は，本州全体までおよんでいた。

Ⅱ．私が魏の皇帝から授かった金印は，福岡県志賀島で発見された。

Ⅲ．私の死後，男の王が立ったが，国内が治まらず同族の女性が王となった。

ア．Ⅰ　　イ．Ⅱ　　ウ．Ⅲ　　エ．ⅠとⅡ

オ．ⅠとⅢ　　カ．ⅡとⅢ　　キ．ⅠとⅡとⅢ

問２．＜Ｂ＞について，【　】に入る役職名を，**漢字で**答えなさい。

問３．＜Ｃ＞について，私が行ったこととして正しいものを，次のア～オの中から**すべて**選び，記号で答えなさい。

ア．琉球王国を征服《せいふく》し，支配下に置いた。

イ．刀狩を行い，農民たちから武器を没収した。

ウ．朝鮮出兵を行ったが，現地で激しい抵抗《ていこう》にあった。

エ．琵琶湖のほとりに安土城を創建し，この城で政務をとり行った。

オ．検地を行い，村ごとに田畑の面積・等級を調査し，石高を定めた。

問４．＜Ｄ＞について，日本とオランダの関係として正しいものを，次のア～エの中から１つ選び，記号で答えなさい。

ア．将軍の代替わりごとに，オランダから慶賀使が派遣された。

イ．オランダ人との交易は，江戸時代の鎖国下の中でも続けられた。

ウ．オランダ人は南蛮人と呼ばれ，オランダ本国には日本町がつくられた。

エ．大日本帝国憲法作成の際，オランダ人がお雇い外国人として助言を行った。

問５．＜Ｅ＞について，私とは誰《だれ》か，**漢字で**答えなさい。

問６．＜Ｆ＞について，私が営んでいた塾の名称《めいしょう》を，**漢字で**答えなさい。

問７．＜Ｇ＞について，私を説明した文として正しいものを，次のア～オの中から**すべて**選び，記号で答えなさい。

ア．長州藩出身の藩士として，倒幕運動に参加した。

イ．外務大臣として，関税自主権の回復に成功した。

ウ．内閣総理大臣の時，大日本帝国憲法が発布された。

エ．日本全権として，日清戦争の講和条約に調印した。

オ．立憲改進党を結成し，初代総理(党首)に就任した。

問８．＜Ｉ＞について，太平洋戦争前後に起きた次のア～エのできごとを，**年代の古いものから順に**並べかえなさい。

ア．日ソ中立条約を締結《ていけつ》した。

イ．日独伊三国同盟を締結した。

ウ．沖縄戦で日本軍が敗北した。

エ．ミッドウェー海戦で日本軍が敗北した。

問９．＜Ｈ＞に入れる文を，**次のルール①～④に従って**作成しなさい。

ルール①　「[　X　] は(が) [　Y　] として(の時)，[　Z　]」という形式で作成する。

ルール②　「[X] は(が)」には，日本の歴史上の人物を姓名で表記する。

ルール③　「[Y] として(の時)」には，[X] の役職(立場)を表記する。

ルール④　[Z] には，歴史事項《じこう》(法律や戦争，事件など)を具体的な名称で表記し，文末は「をしました」「が起きました」などとする。

【理　科】〈第１回試験〉（30分）〈満点：50点〉

1　植物の花のつくりについて，次の各問いに答えなさい。

(1)　花について，次の(ア)〜(オ)のうち正しいものを２つ選び，解答欄の記号を○で囲みなさい。

(ア)　トウモロコシは１つの花におしべかめしべのどちらかしかない。

(イ)　イチョウの花は胚珠《はいしゅ》が子房《しぼう》に包まれている。

(ウ)　受粉とは花粉がめしべのもとにつくことである。

(エ)　受粉したあとに種子になる部分を胚珠といい，おしべのもとにある。

(オ)　受粉したあとに実になる部分を子房といい，めしべのもとにある。

(2)　私たちが「タンポポの花」と呼んでいるものは，たくさんの小さな花が集まってできています。図１はタンポポの小さな花の１つを表したもので，タンポポの花びらは５枚の花びらがくっついて１枚に見えています。次の①と②に答えなさい。

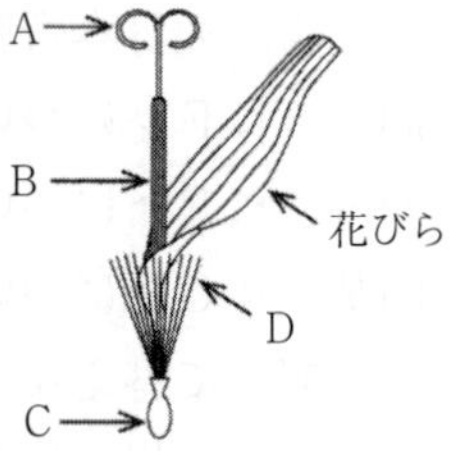

図１

①　タンポポのように，花びらがくっついている花をつくる植物を，次の(ア)〜(オ)から２つ選び，解答欄の記号を○で囲みなさい。

(ア)　アサガオ

(イ)　サクラ

(ウ)　ツツジ

(エ)　バラ

(オ)　エンドウ

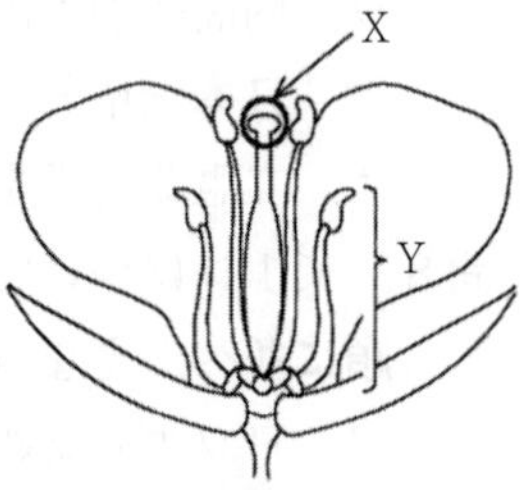

図２

②　図２はアブラナの花のつくりを表したものです。図２のＸとＹは，タンポポの花ではどの部分ですか。図１のＡ〜Ｄからそれぞれ１つ選び，記号で答えなさい。

2　次の(A)〜(F)は，人の消化管で，食べた物が通る順に並んでいます。あとの各問いに答えなさい。

(A)　口→(B)　□→(C)　胃→(D)　小腸→(E)　大腸→(F)　こう門

(1)　(B)の□は，口と胃をつなぐ細長い管です。この管の名前を答えなさい。

(2)　食べたデンプンが最初に消化されるのは(A)〜(E)のどこですか。記号で答えなさい。

(3)　消化管について，次の①と②に答えなさい。

①　人が前を向いて立っているとき，首のところで(B)は，気管の前後どちら側にありますか。解答欄のあてはまる方を○で囲みなさい。

②　小腸と大腸がつながっているところは，体の左右どちら側にありますか。解答欄のあてはまる方を○で囲みなさい。ただし，左手側を「左」，右手側を「右」とします。

3 右の図は，夏の大三角をつくる星Ａ～Ｃと，その星が含《ふく》まれる星座を表したものです。次の各問いに答えなさい。

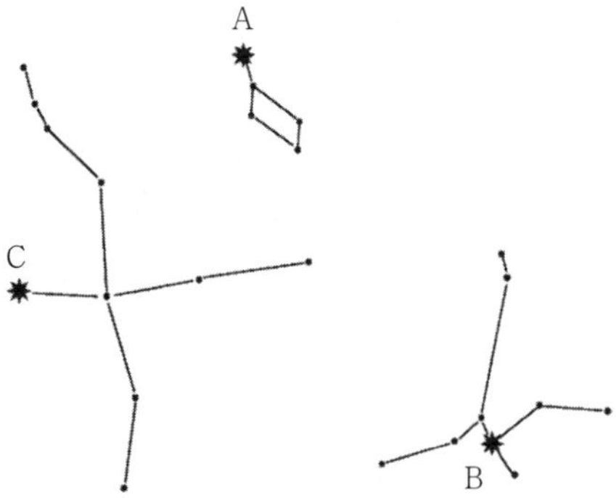

(1) 星Ｃを含む星座の名前と星Ｃの名前を答えなさい。

(2) ある日，東京で午後８時に東の空に夏の大三角が見えました。１時間後に東の空を観察したとき，夏の大三角はどこに移動していますか。移動した位置として最も適するものを，次の(ア)～(エ)から選び，記号で答えなさい。ただし，図中の点線を午後８時の夏の大三角，実線を１時間後の夏の大三角とします。

(ア)

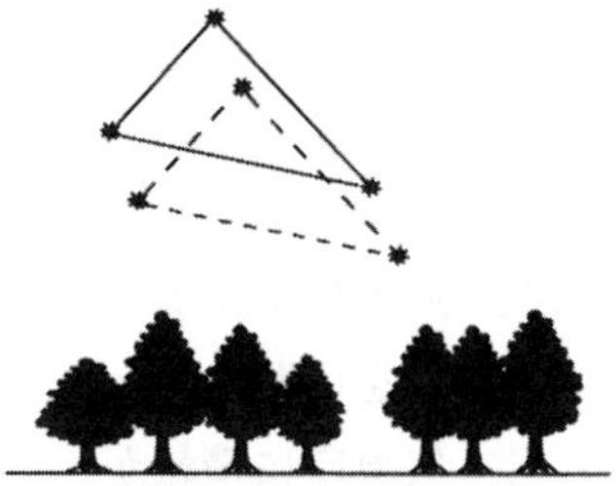

(イ)

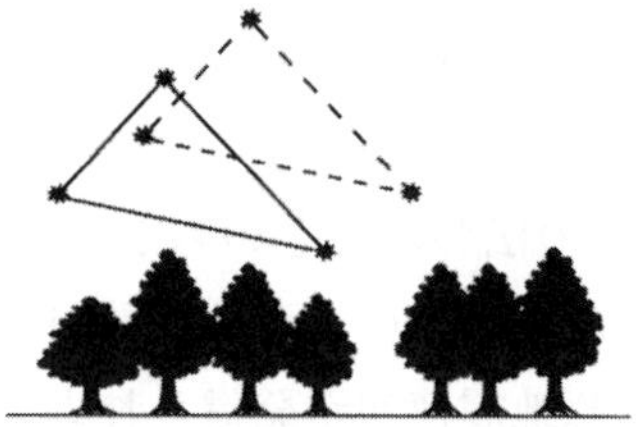

(ウ)

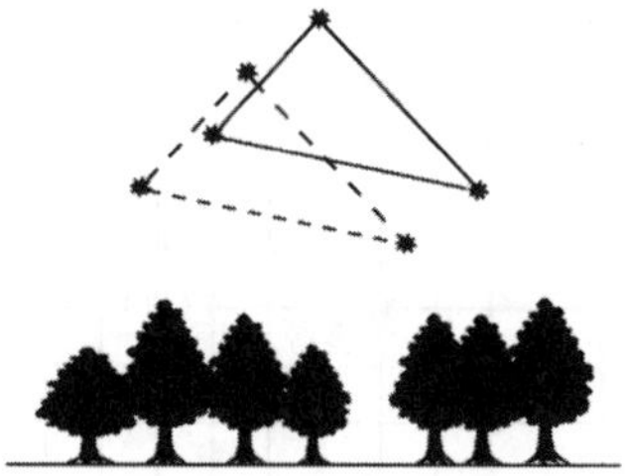

(エ)

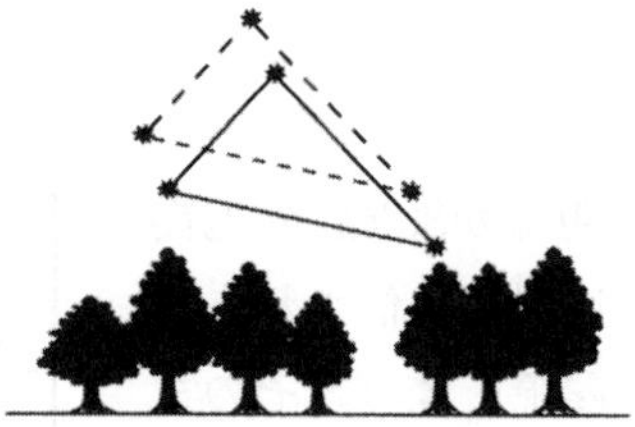

(3) ある日，東京で午後10時に真東の地平線からある星Ｓが現れました。この星Ｓについて，次の①と②に答えなさい。

① 星Ｓがこのあとに南中するのは何時ですか。次の(ア)～(カ)から最も適するものを選び，記号で答えなさい。

(ア) 午前０時　(イ) 午前２時　(ウ) 午前４時
(エ) 午前６時　(オ) 午前８時　(カ) 午前10時

② 星Ｓが真西の地平線に午前２時に沈《しず》むのは，この日からおよそ何カ月後ですか。１～12の整数で答えなさい。

4　地震《じしん》が起こると，速さが異なる２つの波（Ｐ波とＳ波）が震源から同時に発生します。Ｐ波はＳ波より速く伝わる波で小さなゆれを起こし，Ｓ波はＰ波より遅《おそ》く伝わる波で大きなゆれを起こします。

ある地震について，地震が発生してからＰ波とＳ波が到着《とうちゃく》するまでの時間と，震源からの距離《きょり》との関係を調べたところ，図１のようなグラフになりました。あとの各問いに答えなさい。ただし，震源の深さは無視できるほど浅いものとします。

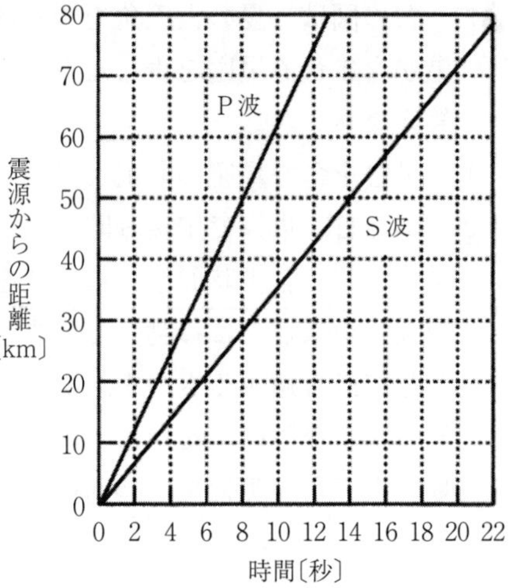

図１

⑴　震源からの距離が50kmの地点では，小さなゆれが起こってから大きなゆれが起こるまでの時間は何秒ですか。

⑵　震源からの距離が150kmの地点にＰ波が７時58分57秒に到着しました。この地点にＳ波が到着するのは何時何分何秒ですか。

⑶　緊急《きんきゅう》地震速報は，Ｐ波とＳ波の伝わる速さのちがいを利用して，大きなゆれが起こる前に速報として知らせるものです。震源近くにある地震計がＰ波によるゆれを観測すると気象庁に情報が送られ，これをもとに緊急地震速報が発信されます。ただし，気象庁に情報が送られてから速報が発信されるまでに時間がかかるため，震源からの距離が近い場所では，Ｓ波の到着に速報は間に合わず，速報が届く前に大きなゆれが起こります。

図１の地震では，震源からの距離が30kmの地震計から送られた情報をもとに，速報が発信されました。図２は上空から見た図で，震源（ ✖ ）とそのまわりの７つの地点（ ● ）を表したものです。大きなゆれが起こる前に速報が間に合う地点を，図中の㋐～㋖からすべて選び，解答欄の記号を○で囲みなさい。ただし，地震計でＰ波によるゆれを観測してから，速報が届くまでに10秒かかるものとします。また，図２の１マスの一辺は，10kmとします。

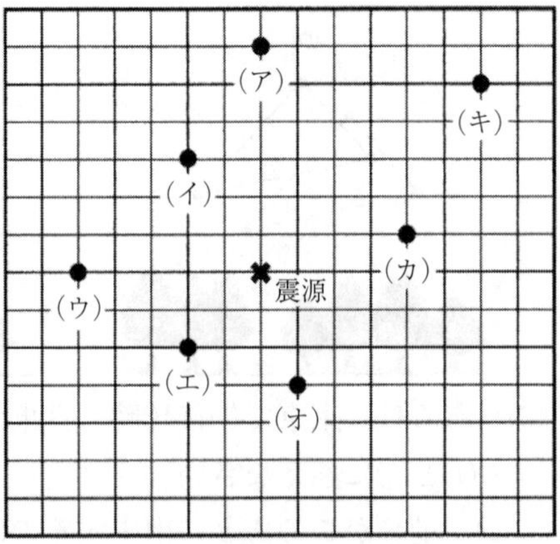

図２

5　水の性質や熱の伝わり方について，次の各問いに答えなさい。

⑴　水について，次の㋐～㋓のうち正しいものを２つ選び，解答欄の記号を○で囲みなさい。

㋐　沸《ふっ》とうしている水から立ちのぼる白い湯気は，気体である。

㋑　空気中には，水蒸気が含まれている。

㋒　場所によっては，水は100℃より低い温度で沸とうする。

㋓　100℃の水蒸気を加熱しても，温度は100℃より高くならない。

⑵　冷凍庫《れいとうこ》でビーカーに入れた水道水を凍《こお》らせて氷をつくりました。次の①～③に答えなさい。

①　凍ったときのようすとして正しいものを次の㋐～㋓から１つ選び，記号で答えなさい。た

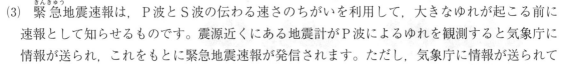

だし，図は横から見たときの断面図です。

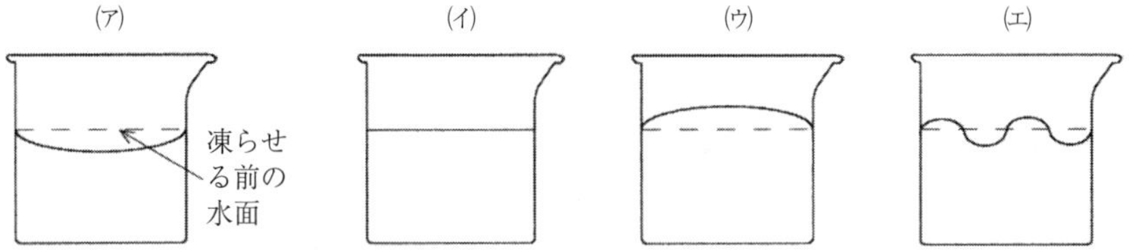

この氷を観察すると中心が白くにごっていました。白くにごった原因を調べてみると，このにごりは水道水に溶《と》けていた空気や，ミネラルといった不純物によるものだとわかりました。また，水が凍る方が不純物が凍るよりもはやいこともわかりました。

② ビーカーに入れた水道水が凍って氷になっていくようすについて，最も適するものを次の(ア)～(エ)から選び，記号で答えなさい。

(ア) 水面から底に向かって凍っていく。

(イ) 底から水面に向かって凍っていく。

(ウ) 中心から外側に向かって凍っていく。

(エ) 外側から中心に向かって凍っていく。

③ 次の(ア)～(エ)のうち，正しいものを１つ選び，記号で答えなさい。

(ア) 流氷には，同じ重さの海水よりも多くの塩が含まれる。

(イ) 水道水を一度沸とうさせてから凍らせると，透明《とうめい》な氷ができやすい。

(ウ) 水道水をゆっくり凍らせると，急速に凍らせるよりも白い部分が広くなる。

(エ) スポーツドリンクを凍らせると，味の濃《こ》さはどこも同じになる。

(3) 氷や水の温度変化を調べるために，次の実験を行いました。あとの①と②に答えなさい。ただし，熱は大きいビーカーの水と小さいビーカーの水または氷との間だけで伝わるものとします。

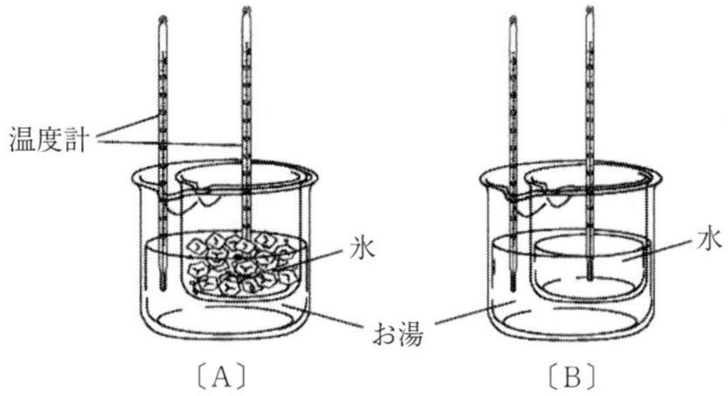

〔実験〕〔A〕 80℃のお湯90ｇが入っている大きいビーカーに，０℃の氷54ｇが入っている小さいビーカーを入れた。その後，温度の変化を調べた。

〔B〕 80℃のお湯90ｇが入っている大きいビーカーに，０℃の水54ｇが入っている小さいビーカーを入れた。その後，温度の変化を調べた。

① しばらく時間が経過すると，大きいビーカーの水と小さいビーカーの水の温度は同じになりました。〔B〕では何℃になりましたか。

② 〔A〕と〔B〕で，２つの温度計の示す温度の変化として最も適するグラフを，次のページの(ア)～(エ)からそれぞれ選び，記号で答えなさい。

(ア)

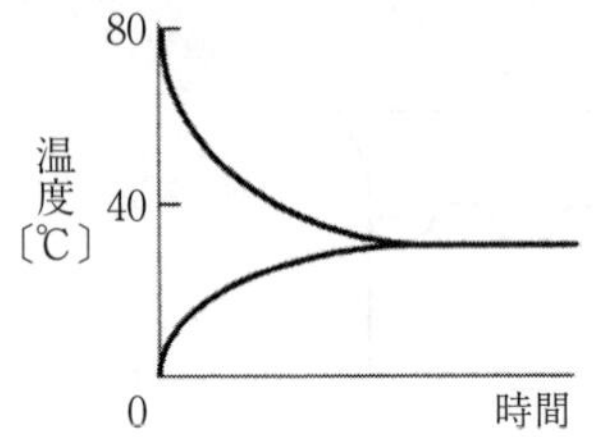

(イ)

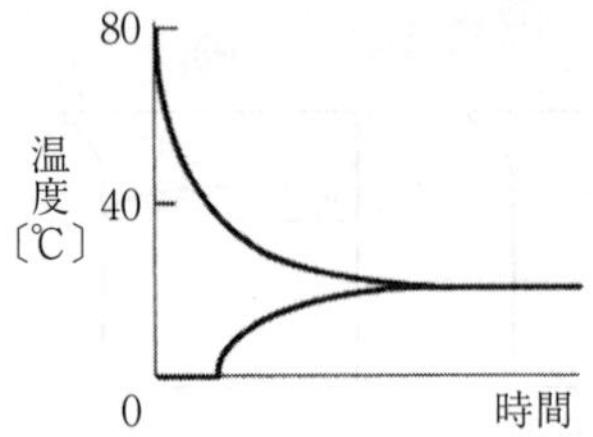

(ウ)

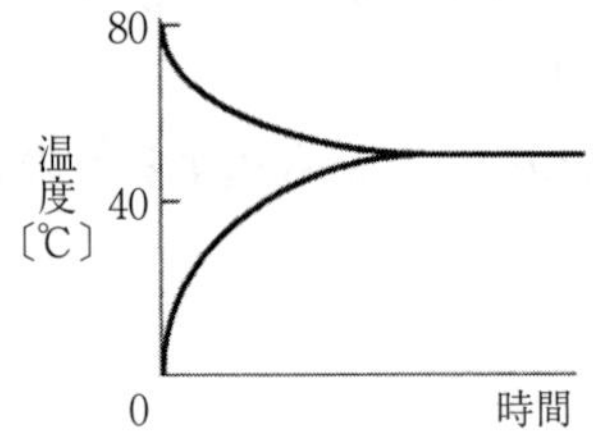

(エ)

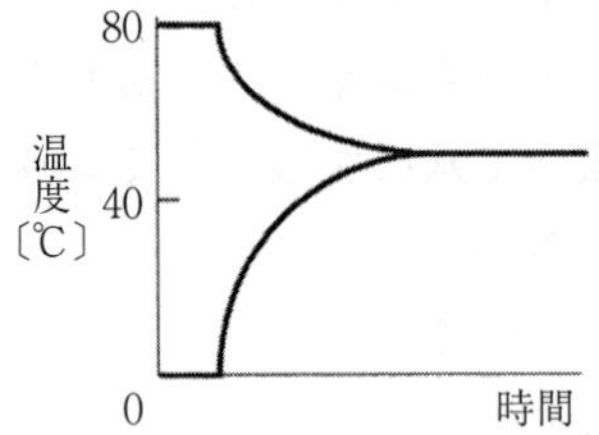

6 100gの円形磁石，600gの鉄板，おもり，20cmの棒，ばねばかり，台ばかりを使い，てこのつり合いと，いろいろなものにはたらく力について調べました。次の各問いに答えなさい。ただし，棒の重さは考えないものとします。

(1) 下の図1のように，天井《てんじょう》から棒の中心を糸でつるし，棒の右端《はし》に磁石をつるしました。棒の中心から左に2cmのところにおもりAをつるすと，棒はつり合いました。おもりAは何gですか。

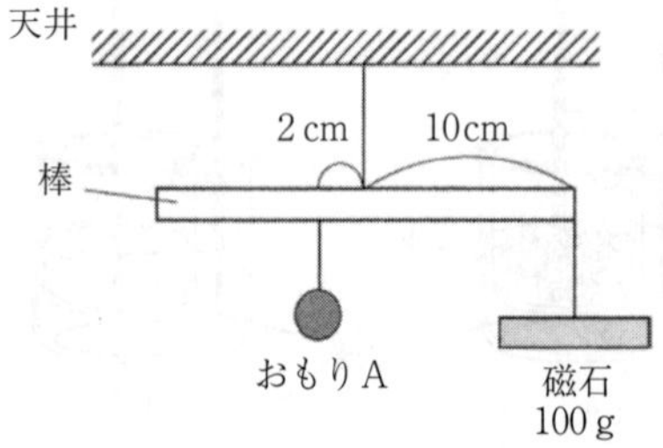

図1

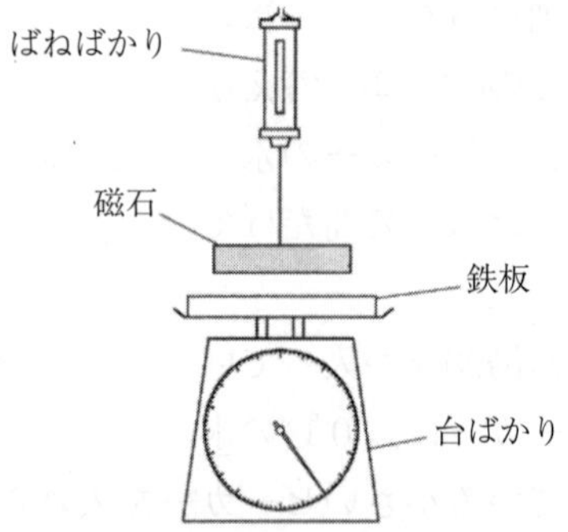

図2

次に，上の図2のように台ばかりの上に鉄板をのせ，磁石と鉄板の間の距離を一定に保ったところ，台ばかりの値は400gを示しました。

(2)　図２のとき，磁石と鉄板には次のａ～ｆの力がはたらきます。このとき，ｃの力の大きさは何ｇですか。ただし，ｃとｆの力の大きさは同じになります。

ａ．磁石の重さ
ｂ．ばねばかりが磁石を支える力
ｃ．鉄板が磁石を引きつける力
ｄ．鉄板の重さ
ｅ．台ばかりが鉄板を支える力
ｆ．磁石が鉄板を引きつける力

(3)　右の図３のように，天井から棒の中心を糸でつるし，棒の左端におもりＢ，右端に磁石をつるしました。台ばかりの上に鉄板をのせ，磁石と鉄板の間の距離を調節して棒をつり合わせたところ，台ばかりの値は400ｇを示しました。おもりＢは何ｇですか。

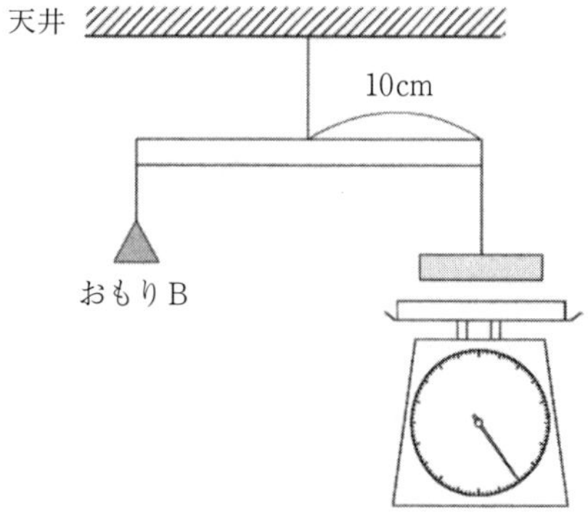

図３

7　図１の装置を用いて，次の実験を行ったところ，表１のような結果になりました。あとの各問いに答えなさい。ただし，球は同じ大きさのものを使いました。

〔実験〕　１．斜面《しゃめん》の下にレールを設置し，レールに木片を置いた。
２．斜面に球を置き，転がしはじめる高さ(球の高さ)を測定した。
３．球を転がし，木片と衝突《しょうとつ》させた。
４．木片が止まったあと，木片の移動距離を測定した。
５．球の重さや球の高さをいろいろ変えて実験を行った。

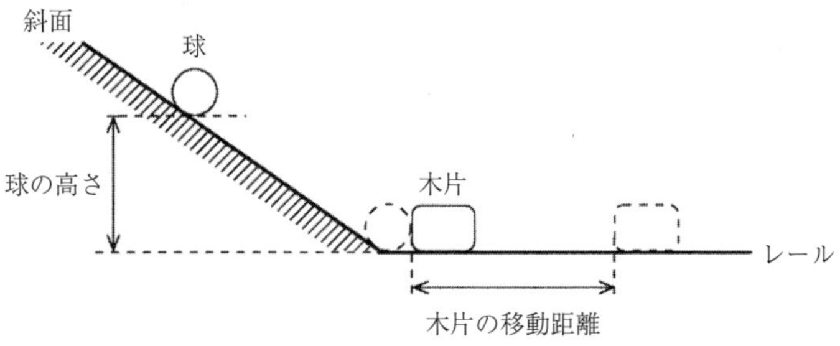

図１

表１　実験の結果

	球の重さ〔ｇ〕	球の高さ〔cm〕	木片の移動距離〔cm〕
A	10	10	4
B	10	30	12
C	20	20	16
D	20	30	24
E	20	40	32
F	30	30	36
G	30	40	48

(1)　球の重さと木片の移動距離の関係を調べるには，A～Gのどの実験を比較《ひかく》するとよいですか。最も適する組み合わせを次の(ア)～(エ)から選び，記号で答えなさい。

(ア)　A・C・F　　(イ)　B・D・F　　(ウ)　C・D・E　　(エ)　A・D・G

(2)　重さが15ｇの球を高さ25cmから転がして木片に衝突させたとき，木片の移動距離は何cmになりますか。

次に，図２のようにレールの端に図１で使った木片を置き，球をとりつけたふりこをつくって，球が最も下にきたときに木片に衝突するようにしました。球の重さ，ふりこの長さ，ふりこの角度を変えて，静かに球を離《はな》して木片に衝突させ，木片の移動距離を調べました。表２は実験の結果の一部を表しています。ただし，ふりこの長さとは，ひもを固定したところから球の中心までの長さで，ふりこの角度を90度にしたときは，球の高さはふりこの長さと同じになります。

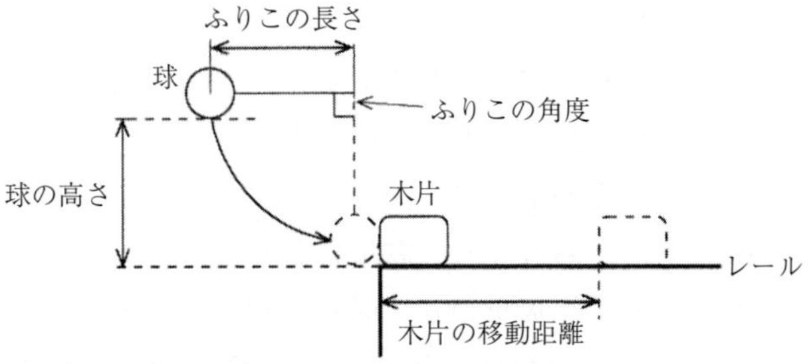

図２

表２　実験の結果の一部

球の重さ〔ｇ〕	ふりこの長さ〔cm〕	ふりこの角度〔度〕	木片の移動距離〔cm〕
10	30	90	12
20	40	90	32

斜面を使った実験とふりこを使った実験から，球の重さと高さが同じならば木片の移動距離は同じになることがわかりました。

(3)　次の(ア)～(エ)のように，ふりこを使って球を木片に衝突させたとき，木片の移動距離が32cmになる実験はどれですか。１つ選び，記号で答えなさい。

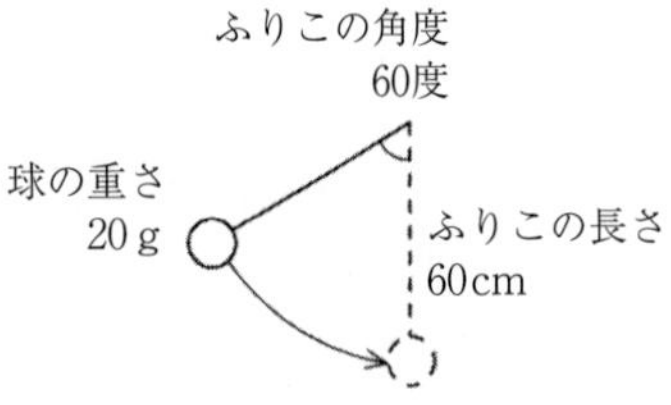

(ア)

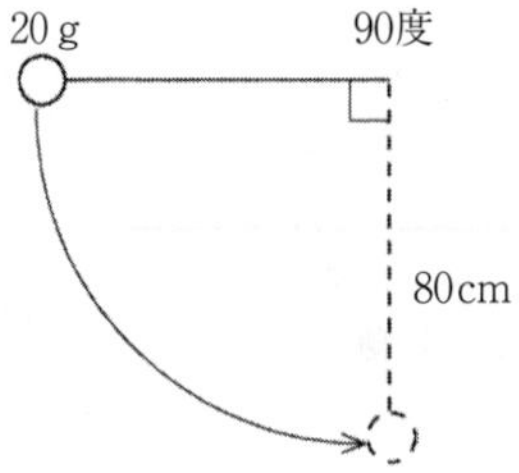

(イ)

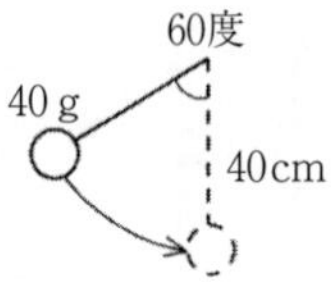

(ウ)

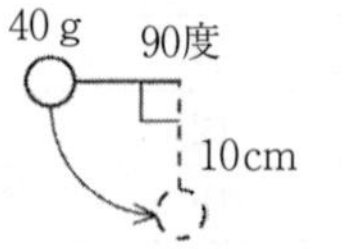

(エ)

四　次の①～⑦の——線部を漢字に改め、⑧～⑩の——線部の読みをひらがなで答えなさい。

① 生まれ育ったコキョウをなつかしく思う。
② 辞書をザユウに置く。
③ 月は地球のエイセイである。
④ 相手のサクリャクを見破る。
⑤ 大会に参加した人数はノベ千人だ。
⑥ 書類をユウソウする。
⑦ 「ごんぎつね」は新美南吉《にいみなんきち》のチョジュツだ。
⑧ その仕事をやれる目算がある。
⑨ 武者修行《しゅぎょう》の旅に出る。
⑩ 彼は分別がある人間だ。

(イ)　サントリーによる「天然水の森事業」は、本来の目的である飲料を作ることと並行《へいこう》して行っている事業だという点で、会社のもうけにつながるから森を守ろうという考えで行われる社会貢献とは根本的に異なるということ。

(ウ)　サントリーによる「天然水の森事業」は、本来の目的である飲料を作ることの一環《いっかん》として行っている事業だという点で、森のためにいいことをしようという考えで行われる社会貢献とは根本的に異なるということ。

(エ)　サントリーによる「天然水の森事業」は、偶然《ぐうぜん》ではあるが多大な利益を生み出している事業だという点で、もうけるだけではなく森のためにいいことをしようという考えで行われる社会貢献とは根本的に異なるということ。

問二十、本文の内容に合うものを、次の(ア)～(エ)の中から一つ選び、記号で答えなさい。

(ア)　サントリーは当初、本業とは全く異なる「天然水の森事業」に非協力的だった。

(イ)　「天然水の森事業」は、会社の幹部たちが話し合って提案した事業である。

(ウ)　サントリーの飲料は、どこでも同じ味を楽しめることを重視して作られている。

(エ)　「天然水の森事業」が許可されたのは、提案された時期がよかったからだともいえる。

問二十一、次の一文は本文中から抜いたものですが、どこに入れるのが適切ですか。その**直前**の五字を抜き出して答えなさい。

一方、ヨーロッパの水は硬度が高い硬水が多いのです。

二

次の①～⑤の四字熟語の□に当てはまる漢字として正しいものを、下の(ア)～(エ)の中からそれぞれ選び、記号で答えなさい。

①　公明□大　(ア) 成　(イ) 清　(ウ) 勢　(エ) 正

②　□刀直入　(ア) 短　(イ) 担　(ウ) 単　(エ) 探

③　□口同音　(ア) 異　(イ) 以　(ウ) 委　(エ) 意

④　理路整□　(ア) 全　(イ) 然　(ウ) 前　(エ) 善

⑤　大□晩成　(ア) 基　(イ) 器　(ウ) 気　(エ) 貴

三

次の①～⑤の□に**当てはまらない**慣用句やことわざを、後の(ア)～(エ)の中からそれぞれ一つずつ選び、記号で答えなさい。

①　そんなことをしていると、いつか□ことになって、恥《はじ》をかくよ。

(ア)　馬脚《ばきゃく》を現す　(イ)　眉《まゆ》につばをつける

(ウ)　化けの皮がはがれる　(エ)　ぼろが出る

②　君の提案も彼《かれ》の提案も□で決め手がない。

(ア)　どんぐりの背比べ　(イ)　同じ穴のむじな

(ウ)　似たり寄ったり　(エ)　五十歩百歩

③　財布《さいふ》をなくした上に雨まで降ってくるなんて、□だ。

(ア)　貧《ひん》すれば鈍《どん》する　(イ)　泣きっ面《つら》に蜂《はち》

(ウ)　踏《ふ》んだり蹴《け》ったり　(エ)　弱り目にたたり目

④　彼にどんなアドバイスをしても、まるで□で改善されるきざしがない。

(ア)　釈迦《しゃか》に説法　(イ)　のれんに腕押《うでお》し

(ウ)　馬の耳に念仏　(エ)　ぬかに釘《くぎ》

⑤　□と言うが、やはり何事にも準備は必要だ。

(ア)　転ばぬ先のつえ　(イ)　石橋をたたいて渡《わた》る

(ウ)　備えあれば憂《うれ》いなし　(エ)　大手を振《ふ》る

んでくれるのかということ。

(ウ)　お金もうけを目的としている会社が、今までやってこなかった森の手入れという、お金もうけにならない事業を許可してくれるのかということ。

(エ)　森を守ることは人類共通の義務だが、利益を減らしてまで人類全体のために自然を守ろうという気持ちが会社にあるのかということ。

問十一、――線⑪「やがて」が直接かかっている部分を、次の(ア)～(エ)の中から選び、記号で答えなさい。

(ア)　地上に　　(イ)　落ちてくる間に

(ウ)　さまざまなよごれを　　(エ)　取ってきます

問十二、――線⑫「ミネラルウォーター」ができる過程を、「～できあがる。」で終わるように、本文中の言葉を用いて、三十五字以内で答えなさい。

問十三、――線⑬「水の硬度のちがい」とありますが、「水の硬度」は何を基準に決められていますか。本文中の言葉を用いて、十五字以内で答えなさい。

問十四、――線⑭「森のためによいことを応援しよう、という動きが出てきていたのです」とありますが、その理由として**適切でないもの**を、次の(ア)～(エ)の中から一つ選び、記号で答えなさい。

(ア)　社会貢献活動を盛んにするため、二酸化炭素を貯めてくれる木は大切だ、という知識が広められたから。

(イ)　世界中で、木の伐採によって森の破壊が深刻になっているということが知られるようになったから。

(ウ)　日本の森が、手入れされていないことで不健全な状態になっていることが知られるようになったから。

(エ)　社会に貢献するためには、森を守るような取り組みも大切だ、という考え方が広がりだしたから。

問十五、[⑮]に当てはまる言葉として最も適切なものを、次の(ア)～(エ)の中から選び、記号で答えなさい。

(ア)　木を植えない

(イ)　木を植えすぎる

(ウ)　木を伐りすぎる

(エ)　木を伐らない

問十六、――線⑯「放置人工林」とは、どのような「人工林」のことですか。具体的に書かれている部分を本文中から四十字以内で抜き出し、その最初と最後の五字を答えなさい。

問十七、――線⑰「『社会貢献』という考え方が広がりだした」とありますが、会社が「社会貢献」を行う際の問題点を、本文中の言葉を用いて、四十字以内で答えなさい。

問十八、[Ⅰ]～[Ⅲ]に当てはまる言葉の組み合わせとして適切なものを、次の(ア)～(エ)の中から選び、記号で答えなさい。

(ア)　Ⅰ　そして　　Ⅱ　もちろん　　Ⅲ　しかも

(イ)　Ⅰ　ところで　　Ⅱ　でも　　Ⅲ　さらに

(ウ)　Ⅰ　ところが　　Ⅱ　だから　　Ⅲ　けれども

(エ)　Ⅰ　さて　　Ⅱ　たしかに　　Ⅲ　しかし

問十九、――線⑱「最初から『本業』という位置づけだった点が社会貢献とは大きくちがいます」とありますが、どのような点がちがうのですか。その説明として最も適切なものを、次の(ア)～(エ)の中から選び、記号で答えなさい。

(ア)　サントリーによる「天然水の森事業」は、自社の森が荒れてしまうことを心配して始められた事業だという点で、森のためにいいことをしようという考えで行われる社会貢献とは根本的に異なるということ。

ずやるべきことで、簡単にやめることはできません。
こうして、天然水の森事業がスタートすることになりました。

（浜田久美子『水はどこからやってくる？
水を育てる菌《きん》と土と森』による
ただし、出題の都合上、本文を改めたところがある）

＊1　林床…森林内の地表面。
＊2　水育…子どもたちが自然のすばらしさを感じ、水や水を育む森の大切さに気付き、未来に水を引きつぐために、何ができるのか、を考えるプログラム。

問一、――線①「□ちがい」が「専門分野が異なること」という意味になるように、□に当てはまる漢字一字を答えなさい。

問二、――線②「地下水を使ってほとんどすべての飲み物をつくっている」とありますが、なぜですか。その理由を説明している連続する二文を本文中から抜《ぬ》き出し、その最初の五字を答えなさい。

問三、――線③「地域ごとに飲みくらべると、味のちがいが感じられる」とありますが、「味のちがい」が生じる理由が書かれている一文を本文中から抜き出し、その最初の五字を答えなさい。

問四、――線④「そのことに危機感を持つ社員があらわれました」とありますが、なぜその「社員」は「危機感を持」ったのですか。その理由が書かれている一文を本文中から抜き出し、その最初の五字を答えなさい。

問五、――線⑤「地下水にたよっているウチの会社で、もし上流に何か起きたらどうなる？」と考えたのは、「地下水」が「会社」にとってどのようなものだったからですか。本文中から三字で抜き出して答えなさい。

問六、――線⑥「日本中の多くの人が考えもしないかもしれません」とありますが、何について「考えもしない」というのですか。本文中から二十字以内で抜き出して答えなさい。

問七、――線⑦「効果的にうったえることは得意でした」とありますが、何を「うったえ」たと考えられますか。その内容として最も適切なものを、次の(ア)～(エ)の中から選び、記号で答えなさい。

(ア)　「サントリー天然水の森」事業について、その収益力をうったえた。
(イ)　「サントリー天然水の森」事業について、その必要性をうったえた。
(ウ)　「サントリー天然水の森」事業について、その宣伝効果をうったえた。
(エ)　「サントリー天然水の森」事業について、その管理方法をうったえた。

問八、――線⑧「手入れを自分たちの会社がかわりにやればいいんじゃないか」とありますが、「山田さんたち」は本来、森の「手入れ」はどこがするものだと考えていたのですか。本文中から五字以内で抜き出して答えなさい。

問九、――線⑨「この案」について、具体的に書かれている部分を本文中から過不足なく抜き出し、その最初と最後の五字を答えなさい。

問十、――線⑩「同時に不安でもありました」とありますが、何が「不安」だったのですか。その説明として最も適切なものを、次の(ア)～(エ)の中から選び、記号で答えなさい。

(ア)　会社の中で、飲料をつくったり、原料の品質を管理したりする部門にいるわけではない人たちの提案を受け止めてくれるのかということ。
(イ)　長いこと飲料づくりをしていた会社が、本来の事業から方向転換《てんかん》してまで森づくりという異なる事業に興味を持って取り組ミネラルの量が多いものを硬水、少ないものを軟水《なんすい》といいます。

硬度のちがいは、緑茶や紅茶といったお茶やビール、ウイスキーなどの味に大きく影響をあたえます。ミネラルウォーターのボトルには水の硬度が表示されているので、機会があれば見てみてください。日本の地下水は硬度があまり高くない軟水が多いです。

たとえば、紅茶をよく飲むイギリスの水は硬度が高く、同じ茶葉であっても日本の水でいれると別物になると言われます。また、日本で問題なく泡《あわ》立つ石けんをヨーロッパに持っていくと泡立ちがとたんに悪くなるというのも、⑬水の硬度のちがいが影響しています。

日本とヨーロッパで硬度がちがうのは、日本独特の地形も関係しています。

さて、山田さんたちが地下水のための森づくり事業を提案したのは、21世紀という新しい１００年が始まるころでした。サントリーだけでなく、いろいろな会社が森のために何かお手伝いをしましょう、と活動を始めていました。会社があつかっているものはそれぞれちがっても、森や木に関わる事業をしていなくても、⑭森のためによいことを応援《おうえん》しよう、という動きが出てきていたのです。

そこには、大きく三つの背景がありました。

一つ目は、世界中で森の破壊《はかい》が深刻になっていることが広く知られるようになったことです。世界の森林破壊の多くは、木を伐《き》りすぎることによって起きていました。木材として売るために木が伐られることはもちろんですが、日本の戦前までと同じように毎日の生活に不可欠な燃料のためや、新しく畑や牧場をつくるために木が伐られることも多かったのです。

二つ目は、日本の森の状況《じょうきょう》も知られるようになったことです。海外とは逆に、日本は［　⑮　］ことで森が不健全な状態になっていることが明るみに出てきていました。人工林に欠かせない手入れがされていない真っ暗な⑯放置人工林が日本中に広がっていることが知られはじめました。

三つ目は、21世紀になるころ、⑰「社会貢献《こうけん》」という考え方が広がりだしたことです。会社は、本来お金をもうけることを目的とする組織ですが、もうけるだけではなく、社会のためになることをするのも大切だ、という考え方です。社会貢献には、福祉《ふくし》や災害ボランティア、街づくりや専門の講師の派遣《はけん》など、さまざまな取り組みがあります。その取り組みの中に、背景の最初の二つ、世界の森林問題と日本の森林問題の両方が知られることで、森を守る活動も加わるようになったのです。

大切な森が世界では破壊され、日本では手入れされずに不健全と言うならば、何か自分たちにできることはないか？　という発想が企業《きぎょう》の中に広がっていきました。地球温暖化を防ぐためにも、二酸化炭素を貯《た》めてくれる木は大切、という知識が森を守る社会貢献活動をますます盛《さか》んにしていったのです。

［　Ⅰ　］、山田さんたちが提案した「天然水の森事業」は、飲み物をつくる本業とは一見関わりのない森を守る事業なので、この社会貢献の考え方とよく似て見えます。［　Ⅱ　］社員の森林ボランティア体験や、子どもに向けての森林体験教室、＊2水育《みずいく》など、社会貢献としておこなっているものもあります。

［　Ⅲ　］サントリーにとっての森づくりは、会社がつくるほとんどの飲み物の原料である地下水を育むためにすることなので、⑱最初から「本業」という位置づけだった点が社会貢献とは大きくちがいます。

社会貢献事業は、会社に余裕《よゆう》があるときは盛んになりますが、余裕がなくなると続かなくなったり、内容が数年で変わったりします。森づくりを会社の事業の柱にするということは、会社がある限りかならに提案しようと呼びかけました。宣伝のプロですから、⑦効果的にうったえることは得意でした。

　広告づくりをする仲間とつくった企画《きかく》が、「サントリー天然水の森」でした。これは、すべての工場の地下水に関わる森の手入れをして、工場でくみ上げる量より多くの水を育てて、地下水を長く安定して利用できるようにしよう、という提案でした。水源地域にある森はたいてい水源かんよう保安林に指定されています（かんよう〈涵養〉とは水が自然にしみこむように少しずつ養い育てること）。そこには天然林（伐採《ばっさい》されたことはあるが自然の姿をとどめる森）だけでなく、人工林も多くふくまれていました。本来ならばするべき手入れがされないで、長らく荒《あ》れた状態になっている人工林が多いことを知った山田さんは、ならば、その⑧手入れを自分たちの会社がかわりにやればいいんじゃないか、とあとから思い返せばとても単純に考えたのでした。

　山田さんたちのチームは、社長をはじめ会社の幹部の人たちに⑨この案を説明することになりました。よいアイデアであり、とても大事な提案だと自分たちは思っていましたが、⑩同時に不安でもありました。木材を生産するわけでもなければ、住宅や家具などをつくるわけでもない飲料会社が本格的な森の手入れをするという提案を、会社の幹部たちが受け止めてくれるだろうか？　という不安でした。この事業はお金がもうかる仕事ではありません。逆に、お金を使わなければできないことばかりになるのははっきりしていたからです。

　会議には、山田さんの上司が出席して、「天然水の森事業案」を説明してくれました。ふたを開けてみれば、だれからも「そんな金ばかりかかる事業はいかん」とか「林業の会社ではないのに、なぜ森づくりをするのか」といった意見や質問は一つも出なかったこと、最後は「反対する理由はありませんな」という社長の一声で、「天然水の森事業案」が通ったと上司が知らせてくれました。山田さんたちのチームは、ホッとし、そしてこれからの事業に期待を寄せました。

　水は地球をめぐる間に、さまざまな状態に変わっています。海などからのぼった水蒸気が雨雲となって⑪やがて雨として地上に落ちてくる間に、雨は大気中のさまざまなよごれを取ってきます。雨上がりの空が、いつもより少し澄《す》んできれいに思えるのは、実際に、雨が大気のよごれを取ってくれるからなのです。

　大気の中には、とてもたくさんの化学物質やよごれが混ざっています。残念ながら、その大部分はわたしたち人間が生み出しているものです。車の排気《はいき》ガス、工場の排煙《はいえん》、ゴミが燃やされたり、分解されたりするときの煙《けむり》やガス……。川やダムに落ちた雨にふくまれるこれらの汚染《おせん》物質は、水道水となるときには人工的にろ過して取り除かれます。

　では、森に降った雨の汚染物質はどうなると思いますか？

　＊1林床《りんしょう》に積もった落ち葉の下にある土の層でろ過されて取り除かれるのです。土の層が終わって岩盤層《がんばんそう》にたどり着くころには、きれいな水になっています。

　森の土は、天然のろ過装置というわけです。浄水場《じょうすいじょう》や家庭の水道の水をろ過する仕組みも、じつはもともと森のろ過の仕組みをまねしてつくられています。

　そして、よごれが取れたきれいな水が岩盤層を通る中で、地質のミネラルを水にふくみます。それが⑫ミネラルウォーターです。地域によってくみ上げる地下水の味・性質がちがうというのは、この地層の質のちがいが水の味と性質に反映されるからなのです。

　水の硬度《こうど》、という言葉を聞いたことはありますか？　硬度とは、水にふくまれるカルシウムやマグネシウムといったミネラルの量を示す指標です。地中にしみこんだ水が岩盤層を通るとき、岩盤のミネラルが溶《と》けこみます。その量の多い・少ないが硬度として表現されます。

2024年度 明治大学付属中野中学校

【国　語】〈第一回試験〉（五〇分）〈満点：一〇〇点〉

一　次の文章を読んで、後の問いに答えなさい（字数指定がある問いでは、句読点・記号なども一字として数えます）。

飲料会社のサントリーが①□ちがいに見える森づくりを始めることにしたのは、森の大きな変化がすっかり進行した２０００年前後、21世紀に入るころのことです。森づくりは、②地下水を使ってほとんどすべての飲み物をつくっている会社の事情から始まります。サントリーは、地下水が足りないから水道水を使いましょう、ということをしません。だから、地下水は会社の生命線だったのです。

サントリーが誕生したのは、かろうじて19世紀と呼べる１８９９年。そのときの社名は「鳥井《とりい》商店」といい、日本で初めてウイスキーづくりに挑戦《ちょうせん》しました。その挑戦は、つくりたいウイスキーに適した水を探し求めることでもありました。

地下水は自然の影響《えいきょう》を強く受けていて、くみ上げる場所によって味も性質もちがいます。サントリーの天然水やウイスキーは、全国各地にある工場ごとに味がちがうことを商品の特色としています。

みなさんが飲むジュース（清涼《せいりょう》飲料水）は、なるべく均一な味であることを求められ、甘《あま》みや香《かお》りをつけることがほとんどなので、地域ごとの水の味のちがいはわかりません。ミネラルウォーターの「天然水」ならば、「奥大山《おくだいせん》」「南アルプス」など、くみ上げられている③地域ごとに飲みくらべると、味のちがいが感じられるかもしれません。

そのため、くみ上げた地下水の品質管理や、水の性質の調査や研究は、ずっと続けていました。ただ、水が豊かと信じられている日本において、地下水そのものがかれてしまう可能性は、だれも考えてはいませんでした。

あるとき、④そのことに危機感を持つ社員があらわれました。山田健さんです。山田さんは当時、社内でコピーライターという仕事をしていました。宣伝やコマーシャルなど、サントリーの商品や事業の魅《み》力《りょく》を伝える文章を書くのが主な仕事です。山田さんは飲み物をつくる仕事をしていたわけでもなく、水に関わっていたわけでもありませんでした。

ただ山田さんは、上流に井戸《いど》を掘《ほ》ったために下流の地下水がかれた歴史を、子ども時代から身近に知っていたのです。山田さんが子どものとき、住んでいた家のすぐ裏には川がありました。その川には江戸時代までは温泉がわき出ていて、「川湯」として知られていました。

明治時代になって、深い井戸を掘る技術が出てくると、少し上流で大きな温泉宿が井戸を新しく掘りました。すると川の温泉はかれてしまいました。その後も、温泉は上流へ上流へと移動して掘られつづけ、温泉場の中心は上へ上へと移っていったといいます。

温泉は地下で温められた地下水を使っています。

「⑤地下水にたよっているウチの会社で、もし上流に何か起きたらどうなる？」と、山田さんの頭の中には子ども時代の記憶《きおく》がよみがえりました。１９９０年代の終わりごろ、社内で「地下水がかれるかも」と危機感を持つ人はいませんでした。いえ、おそらくいまでも、⑥日本中の多くの人が考えもしないかもしれません。季節や地域によるちがいはあっても、毎年多くの雨が降る日本で水がかれてしまうイメージはピンときません。

山田さんは、コピーライターやデザイナーなど一緒《いっしょ》に働いている仲間に声をかけ、この危機感を力説し、地下水を守るための事業を会社

2024年度

明治大学付属中野中学校 ▶解説と解答

算　数　＜第１回試験＞（50分）＜満点：100点＞

解　答

1 (1) 20.6　(2) 33.6　(3) 21　(4) 21個　(5) 14：11　(6) $26cm^3$　2 (1) 1500円　(2) 360g　(3) $51.25cm^2$　3 (1) 4通り　(2) 9通り　4 (1) 油あげ，かきあげ　(2) **うどん**…9人，**ねぎ**…3人　5 (1) 11時16分　(2) 9km　6 (1) 7：6　(2) 4日間　(3) ヤギ，17日間

解　説

1 四則計算，計算のくふう，逆算，素数の性質

(1) $15\times2.12+2\times(48-11\times3)-206\div5=15\times2.12+2\times(48-33)-41.2=15\times2.12+2\times15-41.2=(2.12+2)\times15-41.2=4.12\times15-4.12\times10=4.12\times(15-10)=4.12\times5=20.6$

(2) $8\frac{2}{5}\div0.7+0.3\times\{28-(34-5\times6)\}\div6=8.4\div0.7+0.3\times\{28-(34-30)\}\div6=12+0.3\times(28-4)\div6=12+0.3\times24\times\frac{1}{6}=12+0.3\times4=12+1.2=13.2$より，$13.2-\left(5\frac{2}{5}+\square\right)\div3=0.2$，$\left(5\frac{2}{5}+\square\right)\div3=13.2-0.2=13$，$5\frac{2}{5}+\square=13\times3=39$　よって，$\square=39-5\frac{2}{5}=39-5.4=33.6$

(3) 約数の個数が4個となる整数は，素数の積で表したときに，□×□×□(…㋐)，または，□×△(…㋑)となる整数である。㋐は小さい順に，$2\times2\times2=8$，$3\times3\times3=27$，…となり，㋑は小さい順に，$2\times3=6$，$2\times5=10$，$2\times7=14$，$3\times5=15$，$3\times7=21$，…となるので，6番目に小さい数は21とわかる。

2 比の性質，濃度《のうど》，図形の移動，面積，割合と比，辺の比と面積の比，構成，体積

(1) 2人の最初の所持金の合計が2100円であり，2人とも700円ずつ使ったから，2人の残りの所持金の合計は，$2100-700\times2=700$(円)となる。このときの兄と弟の所持金の比が5：2なので，兄の残りの所持金は，$700\times\frac{5}{5+2}=500$(円)とわかる。また，兄は弟に300円わたし，さらに700円のお守りを買ったから，兄の最初の所持金は，$500+700+300=1500$(円)と求められる。

(2) 下の図①，図②のように表すことができる。図①より，$ア+イ=5-3=2$(%)となる。また，図①と図②を比べると，$ア-イ=0.2$(%)とわかる。よって，$ア=(2+0.2)\div2=1.1$(%)なので，$イ=2-1.1=0.9$(%)となる。したがって，$ア：イ=1.1：0.9=11：9$だから，$□：△=\frac{1}{11}：\frac{1}{9}=$

図①

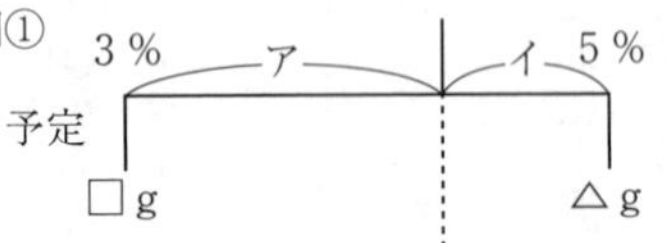

図②

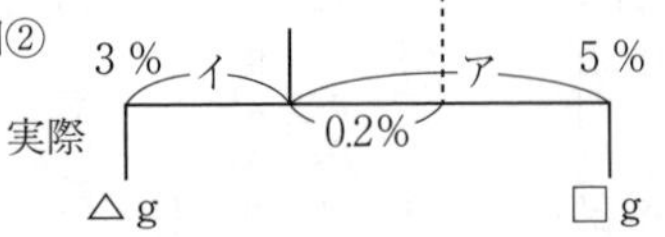

図③

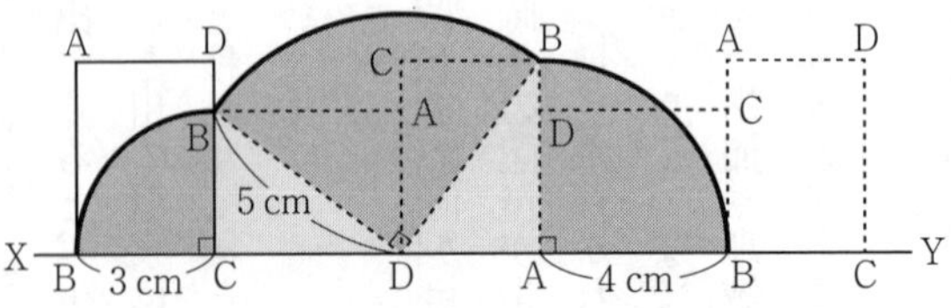

９：11となる。この和が800ｇなので，３％の食塩水をはじめに，$800\times\frac{9}{9+11}=360$（ｇ）混ぜる予定だったことがわかる。

⑶　上の図③で，頂点Ｂが通ったあとの線は太線のようになるから，かげの部分の面積を求める。このうち，濃《こ》いかげの部分はすべて四分円であり，半径はそれぞれ３cm，５cm，４cmなので，これらの面積の和は，$3\times3\times3.14\times\frac{1}{4}+5\times5\times3.14\times\frac{1}{4}+4\times4\times3.14\times\frac{1}{4}=(9+25+16)\times3.14\times\frac{1}{4}=12.5\times3.14=39.25$（$cm^2$）となる。また，うすいかげの部分を合わせると長方形ABCDになるから，その面積は，$4\times3=12$（cm^2）である。よって，求める面積は，$39.25+12=51.25$（cm^2）である。

⑷　白玉の個数を$\boxed{1}$個とする。黒玉の個数は，白玉の個数の$\frac{2}{7}$より３個多いので，$\boxed{1}\times\frac{2}{7}+3=\boxed{\frac{2}{7}}+3$（個）である。すると，白玉と黒玉の個数の合計は，$\boxed{1}+\boxed{\frac{2}{7}}+3=\boxed{\frac{9}{7}}+3$（個）となる。さらに，白玉は白玉と黒玉の個数の合計の$\frac{2}{3}$より７個多いから，$\boxed{1}=\left(\boxed{\frac{9}{7}}+3\right)\times\frac{2}{3}+7$より，$\boxed{1}=\boxed{\frac{9}{7}}\times\frac{2}{3}+3\times\frac{2}{3}+7$，$\boxed{1}=\boxed{\frac{6}{7}}+2+7$，$\boxed{1}-\boxed{\frac{6}{7}}=2+7$，$\boxed{\frac{1}{7}}=9$，$\boxed{1}=9\div\frac{1}{7}=63$（個）とわかる。よって，黒玉の個数は，$63\times\frac{2}{7}+3=21$（個）と求められる。

図④

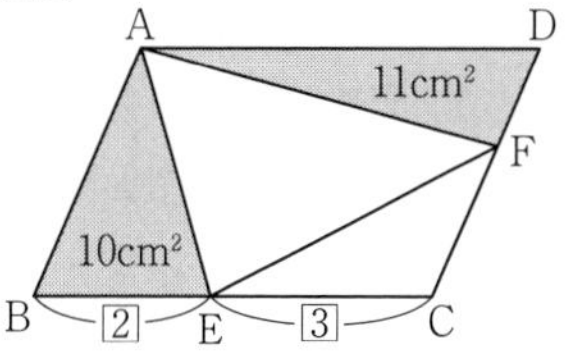

⑸　右の図④で，三角形ABEの底辺をBE，三角形AFDの底辺をADと考えると，底辺の比は，BE：AD＝２：（２＋３）＝２：５となる。さらに，三角形ABEと三角形AFDの面積の比は10：11だから，高さの比は，AB：FD＝$\frac{10}{2}:\frac{11}{5}$＝25：11と求められる。よって，CF：FD＝（25－11）：11＝14：11とわかる。

⑹　問題文中の図３，図４を参考にしながら，図２のそれぞれの場所に積んである立方体の個数を書き入れる。すると，立方体の数が最も多くなるのは右の図⑤の場合とわかる。このとき，立方体の個数の合計は，$1\times3+2\times5+3\times3+4\times1=26$（個）なので，このときの体積は，$(1\times1\times1)\times26=26$（$cm^3$）と求められる。

図⑤

３個	２個	１個	３個	←３個
２個	２個	１個	２個	←２個
３個	２個	１個	４個	←４個
↑ ３個	↑ ２個	↑ １個	↑ ４個	

（真横から見える数）

（正面から見える数）

3　場合の数

⑴　１回目の４の目と４回目の３の目で合わせて右へ，４－３＝１（目盛り）進むので，４回投げてOにもどるには，残りの２回で左へ１目盛り進めばよい。そのような２回の目の組み合わせは（２，３），（４，５）の２通りあり，それぞれ２通りの目の出方があるから，全部で，２×２＝４（通り）となる。

⑵　３回投げてE1に進む目の組み合わせは，（２，２，３）（…㋐），（２，４，５）（…㋑）の２通りある。㋐の目の出方は３通り，㋑の目の出方は，３×２×１＝６（通り）あるから，目の出方は全部で，３＋６＝９（通り）と求められる。

4　条件の整理，つるかめ算

⑴　うどんを除いた金額は，1065－350×２＝365（円）である。この金額の一の位が５だから，ねぎは１人だけが必ず注文しており，残りの金額は，365－15＝350（円）となる。もし，かきあげを注文

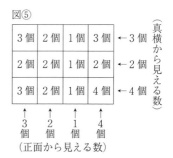

したとすると，残りの金額は，350－230＝120(円)になるが，このような組み合わせはない。さらに，残りの{70円，110円，130円}を組み合わせて350円にする方法を考えると，130＋110＋110＝350(円)となることがわかる。つまり，注文したのは，ねぎ(１人)，ちくわの天ぷら(２人)，えびの天ぷら(１人)なので，注文しなかったのは油あげとかきあげである。

(2)　油あげ，ちくわの天ぷら，えびの天ぷら，かきあげの売上額の合計は，70×５＋110×４＋130×６＋230×２＝2030(円)だから，うどんとねぎの売上額の合計は，5225－2030＝3195(円)である。よって，うどんを注文した人数を□人，ねぎを注文した人数を△人とすると，350×□＋15×△＝3195と表すことができ，等号の両側を５で割ると，70×□＋３×△＝639となる。この式にあてはまる□と△の組は右の表のように４通りあるが，△が□よりも多くなることはないので，□＝９，△＝３と決まる。つまり，うどんを注文した人は９人，ねぎを注文した人は３人である。

＋3　＋3　＋3

□	0	3	6	9
△	213	143	73	3

－70　－70　－70

5　旅人算，速さと比

(1)　３人の進行の様子をグラフに表すと，右のようになる。Cさんが忘れ物をしなければ，Bさんは図書館と駅の間を往復するのに，11時－10時20分＝40分かかったから，Bさんが駅と図書館の片道にかかった時間は，40÷２＝20(分)であり，アの時刻は，10時20分＋20分＝10時40分とわかる。また，Aさんが駅と図書館の片道にかかった時間は，12時－10時＝２時間，つまり，２×60＝120(分)である。よって，AさんとBさんが片道にかかった時間の比は，120：20＝６：１となり，AさんとBさんの速さの比は，$\frac{1}{6}$：$\frac{1}{1}$＝１：６とわかる。そこで，Aさんの速さを毎分[1]，Bさんの速さを毎分[6]とすると，駅から図書館までの距離《きょり》は，[1]×120＝[120]となる。次に，イの距離は，[1]×40＝[40]となり，かげの部分の時間は，[40]÷([6]－[1])＝８(分)と求められる。つまり，Bさんが駅を折り返してからAさんに追いつくまでの時間が８分なので，Aさんに追いついてから駅にもどるまでの時間も８分であり，ウの時刻は，10時40分＋８分＋８分＋20分＝10時76分＝11時16分と求められる。

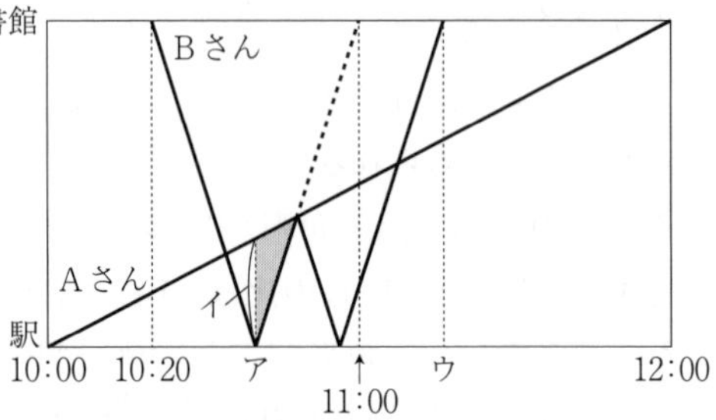

(2)　Cさんが忘れ物に気づいた時刻は，10時40分＋８分＝10時48分だから，それまでにAさんが歩いた距離は，[1]×48＝[48]，Bさんが移動した距離は，[6]×(48－20)＝[168]となる。また，Cさんが移動した距離は，Aさんと同じ[48]である。よって，３人が移動した距離の合計は，[48]＋[168]＋[48]＝[264]であり，これが19.8kmにあたるので，[1]にあたる距離は，19.8÷264＝0.075(km)となり，駅から図書館までの距離は，0.075×120＝９(km)と求められる。

6　ニュートン算

(1)　１日に草がのびる量を〈1〉，１頭のヤギが１日に食べる量を①，１頭のヒツジが１日に食べる量を[1]とすると，下の図１のように表すことができる。アの部分に注目すると，[20]－⑮＝〈20〉－〈15〉，[20]－⑮＝〈5〉となり，この式を５で割ると，[4]－③＝〈1〉(…ウ)となる。また，図１のイの部分に注目すると，[20]－⑥－[6]＝〈20〉－〈6〉，[14]－⑥＝〈14〉となり，この式を２で割ると，[7]－③＝〈7〉(…エ)となる。そして，ウの式を７倍すると，[28]－㉑＝〈7〉となり，この式とエの式を比べると，[7]－③＝[28]－㉑とわかるので，㉑－③＝[28]－[7]，⑱＝[21]となる。よって，１頭のヤギと１頭のヒツジが１日に食べる量の比(①：[1])は，$\frac{1}{18}:\frac{1}{21}$＝７：６と求められる。

図１

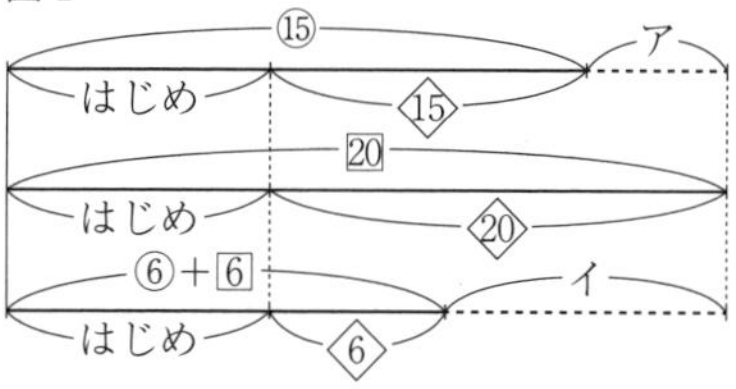

図２

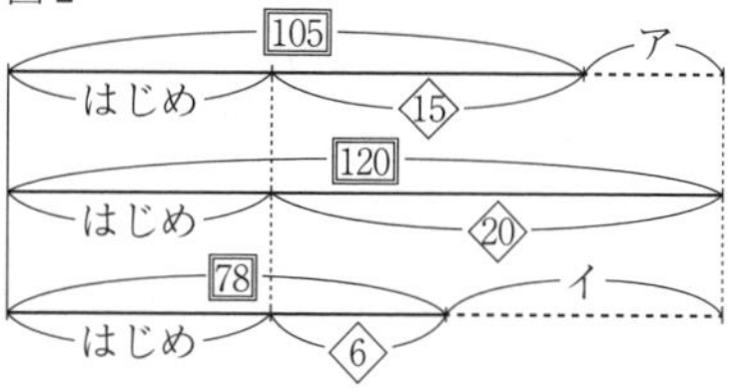

⑵　⑴より，①＝[7]，[1]＝[6]として図１をかき直すと，上の図２のようになる。図２で，アの部分に注目すると，◇20－◇15＝[120]－[105]，◇5＝[15]，◇1＝[15]÷５＝[3]となるから，はじめの量は，[105]－[3]×15＝[60]とわかる。また，３頭のヒツジが１日に食べる量は草がのびる量よりも，[6]×３－[3]＝[15]だけ多い。よって，食べつくすまでの日数は，[60]÷[15]＝４(日間)と求められる。

⑶　１頭のヤギ，ヒツジが１日に食べる量は草がのびる量よりもそれぞれ，[7]－[3]＝[4]，[6]－[3]＝[3]だけ多いので，ヤギとヒツジを１日ずつ放すと，２日間で，[4]＋[3]＝[7]の割合で減る。[60]÷[7]＝８余り[4]より，これを８回くり返したときの残りが[4]になるから，最後の日はヤギを放したことがわかる。よって，１日目に放したのはヤギであり，食べつくすまでの日数は，２×８＋１＝17(日間)と求められる。

社　会　＜第１回試験＞（30分）＜満点：50点＞

解　答

[1]　問１　①　奥尻　②　宗谷　問２　オ　問３　エ　問４　ア　問５　イ　問６　ウ　問７　ア　問８　ウ　[2]　問１　国民審査　問２　イ　問３　ア　問４　292　問５　ア　問６　⑴　エ，オ　⑵　イ　問７　X　ウ　Y　イ　[3]　問１　ウ　問２　執権　問３　イ，ウ，オ　問４　イ　問５　本居宣長　問６　松下村塾　問７　ア，エ　問８　イ→ア→エ→ウ　問９　(例)　加藤高明が内閣総理大臣の時，普通選挙法が制定されました。

解　説

[1]　北海道を題材とした問題

問１　①　北海道南西部の日本海にある①の島は，奥尻《おくしり》島である。　②　北海道本島の最北端《たん》に位置する②の岬は宗谷《そうや》岬で，宗谷海峡をへだててサハリン(樺太《からふと》)と向かい合っている。

問２　冬の降水量(降雪量)が比較《ひかく》的多いⅡは，日本海側に位置するＡ(余市)と判断できる。残ったⅠ，Ⅲのうち，夏と冬の気温差が大きいⅢは内陸に位置するＢ(富良野)と考えられ，もう一方のⅠはＣ(中標津《なかしべつ》)となる。

問３　Ⅰ　昆布が描《えが》かれていることから，地図中で海岸の近くに位置するＫと判断できる。なお，Ｋは日高地方に位置する新ひだか町で，みついし昆布(日高昆布)の生産がさかんなことで知られる。また，Ⅰに描かれている馬は，同町で育成・生産される競走馬を表している。　Ⅱ　タンチョウが描かれていることから，地図中でタンチョウの越冬地として知られる釧路《くしろ》湿原の近くに位置するＬと判断できる。なお，Ｌは鶴居《つるい》村である。　Ⅲ　旅客機が描かれていることから，地図中で新千歳《ちとせ》空港の近くに位置するＪと判断できる。なお，Ｊは千歳市で，Ⅲの旅客機の下側には新千歳空港のターミナルビルと管制塔が描かれている。

問４　Ⅱは石狩《いしかり》平野，Ⅲは十勝《とかち》平野の農業について説明した文なので，それぞれＱ，Ｒがあてはまる。残ったⅠはＰである。

問５　都道府県別の収穫《しゅうかく》量・生産量第１位～第３位は，トマトが熊本県(18.3%)，北海道(9.0%)，愛知県(6.8%)，生乳が北海道(56.2%)，栃木県(4.6%)，熊本県(3.5%)となっている(2021年)ので，トマトはⅢ，生乳はⅡと判断できる。残ったばれいしょはⅠで，北海道が77.5%を占《し》めて第１位となっている。

問６　2020年における漁獲《ぎょかく》量の上位には北海道や茨城県，宮城県，静岡県，長崎県などがふくまれるので，ウが正しい。なお，この問題は修正があり，３択になっています。

問７　1970年ごろは北海道，九州地方北部，福島県と茨城県にまたがる地域(常磐《じょうばん》炭鉱)などで石炭の採掘《さいくつ》が行われていたので，アが正しい。

問８　岐阜県は多治見《たじみ》市などで陶磁器《とうじき》工業がさかんなので，ア～エの中で窯業《ようぎょう》・土石製品の出荷額が最も多いウとわかる。なお，アは山口県，イは長野県，エは京都府である。

2　最高裁判所を題材とした問題

問１　最高裁判所の裁判官は，任命後初めて行われる衆議院議員総選挙のときと，その後10年を経て初めて行われる衆議院議員総選挙のときごとに，適任かどうかを国民による投票で審査される。これを国民審査といい，不適任とする票が過半数に達した裁判官は罷免《ひめん》(辞めさせること)される。

問２　Ⅰ　日本国憲法では「裁判官(司法権)の独立」の原則がうたわれており，裁判官は自己の良心に従い，憲法と法律にのみ拘束《こうそく》されると定められている(第76条)。よって，正しい。　Ⅱ　犯罪を裁く刑事裁判は，警察が逮捕した容疑者(被疑者)を検察官が取り調べ，検察官が被疑者を被告人として起訴《きそ》することで始まる。よって，誤っている。

問３　日本国憲法第１条には「天皇は，日本国の象徴であり日本国民統合の象徴であって，この地位は，主権の存する日本国民の総意に基《もとづ》く」と規定されているので，アが誤っている。なお，大日本帝国憲法では，天皇は日本国の元首とされ，神聖な存在であると定められていた。

問４　衆議院が可決した法律案を参議院が否決した場合，衆議院で出席議員の３分の２以上の賛成で再可決すれば法律として成立する。よって，衆議院で出席議員が438人の場合，再可決のためには最低，$438\times\frac{2}{3}=292$(人)の賛成が必要である。

問５　Ⅰ　内閣総理大臣と国務大臣は文民でなければならないので，正しい。なお，文民とは「軍人でない人」のことで，現代の日本においては「職業軍人としての経歴のない人，現職の自衛官でない人」と解釈《かいしゃく》されている。　Ⅱ　衆議院が解散されると，解散の日から40日以内に総選挙が行われ，選挙の日から30日以内に特別国会(特別会)が召集《しょうしゅう》される。特別国会では，最初に内閣が総辞職し，その後，内閣総理大臣の指名選挙が衆参両院で行われる。よって，正しい。

問６　(1)　ア　裁判の第一審は，原則として地方裁判所，簡易裁判所，家庭裁判所のいずれかで行われるので，誤っている。　イ　裁判員裁判は，民事裁判ではなく，殺人などの重大な刑事事件の第一審(地方裁判所)を対象としている。　ウ　「上告」と「控訴《こうそ》」が逆である。　エ　司法取引の説明として正しい。なお，司法取引は，重大犯罪の進展に役立つ情報を集めるなどの目的で始められた制度である。　オ　国選弁護人制度の説明として正しい。　⑵　2023年，イの袴《はかま》田《た》事件の再審開始が認められた。なお，アの島田事件，ウの松山事件，エの免田事件は財田川《さいたがわ》事件とともに四大死刑冤罪《えんざい》事件と呼ばれ，いずれも再審で無罪が確定している。

問７　X　他人の名誉《めいよ》を傷つける行為《こうい》の禁止は，ウの表現の自由が制限される事例といえる。

Y　公務員の争議行為（ストライキ）の禁止は，イの労働基本権が制限される事例といえる。なお，労働基本権（労働三権）は，労働者が団結して労働組合をつくる権利（団結権），労働組合が労働条件などについて会社側と交渉《こうしょう》する権利（団体交渉権），交渉が決裂《けつれつ》した場合にストライキなどの労働争議を行う権利（団体行動権）の３つである。

3　歴史上の人物を題材とした問題

問１　〈A〉の「私」は，弥生時代後期（３世紀ごろ）に存在した邪馬台国《やまたいこく》の女王卑弥呼である。

Ⅰ　弥生時代には本州全体に支配がおよぶ政権は存在していなかったので，誤っている。　Ⅱ　江戸時代に志賀島《しかのしま》（福岡県）で発見された金印は，「漢委奴《かんのわのなの》国王」と刻まれており，57年に奴国の王が漢（後漢，中国）の皇帝から授《さず》けられたものと考えられているので，誤っている。　Ⅲ　中国の歴史書『魏志《ぎし》』倭人伝《わじんでん》には，卑弥呼の死後，男王が立ったが国が乱れたため，13歳の少女が女王に立って国が治まったことなどが記されている。よって，正しい。

問２　〈B〉の「私」は，元寇《げんこう》（1274年の文永の役と，1281年の弘安の役）のさいに政治の実権を握《にぎ》っていた，鎌倉幕府の第８代執権《しっけん》北条時宗である。

問３　〈C〉の「私」はバテレン追放令を出した豊臣秀吉で，イの刀狩《かたながり》，ウの朝鮮出兵，オの太閤《たいこう》検地を行った。なお，アの琉球《りゅうきゅう》王国を征服《せいふく》したのは江戸時代の薩摩《さつま》藩（鹿児島県），エの安土城を建てたのは織田信長である。

問４　ア　慶賀《けいが》使はオランダではなく琉球王国から派遣されたので，誤っている。　イ　江戸時代の鎖国の期間中は，長崎を唯一《ゆいいつ》の貿易港として，オランダと清（中国）にかぎり幕府と貿易することが認められていた。よって，正しい。　ウ　戦国時代の後半，ポルトガルとスペインとの貿易が始まった。当時，日本では東南アジアのことを南蛮《なんばん》と呼んでおり，南蛮を経由してやってきたポルトガル人やスペイン人を南蛮人と呼んだことから，彼らとの貿易は南蛮貿易と呼ばれた。また，江戸時代の初期，朱印状と呼ばれる幕府の海外渡航許可書を用いた東南アジア諸国との朱印船貿易がさかんに行われ，日本人の居留地である日本町が各地につくられた。オランダ人は南蛮人と呼ばれておらず，オランダに日本町もつくられていないので，誤っている。　エ　大日本帝国憲法は君主権の強いドイツ（プロシア）憲法を参考に作成されたので，誤っている。

問５　〈E〉の「国学」は，中国の教えや仏教が伝わる前の日本人の考え方を究明することを目的とした学問である。本居宣長《もとおりのりなが》は国学を大成し，『古事記』の解説書である『古事記伝』を著《あらわ》した。

問６　〈F〉の「私」は，吉田松陰《しょういん》である。長州藩（山口県）の藩士であった吉田松陰は，萩《はぎ》（山口県）郊外で松下村塾《しょうかそんじゅく》を営み，高杉晋作《しんさく》，伊藤博文，山県有朋《やまがたありとも》など，のちに倒幕・明治維新で活躍《かつやく》する多くの人材を育てた。

問７　〈G〉の「私」は，初代韓国統監《とうかん》となった伊藤博文である。伊藤博文は倒幕運動に参加し，下関条約に調印しているので，アとエが正しい。なお，イの関税自主権の回復に成功した外務大臣は陸奥宗光《むつむねみつ》，ウの大日本帝国憲法が発布されたときの第２代内閣総理大臣は黒田清隆《きよたか》（伊藤博文は初代内閣総理大臣)，オの立憲改進党を結成して初代総理(党首)に就任したのは大隈重信《おおくましげのぶ》である。

問８　アの日ソ中立条約の締結《ていけつ》は1941年，イの日独伊三国同盟の締結は1940年，ウの沖縄戦は1945年，エのミッドウェー海戦は1942年の出来事である。よって，年代の古い順にイ→ア→エ→ウとなる。

問９　〈Ｈ〉には，〈Ｇ〉の伊藤博文が韓国統監であった1905～09年より後で，〈Ｉ〉の太平洋戦争が始まる1941年よりも前の出来事が入る。例えば，「加藤高明が内閣総理大臣の時，普通選挙法が制定されました」(1925年)，「犬養毅《いぬかいつよし》は内閣総理大臣の時，五・一五事件で暗殺されました」(1932年)，「大隈重信が内閣総理大臣の時，第一次世界大戦が起きました」(1914年)などが考えられる。

理　科　＜第１回試験＞（30分）＜満点：50点＞

解　答

[1] (1) (ア)，(オ)　(2) ① (ア)，(ウ)　② **X** A　**Y** B　[2] (1) 食道　(2) (A)　(3) ① 後　② 右　[3] (1) **星座**…はくちょう座　**星C**…デネブ　(2) (ウ)　(3) ① (ウ)　② ４カ月後　[4] (1) ６秒　(2) ７時59分15秒　(3) (ア)，(キ)　[5] (1) (イ)，(ウ)　(2) ① (ウ)　② (ア)　③ (イ)　(3) ① 50℃　② **〔A〕** (イ)　**〔B〕** (ウ)
[6] (1) 500 g　(2) 200 g　(3) 300 g　[7] (1) (イ)　(2) 15cm　(3) (ウ)

解　説

[1] 花のつくりについての問題

(1) (ア)　おしべとめしべが１つの花にそろっている花を両性花(雌雄《しゆう》同花)といい，そろっていない花を単性花(雌雄異花)という。さらに，単性花のうち，おしべを欠いたものをめ花，めしべを欠いたものをお花という。トウモロコシの花はお花とめ花に分かれており，お花の集まりは茎《くき》の先にでき，め花の集まりは上部の葉のもとの円柱状の軸《じく》にできる。め花の集まりのめしべからは髪《かみ》の毛のように細長い花柱がのびて，包葉の先からはみ出している。　(イ)　種子植物は，子房《しぼう》がなく胚珠《はいしゅ》がむき出しになっている裸子《らし》植物と，胚珠が子房の中にある被子《ひし》植物に分類される。イチョウは裸子植物である。　(ウ)　受粉とは，花粉がめしべの先(柱頭)につくことである。　(エ)，(オ)　被子植物のめしべのもとのふくらんだ部分を子房という。受粉すると，胚珠が成長して種子になり，子房が成長して実(果実)になる。

(2) ①　複数の花弁(花びら)の根もとがくっついている花を合弁花といい，複数の花弁がたがいに離《はな》れている花を離弁花《りべんか》という。(ア)のアサガオや(ウ)のツツジの花は合弁花，(イ)のサクラ，(エ)のバラ，(オ)のエンドウの花は離弁花である。　②　図１のＡは柱頭，Ｂはおしべ，Ｃは子房，Ｄはがくが変化してできた冠毛《かんもう》(綿毛)である。また，図２のＸは柱頭，Ｙはおしべである。

[2] ヒトの消化器官についての問題

(1)　口と胃をつなぐ細長い管は食道である。筋肉でできた筒《つつ》状の器官で，口から取り入れた食物をぜん動と呼ばれる動きで胃に運んでいる。

(2)　デンプンは，口の中に分泌《ぶんぴつ》されるだ液に含《ふく》まれているアミラーゼ(だ液アミラーゼ)という消化酵素《こうそ》のはたらきで，麦芽糖に分解(消化)される。麦芽糖は，すい液に含まれているすい液アミラーゼや，小腸の壁《かべ》にあるマルターゼという消化酵素のはたらきで最終的にブドウ糖に分解され，小腸から吸収される。

(3)　①　食道は，首のところでは気管の後ろ側を通っている。　②　小腸は曲がりくねりながら下に向かい，体の右側で大腸につながっている。

3　星座と星の動きについての問題

(1)　星Ｃははくちょう座のデネブで，はくちょう座は天の川の中に位置する。Ａはこと座のベガ，Ｂはわし座のアルタイルで，この３つの星を結んでできる三角形が夏の大三角である。

(2)　東京が位置する北半球で観察するとき，東の空からのぼった星は，南の空に向かって右上の方向に上がっていく。よって，(ウ)が選べる。

(3)　①　真東の地平線からのぼった星は，12時間ほどかけて夜空を移動し，真西の地平線に沈《しず》む。よって，星Ｓが南中するのは，午後10時の，12÷２＝６(時間後)の午前４時ごろである。　②　星Ｓが真東の地平線から午後10時にのぼったときは，12時間後の午前10時に真西の地平線に沈む。また，地球が太陽のまわりを公転しているために，同じ星が同じ方位に見える時刻は１カ月におよそ，24÷12＝２(時間)ずつ早くなる。したがって，星Ｓが午前10時より８時間早い午前２時に真西の地平線に沈むのは，およそ，８÷２＝４(カ月後)である。

4　地震《じしん》についての問題

(1)　図１より，震源から50kmの地点では，地震発生から８秒後にＰ波が到着《とうちゃく》し，14秒後にＳ波が到着している。よって，小さなゆれが起こってから大きなゆれが起こるまでの時間は，14－８＝６(秒)である。

(2)　(1)より，Ｐ波の速さは秒速，$50\div 8=\frac{25}{4}$(km)，Ｓ波の速さは秒速，$50\div 14=\frac{25}{7}$(km)とわかる。この地点には，地震が発生してから，$150\div\frac{25}{4}=24$(秒後)にＰ波が到着し，$150\div\frac{25}{7}=42$(秒後)にＳ波が到着するので，Ｓ波の到着時刻は，７時58分57秒－24秒＋42秒＝７時59分15秒と求められる。

(3)　地震が発生してから，$30\div\frac{25}{4}=4.8$(秒後)に地震計から気象庁に情報が送られ，4.8＋10＝14.8(秒後)に緊急《きんきゅう》地震速報が発信される。したがって，大きなゆれが起こる前に速報が間に合うのは，震源から，$\frac{25}{7}\times 14.8=52.8\cdots$(km)より遠い，(ア)と(キ)である。

5　水の性質や熱の伝わり方についての問題

(1)　(ア)　気体の水蒸気は目に見えない。白い湯気は，水蒸気が空気中で冷え，細かい水滴《すいてき》(液体)になったものである。　(イ)　空気中には水蒸気が含まれており，飽和《ほうわ》水蒸気量(空気１m^{3}中に含むことのできる最大の水蒸気の量)に対する割合を湿度《しつど》という。　(ウ)　水が100℃で沸《ふっ》とうするのは１気圧のもとでのことで，気圧の低い高山などでは100℃より低い温度で沸とうする。　(エ)　水を加熱すると，沸とうしている間は温度が100℃で一定となるが，すべてが水蒸気になったあとは温度が再び上がっていく。

(2)　①　一般《いっぱん》的に物質は液体から固体に変化すると体積が減るが，水は体積が増える。そのため，ビーカーの中で水を凍《こお》らせると，(ウ)のように中央が盛り上がる。　②　水の温度を下げていくと，４℃までは体積が減少し，４℃より下がると体積が増えていくので，同じ体積あたりの重さは４℃のときに最も重くなる。水が凍る温度は０℃なので，凍る温度になった部分の水は水面に移動し，底の方は０℃より温度が高い水が占《し》める。よって，水は水面から底に向かって順に凍っていく。なお，きわめて短時間に冷却《れいきゃく》するときには，外側がほぼ同時に０℃になるので，外側から中心に向かって凍っていく。　③　㋐　流氷ができるときには，海水のうちの水が先に凍るので，同じ重さの海水よりも含まれる塩の重さが少なくなる。　㋑　水道水を一度沸とうさせると，溶《と》けている気体がほぼ抜《ぬ》ける。そのため，この水を凍らせると，気体によるにごりができにくくなるので，透明《とうめい》な氷ができやすい。　㋒　水道水をゆっくり凍らせると，溶けている気体が抜けながら凍るため，急速に凍らせるよりも白い部分が少なくなる。　㋓　スポーツドリンクを凍らせると，スポーツドリンクのうちの水が先に凍る。そのため，先に凍った部分は味が薄《うす》くなり，後で凍った部分は味が濃《こ》くなる。

⑶　①　水などの温度が上がったり下がったりするのは，水に熱が出入りするためである。この熱の量を熱量といい，１gの水の温度を１℃上げるときに水が得る熱量を１カロリーという(温度を下げるときには１カロリーの熱量を失う)。〔Ｂ〕で，０℃のときを基準として，80℃のお湯90ｇがもっている熱量は，１×90×80＝7200(カロリー)，０℃の水54ｇがもっている熱量は０カロリーなので，これらをふれ合わせて熱が移動し，同じ温度になった状態では，90＋54＝144(ｇ)の水が7200カロリーの熱量をもつことになる。したがって，その温度は，7200÷144＝50(℃)と求められる。　②　**〔Ａ〕**　大きいビーカーのお湯の温度はすぐに下がり始める。一方，小さいビーカーの水の温度は，氷がとけ終わるまでは０℃で一定で，そのあと上がり始める。よって，㋑がふさわしい。なお，氷をとかすのに熱量の一部が使われるので，最終的に２つのビーカーの温度は50℃より低くなる。　**〔Ｂ〕**　大きいビーカーのお湯の温度，小さいビーカーの水の温度はどちらもすぐに変化し始め，①より，最終的にどちらも50℃になるので，㋒が選べる。

6　てこのつり合いと力のはたらきについての問題

⑴　てこのつり合いは，てこを回転させようとするはたらき(以下，モーメントという)で考える。モーメントは，(加わる力の大きさ)×(回転の中心からの距離《きょり》)で求められ，左回りと右回りのモーメントが等しいときにてこはつり合って静止する。図１で，おもりＡの重さを□ｇとすると，□×２＝100×10が成り立ち，□＝1000÷２＝500(ｇ)と求められる。

⑵　磁石と鉄板が引き合う力の大きさは，600－400＝200(ｇ)なので，ｃの力の大きさも200ｇである。

⑶　⑵より，台ばかりの値が400ｇを示しているとき，鉄板が磁石を引く力の大きさは200ｇとなる。また，棒の中心を糸でつるしているので，棒の左端《ひだりはし》と右端にかかる力の大きさは等しい。したがって，おもりＢの重さは，100＋200＝300(ｇ)と求められる。

7　物体の運動についての問題

⑴　表１で，球の重さと木片の移動距離の関係を調べるには，球の高さが同じで重さが異なる実験を比較《ひかく》する必要があるので，㋑が選べる。

⑵　⑴より，木片の移動距離は球の重さに比例していることがわかる。また，Ｃの実験，Ｄの実験，Ｅの実験の比較から，木片の移動距離は球の高さにも比例していることがわかる。よって，Ａの実験の結果をもとにすると，重さが15ｇの球を高さ25cmから転がして木片に衝突《しょうとつ》させたとき，木片の移動距離は，$4\times\frac{15}{10}\times\frac{25}{10}=15$(cm)となる。

⑶　(ア)　右の図の正三角形PQRについて，PR：SR＝２：１となるので，球の高さは，$60\times\frac{1}{2}$＝30(cm)となる。したがって，木片の移動距離はＤの実験と同じ24cmである。　(イ)　Ｅの実験をもとにすると，木片の移動距離は，$32\times\frac{80}{40}$＝64(cm)と求められる。　(ウ)　Ｃの実験をもとにして，(ア)と同様に考えると，木片の移動距離は，$16\times\frac{40}{20}$＝32(cm)とわかる。　(エ)　Ａの実験をもとにすると，木片の移動距離は，$4\times\frac{40}{10}$＝16(cm)となる。

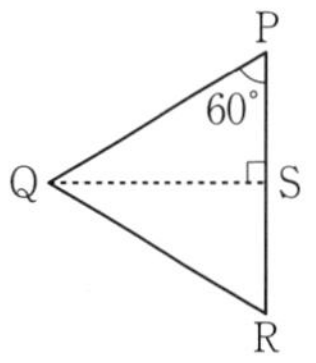

国　語　＜第１回試験＞（50分）＜満点：100点＞

解　答

一　**問１**　畑　**問２**　地下水は自　**問３**　地域によっ　**問４**　ただ山田さ　**問５**　生命線　**問６**　地下水そのものがかれてしまう可能性　**問７**　(イ)　**問８**　林業の会社　**問９**　すべての工～うにしよう(という提案)　**問10**　(ウ)　**問11**　(イ)　**問12**　(例)　土の層でろ過されたきれいな水が，岩盤層を通る中でミネラルを水にふくんで(できあがる。)　**問13**　(例)　岩盤のミネラルが溶けこんだ量　**問14**　(ア)　**問15**　(エ)　**問16**　本来ならば～いる人工林　**問17**　(例)　会社に余裕がなくなると社会貢献事業を続けられなくなったり内容が変わったりする点。　**問18**　(エ)　**問19**　(ウ)　**問20**　(エ)　**問21**　多いです。　二　①　(エ)　②　(ウ)　③　(ア)　④　(イ)　⑤　(イ)　三　①　(イ)　②　(イ)　③　(ア)　④　(ア)　⑤　(エ)　四　①～⑦　下記を参照のこと。　⑧　もくさん　⑨　むしゃ　⑩　ふんべつ

●漢字の書き取り

四　①　故郷　②　座右　③　衛星　④　策略　⑤　延(べ)　⑥　郵送　⑦　著述

解　説

一　**出典：浜田久美子《はまだくみこ》『水はどこからやってくる？―水を育てる菌《きん》と土と森』**。飲料会社のサントリーが「天然水の森事業」を開始したいきさつを説明している。

問１　「畑ちがい」は，専門とする分野や領域とは異なっていること。「畑ちがいの仕事をする」のように用いる。

問２　二つ後の段落で，「地下水は自然の影響《えいきょう》を強く受けていて，くみ上げる場所によって味も性質もちが」うことと，「サントリーの天然水やウイスキーは，全国各地にある工場ごとに味がちがうことを商品の特色としてい」ることが述べられている。この「特色」を保つために，サントリーはあえて地下水を使っているのだと考えられる。

問３　問２でみたように，地下水の地域ごとの「味のちがい」は，「自然の影響」によって生じている。この「自然の影響」について，本文の中ほどで，「地域によってくみ上げる地下水の味・性質がちがうというのは，この地層の質のちがいが水の味と性質に反映されるからなのです」と説明されている。

問４　「そのこと」とは直前の段落の「地下水そのものがかれてしまう可能性」であり，「危機感を

持つ社員」とは直後の「山田健さん」である。彼《かれ》が「危機感を持」ったのは，「上流に井戸《いど》を掘《ほ》ったために下流の地下水がかれた歴史を，子ども時代から身近に知っていた」からである。

問５　「地下水」が「会社」にとってどのようなものだったかについては，最初の段落で，「地下水は会社の生命線だった」と述べられている。「生命線」は，ある人や団体などが活動を続けるために絶対に必要なものごと。

問６　傍線《ぼうせん》⑥は，直前の一文の「社内で『地下水がかれるかも』と危機感を持つ人はいませんでした」を受けている。そして，この危機感は，問４でみた「地下水そのものがかれてしまう可能性」に対するものである。

問７　少し後に，「この事業はお金がもうかる仕事ではありません」とある。そのような事業に，お金もうけを目的としている「会社」が取り組むべきだと主張したのだから，(イ)のように「必要性をうったえた」と考えられる。

問８　少し後に「木材を生産するわけでもなければ，住宅や家具などをつくるわけでもない飲料会社が本格的な森の手入れをするという提案」とあるので，「木材を生産する」会社や「住宅や家具などをつくる」会社が候補になる。よって，「林業の会社」がぬき出せる。

問９　「この案」とは，直前の段落の「サントリー天然水の森」の企画《きかく》案のことである。そして，その具体的な内容は，「すべての工場の地下水に関わる森の手入れをして，工場でくみ上げる量より多くの水を育てて，地下水を長く安定して利用できるようにしよう，という提案」であると説明されている。

問10　問７でみたように，山田さんは「この事業はお金がもうかる仕事ではありません」ということを理解していたのだから，「お金もうけにならない事業」とある(ウ)が選べる。

問11　言葉のかかり受けでは，直接つなげてみて意味のまとまるところが答えになるので，「やがて」→「落ちてくる間に」となる。

問12　直前の一文に，「よごれが取れたきれいな水が岩盤《がんばん》層を通る中で，地質のミネラルを水にふくみます」とある。また，少し前で，「森に降った雨の汚染《おせん》物質」が「土の層でろ過されて取り除かれる」ことが説明されている。これをふまえ，「水が土の層でろ過された後，岩盤層を通るときに地質のミネラルをふくんでできあがる」のようにまとめる。

問13　「水の硬度《こうど》」については，二つ前の段落で，「硬度とは，水にふくまれるカルシウムやマグネシウムといったミネラルの量を示す指標です。地中にしみこんだ水が岩盤層を通るとき，岩盤のミネラルが溶《と》けこみます。その量の多い・少ないが硬度として表現されます」と説明されている。これをふまえ，「水に溶けこんだミネラルの量」のようにまとめる。

問14　傍線⑭の理由は続く部分で説明されており，(イ)は「一つ目」，(ウ)は「二つ目」，(エ)は「三つ目」の内容にあたる。これに対して，少し後に「地球温暖化を防ぐためにも，二酸化炭素を貯《た》めてくれる木は大切，という知識が森を守る社会貢献《こうけん》活動をますます盛《さか》んにしていったのです」とあるように，木が大切なのは「地球温暖化を防ぐため」なので，(ア)がふさわしくない。

問15　直前に「海外とは逆に，日本は」とあり，直前の段落では「世界の森林破壊《はかい》の多くは，木を伐《き》りすぎることによって起きてい」ることが述べられているので，(エ)の「木を伐らない」がよい。

問16　「放置人工林」の特徴《とくちょう》は，直前で述べられているように，「手入れがされていない」というものである。このような特徴を持つ「人工林」について，本文の中ほどで，「本来ならばするべき手入れがされないで，長らく荒《あ》れた状態になっている人工林」と具体的に書かれている。

問17　会社が「社会貢献」を行うさいの問題点は，本文の最後で，「社会貢献事業は，会社に余裕《よゆう》があるときは盛んになりますが，余裕がなくなると続かなくなったり，内容が数年で変わったりします」と説明されている。これをふまえ，「会社に余裕がなくなると続けられなくなったり内容が数年で変わったりする点」のようにまとめる。

問18　Ⅰ　前の部分では「社会貢献活動」について述べられており，続く部分ではサントリーの「天然水の森事業」の話題にもどっているので，それまで述べてきたことが終わり，新しい話題に移ることを示す「さて」があてはまる。　Ⅱ，Ⅲ　サントリーの「天然水の森事業」は「社会貢献とは大きくちがいます」と述べる文脈なので，“間違《まちが》いなく”という意味の「たしかに」を空らんⅡ，前のことがらを受けて，それに反する内容を述べるときに用いる「しかし」を空らんⅢに入れて，「社会貢献」の特徴を部分的に認めつつも，違いを強く主張する流れにするのが合う。

問19　直前に「サントリーにとっての森づくりは，会社がつくるほとんどの飲み物の原料である地下水を育むためにすること」とあるので，これを「本来の目的である飲料を作ることの一環《いっかん》として行っている事業」と表している(ウ)が選べる。

問20　(ア)　本文の中ほどで，企画案に否定的な「意見や質問は一つも出なかったこと」と，最後は「社長の一声」で企画案が通ったことが述べられているので，ふさわしくない。　(イ)「天然水の森事業」は，「社内でコピーライターという仕事をしてい」た「山田さん」が「広告づくりをする仲間とつくった企画」なので，あてはまらない。　(ウ)　第三段落に「サントリーの天然水やウイスキーは，全国各地にある工場ごとに味がちがうことを商品の特色としています」とあるので，合わない。　(エ)　問14でみた内容と合う。

問21　示されている文の最初に「一方」とあるので，直前では「ヨーロッパの水」と対照的な水について説明されていると推測できる。よって，「日本の地下水は硬度があまり高くない軟水《なんすい》が多いです」の直後に入れると，日本とヨーロッパの地下水を比較《ひかく》する流れになり，文意が通る。

二　四字熟語の完成

①「公明正大」は，公平でやましいところがなく，正しいこと。　②「単刀直入」は，前置きをせずにいきなり本題に入ること。　③「異口同音」は，大勢の者が口をそろえて同じことを言うこと。　④「理路整然」は，ものごとや話の筋道がきちんと通っているようす。　⑤「大器晩成」は，大人物となる者は若いころは目立たず，時間をかけて少しずつりっぱになっていくということ。

三　慣用句・ことわざの知識

①　(イ)の「眉《まゆ》につばをつける」は，“相手にだまされないように，あやしかったり疑わしかったりするものに用心する”という意味。(ア)，(ウ)，(エ)は，“つつみかくしていた悪いことが発覚する”という意味。　②　(イ)の「同じ穴のむじな」は，“一見，別のものに見えるが，実際は同類である”という意味。多くは悪事に関係している場合に用いる。(ア)，(ウ)，(エ)は，“多少のちがいはあるものの，本質的には大差はない”という意味。　③　(ア)の「貧《ひん》すれば鈍《どん》する」は，“生活が経済的に苦しくなると，精神のはたらきまでにぶってしまう”という意味。(イ)，(ウ)，(エ)は，“不運なことや不幸なことが重なって起こる”という意味。　④　(ア)の「釈迦《しゃか》に説法」は，ものごとを知りつくしている人に，そのことについて教えるおろかさのたとえ。(イ)，(ウ)，(エ)は，手ごたえや効果がない

こと。　⑤　(エ)の「大手を振《ふ》る」は，遠慮《えんりょ》をすることなく，堂々とふるまうようす。(ア)，(イ)，(ウ)は，“失敗しないように前もって用意や用心をする”という意味。

四　漢字の書き取りと読み

①　生まれ育った土地。　②　身近な場所。手元。　③　惑星《わくせい》の周囲を公転している比較《ひかく》的小さな天体。　④　相手をおとしいれるような計画。　⑤　音読みは「エン」で，「延長」などの熟語がある。　⑥　郵便で荷物や手紙などを送ること。　⑦　書き著《あらわ》された書物。　⑧　だいたいこうなるだろうという予測。　⑨　武士。「武者修行《しゅぎょう》」は，武士が武術をみがくために諸国をめぐり歩くという意味から，学問や技芸の向上をめざして，よその土地や外国へ行くという意味を表すようになった言葉。　⑩　ものごとのいい悪いを区別してわきまえること。

2024 年度　明治大学付属中野中学校

【算　数】〈第２回試験〉（50分）〈満点：100点〉

［注意］　分数で答えるときは，それ以上約分できない形で答えてください。

1　次の□にあてはまる数を答えなさい。

(1)　$125\times1.8+125\times1.9+128\times3.7+253\times6.3=$□

(2)　$0.6+2\times\left(6\frac{1}{4}-0.625\right)\div27-\frac{1}{6}=2\div$□$-1.25$

(3)　ある商品の３月の売り上げは２月の売り上げと比べると10％減り，１月の売り上げと比べると46％減っています。このとき，２月の売り上げは１月の売り上げと比べると□％減っています。

2　次の問いに答えなさい。

(1)　ある整数□を12で割ると，ある数△になり，△を小数第一位で四捨五入すると６になります。このとき，ある整数□で考えられる数のうち，最も大きい数を答えなさい。

(2)　長針と短針のついた時計があります。11時から12時の間で長針と短針の間の角が60度になる時刻は２回あります。それぞれの時刻を求めなさい。

(3)　あるお店で，りんご１個，みかん２個，なし３個を買うと合計の値段は960円であり，りんご３個，みかん２個，なし１個を買うと合計の値段は640円でした。このとき，みかん１個，なし２個を買うと合計の値段はいくらですか。

(4)　Ａ君は，Ｐ町とＱ町を65分間で往復し，行きは１分間に70歩，帰りは１分間に100歩で歩きました。また，行きに３歩で進む距離《きょり》を，帰りは歩幅《ほはば》を変えて５歩で歩きました。このとき，Ａ君は帰り道を何分で歩きましたか。ただし，行きと帰りの歩幅はそれぞれ一定とします。

(5)　５で割っても８で割っても２余《あま》るような11の倍数の中で，小さい方から２番目の数を求めなさい。

3　次の問いに答えなさい。

(1)　下の図１のように，正八角形 ABCDEFGH と２本の平行な直線が交わっています。このとき，角㋐と角㋑の大きさの和を求めなさい。

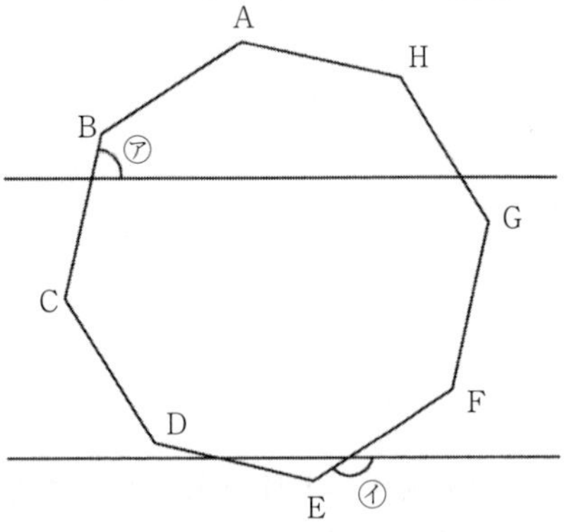

図１

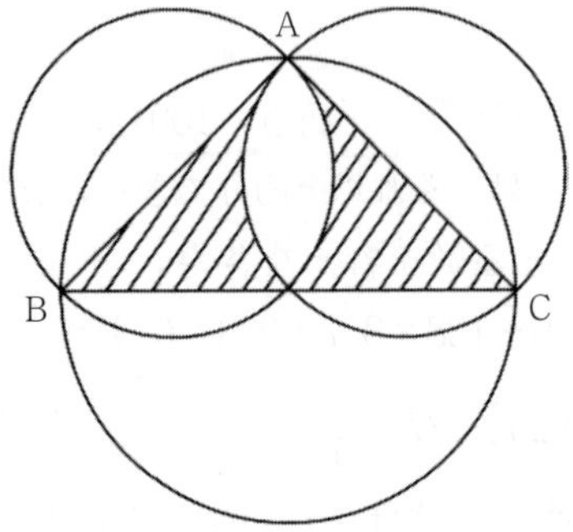

図２

(2)　上の図２は，AB と AC の長さが等しい直角二等辺三角形 ABC と，それぞれの辺を直径とする３つの円を組み合わせた図形です。小さい２つの円は頂点Ａと大きい円の中心で交わり，BC の長さは12cm です。このとき，斜線《しゃせん》部分の面積を求めなさい。ただし，円周率は3.14とします。

(3)　右の図３の三角形 ABC は，AB と AC の長さが等しい二等辺三角形です。ここで，辺 AB 上に AD：DB＝7：11 となるように，辺 BC 上に BE：EC＝1：1 となるように，それぞれ点D，Eをとります。また，AE と CD の交わる点をFとします。このとき，三角形 AFC の面積は三角形 ABC の面積の何倍ですか。

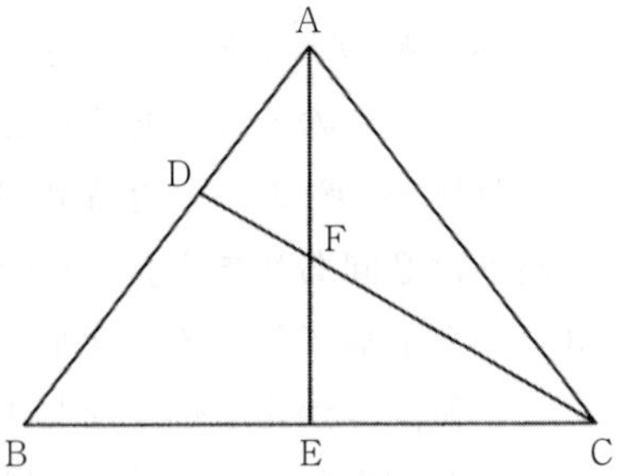

図３

4　ある仕事を仕上げるのにＡとＢの２人では$42\frac{6}{7}$分，ＢとＣの２人では$37\frac{1}{2}$分，ＣとＡの２人では60分かかります。このとき，次の問いに答えなさい。

(1)　Ａだけでこの仕事を仕上げるのに，何分かかりますか。

(2)　最初は３人でこの仕事をしていましたが，16分後にＡだけが仕事を切り上げました。さらにその何分後かにＢも仕事を切り上げ，残りの仕事をＣだけで進めたところ，すべての仕事を仕上げるのに全体で46分かかりました。このとき，Ｃが１人で仕事をした時間は何分間ですか。

5　Ａ地点からＢ地点までの一本道を時速30km で16分かけて往復する１台のバスがあります。このバスはＢ地点ですぐに折り返し，Ａ地点に戻《もど》ると一定の時間だけ停車します。太郎君はバスと同時にＡ地点を出発し，Ｂ地点へ一定の速さで歩いたところ，Ａ地点から$\frac{1}{3}$だけ進んだ地点で，Ｂ地点から戻ってきたバスと初めてすれ違《ちが》いました。その後，太郎君はＢ地点に到《とう》着《ちゃく》するまでにバスに１回だけ追い抜《ぬ》かれ，バスと１回だけすれ違っています。そして，太郎君がＢ地点に到着すると同時に，バスはＡ地点に戻ってきました。このとき，次の問いに答えなさい。

(1)　太郎君は分速何mで歩きましたか。

(2)　太郎君がバスに追い抜かれてから，２回目にすれ違うまで何分何秒かかりましたか。

6　右の図のように，三角柱の水槽《すいそう》の中に，高さが異なる４枚の長方形の仕切りを底面ABCと垂直になるように立てました。最も高い仕切りである長方形ADEFの辺DEに，残り３枚の仕切りの１辺はぴったりとくっついています。３番目に高い仕切りと辺BCの交わった点をGとすると，３点A，D，Gは一直線上にあります。ここで，三角形ABD，BGD，CDG，ADCを底面とする部分をそれぞれ(ア)，(イ)，(ウ)，(エ)とし，(ア)に一定の割合で水を注ぎ，(ア)からあふれた水はすべて(イ)へ，(イ)からあふれた水はすべて(ウ)へ入ります。下の２つのグラフは，(イ)と(エ)における水面の高さを表したグラフで，水槽が満水になるまでの様子を表しています。このとき，次の問いに答えなさい。

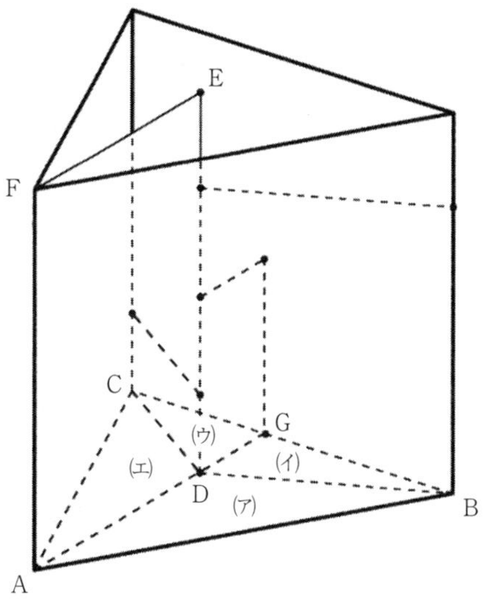

(1)　AD：DGを最も簡単な整数の比で答えなさい。

(2)　４つの三角形ABD，BGD，CDG，ADCの面積の比を最も簡単な整数の比で答えなさい。

(3)　(ア)と(イ)の間にある２番目に高い仕切りの高さは何cmですか。

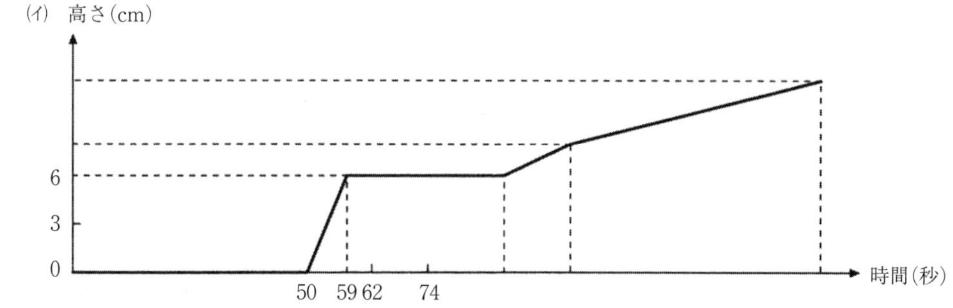

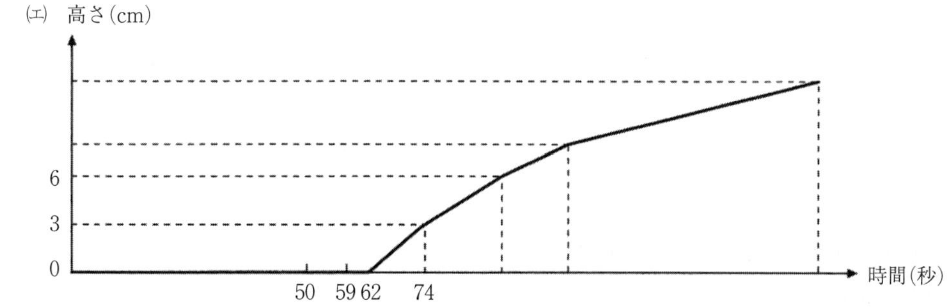

【社　会】〈第２回試験〉（30分）〈満点：50点〉

1　次の文を読んで，問いに答えなさい。

おせち料理の歴史が始まったのは，弥生時代だと言われています。①稲作の習慣とともに，「節《せつ》」と呼ばれる季節の変わり目ごとに②収穫《しゅうかく》を祝う風習が，各地の③ムラやクニに広まっていったようです。

おせち料理が文化として定着したのは，④奈良時代から平安時代のころでした。朝廷が行う「節」の儀式《ぎしき》で出された「御節供《おせちく》」というお祝いの料理が，現在のおせち料理の原型となりました。こうして貴族の間で親しまれていた「御節供」が⑤庶民《しょみん》に広まったのは，江戸時代のことです。

⑥江戸幕府が特別な５つの※節日《せちにち》を祝日に定めたことで，それまで貴族の風習だった「節」の儀式が庶民の文化として根づくようになりました。なかでも新年を迎《むか》える１月１日は最も重要な日であるとされ，家族で新年を祝う料理を食べる習慣が生まれました。その後，幕末から⑦明治時代ごろに，重箱につめる形が一般的になりました。

現在の呼び名である「おせち」が全国に浸透《しんとう》したのは，⑧第二次世界大戦後の⑨高度経済成長期のころです。それまで各家庭でつくるのが一般的であったお正月の料理を，あるデパートが重箱につめ，かつて貴族たちが使っていた「おせち」という言葉を使って売り出したところ，その名が広く普及《ふきゅう》しました。

⑩21世紀に入った現在，おせち料理は，和風のものだけではなく，洋風や中華風，和洋《わよう》※折《せっ》衷《ちゅう》の料理が盛り込まれるなど，バラエティ豊かなものとなっています。これからもおせち料理は，時代にあわせて形を変えながら，日本の伝統文化として残っていくことでしょう。

※節日…季節の変わり目にあたって，祝いを行う日。

※折衷…いくつかの異なったもののよいところをとり合わせて，１つにまとめ上げること。

問１．下線部①について，稲作の伝来ルートとして**誤っているもの**を，右の地図中ア～エの中から１つ選び，記号で答えなさい。

問２．下線部②について，新米など農作物の収穫を祝う日本古来の行事の１つに，「新嘗《にいなめ》祭《さい》」があります。この行事を由来として，戦後に定められた国民の祝日を，次のア～エの中から１つ選び，記号で答えなさい。

ア．敬老の日　　イ．秋分の日

ウ．文化の日　　エ．勤労感謝の日

問３．下線部③について，弥生時代の「ムラ」や「クニ」を説明した文として正しいものを，次のア～エの中から１つ選び，記号で答えなさい。

ア．ムラに指導者はいたが，人々のあいだに貧富の差はなかった。

イ．ムラの指導者を中心に人々の団結が強まり，惣と呼ばれる自治組織がつくられた。

ウ．土地や水の利用などをめぐる争いが生じ，周辺のムラをまとめるクニがあらわれた。

エ．クニの統一を進めるために，律令と呼ばれる独自の法律がつくられた。

問４．下線部④について，奈良時代から平安時代のできごとを説明した次のア～エを，**年代の古いものから順に**並べかえなさい。

ア．聖武天皇が全国に国分寺・国分尼寺を建立した。

イ．白河天皇が皇子に皇位を譲《ゆず》り，院政を行った。

ウ．平清盛が武士として初めて太政大臣に就任した。

エ．藤原頼通が摂政・関白となり，政治の実権を握《にぎ》った。

問５．下線部⑤について，次の屏風《びょうぶ》絵は，庶民が田植えのときに，豊作を願って歌い舞った様子を描いたものです。ここに描かれた芸能を何というか，**漢字２字で**答えなさい。

「月次風俗《つきなみふうぞく》図屏風」による。

問６．下線部⑥について，江戸幕府のしくみを説明した文として正しいものを，次のア～エの中から１つ選び，記号で答えなさい。

ア．大名を統制するために，侍所が置かれた。

イ．将軍を補佐して政治を取りしきるために，管領が置かれた。

ウ．公家や西国大名を監視《かんし》するために，京都所司代が置かれた。

エ．公家や大名どうしの訴訟を取りまとめるために，問注所が置かれた。

問７．下線部⑦について，明治時代に内閣総理大臣に就任したことがある人物を，次のア～オの中から**すべて**選び，記号で答えなさい。

ア．伊藤博文　　イ．犬養毅　　ウ．桂太郎　　エ．黒田清隆　　オ．原敬

問８．下線部⑧について，第二次世界大戦後の日本のできごとを説明した文として正しいものを，次のア～オの中から**すべて**選び，記号で答えなさい。

ア．軍国主義を排除《はいじょ》し，民主化を進めるための改革が行われた。

イ．めざましい経済復興を背景に，所得倍増計画が進められた。

ウ．関税自主権を完全に回復して，欧米諸国との条約改正を達成した。

エ．欧米諸国に劣《おと》らない強い国をつくるため，富国強兵の改革が進められた。

オ．社会保障などについての財源を確保するため，初めて消費税が導入された。

問９．下線部⑨について，この時期に関係する次の２つの資料を見て，次のページの(1)・(2)の問いに答えなさい。

【A】　経済成長率の推移

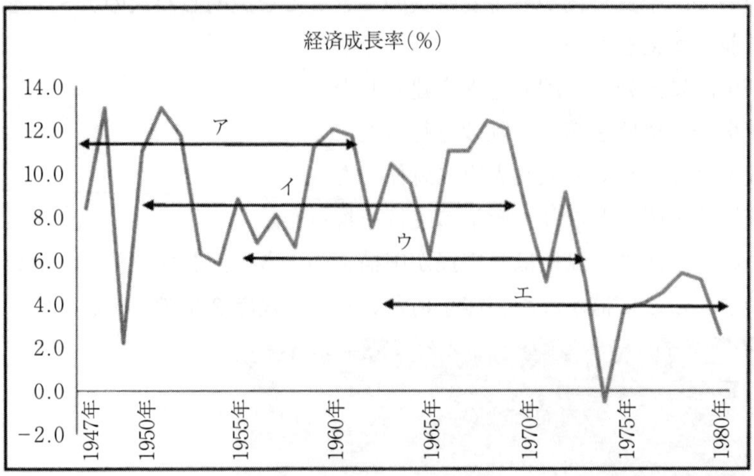

総務省の統計により作成。

【B】　マスクをつけて登下校する児童

毎日新聞社の資料による。

⑴　【A】のグラフ中のア～エの中から，高度経済成長期を示すものを１つ選び，記号で答えなさい。

⑵　【B】は，この時期に起こった社会問題を表した写真です。どのような社会問題が起こったのか，その理由とともに説明しなさい。

問10．下線部⑩について，21世紀とは，西暦何年から何年までのことですか。解答欄に合うように，**算用数字で**答えなさい。

2　先生と生徒が関東地方の地図を見ながら会話をしています。これを読んで，問いに答えなさい。

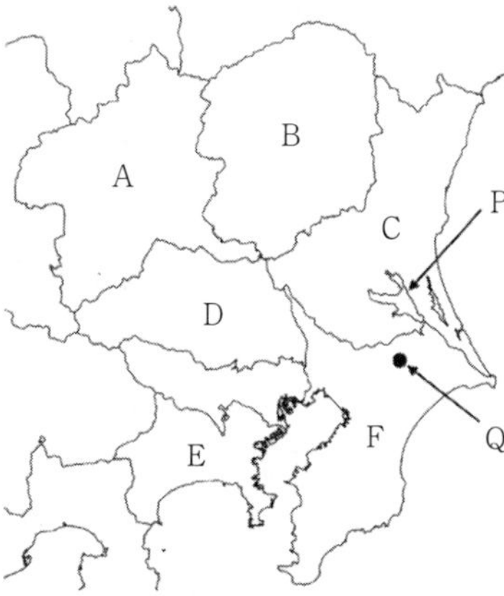

生徒：関東地方には，大きな平野が広がっています。

先生：関東平野は日本最大の平野で，その面積は国土面積の４％を超えます。①地図中Ｐは，かつては海でしたが，現在は琵琶湖に次ぐ大きさの湖です。また，②いくつかの大きな河川が流れ，それが都県の境界となっているところもあります。

生徒：関東地方の中心都市は，日本の首都でもある東京ですね。

先生：東京には，国会議事堂や中央省庁，最高裁判所など，国の主要な機関が集中しているだけでなく，さまざまな産業が盛んで人口密度も高いです。

生徒：人口密度とは【　Ｘ　】で求められる数値ですね。

先生：では，昼夜間人口比率という言葉を聞いたことがありますか。昼間人口を夜間人口で割り，パーセントで示した数値のことです。夜間人口とは，そこに居住している人口のことです。東京都は昼夜間人口比率が100を【 Ｙ 】います。このことから，多くの人々が毎日東京都内へ通勤・通学をしているということが分かります。

生徒：東京やその近郊《きんこう》では，③鉄道などの公共交通機関の運行間隔《かんかく》が比較《ひかく》的短く，移動には苦労しません。また，④新幹線や⑤航空機を利用すれば，遠距離《えんきょり》の移動も比較的容易にできます。

先生：そのおかげで⑥観光業も成長していて，外国から訪れる人々も多くなりました。

生徒：人口が多い都市では，どのような問題が起こりますか。

先生：道路の渋滞《じゅうたい》やごみの処理など，さまざまな問題があります。東京では，地面の大部分がアスファルトなどで覆《おお》われ，高層ビルが多いことから，気温が周辺の地域よりも高くなる【 Ｚ 】現象なども生じています。

生徒：東京を中心に都市化が進んでいますが，関東地方には農地が広がっている地域もみられます。関東地方ではどのような農畜産物が生産されていますか。

先生：米の生産も盛んですが，多くの人口をかかえているので，⑦新鮮さが求められる野菜や畜産物など，消費者のニーズにあったものが盛んに生産されています。

問１．【Ｘ】・【Ｙ】にあてはまる語句の組み合わせとして正しいものを，次のア～エの中から１つ選び，記号で答えなさい。

	Ｘ	Ｙ
ア	人口÷面積	上回って
イ	人口÷面積	下回って
ウ	面積÷人口	上回って
エ	面積÷人口	下回って

問２．【Ｚ】にあてはまる語句を，**カタカナで**答えなさい。

問３．下線部①が示す湖の名称《めいしょう》を答えなさい。

問４．下線部②について，河川と都県の境界との組み合わせが正しいものを，次のア～エの中から１つ選び，記号で答えなさい。

ア．荒川は，栃木県と群馬県との境界の一部になっている。

イ．利根川は，栃木県と群馬県との境界の一部になっている。

ウ．相模川は，東京都と神奈川県との境界の一部になっている。

エ．多摩川は，東京都と神奈川県との境界の一部になっている。

問５．下線部③について，JR 東日本の首都圏《けん》エリアでは，2016年に「駅ナンバリング」が導入されました。これは，「JY」などの路線記号と「17」などの駅番号を組み合わせて表示するほか，主な駅には，路線記号・駅番号に加えて，駅名をアルファベット３文字で表現した「スリーレターコード」を表示しています。次の表示において，「JY」は JR 山手線を表し，左の「SJK」は新宿駅を表しています。右の駅ナンバリング「TGW」が表す，2020年に開業した駅の名称を答えなさい。

問６．下線部④について，新幹線の駅が設置されていない県を，地図中Ａ～Ｆの中から**すべて**選び，記号で答えなさい。

問７．下線部⑤について，地図中Ｑに位置する空港を説明した文として正しいものを，次のア～エの中から１つ選び，記号で答えなさい。

ア．乗降客数が，日本で一番多い空港である。

イ．取扱《とりあつかい》貨物量が，日本で一番多い空港である。

ウ．敷地《しきち》面積が，日本で一番広い空港である。

エ．24時間離着陸《りちゃくりく》が，日本で唯一《ゆいいつ》可能な空港である。

問８．下線部⑥について，国内外からの観光客が増え過ぎて，地域住民の生活や自然環境などに対してさまざまな問題が発生することを何というか，**カタカナで**答えなさい。

問９．下線部⑦について，右の表中Ⅰ～Ⅲは，2021年におけるキャベツの収穫量，きゅうりの収穫量，採卵鶏《さいらんけい》飼養羽数のうちいずれかについての上位５つの都道府県を示しています。Ⅰ～Ⅲの組み合わせとして正しいものを，次のア～カの中から１つ選び，記号で答えなさい。なお，表中Ａ・Ｃ・Ｄ・Ｆは，７ページの地図中の記号で示されている県です。

	1位	2位	3位	4位	5位
Ⅰ	A	愛知	F	C	長野
Ⅱ	C	鹿児島	F	広島	岡山
Ⅲ	宮崎	A	D	福島	F

農林水産省の統計により作成。

	ア	イ	ウ	エ	オ	カ
Ⅰ	キャベツ	キャベツ	きゅうり	きゅうり	採卵鶏	採卵鶏
Ⅱ	きゅうり	採卵鶏	キャベツ	採卵鶏	キャベツ	きゅうり
Ⅲ	採卵鶏	きゅうり	採卵鶏	キャベツ	きゅうり	キャベツ

問10．先生と生徒は，校外学習で東京都内にある次の写真のような施設を見学しました。都内の

道路や公園などの地下空間にこのような施設が作られた目的を，簡潔に説明しなさい。

東京都建設局のホームページより。

3　次の文を読んで，問いに答えなさい。

2023年3月18日から，JR東日本の首都圏の主な鉄道路線や東京メトロをはじめとする多くの私鉄の運賃が値上げされました。これは，各社が①鉄道駅バリアフリー料金制度を活用して，駅のホームドアや【 X 】などのバリアフリー設備の整備を加速させていくために実施《じっし》されたことです。目の見えない人や手足の不自由な人などが生活しやすいように，障へきとなるものを取り除いていくという考え方をバリアフリーといいます。

②日本国憲法では，第13条において「すべて国民は，個人として尊重される。【 Y 】，③自由及《およ》び幸福追求に対する④国民の権利については，公共の福祉に反しない限り，⑤立法その他の国政の上で，最大の尊重を必要とする。」と規定され，個人の尊重と幸福追求の権利が明記されています。多様化が進む⑥現代の日本においては，すべての人が安心して暮らし，幸福を追求することができる社会づくりが求められています。

問1．【X】にあてはまる適切な語句を考え，答えなさい。

問2．【Y】にあてはまる語句を，**漢字で**答えなさい。

問3．下線部①について，この制度は，閣議決定で示された方針に基づいて，国土交通省により創設されたものです。閣議と国土交通省に関する次のⅠ～Ⅳの文のうち，正しいものの組み合わせを，下のア～エの中から1つ選び，記号で答えなさい。

Ⅰ．閣議は，過半数の賛成によって決定がなされる。

Ⅱ．閣議は，全会一致《いっち》によって決定がなされる。

Ⅲ．国土交通省は，海上保安庁を所管している。

Ⅳ．国土交通省は，国家公安委員会を所管している。

ア．ⅠとⅢ　　イ．ⅠとⅣ　　ウ．ⅡとⅢ　　エ．ⅡとⅣ

問4．下線部②について，日本国憲法の三大原理とされているものは，平和主義と基本的人権の尊重と，あと1つは何か，**漢字で**答えなさい。

問5．下線部③について，日本国憲法において精神の自由とされているものを，次のア～オの中から**すべて**選び，記号で答えなさい。

ア．学問の自由　　イ．信教の自由　　ウ．職業選択の自由

エ．居住・移転の自由　　オ．集会・結社の自由

問６．下線部④について，国民の権利を守る仕事をする裁判所や裁判官は，他の機関から命令や圧力を受けることがあってはならないとされています。この原則を何というか，答えなさい。

問７．下線部⑤について，唯一《ゆいいつ》の立法機関である国会に関する文として**誤っているもの**を，次のア～エの中から１つ選び，記号で答えなさい。

ア．国会は，内閣総理大臣の任命権をもつ。

イ．国会は，内閣が作成した国の予算の議決権をもつ。

ウ．内閣は，国会に対して連帯責任を負う。

エ．裁判所は，国会に対して違憲立法審査権をもつ。

問８．下線部⑥について，2023年５月19日から21日にかけて，広島で主要７か国首脳会議(Ｇ７サミット)が開かれました。主要７か国に含《ふく》まれる国を，次のア～オの中から**すべて**選び，記号で答えなさい。

ア．オーストラリア　　イ．カナダ　　ウ．中華人民共和国

エ．ドイツ　　オ．ロシア

【理　科】〈第２回試験〉（30分）〈満点：50点〉

1　植物の種子と発芽する条件について，次の各問いに答えなさい。

(1)　右図は発芽する前のインゲンマメの種子の断面です。断面にヨウ素液をかけたとき，青紫《あおむらさき》色に変わるのはどこですか。図中の(ア)〜(エ)から１つ選び，記号で答えなさい。

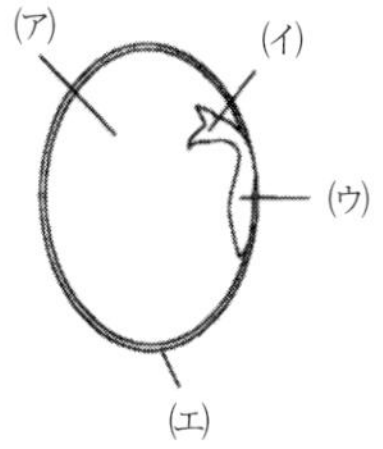

(2)　５つのプラスチック容器を使って，次のＡ〜Ｅのようにしてインゲンマメの種子が発芽するかどうかを調べたところ，発芽したものが２つありました。Ａ〜Ｄの温度は25℃で，Ｅの冷蔵庫の中は真っ暗で，温度は５℃でした。あとの①と②に答えなさい。

Ａ　乾《かわ》いた脱脂綿《だっしめん》に種子をまき，日光を十分に当てた。

Ｂ　水で湿《しめ》らせた脱脂綿に種子をまき，日光を十分に当てた。

Ｃ　脱脂綿に種子をまき，種子が完全につかるように水を入れ，日光を十分に当てた。

Ｄ　水で湿らせた脱脂綿に種子をまき，黒い箱で全体をおおい，種子に日光が当たらないようにした。

Ｅ　水で湿らせた脱脂綿に種子をまき，冷蔵庫の中に入れた。

①　Ａ〜Ｅのうち，発芽したものを２つ選び，解答欄の記号を○で囲みなさい。

②　発芽するのに空気が必要であるかどうかを調べるためには，Ａ〜Ｅのどれとどれを比較《ひかく》すればよいですか。記号で答えなさい。

2　骨と筋肉について，次の各問いに答えなさい。

(1)　右図は，人の足の骨を表したものです。足の親指の空欄Ｘと，人差し指の空欄Ｙの中に，それぞれ関節は何個ありますか。

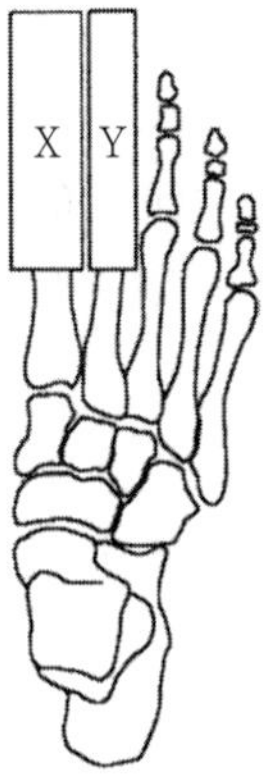

(2)　腕《うで》や膝《ひざ》を曲げたり伸《の》ばしたりできるのは，骨についている筋肉がちぢんだりゆるんだりするからです。下図は，椅子《いす》に座っている人が膝を曲げて足を床《ゆか》につけた状態から，膝を伸ばして足を持ち上げたときの，骨ともも の筋肉ＡとＢを表しています。あとの①と②に答えなさい。

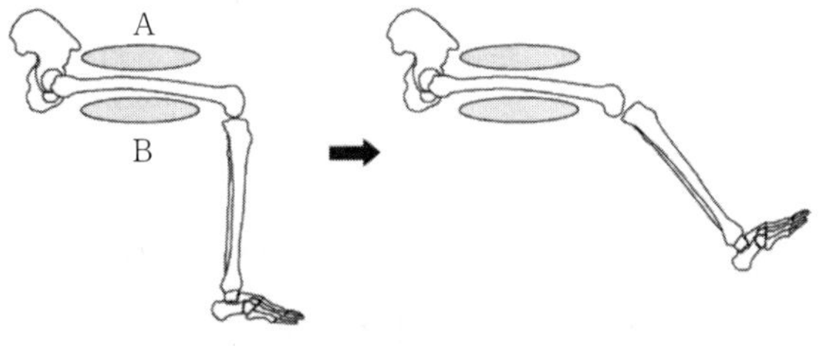

①　図のように足を持ち上げたとき，ちぢむ筋肉はＡとＢのどちらですか。記号で答えなさい。

②　筋肉の端《はし》は細く，じょうぶになっていて，骨にしっかりとついています。この部分を「けん」といいます。筋肉Ｂの両端《たん》のけんはどのように骨についていると考えられますか。次の(ア)〜(エ)から最も適するものを選び，記号で答えなさい。

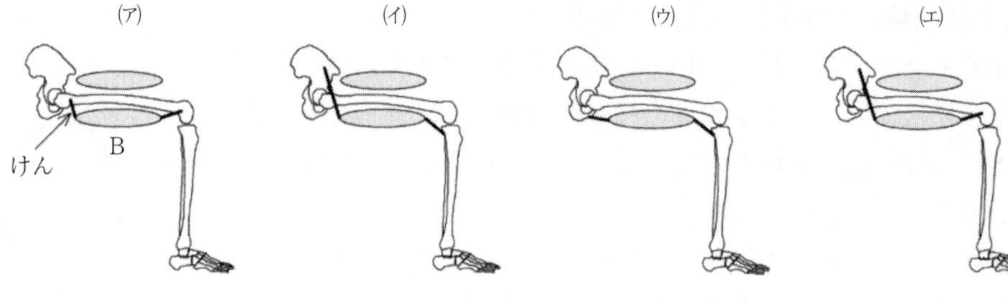

3　岩石にはマグマが冷えて固まった岩石(火成岩)や，海底などに砂やどろなどがたい積して固まった岩石(たい積岩)があります。いろいろな岩石について，次の各問いに答えなさい。

(1)　右図のＡとＢは火成岩を顕《けん》微鏡《びきょう》で観察したものです。次の(ア)～(オ)のうち，正しいものを２つ選び，解答欄の記号を○で囲みなさい。

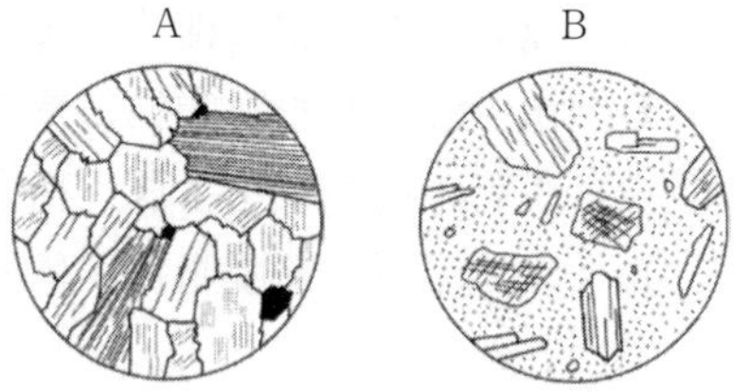

(ア)　Ａはマグマが地上付近で冷えて固まったもので，Ｂは地下深くで冷えて固まったものである。

(イ)　Ｂはマグマが地上付近で冷えて固まったもので，Ａは地下深くで冷えて固まったものである。

(ウ)　げん武岩のつくりはＡで，流もん岩のつくりはＢである。

(エ)　せん緑岩のつくりはＡで，安山岩のつくりはＢである。

(オ)　花こう岩のつくりはＡで，はんれい岩のつくりはＢである。

(2)　次の(ア)～(カ)のたい積岩について，あとの①と②に答えなさい。

(ア)　れき岩　　(イ)　でい岩　　(ウ)　ぎょうかい岩

(エ)　石灰岩　　(オ)　チャート　　(カ)　砂岩

①　角ばったつぶが多く含《ふく》まれている岩石を１つ選び，記号で答えなさい。

②　生物の死がいがたい積してできる岩石を２つ選び，解答欄の記号を○で囲みなさい。

4　６種類のつぶ状の物質Ａ～Ｆがあります。Ａ～Ｆは，次のいずれかであることがわかっています。これらの物質を区別するために行った操作と結果を読み，あとの各問いに答えなさい。

〔物質〕

アルミニウム　　銀　　食塩　　ガラス　　鉄　　石灰石

〔操作と結果〕

操作１　Ａ～Ｆを別々の試験管に入れて水を注いだ。水に溶《と》けたのはＣだけだった。

操作２　Ａ～Ｆを別々の試験管に入れてうすい塩酸を注いだ。気体を発生しながら溶けたのは，ＡとＢとＥだった。

操作３　Ａ～Ｆそれぞれに豆電球と電池をつないだ。豆電球が点灯したのは，ＡとＥとＦだった。

(1)　操作２でＢにうすい塩酸を注いだときに発生する気体の名前を答えなさい。

(2)　Ｆはどの物質ですか。

(3)　操作１～操作３では，ＡとＥを区別できません。ＡとＥを区別するためにはどのような操作を行い，何を調べればよいですか。次の(ア)～(エ)から適するものを２つ選び，解答欄の記号を○

で囲みなさい。

(ア)　別々の試験管に入れて，水酸化ナトリウム水溶液《すいようえき》を注ぎ，気体を発生しながら溶けるかどうかを調べる。

(イ)　別々の試験管に入れて，うすい塩酸を注いだときに発生する気体を集めて火を近づけ，その気体が燃えるかどうかを調べる。

(ウ)　それぞれに磁石を近づけて，磁石に引きつけられるかどうかを調べる。

(エ)　それぞれをたたいて，うすく広がるかどうかを調べる。

5　空気が含むことのできる水蒸気の重さ(水蒸気量)には限度があります。１m^3の空気が含むことのできる最大の水蒸気量を「飽和《ほうわ》水蒸気量」といい，右表のように温度によって決まっています。また「湿度《しつど》」は，ある空気１m^3に含まれる水蒸気量が，その温度での飽和水蒸気量に対してどのくらいの割合かを百分率(％)で表したものです。

〔空気の温度と飽和水蒸気量〕

温度〔℃〕	17	18	19	20	21	22	23
飽和水蒸気量〔g〕	14.5	15.4	16.4	17.3	18.3	19.4	20.5

空気の温度が下がっていくと，やがて空気１m^3中の水蒸気量と飽和水蒸気量が同じになります。このときの温度を「露点《ろてん》」といいます。温度が露点より下がると，含みきれなくなった水蒸気が水滴《すいてき》となって出てきます。次の各問いに答えなさい。

(1)　温度23℃で湿度80％の空気１m^3に含まれる水蒸気量は何ｇですか。

(2)　(1)の空気の露点は何℃ですか。

(3)　水蒸気を多く含んだ空気が山をのぼり，反対側にふきおりたとき，風下側のふもとの気温が高くなることがあります。これを「フェーン現象」といいます。フェーン現象が起こるしくみについて説明した次の文を読み，あとの①と②に答えなさい。

空気は上昇《しょう》すると温度が下がり，下降すると温度が上がります。空気が山をのぼるとき，雲ができはじめるまでは100ｍ上昇するごとに１℃温度が下がりますが，雲ができはじめてからは100ｍ上昇するごとに0.5℃しか温度が下がりません。できた雲がすべて雨になって山頂で雲がなくなったとすると，空気が山をおりるときには100ｍ下降するごとに１℃温度が上がります。以上のことから，風下側のふもとにおりてきた空気は山をのぼる前よりも温度が高くなります。

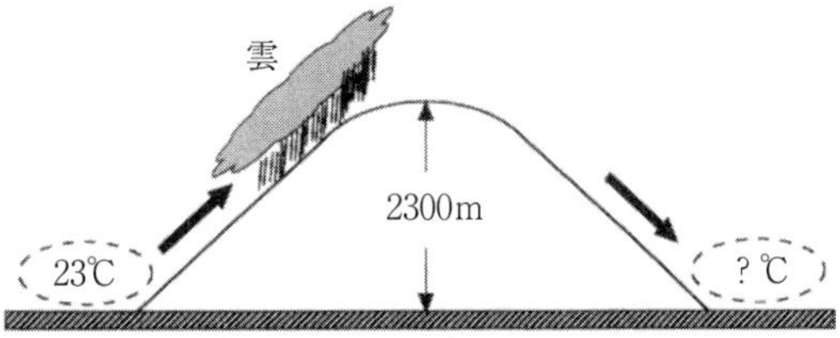

①　右上の図のように，温度23℃で湿度80％の空気が高さ2300ｍの山をのぼりました。この空気が何ｍの高さをこえると，雲ができはじめますか。

②　①の空気が山頂をこえ，風下側のふもとにおりてきたときの温度は何℃ですか。ただし，できた雲は風上側ですべて雨になって，山頂で雲がなくなったとします。

6　図１は水面を真上から見た図で，点Ｏを棒でたたくと点Ｏを中心とした円形状の波が広がっていきます。この波が１秒間に２マスずつ広がるとすると，点Ｏを１回たたいてから３秒後の水面の波は図２のように作図できます。あとの各問いに答えなさい。ただし，水面をたたいたときにできた波だけを作図するものとします。

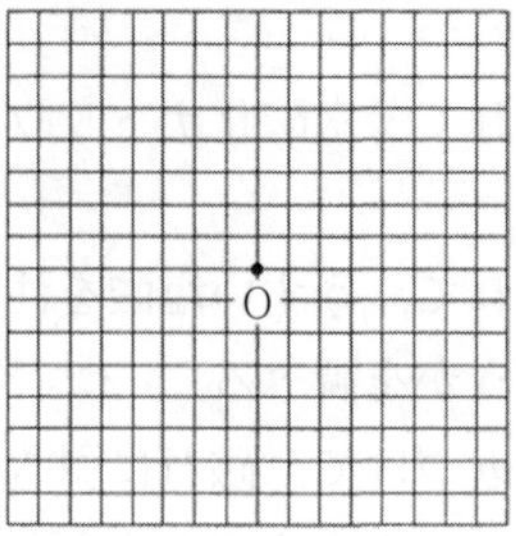

図１

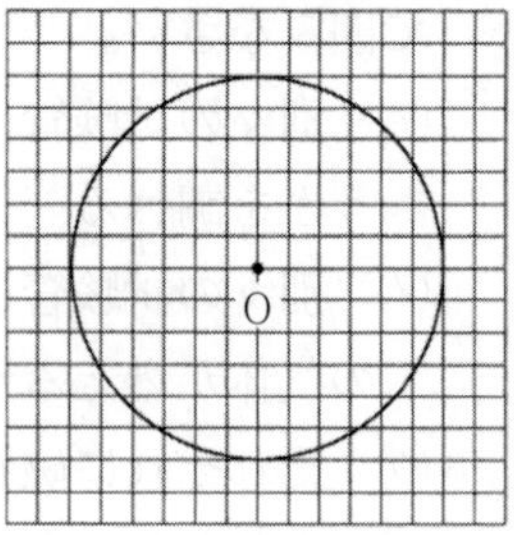

図２

(1)　点Ｏを棒で１秒ごとに１回，全部で３回たたきました。点Ｏを最初にたたいてから３秒後の水面の波はどのようになっていますか。解答欄の図には最初にたたいたときにできた波がかかれています。２回目と３回目にたたいたときにできた波を，ていねいに作図しなさい。

(2)　点Ｏをたたいたあと，１秒ごとに１回，右に１マスずつ棒を動かして水面をたたいたとき，点Ｏをたたいてから４秒後の水面の波のようすとして正しいものを，次の(ア)～(エ)から１つ選び，記号で答えなさい。

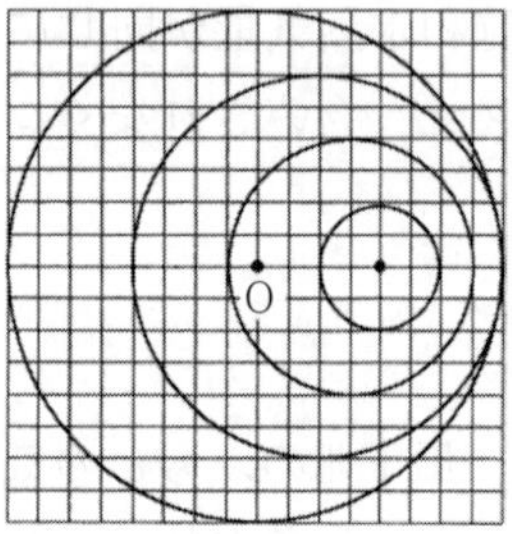

(ア)

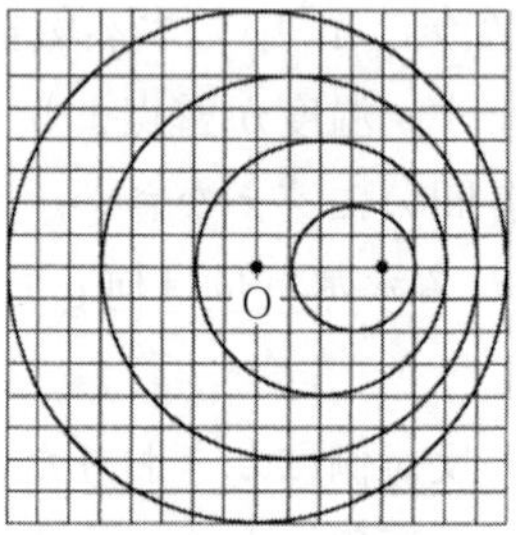

(イ)

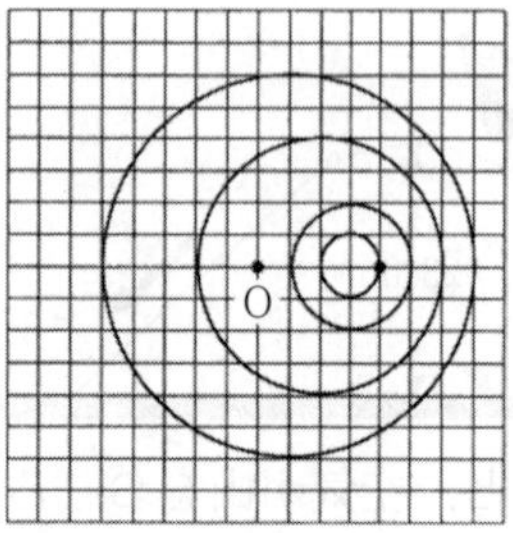

(ウ)

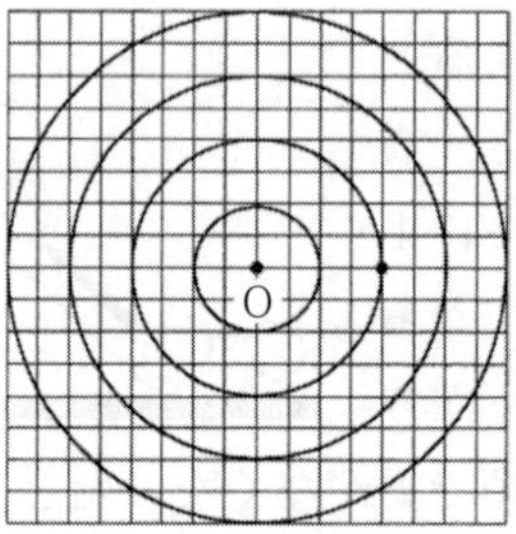

(エ)

(3)　音は空気中を伝わる波で，波の間隔《かんかく》が短いほど高い音になります。サイレンを鳴らしている救急車とすれちがうとき，救急車が近づいてくるときと遠ざかるときでは，サイレンの音の高さが変わって聞こえます。この現象を「ドップラー効果」といいます。水面を救急車のまわりの空気，水面をたたく棒を救急車として考えると，ドップラー効果を説明できます。次の文の空欄①と②にあてはまる言葉をあとの(ア)～(オ)からそれぞれ１つ選び，記号で答えなさい。

　救急車がサイレンを鳴らしながら走っているとき，救急車の後方と前方の波の間隔は(　①　)なる。したがって，救急車が近づいてくるときと遠ざかるときの音の高さを比べると，遠ざかるときの方が音が(　②　)なる。

①　(ア)　後方のほうが前方よりも長く　　(イ)　後方のほうが前方よりも短く　　(ウ)　同じに
②　(エ)　高く　　(オ)　低く

7　糸の端におもりをつけ，もう一方の端を天井《てんじょう》に固定してふりこをつくり，次の実験を行いました。あとの各問いに答えなさい。

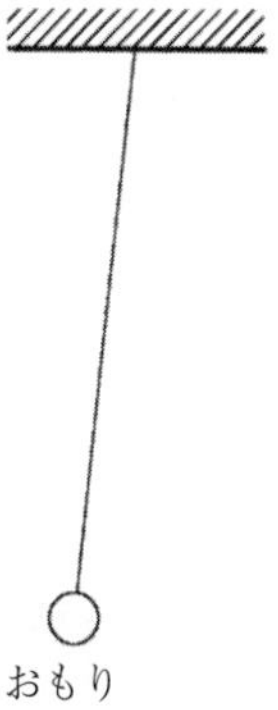

図１

〔実験〕　下表のＡ～Ｉのようにふりこの長さ(糸を固定したところからおもりの中心までの長さ)をいろいろ変えて，おもりを図１のように少し引き上げて静かに手をはなし，５往復する時間を調べた。

〔ふりこの長さと５往復する時間〕

	A	B	C	D	E	F	G	H	I
ふりこの長さ〔m〕	0.1	0.2	0.3	0.4	0.5	0.6	0.7	0.8	0.9
５往復する時間〔秒〕	3.2	4.5	5.5	6.4	7.1	7.8	8.4	9.0	9.6

(1)　５往復する時間が11秒になるときのふりこの長さとして最も適するものを，次の(ア)～(エ)から選び，記号で答えなさい。

(ア)　1.1m　　(イ)　1.2m　　(ウ)　1.3m　　(エ)　1.4m

(2)　横軸《よこじく》を「ふりこの長さ〔m〕」，縦軸を「５往復する時間〔秒〕×５往復する時間〔秒〕」としてその関係をグラフに表すと，どのようになりますか。次の(ア)～(エ)から最も適するものを選び，記号で答えなさい。

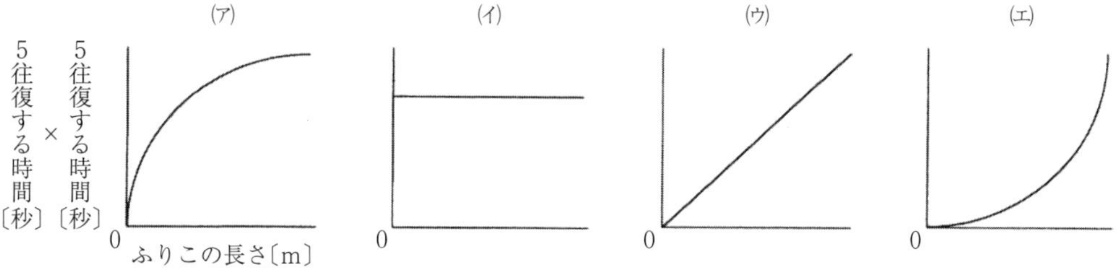

(3)　ふりこの長さを0.7mにし，糸を天井に固定したところから0.3m真下の位置に釘《くぎ》をとりつけ，少し引き上げて静かに手をはなしたところ，ふりこは図２のような動きをくり返しました。ふりこが５往復する時間は何秒ですか。ただし，釘の太さは考えないものとします。

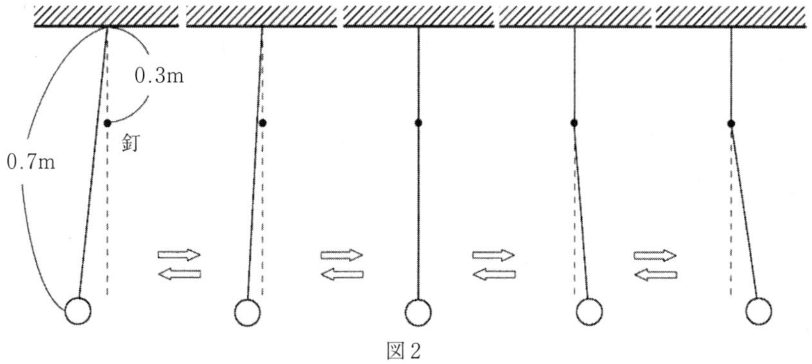

図２

8　ある物質に，水がくっついたものを，水和物といいます。硫酸銅《りゅうさんどう》という物質の水和物には，硫酸銅五水和物，硫酸銅三水和物，硫酸銅一水和物があります。それぞれの物質はたくさんの硫酸銅のつぶや水のつぶからできています。「五」「三」「一」という数字は，硫酸銅のつぶ１つにくっついている水のつぶの数を表しています。下図は，硫酸銅のつぶを●，水のつぶを○として，硫酸銅五水和物，硫酸銅三水和物，硫酸銅一水和物，硫酸銅を簡単に表したものです。ただし，同じ種類のつぶ１つの重さはどれも同じです。

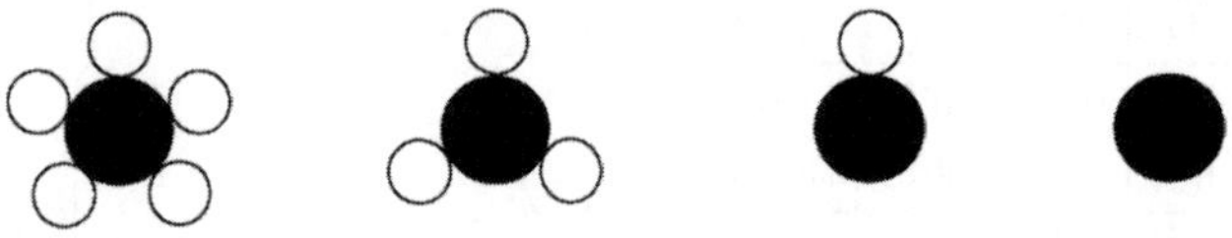

硫酸銅五水和物　硫酸銅三水和物　硫酸銅一水和物　硫酸銅

硫酸銅五水和物を加熱して温度を上げていくと，硫酸銅のつぶにくっついていた水のつぶが段階的に失われていきます。はじめは硫酸銅１つぶあたり水２つぶが失われて，硫酸銅三水和物になります。次に水２つぶが失われて，硫酸銅一水和物になります。最後に，水１つぶが失われて水を含まない硫酸銅になります。

100ｇの硫酸銅五水和物を加熱したところ，含まれていた水が段階的に失われて，硫酸銅三水和物，硫酸銅一水和物となり，最後に64ｇの硫酸銅となりました。右図は，温度と重さの関係を表したグラフです。次の各問いに答えなさい。

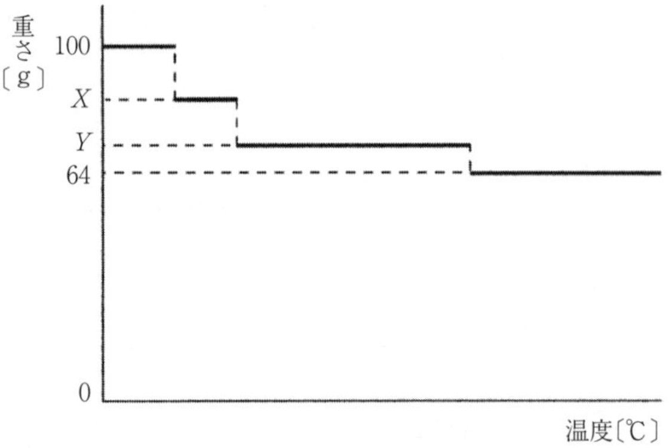

(1)　100ｇの硫酸銅五水和物に，水は何ｇ含まれていますか。

(2)　グラフ中のX，Yにあてはまる数字をそれぞれ求めなさい。

(3)　硫酸銅五水和物に水を加えて溶かすと，硫酸銅の水溶液ができます。このとき，硫酸銅五水和物に含まれていた水は，加えた水と合わさって，水溶液の水の部分になります。

硫酸銅五水和物を水に限界まで溶かすと硫酸銅の飽和水溶液ができます。60℃の硫酸銅の飽和水溶液140ｇには，40ｇの硫酸銅が溶けています。次の①と②に答えなさい。

①　60℃の硫酸銅の飽和水溶液84ｇには，何ｇの硫酸銅が溶けていますか。

②　硫酸銅五水和物100ｇに水を加えてすべて溶かし，60℃の硫酸銅の飽和水溶液をつくるには，水を何ｇ加えればよいですか。

五

次の①～⑦の――線部を漢字に改め、⑧～⑩の――線部の読みをひらがなで答えなさい。

① エネルギーをホキュウする。

② 大きな建物がランリツしている。

③ 生物学をセンモンにしている。

④ 大人数でタイレツを組む。

⑤ リョウヤクは口に苦し。

⑥ 絶対にタゴンしてはならない。

⑦ 誤りをタダちに改める。

⑧ 米や麦の類い。

⑨ 木造の家屋が立ち並ぶ。

⑩ 今大会がオリンピック出場の試金石だ。

「メー」は「蘭」にとってどのような存在でしたか。本文中から抜き出して答えなさい。

問十八、――線⑰「ネコの絵が一枚もないのが不思議だった」とありますが、「ネコの絵が一枚もない」のはなぜだと考えられますか。本文中から十五字以内で抜き出して答えなさい。

問十九、――線⑱「死んだ人は、親しい人や友だちの心の中で生きている」とありますが、「佳斗」がそう思った理由を説明した次の文の□に当てはまる言葉を、本文中から抜き出して答えなさい。

〈お母さんに、ナツばあやクロちゃんの□があるから。〉

問二十、この文章を大きく三つの場面に分けた場合、その二つ目の場面の最初の五字を答えなさい。

二

次の文章は、「一」の文章の別の箇所《かしょ》からの引用です。これを読んで、後の問いに答えなさい。

①ピアノの鍵盤《けんばん》も、テンちゃんと同じ白と黒だ。なんだか②うれしくなって、〈ねこふんじゃった〉をまた③弾《ひ》いた。

指はなめらかに動き、リズムに合わせて体も動いた。もっとほかの曲に④挑戦《ちょうせん》しようか、と⑤思いながら、テンちゃんのほうを見たら、曲に合わせて踊っていた。飛びはねながら前足を⑥あげている。

問一、――線①「ピアノの鍵盤も、テンちゃんと同じ白と黒だ」と主語・述語の関係が同じ文を、次の(ア)～(エ)の中から選び、記号で答えなさい。

(ア) 父は医者だ　(イ) 星も輝《かがや》く
(ウ) 月がきれいだ　(エ) ノートがある

問二、――線②「うれしくなって」・――線③「弾いた」・――線④「挑戦しようか」・――線⑥「あげている」の中から主語が異なるものを一つ選び、番号で答えなさい。

問三、――線⑤「思いながら」が直接かかっていく部分を、次の(ア)～(オ)の中から選び、記号で答えなさい。

(ア) テンちゃんの　(イ) ほうを　(ウ) 見たら
(エ) 曲に合わせて　(オ) 踊っていた

三

次の①～③の□に当てはまる言葉をそれぞれひらがな二字で答えなさい。また、その意味を後の(ア)～(オ)の中から選び、それぞれ記号で答えなさい。

① おお□ぶるまい
② おお□をあける
③ おお□をきる

(ア) 大損をすること。
(イ) 実現できないようなことを計画すること。
(ウ) やかましく言わないで見のがしておくこと。
(エ) 自信のあることをおおげさに言動で示すこと。
(オ) 人に気前よくごちそうしたり、物をあげたりすること。

四

次の①～④の言葉には、誤字が一つずつあります。その一字を抜き出し、それぞれ正しい漢字に改めなさい。

① 路答に迷う
② 後悔先に絶たず
③ 有秋の美をかざる
④ 機戦を制する

(エ) なだめる　(オ) はげます　(カ) うながす

問五、――線④「お母さんが受付で聞くと」とありますが、「お母さん」が聞いた内容はどんなことだと考えられますか。二十五字以内で答えなさい。

問六、――線⑤「なにか強い衝撃を受けて、横隔膜が破れ、内臓が肺のほうに飛び出してしまった」とありますが、「テンちゃん」はどのような状況《じょうきょう》だったと「先生」は考えていますか。それがわかる部分を本文中から四十字程度で抜き出し、最初と最後の五字を答えなさい。

問七、――線⑥「そのまま」とありますが、「テンちゃん」は発見されたとき、どんな様子だったのですか。「まま」に続くように、本文中の言葉を使って十字以内で答えなさい。

問八、――線⑦「つれてきてくれた人」とは、具体的にどんな「人」ですか。本文中から抜き出して答えなさい。

問九、［⑧］に当てはまる言葉として最も適切なものを、次の(ア)～(エ)の中から選び、記号で答えなさい。

(ア) 興奮　(イ) 緊張《きんちょう》　(ウ) 安心　(エ) 油断

問十、――線⑩「つらいできごと」とは、どんなことを指していますか。本文中の言葉を用いて、二十五字以内で答えなさい。

問十一、――線⑪「蘭がネコをさがしてる」とありますが、「蘭」がネコさがしのためにしたことを具体的に三点、それぞれ簡潔に答えなさい。

問十二、――線⑫「テンちゃんのこと」とありますが、「佳斗」が「蘭」に伝えた内容はどんなことだと考えられますか。二十五字以内で答えなさい。

問十三、――線⑬「喜びと悲しみは、いつもくっついてる」とありますが、「蘭」の場合の「喜び」と「悲しみ」はどんなことですか。次の文の［A］・［B］に当てはまる言葉を、本文中から抜き出して答えなさい。［A］は六字で、［B］は二字でそれぞれ答えなさい。

〈［A］ことで、蘭が［B］したこと。〉

問十四、――線⑭「ドリアンの法則」の例として**適切でないもの**を、次の(ア)～(エ)の中から一つ選び、記号で答えなさい。

(ア) 読書感想文のコンクールに応募《おうぼ》して落選してしまったが、以前より文章力や表現力が身に付いた。

(イ) 野球の試合で強豪校《きょうごうこう》にわずかな差で負けてしまったが、善戦できたことで今後の自信につながった。

(ウ) 箱根で手作りしたガラスのコップは色と形が変だが、よく見ると味があってとても気に入っている。

(エ) 最新設備の整った環境《かんきょう》で勉強できることはうれしいが、思い出深い校舎が取り壊《こわ》されてしまった。

問十五、――線⑮「ばあちゃんとのこと」とありますが、「ばあちゃん」と「蘭」と「佳斗」の関係について、**適切でないもの**を、次の(ア)～(エ)の中から一つ選び、記号で答えなさい。

(ア)「蘭」が「ばあちゃん」とまたいっしょに散歩するようになったのは、「佳斗」のおかげだ。

(イ)「佳斗」は、「蘭」が毎朝いっしょに散歩をしている「ばあちゃん」を知っている。

(ウ)「蘭」は「ばあちゃん」と一時は口もきかなかったが、また毎朝いっしょに散歩している。

(エ)「ばあちゃん」の症状が進んでしまい、当初「蘭」は「ばあちゃん」を受け入れられなかった。

問十六、＝＝線a「なく」・b「なく」・c「ない」・d「ない」のうち、働きの異なるものを一つ選び、記号で答えなさい。

問十七、――線⑯「メーの絵は全部捨てちゃったのよ」とありますが、蘭のお母さんが返事をして、お父さんは用意を始めた。

お父さんのために巻き寿司といなり寿司をおみやげに買って、佳斗たちは店を出た。

「ひさしぶりにいっぱい食べたわ」お母さんがおなかを押《お》さえていった。

佳斗も、おいしかったし、蘭の両親とも話せてうれしかった。それに、お母さんがたくさん食べるのを見たのも、うれしかった。

「蘭くんはそんなに絵が好きなの？」

「うん。蘭の部屋には絵がたくさんはってある。でも、⑰ネコの絵が一枚もないのが不思議だった」

「蘭くんは佳斗のこと、知らないふりだってできたのよ。でも、ネコをなくしたときの気持ちがわかるから、助けなきゃと思ってくれたんでしょうね」

車に乗りこむと、お母さんはCDをかけた。静かな曲だ。ピアノの音。お父さんのCDに入っている曲だ。

「これ、お父さんが作った曲だよね？」

「そう。〈ワルツ・フォー・キティ〉。ジャズの有名な曲に、ビル・エヴァンスというピアニストが作った〈ワルツ・フォー・デビー〉というのがあるの。もう死んじゃった人だけど、お父さんはその人に憧《あこが》れてジャズピアノを始めたの」

「この曲、好きだよ。お父さんがライブで演奏してたのをおぼえてる」

「キティは子ネコという意味ね。子ネコのためのワルツ」

「けど、お父さんはネコを飼ったことがないんだよね？」

「クロちゃんが死んじゃったあと、わたしのために作ってくれたの。まだ結婚《けっこん》する前のこと。

あのころは、MDっていうちっちゃな録音ディスクがあって、できあがった曲をそれに入れて、うちまで届けにきてくれた。わたしはまだ仕事から帰ってなくて、ナツばあが預かってくれて。うちに帰って自分の部屋で聞いてると、ナツばあも来て、ふたりでいっしょにまた聞いたの。ナツばあも気に入ってた。

わたしはエヴァンスの曲よりこっちのほうが好き。そんな思い出もあるせいでしょうね」

「お母さんはこの曲を何度も聞いた？」

「もちろん。今でもときどき聞くわ。この曲を聞くと、クロちゃんのことをたくさん思い出す。ナツばあといっしょに、初めてこの曲を聞いたときのことも」

お母さんはメロディを口ずさんだ。お母さんの心の中では、クロちゃんが踊《おど》っているのだろうか。そして、ナツばあもそこにいるのだろうか。

⑱死んだ人は、親しい人や友だちの心の中で生きている。

（西田俊也『夏に、ネコをさがして』による）

＊1　ハウスパーク…スーパーの名前。

問一、——線①「佳斗はためらい、すぐにおりようとはしなかった」のは、「佳斗」にどんな気持ちがあったからですか。本文中から抜《ぬ》き出して答えなさい。

問二、～～線A～Dのうち、指している場所がほかと明らかに異なるものを一つ選び、その記号と場所を答えなさい。

問三、——線②「テンちゃん」はどんな特徴《とくちょう》を持ったネコですか。本文中から十字以内で抜き出して答えなさい。

問四、[③]・[⑨]に当てはまる言葉として最も適切なものを、次の(ア)～(カ)の中から選び、それぞれ記号で答えなさい。ただし、同じ記号を二回使うことはできません。

(ア)　おどける　　(イ)　ささやく　　(ウ)　はばかる

運んでいった。

蘭のお父さんがいった。「いやね、いろいろ聞いてびっくりしましたよ。うちの蘭が、ネコさがしを手伝うなんてね」

蘭のお母さんがもどってきて、いった。「蘭はテレビでネコのおもしろい動画をやってたりすると、チャンネルを変えるのよ。前はそんなことなかったの」

「メーのことを思い出すからな」蘭のお父さんがいった。

蘭のお母さんはカウンターの中に入り、洗い物をしながらいった。

「メーが死んだあと、ショックで、しばらくごはんも食べられなくてね。死んだのは去年の六月……。ガンだったんですよ」

「そのあとしばらく、わたしとは口もきいてくれなくてねえ」

「それは父ちゃんが、またべつのネコを飼えばいいんだ、なんていうから。蘭にとっては兄弟みたいなものだったのよ。いつもいっしょでね」

蘭のお父さんは頭をかいた。「あまりの落ちこみように、見ていられなくて、ついいっただけなんだが……。あ、あがりのおかわりはいかがですか?」

「わたしはだいじょうぶです。蘭くんのネコのことですが、わたしも昔飼っていたネコが死んだとき、もう大人でしたが、それは悲しかったですよ。だから、蘭くんの気持ちはよくわかります」

佳斗はいった。「蘭は、メーのことをとても大事に思っていたみたいだけど、今でもすごく悲しんでいるようには見えないけどな」

「友だちの前では強がっているのかもね」と、蘭のお母さん。

蘭のお父さんがいった。「ねえ、タイではどうなんだい？　動物が死んだりすると……」

蘭のお母さんは洗い物を終えて、手をふいたあと答えた。「もちろん同じように悲しみます。わたしは、⑬喜びと悲しみは、いつもくっついてると思っていますよ。喜びだけの幸せはありません。逆も同じね」

蘭のお父さんが佳斗を見ていった。「あのね、わたしはそれを、⑭ドリアンの法則と呼んでいるんだ。あれはくさいだろ？　でも、おいしい。なあ、おまえ、そうだろ？」

蘭のお母さんがにっこり笑った。「わたしは、メーのおかげで蘭が変わるというか、成長するだろうと思いましたよ。じっさい、⑮ばあちゃんとのことも……」

「そうだな。ばあちゃんの症状《しょうじょう》が進んでいくのを、蘭は最初、受け入れられaなくてね。一時は口もきかbなくなったんだ。オレの知ってるばあちゃんじゃcない、といってね」

佳斗は聞いた。「毎朝いっしょに散歩しているのに?」

「そう。なにがきっかけだったのかわからdないんだけど、またばあちゃんのめんどうをみてくれるようになってね。助かっているのよ」

「おまえが、ばあちゃんに今までどおり接しているのを見て、わかったんだろう。ところで、ネコのマップを作ったんだって?」と、お父さん。

「蘭くん、ものすごくくわしいんです」

「チラシの絵も描《か》いたそうだね」

「⑯メーの絵は全部捨てちゃったのよ。見るのがつらいみたいでね」と、蘭のお母さん。

「でも、絵は前よりたくさん描いてるよ。絵を描くと落ち着くみたいでね」と、お父さん。

お母さんがうなずいた。「わたしも書道をやっていたから、わかります。白い紙にむかうと、気持ちが落ち着くんですよね」

「おかみさん、お銚子《ちょうし》もう一本お願いします」座敷にいたお客さんが呼んだ。

るよ」

帰り道、大きなマンションの前の道路を走っていると、店が何軒《なんげん》か集まる中に寿司《すし》屋があった。「寿司　園《その》」という看板が見えた。

「あれ、蘭《らん》のお父さんの店かもしれない」

「そうなの？　じゃ、ちょっと寄っていこうか。テンちゃんも見つかったことだし、今日はお父さんも、帰りが遅《おそ》いっていってたから」

小さな店だった。カウンターの中で寿司をにぎっているのは、老《ふ》けたおじさんだ。蘭のお父さんにしては歳《とし》をとっている。ちがったのだろうか。

そのとき、「いらっしゃい」と、蘭のお母さんが奥から現れた。

蘭のお母さんは、〈＊1ハウスパーク〉とここをかけもちして働いているのだそうだ。

おじさんはやっぱり蘭のお父さんだった。考えてみると、あのおばあちゃんの子どもなら、だいぶ歳が上でもおかしくない。

お母さんはふたりにあいさつした。「この子がお世話になっているそうで、ありがとうございます」

すると、蘭のお母さんがいった。

「お世話になってるのはこっちですよ。うちの子も、仲よくしてもらって喜んでますよ。お父ちゃん、⑪蘭がネコをさがしてる話をしたでしょ。そのネコの飼い主さん」

お母さんが、ネコは動物病院にいることがわかり、たしかめてきたところだ、と説明した。

蘭のお父さんがいった。「あの道は、スピード出して走る車も多いからね。とにかく、よかった」

佳斗は、はっとした。「そうだ、蘭に知らせなきゃ」

「じゃ、これを使ってちょうだい」蘭のお母さんが店の電話からかけて、とりついでくれた。

蘭は佳斗が店にいることにおどろき、⑫テンちゃんのことをいうと、もっとおどろいた。

「ほんとうか⁉　事故にあってたんだ。でも助かったんだ。あー、よかった！」

佳斗は、宅配便の人に、蘭からチラシをもらったと聞いたことも伝え、明日動物病院にいっしょに行かないか、とさそった。会いたいけど、元気になって佳斗の家に帰ってきてからにするよ、と蘭はいった。喜んで、行く、というと思ったのに、ちょっと意外だった。

「じゃ、またくわしいことは連絡するね」

電話を切ろうとすると、蘭は、父ちゃんにかわって、といった。お父さんは蘭としゃべったあと、佳斗たちにいった。

「お祝いに、とびきりいいネタを出してあげて、ってさ。それから、サバは絶対出さないように、って。蘭と同じなんだね」蘭のお父さんは笑った。

蘭のお父さんのにぎる寿司を食べた。佳斗は、椿丘《つばきおか》に引《ひ》っ越《こ》してきた日の夜、ダンボールがあちこちに積まれた部屋で、スーパーで買ってきた寿司を食べたことを思い出した。

「お店で食べるお寿司はおいしいね」とお母さんにいうと、蘭のお父さんにも聞こえたらしい。

「いやいや、お店だからどこでもおいしいわけじゃないよ。うちは特別だ。それで、ドリアンとどっちがおいしい？」

「え？　それは、えーっと……」

「わたしはドリアンね」蘭のお母さんが笑った。

お父さんがいった。「はいはい、じゃ、今度ドリアンをのせてにぎってやろうか」

ほかのお客さんが入ってきて、にぎわいはじめた。お父さんが注文を受けた寿司をにぎると、蘭のお母さんは、小さな座敷《ざしき》のお客さんに

「……強い衝撃、ですか」と、お母さん。

「つれてきてくれた人の話だと、道路わきでじっとしていたということですね。たぶん、車にでもひかれたあと、どこか安全なところに行こうとしたものの、途中で動けなくなったんでしょう。ネコは車にはねられても、体がやわらかいので、見かけ上はなんともないように見えたりするんです。でも、外傷がなくても、骨が折れていたり、内臓が傷ついていたりする場合が多くてね」

「それで手術していただいたんですね。ありがとうございます」と、お母さん。

「ええ、⑥そのままだったら、きっと助からなかったでしょう。でも、お礼をいうなら、⑦つれてきてくれた人におっしゃってください。ずいぶん心配されていました。配達の仕事をされているので、うちの病院の場所をごぞんじだったのもよかったです。飼いネコかもしれないから、回復したら飼い主をさがしてみる、とおっしゃってましたね」

「ほんとうに、なんとお礼をいっていいか。まさかこんなことになっていたなんて思いもしなくて、家の近所をさがしまわっていたんです」お母さんがいった。

「交通事故にあっても、病院に行けば助かるケースはいくらでもあるんです。わたしは子どものころ、車にひかれて道のわきで倒《たお》れていたネコを見て、なんとかしてやれたらと思いました。それも、獣医《じゅうい》を目ざした理由のひとつなんですけどね」

「……先生、それで、あとどれくらいCここにいないといけないんですか？」佳斗は聞いた。

「あと少し、ようすを見てあげたほうがいいと思いますね。でも、心配はいりませんよ」先生はほほえんだ。

「あー、よかった。もう一度、近くで見てもいいですか？」佳斗は［⑧］のあまり、声が大きくなった。

「いいよ。でも、静かにね」

佳斗はテンちゃんの檻にゆっくり近づいた。

よくがんばったな。かわいそうに、痛かっただろ。もうちょっと、がんばれよ。だいじょうぶだからな。

聞いてみたいことが、頭の中を駆《か》けめぐった。ナツばあがいなくなってからの日々、どんな思いですごしていたのか。あの日、佳斗のピアノを聞いて、なにを思ったのか……。

檻のプレートには、「横隔膜ヘルニア　オス　おとなしい」とあった。看護師さんがプレートに「テン」と名前を書きくわえると、［⑨］ようにいった。

「もう安心だね。あと少し、がんばろうね」

動物病院を出ると、佳斗は建物をふりむいていった。「また来るよ、テンちゃん」

「宅配便のドライバーさんのおかげだわね。チラシを見て知らせてくれたおじいさんにも、お礼をいわないと。おととい、大乃宮でチラシを配ったとき、Dここまで足をのばしていれば、もっと早くわかったのにね」

「大乃宮小に行った帰り、この前を通ったよ。でも、ここに動物病院があったのには気づかなかった。動物病院に行ったのは初めてだ。病気やケガの犬やネコを近くで見たのも初めて。ネコが点滴《てんてき》をしているなんて……」

「ペットの動物だって病気になるし、老いていくのよ」

「町で見かける犬やネコは、元気なやつばかりだから、ちょっとびっくりしちゃった。つれてきている人も心配そうで、元気がなかったね」

「そうよ、動物を飼うのって、いいことばかりじゃないの。これからはそういう⑩つらいできごととも、むきあわなきゃならないときが来

2024年度

明治大学付属中野中学校

【国語】〈第二回試験〉（五〇分）〈満点：一〇〇点〉

一 次の文章を読んで、後の問いに答えなさい（字数指定がある問いでは、句読点・記号なども一字として数えます）。

動物病院は大乃宮《おおのみや》の、野神《のがみ》の木のある道を、小学校のほうにむかう途中《とちゅう》にあった。古い家が並ぶ通りに立つ、小さな三階建てのビルの一階と二階が、病院になっていた。

お母さんは病院の前の駐車場《ちゅうしゃじょう》に車を止めた。①佳斗《けいと》はためらい、すぐにおりようとはしなかった。お母さんが佳斗のほうを見た。

「どうかした？」

「なんでもない。でも、ちょっと……」

Aここに来るまでの間、お父さんとタクシーでナツばあのいる病院にむかったときのことが頭に浮《う》かんでいた。あのときと同じ、不安と、早く会ってたしかめたい気持ちが、心の中でぐちゃぐちゃになっていた。②テンちゃんは無事助かったと聞いていても……。

「Bここで待っててもいいわよ。お母さんが先にようすを見てきてからにする？」

「自分でたしかめる」佳斗は自分を［　③　］ようにうなずき、車を出た。

④お母さんが受付で聞くと、すぐに二階にある入院室に案内された。待合室にいる、リードにつながれた犬やキャリーケースに入ったネコをつれた飼い主たちの横を通り、階段をあがった。

扉《とびら》がふたつあり、手前の部屋にはネコが、奥《おく》の部屋には犬がいるようだ。

手前の部屋の中には、檻《おり》が壁《かべ》ぎわにいくつも並んでいた。鉄格子《てつごうし》だけの檻もあれば、ガラスばりの檻もある。中に、ネコが一匹《ぴき》ずつ入っている。体にチューブをつけているのも、足に包帯をしているのもいる。

あたりまえだけど、人間の病院とはちがうことに、佳斗はおどろいた。

「白と黒のハチワレのネコちゃんですね」案内してくれた看護師さんがいった。

「ええ、でも、さがしているうちのネコかどうか、まだわからないんですが……」お母さんがいった。

看護師さんが教えてくれた檻の奥に、ベージュ色の服のようなものを着たネコがいた。体をまるめてじっとしているが、頭が黒く、口のまわりが白くて、鼻先がちょんと黒い。テンちゃんにちがいない。

「ちょっと小さく見えるのは、服を着ているせいかな」と、お母さんが不安そうにいった。

「あれは、ストッキネットという包帯なんですよ」

ふりむくと、ヒゲの先生がやさしい笑顔《えがお》で立っていた。

「小さく見えるのは、手術のため、背中やおなかの毛をだいぶそったせいもありますね。どうですか、お宅のネコでしたか？」

「はい、これは、うちのテンちゃんです」佳斗は、うれしさのあまり泣きそうになった。

先生はうなずき、佳斗たちを壁ぎわにあった椅子《いす》にすわらせて、カルテを広げた。

「……⑤なにか強い衝撃《しょうげき》を受けて、横隔膜《おうかくまく》が破れ、内臓が肺のほうに飛び出してしまったんですね。手術をして、内臓を元の場所にもどして、横隔膜を縫《ぬ》いました」

2024年度

明治大学付属中野中学校　▶解説と解答

算　数　＜第２回試験＞（50分）＜満点：100点＞

解　答

[1] (1)　2530　(2)　$\frac{20}{21}$　(3)　40　[2] (1)　77　(2)　11時$5\frac{5}{11}$分と11時$49\frac{1}{11}$分　(3)　560円　(4)　35分　(5)　682　[3] (1)　225度　(2)　25.74cm^2　(3)　$\frac{7}{25}$倍　[4] (1)　150分　(2)　20分間　[5] (1)　分速100m　(2)　３分20秒　[6] (1)　４：１　(2)　12：３：２：８　(3)　$8\frac{1}{3}$cm

解　説

[1]　四則計算，計算のくふう，逆算，割合と比

(1)　125×1.8＋125×1.9＋128×3.7＋253×6.3＝125×(1.8＋1.9)＋128×3.7＋253×6.3＝125×3.7＋128×3.7＋253×6.3＝(125＋128)×3.7＋253×6.3＝253×3.7＋253×6.3＝253×(3.7＋6.3)＝253×10＝2530

(2)　$0.6+2\times\left(6\frac{1}{4}-0.625\right)\div27-\frac{1}{6}=0.6+2\times\left(\frac{25}{4}-\frac{5}{8}\right)\div27-\frac{1}{6}=0.6+2\times\left(\frac{50}{8}-\frac{5}{8}\right)\div27-\frac{1}{6}=0.6+\frac{2}{1}\times\frac{45}{8}\times\frac{1}{27}-\frac{1}{6}=\frac{3}{5}+\frac{5}{12}-\frac{1}{6}=\frac{36}{60}+\frac{25}{60}-\frac{10}{60}=\frac{51}{60}=\frac{17}{20}$より，$2\div\square-1.25=\frac{17}{20}$，$2\div\square=\frac{17}{20}+1.25=\frac{17}{20}+1\frac{1}{4}=\frac{17}{20}+\frac{5}{4}=\frac{17}{20}+\frac{25}{20}=\frac{42}{20}=\frac{21}{10}$　よって，$\square=2\div\frac{21}{10}=2\times\frac{10}{21}=\frac{20}{21}$

(3)　３月の売り上げを１とすると，２月の売り上げの，１－0.1＝0.9(倍)が１だから，２月の売り上げは，$1\div0.9=\frac{10}{9}$となる。また，１月の売り上げの，100－46＝54(％)が１なので，１月の売り上げは，$1\div0.54=\frac{50}{27}$である。よって，２月の売り上げは１月の売り上げの，$\frac{10}{9}\div\frac{50}{27}=\frac{3}{5}=0.6$(倍)と求められる。つまり，２月の売り上げは１月の売り上げの60％だから，100－60＝40(％)減っている。

[2]　整数の性質，時計算，消去算，速さと比

(1)　小数第一位を四捨五入して６になる△は，5.5以上6.5未満の数である。よって，□は，6.5×12＝78未満の整数なので，最も大きいものは77である。

(2)　右の図１で，１回目はアの角の大きさが60度になるときであり，２回目はイの角の大きさが60度になるときである。ここで，長針は１分間に，360÷60＝６(度)，短針は１分間に，360÷12÷60＝30÷60＝0.5(度)動くから，長針は短針よりも１分間に，６－0.5＝5.5(度)多く動く。また，11時ちょうどのときのアの角の大きさは30度なので，１回目は11時ちょうどから長針が短針よりも，60－30＝30(度)多く動いたときである。よって，$30\div5.5=5\frac{5}{11}$(分)より，11時$5\frac{5}{11}$分とわかる。次に，11時ちょうどのときのイの角の大きさは，360－30＝330(度)なので，２回目は11時ちょうどから長針が短針よりも，330－60＝270(度)多く動いたときである。したがって，$270\div5.5=49\frac{1}{11}$(分)より，11時$49\frac{1}{11}$分と求

図１
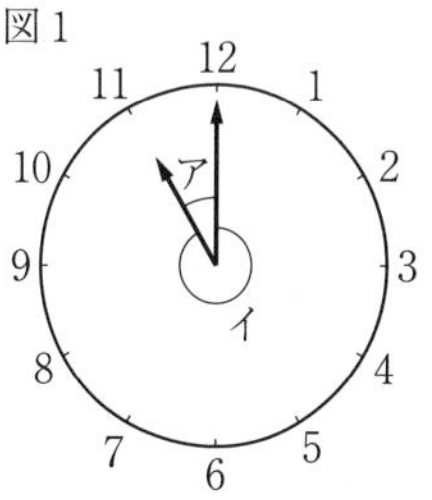

められる。

⑶　式に表すと，右の図２のア，イのようになる。アの式とイの式を足すと，りんご，みかん，なしを４個ずつ買ったときの代金が，960＋640＝1600(円)になることがわかるので，りんご，みかん，なしを１個ずつ買ったときの代金は，1600÷４＝400(円)となる。これをアの式からひくと，みかん１個，なし２個を買ったときの代金は，960－400＝560(円)と求められる。

図２

りんご×１＋みかん×２＋なし×３＝960(円)…ア
りんご×３＋みかん×２＋なし×１＝640(円)…イ

⑷　行きと帰りの歩幅《ほはば》の比は，$\frac{1}{3}:\frac{1}{5}=5:3$なので，行きの歩幅を５，帰りの歩幅を３とすると，行きは分速，５×70＝350，帰りは分速，３×100＝300で進んだことになる。よって，行きと帰りの速さの比は，350：300＝７：６だから，行きと帰りにかかった時間の比は，$\frac{1}{7}:\frac{1}{6}=6:7$とわかる。この和が65分なので，帰りにかかった時間は，$65\times\frac{7}{6+7}=35$(分)と求められる。

⑸　５と８の最小公倍数は40だから，５で割っても８で割っても２余る数は，40で割ると２余る数である。つまり，２に次々と40を加えてできる数なので，{2，42，82，122，162，202，242，…}となり，このうち最も小さい11の倍数は242とわかる。また，40と11の最小公倍数は，40×11＝440なので，小さい方から２番目の数は，242＋440＝682と求められる。

３　角度，面積，辺の比と面積の比

⑴　問題文中の図に，AHと平行な直線 l，mをかき入れると，右の図１のようになる。ここで，角DEFは正八角形の内角だから，その大きさは，180×(８－２)÷８＝135(度)である。さらに，mとDEは平行だから，㋑－㋒＝135(度)とわかる。また，㋐＋㋒＝90(度)である。よって，(㋐＋㋒)＋(㋑－㋒)＝㋐＋㋑＝90＋135＝225(度)と求められる。

図１

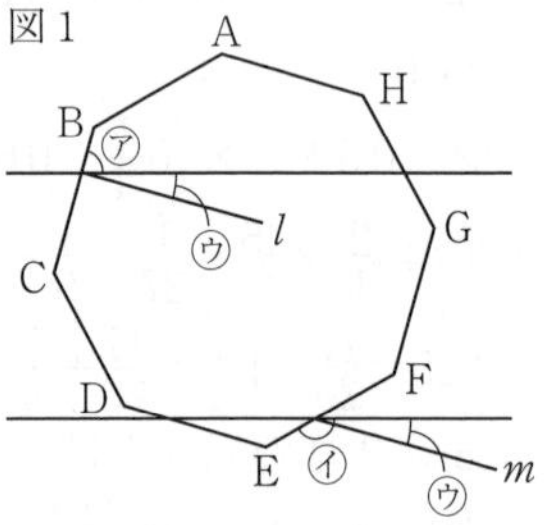

⑵　大きい円の中心をD，小さい円の中心をE，Fとすると，右の図２のようになる。図２で，ADの長さは，12÷２＝６(cm)だから，三角形ABCの面積は，12×６÷２＝36(cm^2)とわかる。また，小さい円の半径(正方形AEDFの１辺の長さ)を□cmとすると，正方形AEDFの面積は，36÷２＝18(cm^2)だから，□×□＝18(cm^2)となる。よって，四分円EDAの面積は，$□\times□\times3.14\times\frac{1}{4}=18\times3.14\times\frac{1}{4}=14.13$($cm^2$)と求められる。さらに，三角形EDAの面積は，18÷２＝９(cm^2)なので，★印の部分の面積は，14.13－９＝5.13(cm^2)とわかる。したがって，斜線《しゃせん》部分の面積は，36－5.13×２＝25.74(cm^2)となる。

図２

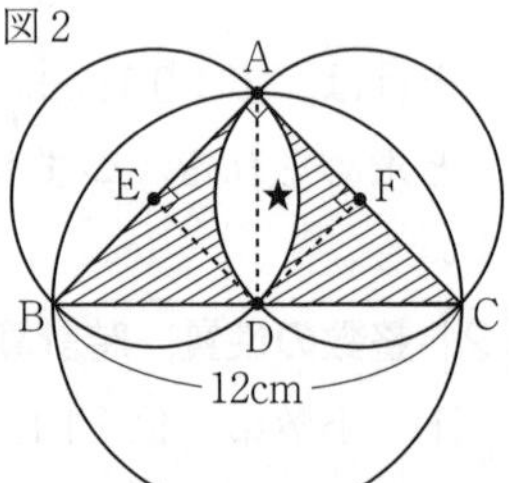

⑶　右の図３で，三角形ABFと三角形AFCは，AFを底辺としたときの高さの比(BE：EC)が１：１だから，面積の比も１：１である。同様に考えると，三角形AFCと三角形BCFの面積の比は，AD：DB＝７：11である。よって，三角形AFCの面積を７とすると，三角形ABFの面積も７，三角形BCFの面積は，$7\times\frac{11}{7}=11$となる。すると，三角形ABCの面積は，７＋７＋11＝25となるので，三角

図３

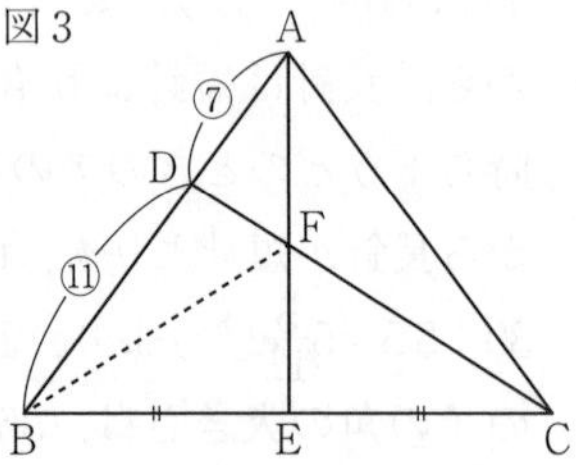

形AFCの面積は三角形ABCの面積の，$7\div 25=\frac{7}{25}$(倍)と求められる。

4 仕事算，消去算

⑴　仕事全体の量を1とし，A，B，Cが1分間にする仕事の量をそれぞれⒶ，Ⓑ，Ⓒとすると，Ⓐ＋Ⓑ$=1\div 42\frac{6}{7}=\frac{7}{300}$，Ⓑ＋Ⓒ$=1\div 37\frac{1}{2}=\frac{2}{75}$，Ⓒ＋Ⓐ$=1\div 60=\frac{1}{60}$となるから，右の図1のア～ウの式をつくることができる。これらの式をすべて足すと，Ⓐ＋Ⓑ＋Ⓒの2倍が，$\frac{7}{300}+\frac{2}{75}+\frac{1}{60}=\frac{1}{15}$とわかるので，Ⓐ＋Ⓑ＋Ⓒ$=\frac{1}{15}\div 2=\frac{1}{30}$となる。さらに，ここからイの式をひくと，Ⓐ$=\frac{1}{30}-\frac{2}{75}=\frac{1}{150}$と求められるので，Aだけで仕上げるのにかかる時間は，$1\div\frac{1}{150}=150$(分)とわかる。

図1

Ⓐ＋Ⓑ　　$=\frac{7}{300}$…ア
　　Ⓑ＋Ⓒ$=\frac{2}{75}$　…イ
Ⓐ　　＋Ⓒ$=\frac{1}{60}$　…ウ

⑵　(1)より，Ⓑ$=\frac{7}{300}-\frac{1}{150}=\frac{1}{60}$，Ⓒ$=\frac{1}{60}-\frac{1}{150}=\frac{1}{100}$となる。また，仕事をした時間は右の図2のようになり，Aがした仕事の量は，$\frac{1}{150}\times 16=\frac{8}{75}$，Cがした仕事の量は，$\frac{1}{100}\times 46=\frac{23}{50}$とわかる。よって，Bがした仕事の量は，$1-\frac{8}{75}-\frac{23}{50}=\frac{13}{30}$だから，Bが仕事をした時間は，$\frac{13}{30}\div\frac{1}{60}=26$(分)と求められる。したがって，Cが1人で仕事をした時間は，$46-26=20$(分間)である。

図2

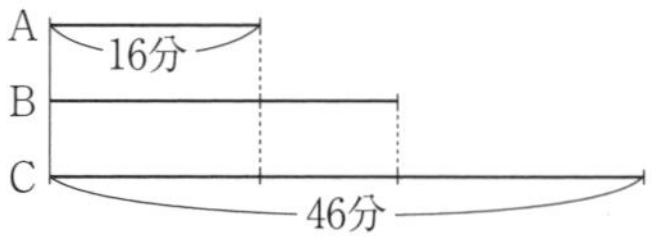

5 旅人算

⑴　バスが片道にかかる時間は，$16\div 2=8$(分)なので，AB間の距離《きょり》は，$30\times\frac{8}{60}=4$(km)である。すると，太郎君が最初にバスとすれ違《ちが》ったのはA地点から，$4\times\frac{1}{3}=\frac{4}{3}$(km)進んだ地点とわかる。よって，バスと太郎君の進行の様子をグラフに表すと，右上のようになる。太郎君が最初にバスとすれ違うまでにバスが進んだ距離は，$4\times 2-\frac{4}{3}=\frac{20}{3}$(km)なので，その時間は，$\frac{20}{3}\div 30=\frac{2}{9}$(時間)とわかる。したがって，太郎君は$\frac{2}{9}$時間で$\frac{4}{3}$km進んだから，太郎君の速さは時速，$\frac{4}{3}\div\frac{2}{9}=6$(km)と求められる。これは，分速に直すと，$6\times 1000\div 60=100$(m)になる。

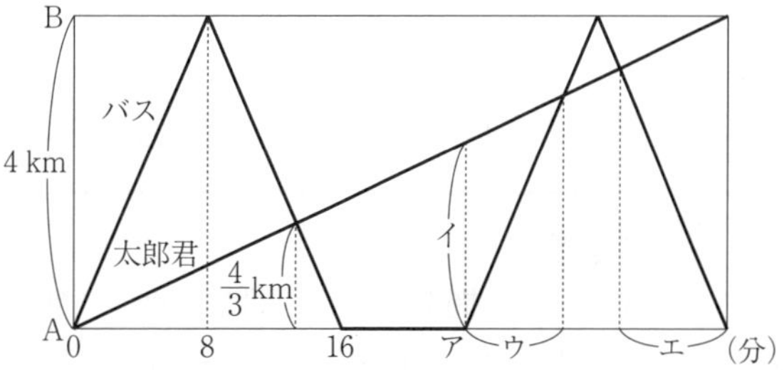

⑵　太郎君がB地点に着いたのは，$4\times 1000\div 100=40$(分後)なので，ア$=40-16=24$(分)となり，イ$=100\times 24=2400$(m)とわかる。また，バスの速さは分速，$30\times 1000\div 60=500$(m)である。よって，ウの時間は，$2400\div(500-100)=6$(分)だから，太郎君がバスに追い抜《ぬ》かれたのは，$24+6=30$(分後)である。次に，エの時間は，$4\times 1000\div(500+100)=6\frac{2}{3}$(分)なので，太郎君がバスと2回目にすれ違ったのは，$40-6\frac{2}{3}=33\frac{1}{3}$(分後)とわかる。したがって，求める時間は，$33\frac{1}{3}-30=3\frac{1}{3}$(分)であり，これは，$60\times\frac{1}{3}=20$(秒)より，3分20秒となる。

6 グラフ―水の深さと体積

⑴　問題文中の図とグラフをもとにすると下の図1のようになり，①～⑦の順番で水が入る。③と④の部分について，水が入る時間の比は，$(62-59):(74-62)=1:4$だから，容積の比も$1:4$

である。さらに，高さが等しいので，底面積の比も１：４とわかる。よって，(ウ)と(エ)の底面積の比は１：４だから，三角形CDGと三角形ADCの面積の比も１：４となり，AD：DG＝４：１とわかる。

図１

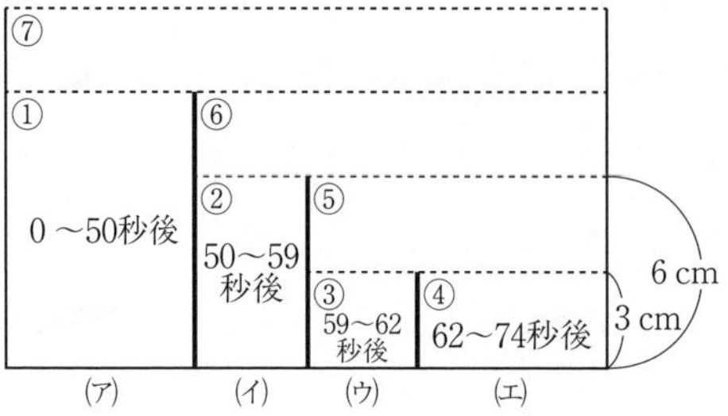

図２

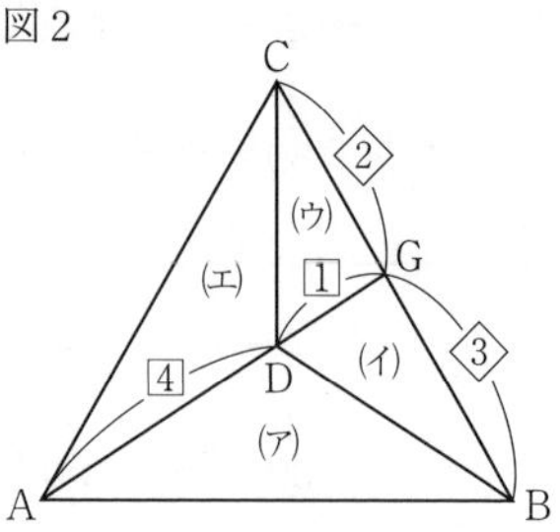

(2)　図１の②と③の部分について，水が入る時間の比は，(59－50)：(62－59)＝３：１なので，容積の比も３：１である。さらに，高さの比は，６：３＝２：１だから，底面積の比は，$\frac{3}{2}:\frac{1}{1}=$ ３：２とわかる。よって，(イ)と(ウ)の底面積の比は３：２なので，上の図２のようになる。図２で，(イ)の面積を３，(ウ)の面積を２とすると，(ア)の面積は，$3\times\frac{4}{1}=12$，(エ)の面積は，$2\times\frac{4}{1}=8$ となるから，(ア)，(イ)，(ウ)，(エ)の面積の比は12：３：２：８と求められる。

(3)　図１で，①と②の部分について，水が入る時間の比は，50：(59－50)＝50：９だから，容積の比も50：９である。さらに，底面積の比は４：１なので，高さの比は，$\frac{50}{4}:\frac{9}{1}=25:18$ とわかる。よって，(ア)と(イ)の間の仕切りの高さは，$6\times\frac{25}{18}=\frac{25}{3}=8\frac{1}{3}$(cm)と求められる。

社　会　＜第２回試験＞（30分）＜満点：50点＞

解　答

1　**問１**　ア　**問２**　エ　**問３**　ウ　**問４**　ア→エ→イ→ウ　**問５**　田楽　**問６**　ウ　**問７**　ア，ウ，エ　**問８**　ア，イ，オ　**問９**　(1)　ウ　(2)　(例)　重化学工業の発展とともに，工場からの排煙などにより，公害である大気汚染が深刻化した。　**問10**　2001，2100　**2**　**問１**　ア　**問２**　ヒートアイランド　**問３**　霞ヶ浦　**問４**　エ　**問５**　高輪ゲートウェイ　**問６**　C，F　**問７**　イ　**問８**　オーバーツーリズム　**問９**　イ　**問10**　(例)　大雨が降ったさいに川の水を取りこみ，洪水を防ぐため。　**3**　**問１**　(例)　エレベーター　**問２**　生命　**問３**　ウ　**問４**　国民主権　**問５**　ア，イ，オ　**問６**　司法権の独立　**問７**　ア　**問８**　イ，エ

解　説

1　**おせち料理を題材とした問題**

問１　稲は熱帯地方原産の作物なので，地図中で北海道より高緯度の地域を通っているアが誤っていると判断できる。なお，稲作は縄文時代の終わりごろ中国や朝鮮半島から伝わり，弥生時代に九州北部から各地に広まった。イ，ウ，エは，その代表的な伝来ルートとして考えられているものである。

問2　秋に宮中で行われる新嘗《にいなめ》祭は，天皇がその年にとれた穀物を神にささげて感謝する祭祀《さいし》(まつりごと)で，祝日の「勤労感謝の日」(11月23日)はこれを引きつぐ形で設けられた。なお，アの敬老の日は9月の第3月曜日，イの秋分の日は多くの年は9月23日，ウの文化の日は11月3日となっている。

問3　ア　弥生時代には，人々のあいだに貧富の差が生まれていたと考えられているので，誤っている。　イ　惣《そう》(惣村)と呼ばれる村の自治の仕組みが発達したのは室町時代なので，誤っている。ウ　弥生時代には，土地や水の利用などをめぐる争いが生じ，周囲のムラをまとめるクニがあらわれたので，正しい。　エ　律令がつくられたのは飛鳥時代末期以降なので，誤っている。

問4　アの聖武天皇による政治は奈良時代，イの院政は平安時代後期，ウの平氏による政治は平安時代末期，エの藤原氏による摂関《せっかん》政治は平安時代中期に行われた。よって，年代の古い順にア→エ→イ→ウとなる。

問5　示されている屏風《びょうぶ》絵は，田植えのときの踊《おど》りから発展した田楽を描いたものである。室町時代前半に観阿弥《かんあみ》・世阿弥《ぜあみ》父子によって大成された芸能である能(能楽)は，寺社の祭礼で行われていた猿楽《さるがく》に，民間で発達した田楽を取り入れて演劇として完成した。

問6　江戸幕府が大名を統制するために設置したのは大目付である(ア…×)。将軍を補佐する管領《かんれい》は室町時代に置かれた(イ…×)。訴訟《そしょう》を担当する問注所が初めて置かれたのは鎌倉時代のことで，室町時代にも鎌倉府の下に置かれていた(エ…×)。

問7　アの伊藤博文は明治時代，ウの桂太郎は明治時代と大正時代，エの黒田清隆《きよたか》は明治時代に内閣総理大臣を務めた。イの犬養毅《いぬかいつよし》は昭和時代，オの原敬《はらたかし》は大正時代に内閣総理大臣を務めている。

問8　ア　第二次世界大戦(1939～45年)後，日本はGHQ(連合国軍最高司令官総司令部)により統治され，民主化政策が進められたので，正しい。　イ　1960年に池田勇人《はやと》内閣が打ち出した国民所得倍増計画の説明として正しい。　ウ　幕末に結ばれた不平等条約の改正は，1894年に外務大臣の陸奥宗光が領事裁判権の撤廃《てっぱい》に成功し，1911年に外務大臣の小村寿太郎が関税自主権の回復に成功したことで達成された。よって，誤っている。　エ　富国強兵(国を豊かにし，軍を強くすること)の改革が進められたのは明治時代初めなので，誤っている。　オ　1989年に初めて導入された消費税の説明として正しい。

問9　(1)　高度経済成長期は1950年代半ばから1970年代初めまでの時期なので，ウが選べる。
(2)　高度経済成長期には重化学工業が発展し，各地の工場から排出《はいしゅつ》される煙や自動車の排気ガスなどにより，公害である大気汚染《おせん》が深刻化した。写真は「公害マスク」と呼ばれる活性炭入りのマスクをつけて登下校する四日市市(三重県)の児童のもので，同市では亜硫酸《ありゅうさん》ガス(二酸化硫黄《いおう》)などを原因とする四日市ぜんそくが発生した。

問10　「世紀」は100年ごとに区切る数え方である。例えば21世紀は西暦2001年から2100年で，最後の年からゼロを2つとると，世紀を表す数字になる。

2　関東地方を題材とした問題

問1　X　人口密度は1 km^2当たりの人口を表し，(人口)÷(面積)で求められる。　Y　昼夜間人口比率はふつう，都市間での人の移動を表すのに用いられ，東京都のように通勤・通学者が集まる都市部は100を上回り，都市近郊のベッドタウン(大都市への通勤・通学者が多く住んでいる都市)になっているところは100を下回る。

問２　大都市の中心部の気温が周辺部より高くなる現象は，ヒートアイランド現象と呼ばれる。ヒートは「熱」，アイランドは「島」という意味の英語で，気温の分布図で見ると等温線が都市部を中心に閉じた形になり，気温の高い部分が島のように見えることから名づけられた。

問３　地図中Ｐの湖は霞《かすみ》ヶ《が》浦《うら》(茨城県)で，その面積は琵琶湖(滋賀県)に次いで全国第２位となっている。

問４　ア　荒川は埼玉県から東京都東部を流れて東京湾に注ぐので，誤っている。　イ　利根川はおおむね群馬県，群馬県・埼玉県境，茨城県・千葉県境を流れて銚子《ちょうし》市(千葉県)で太平洋に注ぐので，誤っている。　ウ　相模《さがみ》川は山梨県から神奈川県中央部を流れて相模湾に注ぐので，誤っている。　エ　多摩川は山梨県，東京都，神奈川県を流れて東京湾に注ぐ。下流は東京都と神奈川県の境界となっているので，正しい。

問５　JR東日本の首都圏《けん》エリアの駅のうち，2020年に開業したのは山手線(JY)の高輪ゲートウェイ駅である。スリーレターコードのTGWは，Takanawa Gatewayからつけられている。

問６　地図中Ａ(群馬県)には上越新幹線・北陸新幹線の高崎駅など，Ｂ(栃木県)には東北新幹線の宇都宮駅など，Ｄ(埼玉県)には東北新幹線・上越新幹線の大宮駅など，Ｅ(神奈川県)には東海道新幹線の新横浜駅などがあるが，Ｃ(茨城県)とＦ(千葉県)には新幹線の駅がない。

問７　地図中Ｑの成田国際空港(千葉県)は港・空港別の貿易額(輸入額と輸出額の合計)で全国第１位が続いているので，イが正しい。なお，アの乗降客数とウの敷地面積は，東京国際空港(羽田空港，東京都)が第１位となっている。また，エの24時間離着陸は，成田国際空港では不可能だが，東京国際空港，関西国際空港(大阪府)，中部国際空港(愛知県)，新千歳《ちとせ》空港(北海道)などでは可能である。

問８　十分な受け入れ態勢が整っていない地域に多くの観光客が訪れる状況のことをオーバーツーリズムといい，交通の混雑や騒音《そうおん》，観光客によるマナー違反などの，地域住民の生活環境《かんきょう》に害をおよぼす「観光公害」につながることがある。

問９　Ａの群馬県が第１位，愛知県が第２位となっているⅠはキャベツの収穫《しゅうかく》量，Ｃの茨城県が第１位，鹿児島県が第２位となっているⅡは採卵鶏飼養羽数，宮崎県が第１位，群馬県が第２位となっているⅢはきゅうりの収穫量と判断できる。

問10　写真の施設は，首都圏外郭《がいかく》放水路の調圧水槽《すいそう》である。この放水路は国道16号の地下を走る全長約６kmの地下水路で，近年増えている都市型洪水《こうずい》と呼ばれる中小河川の氾濫《はんらん》を防ぐため，大雨で河川の水量が増えた場合に水をここに引きこみ，一時的に貯蔵できるようになっている。

3　バリアフリーを題材とした問題

問１　鉄道駅のバリアフリー設備には，ホームドア，エレベーター，エスカレーター，転落防止柵《さく》，誘導《ゆうどう》ブロック，スロープ，多機能トイレなどがある。

問２　日本国憲法第13条では，「すべて国民は，個人として尊重される。生命，自由及《およ》び幸福追求に対する国民の権利については，公共の福祉《ふくし》に反しない限り，立法その他の国政の上で，最大の尊重を必要とする」と定められている。

問３　Ⅰ，Ⅱ　閣議決定は全会一致により行われるので，Ⅱが正しく，Ⅰは誤っている。　Ⅲ　海上保安庁は国土交通省の外局なので，正しい。　Ⅳ　国家公安委員会は内閣府の外局なので，誤っている。なお，同委員会は警察庁を管理している。

問４　日本国憲法は国民主権，基本的人権の尊重，平和主義(戦争放棄《ほうき》)を三大原理(三大原則)としている。国民主権は，政治を決める最高権力である主権が国民にあることを表す。

問５　アの学問の自由，イの信教の自由，オの集会・結社の自由が精神の自由にふくまれる。なお，ウの職業選択《せんたく》の自由とエの居住・移転の自由は経済活動の自由(経済の自由)にふくまれる。

問６　日本国憲法では司法権(裁判官)の独立の原則がうたわれており，裁判官は自己の良心に従い，憲法と法律にのみ拘束《こうそく》されると定められている。

問７　内閣総理大臣は，国会が国会議員の中から指名し，天皇が任命するので，アが誤っている。

問８　主要国首脳会議(サミット)の参加国は，フランス，アメリカ，イギリス，ドイツ，日本，イタリア，カナダ，ロシアのＧ８(主要８か国)であったが，2014年以降，ロシアがウクライナ問題により参加資格を失っているため，Ｇ７となっている。

理　科　＜第２回試験＞（30分）＜満点：50点＞

解　答

[1] (1)　(ア)　(2)　①　Ｂ，Ｄ　②　ＢとＣ　[2] (1)　Ｘ　２個　Ｙ　３個　(2)　①　Ａ　②　(ウ)　[3] (1)　(イ)，(エ)　(2)　①　(ウ)　②　(エ)，(オ)　[4] (1)　二酸化炭素　(2)　銀　(3)　(ア)，(ウ)　[5] (1)　16.4ｇ　(2)　19℃　(3)　①　400ｍ　②　32.5℃　[6] (1)　右の図　(2)　(イ)　(3)　①　(ア)　②　(オ)　[7] (1)　(イ)　(2)　(ウ)　(3)　7.4秒　[8] (1)　36ｇ　(2)　*X*　85.6　*Y*　71.2　(3)　①　24ｇ　②　124ｇ

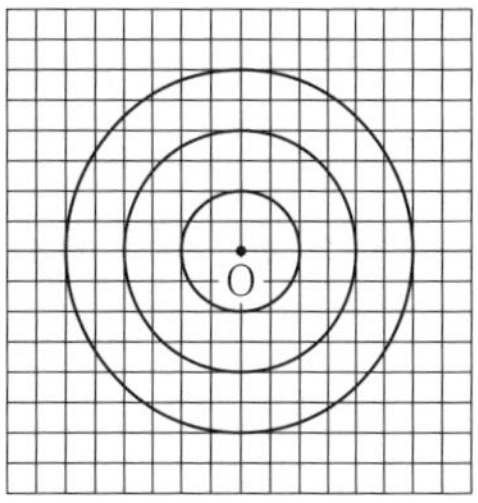

解　説

[1] 種子のつくりと発芽についての問題

(1)　インゲンマメなどマメ科の植物の種子は無胚乳《はいにゅう》種子であり，発芽のための養分(デンプン)は(ア)の子葉の部分にたくわえられている。よって，(ア)の部分にヨウ素液をかけると青紫《あおむらさき》色を示す。なお，(イ)は幼芽，(ウ)は胚軸《じく》，(エ)は種皮である。

(2)　①　一般《いっぱん》的に，種子が発芽するためには，水，空気(酸素)，適当な温度の３つの条件が必要である。この条件がそろっているのはＢとＤである。　②　空気以外(水・温度・日光)の条件が同じで，種子が空気にふれているものとふれていないものを比較《ひかく》すればよいので，ＢとＣがあてはまる。

[2] 骨と筋肉についての問題

(1)　示されている図は，人の右足の骨を真上から見たようすを表している。足の指の関節は，手の指の関節と同様に親指に２個，人差し指〜小指に３個ずつあるので，Ｘは２個，Ｙは３個となる。

(2)　①　筋肉は，ちぢむときには力を生むが，ゆるむときには力を生まない。したがって，図のように膝《ひざ》を伸《の》ばして足を持ち上げたときには，筋肉Ａがちぢんで筋肉Ｂはゆるむ。　②　筋肉Ｂの両端《りょうたん》のけんは(ウ)のように骨についており，膝を曲げるときには筋肉Ｂをちぢめる。

[3] 岩石の種類と特ちょうについての問題

⑴　火成岩は，マグマが地下深いところでゆっくり冷えて固まってできた深成岩と，マグマが地上近くで急に冷えて固まってできた火山岩に分類される。深成岩は，ゆっくり冷えて固まるため鉱物の結晶《けっしょう》が大きく成長しやすく，Ａのように同じような大きさの結晶がつまったつくりになっている。深成岩には花こう岩，せん緑岩，はんれい岩などがある（この順に黒っぽくなる）。一方，火山岩は，急に冷えて固まるため鉱物の結晶が大きくならず，Ｂのように小さな鉱物の集まり（石基）のところどころに大きな結晶（斑《はん》晶）が散らばったつくりをしている。火山岩には流もん岩，安山岩，げん武岩などがある（この順に黒っぽくなる）。

⑵　①　㋐のれき岩，㋑のでい岩，㋕の砂岩に含《ふく》まれるつぶは，川の流れで運ばれる間に川底や川岸にぶつかったり，石どうしがぶつかり合ったりしているので，角がとれて丸みをおびたものが多い。これに対して，火山灰がたい積してできた㋒のぎょうかい岩に含まれるつぶは，火山灰が空から降ってそのままたい積し，流れる水のはたらきをほとんど受けていないので，角ばったものが多い。　②　㋓の石灰岩は，石灰質のからだをもった生物の死がいや海水中の石灰分がたい積してできたたい積岩である。また，㋔のチャートは，ケイ酸質のからだをもった生物の死がいがたい積してできたたい積岩である。

4　物質の判別についての問題

⑴，⑵　６種類の物質のうち，操作１で水に溶《と》けたのは食塩だけ，操作２で気体を発生しながら溶けたのはアルミニウム，鉄，石灰石，操作３で豆電球が点灯した（電流を通した）のは金属のアルミニウム，銀，鉄である。よって，物質Ａ，物質Ｅは一方がアルミニウムでもう一方が鉄，物質Ｂは石灰石，物質Ｃは食塩，物質Ｄはガラス，物質Ｆは銀と判断できる。また，操作２で，石灰石にうすい塩酸を加えると二酸化炭素が発生する。

⑶　㋐　アルミニウムは塩酸だけでなく水酸化ナトリウム水溶液《すいようえき》にも溶けて水素を発生させるが，鉄は水酸化ナトリウム水溶液とは反応しないので，あてはまる。　㋑　うすい塩酸を注いだとき，アルミニウム，鉄はどちらも水素を発生させるので，適切でない。　㋒　アルミニウムは磁石に引きつけられないが，鉄は磁石に引きつけられるので，ふさわしい。　㋓　たたくとうすく広がる，引っぱるとのびる，電気や熱をよく伝える，独特の光沢《こうたく》（金属光沢）をもつなどは，金属に共通する性質である。アルミニウム，鉄はどちらも金属なので，ふさわしくない。

5　フェーン現象についての問題

⑴　表より，温度が23℃のときの飽和《ほうわ》水蒸気量は20.5ｇなので，湿度《しつど》80％の空気１m^{3}に含まれる水蒸気量は，20.5×0.8＝16.4（ｇ）と求められる。

⑵　現在の空気１m^{3}に含まれる水蒸気量の16.4ｇが飽和水蒸気量と同じになる温度が露点《ろてん》である。したがって，表より露点は19℃とわかる。

⑶　①　⑵より，温度23℃で湿度80％の空気は，温度が，23－19＝４（℃）下がると露点に達する。よって，この空気が，$100\times\frac{4}{1}=400$（m）の高さをこえると，雲ができはじめる。　②　雲ができた空気は山頂まで，2300－400＝1900（m）上昇《じょうしょう》するので，山頂での空気の温度は，$19-0.5\times\frac{1900}{100}=9.5$（℃）となる。したがって，この空気が風下側のふもとにおりてきたときの温度は，$9.5+1\times\frac{2300}{100}=32.5$（℃）と求められる。

6　波の伝わり方についての問題

(1) 点Oを最初にたたいてから3秒後には，1番目の波は，2×3＝6(マス)，2番目の波は，2×2＝4(マス)，3番目の波は，2×1＝2(マス)広がるので，解答の図のようになる。

(2) 点Oをたたいてから4秒後には，1番目の波は点Oを中心に，2×4＝8(マス)，2番目の波は点Oの1マス右の点を中心に6マス，3番目の波は点Oの2マス右の点を中心に4マス，4番目の波は点Oの3マス右の点を中心に2マス広がり，棒で点Oの4マス右の点をたたく。よって，(イ)が選べる。

(3) ① (2)の(イ)の図を参考にすると，救急車の後方と前方の波の間隔《かんかく》は，後方のほうが前方よりも長くなる。　② 波の間隔が短いほど音は高くなり，波の間隔が長いほど音は低くなる。よって，サイレンの音は，救急車が近づいてくるときは高く聞こえ，遠ざかるときは低く聞こえる。

7 ふりこの動きについての問題

(1) 表で，AとD，BとH，AとIを比べることで，ふりこの長さが(□×□)倍になると，5往復する時間が□倍になることがわかる。したがって，5往復する時間が11秒になるのは，5往復する時間が，11÷2＝5.5(秒)であるCの，2×2＝4(倍)の長さのふりこなので，その長さは，0.3×4＝1.2(m)と求められる。

(2) (1)より，ふりこの長さが(□×□)倍になると，(5往復する時間)×(5往復する時間)は(□×□)倍になる。つまり，ふりこの長さと，(5往復する時間)×(5往復する時間)は比例するので，(ウ)がふさわしい。

(3) 図2のふりこは，釘《くぎ》の左側では長さが0.7mのふりことして1往復の半分ふれ，釘の右側では長さが，0.7−0.3＝0.4(m)のふりことして1往復の半分ふれる。よって，5往復する時間は，8.4÷2＋6.4÷2＝7.4(秒)となる。

8 水和物のつくりと水への溶け方についての問題

(1) 100gの硫酸《りゅうさん》銅五水和物を加熱すると，最後には水のつぶがついていない硫酸銅64gが得られるので，水は，100−64＝36(g)含まれている。

(2) 硫酸銅五水和物から水2つぶが失われて硫酸銅三水和物になり，そこから水2つぶが失われて硫酸銅一水和物になり，さらにそこから水1つぶが失われて硫酸銅になるので，$(100-X):(X-Y):(Y-64)=2:2:1$とわかる。この比の和の，2＋2＋1＝5が36gにあたるので，比の1にあたる重さは，36÷5＝7.2(g)である。したがって，$X=100-7.2\times2=85.6$(g)，$Y=64+7.2=71.2$(g)と求められる。

(3) ① 60℃の硫酸銅の飽和水溶液140gには40gの硫酸銅が溶けているので，60℃の硫酸銅の飽和水溶液84gには，$40\times\frac{84}{140}=24$(g)の硫酸銅が溶けている。　② 硫酸銅五水和物100gには硫酸銅が64g含まれているので，60℃の硫酸銅の飽和水溶液は，$140\times\frac{64}{40}=224$(g)できる。よって，水を，224−100＝124(g)加えればよい。

国語 ＜第2回試験＞(50分)＜満点：100点＞

解答

一 **問1** 不安　**問2** B，駐車場　**問3** 白と黒のハチワレ　**問4** ③ (オ)　⑨ (イ)

問５　(例)　白と黒のハチワレのネコが入院しているかということ。　**問６**　車にでもひ～なくなった　**問７**　(例)　道路わきでじっとした(まま)　**問８**　宅配便のドライバー　**問９**　(ウ)　**問10**　(例)　ペットの動物が病気になったり，老いたりすること。　**問11**　(例)　テンちゃんを探すためのチラシを配った。／ネコのマップを作った。／チラシにテンちゃんの絵を描いた。　**問12**　(例)　テンは事故にあったが病院で手術をして助かったこと。　**問13**　**A**　メーが死んだ　**B**　成長　**問14**　(ウ)　**問15**　(ア)　**問16**　c　**問17**　兄弟みたいなもの　**問18**　メーのことを思い出すから　**問19**　思い出　**問20**　帰り道，大　二　**問１**　(ア)　**問２**　⑥　**問３**　(ウ)　三　①　ばん，(オ)　②　あな，(ア)　③　みえ，(エ)　四　①　答→頭　②　絶→立　③　秋→終　④　戦→先　五　①～⑦　下記を参照のこと。　⑧　たぐ(い)　⑨　かおく　⑩　しきんせき

●漢字の書き取り

五　①　補給　②　乱立　③　専門　④　隊列　⑤　良薬　⑥　他言　⑦　直(ちに)

解　説

一　**出典：西田俊也《にしだとしや》『夏に，ネコをさがして』**。友人の蘭《らん》とともに飼いネコのテンを探していた佳斗《けいと》は，テンが交通事故にあったものの助けられ，動物病院に入院していることを知る。

問１　「ためらう」は，“決心がつかずにぐずぐずする”という意味。そのようすが少し後で，「不安と，早く会ってたしかめたい気持ちが，心の中でぐちゃぐちゃになっていた」とくわしく描《えが》かれているので，「不安」がぬき出せる。

問２　A，C，Dの「ここ」は動物病院を指しているのに対して，Bの「ここ」は駐車場に停めた車の車内を指している。

問３　少し後の，佳斗とお母さんがテンと対面する場面で，看護師さんが「白と黒のハチワレのネコちゃんですね」と言っているので，「白と黒のハチワレ」がふさわしい。なお，「ハチワレ」は，ネコやイヌなどの体毛の色が，鼻筋を境に「八」の字のように左右に分かれているようす。

問４　③　それまでテンに「会ってたしかめ」るかどうかをためらっていた佳斗が，「自分でたしかめる」ことを決断する場面なので，“応援《おうえん》する”という意味の(オ)の「はげます」がよい。　⑨　直前の部分で，「声が大きくなった」佳斗に先生が「静かにね」と言っているので，“ひそひそと話す”という意味の(イ)の「ささやく」が合う。　なお，(ア)の「おどける」は“こっけいな言動をする”，(ウ)の「はばかる」は“遠慮《えんりょ》する”，(エ)の「なだめる」は“怒《いか》りを静める”，(カ)の「うながす」は“促進《そくしん》する”という意味。

問５　問３でみたように，看護師さんが「白と黒のハチワレのネコちゃんですね」と言っているので，お母さんは「白と黒のハチワレのネコ」がこの動物病院に入院しているかどうかを聞いたのだと考えられる。

問６　「強い衝撃《しょうげき》」について先生が考えていたテンの状況《じょうきょう》は，少し後の「車にでもひかれたあと，どこか安全なところに行こうとしたものの，途中《とちゅう》で動けなくなった」というものである。

問７　テンが発見されたときのようすは，「つれてきてくれた人の話だと，道路わきでじっとしていた」というものである。これをふまえ，「道路わきでじっとした(まま)」のようにまとめる。

問８　「つれてきてくれた人」については，少し後で「配達の仕事をされている」と書かれている。また，動物病院を出たところでお母さんが，「宅配便のドライバーさんのおかげだわね」と言っている。よって，「宅配便のドライバー」がぬき出せる。

問９　前の「心配はいりませんよ」という先生の言葉を聞いたときの佳斗の心情なので，(ウ)の「安心」があてはまる。

問10　直前に「そういう」とあるので，前の部分に注目する。「ペットの動物だって病気になるし，老いていくのよ」とあり，これが「つらいできごと」といえる。

問11　少し後に「佳斗は，宅配便の人に，蘭からチラシをもらったと聞いたことも伝え」とあるので，蘭がチラシを配ってくれたことがわかる。また，蘭のお父さんが「ネコのマップを作ったんだって？」と言っているので，蘭がネコのマップを作ったこともわかる。さらに，蘭のお父さんの「チラシの絵も描《か》いたそうだね」，蘭のお母さんの「メーが死んだあと，ショックで」，「メーの絵は全部捨てちゃったのよ。見るのがつらいみたいでね」，佳斗の「蘭の部屋には絵がたくさんはってある。でも，ネコの絵が一枚もない」という発言などから，蘭が自分の飼っていたネコのメーの死後，ネコの絵を描かないようにしていたにもかかわらず，佳斗のためにチラシにテンの絵を描いてくれたことがわかる。

問12　佳斗の話を聞いた蘭が「事故にあってたんだ。でも助かったんだ」と言っていることから，テンが交通事故にあったことと動物病院で手術をして助かったことを，佳斗が伝えたことがわかる。

問13　**Ａ，Ｂ**　少し後で，蘭のお母さんが「メーのおかげで蘭が変わるというか，成長するだろうと思いましたよ」と言っているので，蘭の場合の悲しみは「メーが死んだ」こと，喜びは「成長」したことといえる。

問14　「ドリアンの法則」は，「あれはくさいだろ？　でも，おいしい」というもので，蘭のお母さんの「喜びと悲しみは，いつもくっついてる」，「喜びだけの幸せはありません。逆も同じね」という発言を受けている。(ウ)の，「色と形が変」は「悲しみ」とはいえないので，ふさわしくない。

問15　蘭が「またばあちゃんのめんどうをみてくれるようになっ」たのは，蘭のお母さんが「ばあちゃんに今までどおり接しているのを見て，わかった」からである。よって，「『佳斗』のおかげ」とある(ア)は合わない。

問16　ｃの「ない」は，ものごとの性質や状態を表す言葉。ほかの「ない」はいずれも，「ぬ」と置きかえられる打ち消しの表現である。

問17　メーが蘭にとってどのような存在だったかについては，前のほうで蘭のお母さんが「蘭にとっては兄弟みたいなものだったのよ」と言っているので，「兄弟みたいなもの」がぬき出せる。

問18　蘭の部屋に「ネコの絵が一枚もない」のは，「見るのがつらい」という理由で蘭がメーの死後に「メーの絵」を「全部捨てちゃった」からである。これと同様の蘭の行動に「テレビでネコのおもしろい動画をやってたりすると，チャンネルを変える」というものがあり，その行動に対して蘭のお父さんが「メーのことを思い出すからな」と理由を推測している。

問19　佳斗が傍線《ぼうせん》⑱のように思ったのは，「ワルツ・フォー・キティ」という曲を聞いたお母さんが，ナツばあやクロちゃんの「思い出」を語ってくれたからである。

問20　一つ目の場面では動物病院でのようす，「帰り道，大きなマンションの前の道路を走っていると」で始まる二つ目の場面では「蘭のお父さんの店」でのようす，「お父さんのために巻き寿司《ずし》といなり寿司をおみやげに買って」で始まる三つ目の場面では「蘭のお父さんの店」を出た後のようすが描かれている。

二 主語と述語，言葉のかかり受け

問1　「何(だれ)が」「何(だれ)は」を表す文節を主語，「どうする」「どんなだ」「何だ」を表す文節を述語という。傍線①の一文は，「鍵盤《けんばん》も」が主語，「白と黒だ」が述語で，「何は―何だ」の関係なので，(ア)が同じ。なお，(イ)，(エ)は「何が―どうする」，(ウ)は「何が―どんなだ」の関係。

問2　傍線⑥の主語は「テンちゃん」で，ほかの主語は主人公の「佳斗」である。

問3　言葉のかかり受けでは，直接つなげてみて意味のまとまるところが答えになるので，「思いながら」→「見たら」となる。

三 慣用句の完成と意味

①「大盤《おおばん》(椀飯《おうばん》)振《ぶ》る舞《ま》い」は，さかんなもてなし。　②「大穴をあける」は，“大きな損失を出す”という意味。　③「大見得を切る」は，“力を誇示《こじ》するために大げさな言動をとる”という意味。もともとは歌舞伎《かぶき》の用語で，劇の最高潮の場面で役者が静止し，大げさな動作や表情でポーズを取ること。　なお，(イ)は「大風呂敷《おおぶろしき》を広げる」，(ウ)は「大目に見る」である。

四 誤字の訂正

①「路頭に迷う」は，生活の手段を失ったり住む家をなくしたりして，ひどく困り果てること。②「後悔《こうかい》先に立たず」は，ことが終わった後であれこれ悔《く》やんでも，何の役にも立たないということ。　③「有終の美をかざる」は，ものごとを立派にやり通し，最後にすばらしい結果を残すこと。　④「機先を制する」は，“ほかの人よりも先にものごとを行い，相手の気勢や計画をおさえて自分が有利になるようにする”という意味。

五 漢字の書き取りと読み

①　不足分を補うこと。　②　たくさんのものが乱雑に立ち並んでいること。　③　研究・担当する特定の分野。　④　隊を組んで列をしたてること。　⑤「良薬は口に苦し」は，“よくきく薬が苦くて飲みにくいように，ためになる忠告は聞くのがつらい”という意味。　⑥　秘密などをほかの人に話すこと。　⑦　すぐに。速《すみ》やかに。　⑧　音読みは「ルイ」で，「同類」などの熟語がある。　⑨　人が住むために使われる建物。　⑩　価値や能力を判断する材料となるもの。

Dr.福井の
入試に勝つ！脳とからだのウルトラ科学

勉強が楽しいと，記憶力も成績もアップする！

みんなは勉強が好き？　それとも嫌い？――たぶん「好きだ」と答える人はあまりいないだろうね。「好きじゃないけど，やらなければいけないから，いちおう勉強してます」という人が多いんじゃないかな。

だけど，これじゃダメなんだ。ウソでもいいから「勉強は楽しい」と思いながらやった方がいい。なぜなら，そう考えることによって記憶力がアップするのだから。

脳の中にはいろいろな種類のホルモンが出されているが，どのホルモンが出されるかによって脳の働きや気持ちが変わってしまうんだ。たとえば，楽しいことをやっているときは，ベーターエンドルフィンという物質が出され，記憶力がアップする。逆に，イヤだと思っているときには，ノルアドレナリンという物質が出され，記憶力がダウンしてしまう。

要するに，イヤイヤ勉強するよりも，楽しんで勉強したほうが，より多くの知識を身につけることができて，結果，成績も上がるというわけだ。そうすれば，さらに勉強が楽しくなっていって，もっと成績も上がっていくようになる。

でも，そうは言うものの，「勉強が楽しい」と思うのは難しいかもしれない。楽しいと思える部分は人それぞれだから，一筋縄に言うことはできないけど，たとえば，楽しいと思える教科・単元をつくることから始めてみてはどうだろう。初めは覚えることも多くて苦しいときもあると思うが，テストで成果が少しでも現れたら，楽しいと思えるきっかけになる。また，「勉強は楽しい」と思いこむのも一策。勉強が楽しくて仕方ない自分をイメージするだけでもちがうはずだ。

Dr.福井（福《ふく》井《い》一成《かずしげ》）…医学博士。開成中・高から東大・文Ⅱに入学後，再受験して翌年東大・理Ⅲに合格。同大医学部卒。さまざまな勉強法や脳科学に関する著書多数。

Memo

2023 年度　明治大学付属中野中学校

【算　数】〈第１回試験〉(50分)〈満点：100点〉

［注意］　分数で答えるときは，それ以上約分できない形で答えてください。

1　次の □ にあてはまる数を答えなさい。

(1)　$0.625\times\left\{\frac{5}{3}+\left(6\frac{2}{3}-1\frac{1}{6}\right)\times\frac{2}{3}\right\}\div\frac{2}{9}=\square$

(2)　$3\frac{1}{8}-4\times\left\{\left(6+\square\right)\div3\div1\frac{2}{7}-1\right\}\times0.75=0$

(3)　１日６時間48分と19時間15分を最も簡単な整数の比で表すと □：□ になります。

2　次の問いに答えなさい。

(1)　いくつかの箱におかしを入れていきます。１箱に５個ずつ入れようとするとちょうど４箱不足し，７個ずつ入れるとちょうど６箱あまります。おかしの個数を求めなさい。

(2)　ある小学校の６年生全員に，ＡとＢの２つの本を読んだことがあるかを聞きました。Ａを読んだことがある人とない人の人数の比は5：4でした。どちらも読んだことがない人の人数は全体の $\frac{1}{4}$ で，Ｂだけを読んだことがある人は42人いました。６年生全員の人数を求めなさい。

(3)　１個40円のクッキーと１個77円のチョコレートと１個110円のドーナツを合わせて16個買ったところ，合計の金額が1109円となりました。このとき，買ったクッキーの個数を求めなさい。

(4)　右の図は，正方形と円を組み合わせた図形で，正方形ABCDの１辺の長さは16cmです。点Ｏはすべての正方形の対角線が交わる点であり，２つの円の中心です。

　また，２組の正方形と円はそれぞれぴったりとくっついています。斜線《しゃせん》部分の面積を求めなさい。ただし，円周率は3.14とします。

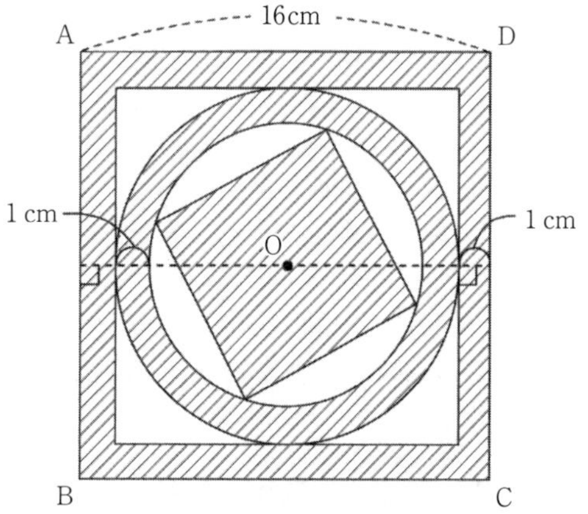

(5)　あるお店では，アイスバーの棒を３本持っていくと，１本のアイスバーと引きかえることができます。このお店でアイスバーを21本買うと，最も多くて何本食べることができますか。ただし，はじめに棒は１本も持っていなかったものとします。

3　次の問いに答えなさい。

⑴　下の図のような，水の入った直方体の水そうと直方体のおもりＡ，Ｂがあります。おもりＡだけを正方形の面を下にして水そうの底面にぴったりとくっつくように入れたとき，水の高さはおもりＡの高さと同じになりました。次に，おもりＡを取り出して，おもりＢだけを正方形の面を下にして水そうの底面にぴったりとくっつくように入れたとき，水の高さはおもりＢの高さと同じになりました。このとき，おもりＡの高さを求めなさい。

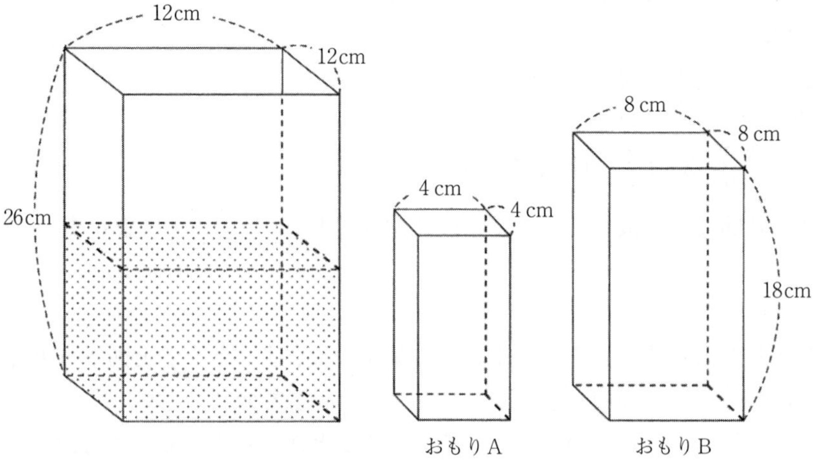

⑵　下の図のように，直角三角形ABCを面積の比が１：２：３：４：５となるように，三角形EBF，三角形EFG，三角形DEG，三角形DGC，三角形ADCにそれぞれ分けました。三角形EBFの面積を求めなさい。

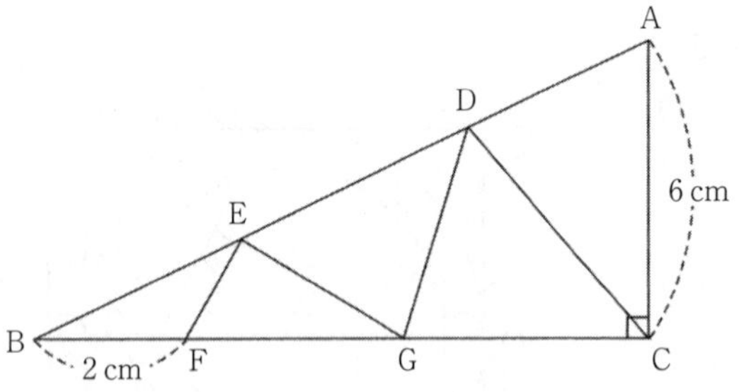

⑶　１枚のコインを投げて，次のルールで数の計算をします。

［**ルール**］

１．はじめの数を１とする。

２．表が出たら，２倍して１を加える。

３．裏が出たら，２倍する。

４．２回目以降は計算した結果を２，３のルールにしたがって計算する。

例えば，コインを３回投げて，表，裏，表の順に出たとき，このルールで計算すると１→３→６→13となり，結果は13になります。

このルールで計算した結果が123となるとき，コインを何回投げましたか。

4　一定の割合で水をくみ上げるポンプＡ，Ｂ，Ｃを使って，満水になっている池の水をすべてくみ出すことにしました。３つのポンプをすべて使うと30分かかります。また，ＡとＣの２つを使うと80分かかり，ＢとＣの２つを使うと40分かかります。

　次の問いに答えなさい。

(1)　ポンプＡだけを使って，この池の水をすべてくみ出すと何分かかりますか。

(2)　雨の日に，満水になっているこの池の水をすべてくみ出す作業を行います。ＡとＢの２つを使うと40分かかります。このとき，ＢとＣの２つを使うと何分かかりますか。ただし，雨によって増える池の水の量は一定とします。

5　Ａさん，Ｂさん，Ｃさんはある学校を同時に出発し，同じ道を通って中野駅へ向かいました。Ａさんは出発してから35分後に駅に着き，速さを変えずに学校へもどり，同じ速さで再び駅へ向かいました。また，ＢさんはＡさんと同じ速さで出発しましたが，28分後に速さを変えて駅へ向かいました。ＣさんはＡさんと異なる速さで出発し，学校から駅までの道のりの $\frac{2}{3}$ を進んだところでＡさんに追いつかれ，Ａさんと同じ速さで一緒《いっしょ》に駅へ向かいました。その結果，３人は同時に駅に着きました。Ａさんが駅や学校にいる時間は考えないものとして，次の問いに答えなさい。

(1)　ＣさんがＡさんに追いつかれたのは，出発してから何分後ですか。

(2)　ＡさんとＣさんがすれちがったのは，ＡさんとＢさんがすれちがってから何分後ですか。

6　下の図のように，四角形ABCDはAB＝10cm，AD＝30cmの長方形です。点Ｐ，Ｑ，Ｒは長方形の辺の上を，Ｐは毎秒２cm，Ｑは毎秒３cm，Ｒは毎秒１cmの速さで動きます。ＰはＡ→Ｄ→Ｃ→Ｂ→Ａの順に，ＱはＢ→Ｃ→Ｄ→Ａ→Ｂの順に，それぞれ長方形を１周して止まります。また，ＲはＤ→Ｃ→Ｄ→Ｃ…のように，Ｄから辺DCをＰが長方形を１周するまで動きます。Ｐ，Ｑ，Ｒが同時に動き始めるとき，あとの問いに答えなさい。

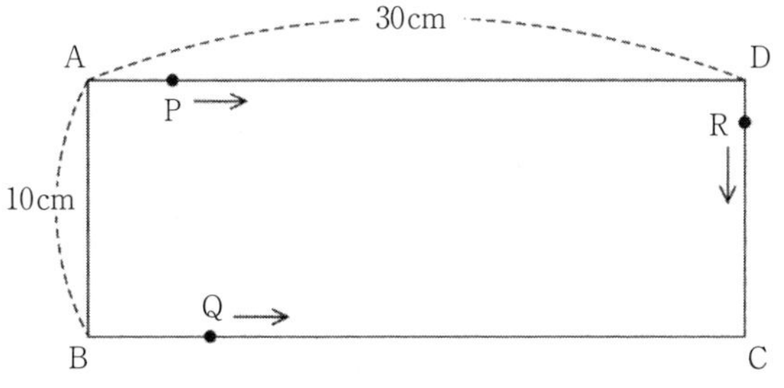

(1)　３点が動き始めてから22秒後の三角形PQRの面積を求めなさい。

(2)　３点が動き始めてからＰが長方形を１周するまでに，３点Ｐ，Ｑ，Ｒで三角形を作れないときが５回あります。このうち，４回目は動き始めてから何秒後か求めなさい。

【社　会】〈第１回試験〉（30分）〈満点：50点〉

1　次の表は，昨年(2022年) ６月15日の岸田文雄首相の行動をまとめたものです。これについて，問いに答えなさい。

午前８：55	官邸。
56	森洋全国石油商業組合連合会会長，西尾恒太全国石油政治連盟会長。山際大志郎経済再生担当相同席。
午前９：23	国土交通省の藤井直樹国交審議官，久保田雅晴航空局長。
29	秋葉剛男国家①安全保障局長，滝沢裕昭内閣情報官。
35	松野博一，木原誠二，磯崎仁彦，栗生俊一正副官房長官，村田隆内閣危機管理監，秋葉国家安全保障局長，滝沢内閣情報官，【　X　】省の森健良事務次官，宇山秀樹②欧州《おうしゅう》局長。
51	保坂伸③資源エネルギー庁長官加わる。
52	全員出る。
55	秋葉国家安全保障局長，【　X　】省の森事務次官，船越健裕アジア大洋州局長，植野篤志国際協力局長。
午前11：23	④国会。 (中略)
午後１：02	衆院本会議。
07	衆院議長応接室。
09	衆院の細田博之，海江田万里正副議長，山口俊一⑤議院運営委員長，与野党各会派にあいさつ回り。松野，木原正副官房長官，⑥自民党の高木毅，公明党の佐藤茂樹両国対委員長同行。 (中略)
午後４：26	官邸。
午後６：00	⑦記者会見。
午後７：29	公邸。

2022年６月16日付　朝日新聞により作成。

問１．【X】にあてはまる中央省庁の名称《めいしょう》を，漢字で答えなさい。

問２．下線部①について，日本の安全保障や防衛政策を説明した文として正しいものを，次のア～エの中から１つ選び，記号で答えなさい。

ア．最高裁判所は，自衛隊の合憲性が問われた訴訟《そしょう》において，違憲判断を下している。

イ．日本国憲法には，核兵器について「持たず，つくらず，持ちこませず」という非核三原則が規定されている。

ウ．日本は，唯一《ゆいいつ》の被爆《ひばく》国として，2017年に国際連合総会で採択《さいたく》された核兵器禁止条約に署名している。

エ．自衛隊が国際連合平和維持活動(PKO)の一環《いっかん》として初めて海外に派遣《はけん》されたのは，カンボジアである。

問３．下線部②について，昨年，欧州(ヨーロッパ)では複数の女性首相が誕生しました。９月にイギリスの首相に任命されたが，就任後わずか６週間あまりで辞任を表明した人物はだれか，カタカナで答えなさい。

問４．下線部③について，次のア～エは，代表的な再生可能エネルギーです。この中で，2020年の日本における総発電量が最も多いものを１つ選び，記号で答えなさい。

ア．太陽光　　イ．地熱　　ウ．バイオマス　　エ．風力

問５．下線部④について，国会の権限に関する次のⅠ・Ⅱの文の正誤の組み合わせとして正しいものを，下のア～エの中から１つ選び，記号で答えなさい。

Ⅰ．内閣が結んだ条約を承認する権限を持つ。

Ⅱ．最高裁判所の長官を指名する権限を持つ。

ア．Ⅰ―正　Ⅱ―正　　イ．Ⅰ―正　Ⅱ―誤

ウ．Ⅰ―誤　Ⅱ―正　　エ．Ⅰ―誤　Ⅱ―誤

問６．下線部⑤について，議院運営委員会のように，衆議院と参議院のそれぞれに常に置かれている委員会のことを総称して何というか，漢字で答えなさい。

問７．下線部⑥について，自由民主党を与党とする政権下でのできごとを説明した文として正しいものを，次のア～オの中から**すべて**選び，記号で答えなさい。

ア．岸信介を首相とする政権下で，日米安全保障条約が改定された。

イ．佐藤栄作を首相とする政権下で，沖縄が日本に復帰した。

ウ．田中角栄を首相とする政権下で，大韓民国との国交が正常化した。

エ．中曽根康弘を首相とする政権下で，消費税が導入された。

オ．小泉純一郎を首相とする政権下で，郵政民営化が進められた。

問８．下線部⑦について，これは同日の国会閉会を受けて行われた記者会見です。この国会に関する次のⅠ・Ⅱの文の正誤の組み合わせとして正しいものを，下のア～エの中から１つ選び，記号で答えなさい。

Ⅰ．この国会は通常国会で，会期は100日であった。

Ⅱ．この国会で，2022年度の予算案が可決・成立した。

ア．Ⅰ―正　Ⅱ―正　　イ．Ⅰ―正　Ⅱ―誤

ウ．Ⅰ―誤　Ⅱ―正　　エ．Ⅰ―誤　Ⅱ―誤

2　次の地図を見て，問いに答えなさい。

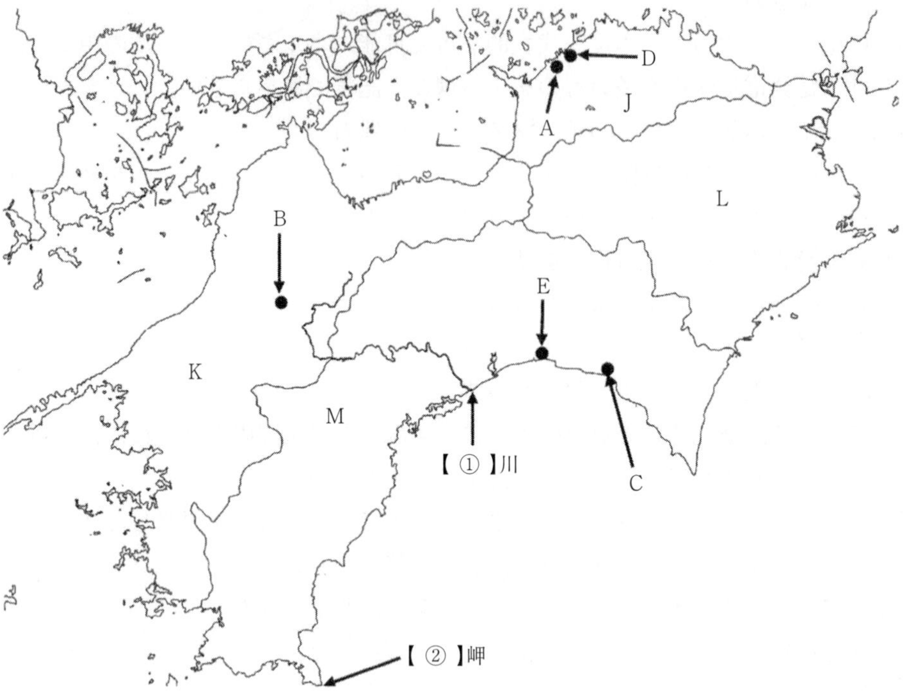

問１．上の地図中【①】・【②】にあてはまる地名を，それぞれ漢字で答えなさい。

問２．次のⅠ～Ⅲの雨温図は，上の地図中Ａ～Ｃのいずれかの地点のものです。Ⅰ～ⅢとＡ～Ｃの組み合わせとして正しいものを，下のア～カの中から１つ選び，記号で答えなさい。

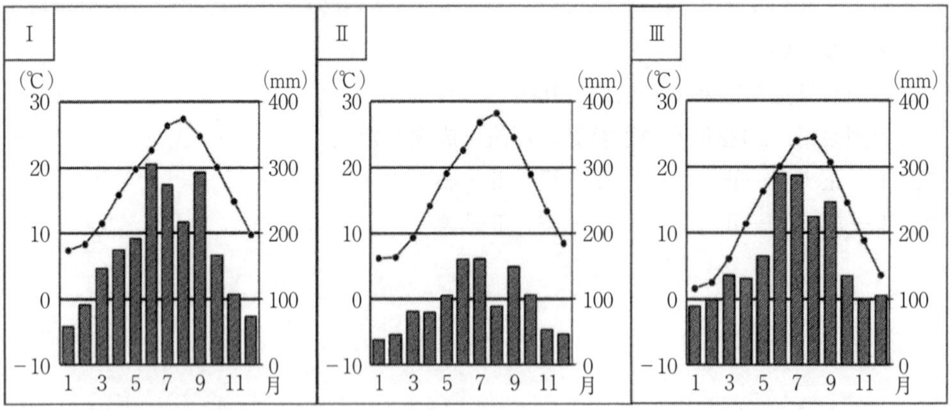

気象庁の統計により作成。

	ア	イ	ウ	エ	オ	カ
Ⅰ	Ａ	Ａ	Ｂ	Ｂ	Ｃ	Ｃ
Ⅱ	Ｂ	Ｃ	Ａ	Ｃ	Ａ	Ｂ
Ⅲ	Ｃ	Ｂ	Ｃ	Ａ	Ｂ	Ａ

問３．上の地図中Ｄの地域では，ある伝統的工芸品が生産され，現在では全国の生産量の約90％を占《し》めています。この伝統的工芸品として正しいものを，次のア～エの中から１つ選び，記号で答えなさい。

ア．うちわ　　イ．こけし

ウ．将棋駒　　エ．筆

問４．次の写真の施設《しせつ》は，６ページの地図中Ｅの場所に建設されているものです。これと同様の施設が地図中Ｍ県の沿岸部に多く建設されています。この施設は何のために建設されたものか，説明しなさい。

問５．次のⅠ・Ⅱの文は，６ページの地図中Ｊ～Ｍ県のいずれかのものです。Ⅰ・Ⅱの文にあてはまる県を，Ｊ～Ｍの中からそれぞれ１つずつ選び，記号で答えなさい。

Ⅰ．阿波踊りの発祥《はっしょう》の地である。観光資源として鳴門のうず潮が有名である。

Ⅱ．昔から満濃池などのため池がつくられてきた。かつては沿岸に塩田が広がっていた。

問６．次の表は，６ページの地図中Ｊ～Ｍ県の，2019年における農業産出額，小麦の収穫《しゅうかく》量，米，野菜，果実，畜産《ちくさん》の農業産出額の割合を示しています。Ⅰ～Ⅲにあてはまる県の組み合わせとして正しいものを，下のア～カの中から１つ選び，記号で答えなさい。

	農業産出額（億円）	小麦の収穫量（百ｔ）	米（％）	野菜（％）	果実（％）	畜産（％）
Ⅰ	803	89	14.9	30.1	7.8	39.9
Ⅱ	961	1	13.8	36.3	9.2	27.4
Ｍ	1,117	0.1	10.0	64.0	9.3	7.3
Ⅲ	1,207	9	12.6	15.7	43.7	20.6

農林水産省の統計により作成。

	ア	イ	ウ	エ	オ	カ
Ⅰ	Ｊ	Ｊ	Ｋ	Ｋ	Ｌ	Ｌ
Ⅱ	Ｋ	Ｌ	Ｊ	Ｌ	Ｊ	Ｋ
Ⅲ	Ｌ	Ｋ	Ｌ	Ｊ	Ｋ	Ｊ

問７．６ページの地図中Ｍ県では，野菜の栽培《さいばい》がさかんに行われています。次のグラフは，2021年における東京都中央卸売《おろしうり》市場で取引された，きゅうりの月別取扱《とりあつかい》量を示したものであり，Ⅰ～Ⅲは，Ｍ県，茨城県，岩手県のいずれかです。Ⅰ～Ⅲと県の組み合わせとして正しいものを，下のア～カの中から１つ選び，記号で答えなさい。

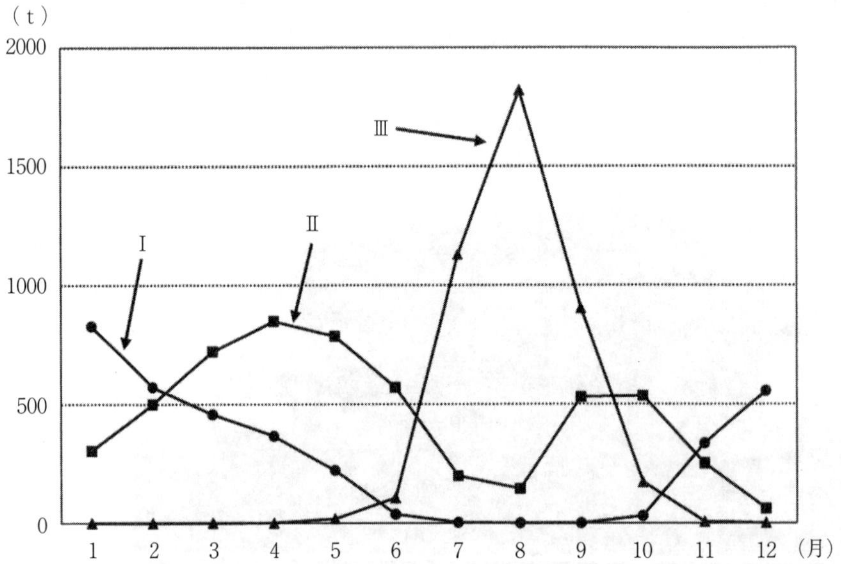

東京都中央卸売市場の統計により作成。

	Ⅰ	Ⅱ	Ⅲ
ア	Ｍ	茨城	岩手
イ	Ｍ	岩手	茨城
ウ	茨城	Ｍ	岩手
エ	茨城	岩手	Ｍ
オ	岩手	Ｍ	茨城
カ	岩手	茨城	Ｍ

問８．次の地形図(一部改変)は，６ページの地図中Ｌ県に位置する徳島市の中心部のものです。この図から読み取れることがらとして正しいものを，下のア～エの中から**すべて**選び，記号で答えなさい。

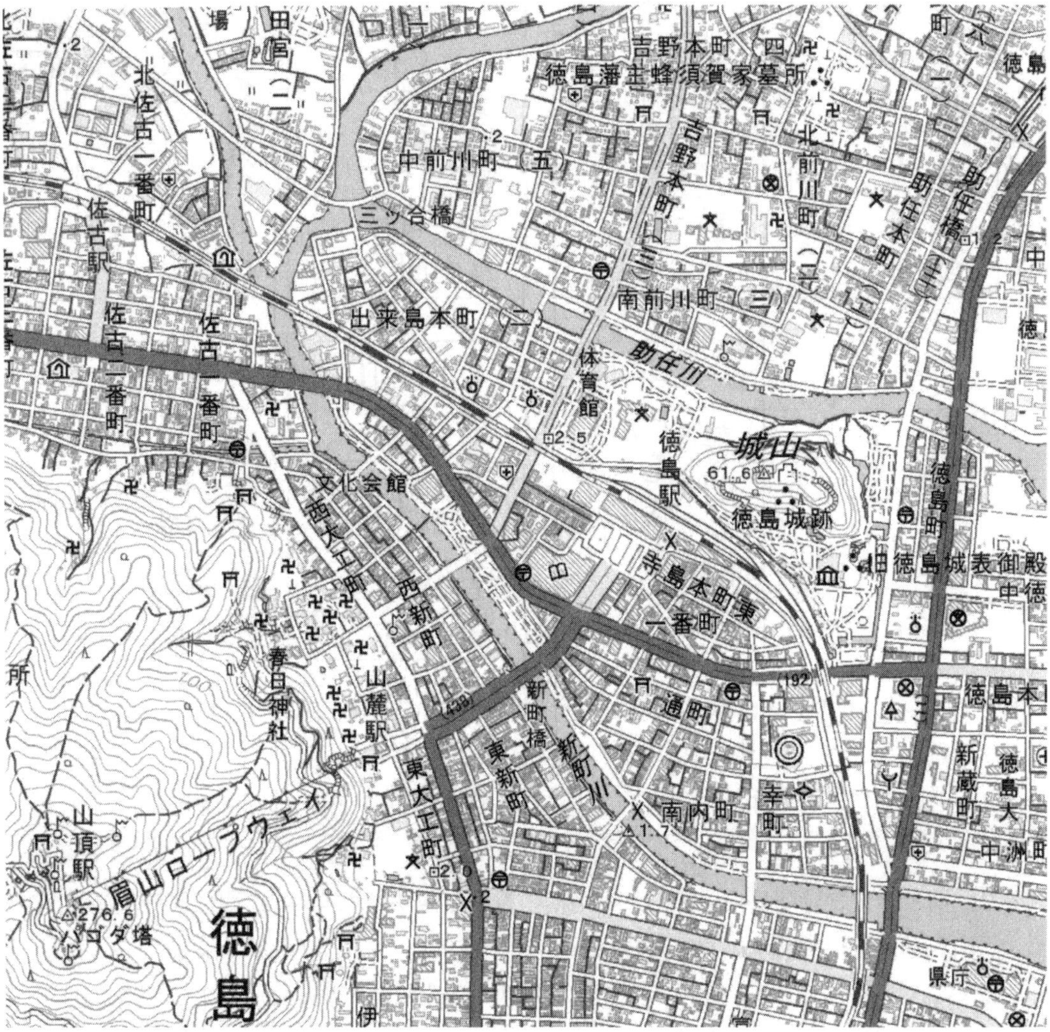

ア．消防署の西側に税務署がある。

イ．佐古駅周辺には，果樹園が広がっている。

ウ．城山から見て，市役所は南の方角にある。

エ．徳島駅と眉山ロープウェイの山頂駅の標高差は，約150mである。

3 小学6年生のアキラくんは，夏休みの自由研究で「歴史人物いろはカルタ」をつくりました。次にあげるのはその読み札の一部です。これらについて，問いに答えなさい。

[い] 犬公方と あだ名され

[は] 花の御所に幕府 北山に金閣

[ほ] 本能寺で敗れ 夢もまた散る

[と] 東大寺に 大仏をまつる

[ろ] 六波羅探題で 朝廷を監視《かんし》

[に] 日本で最初の 内閣総理大臣

[へ] 平氏を倒し 幕府を開く

問1．[い]～[と]の札を時代の古い順に並べた場合，次の〔B〕・〔D〕に入るものはどれか，それぞれ答えなさい。ただし，[と]・[い]・[に]は固定です。

[と]→〔 A 〕→〔 B 〕→〔 C 〕→〔 D 〕→[い]→[に]

（〔 C 〕→〔 D 〕：X　[い]→[に]：Y）

問2．問1のXの時期について，この時期の農村を説明した文として正しいものを，次のア～エの中から1つ選び，記号で答えなさい。

ア．土地の所有者に地券が発行され，地価を基準に税を納入した。

イ．租調庸などの重い税負担にたえられず，逃亡する人々が絶えなかった。

ウ．五人組とよばれる制度がつくられ，年貢納入などで連帯責任を負った。

エ．惣《そう》とよばれる自治組織がつくられ，ときには一揆を結んで領主に抵抗《ていこう》した。

問3．問1のYの時期について，次のア～エの政策は，この時期に大名(藩)に向けて行われたものです。これらの政策を，年代の古い順に並べかえなさい。

ア．藩を廃止して県を置き，中央政府から府知事・県令を派遣《はけん》した。

イ．幕府権力の強化を目指し，江戸や大阪の周辺を幕府領にしようとした。

ウ．米の生産を奨励《しょうれい》し，ききんに備え石高に応じて米を蓄《たくわ》えさせた。

エ．参勤交代の江戸滞在《たいざい》を半年にするかわりに，石高に応じて米を幕府に納めさせた。

問4．[ろ]の札について，六波羅探題が設置されるきっかけとなった戦乱を何というか，答えなさい。

問５．[は]の札について，この幕府における将軍を補《ほ》佐《さ》する役職として正しいものを，次のア～エの中から１つ選び，記号で答えなさい。

ア．関白　　イ．管領

ウ．執権　　エ．老中

問６．[に]の札が示す人物は，その後，立憲政治を進めるために政党を結成し，自ら総裁となりました。この政党名として正しいものを，次のア～エの中から１つ選び，記号で答えなさい。

ア．自由党　　　イ．立憲改進党

ウ．立憲政友会　エ．立憲民政党

問７．[ほ]の札が示す人物は，右の朱印(印章)を命令書などで用いており，ここには彼の夢や目標を表した言葉が記されているといわれています。この言葉を漢字４字で答えなさい。

問８．[へ]の札について，源氏と平氏の最後の戦いを何というか，答えなさい。

問９．[と]の札について，この大仏の写真と，この札が示す人物名の組み合わせとして正しいものを，下のア～カの中から１つ選び，記号で答えなさい。

Ⅰ．

Ⅱ．

Ⅲ．

ア．Ⅰ―聖武天皇　　イ．Ⅰ―天武天皇

ウ．Ⅱ―聖武天皇　　エ．Ⅱ―天武天皇

オ．Ⅲ―聖武天皇　　カ．Ⅲ―天武天皇

問10．いろはカルタの最後の札は「す」で始まります。ところがアキラくんは，取り札だけ用意して，読み札をつくるのを忘れていました。アキラくんがつくった取り札にあうよう，読み札の文句を考え，答えなさい。ただし，「ず」で始まってもかまいません。

【理　科】〈第１回試験〉（30分）〈満点：50点〉

1　右図は，メダカの雌《めす》を表しています。次の各問いに答えなさい。

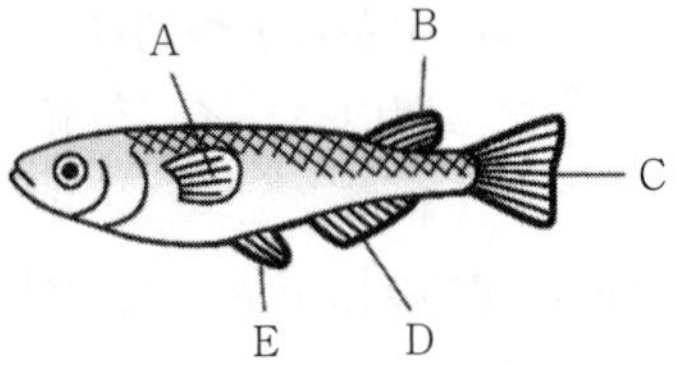

(1)　メダカには，図中のＡ～Ｅの５種類のひれがあり，合計７枚あります。２枚ずつあるひれはどれとどれですか。図中のＡ～Ｅから２種類選び，解答欄の記号を〇で囲みなさい。

(2)　メダカの産卵では，雄《おす》が雌の横に並んで泳ぎ，２種類のひれで雌を包み，卵に精子をかけます。このため，おとなの雄と雌では，この２種類のひれの形がちがいます。図中のＡ～Ｅから，この２種類のひれを選び，解答欄の記号を〇で囲みなさい。

(3)　雌は産んだ卵をからだのどこにつけていますか。最も適するものを，次の(ア)～(エ)から選び，記号で答えなさい。

2　植物がつくる養分と，植物から出入りする気体について，次の各問いに答えなさい。

(1)　ある植物の葉で，図１のような斑《ふ》入りのものを選び，図２のように葉の一部の両面をアルミニウムはくで覆《おお》いました。次の日，日光を十分に当ててから葉を切り取り，ヨウ素液を使ってでんぷんがあるか調べたところ，図３のように，(ア)の部分はヨウ素液の色が変化し，(イ)と(ウ)の部分は色が変化しませんでした。あとの①と②に答えなさい。

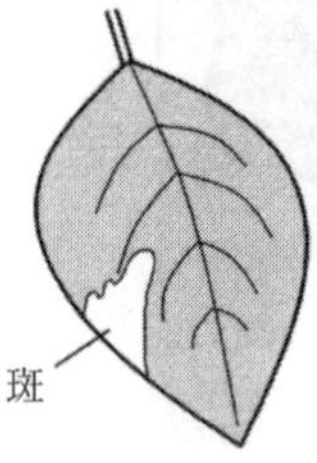

図１

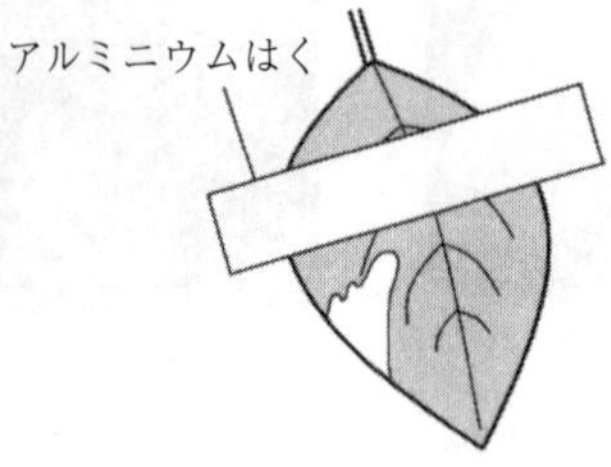

図２

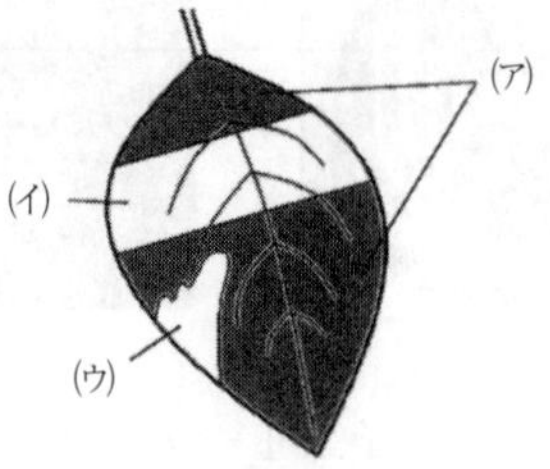

図３

①　でんぷんができるために，光が必要であることは，図３の(ア)～(ウ)のどことどこを比べればわかりますか。記号で答えなさい。

②　でんぷんができるために，葉緑体が必要であることは，図３の(ア)～(ウ)のどことどこを比べればわかりますか。記号で答えなさい。

(2)　でんぷんは，植物が成長するための養分として，からだの各部に運ばれて，使われたり蓄《たくわ》えられたりします。でんぷんは，水に溶《と》けやすい糖という物質に変えられて運ばれます。ジャガイモについて，でんぷんと糖の変化（ ⇨ ）と，糖が運ばれる向き（ ➔ ）を表した図として最も適するものを，次の(ア)～(エ)から選び，記号で答えなさい。ただし，図ではでんぷんを●，糖を〇で表しています。

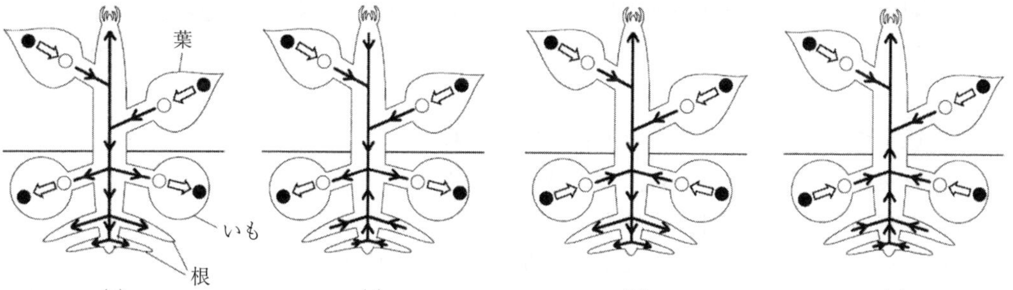

(ア)　　(イ)　　(ウ)　　(エ)

(3)　植物から出入りする酸素と二酸化炭素について調べるため，次の実験を行いました。

実験

〔操作１〕　晴れた日の朝にジャガイモ１株を選んで，右図のように透明《とうめい》なふくろをかぶせて口をひもでしばった。

〔操作２〕　ふくろに小さな穴をあけてストローを差しこみ，ストローをくわえて息を吸ったりはいたりしたあと，ストローをぬいて穴をふさいだ。

〔操作３〕　気体検知管を使って，ふくろの中の酸素の割合と二酸化炭素の割合を調べた。下図はその結果である。

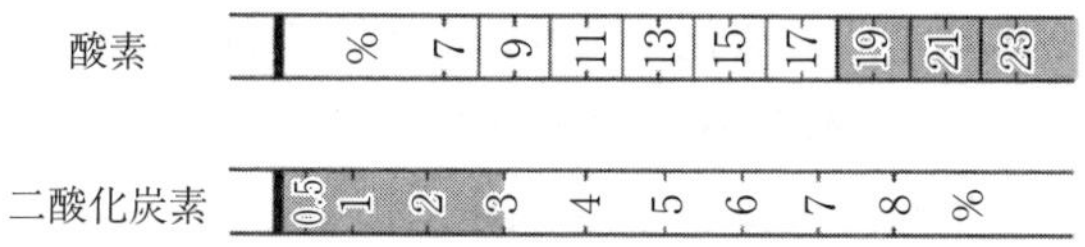

〔操作４〕　日光に１時間当てたあと，気体検知管を使って，もう一度ふくろの中の酸素の割合と二酸化炭素の割合を調べた。

〔操作４〕で，気体検知管が示した酸素の割合と二酸化炭素の割合は約何％ですか。最も適するものを，次の(ア)～(カ)からそれぞれ選び，記号で答えなさい。

(ア)　20％　　(イ)　15％　　(ウ)　10％　　(エ)　５％　　(オ)　３％　　(カ)　１％

3　理科の実験で使う器具について，次の各問いに答えなさい。

(1)　図１はガスバーナーとその内部のつくりを表しています。点火する前はＡとＢのねじがともに閉めてあります。ガスバーナーに点火するとき，ガスの元栓《せん》を開いたあとに行う操作として正しいものを，次の(ア)～(エ)から１つ選び，記号で答えなさい。

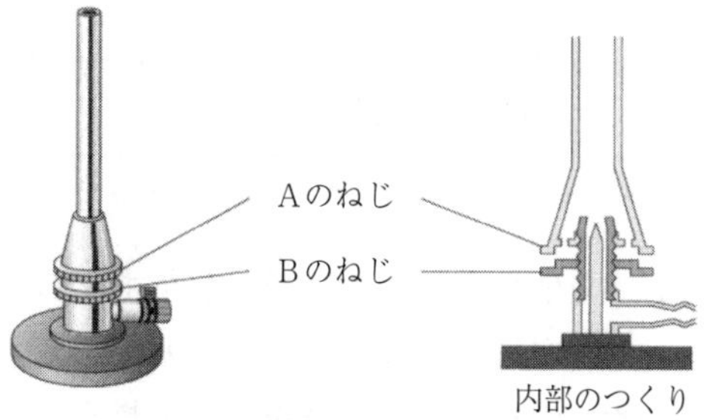

図１

(ア)　Ａのねじを開いてから，マッチに火をつけて，ガスの出口に火を近づける。

(イ)　Ｂのねじを開いてから，マッチに火をつけて，ガスの出口に火を近づける。

(ウ)　マッチに火をつけて，ガスの出口に火を近づけてから，Ａのねじを開く。

(エ)　マッチに火をつけて，ガスの出口に火を近づけてから，Ｂのねじを開く。

(2) 図2は駒込《こまごめ》ピペットという実験器具です。この器具の使い方として，正しいものを次の(ア)～(エ)から2つ選び，解答欄の記号を○で囲みなさい。

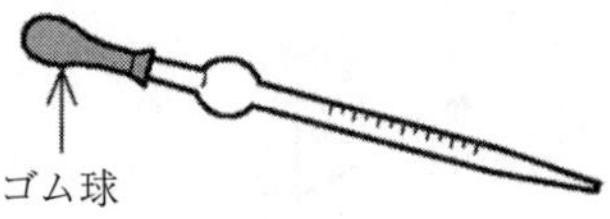

図2

(ア) ゴム球をつぶしてから，先端《たん》を液体の中に入れる。

(イ) 先端を液体の中に入れてから，ゴム球をつぶす。

(ウ) 液体を吸い上げたあとは，先端を上にして，ゴム球の中に液体を入れる。

(エ) 液体を吸い上げたあとは，先端を上に向けないようにする。

(3) ペットボトルに入れた泥《どろ》水を，ろ紙を使ってろ過します。このとき使用する実験器具として適するものを，次の(ア)～(キ)から4つ選び，解答欄の記号を○で囲みなさい。

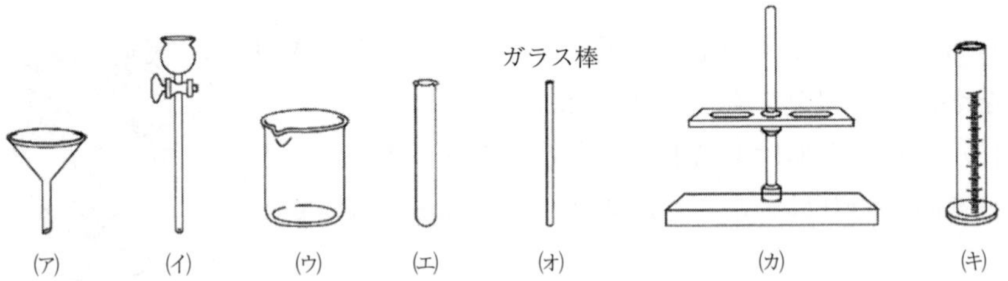

4 二酸化マンガンに過酸化水素水を加えると気体が発生します。このとき二酸化マンガンは，気体の発生を助けるはたらきはありますが，二酸化マンガンそのものは反応の前後で変化しません。二酸化マンガンの重さと，0.5%の過酸化水素水の体積を，次の〔A〕～〔C〕のようにして，反応が始まってからの時間と，発生した気体の体積を調べる実験を行いました。図はその結果をまとめたものです。あとの各問いに答えなさい。

実験 〔A〕 二酸化マンガン2gに，0.5%の過酸化水素水48cm^{3}を注ぐ。

〔B〕 二酸化マンガン2gに，0.5%の過酸化水素水24cm^{3}を注ぐ。

〔C〕 二酸化マンガン1gに，0.5%の過酸化水素水24cm^{3}を注ぐ。

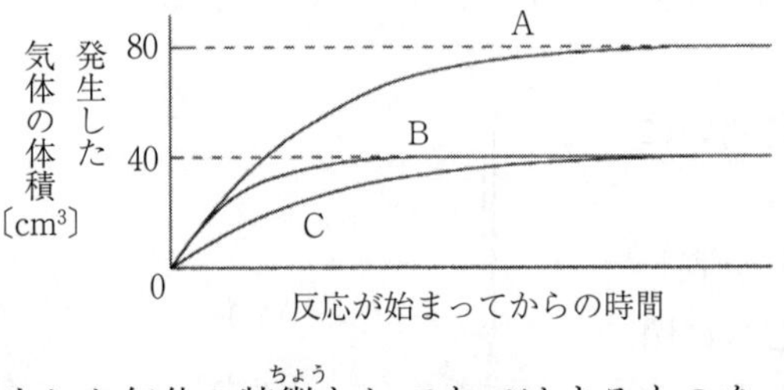

(1) 発生した気体の特徴《ちょう》としてあてはまるものを，次の(ア)～(エ)から1つ選び，記号で答えなさい。

(ア) 空気中に最も多く含《ふく》まれている。

(イ) 火をつけると音をたてて燃える。

(ウ) つんとくるにおいがある。

(エ) ものを燃やすはたらきがある。

(2)　二酸化マンガン４ｇに，0.5％の過酸化水素水48cm^{3}を注いだとき，反応が始まってからの時間と発生した気体の体積の関係を表すグラフとして最も適するものを，右の図中の(ア)～(エ)から選び，記号で答えなさい。ただし，グラフのAは，実験〔A〕の結果を表しています。

(3)　二酸化マンガン２ｇに，１％の過酸化水素水21cm^{3}を注いで，十分に長い時間反応させたとき，発生する気体の体積は何cm^{3}ですか。

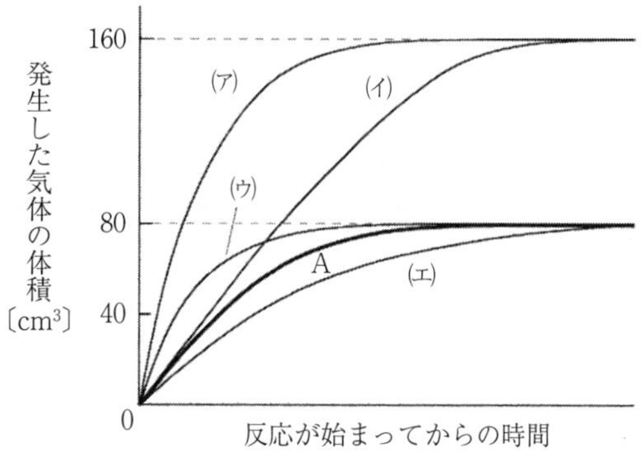

5　図１のように，厚いガラス板に文字を書きました。ガラス板は透明ですが，文字の部分は黒く，光を通しません。

図１のガラス板を，図２のようにスタンドを使って固定し，手前から懐《かい》中電灯の光を当てました。図３は，図２の右側から見た図です。光を当てたまま部屋を暗くすると，スタンドの手前と奥《おく》にガラス板の文字が映りました。あとの各問いに答えなさい。

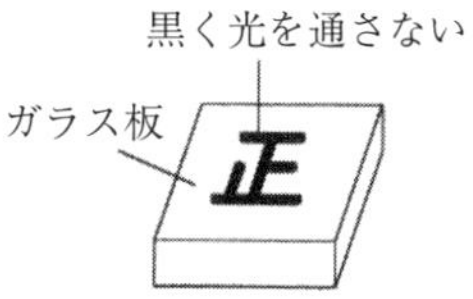

図１

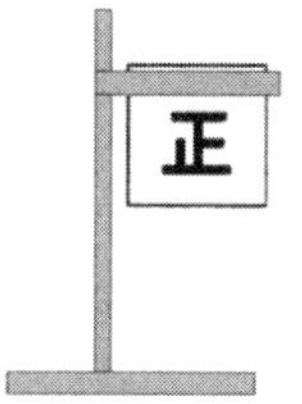

図２

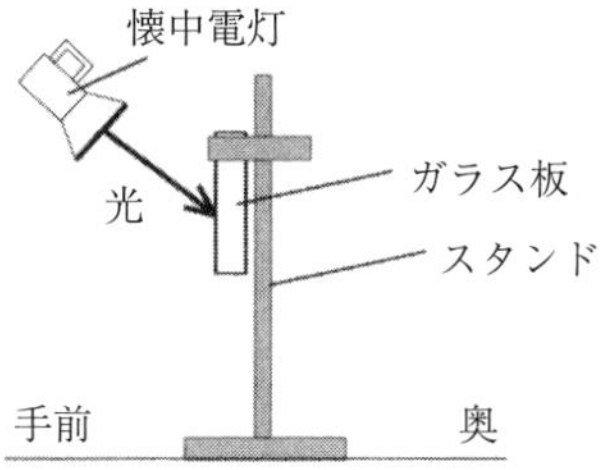

図３

(1)　懐中電灯を持っている人から，スタンドの手前に映った文字はどのように見えますか。最も適するものを，次の(ア)～(エ)から選び，記号で答えなさい。

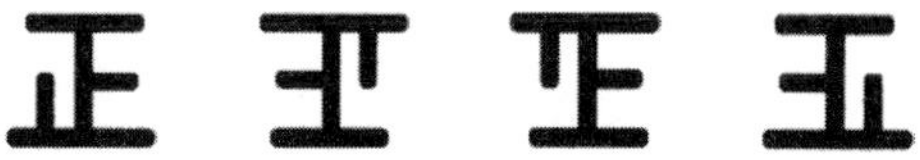
(ア)　(イ)　(ウ)　(エ)

(2)　懐中電灯の光は，ガラス板に入るときと，ガラス板から出るときに折れ曲がります。このように光が折れ曲がって進むことを何といいますか。また，スタンドの奥の文字はどの位置に映りますか。次の(ア)～(ウ)から最も適するものを選び，記号で答えなさい。
ただし，図中の点線は懐中電灯からガラス板までの光の延長線です。

(ア)　Aの位置

(イ)　Aよりもスタンドに近い位置

(ウ)　Aよりもスタンドから遠い位置

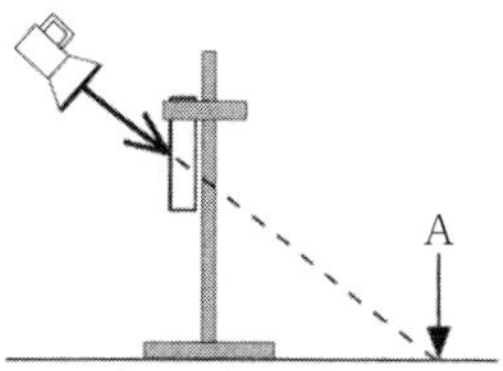

(3)　懐中電灯を持っている人から，スタンドの奥に映った文字はどのように見えますか。最も適するものを，次の(ア)～(エ)から選び，記号で答えなさい。

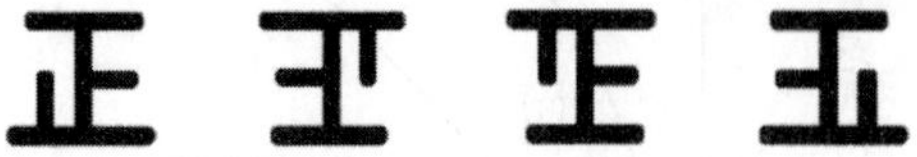

(ア)　(イ)　(ウ)　(エ)

6　2022年に日本で見られた天体の現象について，次の各問いに答えなさい。

(1)　図１は太陽と，太陽のまわりを回る金星と地球の道筋を表しています。金星と地球の位置関係が変化するため，地球から見た金星は月と同じように満ち欠けします。次の①～③に答えなさい。

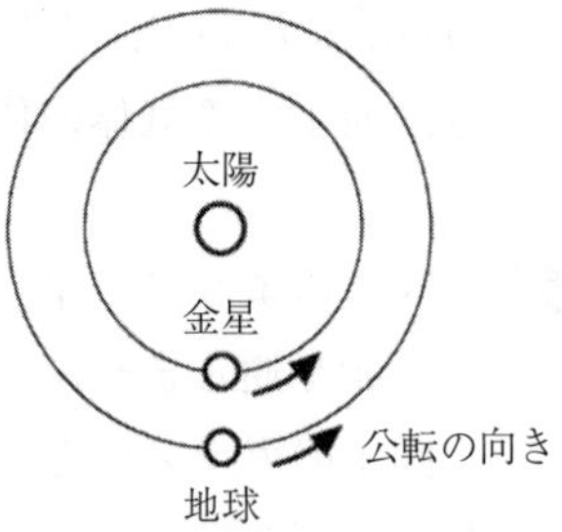

図１

①　金星の特徴として，あてはまるものを次の(ア)～(オ)から２つ選び，解答欄の記号を○で囲みなさい。

(ア)　わく星の中で，２番目に太陽に近い。

(イ)　わく星の中で，最も大きい。

(ウ)　自ら光を出して輝《かがや》いている。

(エ)　晴れていれば毎晩見ることができる。

(オ)　地球から肉眼で見ると，わく星の中で最も明るい。

３月20日の金星は，太陽―地球―金星のつくる角度が最大になる位置にあり，この日は，明け方に東の空で金星を見ることができました。

②　地球上で明け方の地点はどこですか。図２のＡ～Ｄから選び，記号で答えなさい。

③　この日の金星の位置として適するのは，図３の(ア)と(イ)のどちらですか。記号で答えなさい。また，この日の金星の光っている部分の見え方として最も適するものを図４の(ウ)～(オ)から選び，記号で答えなさい。

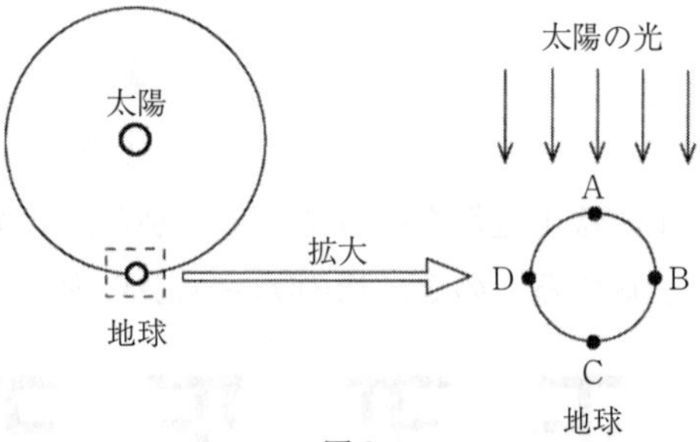

図２

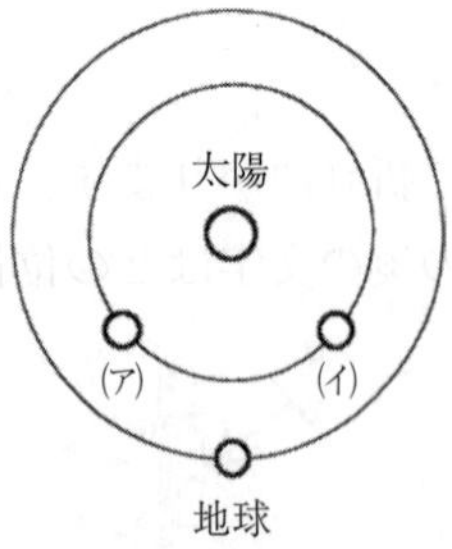

図３

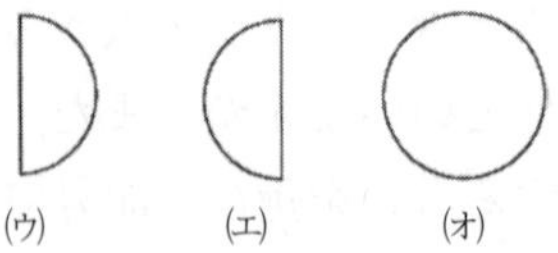

図４

(2)　11月８日に，あるわく星が月食中の月に隠《かく》れるというめずらしい現象が起こりました。このわく星は何ですか。次の(ア)～(エ)から１つ選び，記号で答えなさい。

(ア)　木星　　(イ)　水星

(ウ)　天王星　　(エ)　土星

(3)　火星も太陽のまわりを回るわく星です。12月８日の火星は，太陽―地球―火星の順に一直線に並ぶ位置にありました。次の①と②に答えなさい。

①　この日の火星の見え方について，あてはまるものを次の(ア)～(エ)から１つ選び，記号で答えなさい。

(ア)　夕方に西の空に見え，やがて沈《しず》んだ。

(イ)　夕方に東の空から昇《のぼ》り，明け方に西の空に沈んだ。

(ウ)　夕方に南中して，真夜中に西の空に沈んだ。

(エ)　真夜中に東の空から昇り，明け方に南中した。

②　１か月で地球は太陽のまわりを30°，火星は太陽のまわりを16°それぞれ反時計回りに回ります。12月８日から数えて再び太陽―地球―火星の順に一直線に並ぶのは何か月後ですか。小数第１位を四捨五入して答えなさい。ただし，太陽のまわりを回る地球と火星の道筋は，同じ平面上でどちらも太陽を中心とした円とします。

7　図１のように，長さ20cmで重さ36ｇの棒Ａと，長さ20cmで重さ48ｇの棒Ｂがあります。どちらの棒も太さは一様で，重さのかたよりはありません。長さ20cmの棒Ａと10cmに切った棒Ｂをつなぎ，図２のような棒Ｃをつくりました。あとの各問いに答えなさい。

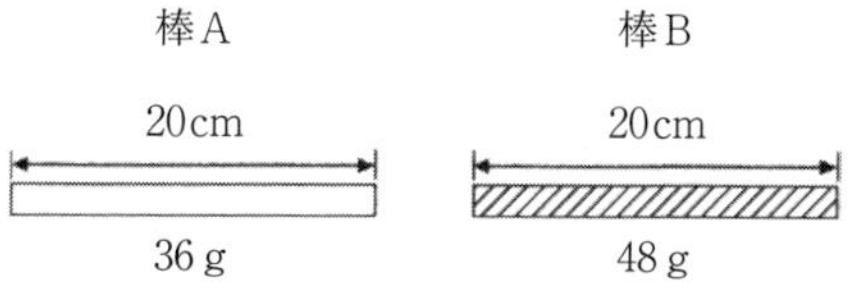

図１

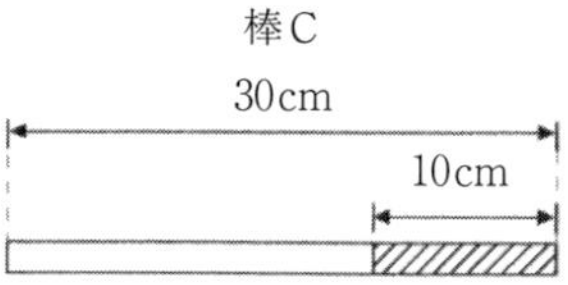

図２

(1)　図３のように，棒Ａの右端《はし》を支点にし，左端をばねばかりで持ち上げて，棒Ａを水平にしました。このとき，ばねばかりの示す値は何ｇになりますか。

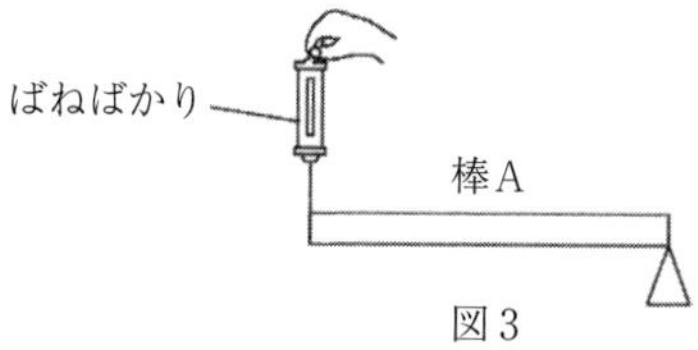

図３

(2)　棒Ｃを一本の糸でつるして水平にするには，糸を棒Ｃの左端から何cmのところにつければよいですか。

(3)　図４のように，棒Ｃの右端を支点にし，左端をばねばかりで持ち上げて，棒Ｃを水平にしました。このとき，ばねばかりの示す値は何ｇになりますか。

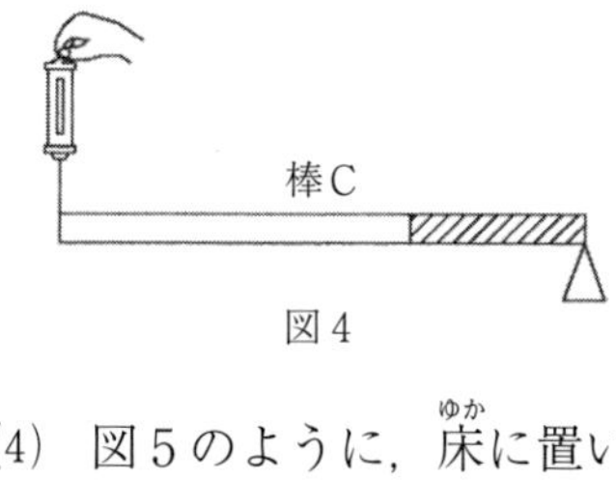

図４

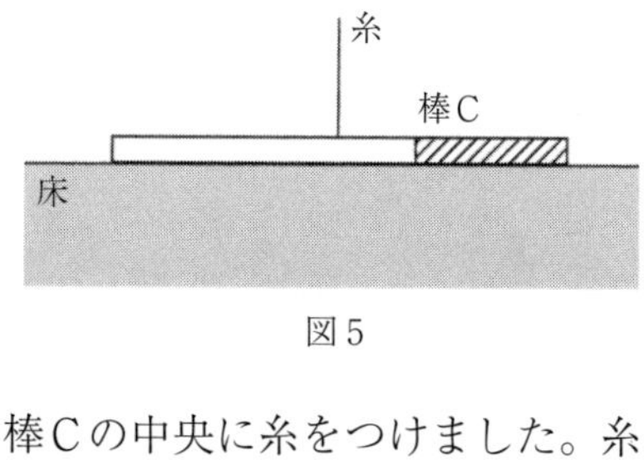

図５

(4)　図５のように，床《ゆか》に置いた棒Ｃの中央に糸をつけました。糸で棒Ｃを持ち上げたところ，棒Ｃは水平になりませんでした。棒Ｃを水平にするには，左端または右端のどちらに何ｇのおもりをつるせばよいですか。

二

次の①～⑤の熟語の対義語を後の語群からそれぞれ選び、漢字に直して答えなさい。

① 困難　② 支配　③ 単調　④ 目的　⑤ 分裂《ぶんれつ》

語群

しゅだん　ゆうこう　しゅうちゅう　とういつ
そんぞく　ようい　へんか　じゅうぞく

三

次の①～⑤の三字熟語の意味を後の(ア)～(ク)の中からそれぞれ選び、記号で答えなさい。

① 高飛車　② 二枚舌　③ 門外漢
④ 正念場　⑤ 色眼鏡

(ア) かたよった見方。
(イ) よくしゃべること。
(ウ) 相手を押さえつけるような態度。
(エ) 注意深い観察。
(オ) うそを言うこと。
(カ) そのことに関わりのない人。
(キ) 大事な局面。
(ク) うぬぼれること。

四

次の①～⑦の――線部を漢字に改め、⑧～⑩の――線部の読みをひらがなで答えなさい。

① ヨキョウに手品をする。
② 秋はくだものがホウフだ。
③ 子どもが電池をゴインした。
④ ドウソウカイに出席する。
⑤ 売り切れヒッシの商品だ。
⑥ レンメンと続く歴史。
⑦ キケンをおかして人を助ける。
⑧ 平生から健康に気を付ける。
⑨ 小鳥がひなを育む。
⑩ めったにない代物だ。

問十三、——線⑪「装具バージョン３」を装着したキリンの足の絵として、最も適切なものを、次の(ア)～(エ)の中から選び、記号で答えなさい。

(ア)

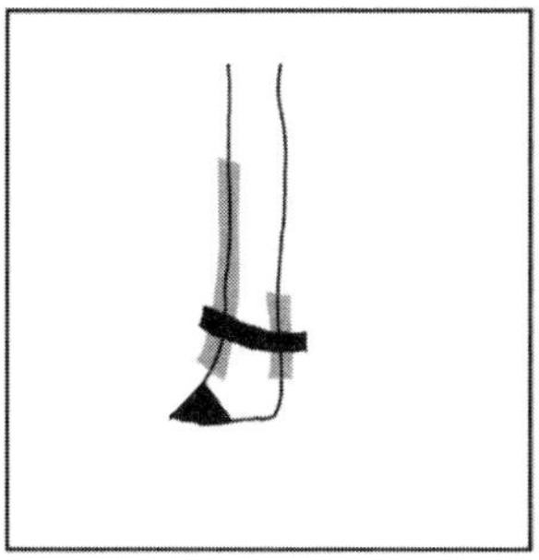

(イ)

(ウ)

(エ)

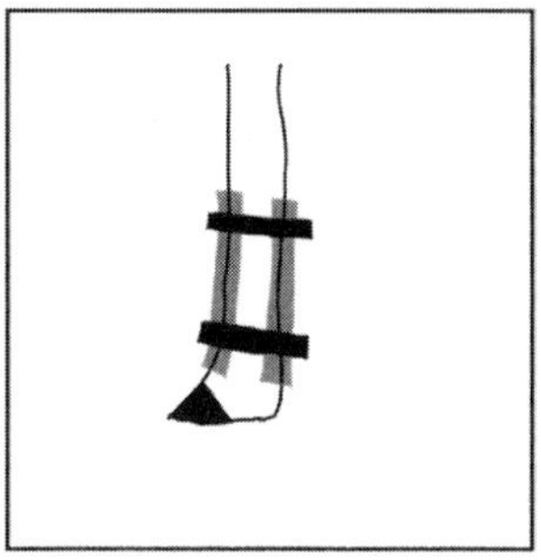

問十四、——線⑫「バージョン２の問題点」を、「～点。」に続くように、本文中から十字以内でぬき出して答えなさい。

問十五、——線⑬「ひづめ」の役割を、本文中の言葉を用いて過不足なく答えなさい。

問十六、——線⑭「腱の短縮が進んでいる」とありますが、それはなぜですか。「装具を装着することで、」から始めて、本文中の言葉を用いて十五字以内で答えなさい。

問十七、——線⑮「屈腱弛緩」について、山田先生や動物園の人たちは最終的にどうなることを目指していますか。本文中から漢字二字でぬき出して答えなさい。

問十八、——線⑯の[a]・[b]に当てはまる漢字一字をそれぞれ答え、四字熟語を完成させなさい。

問十九、——線⑰「赤ちゃんキリンにとって記念すべき日」とはどのような「日」ですか。「～日。」に続くように本文中からぬき出し、その最初と最後の三字を答えなさい。

問二十、次の一文は本文中からぬいたものですが、どこに入れるのが適切ですか。その**直前**の五字をぬき出して答えなさい。

> が、次の日になって不具合が出てきた前回の例もあるため、この時点ではまだ気はぬけない。

問二十一、本文の特徴《とくちょう》として最も適切なものを、次の(ア)～(エ)の中から選び、記号で答えなさい。

(ア) キリンや人々の行動を細やかに描写《びょうしゃ》し、臨場感のある文章にしている。

(イ) 動物に関する専門的な用語を全く使わないようにして理解しやすくしている。

(ウ) 比ゆを用いた表現を多用し、キリンの成長していく様子を生き生きと表現している。

(エ) 会話文を多用することで、それぞれの人物の性格をとらえやすくしている。

(エ)　Ⅰ　あるいは　Ⅱ　ただ　Ⅲ　しかし

問五、——線④「これ」が指している内容を答えなさい。

問六、[A]～[C]に当てはまる言葉を、次の(ア)～(カ)の中からそれぞれ選び、記号で答えなさい。

(ア)　グラリ　(イ)　ガチガチ　(ウ)　ガラリ

(エ)　ダラン　(オ)　キリキリ　(カ)　ゴロン

問七、——線⑤「足の後ろ側を包みこむように、しっかり支えるタイプ」とありますが、「装具バージョン２」をこのような構造に改善したのは何のためですか。本文中の言葉を用いて二十五字以内で答えなさい。

問八、——線⑥「みんなドキドキしていた。先生はなおさらだった」とありますが、他のスタッフよりも緊張《きんちょう》を感じている「先生」を表現した一文を本文中からぬき出し、その最初の五字を答えなさい。

問九、——線⑦「小さい子どもと同じなんだなぁ……」とありますが、どのようなことが「同じ」だと「先生」は考えていますか。その内容をまとめた次の文の[X]・[Y]に当てはまる言葉を、指定された字数で本文中からぬき出して答えなさい。

> キリンは小さい子どもと同じで、装具を付けた感想を[X（七字）]ので、うまくいかなかった時は、その原因を[Y（十八字）]こと。

問十、——線⑧「動物園のスタッフの頼りになる助言」とありますが、「動物園のスタッフ」が「頼りになる助言」をすることができるのはなぜですか。「～から。」に続くように、これより**後の**本文中からぬき出し、その最初と最後の三字を答えなさい。

問十一、——線⑨「赤ちゃんキリンの歩行の様子」とありますが、この時の「赤ちゃんキリン」の足には何が装着されていますか。次の文の[X]・[Y]に当てはまる言葉を、後の(ア)～(エ)の中からそれぞれ選び、記号で答えなさい。

> 左後ろ足に[X]を、右後ろ足に[Y]を装着している。

(ア)　ギプス　(イ)　装具バージョン１

(ウ)　装具バージョン２　(エ)　装具バージョン３

問十二、[⑩]に当てはまる言葉として最も適切なものを、次の(ア)～(エ)の中から選び、記号で答えなさい。

(ア)　愉快《ゆかい》な　(イ)　前向きな　(ウ)　意欲的な　(エ)　元気な

曲がり具合が小さくなっているということは、ゆるんでいた腱にギュッと縮む力が出てきているということ。［Ｂ］とのびきってしまったゴムが、しっかりのび縮みする本来のゴムにもどりつつある。そんなイメージ。もちろん、ゴムはいったんのびきってゆるんでしまったら、元にはもどらないけれど、腱はのびてゆるんでいても、運動する(使う)ことで、ギュッと縮むようになってくる。「腱の短縮が進んでいる」とは、こういうことだ。

「装具の治療《ちりょう》効果が出ているってことでしょうね」

野田さんは言ったけれど、まさにそのとおりだった。

ギプスとちがって、装具は、足を［Ｃ］に固めているわけではなく、支えるところはしっかり支えても、関節は動くように作られている。関節が動くということは腱も使われるということ。ギプスから装具にチェンジすることで腱が使われるようになり、症状《しょうじょう》に改善のきざしが見られるようになったのだ。

「すごい、すごい」

「装具の治療効果がここまでとは思わなかった」

「装具の力、恐《おそ》るべし」

キリンを囲む人々の間から、おどろきと感嘆《かんたん》の声があがる。

「たった1週間で、こんなにもちがうとは……」

山田先生も、装具の効果が短期間で出たことにおどろきをかくせなかった。

「これはいけるんじゃないだろうか」

本当に完治するのか。それまで⑯半［ａ］半［ｂ］だったみんなの中で、希望が大きくふくらみつつあった。

この日は、⑰赤ちゃんキリンにとって記念すべき日になった。

改善のきざしが見えた右後ろ足には装具バージョン3を、それまではまだギプスを巻いていた左後ろ足にはバージョン2を、それぞれ装着した。

ギプスはひづめの裏まですっぽりおおっていたけれど、装具はひづめの裏はおおわない。つまり、ギプスを卒業して、両足ともに装具になったことで、この日、赤ちゃんキリンは、生まれて初めて自分の*2 8つのひづめで地面をふみしめることができたのだ。

「おーっ!!」

自分のひづめで土を蹴って歩く姿に、みんなは感動の声をもらす。ギプスを巻いた状態での歩行には不自然さがあったのに、装具につけかえての歩き方は、まだ完璧《かんぺき》ではないにしても、通常のキリンの歩き方になっていた。

（佐藤真澄『立てないキリンの赤ちゃんをすくえ』による
ただし、出題の都合上、本文を改めたところがある）

*1 有てい類…ひづめを持ったほ乳類。

*2 8つのひづめ…キリンは1本の足に2つのひづめを持っているから足4本で8つのひづめを持っていることになる。

問一、――線①「わかる」の主語を答えなさい。

問二、――線②「シカの骨格標本」とありますが、キリンの代わりのものとして「シカの骨格標本」が都合が良い理由を二点、本文中の言葉を用いて答えなさい。

問三、――線③「役立った」とありますが、どのような点で「役立った」のですか。それが具体的に示されている形式段落の最初の五字をぬき出して答えなさい。

問四、［Ⅰ］～［Ⅲ］に当てはまる言葉の組み合わせとして適切なものを、次の(ア)～(エ)の中から選び、記号で答えなさい。

(ア)　Ⅰ　そして　Ⅱ　しかも　Ⅲ　けれども

(イ)　Ⅰ　もしくは　Ⅱ　また　Ⅲ　そして

(ウ)　Ⅰ　さらに　Ⅱ　だが　Ⅲ　だから

赤ちゃんキリンがバージョン2をつけて歩く姿を見て、みんなの口からポジティブな感想が飛び出した。

「違和感なく歩いてくれているな」

先生も、⑨赤ちゃんキリンの歩行の様子を見て、みんなと同じように［⑩］印象を持ってひと安心する。

しかし、翌日、飼育担当の堂面さんや獣医師の野田さんたちが観察したところ、装具がずれている様子はなく、赤ちゃんキリンの足に痛みが出ているふうでもなかった。

「今度こそ大丈夫《だいじょうぶ》でしょうかね」

「うん、しばらく様子を見ましょう」

動物園のスタッフは、「これで赤ちゃんキリンがギプスを卒業できるのではないか」と期待した。翌週には、まだギプスをはめている左足にも、装具バージョン2をつける予定になっていた。

「ちょっとなあ……」

バージョン2の調子は良好だったけれど、山田先生には、少し気になることがあった。今の構造は、足をしっかり包みこんで体重を支えることはできる。でも、耐久《たいきゅう》性に問題が残るのだ。

「やっぱり、次を急ごう」

先生は決断した。

「バージョン2は構造上こわれやすいため、こわれる前に新しいバージョンを作ったほうがいいと思うのですが」

動物園側にことわりを入れてすぐに「⑪装具バージョン3」の製作に取りかかり、2〜3日で完成した。

⑫バージョン2の問題点をクリアしたバージョン3は、バージョン1と同じように足の前面をおおって支えるタイプだが、⑬ひづめの前側を保護するために、1とくらべると足先の部分が長くなっていた。

「ひづめのところが圧迫されてしまうとひづめの成長に影響《えいきょう》があるので、ひづめをおおうなら、中途《ちゅうと》半端《はんぱ》にではなく、しっかりおおうような設計にしてください」

こんな動物園側のリクエストに応えてのことだ。

キリンにはひづめがある。ひづめは爪《つめ》の一種で、足の指先を靴《くつ》のように保護しているが、それだけが役割ではない。ひづめは、歩くときに土を蹴《け》るという、歩行の補助としての大切な役目を持つ部位だ。歩けるようになるための装具で、ひづめの成長がさまたげられて歩行に支障が出てしまったのでは、元も子もなくなってしまう。

いつも赤ちゃんキリンのそばにいて、その足をいちばん長く見ている人たちの意見は貴重だ。山田先生は、動物園の人たちの声に耳をかたむけ、装具作りに生かしていった。

バージョン3が動物園に届けられたのは、バージョン2を装着してから1週間後のことだった。

この間、赤ちゃんキリンの右足にはバージョン2がずっと装着されていたのだけれど、大きな問題は生じていなかった。しかし、パワーアップしたものができたのだから、交換《こうかん》しない理由はない。それまでと同じように、赤ちゃんキリンに麻酔をかけて眠《ねむ》らせている間に、前のものをはずして、新しいものを装着する。

「あれ!?　なんかちがうよ」

獣医師の野田さんが、装具をはずした状態の赤ちゃんキリンの足にふれて言った。そして、関節をそっと曲げたりのばしたりしながら、さらに続けた。

「ほら、⑭腱の短縮が進んでいるみたい」

⑮屈腱弛緩は、関節を支える屈腱と呼ばれる腱がのびてゆるんでいる状態だ。そのせいで、本来なら曲がらない角度に関節が曲がってしまっているのだけれど、この日、装具をはずしたときに確認したところ、その曲がり具合が小さくなっていたのである。

「④これをそのまま見てもらっても、何がなんだかわからんよなぁ」
キリンの足の構造を先生に理解してもらうのに役立てるなら、やはり、実物を再現して組み立てられた骨格でなくては意味がない。[Ⅲ]、大きなキリンの骨を組み立てるのに十分な、時間も場所も労力もなかった。

そこで畑瀬係長は、キリンと同じような足の構造を持つシカに着目した。シカの骨もバラバラに保管されていたのだけれど、このくらいの大きさなら、組み立てて骨格標本を作るくらいわけはない。学芸員（博物館の専門職員）の資格を持つ者としてふだんから標本は作っているし、もともと工作系は得意ということもあり、畑瀬係長は、このためにわざわざシカの骨に針金を通して足の骨格を組み上げ、標本として、先生にわたしたのだった。

その骨格標本は、装具の製作に大いに役立った。それを見ることで関節の中心がわかる。つまり、どこを軸《じく》にして関節が動いているのかがわかるため、装具の角度を微《び》調整するときなどに参考になったという。

先生は、みんなの意見を取り入れて、みんなの力を借りながら、自分なりの考えも入れこんで、すぐにでもバージョン2の製作に取りかからなければならない。しかし、その前に、再び型どりをしなくてはならなくなった。

「あれ、また身長がのびたね」
飼育担当の堂面さんが3日ほど休暇《きゅうか》を取って出勤してみると、こう言っておどろくほど、赤ちゃんキリンの成長のスピードは速かった。最初の型どりからわずか3週間しかたっていなかったが、前の型では、もう小さすぎたのだ。

再度、麻酔《ますい》をかけて型をとって、前と同じような工程で作業を進めて完成した「装具バージョン2」は、前のものとは構造が[A]と変わっていた。

バージョン1は足の前面で支える構造だったが、今度は、⑤足の後ろ側を包みこむように、しっかり支えるタイプ。パットは、前回はひづめの後ろ側の1か所のみでベルトも1本だったのに対し、今回は、ひづめの前側とその上部の2か所に装着するようにし、合計3本のベルトで固定する。

前と同じように麻酔をかけて右足だけに装着し、キリンが麻酔から覚めるのを見守る。⑥みんなドキドキしていた。先生はなおさらだった。

「⑦小さい子どもと同じなんだなぁ……」
前回の苦い経験から、山田先生は痛感していた。

先生は、過去に何度も子ども用の装具を手がけたことがある。まだ言葉をうまく話すことができない小さな子どもは、「いい感じ。ピッタリ」とも言ってくれないし、「ここに当たって痛い」とか「なんか違和感《いわかん》がある」などと教えてもくれない。良ければつけてくれるし、悪ければつけてくれない。ただそれだけ。とてもシンプルだが、これはキリンにも当てはまる、と先生は感じていた。

良くない結果になったときには、何がいけないのか、装具の作り手は、自分で見きわめて改善していくしかない。もちろん今回は、⑧動物園のスタッフの頼《たよ》りになる助言があるけれど、それにしたって、キリンは何も教えてくれない。良ければ違和感なく歩いてくれるだろうし、悪ければ何らかの行動で拒否《きょひ》の意思を示す……。

先生の肩《かた》にプレッシャーがのしかかる。

赤ちゃんキリンが麻酔から覚める。立ちあがる。そして歩く――。

「いい！　いいね」
「前回よりも、かなり安定している感じ」
「これでいけるんじゃないですか」

2023年度

明治大学付属中野中学校

【国　語】〈第一回試験〉（五〇分）〈満点：一〇〇点〉

一　次の文章を読んで、後の問いに答えなさい。（字数指定がある問いでは、句読点・記号なども一字として数えます）

> 広島市安佐《あさ》動物公園に一頭のキリンの赤ちゃんが産まれたが、後ろの両足が先天的な屈腱弛緩《くっけんしかん》(足の関節の腱がのびきっている状態)のため、立てないでいた。動物園のスタッフが包帯を固めてギプスを作り、立てるようになったものの、すぐにこわれてしまう。専門家の山田先生にキリンの歩行を補助する「装具バージョン1」を作ってもらうが、装具がずれて痛みが出てしまっていた。

「何が原因じゃろうかね」

「ずれたということは、関節が十分に支えられていなかった？」

「じゃあ、次は、もう少ししっかり包みこむような感じですかね」

「あとは、後ろのパットの部分に力が集中しすぎたことも考えられる。それで、腱が圧迫《あっぱく》されて痛みが出たんじゃないかと……」

「パットが短すぎたことも関係しているんじゃないですかね。今度はもうちょっと長くしたほうがいいかも」

後日、装具について再検討するために、山田先生を交えた関係者全員が集まり、みんなでバージョン1の問題点を洗い出し、次に作るバージョン2について話し合う。

先生は装具のプロフェッショナルでも、キリンに関してはまったくの初心者、動物園の人たちはキリンのことならプロフェッショナルだけれど、装具のことはズブの素人《しろうと》だ。そんな両者がタッグを組み、たがいに足りないところをおぎなう形で、いろいろな意見を出し合った。

それを先生が持ち帰り、次の装具作りに生かすのだが、いかんせん、先生は、人間の身体《からだ》については熟知していても、キリンのそれは、さっぱりわからない。

人間の場合なら、たとえば「ここに神経が通っているから、ここを装具で押《お》さえてはいけない」というようなことが①わかるのに、キリンの場合はわからない。野田さんたち獣《じゅう》医師に話を聞きながら、また、キリンより研究が進んでいるシカやウシなど他の＊1有てい類の資料を参考にしながら、手探《さぐ》り状態で製作を進めていった。

「これ、参考になれば」

こう言って、畑瀬《はたせ》係長からわたされた②シカの骨格標本も③役立った。

安佐動物公園では、飼育している動物が死ぬと、死因を特定したり、内臓などを観察して健康状態がどうだったかを確認《かくにん》したりするために、獣医師が解剖《かいぼう》を行うことになっている。その際、自分の担当動物が死んだときはもちろん、そうでない場合でも、飼育技師も立ち会って解剖を手伝ったり、獣医師と一緒《いっしょ》にさまざまな確認作業に当たったりする。

こうやって解剖が終わると、動物の骨はきれいに処理されて、標本として動物園に保管される。その後の研究や調査のために、また、動物について来園者にわかりやすく説明するときの資料にするために、［Ⅰ］、学校などに貸し出して学習に役立ててもらうために。

山田先生にとっても、キリンの骨格標本は装具を作るための貴重な資料になるはず、と、畑瀬係長は考えた。動物園には当然、キリンの骨もある。［Ⅱ］、それらはバラバラのままで保管されていることが問題だった。

2023年度

明治大学付属中野中学校　▶解説と解答

算　数　＜第１回試験＞（50分）＜満点：100点＞

解　答

1 ⑴　15　⑵　$1\frac{7}{8}$　⑶　8 ： 5　**2** ⑴　175個　⑵　216人　⑶　6 個　⑷　172.82cm²　⑸　31本　**3** ⑴　11.25cm　⑵　2 cm²　⑶　6 回　**4** ⑴　120分　⑵　48分　**5** ⑴　$93\frac{1}{3}$分後　⑵　$15\frac{1}{6}$分後　**6** ⑴　108cm²　⑵　30秒後

解　説

1　四則計算，逆算，比の性質

⑴　$0.625\times\left\{\frac{5}{3}+\left(6\frac{2}{3}-1\frac{1}{6}\right)\times\frac{2}{3}\right\}\div\frac{2}{9}=\frac{5}{8}\times\left\{\frac{5}{3}+\left(6\frac{4}{6}-1\frac{1}{6}\right)\times\frac{2}{3}\right\}\div\frac{2}{9}=\frac{5}{8}\times\left(\frac{5}{3}+5\frac{3}{6}\times\frac{2}{3}\right)\div\frac{2}{9}$
$=\frac{5}{8}\times\left(\frac{5}{3}+5\frac{1}{2}\times\frac{2}{3}\right)\div\frac{2}{9}=\frac{5}{8}\times\left(\frac{5}{3}+\frac{11}{2}\times\frac{2}{3}\right)\div\frac{2}{9}=\frac{5}{8}\times\left(\frac{5}{3}+\frac{11}{3}\right)\div\frac{2}{9}=\frac{5}{8}\times\frac{16}{3}\times\frac{9}{2}=15$

⑵　$3\frac{1}{8}-4\times\left\{(6+\square)\div3\div1\frac{2}{7}-1\right\}\times0.75=0$ より，$4\times\left\{(6+\square)\div3\div1\frac{2}{7}-1\right\}\times0.75=3\frac{1}{8}-0=3\frac{1}{8}$，$(6+\square)\div3\div1\frac{2}{7}-1=3\frac{1}{8}\div0.75\div4=\frac{25}{8}\div\frac{3}{4}\div4=\frac{25}{8}\times\frac{4}{3}\times\frac{1}{4}=\frac{25}{24}$，$(6+\square)\div3\div1\frac{2}{7}=\frac{25}{24}+1=1\frac{25}{24}$，$6+\square=1\frac{25}{24}\times1\frac{2}{7}\times3=\frac{49}{24}\times\frac{9}{7}\times\frac{3}{1}=\frac{63}{8}$　よって，$\square=\frac{63}{8}-6=7\frac{7}{8}-6=1\frac{7}{8}$

⑶　1 日 6 時間は，24＋ 6 ＝30(時間)だから，1 日 6 時間48分：19時間15分＝30時間48分：19時間15分＝$30\frac{48}{60}:19\frac{15}{60}=30\frac{4}{5}:19\frac{1}{4}=\frac{154}{5}:\frac{77}{4}=8:5$となる。

2　比の性質，集まり，相当算，つるかめ算，面積，条件の整理

⑴　1 箱に 5 個ずつ入れるときと，1 箱に 7 個ずつ入れるときに必要な箱の数の比は，$\frac{1}{5}:\frac{1}{7}=7:5$である。この比の差の，7 － 5 ＝ 2 が，4 ＋ 6 ＝10(箱)にあたるから，比の 1 にあたる箱の数は，10÷ 2 ＝ 5 (箱)となり，1 箱に 5 個ずつ入れるときに必要な箱の数は，5 × 7 ＝35(箱)とわかる。よって，おかしの個数は，5 ×35＝175(個)と求められる。

〔ほかの解き方〕　1 箱に 5 個ずつ入れるとおかしが，5 × 4 ＝20(個)あまり，1 箱に 7 個ずつ入れるにはおかしが，7 × 6 ＝42(個)不足する。よって，1 箱に 5 個ずつ入れるときと 1 箱に 7 個ずつ入れるときに必要なおかしの個数の差は，20＋42＝62(個)となる。これは，7 － 5 ＝ 2 (個)の差が箱の数だけ集まったものなので，箱の数は，62÷ 2 ＝31(箱)とわかる。したがって，1 箱に 5 個ずつ入れるときに必要な箱の数は，31＋ 4 ＝35(箱)だから，おかしの個数は，5 ×35＝175(個)と求めることもできる。

⑵　全員の人数を 1 とすると，Aを読んだことがある人の数は，$1\times\frac{5}{5+4}=\frac{5}{9}$，Aを読んだことがない人の数は，$1-\frac{5}{9}=\frac{4}{9}$となり，下の図 1 のように表すことができる。図 1 で，$\frac{4}{9}-\frac{1}{4}=\frac{7}{36}$にあたる人数が42人とわかるから，(全員の人数)×$\frac{7}{36}$＝42(人)より，全員の人数は，$42\div\frac{7}{36}=216$

（人）と求められる。

図１

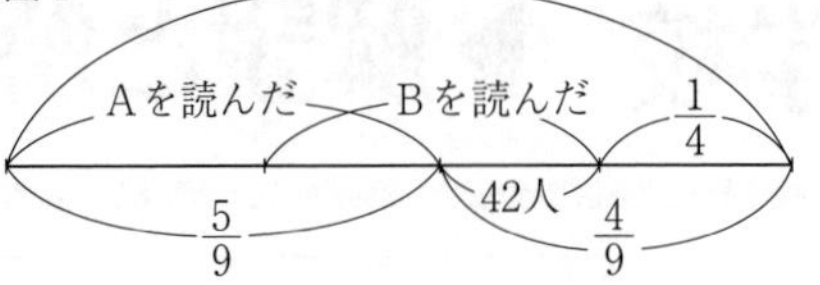

図２

クッキー（１個40円）｝合わせて
ドーナツ（１個110円）｝９個で570円

⑶　それぞれの品物の単価と合計金額の一の位の数字に注目する。40円と110円の一の位は０なので，クッキーとドーナツの合計金額の一の位は必ず０になる。また，かけ算の九九の７の段のうち，一の位の数字が９になるのは「７×７」だけだから，合計金額が1109円になるのはチョコレートを７個買ったときとわかる。すると，クッキーとドーナツは，個数の合計が，16－７＝９（個），合計金額が，1109－77×７＝570（円）になるから，上の図２のようにまとめることができる。ドーナツを９個買ったとすると，合計金額は，110×９＝990（円）となり，実際よりも，990－570＝420（円）高くなる。ドーナツのかわりにクッキーを買うと，１個あたり，110－40＝70（円）安くなるので，クッキーの数は，420÷70＝６（個）とわかる。

⑷　右の図３で，アの部分は，１辺の長さが16cmの正方形と，１辺の長さが，16－１×２＝14（cm）の正方形にはさまれた部分だから，その面積は，16×16－14×14＝60（cm^2）になる。また，イの部分は，半径が，14÷２＝７（cm）の円と，半径が，７－１＝６（cm）の円にはさまれた部分なので，その面積は，７×７×3.14－６×６×3.14＝（49－36）×3.14＝13×3.14＝40.82（cm^2）と求められる。さらに，ウの部分は，対角線の長さが，６×２＝12（cm）の正方形だから，その面積は，12×12÷２＝72（cm^2）である。よって，斜線《しゃせん》部分の面積は，60＋40.82＋72＝172.82（cm^2）となる。

図３

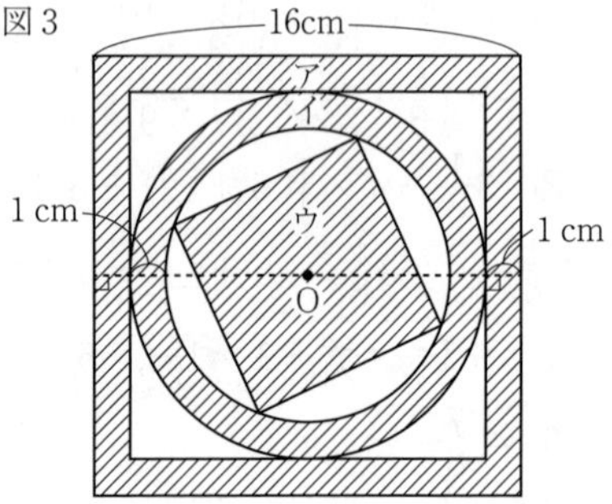

⑸　買ったアイスバーを○印，引きかえでもらったアイスバーを●印で表し，３本ずつの組に分けると，右の図４のようになる。組の数（点線部分の行数）は，（21－１）÷２＝10（組）なので，アイスバーは最も多くて，３×10＋１＝31（本）食べることができる。

図４

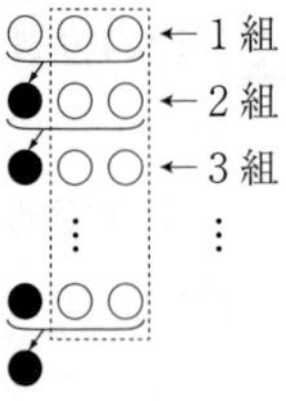

３　水の深さと体積，辺の比と面積の比，条件の整理

⑴　おもりＢを入れたとき，水面の面積は，12×12－８×８＝144－64＝80（cm^2）になり，このとき水の高さがおもりＢの高さと同じになったから，水の量は，80×18＝1440（cm^3）とわかる。また，おもりＡを入れたとき，水面の面積は，144－４×４＝128（cm^2）になり，このとき水の高さがおもりＡの高さと同じになったので，その高さは，1440÷128＝11.25（cm）と求められる。

⑵　右の図で，三角形EBFと三角形EFGの面積の比は１：２だから，BF：FG＝１：２となり，FG＝$2\times\frac{2}{1}$＝４（cm），BG＝２＋４＝６（cm）とわかる。また，三角形DBGと三角形DGCの面積の比は，（１＋２＋３）：４＝３：２なので，BG：GC＝３：２となり，GC＝$6\times\frac{2}{3}$＝４（cm），BC＝６＋４＝10（cm）と求められる。よって，三角形ABCの面積は，10×６÷２＝30（cm^2）だから，三角形EBFの面積は，

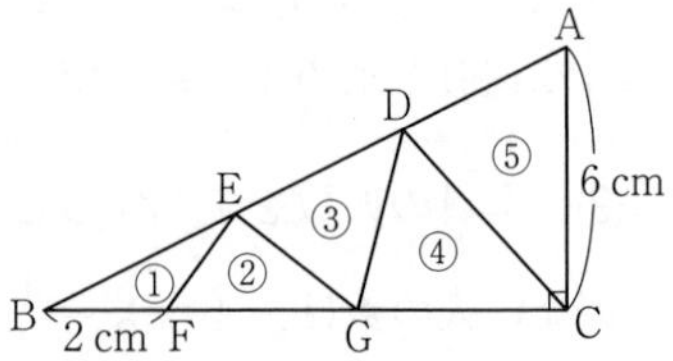

$30\times\frac{1}{1+2+3+4+5}=2\ (\mathrm{cm}^2)$となる。

⑶　どのような整数でも，２倍すると偶数《ぐうすう》になり，２倍して１を加えると奇数《きすう》になるので，奇数である123の１つ前の数は，(123－１)÷２＝61とわかる。同様に考えて，１つずつ順番にもどしていくと，123→61→30→15→７→３→１となるから，コインを投げた回数は６回である。

4　仕事算，ニュートン算

⑴　池に入っている水の量を，30と80と40の最小公倍数の240とする。また，Ａ，Ｂ，Ｃのポンプが１分間にくみ出す水の量を，それぞれⒶ，Ⓑ，Ⓒとする。すると，右の図のア～ウの式を作ることができ，アの式からウの式をひくと，Ⓐ＝８－６＝２とわかるので，Ａだけを使うときにかかる時間は，240÷２＝120(分)と求められる。

Ⓐ＋Ⓑ＋Ⓒ＝240÷30＝８…ア
Ⓐ　　＋Ⓒ＝240÷80＝３…イ
　　Ⓑ＋Ⓒ＝240÷40＝６…ウ

⑵　イの式より，Ⓒ＝３－２＝１，ウの式より，Ⓑ＝６－１＝５とわかる。よって，ＡとＢを使って40分でくみ出す水の量は，(２＋５)×40＝280になるので，雨によって40分で増える水の量は，280－240＝40である。つまり，雨によって１分間に増える水の量は，40÷40＝１だから，雨の日にＢとＣを使うと，１分間に，６－１＝５の割合で減る。したがって，くみ出すのにかかる時間は，240÷５＝48(分)と求められる。

5　旅人算，速さと比

⑴　ＣさんがＡさんに追いつかれた地点をＰとすると，３人の進行のようすを表すグラフは右のようになる。アの時間は，$35\times\frac{2}{3}=23\frac{1}{3}$(分)なので，ＣさんがＡさんに追いつかれたのは出発してから，$70+23\frac{1}{3}=93\frac{1}{3}$(分後)である。

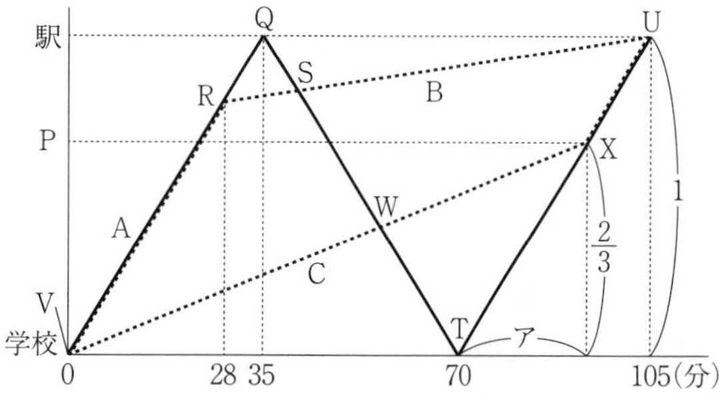

⑵　グラフで，三角形QRSと三角形TUSは相似であり，相似比は，(35－28)：35＝１：５なので，QS：TS＝１：５である。また，三角形QVWと三角形TXWも相似であり，相似比は，$1:\frac{2}{3}=3:2$だから，QW：TW＝３：２である。よって，SWはQTの，$\frac{3}{3+2}-\frac{1}{1+5}=\frac{13}{30}$なので，ＡさんとＣさんがすれちがったWの時間は，ＡさんとＢさんがすれちがったＳの時間の，$35\times\frac{13}{30}=15\frac{1}{6}$(分後)とわかる。

6　平面図形―図形上の点の移動，面積，旅人算

⑴　22秒間で動く長さは，点Ｐが，２×22＝44(cm)，点Ｑが，３×22＝66(cm)，点Ｒが，１×22＝22(cm)だから，22秒後には右の図１のようになる。図１で，台形QPCDの面積は，(26＋４)×10÷２＝150(cm²)，三角形QRDの面積は，26×２÷２＝26(cm²)，三角形RPCの面積は，４×(10－２)÷２＝16(cm²)なので，三角形PQRの面積は，150－(26＋16)＝108(cm²)と求められる。

図１

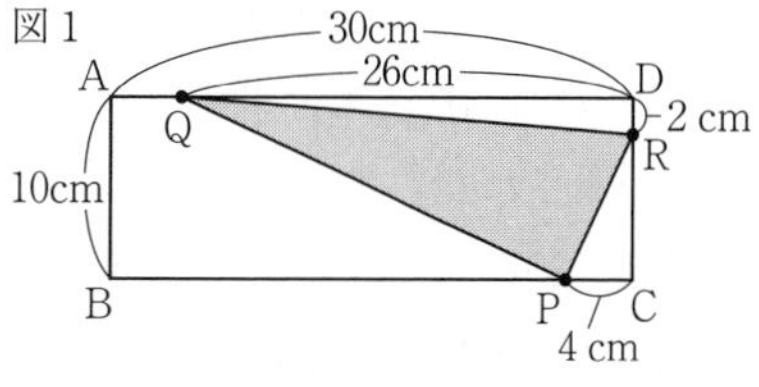

⑵　長方形のまわりの長さは，(10＋30)×２＝80(cm)なので，Ｐは，80÷２＝40(秒後)，Ｑは，$80\div3=26\frac{2}{3}$(秒後)に止まる。よって，40秒後の状態は下の図２のようになる。また，下の図３のように，40－10÷２＝35(秒後)にはＰがＱに重なっていてＰ，Ｑ，Ｒで三角形を作れないから，５

回目はこのときとわかる。さらに，下の図４のように，35－５÷１＝30(秒後)にはＰ，Ｑ，Ｒが一直線上に並んでいて三角形を作れないので，４回目はこのときである。

図２（40秒後）

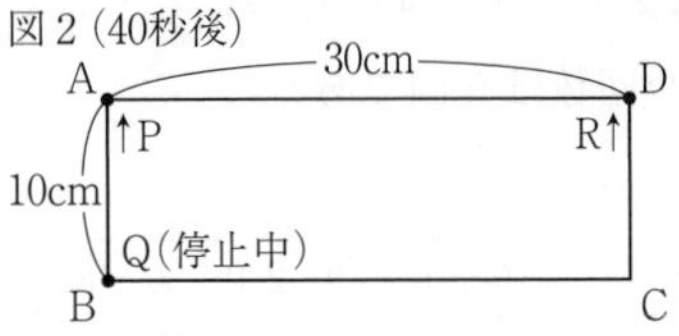

図３（35秒後）

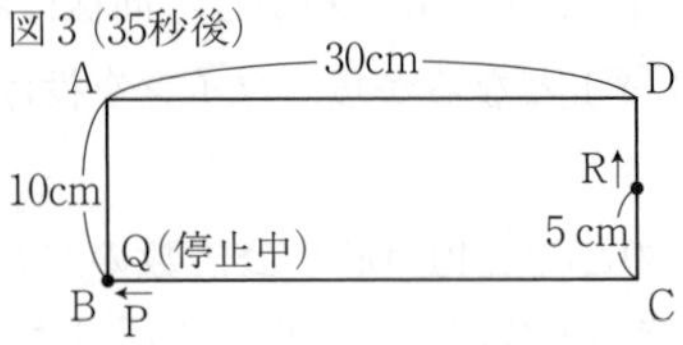

図４（30秒後）

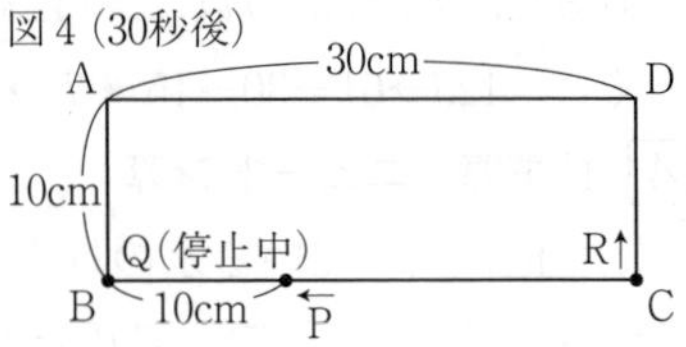

社 会 ＜第１回試験＞（30分）＜満点：50点＞

解 答

1 **問１** 外務(省)　**問２** エ　**問３** トラス　**問４** ア　**問５** イ　**問６** 常任委員会　**問７** ア，イ，オ　**問８** ウ　**2** **問１** ① 仁淀(川)　② 足摺(岬)　**問２** オ　**問３** ア　**問４** (例) 津波から避難するためのもの。　**問５** Ⅰ Ｌ　Ⅱ Ｊ　**問６** イ　**問７** ア　**問８** ア，ウ　**3** **問１** Ｂ ろ　Ｄ ほ　**問２** エ　**問３** エ→ウ→イ→ア　**問４** 承久の乱　**問５** イ　**問６** ウ　**問７** 天下布武　**問８** 壇ノ浦の戦い　**問９** ウ　**問10** (例) 推古天皇の摂政となる(隋に小野妹子を派遣する)

解 説

1 **岸田首相の動静を題材とした問題**

問１　「欧州局」「アジア大洋州局」「国際協力局」とあるので，外交を担う外務省と考えられる。

問２　ア　最高裁判所が，自衛隊の合憲性や違憲性に関して判断を示した例はないので，正しくない。これは，高度に政治的な国家の行為《こうい》については司法判断の対象から除外すべきであるという，「統治行為論」にもとづくものであるとされている。　イ　非核三原則は，日本が政府の方針として打ち出しているものであり，日本国憲法に規定されているわけではないので，正しくない。
ウ　核兵器禁止条約は，核兵器の製造・保有・譲渡などを一切禁止するもので，アメリカなどすべての核保有国と，それらと同盟関係にある国々(日本をふくむ)の多くはこれに参加していないので，正しくない。なお，条約そのものは2021年に発効している。　エ　湾岸戦争(1991年)の終結後，ペルシャ湾に海上自衛隊が派遣され，これが自衛隊の初の海外派遣であった。これをきっかけとして翌92年に国際連合平和維持活動(PKO)協力法が成立し，同法にもとづいて自衛隊がカンボジアに派遣された。よって，正しい。

問３　2022年，リズ・トラスがイギリスの首相に任命されたが，就任後わずか６週間あまりで辞任し，リシ・スナクが就任した。

問４　再生可能エネルギーは自然の力で回復し半永久的にくり返し使えるエネルギーのことで，日本では総発電電力量の約２割を占《し》める。そのうちわけは，太陽光8.5％，水力7.9％，バイオマス3.2％，風力0.9％，地熱0.3％の順となっている(2020年)。統計資料は環境エネルギー政策研究所ホームページによる。

問５　Ⅰ　条約は，内閣が結び，それを国会が承認することで成立するので，正しい。　Ⅱ　最高裁判所長官は，内閣が指名し，天皇が任命するので，正しくない。

問６　国会での審議はまず委員会で行われた後，本会議にかけられる。委員会には両院に常設されている予算・法務・外務などの常任委員会と，特別な案件について設置される特別委員会がある。また，すべての国会議員はいずれかの委員会に所属することになっている。

問７　ア　日米安全保障条約は，1951年，吉田茂《しげる》内閣により最初に結ばれ，1960年，岸信介《のぶすけ》内閣により改定されて現在にいたっている。よって，正しい。　イ　佐藤栄作内閣のときに沖縄返還協定が結ばれ，1972年に沖縄の日本への復帰が実現した。よって，正しい。なお，佐藤は沖縄返還を実現したことや非核三原則を打ち出したことなどが評価され，日本人として初めてノーベル平和賞を受賞した。　ウ　佐藤栄作内閣は1965年，日韓基本条約に調印し，これにより日本と韓国(大韓民国)の間で正式な国交が結ばれたので，正しくない。なお，田中角栄内閣は，日中共同声明により中国(中華人民共和国)との国交正常化を実現したことなどで知られる。　エ　消費税は竹下登内閣のときの1989年，税率３％で導入されたので，正しくない。なお，中曽根康弘《なかそねやすひろ》内閣は，国鉄(現在のJR)や電電公社(現在のNTT)の民営化を進めたことなどで知られる。　オ　2000年代，小泉純一郎《じゅんいちろう》内閣により郵政三事業(郵便・簡易生命保険・郵便貯金)の民営化が進められた。よって，正しい。

問８　Ⅰ　通常国会(常会)の会期は150日なので，誤りとわかる。通常国会は予算の審議と議決をおもに行う国会で，毎年１月中に召集《しょうしゅう》され，１回に限り延長ができる。　Ⅱ　１月に召集され，会期が延長されず150日であった場合，６月に国会が閉会することになるので，下線部⑦の記者会見は通常国会の閉会を受けて行われたものと判断できる。よって，正しい。

2　**四国地方を題材とした問題**

問１　①は仁淀《によど》川で，四国山地を水源とし，高知平野を流れている。②は足摺岬《あしずりみさき》で，同じ高知県の室戸岬《むろとざき》との間に土佐湾が広がっている。

問２　Aは，瀬戸内の気候に属していると考えられるので，降水量が比較《ひかく》的少ないⅡとわかる。残ったBとCのうち，Cは沖合を流れる暖流の日本海流(黒潮)の影響《えいきょう》で温暖であると考えられるので，平均気温がⅢよりも全体的に高いⅠとなる。よって，オが選べる。

問３　Dは丸亀《まるがめ》市(香川県)で，伝統的工芸品「丸亀うちわ」で知られる。なお，イは宮城県の「宮城伝統こけし」，ウは山形県の「天童将棋駒《しょうぎこま》」，エは愛知県の「豊橋筆」，奈良県の「奈良筆」，広島県の「熊野筆」「川尻筆」が伝統的工芸品として知られている。

問４　写真の施設は，津波避難タワーである。近い将来に発生すると予想されている南海・東南海地震は，駿河《するが》湾(静岡県)からMの高知県の沖合にかけて伸びる南海トラフが震源域とされている。土佐湾沿岸では，この地震が起きてから津波が到達するまでの時間が短い場所が多いため，津波避難タワーが多く建設されている。

問５　Ⅰ　徳島市は，Lの徳島県の旧国名をとった阿波踊《あわおど》りという盆踊りで知られる。また，徳島県と淡路《あわじ》島(兵庫県)の間にある鳴門《なると》海峡は，潮の流れが速く，潮位差によってうず潮ができるため，観光名所となっている。　Ⅱ　Jの香川県の讃岐《さぬき》平野は，瀬戸内の気候に属しているため１年を通して降水量が少なく，大きな川もないため，水不足になりやすく，昔から満濃《まんのう》池のようなかんがい用のため池が数多くつくられてきた。また，晴れの日が多いため，塩田を使った塩づくりや，乾燥した気候に適した綿花の栽培がさかんであった。

問６　表の４県のうち，果実の割合が最も高いⅢは，みかんなどの栽培がさかんなＫの愛媛県と考えられる。また，小麦の収穫量が最も多いⅠは，降水量が少ないため小麦などの畑作が中心となっているＪの香川県と判断できる。よって，イが選べる。なお，香川県では，古くから小麦の栽培がさかんだったこと，塩やイリコ(いわしなどの煮干《にぼ》し)，小豆島《しょうどしま》産の醤油《しょうゆ》などつゆの材料が入手しやすかったことなどから，うどんづくりが発達した。

問７　高知県の平野部では，冬でも比較的暖かい気候を利用し，ビニールハウスや温室などの施設を使って，きゅうりやピーマンなどの野菜を，ほかの産地の露地ものの出荷量が減って価格が高くなる秋から春ごろにかけて栽培・出荷する促成《そくせい》栽培がさかんである。よって，11月～２月ごろの取扱量が多いⅠが高知県と判断できる。また，岩手県は冬は寒くきゅうりの栽培には適さないと考えられることから，11月～４月ごろの取扱量がほとんどなく７月～９月ごろに取扱量が集中しているⅢと判断できる。したがって，アが選べる。

問８　この地形図には方位記号がないので，地形図の上が北を示している。　ア　消防署(Y)の西側に税務署(◇)があるので，正しい。　イ　佐古《さこ》駅周辺には，果樹園(Ó)はないので，正しくない。　ウ　城山《しろやま》から見て，市役所(◎)は南の方角にあるので，正しい。　エ　徳島駅の近くには2.5mの水準点(⊡)があり，眉山《びざん》ロープウェイの山頂駅の近くには276.6mの三角点(△)があり，標高差は約275mと考えられるので，正しくない。

[3] 歴史人物いろはカルタを題材とした問題

問１　[い]は江戸幕府の第５代将軍徳川綱吉《つなよし》の札である。綱吉は極端な動物愛護令である生類憐《しょうるいあわれ》みの令を1685年以来たびたび出した。綱吉が戌年《いぬどし》生まれであったことから特に犬が保護され，現在の東京都中野区に犬小屋がつくられたため，綱吉は「犬公方《くぼう》」(公方は将軍の別称)とあだ名された。[ろ]は鎌倉時代の北条氏の札である。[は]は室町幕府の第３代将軍足利義満の札である。義満は，京都の室町に「花の御所」とよばれる邸宅《ていたく》を建て，そこで政治を行った。また，金閣(鹿苑《ろくおん》寺)は義満が京都の北山に営んだ山荘である。[に]は伊藤博文《ひろぶみ》の札である。ヨーロッパで各国の憲法や政治制度を学んだ伊藤は，帰国後の1885年に内閣制度を創設し，みずから初代内閣総理大臣となった。[ほ]は織田信長の札である。1582年，信長は羽柴《はしば》秀吉(豊臣秀吉)を支援するために中国地方へ向かうとちゅう，京都の本能寺に滞在《たいざい》していたところ，家臣の明智光秀《あけちみつひで》の裏切りにあって自害した(本能寺の変)。[へ]は鎌倉幕府を開いた源頼朝の札である。[と]は聖武天皇の札である。仏教を厚く信仰《しんこう》した聖武天皇は，仏教の力で国を安らかに治めようと考え，地方の国ごとに国分寺・国分尼《に》寺を建てさせるとともに，都の平城京(奈良県)には総国分寺として東大寺を建て，大仏をつくらせた。よって，札を時代の古い順に並べた場合，[と](奈良時代)→[へ](鎌倉時代初期)→[ろ](鎌倉時代前期)→[は](室町時代)→[ほ](安土桃山時代)→[い](江戸時代)→[に](明治時代)となる。

問２　Ｘは室町時代から安土桃山時代にかけての時期なので，室町時代にあたるエがあてはまる。なお，アは明治時代，イは奈良時代，ウは江戸時代にあたる。

問３　アは明治維新後の廃藩置県(1871年)，イは老中水野忠邦《ただくに》が19世紀前半に行った天保《てんぽう》の改革，ウは老中松平定信が18世紀後半に行った寛政《かんせい》の改革，エは江戸幕府の第８代将軍徳川吉宗が18世紀前半に行った享保《きょうほう》の改革の内容である。よって，年代の古い順に並べかえるとエ→ウ→イ→アとなる。

問４　源実朝《さねとも》が暗殺されて源氏の将軍が３代で絶えたのをきっかけに，政権を朝廷に取りもどそうと考えた後鳥羽《ごとば》上皇は，1221年，鎌倉幕府の第２代執権《しっけん》北条義時を討《う》つ命令を全国の武士に出した。しかし，よびかけに応じて集まった武士は少なく，幕府の大軍にわずか１か月で敗れ，上皇は隠岐《おき》(島根県)に流された。これを承久《じょうきゅう》の乱という。この乱の後，鎌倉幕府は京都に六波羅探題《ろくはらたんだい》を置き，朝廷の監視と西国の御家人の統率を担当させた。

問５　はの室町幕府における将軍を補佐する役職は，イの管領《かんれい》である。なお，アの関白は朝廷において成人した天皇を補佐する職，ウの執権は鎌倉幕府における役職，エの老中は江戸幕府における役職。

問６　ウの立憲政友会(政友会)はにの伊藤博文を総裁として1900年に結成された政党で，政党政治の中心となり，昭和時代初期まで日本の政治を支えた。なお，アの自由党は板垣退助，イの立憲改進党は大隈重信《おおくましげのぶ》が結成した。エの立憲民政党は２つの党が合同して成立し，昭和時代初期に立憲政友会と並ぶ二大政党となった。

問７　ほの織田信長は，「天下布武」(武力で天下統一する)という目標を掲げていた。示されている図(印影《いんえい》)のうち，長方形の内側の右側の２文字が「天下」，左側の２文字が「布武」を表している。

問８　1185年，壇ノ浦《だんのうら》(山口県)において，源氏と平氏の最後の決戦が行われ，源義経(源頼朝の弟)に率いられた源氏が勝利し，敗れた平氏は滅亡《めつぼう》した(壇ノ浦の戦い)。

問９　聖武天皇がつくらせた東大寺の大仏はⅡで，金堂(大仏殿)に納められている。なお，Ⅰは「鎌倉大仏」として知られる高徳院(神奈川県)の阿弥陀如来坐像《あみだにょらいざぞう》で，屋外にある。Ⅲは「飛鳥大仏」として知られる飛鳥寺(奈良県)の釈迦《しゃか》如来坐像で，本堂に納められている。また，天武天皇は壬申《じんしん》の乱(672年)に勝利して即位《そくい》した人物である。

問10　カルタに描かれている人物は，聖徳太子(厩戸《うまやど》皇子)である。聖徳太子は，おばにあたる推古天皇の摂政《せっしょう》となったことや，隋《ずい》(中国)に小野妹子を使者(遣隋使)として派遣したことなどで知られている。

理　科　＜第１回試験＞（30分）＜満点：50点＞

解　答

1　(1)　A，E　(2)　B，D　(3)　(エ)　2　(1)　①　(ア)と(イ)　②　(ア)と(ウ)　(2)　(ア)　(3)　**酸素**…(ア)　**二酸化炭素**…(カ)　3　(1)　(エ)　(2)　(ア)，(エ)　(3)　(ア)，(ウ)，(オ)，(カ)　4　(1)　(エ)　(2)　(ウ)　(3)　$70cm^3$　5　(1)　(ウ)　(2)　くっ折，(ウ)　(3)　(ア)　6　(1)　①　(ア)，(オ)　②　B　③　**位置**…(イ)　**見え方**…(エ)　(2)　(ウ)　(3)　①　(イ)　②　26か月後　7　(1)　18ｇ　(2)　16cm　(3)　28ｇ　(4)　左端に４ｇ

解　説

1　メダカについての問題

(1)　Ａの胸びれ，Ｅの腹びれは２枚ずつあり，Ｂの背びれ，Ｃの尾《お》びれ，Ｄのしりびれは１枚ずつある。

⑵　メダカの雄《おす》の背びれには切れこみがあり，しりびれは平行四辺形に近い形をしている。一方，雌《めす》の背びれには切れこみがなく，しりびれは三角形に近い形をしている。

⑶　メダカの腹びれとしりびれの間にはこう門があり，雌の場合は卵を産み出す出口にもなっている。雌は産んだ卵をしばらくの間，(エ)のようにこう門のあたりにつけたまま泳ぎ，やがて水草に卵をくっつける。

2　植物の光合成についての問題

⑴　ヨウ素液はもともとうすい褐色《かっしょく》（うす茶色）であるが，でんぷんがあると青紫《あおむらさき》色に変化する。

①　葉の緑色の部分（葉緑体を含《ふく》む部分）のうちの，日光が当たった(ア)と当たっていない(イ)を比べればよい。ヨウ素液にひたしたとき，でんぷんができている(ア)は青紫色に変化するが，でんぷんができていない(イ)は褐色のままになる。　②　葉の緑色の部分（葉緑体を含む部分）の(ア)と，斑《ふ》の部分（葉緑体を含まない部分）の(ウ)を比べればよい。ヨウ素液にひたしたとき，でんぷんができている(ア)は青紫色に変化するが，でんぷんができていない(ウ)は褐色のままになる。

⑵　でんぷんは主に葉でつくられるので，糖が運ばれる向きは，葉では送り出す向きになり，葉以外では受け取る向きになる。また，いもでは糖がでんぷんに変えられて蓄《たくわ》えられる。したがって，(ア)がふさわしい。

⑶　植物は，体内にある葉緑体で光のエネルギーを利用して，二酸化炭素と水を材料に，養分（でんぷん）をつくり出している。このはたらきを光合成といい，このとき酸素もつくり出されて放出される。操作３で，酸素は18％，二酸化炭素は３％となっている。操作２のジャガイモを日光に当てると，ジャガイモの光合成により，ふくろの中の二酸化炭素は減少し，酸素は増加するので，酸素は(ア)の20％，二酸化炭素は(カ)の１％が選べる。

3　実験器具についての問題

⑴　ガスバーナーに点火するときには，ガス調節ねじ（Bのねじ）と空気調節ねじ（Aのねじ）が閉まっていることを確認してから，ガスの元栓《もとせん》を開けてガスバーナーのコックを開く。次に，マッチに火をつけて下の方からガスの出口に近づけ，ガス調節ねじを開いて点火する。そして，ガス調節ねじが回らないように押《お》さえながら，空気調節ねじをゆるめて空気の量を調節し，炎《ほのお》の色が青色になるようにする。

⑵　駒込《こまごめ》ピペットの中に液体を入れるには，ゴム球をつぶしてから先端《せんたん》を液体の中に入れ，ゴム球をつぶしている指をゆっくりと放して液体を吸い上げる。液体を吸い上げたあとは，液体がゴム球の中に入らないようにするため，先端を上に向けないようにする。

⑶　ろ過の操作を行うときは，(カ)のろうと台に(ア)のろうとを取りつけてろ紙を設置し，ろうとの下には(ウ)のビーカーを置いてろ液を受ける。また，泥水《どろみず》は(オ)のガラス棒を伝わらせてろ紙の上に少しずつ注ぐ。

4　酸素の発生についての問題

⑴　二酸化マンガンに過酸化水素水を加えると，過酸化水素水に溶《と》けている過酸化水素が分解して，酸素と水ができる。このとき，二酸化マンガンは過酸化水素が分解するのを助けるはたらきをするだけで，それ自身は変化しない（このようなものを触媒《しょくばい》という）。酸素は空気中に約21％含まれており，自分自身は燃えないが，ものを燃やすはたらき（助燃性）がある。また，酸素ににおいや色はない。なお，空気中に最も多く含まれているのはちっ素（約78％）である。

⑵　実験Ａと実験Ｂの結果を比べると，発生した気体の体積は過酸化水素水の体積に比例することがわかる。また，実験Ｂと実験Ｃの結果を比べると，過酸化水素水の体積を変えずに二酸化マンガンを増やした場合，反応は速くなるが，発生した気体の体積は変わらないことがわかる。よって，二酸化マンガン４ｇに0.5％の過酸化水素水48cm^{3}を注いだ場合は，実験Ａの過酸化水素水の体積を変えずに二酸化マンガンを増やした場合にあたるので，㈦がふさわしい。

⑶　１％の過酸化水素水21cm^{3}に含まれている過酸化水素の量は，実験Ａの，$\frac{1}{0.5}\times\frac{21}{48}=\frac{7}{8}$(倍)である。したがって，発生する気体の体積は，$80\times\frac{7}{8}=70$(cm^3)と求められる。

5　光の進み方についての問題

⑴　懐中《かいちゅう》電灯を持っている人が手前側を見ると，「正」の上側の部分は自分に近い位置に反射され，下側の部分は自分から遠い位置に反射される。また，右側の部分は右側の位置に反射され，左側の部分は左側の位置に反射される。つまり，「正」の上下が反転し，左右が変わらない像が見えるので，㈦が正しい。

⑵　光は，同じ物質中を進んでいるときは直進するが，異なる物質中に進むときはその境界面で道すじが折れ曲がって進むことがある。この現象をくっ折という。光が空気中からガラス中へ境界面に対してななめに進むときは，境界面から遠ざかる向きにくっ折する。また，光がガラス中から空気中へ境界面に対してななめに進むときは，境界面に近づく向きにくっ折する。そのため，ガラス板から出た光は右の図のように点線の上の方を点線に平行に進むので，文字はＡよりもスタンドから遠い位置に映る。

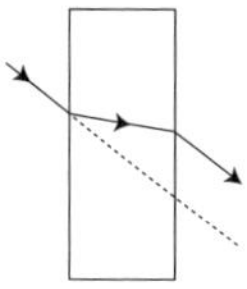

⑶　スタンドの奥《おく》に映った文字は，ガラス板から出た光が直進してできたものなので，もとの向きと変わらず，懐中電灯を持っている人からは㈠のように見える。

6　太陽系のわく星についての問題

⑴　①　㈠　太陽のまわりには，太陽に近い方から水星，金星，地球，火星，木星，土星，天王《てんのう》星，海王星の８個のわく星がある。　㈡　最大のわく星は木星である。　㈦　自ら光を出して輝《かがや》く星を恒星《こうせい》といい，太陽系の恒星は太陽だけである。わく星は恒星のまわりを公転する星で，自ら光ることはない。　㈣　金星は地球よりも太陽に近いところを公転する内わく星であるため，日《にち》没《ぼつ》後の西の空(宵《よい》の明星《みょうじょう》)か，日の出前の東の空(明けの明星)にだけ見え，真夜中に見ることはできない。　㈭　金星は，太陽，月の次に明るく見える天体である。　②　太陽系のわく星は北極側から見て反時計回りに公転しているので，図１～図３は北極側から見た図とわかる。図２で，地球の自転の向きは反時計回りなので，太陽光が当たらない側から当たる側へ移動する境目のＢが，明け方の地点である。　③　図２のＢの地点から見える金星は，図３では㈡の位置に見える。また，太陽―地球―金星のつくる角度が最大になるときには，太陽―金星―地球のつくる角度が90度になるので，金星は，太陽に面した左半分が光って見える。

⑵　月食は，太陽，地球，月がこの順にほぼ一直線上に並んだときに起こる天体現象である。2022年11月８日には，皆既《かいき》月食と同時に，天王星が月に隠《かく》れるわく星食が見られた。

⑶　①　この日の太陽，地球，火星の位置関係は，満月のときの太陽，地球，月の位置関係と同じである。よって，㈡が選べる。　②　地球―太陽―火星のつくる角度は１か月に，30－16＝14(度)ずつ広がる。したがって，360÷14＝25.7…より，再び太陽―地球―火星の順に一直線上に並

ぶのは26か月後とわかる。

7 てこのつり合いについての問題

⑴　棒のつり合いは，棒を回転させようとするはたらき(以下，モーメントという)で考えられる。モーメントは，(加わる力の大きさ)×(回転の中心からの距離《きょり》)で求められ，左回りと右回りのモーメントが等しいときに棒はつり合って水平になる。また，太さが一様で重さのかたよりのない棒の重心(重さが集中していると考えることができる点)は，棒の中央にある。棒Ａの重心は右端《みぎはし》から，20÷２＝10(cm)の位置にあるので，ばねばかりの示す値を□ｇとすると，36×10＝□×20が成り立ち，□＝360÷20＝18(ｇ)と求められる。

⑵　図２で，棒Ｃの重さは，36＋48÷２＝60(ｇ)である。棒Ａの部分の重心は棒Ｃの左端から10cmの位置にあり，10cmに切った棒Ｂの部分の重心は棒Ｃの左端から，20＋10÷２＝25(cm)の位置にある。また，モーメントを考えるときには，どの部分を支点にしてもよい。よって，棒Ｃの左端を支点とし，そこから□cmのところに糸をつけたとすると，60×□＝36×10＋48÷２×25が成り立ち，□＝960÷60＝16(cm)とわかる。

⑶　⑵より，棒Ｃの重心は棒Ｃの左端から16cm，つまり，右端から，30－16＝14(cm)の位置にある。よって，ばねばかりの示す値を□ｇとすると，60×14＝□×30が成り立ち，□＝840÷30＝28(ｇ)となる。

⑷　図５で，棒Ｃの重心は糸の，16－30÷２＝16－15＝１(cm)右にあるので，おもりは左端につるす必要がある。その重さを□ｇとすると，□×15＝60×１が成り立ち，□＝60÷15＝４(ｇ)と求められる。

国　語　＜第１回試験＞(50分)＜満点：100点＞

解　答

一 **問１**　山田先生(は)　**問２**　**一点目**…(例)　キリンと同じような足の構造を持っているから。　**二点目**…(例)　組み立てて骨格標本をつくるのが容易であるから。　**問３**　その骨格標　**問４**　(エ)　**問５**　(例)　バラバラのままで保管されているキリンの骨。　**問６**　Ａ　(ウ)　Ｂ　(エ)　Ｃ　(イ)　**問７**　(例)　装具がずれたり腱を圧迫したりすることを防ぐため。　**問８**　先生の肩に　**問９**　Ｘ　言ってくれない　Ｙ　自分で見きわめて改善していくしかない　**問10**　いつも～ている(から。)　**問11**　Ｘ　(ア)　Ｙ　(ウ)　**問12**　(イ)　**問13**　(イ)　**問14**　耐久性に問題が残る(点。)　**問15**　(例)　足の指先を保護することと，土を蹴って歩行の補助をすること。　**問16**　(例)　(装具を装着することで，)関節が動き腱が使われたから。　**問17**　完治　**問18**　ａ　信　ｂ　疑　**問19**　生まれ～できた(日。)　**問20**　安心する。　**問21**　(ア)　**二**　①　容易　②　従属　③　変化　④　手段　⑤　統一　**三**　①　(ウ)　②　(オ)　③　(カ)　④　(キ)　⑤　(ア)　**四**　①～⑦　下記を参照のこと。　⑧　へいぜい　⑨　はぐく(む)　⑩　しろもの

●漢字の書き取り

四　①　余興　②　豊富　③　誤飲　④　同窓会　⑤　必至　⑥　連綿

⑦　危険

解　説

一　出典は佐藤真澄《さとうますみ》の『立てないキリンの赤ちゃんをすくえ―安佐《あさ》動物公園の挑戦《ちょうせん》』による。後ろの両足が先天的な屈腱弛緩《くっけんしかん》のために立てないでいるキリンの赤ちゃんを救うために，動物園のスタッフとともに装具《そうぐ》の専門家である山田先生が奮闘《ふんとう》する。

問１　「人間の場合なら」「わかる」のに，「キリンの場合はわからない」のは誰《だれ》かを考える。直前の一文に「先生は，人間の身体《からだ》については熟知していても，キリンのそれは，さっぱりわからない」とある。「先生」とは，装具のプロフェッショナルである「山田先生」のことである。

問２　本来なら，キリンの「実物を再現して組み立てられた骨格」の標本があれば，「装具を作るための貴重な資料になるはず」である。しかし，「大きなキリンの骨を組み立てるのに十分な，時間も場所も労力もなかった」ために，畑瀬《はたせ》係長はシカの骨格標本を山田先生にわたしたのだと考えられる。そうしたのは，シカが「キリンと同じような足の構造を持つ」動物であるだけでなく，シカ程度の大きさなら「組み立てて骨格標本を作るくらいわけはない」と考えたからである。

問３　「役立った」のは，直前の「シカの骨格標本」である。それがどのような点で「役立った」のかについては，「その骨格標本は，装具の製作に大いに役立った」で始まる段落で具体的に示されている。

問４　Ⅲは，「実物を再現して組み立てられた骨格でなくては意味がない」ものの，その条件が整っていないことを述べる文脈なので，前後で逆の内容が置かれるときに使う「けれども」か「しかし」が合う。ここで，㈠または㈤となる。次に，Ⅱをみると，「キリンの骨もある」と述べたうえで「問題」にふれる文脈なので，前の内容を認めつつそれにある条件をつけ加えなければならないときに用いる「ただ」がふさわしい。ここで，㈤に決まる。Ⅰは，動物の骨の利用目的が前後で並べられているので，同類のことがらのうちのいずれかであることを表す「あるいは」があてはまる。

問５　直前の二文に「動物園には当然，キリンの骨もある。ただ，それらはバラバラのままで保管されていることが問題だった」とあるので，この内容をまとめればよい。

問６　**A**　直後に「変わっていた」とあるので，状態や態度がとつぜんすっかり変わるようすを表す「ガラリ」が入る。　**B**　直後に「のびきってしまった」とあるので，力なく垂れ下がるようすを表す「ダラン」がよい。　**C**　直後に「固めている」とあるので，ものが固いさまを表す「ガチガチ」が合う。

問７　本文の最初で，「装具バージョン１」の欠点について，装具が「ずれた」ことと「腱が圧迫《あっぱく》されて痛みが出た」ことがあげられ，「関節が十分に支えられていなかった」ことや「後ろのパットの部分に力が集中しすぎたこと」が原因ではないかと話し合われている。そのため，「装具バージョン２」では，「もう少ししっかり包みこむような感じ」に改良したのである。

問８　山田先生がほかのスタッフよりも緊張《きんちょう》を感じているようすは，「先生の肩《かた》にプレッシャーがのしかかる」という一文に最もよく表れている。「プレッシャー」は，心理的な重圧という意味。

問９　続く部分で，「小さい子ども」と「キリン」の共通点が述べられている。　**X**　「まだ言葉をうまく話すことができない小さな子どもは，『いい感じ。ピッタリ』とも言ってくれない」，「これはキリンにも当てはまる」とある。　**Y**　「良くない結果になったときには，何がいけないのか，装具の作り手は，自分で見きわめて改善していくしかない」とある。

問10　「動物園のスタッフの頼《たよ》りになる助言」については，後のほうで再び，「いつも赤ちゃんキリンのそばにいて，その足をいちばん長く見ている人たちの意見は貴重だ」と述べられている。

問11　**X，Y**　赤ちゃんキリンは「後ろの両足が先天的な屈腱弛緩」で，「装具バージョン２」は「右足だけに装着し」，「翌週には，まだギプスをはめている左足にも，装具バージョン２をつける予定になっていた」のだから，Xには「ギプス」，Yには「装具バージョン２」が入る。

問12　直前に「みんなと同じように」とあり，前に「みんなの口からポジティブな感想が飛び出した」とあるので，「前向きな」が選べる。「ポジティブ」は，前向きで明るい思考のあり方。

問13　「装具バージョン３」は，「足の前面をおおって支えるタイプ」で，「ひづめ」を「しっかりおおうような設計」なので，(イ)がふさわしい。

問14　山田先生が「装具バージョン２」に満足せず「装具バージョン３」の製作に取りかかったのは，「耐久《たいきゅう》性に問題が残る」点が気になっていたからである。

問15　少し後で，「ひづめ」の役割について，「足の指先を靴《くつ》のように保護している」ことと，「歩くときに土を蹴《け》るという，歩行の補助としての大切な役目を持つ」ことが示されている。

問16　傍線《ぼうせん》⑭については，少し後で，「腱はのびてゆるんでいても，運動する(使う)ことで，ギュッと縮むようになってくる。『腱の短縮が進んでいる』とは，こういうことだ」とくり返されている。そして，「関節は動くように作られている。関節が動くということは腱も使われるということ」の部分から，装具を装着したことで屈腱弛緩の症状《しょうじょう》が改善したことがわかる。

問17　最後のほうに「本当に完治するのか」とあるように，山田先生や動物園の人たちは，最終的にはキリンの赤ちゃんの「屈腱弛緩」の「完治」を目指している。「完治」は，病気やけがが完全に治ること。

問18　**a，b**　「半信半疑」は，本当かどうか信じきれないようす。

問19　少し後に「この日，赤ちゃんキリンは，生まれて初めて自分の８つのひづめで地面をふみしめることができたのだ」とあり，どのような「日」であるのかが説明されている。

問20　「装具バージョン１」に不具合が出てきたため「装具バージョン２」がつくられ，「装具バージョン３」は不具合が出る前につくられたといういきさつをおさえる。戻《もど》す一文に「次の日になって不具合が出てきた前回の例」とあるので，「前回の例」は「装具バージョン１」で，「この時点」は「装具バージョン２」を試している場面とわかる。よって，「ひと安心する」と「しかし，翌日」の間に入れると，「次の日」が「翌日」に対応し，「ひと安心」したが「まだ気はぬけない」という流れになり，文意が通る。

問21　(ア)　本文は，キリンの赤ちゃんや山田先生，動物園の人たちの行動を細やかに描写《びょうしゃ》しており，臨場感のある文章といえる。　(イ)　「屈腱弛緩」，「有てい類」，「腱の短縮」など，動物に関する専門的な用語が使われている部分がある。　(ウ)　比ゆは腱をゴムにたとえた表現だけであり，キリンが成長していくようすではなく，症状が改善していくようすを表現している。　(エ)　会話文は多いが，誰の発言なのかがわからないものが大半である。

二　対義語の知識

①　「困難」は，実行が難しいこと。対義語は，“実現することがたやすい”という意味の「容易」。

②　「支配」は，権力をおよぼして，相手を自分の思うままに動かせる状態にすること。対義語は，

“強いものにつき従い，頼ったり言いなりになったりする”という意味の「従属」。　③「単調」は，同じようなことが続いて，変わりばえしないこと。対義語は，“ようすや性質などが変わる”という意味の「変化」。　④「目的」は，実現させようとしてめざす目あてやねらいのこと。対義語は，“あることを実現させるためにとる方法や手だて”という意味の「手段」。　⑤「分裂《ぶんれつ》」は，一つのものがいくつかに分かれること。対義語は，“いくつかのものが一つになる”という意味の「統一」。

三　三字熟語の意味

①「たかびしゃ」と読む。もともとは将棋《しょうぎ》の戦術の一つで，そこから相手に対して高圧的な態度に出るようすを表すようになった。　②「にまいじた」と読む。矛盾《むじゅん》したことやうそを言う人を表す。　③「もんがいかん」と読む。ある分野や領域において専門としない人を表す。
④「しょうねんば」と読む。もともとは歌舞伎《かぶき》などの最も大切な見せ場のことで，転じて，その人の真価や実力などが試される，非常に重要な局面を表すようになった。　⑤「いろめがね」と読む。先入観にとらわれたかたよった見方をすること。

四　漢字の書き取りと読み

①　宴会《えんかい》などで行う演芸。　②　たっぷりあるようす。　③　人体に害をあたえるような異物を誤って飲みこむこと。　④　同じ学校で学んだ人たちの会。　⑤　必ずそうなるような状態であること。　⑥　長く切れ目なく続くようす。　⑦　危ないこと。　⑧　つね日ごろ。ふだん。　⑨　音読みは「イク」で，「育児」などの熟語がある。訓読みにはほかに「そだ(つ)」がある。　⑩　売り買いする商品。なお，「代」を「しろ」と読む熟語にはほかに「苗代《なわしろ》」などがある。

Dr.福井の 入試に勝つ！ 脳とからだのウルトラ科学

復習のタイミングに秘密あり！

算数の公式や漢字，歴史の年号や星座の名前……。勉強は覚えることだらけだが，脳は一発ですべてを記憶することができないので，一度がんばって覚えても，しばらく放っておくとすっかり忘れてしまう。したがって，覚えたことをしっかり頭の中に焼きつけるには，ときどき復習をしなければならない。

ここで問題なのは，復習をするタイミング。これは早すぎても遅すぎてもダメだ。たとえば，ほとんど忘れてしまってから復習しても，最初に勉強したときと同じくらい時間がかかってしまう。これはとっても時間のムダだ。かといって，よく覚えている時期に復習しても何の意味もない。

そもそも復習とは，忘れそうになっていることを見直し，記憶の定着をはかる作業であるから，忘れかかったころに復習するのがベストだ。そうすれば，復習にかかる時間が一番少なくてすむし，記憶の続く時間も最長になる。

では，どのタイミングがよいか？　さまざまな研究・発表を総合して考えると，１回目の復習は最初に覚えてから１週間後，２回目の復習は１か月後，３回目の復習は３か月後――これが医学的に正しい復習時期だ。復習をくり返すたびに知識が海馬《かいば》（脳の，知識をためる倉庫みたいな部分）にだんだん強くくっついていくので，復習する間かくものびていく。

この計画どおりに勉強するには，テキストに初めて勉強した日付と，その１週間後・１か月後・３か月後の日付を書いておくとよい。あるいは，復習用のスケジュール帳をつくってもよいだろう。もちろん，計画を立てたら，それをきちんと実行することが大切だ。

ちなみに，記憶量と時間の関係を初めて発表したのがドイツのエビングハウスという学者で，「エビングハウスの忘《ぼう》却《きゃく》曲線」として知られている。

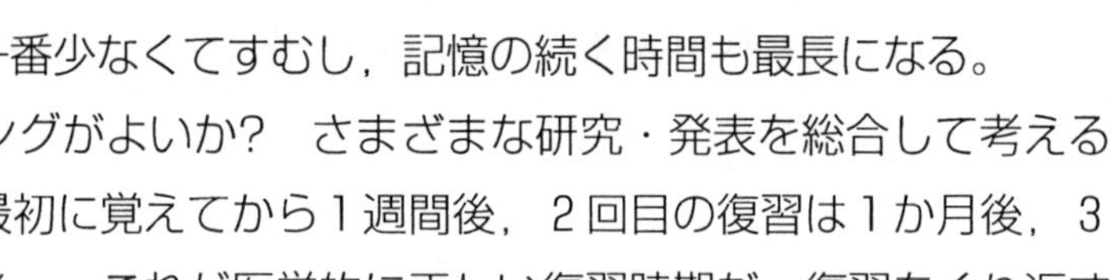

Dr.福井（福井一成《ふくいかずしげ》）…医学博士。開成中・高から東大・文Ⅱに入学後，再受験して翌年東大・理Ⅲに合格。同大医学部卒。さまざまな勉強法や脳科学に関する著書多数。

2023年度 明治大学付属中野中学校

【算　数】〈第２回試験〉（50分）〈満点：100点〉

［注意］ 分数で答えるときは，それ以上約分できない形で答えてください。

1　次の$\square$にあてはまる数を答えなさい。

(1) $\left\{\frac{21}{5}\div\frac{7}{20}\times31-\left(2\frac{6}{7}\div\frac{1}{10}+\frac{3}{7}\right)\times12\right\}\div3=\square$

(2) $\left\{\left(2.6-1\frac{3}{4}\right)\times\square-2\frac{3}{5}\right\}\div\frac{3}{8}=1$

(3) 0.29日は，$\square$時間$\square$分$\square$秒です。

2　次の問いに答えなさい。

(1) ある品物を定価の10％引きで売ったときの利益は630円でした。また，この品物を定価の15％引きで売ったときの利益は480円でした。この品物の原価はいくらですか。

(2) 右の図は，１辺が同じ長さの正五角形ABCDEと正方形AEFGと正三角形AGHを組み合わせた図形です。このとき，GBとHEが交わってできる㋐の角の大きさは何度ですか。

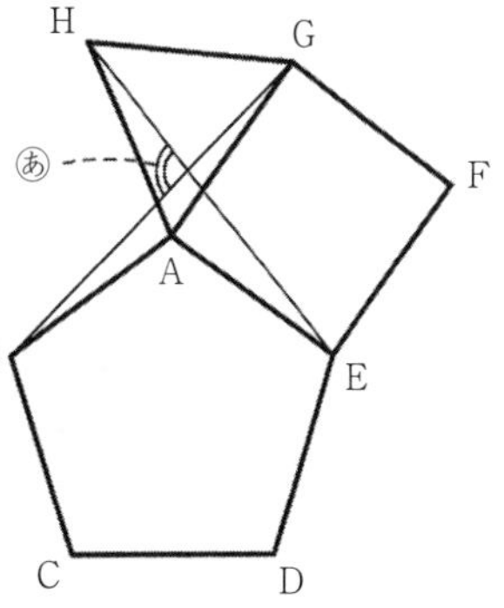

(3) 濃度がそれぞれ３％，４％，７％の食塩水があります。これらの食塩水を混ぜて５％の食塩水を240ｇ作りました。ただし，４％と７％の食塩水は同じ量だけ使いました。このとき，３％の食塩水は何ｇ使いましたか。

(4) Ａ君とＢ君はそれぞれの家から同時に出発して学校へ向かいました。Ａ君は時速3.2km，Ｂ君は時速４kmで歩いたところ，Ａ君はＢ君より９分早く学校に着きました。Ａ君の家から学校までの道のりとＢ君の家から学校までの道のりの比が２：３のとき，Ａ君の家から学校までの道のりは何kmですか。

(5) 赤，青，黄，緑の４色で，右の図のＡ，Ｂ，Ｃ，Ｄ，Ｅの５つの部分をぬり分けます。４色すべてを使って，同じ色がとなり合わないようにするとき，ぬり方は全部で何通りありますか。

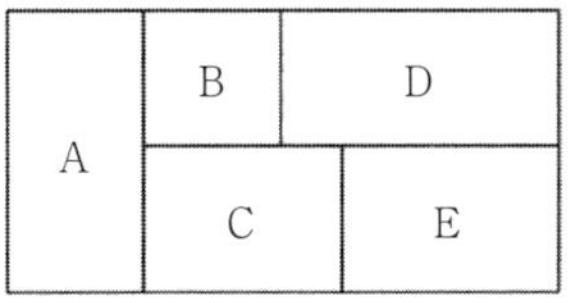

3　右の図の平行四辺形ABCDにおいて，AE：ED＝１：２，BF：FC＝２：１，AG：GE＝１：１です。ACとEB，GF，EFが交わる点をそれぞれH，Ｉ，Ｊとします。また，EBとGFが交わる点をKとするとき，次の問いに答えなさい。

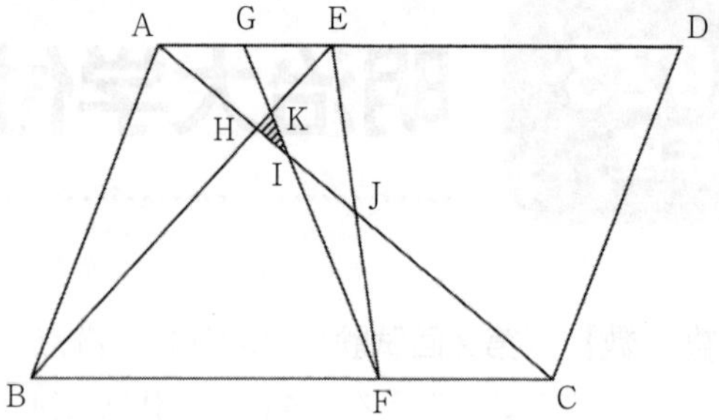

(1)　BH：HK：KEを最も簡単な整数の比で表しなさい。

(2)　AH：HI：IJ：JCを最も簡単な整数の比で表しなさい。

(3)　平行四辺形ABCDの面積が144cm^{2}のとき，斜線《しゃせん》部分の面積を求めなさい。

4　次の問いに答えなさい。

(1)　下の図１は，底面が正方形である大小２つの直方体を積み重ねた立体です。小さい直方体の下の底面の頂点は，すべて大きい直方体の上の底面の辺の真ん中にあります。小さい直方体の２つの底面の中心（２本の対角線が交わった点）を通る直線を軸《じく》に２つの直方体を１回転させたとき，回転してできた立体の体積を求めなさい。ただし，円周率は3.14とします。

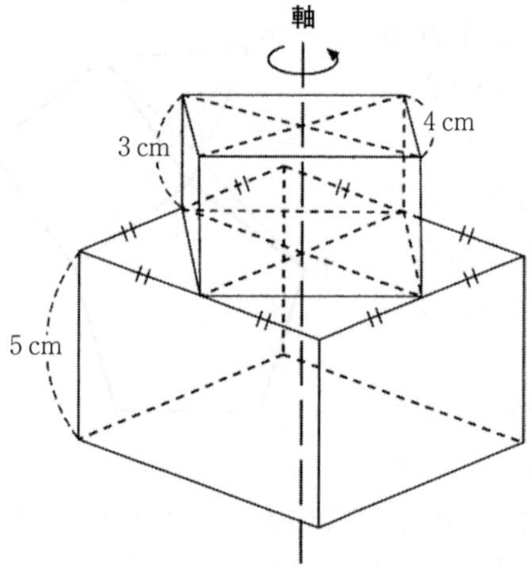

図１

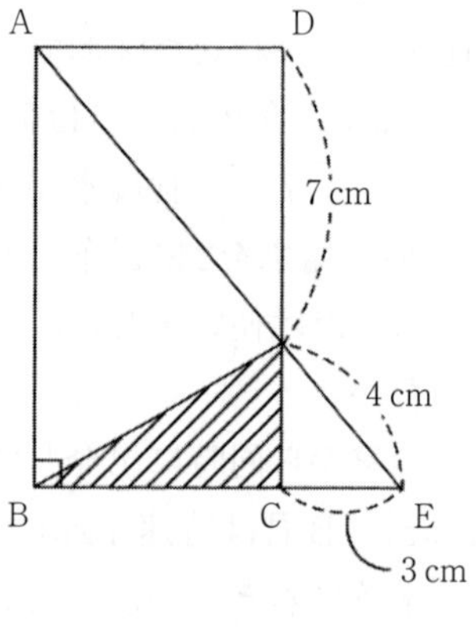

図２

(2)　上の図２のように，長方形ABCDと直角三角形ABEがあります。斜線部分の面積を求めなさい。

5　下の図のように，底面積の比が２：３である直方体の容器Ａ，Ｂがあります。容器Ａには40cmの高さまで，容器Ｂには50cmの高さまで水が入っています。容器Ａは水道管①から，容器Ｂは水道管②からそれぞれ一定の割合で水が入ります。また，水道管①と水道管②は合わせて毎分８Ｌの水が出ます。水を入れ始めてから８分後に，容器Ａ，Ｂの水の高さは等しくなり，２つの容器の中の水は合わせて110Ｌになりました。このとき，次の問いに答えなさい。

(1)　容器Ａの底面積を求めなさい。

(2)　水を入れ始めてから15分後，容器Ａには何Ｌの水が入っているか求めなさい。

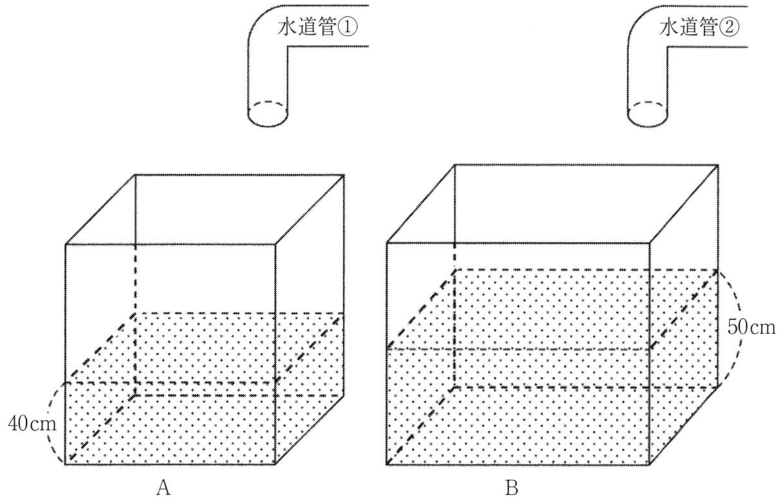

6　年齢《ねんれい》の低い順に，Ａさん，Ｂさん，Ｃさん，Ｄさん，Ｅさんの５人がいます。この５人の中から異なる２人を選び，選んだ２人の年齢を足したところ，全部で次の10通りになりました。

26，29，39，45，49，55，58，59，62，78

このとき，次の問いに答えなさい。ただし，５人の年齢は全員ちがうものとします。

(1)　ＢさんとＣさんの年齢の差はいくつになりますか。

(2)　ＣさんとＤさんの年齢を足すといくつになりますか。

(3)　Ｂさんの年齢は何歳《さい》ですか。

7 右の図のような直方体の水そうが，底面と側面に垂直で高さの異なる２枚の長方形の板で仕切られています。①の部分に蛇口《じゃぐち》から一定の割合で水を入れ，②の部分にある排水口《はいすいこう》から一定の割合で水が出ます。水を入れ始めて，水そうがいっぱいになったところで，蛇口を閉めました。その後，90秒で排水が止まりました。下のグラフは，③の部分で測った水の高さと時間の関係を表しています。このとき，次の問いに答えなさい。

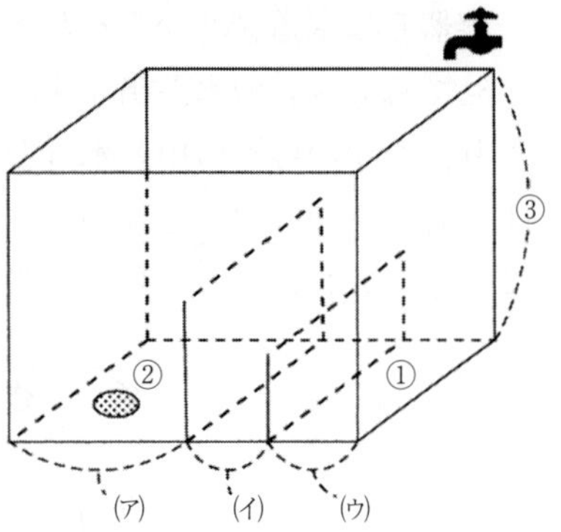

(1) １秒間あたりに蛇口から入れる水の量と，１秒間あたりに排水口から出る水の量の割合を，最も簡単な整数の比で表しなさい。

(2) 図の(ア)，(イ)，(ウ)の長さの比を，最も簡単な整数の比で表しなさい。

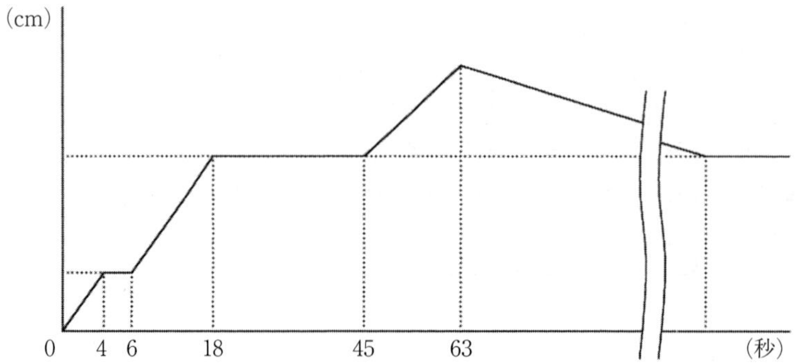

【社　会】〈第２回試験〉（30分）〈満点：50点〉

1　次の２つの図に関する先生と生徒の会話を読み，問いに答えなさい。

【平城京】

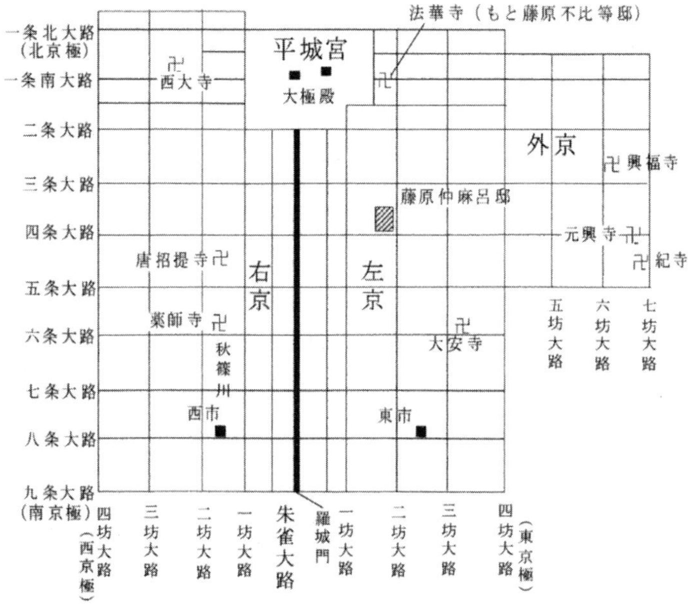

【平安京】

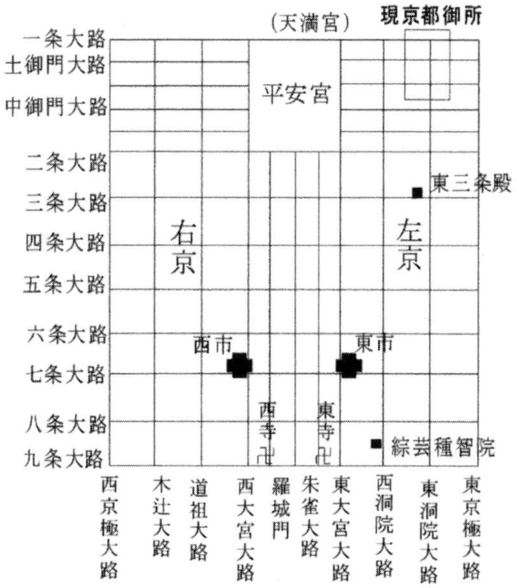

山川出版社「日本史地図・図解ソフト」により作成。

先生：２つの図を見てください。上が平城京の図，下が平安京の図です。みなさんは，この２つの都がつくられた時代を覚えていますか。

生徒：はい。平城京は①<u>奈良時代</u>の都で，710年に【　A　】天皇が遷都《せんと》しました。平安京は②<u>平安時代</u>の都で，794年に【　B　】天皇が遷都しました。

先生：その通りです。ところで，２つの図を見比べた時，何か気がつくことはありますか。

生徒：両方とも，碁盤《ごばん》目状に区画整理されています。

先生：そうですね。③このような都市づくりは条坊制と呼ばれ，中国の長安という都のつくり方にならったといわれています。このように，当時から計画的な都市づくりが進められていました。

生徒：なるほど。ところで，平城京と平安京を比べると，平安京の方が［　　　　］と思うのですが，それはなぜですか。

先生：良いところに気がつきましたね。奈良時代に何があったのか，思い出してみてください。奈良時代は，④宗教勢力の力が強く，しばしば政治に介入《かいにゅう》をしてきました。平安京には，そういった勢力を排除《はいじょ》しようとする意図が見られますね。

生徒：平安京はその後どうなったのでしょうか。

先生：平安時代以降も，長らく日本の都とされていました。室町時代には⑤応仁の乱で京都の大半が焼け野原となってしまいましたが，首都を東京へ移転した⑥明治時代まで，日本の中心地の一つとされてきました。

生徒：それだけ長く日本の中心であったからこそ，多くの文化財が残されているのですね。

問１．【A】・【B】にあてはまる人物名を，それぞれ漢字で答えなさい。

問２．［　　］にあてはまる適切な内容を考え，**10字以内**で答えなさい。読点も１字に含みます。

問３．下線部①について，奈良時代に関連する文として正しいものを，次のア～オの中から**すべて**選び，記号で答えなさい。

ア．初めての遣唐使として，犬上御田鍬が派遣《はけん》された。

イ．舎人親王を中心として，『日本書紀』が編さんされた。

ウ．日本最古の貨幣《かへい》といわれる富本銭が初めてつくられた。

エ．貴族の衣服として，男性は束帯，女性は十二単をまとった。

オ．墾田永年私財法が制定されたことにより，荘園が発生した。

問４．下線部②について，平安時代の人物として正しいものを，次のア～オの中から**すべて**選び，記号で答えなさい。

ア．空也　　イ．白河上皇　　ウ．長屋王　　エ．藤原純友　　オ．吉田兼好

問５．下線部③について，このような都市づくりは，防衛面で問題点がありました。それはどのようなことか，説明しなさい。

問６．下線部④について，宗教は日本の歴史に深く関わってきました。これを説明した文として**誤っているもの**を，次のア～エの中から１つ選び，記号で答えなさい。

ア．鎌倉時代には，後醍醐天皇が朱子学の大義名分論をたてまえに，幕府打倒《だとう》の兵を挙げた。

イ．室町時代には，日蓮宗の信徒が加賀などで一向一揆を起こした。

ウ．江戸時代には，幕府はキリスト教を禁止し，宗門改めにより仏教へ改宗させた。

エ．明治時代には，キリスト教徒の内村鑑三が教育勅語への不敬事件で教職を追われた。

問７．下線部⑤について，この乱をきっかけに，平安時代以降続いていた京都の祭りが中断されました。日本三大祭りの一つに数えられているこの祭りを何というか，答えなさい。

問８．下線部⑥について，明治時代に起きた，次のア～オのできごとを年代の古い順に並べかえた時，**２番目**と**４番目**にあたるものを，それぞれ記号で答えなさい。

ア．西南戦争が起こった。

イ．版籍奉還が実施《じっし》された。

ウ．岩倉使節団が派遣された。

エ．国会開設の勅諭が発せられた。

オ．民撰議院設立の建白書が提出された。

2　次の文を読んで，問いに答えなさい。

①昨年(2022年)７月10日，参議院議員通常選挙の投開票が行われました。②選挙運動期間中，候補者は③有権者に対して，社会保障・④経済政策などの公約を掲《かか》げました。

この選挙運動中に，街頭演説をしていた⑤安倍晋三元首相が銃撃《じゅうげき》されて死亡した事件は，国内外に大きな衝撃《しょうげき》を与《あた》えました。

問１．下線部①について，右の表は，この選挙において一票の格差が最大であった神奈川県選挙区と福井県選挙区の定数と有権者数を示しています。この表を参考にし，２つの選挙区の一票の格差として正しいものを，次のア～オの中から１つ選び，記号で答えなさい。

選挙区	定数	有権者数
神奈川県	４名	769万6783名
福井県	１名	63万5127名

総務省の資料により作成。

ア．約２倍　　イ．約３倍　　ウ．約４倍　　エ．約５倍　　オ．約６倍

問２．下線部②について，選挙運動や投票などを規定した公職選挙法の内容を説明した文として正しいものを，次のア～エの中から１つ選び，記号で答えなさい。

ア．候補者は，有権者の家などを戸別訪問することができる。

イ．候補者は，SNSやウェブサイト(ホームページ)の更新《こうしん》など，インターネットを用いた選挙運動をすることができない。

ウ．いかなる理由があっても，投票日当日以外は投票することができない。

エ．投票日当日の投票時間は午後８時までであるが，特別の事情のある場合は，終了《しゅうりょう》時間を繰《く》り上げることができる。

問３．下線部③について，この年齢《ねんれい》が満《まん》18歳に引き下げられたことに続いて，成人年齢も昨年４月から満18歳に引き下げられました。これにより，新たに満18歳でできるようになったことを，次のア～オの中から**すべて**選び，記号で答えなさい。

ア．飲酒や喫煙《きつえん》をする。

イ．親(親権者)の同意なしで結婚《けっこん》する。

ウ．親(親権者)の同意なしで携帯《けいたい》電話を契約《けいやく》する。

エ．競馬の馬券(勝馬投票券)を購入《こうにゅう》する。

オ．有効期間が10年間のパスポートを取得する。

問４．下線部④について，昨年の日本経済に関する次のⅠ・Ⅱの文の正誤の組み合わせとして正しいものを，下のア～エの中から１つ選び，記号で答えなさい。

Ⅰ．急速に進んだ円高の影響《えいきょう》などにより，外国人観光客が減少した。

Ⅱ．ロシアによるウクライナへの軍事侵攻《しんこう》の影響などにより，物価が上昇《じょうしょう》した。

ア．Ⅰ―正　Ⅱ―正　　イ．Ⅰ―正　Ⅱ―誤

ウ．Ⅰ―誤　Ⅱ―正　　エ．Ⅰ―誤　Ⅱ―誤

問５．下線部⑤について，この人物を説明した文として**誤っているもの**を，次のア～エの中から１つ選び，記号で答えなさい。

ア．首相在任期間は，憲政史上最長である。

イ．首相在任中，新たな省庁としてデジタル庁が設置された。

ウ．首相在任中，元号が「平成」から「令和」に改められた。

エ．首相在任中，日本国憲法改正の手続きを定めた国民投票法が成立した。

3　次の文を読んで，問いに答えなさい。

現代の社会は，インターネットを通じて多くの①情報を手軽に入手することができます。しかし，内容が誤っていたり，個人の②プライバシーを侵害《しんがい》したりする情報が流されることもあるため，情報を正しく活用するよう心がける必要があります。

近年，SNSなどでの特定の個人に対する※1ひぼう中傷が問題となっており，その対策が求められてきました。昨年，③衆議院，参議院の議決を経て改正刑法《けいほう》が成立し，※2侮辱《ぶじょく》罪の法定刑が厳罰《げんばつ》化されました。これによって，ひぼう中傷の抑止《よくし》につながることが期待されています。

※1　ありもしないことや悪口を言って，他の人の名誉《めいよ》を傷つけること。

※2　相手を見下して恥《はじ》をかかせること。

問１．下線部①について，情報通信技術を利用できる人とできない人との間に生じる格差のことを何というか，カタカナで答えなさい。

問２．下線部②について，プライバシーの権利のように，社会状況《じょうきょう》の変化にともない，憲法上で保障すべきと考えられるようになった権利を総称《そうしょう》して何というか，答えなさい。

問３．下線部③について，衆議院と参議院の議決が異なったとき，意見調整のために開かれる話し合いの場を何というか，漢字で答えなさい。

4　次の地図を見て，問いに答えなさい。

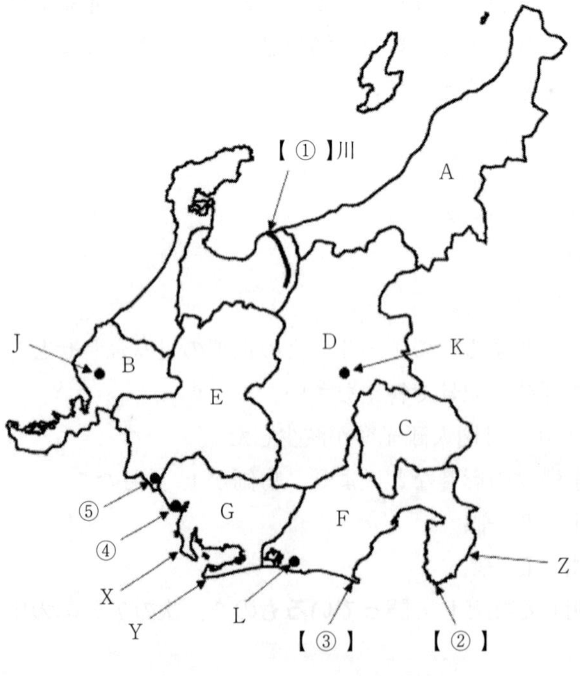

問１．地図中【①】にあてはまる地名を，漢字で答えなさい。

問２．地図中【②】・【③】にあてはまる地名の組み合わせとして正しいものを，次のア～カの中から１つ選び，記号で答えなさい。

	ア	イ	ウ	エ	オ	カ
②	石廊崎	石廊崎	御前崎	御前崎	潮岬	潮岬
③	御前崎	潮岬	石廊崎	潮岬	石廊崎	御前崎

問３．地図中④の地域は，生態系・生物多様性の保全を目的とする条約に登録されています。その条約名と④の地域に見られる地形の組み合わせとして正しいものを，次のア～カの中から１つ選び，記号で答えなさい。

	条約名	地形
ア	ラムサール	扇状地
イ	ラムサール	干潟
ウ	ラムサール	リアス海岸
エ	ワシントン	扇状地
オ	ワシントン	干潟
カ	ワシントン	リアス海岸

問４．地図中⑤の地域には，古くから輪中集落が見られます。この集落を説明した次のⅠ・Ⅱの正誤の組み合わせとして正しいものを，下のア～エの中から１つ選び，記号で答えなさい。

Ⅰ．この集落は，揖斐川，木曽川，天竜川の下流に位置している。

Ⅱ．集落内の伝統的な家屋は，水害を避けるための避難小屋を持つものが多く，それは水屋と呼ばれる。

ア．Ⅰ―正　Ⅱ―正　　イ．Ⅰ―正　Ⅱ―誤

ウ．Ⅰ―誤　Ⅱ―正　　エ．Ⅰ―誤　Ⅱ―誤

問５．地図中Ａ～Ｇ県のうち，政令指定都市がある県を**すべて**選び，記号で答えなさい。

問６．次の表は，地図中Ａ～Ｄ県の県庁所在地にある中心駅から東京駅へ向かう際の出発時刻と※到着時刻および各県の平均標高を示しています。Ｂ県にあてはまるものを，ア～エの中から１つ選び，記号で答えなさい。

※各中心駅を平日午前７時30分以降に出発する列車に乗車した場合，最も早く東京駅に到着する時刻。

	中心駅出発時刻		東京駅到着時刻	平均標高
ア	７時39分	→	11時06分	372m
イ	７時40分	→	９時27分	995m
ウ	７時43分	→	９時20分	1,132m
エ	７時50分	→	10時04分	391m

JR 時刻表および国土地理院の資料により作成。

問７．次の表は，地図中Ｃ～Ｇ県の，2019年における水田率，野菜の産出額，果実の産出額，畜産の産出額を示したものです。Ｆ県にあてはまるものを，ア～オの中から１つ選び，記号で答えなさい。

	水田率（％）	野菜の産出額（億円）	果実の産出額（億円）	畜産の産出額（億円）
ア	76.5	323	55	372
イ	56.7	1,010	190	813
ウ	49.4	818	743	279
エ	34.2	607	234	461
オ	33.2	110	595	78

農林水産省の統計による。

問８．地図中Ｊ～Ｌの都市と，それぞれの都市でさかんに生産されている工業製品の組み合わせとして正しいものを，次のア～カの中から１つ選び，記号で答えなさい。

	ア	イ	ウ	エ	オ	カ
オルゴール	J	J	K	K	L	L
眼鏡フレーム	K	L	J	L	J	K
ピアノ	L	K	L	J	K	J

問９．次のⅠ～Ⅲの文は，地図中Ｘ～Ｚの半島について説明したものです。Ⅰ～ⅢとＸ～Ｚの組み合わせとして正しいものを，下のア～カの中から１つ選び，記号で答えなさい。

Ⅰ．水不足を解消するために豊川用水がつくられた。近年では園芸農業がさかんである。

Ⅱ．伝統的にわさびの栽培が行われている。2018年には世界ジオパークに認定された。

Ⅲ．古くから窯業《ようぎょう》がさかんである。2005年には中部国際空港が開業した。

	ア	イ	ウ	エ	オ	カ
Ⅰ	X	X	Y	Y	Z	Z
Ⅱ	Y	Z	X	Z	X	Y
Ⅲ	Z	Y	Z	X	Y	X

【理　科】〈第２回試験〉（30分）〈満点：50点〉

1　次の文章を読み，あとの各問いに答えなさい。

地球には多くの動物がいて，動物はもっている特徴《ちょう》によってなかま分けされます。動物をなかま分けするときは，まず[X]があるかないかで分けます。[X]がない動物の例としてカブトムシやミミズやタコなどがあげられます。[X]がある動物はさらに，(a)魚類，(b)両生類，(c)は虫類，(d)鳥類，(e)ほ乳類に分けられます。

(1)　文中の[X]にあてはまる語句を，漢字２文字で答えなさい。

(2)　次の(ア)～(エ)の動物のうち，殻《から》のある卵を産むものを１つ選び，記号で答えなさい。また，その動物は文中の(a)～(e)のどのなかまにあてはまりますか。１つ選び，解答欄の記号を○で囲みなさい。

(ア)　コウモリ　　(イ)　ワニ　　(ウ)　サケ　　(エ)　イモリ

(3)　ほ乳類は肉食動物や草食動物に分けられます。肉食動物と草食動物では目のつき方がちがいます。肉食動物の目のつき方と，それによる見え方を説明した次の文中の①～③について，適する方をそれぞれ選び，ア～カの記号で答えなさい。

肉食動物の目は頭の（①　ア　前側・イ　横側）についており，草食動物と比べて右目と左目の視野の重なりが（②　ウ　広い・エ　狭《せま》い）。そのため，（③　オ　広い範《はん》囲を見わたせる・カ　獲《え》物との距離《きょり》がわかりやすい）。

2　次の各問いに答えなさい。

(1)　次の(ア)～(オ)のプランクトンのうち，光合成を行うものを２つ選び，解答欄の記号を○で囲みなさい。

(ア)　ミドリムシ　　(イ)　アメーバ　　(ウ)　ミカヅキモ

(エ)　ゾウリムシ　　(オ)　ミジンコ

(2)　次の(ア)～(オ)の植物のうち，冬が近づいても葉を落とさず，一年を通して葉がついているものを２つ選び，解答欄の記号を○で囲みなさい。

(ア)　サクラ　　(イ)　カキ　　(ウ)　スギ　　(エ)　イチョウ　　(オ)　ツバキ

(3)　人が息を吸うとき，横隔膜《かくまく》とろっ骨はそれぞれどのように動きますか。次の(ア)～(エ)から正しいものを１つ選び，記号で答えなさい。

(ア)　横隔膜とろっ骨の両方が上がる。

(イ)　横隔膜が上がり，ろっ骨が下がる。

(ウ)　横隔膜が下がり，ろっ骨が上がる。

(エ)　横隔膜とろっ骨の両方が下がる。

3　バーベキューなどで使われる炭は，木材を蒸し焼きにしてつくられます。割りばしを入れた試験管を加熱して炭をつくる実験を行いました。次の各問いに答えなさい。

(1)　試験管の向きとして正しいものを，次の(ア)～(エ)から１つ選び，記号で答えなさい。

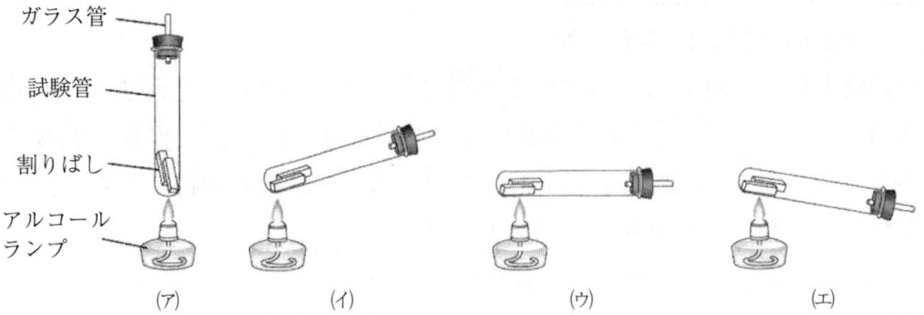

(2)　試験管を加熱してしばらくすると，取り付けたガラス管の先から白いけむりが出てきました。このけむりにはいくつかの種類の気体が含《ふく》まれています。この白いけむりの名前を答えなさい。また，このけむりに火をつけたマッチを近づけると，どのようなことが起こりますか。次の(ア)～(エ)から最も適するものを選び，記号で答えなさい。

(ア)　マッチについた火が消える。

(イ)　マッチについた火のいきおいがはげしくなる。

(ウ)　白いけむりに火がつく。

(エ)　火が試験管の中に入り，中の割りばしが燃える。

(3)　上部が開いた空き缶《かん》に木材を入れて加熱し，炭をつくりたいと思います。次の(ア)～(エ)のうち，炭をつくる方法として最も適するものを選び，記号で答えなさい。

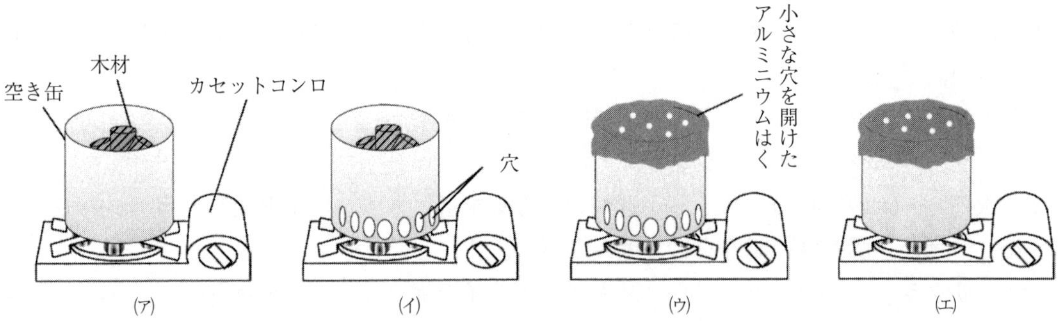

4　天気のことわざに「朝虹《にじ》は雨　夕虹は晴れ」というものがあり，朝に虹が見えるとやがて雨が降り，夕方に虹が見えると翌日は晴れるといわれています。次の各問いに答えなさい。

(1)　このことわざは，日本の天気が西から東に移り変わることと関係しています。日本の天気が西から東に移り変わるのは上空の何の影響《えいきょう》ですか。漢字３文字で答えなさい。

(2)　虹が現れるためには何が必要ですか。次の(ア)～(オ)から２つ選び，解答欄の記号を○で囲みなさい。

(ア)　水滴《てき》　　(イ)　水蒸気　　(ウ)　ちり

(エ)　太陽の光　　(オ)　地表付近と上空の気温差

(3)　夕方に虹が見られるのはどの方位の空ですか。東・西・南・北のいずれかで答えなさい。

5　豆電球，スイッチおよび電池を使って右図のような回路をつくり，実験１，２を行いました。豆電球はすべて同じものを使いました。あとの各問いに答えなさい。

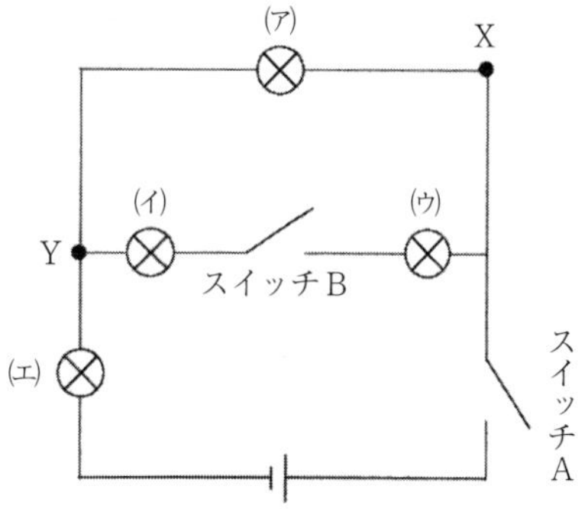

〔実験１〕　スイッチBは開いたまま，スイッチAを閉じた。

〔実験２〕　スイッチAとBを閉じた。

(1)　実験１について，次の①と②に答えなさい。

①　点灯した豆電球を図中の(ア)～(エ)からすべて選び，解答欄の記号を○で囲みなさい。

②　図中の電池をはずし，そこに図と同じ電池２個を並列にしてつなぎました。このとき，①で選んだ豆電球の明るさは，電池１個のときと比べてどうなりますか。解答欄の適するものを○で囲みなさい。

(2)　実験２について，次の①と②に答えなさい。

①　最も明るく点灯した豆電球を図中の(ア)～(エ)から選び，記号で答えなさい。

②　スイッチを閉じたまま，XとYを導線でつないだところ，消灯した豆電球がありました。消灯した豆電球を図中の(ア)～(エ)からすべて選び，解答欄の記号を○で囲みなさい。

6　アルカリ性の水溶《よう》液と酸性の水溶液を混ぜ合わせると，塩《えん》とよばれる物質が生じます。たとえば，水酸化ナトリウム水溶液と塩酸を混ぜ合わせると，塩化ナトリウムという塩が生じます。また，水酸化ナトリウム水溶液と硫《りゅう》酸を混ぜ合わせると，硫酸ナトリウムという塩が生じます。

次のように，アルカリ性の水溶液と酸性の水溶液を混ぜ合わせて塩をつくる実験を行いました。ただし，BTB溶液は緑色にしたものを使いました。あとの各問いに答えなさい。

〔実験１〕　ある濃《こ》さの水酸化ナトリウム水溶液A100mLにBTB溶液を数滴入れ，ある濃さの塩酸B200mLを加えたところ，水溶液は緑色になった。この混合水溶液を加熱し，水をすべて蒸発させたところ，固体の塩化ナトリウムが2.34g得られた。

〔実験２〕　水酸化ナトリウム水溶液A100mLにBTB溶液を数滴入れ，ある濃さの硫酸C160mLを加えたところ，水溶液は緑色になった。この混合水溶液を加熱し，水をすべて蒸発させたところ，固体の硫酸ナトリウムが2.84g得られた。

(1)　水酸化ナトリウム水溶液A150mLにBTB溶液を数滴入れ，塩酸B350mLを加えました。このとき，混合水溶液は何色になりますか。また，この混合水溶液を加熱し，水をすべて蒸発させると，固体の塩化ナトリウムは何g得られますか。

(2)　水酸化ナトリウム水溶液A100mLに塩酸B100mLを加えました。この混合水溶液を加熱し，水をすべて蒸発させたところ，固体が1.97g得られました。この固体には，塩化ナトリウムではない物質は何g含まれていますか。

(3)　３つのビーカー(ア)～(ウ)を用意し，それぞれに水酸化ナトリウム水溶液Ａ200mLと，BTB溶液を数滴入れました。そこに酸性の水溶液として塩酸Ｂと硫酸Ｃを，下表のように加えたところ，ビーカー(ア)～(ウ)の混合水溶液はすべて緑色になりました。あとの①と②に答えなさい。

ビーカー	加えた酸性の水溶液
(ア)	塩酸Ｂ200mLと硫酸Ｃ［　X　］mL
(イ)	塩酸Ｂ［　Y　］mLと硫酸Ｃ200mL
(ウ)	塩酸Ｂ100mLと硫酸Ｃ240mL

①　表中の空欄［X］と［Y］にあてはまる数値をそれぞれ答えなさい。

②　酸性の水溶液を加えて緑色になったビーカー(ア)～(ウ)の混合水溶液を，それぞれ加熱し，水をすべて蒸発させたとき，得られる固体の重さが最も小さいものはどれですか。(ア)～(ウ)から選び，記号で答えなさい。

7　図１のように，太さのちがうＵ字形の容器に水を入れ，その水を閉じこめるようにピストンＡとピストンＢをつけました。ＡとＢの断面積(水に接している面積)はそれぞれ60cm²と10cm²で，ピストンの重さは考えないものとします。

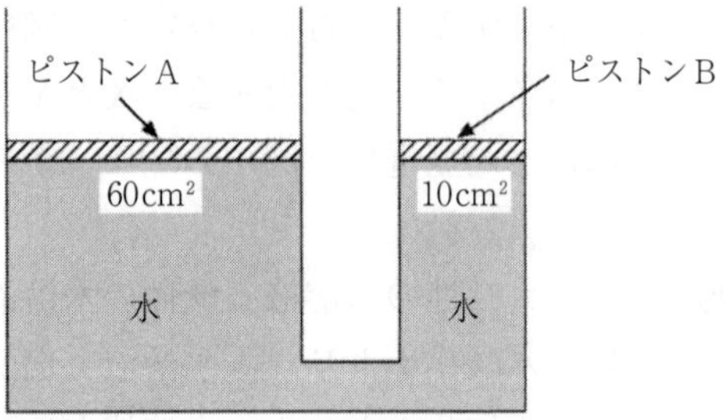

図１

図２のようにＡに120ｇ，Ｂに20ｇのおもりをのせると，ＡとＢの高さは同じままでした。これは，Ａが１cm²あたりに受ける重さ(120ｇ÷60cm²)とＢが１cm²あたりに受ける重さ(20ｇ÷10cm²)がどちらも２ｇで同じになるからです。

次に，20ｇのおもりを取りのぞくと，図３のようにＡは下がり，Ｂは上がって，水面の差(Ａ側の水面の高さと，Ｂ側の水面の高さの差)は２cmになりました。これは，図３中の点線より上の水(２cm×10cm²)が，20ｇのおもりの役目をしているからです。これらのことをふまえて，あとの各問いに答えなさい。ただし，水１cm³の重さは１ｇとします。

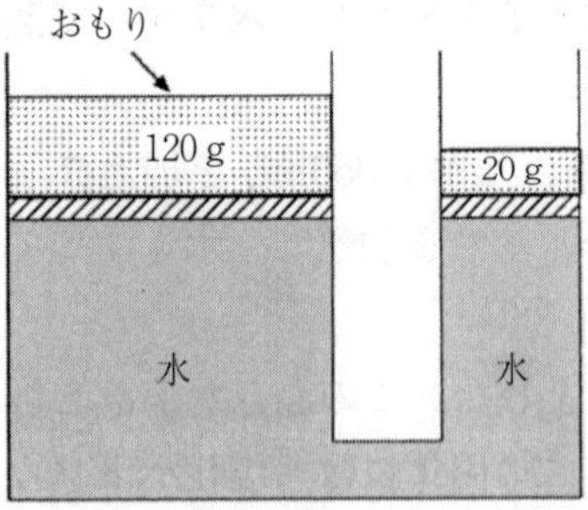

図２

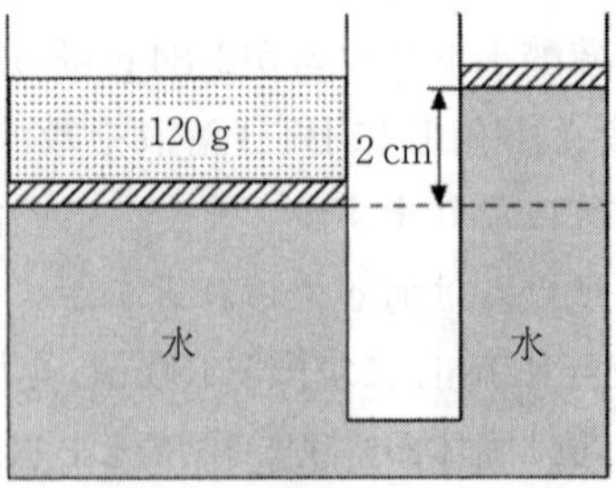

図３

(1) 図1の状態から，Aに216gのおもりをのせたとき，水面の差を0cmにするためには，Bに何gのおもりをのせればよいですか。

(2) (1)の水面の差が0cmの状態から，Aにのせた216gのおもりを取りのぞくと水面の差は何cmになりますか。

(3) 図4のように，84gのおもりをAとBにそれぞれのせました。水面の差は何cmになりますか。

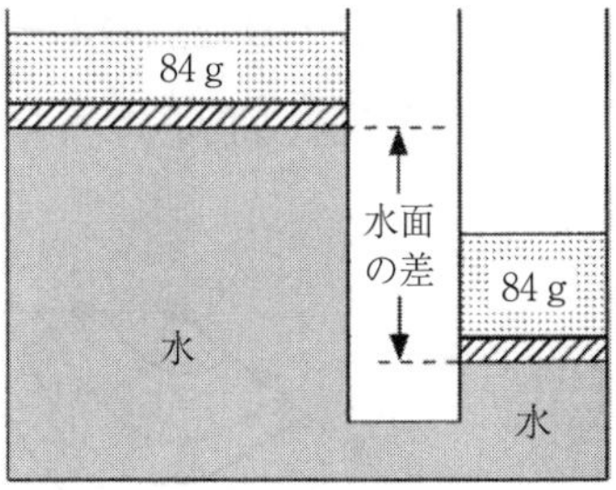

図4

8 ある場所の地層のつながりを調べるために，A～Dの地点でボーリング調査(穴を掘《ほ》って地層のようすを調べる調査)を行いました。図1はこの場所の等高線と，等高線からわかる地形の断面図を示したものです。図2は，A・B・D地点で行ったボーリング調査の結果を示しており，図中の深さは各地点の地表からの深さを表しています。あとの各問いに答えなさい。ただし，この場所には断層がないことと，北と南の方向には地層の傾《かたむ》きがないことがわかっています。

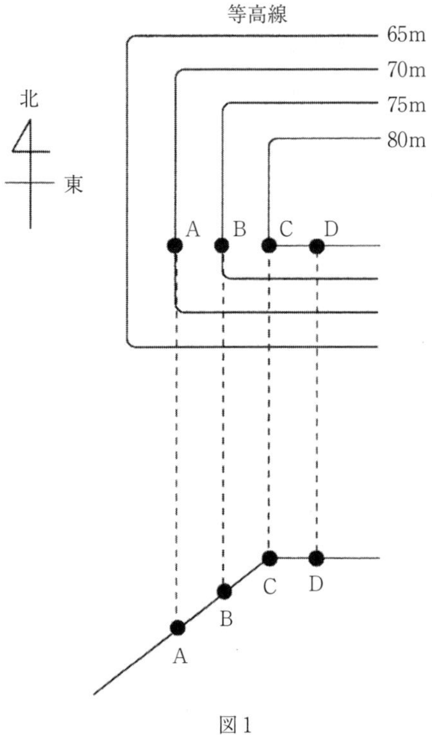

図1

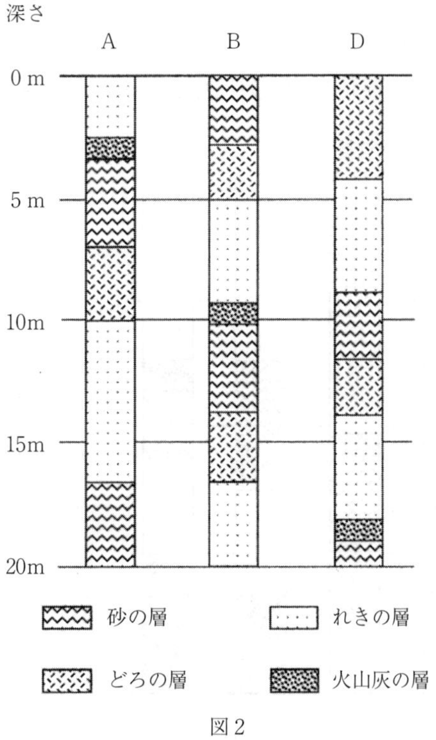

図2

(1) 砂の層の一部には，アサリの化石が見られました。この砂の層がたい積したときの環《かん》境としてあてはまるものを，次の(ア)～(エ)から1つ選び，記号で答えなさい。

(ア) 川の上流　(イ) 湖　(ウ) 深い海　(エ) 浅い海

(2) 地層のつながりを判断するときには，火山灰の層のような特徴的な層を利用します。このような層を何といいますか。

(3)　Ａ・Ｂ・Ｄ地点のボーリング調査の結果をもとにすると，この場所の地層の重なりはどのようになっていると考えられますか。最も適するものを次の(ア)～(エ)から選び，記号で答えなさい。

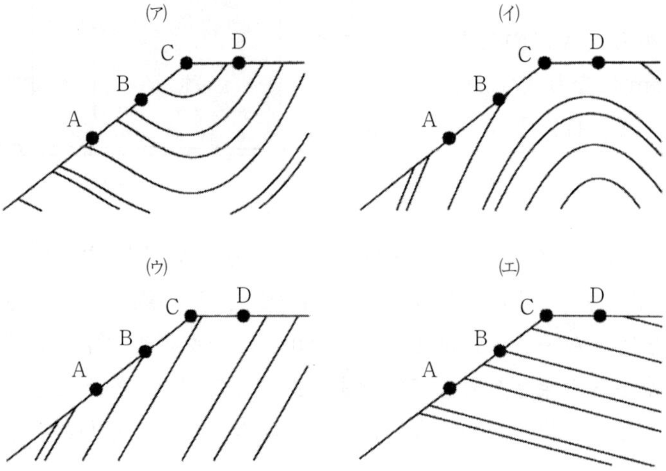

(4)　(3)の答えをもとにすると，Ｃ地点のボーリング調査の結果はどのようになっていると考えられますか。最も適するものを次の(ア)～(エ)から選び，記号で答えなさい。

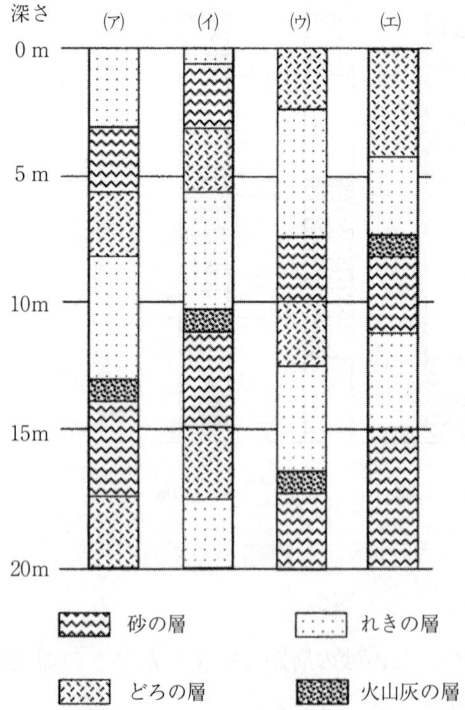

⑧　意見を異にする。

⑨　余分な説明を省いた。

⑩　反対の意見が大勢を占《し》めた。

しても確認した」かった理由として最も適切なものを、次の(ア)～(エ)の中から選び、記号で答えなさい。

(ア)　大人と子どもでは時間のとらえ方が違うことを、先生が理解しているとは思えなかったから。

(イ)　外に出られることはうれしいが、苦しい治療がいつまで続くのかはっきりさせたかったから。

(ウ)　病院での時間は長く、それが一週間で済むか二週間続くのかでは心理的に大きな違いがあるから。

(エ)　「ぼく」には病気がよくなっているかがわからないので、本当に退院できるのか確認したかったから。

問十九、――線⑭「ぼくは自分が嫌になった」とありますが、その理由として最も適切なものを、次の(ア)～(エ)の中から選び、記号で答えなさい。

(ア)　病院の中では「ぼく」自身がどんな感情を持てば良いのかわからなくなってしまったから。

(イ)　退院できる時期に気を取られて、もう壮太のことを忘れていることに気がついたから。

(ウ)　遅くとも二週間後には退院できるのに、自分だけが不幸であるかのように思っていたから。

(エ)　何ヶ月も入院し続けて苦しい治療を受けている子たちがいる西棟の入り口を見たから。

問二十、――線⑮「わからなくなることも」の後に補うとしたら、どのような言葉が適切ですか。本文中から抜き出して答えなさい。

問二十一、――線⑯「少しは時間を忘れることができそうだ」とありますが、このとき「ぼく」は「紙飛行機」からどのようなものを感じとっていると考えられますか。十五字以内で答えなさい。

問二十二、次の一文は本文中から抜いたものですが、どこに入れるのが適切ですか。その**直前**の五字を答えなさい。

> ぼくは慌《あわ》てて電気をつけた。

二

次の①～⑤の□に自然に関する漢字一字を入れ、――線部の慣用句をそれぞれ完成させなさい。

① 東中野で暮らしていると□の便りに聞く。
② 秋の□はつるべ落としだ。
③ 旅の□にあって故郷を思う。
④ □をつくような高い峰《みね》。
⑤ あの人は、私にとっては□の上の人だ。

三

次の①～⑤の組み合わせがそれぞれ類義語になるように、□に当てはまる漢字一字を答えなさい。

① 長所・□点　② 同意・□成
③ 特別・□外　④ 不在・□守
⑤ 音信・□息

四

次の①～⑦の――線部を漢字に改め、⑧～⑩の――線部の読みをひらがなで答えなさい。

① 建物がウゴの竹の子のように立ち並ぶ。
② クラス委員をショウシュウする。
③ カイシンの作ができた。
④ 思いきった作戦が功をソウした。
⑤ チョスイチを増設する。
⑥ イチランヒョウを作成する。
⑦ 計画にソって進めた。

問十一、[C]に当てはまる言葉として最も適切なものを、次の(ア)〜(エ)の中から選び、記号で答えなさい。

(ア) 見当違い　(イ) 苦しまぎれ
(ウ) ぶしつけ　(エ) 上すべり

問十二、[D]・[E]に当てはまる言葉として最も適切なものを、次の(ア)〜(エ)の中からそれぞれ選び、記号で答えなさい。

(ア) いらつく　(イ) うらやむ
(ウ) みくびる　(エ) わりきる

問十三、――線⑨「『またな』とは言えず、『じゃあ』とあいまいに微笑みながら」とありますが、このように別れたときの「ぼく」の様子を説明したものとして最も適切なものを、次の(ア)〜(エ)の中から選び、記号で答えなさい。

(ア) 検査を受けて疲れきっている壮太に、また遊ぼうという意味の言葉をかけるのは申し訳ないと思って遠慮《えんりょ》している。
(イ) 退院しても壮太と会いたいと「ぼく」は思っているが、壮太の「ぼく」に対する思いがつかめず、うろたえている。
(ウ) 「またな」には壮太が病院に診察を受けに戻ってくるという意味もあるので、言うことをためらっている。
(エ) 壮太と一緒に遊べるのはこの時が最後かもしれないと思うとさみしく、何とかその場をやり過ごそうとしている。

問十四、――線⑩「頭を下げた」とありますが、これに最も近い意味で「頭を下げた」が用いられているものを、次の(ア)〜(エ)の中から選び、記号で答えなさい。

(ア) 困っていたため、不本意ながら彼《かれ》に頭を下げた。
(イ) 不快な思いをさせてしまい、あわてて頭を下げた。
(ウ) 彼女《かのじょ》の細やかな心遣《こころづか》いに、深く頭を下げた。
(エ) 入室の際、「失礼します」と言って頭を下げた。

問十五、――線⑪「お母さんは何もわかっていない」とありますが、何を「わかっていない」と「ぼく」は考えているのですか。その説明として最も適切なものを、次の(ア)〜(エ)の中から選び、記号で答えなさい。

(ア) 何か言ったり、さらに一緒にいたりすると、お互い泣いて別れられなくなるので、見送らなかったということ。
(イ) 見送りに行かず、簡単なあいさつだけですぐに別れないと、お互い涙があふれてしまっていたということ。
(ウ) これ以上、話したり一緒にいたりしたら、「ぼく」は泣いてしまい別れられないので、見送らないということ。
(エ) 別れの際に二人で話す言葉が見当たらず、気まずくならないために、なんとなく笑うしかなかったということ。

問十六、――線⑫「壮太がいなくなったプレイルームには行く気がせずに」とありますが、なぜですか。その理由として**適切でないもの**を、次の(ア)〜(エ)の中から一つ選び、記号で答えなさい。

(ア) 壮太のいないプレイルームでは、何をして遊んだらいいかがよくわからなかったから。
(イ) 壮太と遊んだプレイルームに一人でいると、さみしさを余計に感じてしまうから。
(ウ) プレイルームでの楽しさは壮太がいたからであり、壮太がいなければ楽しくないから。
(エ) 壮太のいないプレイルームで遊んでいると、壮太がいないことに慣れてしまいそうだから。

問十七、[F]・[G]に共通して当てはまる言葉を、次の(ア)〜(エ)の中から選び、記号で答えなさい。

(ア) だけど　(イ) しかも　(ウ) そこで　(エ) つまり

問十八、――線⑬「どうしても確認したくて」とありますが、「どうの音とはちがう。暗い中、目を凝《こ》らしてみると、紙飛行機だ。

壮太だ……。赤青黄緑銀金、いろんな色の折り紙で作った紙飛行機は、三十個以上はある。片手に管を刺《さ》して固定していたから、使いにくい手で折ったんだろう。形は不格好だ。それでも、紙飛行機には顔まで描《えが》かれていて、「おみそれ号」「チビチビ号」「瑛ちゃん号」「またね号」と名前まで付いている。

壮太は、知っていたんだ。ぼくが夜にプレイルームでおもちゃ箱をひっくり返していたことを。そして、壮太がいなくなった後、ぼくがどう過ごせばいいか⑮わからなくなることも。

明日から、一つ一つ飛ばそう。三十個の紙飛行機。これを飛ばしている間、⑯少しは時間を忘れることができそうだ。

（瀬尾まいこ『夏の体温』による）

＊1　三園さん…「ぼく」が入院している病院の看護師
＊2　ナースステーション…看護師が待機している場所

問一、――線①「ぼくはプレイルームに向かった」とありますが、「ぼく」が「プレイルーム」でしようとしていたことがわかる連続する二文を本文中から抜き出し、その最初の五字を答えなさい。

問二、――線②「割り切れない気持ち」とはどのような「気持ち」ですか。それを説明した次の文の□に当てはまる言葉を、本文中の言葉を用いて四十字以内で答えなさい。

□のことを考えると、入院中の不満にどう対処すればよいかわからず、すっきりしない気持ち。

問三、――線③「壮太のいない明日からを思うと、とんでもなく深い穴に落ちていく感覚がして、体がこわばった」とありますが、実際に「壮太」がいなくなった時のさみしさを表している一文を本文中から抜き出し、その最初の三字を答えなさい。

問四、――線④「楽しい時間」とはどのような「時間」ですか。「時間。」に続くように五字以内で答えなさい。

問五、――線⑤「明日が終わっても、楽しいことがありますように」とありますが、「明日」はどのような日ですか。十字以内で答えなさい。

問六、[A]・[B]に当てはまる言葉として最も適切なものを、次の(ア)～(エ)の中からそれぞれ選び、記号で答えなさい。

(ア) おっとり　(イ) きっぱり
(ウ) ぐったり　(エ) じっとり

問七、――線⑥「それで今日は壮太の母親もそばにいるのか」とありますが、「壮太の母親」は何のために「そばにいる」のですか。十五字以内で答えなさい。

問八、――線⑦「壮太は」が直接かかる部分を、次の(ア)～(オ)の中から選び、記号で答えなさい。

(ア) 少し　(イ) 調子が　(ウ) 出てきたのか
(エ) 大股で　(オ) 進んだ

問九、[X]に当てはまる言葉を漢字一字で答えなさい。

問十、――線⑧「じゃあ、じゃんけんは休憩してゆっくり歩こう」とありますが、「じゃんけん」を「休憩」した理由として最も適切なものを、次の(ア)～(エ)の中から選び、記号で答えなさい。

(ア) 検査のための採血のあとには、薬の影響《えいきょう》もあるので安静にしている必要があったから。
(イ) じゃんけんを何度もやりすぎて飽《あ》きてしまい、違う遊びをしたくなっていたから。
(ウ) じゃんけんに勝った時の言葉が思い浮《う》かばず、ゲームを続けられなくなったから。
(エ) 大きな声を出したり、勢いよく進んだりすると、さらに喉がかわいてしまうから。

そうだった。口や目や鼻。いろんなところがじんと熱くなるのをこらえながら、ぼくは「まあね」と答えた。

＊　＊　＊

⑫壮太がいなくなったプレイルームには行く気がせずに、午後は部屋で漫画《まんが》を読んだ。時々、壮太は本当に帰ったんだな、もう遊ぶことはないんだなと気づいて、ぽっかり心に穴が空いていくようだった。これ以上穴が広がったらやばい。そう思って、必死で漫画に入り込《こ》もうとした。

二時過ぎからは診察《しんさつ》があった。この前の採血の結果が知らされる。

「だいぶ血小板が増えてきたね」

先生は優しい笑顔《えがお》をぼくに向けると、さもビッグニュースのように、

「あと一週間か二週間で退院できそうかな」

と言った。

「よかったです。ありがとうございます」

お母さんは頭を下げた。声が震《ふる》えているのは本当に喜んでいるからだろう。

やっとゴールが見えてきた。ようやく外に出られる。それはうれしくてたまらない。［F］、⑬どうしても確認《かくにん》したくて、

「一週間ですか？　二週間ですか？」

とぼくは聞いた。

「そこは次回の検査結果を見てからかな」

先生はそう答えた。

「はあ」

「どっちにしても一、二週間で帰れると思うよ」

先生は、「よくがんばったからね」と褒めてくれた。

一、二週間。ひとくくりにしてもらっては困る。一週間と二週間では、七日間も違うのだ。七日後にここを出られるのか、十四日間ここで過ごすのかは、まるで違う。ここでの一日がどれほど長いのかを、壮太のいない時間の退屈《たいくつ》さを、先生は知っているのだろうか。ぼくら子どもにとっての一日を、大人の感覚で計算するのはやめてほしい。

お母さんは診察室を出た後も、何度も「よかったね」と言った。ぼくは間近に退院が迫《せま》っているのに、時期があやふやなせいか、気分は晴れなかった。明日退院できる。それなら手放しで喜べる。［G］、一週間か二週間、まだここでの日々は続くのだ。

がっかりしながらも、病室に戻る途中《とちゅう》に西棟《とう》の入り口が見えて、⑭ぼくは自分が嫌《いや》になった。何をぜいたく言っているのだ。遅《おそ》くとも二週間後にはここから出られるし、ここでだって苦しい治療《ちりょう》を受けているわけじゃない。西棟には、何ヶ月《なんかげつ》も入院している子だっているのだ。それを思うと、胸がめちゃくちゃになる。病院の中では、自分の気持ちをどう動かすのが正解なのか、どんな感情を持つことが正しいのか、よくわからなくなってしまう。

＊　＊　＊

就寝《しゅうしん》時間が近づいてくると、やっぱり気持ちが抑《おさ》えきれなくなってプレイルームに向かった。真っ暗な中、音が出ないようマットに向かっておもちゃ箱をひっくり返す。三つの大きな箱の中身をぶちまけるのだ。ただそれだけの行為《こうい》が、ぼくの気持ちを保ってくれた。悪いことだとはわかっている。でも、こうでもしないと、ぼくの中身が崩《くず》れてしまいそうだった。いつも、翌朝にはおもちゃは片付けられ、きれいにプレイルームは整えられている。きっと、お母さんか三園さんが直してくれているのだろう。それを思うと、ひどいことをしてるよなと申し訳ない。だけど、何かしないと、おかしくなりそうで止められなかった。

三つ目のおもちゃ箱をひっくり返し、あれ、と思った。布の箱から、がさっと何かが落ちた。硬《かた》いプラスチックのおもちゃ

院する前のほうが性格はよかった。「みんなはいいよな」って人を［D］ことはなかったし、「どうしてぼくばっかりなんだよ」と［E］こともなかった。それに、壮太が楽しいことに、身長は関係ない。背が高くて陽気じゃない壮太でも、ぼくは一緒《いっしょ》にいて楽しいって思うはずだ。そんなことを言おうと思ったけど、うまく伝えられる自信がなくてやめにした。

　そんなことより、うっかり寝そうになる壮太を起こすことで精いっぱいだった。何度も廊下を往復したり、プレイルームに戻《もど》ってゲームをしてみたり、次から次へといろんなことをして壮太の眠気を覚ました。

「はーこれで、解放だ！」

　十二時前、最後の採血が終わって、管を抜いてもらうと、壮太はプレイルームの床《ゆか》にごろんと寝転がった。

「おつかれ、壮太」

「サンキュー、瑛ちゃん」

「ぼくは何もしてないけどさ」

「なんか最終日に全然遊べなくてもったいなかったな」

「そんなことない。一緒に話してただけで楽しかったよ」

　ぼくが言うと、

「うん。俺も半分頭は寝てたけど、楽しかった」

と壮太も言った。

　そのあと、昼食ができたと放送が流れ、ぼくたちはそれぞれ部屋に戻った。

　⑨「またな」とは言えず、「じゃあ」とあいまいに微笑《ほほえ》みながら。

＊　＊　＊

　昼ごはんを食べ終えて歯を磨《みが》いた後、壮太が母親と一緒にぼくの病室にやってきた。壮太の母親は大きなバッグを持ち、壮太もリュックを背負っている。

「いろいろお世話になりました」

　壮太の母親は、ぼくとぼくのお母さんに⑩頭を下げた。

「ああ、退院ですね。お疲《つか》れさまでした」

　ぼくのお母さんが言った。

「瑛介《えいすけ》君に仲良く遊んでもらって、入院中、本当に楽しかったみたいで」

「うちもです。壮太君が来てくれてよかったです」

　お母さんたちがそんな話をしている横で、ぼくたちはお互《たが》い顔を見合わせて、かといって今この短い時間で話す言葉も見当たらず、ただなんとなく笑った。

「行こうか。壮太」

　母親に肩《かた》に手を置かれ、

「瑛ちゃん、じゃあな」

と壮太は言った。

「ああ、元気でな」

　ぼくは手を振《ふ》った。

　壮太は、

「瑛ちゃんこそ元気で」

　そう言ってくるりと背を向けると、そのまま部屋から出て行った。

　壮太たちがいなくなると、

「フロアの入り口まで見送ればよかったのに。案外二人ともお別れはあっさりしているんだね。ま、男の子ってそんなもんか」

とお母さんは言った。

　⑪お母さんは何もわかっていない。あれ以上言葉を発したら、泣きそうだったからだ。きっと壮太も同じなのだと思う。もう一言、言葉を口にしたら、あと少しでも一緒にいたら、さよならができなくなり

文字の数だけ進めるゲームをした。ゆっくりでも歩けば、眠るのは避《さ》けられるだろう。

「俺の足短いから、なかなか進まないな」

　壮太は三歩進んでから言った。

「でも壮太のほうがじゃんけん勝ってるよ」

「そうだ！　グー、チョキ、パー、その文字から始まる言葉なら何でもいいことにしよう」

「いいね。そのほうがおもしろそう！」

「グー！　やったね。じゃあ、えっと、ぐつぐつよく煮《に》たスープ」

　じゃんけんで勝った⑦壮太は、少し調子が出てきたのか大股《おおまた》で進んだ。

「なんだよそれ。よし勝った。じゃあ、ぼくは、パンダを見に動物園に行くのは日曜日」

　ぼくも負けじと長い文を考えて歩く。

「えー、そうなんだ。動物園は土曜日じゃダメなんだ。お、俺もパーか。えっと、パリパリのポテトチップスを買うのは水曜日」

「なんで、曜日しばり？」

　ぼくらはグー、チョキ、パーで始まる言葉を言い合っては笑った。

　＊2ナースステーション前を通り過ぎようとすると、「ちょうどよかった。時間だよ」と、看護師さんにソファに座《すわ》らされ、壮太は採血を受けた。

「ああ。血抜《ぬ》いたら、喉《のど》かわいたな」

　壮太がナースステーション横の自販機《じはんき》を見てつぶやいた。

「水飲めないって、ちょっとつらいよな」

　低身長の検査中は絶飲絶食だ。おなかがすくのは我慢《がまん》できるけど、水が飲めないのはしんどいらしく、子どもたちもよく「お茶ー！」「喉かわいたー」と叫んでいる。ぼくもなんとなく［X］が引けて、壮太といる時やプレイルームに検査の子がいる時は水分を摂《と》らないようにしている。

「⑧じゃあ、じゃんけんは休憩《きゅうけい》してゆっくり歩こう」

　眠気に負けそうな壮太にぼくは言った。

「ああ、ごめんな。今日の俺あんまり楽しくないよな」

　壮太はいつもより［B］した口調で言う。検査のための薬でこんなにしんどくなるんだ。いつも元気な壮太なだけに、つらさがよくわかる。

「眠くてぼんやりしてても、壮太は楽しいよ」

「そう？」

「もちろん」

「だといいけど。おもしろくないチビなんて終わってるもんな」

　壮太はそう言って、とろんとした目で笑った。

「壮太はおもしろいけど、でも、おもしろくなくたって全然いいと思うよ」

「瑛《えい》ちゃんは、優《やさ》しいよな」

「まさか」

「瑛ちゃんといると、気持ちがのんびりする」

　壮太が［C］に褒《ほ》めてくれるから、何だか居心地《いごこち》が悪くなって、ぼくは入院したてのころはわがままだったこと、最初は低身長の検査入院の子どもたちに冷たくしてたこと、今はなんとなくそのほうがここから早く出られるような気もして、みんなに優しくしてるだけだということを、正直に話した。

「そうか。じゃあ、俺はチビだからおもしろくなって、瑛ちゃんは入院が長いから優しくなったってことか。瑛ちゃんが病気で、俺が小さくてよかったー」

　壮太の言うとおりかもしれない。だけど、やっぱり違《ちが》う。ぼくは入

2023年度　明治大学付属中野中学校

【国　語】〈第二回試験〉（五〇分）〈満点：一〇〇点〉

一　次の文章を読んで、後の問いに答えなさい。（字数指定がある問いでは、句読点・記号なども一字として数えます）

夕飯を食べ終え、入浴を済ませると、①ぼくはプレイルームに向かった。

音のない真っ暗な部屋。昼間は病棟《びょうとう》で一番賑《にぎ》やかな場所だけど、今はひっそりとしている。

ここから出たい。走り回りたい。このフロアだけが自由な空間だなんて、狂《くる》いそうだ。早く外に出して。いつもそう思っている。でも、今はそれ以上に、ここでだっていいから、外に出なくたっていいから、壮太《そうた》ともっと遊びたい。もっと話したい。もっと笑いたい。その思いではちきれそうだった。

ぼくよりさみしい思いをしている子も、つらい思いをしている子もいっぱいいることはわかっている。けれど、ぼくより楽しんでる子だって数えきれないほどいる。もし、ここで一番不幸なのがぼくだったら、何も考えず泣き叫《さけ》ぶことができるのだろうか。

いつもどおりに、②割り切れない気持ちを暗闇《くらやみ》の中で爆発《ばくはつ》させようとして、ぼくはふと手を止めた。③壮太のいない明日からを思うと、とんでもなく深い穴に落ちていく感覚がして、体がこわばった。④楽しい時間を知ってしまったぼくは、壮太なしでいられるのだろうか。どれだけ抵抗《ていこう》したところで、ここで過ごすしかないのだ。「たぶん大《だい》丈夫《じょうぶ》」。ぼくは＊1三園《みその》さんの言い方をまねてつぶやくと、深呼吸をした。そして、目を閉じるとそっと願った。

「⑤明日が終わっても、楽しいことがありますように。少しでいい。おもしろいと思える瞬間《しゅんかん》がありますように」

今までこの部屋で好き勝手やってたぼくの願い事なんか、聞いてはもらえないかもしれない。だけど、何かにすがらずにはいられなかった。

＊　＊　＊

八月六日金曜日。プレイルームに行くとすでに壮太がいたけど、心なしか［Ａ］していた。

「寝不足《ねぶそく》？」

「それもあるけど、今日検査で飲んだ薬、血糖値下げるらしくて、頭がぼんやりしてるんだ」

「ああ、そっか」

⑥それで今日は壮太の母親もそばにいるのか。

検査入院している子たちは、薬を飲んだ後に採血する。薬の種類や体質によっては副作用があるようで、気分が悪くなって吐《は》いてしまう子も見たことがある。それに、検査中は寝てはいけないのに眠気《ねむけ》の襲《おそ》う薬が多いようで、母親たちが必死で子どもを起こしている姿には何度も出くわした。

「俺《おれ》、ほかの薬は平気なのに。この薬、一番副作用が強いやつなんだよな」

「じゃあ、ゆっくりできる遊びしよう」

「おう。でも、寝ちゃだめだから、いっぱい楽しもう」

「ＯＫー」

壮太は眠そうな顔で笑った。

だるいけどじっとしていると寝てしまいそうだという壮太と廊下《ろうか》に出て、じゃんけんに勝てば、グリコ・パイナップル・チョコレートと

2023年度
明治大学付属中野中学校　▶解説と解答

算　数　＜第２回試験＞（50分）＜満点：100点＞

解　答

1 (1) 8　(2) $3\frac{1}{2}$　(3) 6時間57分36秒　2 (1) 2070円　(2) 96度　(3) 48 g　(4) 2.4km　(5) 72通り　3 (1) 15：1：4　(2) 3：1：2：6　(3) 0.4 cm^2　4 (1) 326.56cm^3　(2) 10.5cm^2　5 (1) 400cm^2　(2) 68.5 L　6 (1) 3歳　(2) 58歳　(3) 18歳　7 (1) 3：1　(2) 3：1：2

解　説

1 四則計算，逆算，単位の計算

(1) $\left\{\frac{21}{5}\div\frac{7}{20}\times31-\left(2\frac{6}{7}\div\frac{1}{10}+\frac{3}{7}\right)\times12\right\}\div3=\left\{\frac{21}{5}\times\frac{20}{7}\times31-\left(\frac{20}{7}\times\frac{10}{1}+\frac{3}{7}\right)\times12\right\}\div3=\left\{372-\left(\frac{200}{7}+\frac{3}{7}\right)\times12\right\}\div3=\left(372-\frac{203}{7}\times12\right)\div3=(372-29\times12)\div3=(372-348)\div3=24\div3=8$

(2) $2.6-1\frac{3}{4}=\frac{26}{10}-\frac{7}{4}=\frac{52}{20}-\frac{35}{20}=\frac{17}{20}$より，$\left(\frac{17}{20}\times\square-2\frac{3}{5}\right)\div\frac{3}{8}=1$，$\frac{17}{20}\times\square-2\frac{3}{5}=1\times\frac{3}{8}=\frac{3}{8}$，$\frac{17}{20}\times\square=\frac{3}{8}+2\frac{3}{5}=\frac{3}{8}+\frac{13}{5}=\frac{15}{40}+\frac{104}{40}=\frac{119}{40}$　よって，$\square=\frac{119}{40}\div\frac{17}{20}=\frac{119}{40}\times\frac{20}{17}=\frac{7}{2}=3\frac{1}{2}$

(3) 1日は24時間だから，0.29日は，24×0.29＝6.96(時間)とわかる。また，1時間は60分なので，0.96時間は，60×0.96＝57.6(分)となる。さらに，1分は60秒だから，0.6分は，60×0.6＝36(秒)である。よって，0.29日は6時間57分36秒とわかる。

2 売買損益，相当算，角度，濃度《のうど》，速さと比，場合の数

(1) 定価を1として図に表すと，右の図1のようになる。図1より，0.15−0.1＝0.05にあたる金額が，630−480＝150(円)となり，(定価)×0.05＝150(円)と表すことができるから，定価は，150÷0.05＝3000(円)と求められる。すると，定価の10％引きは，3000×(1−0.1)＝2700(円)なので，原価は，2700−630＝2070(円)とわかる。

図1

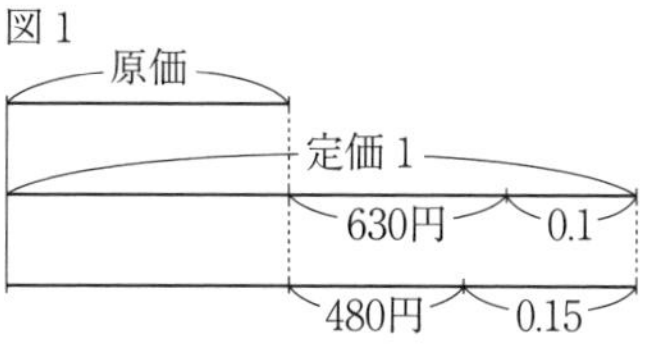

(2) 右の図2で，同じ印をつけた辺の長さはすべて等しいから，三角形AEHと三角形AGBはどちらも二等辺三角形である。また，角HAEの大きさは，60＋90＝150(度)なので，角AHEの大きさは，(180−150)÷2＝15(度)となり，角GHIの大きさは，60−15＝45(度)とわかる。次に，N角形の内角の和は，180×(N−2)で求められるから，五角形の内角の和は，180×(5−2)＝540(度)であり，正五角形の1つの内角は，540÷5＝108(度)となる。よって，角BAGの大きさは，360−(108＋90)＝162(度)なので，角AGBの大きさは，(180−162)÷2＝9(度)となり，角HGIの大きさは，60−9＝51(度)とわかる。さらに，三角形の外角はそれととなり合わ

図2

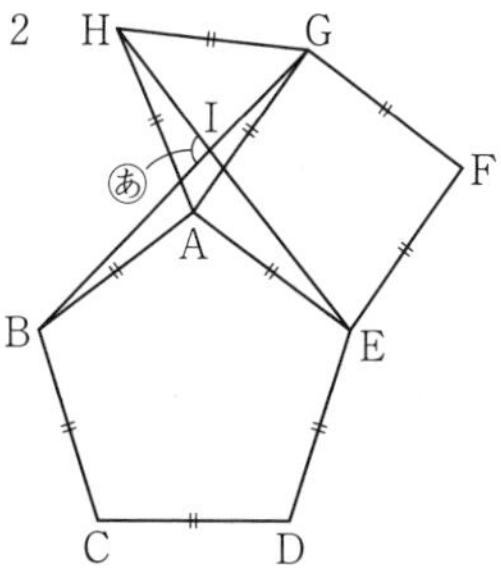

ない２つの内角の和に等しいから，㋐の角の大きさは，45＋51＝96(度)と求められる。

(3)　４％の食塩水と７％の食塩水の重さは同じなので，はじめにこれらの食塩水だけを混ぜると，濃度が，(４＋７)÷２＝5.5(％)の食塩水ができる。よって，濃度が３％の食塩水の重さを□ｇ，濃度が5.5％の食塩水の重さを△ｇとして図に表すと，右の図３のようになる。図３で，ア：イ＝(５－３)：(5.5－５)＝４：１だから，□：△＝$\frac{1}{4}$：$\frac{1}{1}$＝１：４とわかる。また，この和が240ｇなので，３％の食塩水の重さ(□)は，240×$\frac{1}{4+1}$＝48(ｇ)と求められる。

図３

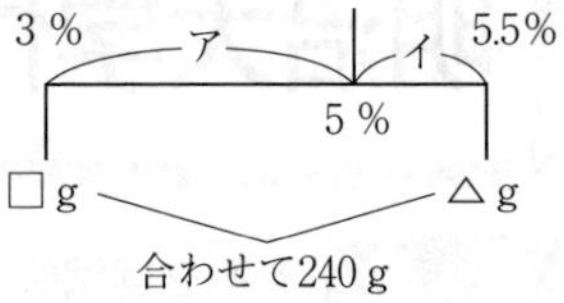

(4)　Ａ君とＢ君について，速さの比は，3.2：４＝４：５であり，家から学校までの道のりの比は２：３なので，家から学校まで行くのにかかる時間の比は，$\frac{2}{4}$：$\frac{3}{5}$＝５：６となる。この比の差が９分なので，比の１にあたる時間は，９÷(６－５)＝９(分)となり，Ａ君が家から学校まで行くのにかかる時間は，９×５＝45(分)とわかる。よって，Ａ君の家から学校までの道のりは，3.2×$\frac{45}{60}$＝2.4(km)と求められる。

(5)　４色で５つの部分をぬるので，同じ色を２つの部分にぬることになる。そのような２つの部分の組み合わせは，㋐(ＡとＤ)，㋑(ＡとＥ)，㋒(ＢとＥ)の３通りある。㋐の場合，ＡとＤにぬる色の選び方が４通り，Ｂにぬる色の選び方が３通り，Ｃにぬる色の選び方が２通り，Ｅにぬる色の選び方が１通りあるから，４×３×２×１＝24(通り)のぬり方がある。同様に，㋑，㋒の場合も24通りずつある。よって，ぬり方は全部で，24×３＝72(通り)とわかる。

３　平面図形—相似，辺の比と面積の比

(1)　ADとBCの長さを６とすると，右の図のようになる。三角形AHEと三角形CHBは相似であり，相似比は，AE：CB＝(１＋１)：６＝１：３だから，BH：HE＝３：１となる。同様に，三角形GKEと三角形FKBも相似であり，相似比は，GE：FB＝１：４なので，BK：KE＝４：１とわかる。よって，BH，HK，KEの長さはそれぞれBEの長さの，$\frac{3}{3+1}=\frac{3}{4}$，$\frac{4}{4+1}-\frac{3}{4}=\frac{4}{5}-\frac{3}{4}=\frac{1}{20}$，$1-\frac{4}{5}=\frac{1}{5}$にあたるから，BH：HK：KE＝$\frac{3}{4}$：$\frac{1}{20}$：$\frac{1}{5}$＝15：１：４と求められる。

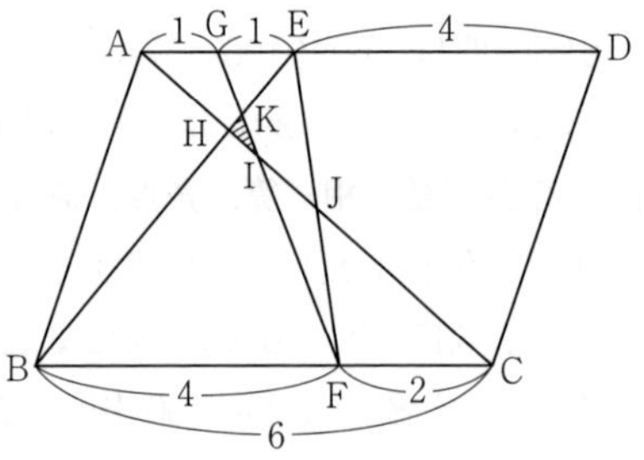

(2)　三角形AHEと三角形CHBの相似より，AH：HC＝１：３となる。また，三角形AIGと三角形CIFは相似であり，相似比は，AG：CF＝１：２なので，AI：IC＝１：２とわかる。さらに，三角形AJEと三角形CJFは合同だから，AJ：JC＝１：１となる。よって，AH，HI，IJ，JCの長さはそれぞれACの長さの，$\frac{1}{1+3}=\frac{1}{4}$，$\frac{1}{1+2}-\frac{1}{4}=\frac{1}{3}-\frac{1}{4}=\frac{1}{12}$，$\frac{1}{1+1}-\frac{1}{3}=\frac{1}{2}-\frac{1}{3}=\frac{1}{6}$，$\frac{1}{2}$なので，AH：HI：IJ：JC＝$\frac{1}{4}$：$\frac{1}{12}$：$\frac{1}{6}$：$\frac{1}{2}$＝３：１：２：６と求められる。

(3)　三角形ABCの面積は，144×$\frac{1}{2}$＝72(cm^2)だから，三角形EBFの面積は，72×$\frac{4}{6}$＝48(cm^2)とわかる。また，EH：HB＝１：３，EJ：JF＝１：１より，三角形EHJの面積は，48×$\frac{1}{1+3}$×$\frac{1}{1+1}$＝６(cm^2)となる。さらに，HK：KE＝１：４，HI：IJ＝１：２より，斜線《しゃせん》部分の面積は，６×$\frac{1}{1+4}$×$\frac{1}{1+2}$＝0.4(cm^2)と求められる。

4 体積，面積

⑴　問題文中の図の立体を真上から見ると，右の図１のようになる。図１で，上の直方体，下の直方体が通る部分はどちらも円柱になり，それぞれの底面はア，イを半径とする円になる。ここで，アを１辺とする正方形の対角線の長さが４cmだから，ア×ア＝４×４÷２＝８（cm^2）とわかる。また，イの長さは４cmである。よって，２つの直方体を回転してできた立体の体積は，ア×ア×3.14×３＋イ×イ×3.14×５＝８×3.14×３＋４×４×3.14×５＝(24＋80)×3.14＝104×3.14＝326.56(cm^3)と求められる。

図１

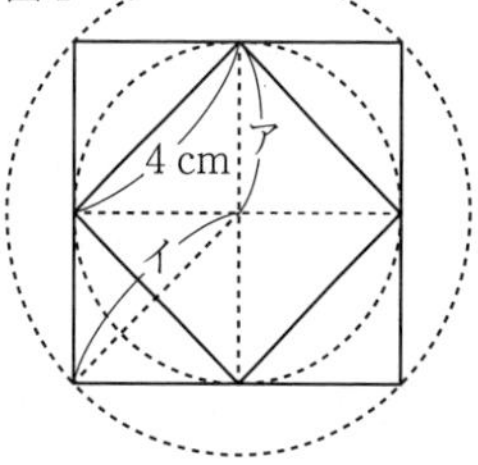

⑵　右の図２で，斜線部分の三角形BCFと三角形ACFは面積が等しい。また，三角形ACEと三角形DCEは面積が等しいので，両方から共通部分の三角形FCEを取り除くと，三角形ACFと三角形DFEの面積も等しくなる。よって，斜線部分の面積は，三角形DFEの面積と等しいので，７×３÷２＝10.5(cm^2)と求められる。

図２

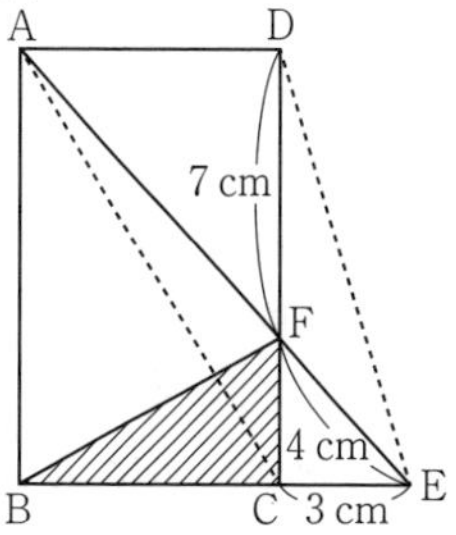

5 水の深さと体積

⑴　以下では，容器から水があふれることはないものとする。右の図で，はじめはアとイの部分に水が入っていて，８分間でウとエの部分に水が入ったから，ウとエの部分の容積の合計は，８×８＝64(Ｌ)である。また，ア～エの部分の容積の合計が110Ｌなので，アとイの部分の容積の合計は，110−64＝46(Ｌ)とわかる。さらに，アとイの部分の容積の比は，(２×40)：(３×50)＝８：15だから，アの部分の容積は，$46\times\frac{8}{8+15}$＝16(Ｌ)と求められる。よって，容器Ａの底面積は，(16×1000)÷40＝400(cm^2)である。

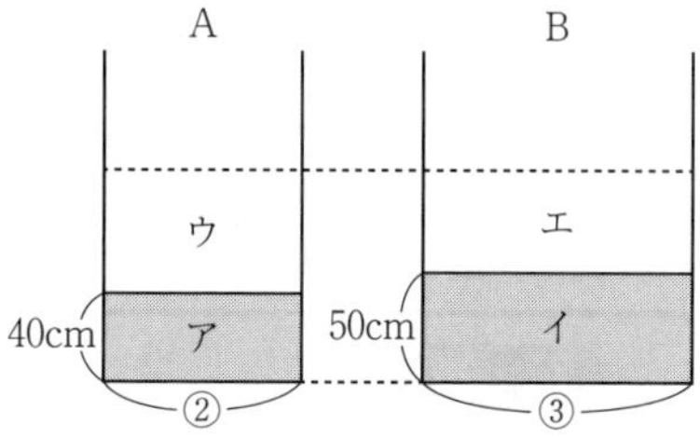

⑵　ア～エの部分の容積の合計が110Ｌなので，アとウの部分の容積の合計は，$110\times\frac{2}{2+3}$＝44(Ｌ)となり，ウの部分の容積は，44−16＝28(Ｌ)とわかる。よって，容器Ａには毎分，28÷８＝3.5(Ｌ)の割合で水が入るから，15分後に容器Ａに入っている水の体積は，16＋3.5×15＝68.5(Ｌ)となる。

6 条件の整理，和差算

⑴　５人の年齢《ねんれい》をそれぞれⒶ，Ⓑ，Ⓒ，Ⓓ，Ⓔとすると，２人ずつの年齢の和が最も小さいのは(Ⓐ＋Ⓑ)，小さい方から２番目は(Ⓐ＋Ⓒ)，最も大きいのは(Ⓓ＋Ⓔ)，大きい方から２番目は(Ⓒ＋Ⓔ)となる。よって，右の図１のように表すことができ，イからアをひくと，Ⓒ−Ⓑ＝29−26＝３(歳《さい》)とわかる。

図１

Ⓐ＋Ⓑ＝26(歳)…ア
Ⓐ＋Ⓒ＝29(歳)…イ
Ⓒ＋Ⓔ＝62(歳)…ウ
Ⓓ＋Ⓔ＝78(歳)…エ

⑵　図１で，エからウをひくと，Ⓓ−Ⓒ＝78−62＝16(歳)となり，これは偶数《ぐうすう》なので，ⒸとⒹはどちらも偶数，または，どちらも奇数《きすう》である。よって，Ⓒ＋Ⓓは偶数であり，残りの年齢の和(39，45，49，55，58，59)の中で偶数は58だけだから，Ⓒ＋Ⓓ＝58(歳)とわかる。

図２

⑶　⑵より，右の図２のように表すことができるので，Ⓒ＝(58−16)÷

２＝21(歳)とわかる。すると，イより，Ⓐ＝29－21＝８(歳)となり，アより，Ⓑ＝26－８＝18(歳)と求められる。

7 グラフ―水の深さと体積

(1)　問題文中の図とグラフをもとに，水そうに水が入るようすをまとめると，右の図のようになる(水はⓐ～ⓔの順に入る)。(ⓓ＋ⓔ)の部分に入れるのにかかった時間は，27＋18＝45(秒)であり，この部分の水を排水《はいすい》するのにかかった時間は90秒である。そこで，１秒間に入る水の量を□，１秒間に出る水の量を△とすると，(□－△)×45＝△×90と表すことができるから，(□－△)：△＝$\frac{1}{45}$：$\frac{1}{90}$＝２：１とわかる。この比を用いると，(□－△)＋△＝□＝２＋１＝３となるので，□：△＝３：１と求められる。

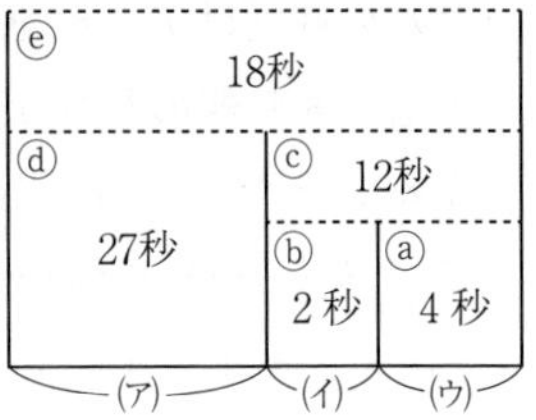

(2)　(ⓐ＋ⓑ＋ⓒ)の部分に入れるのにかかった時間は18秒だから，(1)の比を用いると，(ⓐ＋ⓑ＋ⓒ)の部分の容積は，３×18＝54となる。また，ⓓの部分に入れるのにかかった時間は27秒なので，ⓓの部分の容積は，(３－１)×27＝54となる。よって，(ⓐ＋ⓑ＋ⓒ)の部分とⓓの部分の容積は等しいから，(ア)の長さと，(イ)＋(ウ)の長さは等しくなる。さらに，ⓑとⓐの部分に入れるのにかかった時間の比は，２：４＝１：２なので，(イ)：(ウ)＝１：２である。したがって，(イ)＝１，(ウ)＝２とすると，(ア)＝１＋２＝３となるから，(ア)：(イ)：(ウ)＝３：１：２と求められる。

社　会　＜第２回試験＞（30分）＜満点：50点＞

解　答

1 **問１**　**A**　元明(天皇)　**B**　桓武(天皇)　**問２**　(例)　寺院の数が少ない　**問３**　イ，オ　**問４**　ア，イ，エ　**問５**　(例)　道路が直線で区画されているので，外から敵が侵入したさいに防ぐのが難しい。　**問６**　イ　**問７**　祇園祭　**問８**　**２番目**…ウ　**４番目**…ア
2 **問１**　イ　**問２**　エ　**問３**　イ，ウ，オ　**問４**　ウ　**問５**　イ　**3** **問１**　デジタルデバイド　**問２**　新しい人権　**問３**　両院協議会　**4** **問１**　黒部(川)　**問２**　ア　**問３**　イ　**問４**　ウ　**問５**　A，F，G　**問６**　ア　**問７**　エ　**問８**　ウ　**問９**　エ

解　説

1 平城京と平安京を題材とした問題

問１　**A**　710年，元明天皇は平城京(奈良県)に遷都《せんと》(都を遷《うつ》すこと)した。　**B**　794年，桓武《かんむ》天皇は平安京(京都府)に遷都した。

問２　平城京の図と平安京の図を比べると，平安京のほうが寺院の数が少ない。問題文中で先生が「奈良時代は，宗教勢力の力が強く，しばしば政治に介入をしてきました。平安京には，そういった勢力を排除しようとする意図が見られます」と述べていることも参考になる。

問３　ア　飛鳥時代の630年，犬上《いぬかみの》御田鍬《みたすき》が初めての遣唐使として派遣された。　イ　『日本書紀』は奈良時代の720年に完成した。　ウ　富本銭は飛鳥時代(天武天皇の時代)につくられたと考えられている。　エ　衣冠《いかん》・束帯《そくたい》が男子，十二単《じゅうにひとえ》(女房装束《にょうぼうしょうぞく》)が女子の貴族の服装(正装)と

されたのは，平安時代のことである。　オ　墾田《こんでん》永年私財法は，奈良時代の743年に制定された。

問４　ア　空也は平安時代に諸国をまわって念仏を唱えることを説いた僧で，「市聖《いちのひじり》」とよばれた。　イ　白河上皇は平安時代の1086年に院政を始めた。　ウ　長屋王は天武天皇の孫で，奈良時代前半に皇族勢力の代表として藤原氏ら貴族勢力に対抗して権勢をふるった。しかし，謀反《むほん》の意図があるとして藤原氏の兵に屋敷《やしき》を囲まれ，一族とともに自殺した(長屋王の変)。　エ　平安時代中ごろ，地方の豪族がみずからの土地を守るため武装するようになった。これが武士のおこりで，こうした武士のうち，関東地方で平将門《まさかど》が，瀬戸内海で藤原純友《すみとも》が反乱を起こし，中央の貴族たちをあわてさせた。　オ　吉田兼好《けんこう》は鎌倉時代末に活躍した歌人・随筆家で，随筆『徒然草《つれづれぐさ》』を著した。

問５　条坊制は，道が直線で区画されているので見通しがよく，道がわかりやすい。そのため防衛面では，外から侵入してきた敵を防ぎにくいという問題点があった。

問６　イは，「日蓮《にちれん》宗」ではなく「浄土《じょうど》真宗(一向宗)」が正しい。

問７　平安時代に始まった京都の祇園《ぎおん》祭は，応仁の乱のさい，主戦場となった京都の大半が焼け野原になったため一時中断したが，その後，京都の町衆とよばれる富裕な町人らによって復興《ふっこう》され，現在にいたる。なお，祇園祭は神田祭(東京都)，天神《てんじん》祭(大阪府)とともに日本三大祭りに数えられることが多い。

問８　アは1877年，イは1869年，ウは1871年，エは1881年，オは1874年のできごとなので，年代の古い順にイ→ウ→オ→ア→エとなる。

２　参議院議員通常選挙を題材とした問題

問１　議員１名あたりの有権者数は，およそ，770万÷４＝192.5万より，神奈川県が約193万人，福井県が約64万人となっている。よって，193万÷64万＝3.0…より，イが選べる。

問２　ア　日本では，選挙期間中の戸別訪問は公職選挙法によって禁止されている。　イ　現在，インターネットを使った選挙運動が可能になっている。　ウ　投票日に投票所に行けない場合には，期日前投票の制度により，投票日の前日までに投票をすませることができる。　エ　公職選挙法では，投票日当日の投票時間は午後８時までとされているが，離島などで特別の事情がある場合は終了時間を繰り上げることが認められている。

問３　民法が定めている成年(成人)年齢には，「一人で契約をすることができる年齢」という意味と，「親権に服さなくなる年齢」という意味があり，イ，ウ，オはその例にあたる。なお，アとエは，健康面への影響《えいきょう》や非行防止，青少年保護等の観点から，これまでと変わらず満20歳にならないとできない。また，イについて，これまでは親の同意があれば男性は満18歳，女性は満16歳で結婚できたが，この規定は変更された。

問４　Ⅰ　2022年には円安が急速に進んだので誤っている。また，外国人観光客は新型コロナウイルス感染症(COVID－19)の影響により，2020年に急減した。　Ⅱ　2022年の日本経済に関する説明として正しい。

問５　デジタル庁は2021年，菅義偉《すがよしひで》首相のときに設置されたので，イが誤っている。

３　情報とプライバシーを題材とした問題

問１　パソコンなどのデジタル機器やインターネットを使えるか使えないかによって，得られる情報や利益に格差(デバイド)が生じることを，デジタルデバイドという。

問２　プライバシーの権利など，社会状況の変化にともなって保障すべきと考えられるようになった，日本国憲法に直接規定されていない権利を，新しい人権という。新しい人権には，プライバシーの権利のほかに知る権利や環境《かんきょう》権などもある。

問３　法律案などの議決が衆議院と参議院で異なった場合，意見の調整のために開かれる会を両院協議会という。予算の議決，内閣総理大臣の指名，条約の承認などについて両院の議決が異なった場合には必ず開かれ，そこでも意見が一致しなければ，衆議院の議決が国会の議決とされる(衆議院の優越《ゆうえつ》)。

４　中部地方を題材とした地理の問題

問１　①は富山県東部を流れる黒部川で，上流には日本最大のアーチ式ダムとして知られる黒部ダムがある。

問２　伊豆半島(静岡県)の南端に位置する②は石廊崎《いろうざき》，駿河《するが》湾(静岡県)の西端に位置する③は御前《おまえ》崎である。なお，潮岬《しおのみさき》は和歌山県にある本州最南端に位置する岬である。

問３　④は伊勢湾の藤前干潟(愛知県)で，ラムサール条約(特に水鳥の生息地として国際的に重要な湿地に関する条約)に登録されている。なお，ワシントン条約は，野生動植物を保護することを目的とした条約。扇状地《せんじょうち》は，河川が山地から急に平地に出たところに土砂が堆積《たいせき》してできる，扇《おうぎ》形のゆるやかな傾斜《けいしゃ》地。リアス海岸は，かつて山地であったところが海水面の上昇によって海面下に沈《しず》みこみ，尾根であったところが半島や岬に，谷であったところが入り江や湾になってできた海岸線の出入りの複雑な海岸地形である。

問４　Ⅰ　⑤の地域(濃尾平野の南西部)は低湿地帯となっており，木曽三川《さんせん》(西から順に揖斐《いび》川・長良《ながら》川・木曽川)が集中して流れ，伊勢湾に注いでいるので誤っている。その下流域では昔から水害になやまされてきたため，集落のまわりを堤防《ていぼう》で囲んだ輪中という集落が見られる。なお，天竜川は長野県中部の諏訪《すわ》湖を水源とし，おおむね南へ向かって流れ，浜松市(静岡県)の東で遠州灘《えんしゅうなだ》(太平洋)に注ぐ。　Ⅱ　水屋《みずや》の説明として正しい。なお，近年は洪水があまり起こらなくなっていることもあり，水屋は減ってきている。

問５　政令指定都市は内閣が定める政令により指定される人口50万人以上(実際には一定の条件を満たした人口70万人以上)の都市で，ほぼ都道府県並みの行財政権を持ち，都道府県を経由しないで直接国と行政上の手続きができる。右の表の20市(2023年２月現在)なので，Ａの新潟県，Ｆの静岡県，Ｇの愛知県が選べる。なお，Ｂは福井県，Ｃは山梨県，Ｄは長野県，Ｅは岐阜県。

政令指定都市

北海道	札幌市
宮城県	仙台市
埼玉県	さいたま市
千葉県	千葉市
神奈川県	横浜市
	川崎市
	相模原市
新潟県	新潟市
静岡県	静岡市
	浜松市
愛知県	名古屋市
京都府	京都市
大阪府	大阪市
	堺市
兵庫県	神戸市
岡山県	岡山市
広島県	広島市
福岡県	福岡市
	北九州市
熊本県	熊本市

問６　県庁所在地と中心駅は，新潟県が新潟市・新潟駅，福井県が福井市・福井駅，山梨県が甲府市・甲府駅，長野県が長野市・長野駅である。福井駅から東京駅までは，2023年２月時点では北陸新幹線の金沢駅(石川県)―敦賀《つるが》駅(福井県)間が開業していないことなどもあり，在来線と新幹線を乗り継ぐ必要があるので，東京駅到着時刻が最も遅いアがあてはまる。なお，イは東京までの距離が近い山梨県，ウは北陸新幹線が通っていて平均標高が高い長野県，エは上越新幹線が通っている新潟県である。

問７　水田率が最も高いアは岐阜県，野菜の産出額と畜産の産出額が最も多いイは愛知県，果実の産出額が最も多く野菜の産出額が２番目に多いウは長野県である。残るエとオを比べると，エのほうが野菜や畜産の産出額が多く，オのほうが果実の産出額が多いことから，エが静岡県，オが山梨県となる。

問８　Ｊは福井県，Ｋは長野県，Ｌは静岡県にある。福井県の鯖江《さばえ》市は眼鏡フレーム，諏訪市はオルゴール，浜松市はピアノなどの楽器の生産地として知られているので，ウが選べる。

問９　Ⅰ　豊川用水はＹの渥美《あつみ》半島(愛知県)を流れている。園芸農業は都市への出荷を目的として野菜，果物，花きなどを集約的に栽培する農業で，渥美半島は電照菊の産地として知られている。

Ⅱ　Ｚの伊豆半島は，ユネスコ(国連教育科学文化機関)の「ユネスコ世界ジオパーク」に登録されている。また，静岡県は水わさびの産出額が全国第１位で，伊豆半島でも栽培がさかんである。

Ⅲ　Ｘの知多半島(愛知県)に位置する常滑《とこなめ》市では，古くから窯業《ようぎょう》(陶磁器《とうじき》などの製造業)がさかんである。また，知多半島の西の沖合には中部国際空港(セントレア)がある。

理　科　＜第２回試験＞（30分）＜満点：50点＞

解　答

[1] (1) 背骨　(2) **動物**…(イ)　**なかま**…(c)　(3) ① ア　② ウ　③ カ　[2] (1) (ア), (ウ)　(2) (ウ), (オ)　(3) (ウ)　[3] (1) (エ)　(2) **名前**…木ガス　**記号**…(ウ)　(3) (エ)　[4] (1) 偏西風　(2) (ア), (エ)　(3) 東　[5] (1) ① (ア), (エ)　② すべて変わらない　(2) ① (エ)　② (ア), (イ), (ウ)　[6] (1) 黄色／**塩化ナトリウム**…3.51 g　(2) 0.80 g　(3) ① **X** 160　**Y** 150　② (ア)　[7] (1) 36 g　(2) 3.6cm　(3) 7 cm　[8] (1) (エ)　(2) かぎ層　(3) (エ)　(4) (ウ)

解　説

[1] 動物の分類についての問題

(1)　魚類，両生類，は虫類，鳥類，ほ乳類のなかまは，背骨をもつセキツイ動物である。一方，カブトムシなどの昆虫《こんちゅう》類やミミズなどの環形《かんけい》動物，タコなどの軟体《なんたい》動物は，背骨をもたない無セキツイ動物である。

(2)　(ア)のコウモリはほ乳類で，卵ではなく子を産む。(イ)のワニはは虫類で，殻《から》のある卵を陸上に産む。(ウ)のサケは魚類，(エ)のイモリは両生類で，水中に殻のない卵を産む。

(3)　肉食動物の目は頭の前側についていて，右目と左目の視野の重なりが広いので，獲物《えもの》との距離《きょり》をつかみやすい。

[2] 生物に関する小問集合

(1)　ミカヅキモは，葉緑体をもち，光合成により養分をつくり出して生活している植物プランクトンである。また，アメーバ，ゾウリムシ，ミジンコは動物プランクトンで，養分をつくり出すことができないため，えさを食べて生活している。なお，ミドリムシは，葉緑体をもち，光合成を行う点では植物プランクトンの特徴《とくちょう》をもつといえるが，べん毛という１本の長い毛を使って泳ぐことができる点では動物プランクトンの特徴をもつともいえる。

⑵　スギやツバキのように，一年中緑の葉をつけている樹木を常緑樹という。なお，冬が近づくと，サクラやカキは葉が茶色～赤かっ色に，イチョウは葉が黄色になって落ちる落葉樹である。

⑶　肺には筋肉がなく，自分でふくらんだり縮んだりすることができない。そのため，胸と腹の間にある横隔膜《おうかくまく》と，肺や心臓を守っているろっ骨がそれぞれの位置を変え，胸の空間の容積を変えることで空気の出し入れをしている。息を吸うときは，横隔膜が縮んで下がり，ろっ骨が上がる。そのため，胸の容積が大きくなり，肺に空気が入ってくる。息をはくときはこの動きと逆になる（横隔膜がゆるんで上がり，ろっ骨が下がる）。

3　木の蒸し焼きについての問題

⑴　新しい空気をしゃ断して木を加熱する（蒸し焼きにする）と，木に含《ふく》まれる成分が分かれて出てくる。このとき液体も出てくるため，㈓のように試験管の口を底の部分よりも低くして，出てきた液体が加熱部分に流れこまないようにする。加熱部分に液体がふれると，試験管が急に冷えて割れるおそれがある。

⑵　木を蒸し焼きにしたときに発生する白いけむりや気体は木ガスとよばれ，おもに一酸化炭素やメタンなどが含まれているので，火を近づけると引火して燃える。

⑶　木を蒸し焼きにして炭をつくるには，新しい空気が入らないようにして加熱する必要があるので，㈓がふさわしい。

4　虹《にじ》についての問題

⑴　中緯度《いど》地域の上空には偏西《へんせい》風とよばれる強い西風がつねに吹《ふ》いているので，日本付近の天気は西から東へと変わることが多い。

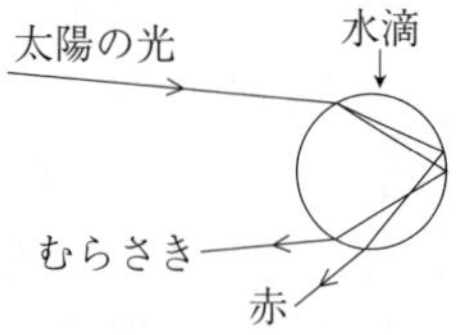

⑵　虹は，大気中の水滴《すいてき》の集まりに太陽の光が当たり，右の図のように屈《くつ》折《せつ》・反射することにより，光がさまざまな色に分かれて見える現象である。

⑶　夕方には太陽が西の方角にあるので，その反対の東の空に水滴の集まりがあると，虹が見られる。

5　豆電球のつなぎ方と明るさについての問題

⑴　①　実験１ではスイッチＢが開いているので，豆電球㈑と豆電球㈒には電流が流れない。よって，電流が流れて点灯するのは，電池に直列につながる豆電球㈐と豆電球㈓である。　②　電池２個を並列につないだ場合，豆電球に電流を流すはたらきは電池１個だけのときと同じになる。したがって，直列につながれた豆電球㈐と豆電球㈓に流れる電流の大きさは変わらず，その明るさも変わらない。

⑵　①　実験２で，豆電球㈑と豆電球㈒に流れる電流の大きさを１とすると，豆電球㈐，豆電球㈓に流れる電流の大きさはそれぞれ，１×２＝２，１＋２＝３となる。よって，豆電球㈓が最も明るく点灯する。　②　実験２でＸとＹを導線でつなぐと，ほとんどの電流が，電池の＋極→スイッチＡ→Ｘ→Ｙ→豆電球㈓→電池の－極と流れるようになる。したがって，豆電球㈐，豆電球㈑，豆電球㈒には，ほとんど電流が流れなくなるので，消灯する。

6　中和についての問題

⑴　BTB溶液《ようえき》は，酸性で黄色，中性で緑色，アルカリ性で青色を示す。実験１より，150mLの水酸化ナトリウム水溶液Ａは，$150\times\frac{200}{100}=300$（mL）の塩酸Ｂと過不足なく中和するので，塩酸Ｂを350mL加えた混合水溶液は酸性を示し，BTB溶液は黄色になる。また，この混合水溶液を加熱す

ると，残っている塩酸に溶《と》けている気体の塩化水素は空気中に逃《に》げてしまい，水がすべて蒸発した後には固体の塩化ナトリウム（食塩）が，$2.34\times\frac{150}{100}=3.51$（g）残る。

(2)　100mLの塩酸Ｂは，$100\times\frac{100}{200}=50$（mL）の水酸化ナトリウム水溶液Ａと過不足なく中和し，この混合水溶液からは塩化ナトリウムが，$2.34\times\frac{50}{100}=1.17$（g）得られる。したがって，水をすべて蒸発させたときに残った1.97gの固体に含まれていた塩化ナトリウムではない物質（水酸化ナトリウム）の重さは，$1.97-1.17=0.80$（g）と求められる。

(3)　①　**X**　ビーカー(ア)では，200mLの塩酸Ｂは100mLの水酸化ナトリウム水溶液Ａと過不足なく中和する。よって，硫酸《りゅうさん》Ｃは，$200-100=100$（mL）の水酸化ナトリウム水溶液Ａと過不足なく中和するので，実験２より，その体積は160mLとわかる。　**Y**　ビーカー(イ)では，200mLの硫酸Ｃは，$100\times\frac{200}{160}=125$（mL）の水酸化ナトリウム水溶液Ａと過不足なく中和する。したがって，塩酸Ｂは，$200-125=75$（mL）の水酸化ナトリウム水溶液Ａと過不足なく中和するので，その体積は，$200\times\frac{75}{100}=150$（mL）と求められる。　②　実験１，実験２より，100mLの水酸化ナトリウム水溶液Ａが過不足なく中和した混合水溶液から得られる固体の重さは，硫酸ナトリウムより塩化ナトリウムの方が小さいことがわかる。また，ビーカー(ア)～ビーカー(ウ)のうち，塩酸Ｂが最も多く硫酸Ｃが最も少ないのはビーカー(ア)である。よって，ビーカー(ア)～ビーカー(ウ)の混合水溶液から得られる固体の重さは，ビーカー(ア)が最も小さい。

7　圧力についての問題

(1)　ピストンＡが１cm^2あたりに受ける重さは，$216\div60=3.6$（g）なので，ピストンＢが１cm^2あたりに受ける重さも3.6gになればよい。したがって，ピストンＢに，$3.6\times10=36$（g）のおもりをのせると，水面の差が０cmになる。

(2)　おもりの役目をしている水の体積は，$216\div1=216$（cm^3）なので，水面の差は，$216\div60=3.6$（cm）と求められる。

(3)　１cm^2あたりに受ける重さは，ピストンＡが，$84\div60=1.4$（g），ピストンＢが，$84\div10=8.4$（g）となっている。よって，図４のピストンＡに，$(8.4-1.4)\times60=420$（g）のおもりをのせれば，水面の差が０cmになる。したがって，おもりの役目をしている水の体積は，$420\div1=420$（cm^3）なので，水面の差は，$420\div60=7$（cm）とわかる。

8　地層についての問題

(1)　アサリは河口の近くの（淡水《たんすい》の混じる）浅い海の砂の中にすむので，アサリの化石が発見された層ができたとき，そこは浅い海の底であったことがわかる。なお，アサリのように，地層ができた当時の環境《かんきょう》を知る手がかりとなる化石を示相化石という。

(2)　いくつかの地点の地層ができた時期を調べるときに，基準となる層をかぎ層という。一般《いっぱん》に，火山灰から噴火《ふんか》の時期がわかることが多いので，火山灰の層はかぎ層としてよく利用される。

(3)　Ａ地点，Ｂ地点，Ｄ地点での火山灰の層の標高を図１，図２から求めると，Ａ地点では約，$70-3=67$（m），Ｂ地点では約，$75-10=65$（m），Ｄ地点では約，$80-18=62$（m）となっている。よって，地層全体が西から東に向かって傾《かたむ》いていると考えられるので，(エ)が選べる。

(4)　Ｃ地点での火山灰層の標高は，Ｂ地点の約65mよりは低く，Ｄ地点の約62mよりは高いので，地表からの深さが約，$80-65=15$（m）から約，$80-62=18$（m）の間になる。したがって，(ウ)がふさわしい。

国　語　＜第２回試験＞（50分）＜満点：100点＞

解　答

一　**問１**　真っ暗な中　**問２**　（例）　自分よりも不幸な子がいることはわかっているが，自分より楽しんでいるたくさんの子　**問３**　時々，　**問４**　（例）　壮太と遊ぶ（時間。）　**問５**　（例）　壮太が退院する日。　**問６**　**A**　(ウ)　**B**　(ア)　**問７**　（例）　壮太が寝ないように見守るため。　**問８**　(オ)　**問９**　気　**問10**　(エ)　**問11**　(ア)　**問12**　**D**　(イ)　**E**　(ア)　**問13**　(エ)　**問14**　(ウ)　**問15**　(イ)　**問16**　(ア)　**問17**　(ア)　**問18**　(ウ)　**問19**　(ウ)　**問20**　壮太は，知っていたんだ。　**問21**　（例）　ぼくに対する壮太の心づかい。　**問22**　飛行機だ。　二　①　風　②　日　③　空　④　天　⑤　雲　三　①　美　②　賛　③　例　④　留　⑤　消　四　①～⑦　下記を参照のこと。　⑧　こと　⑨　はぶ（いた）　⑩　たいせい

●漢字の書き取り

四　①　雨後　②　招集　③　会心　④　奏（した）　⑤　貯水池　⑥　一覧表　⑦　沿（って）

解　説

一　**出典は瀬尾《せお》まいこの『夏の体温』による。**重い病気のため小児病棟《びょうとう》に長期入院している「ぼく」（瑛介《えいすけ》）と，低身長症《しょう》のために検査入院してきた壮太《そうた》との友情が描《えが》かれている。

問１　まず，本文が五つの場面に分かれていることをおさえる。一つ目は八月五日（壮太との別れの前日）の夜で，二つ目～五つ目はそれぞれ八月六日の午前，昼食後（別れ），午後，夜となっている。傍線《ぼうせん》①の前に「夕飯を食べ終え」とあるので，「ぼく」がプレイルームに行ったのは夜とわかる。この日の夜に「ぼく」がプレイルームでしようとしていたことは，五つ目の場面の「真っ暗な中，音が出ないようマットに向かっておもちゃ箱をひっくり返す。三つの大きな箱の中身をぶちまけるのだ」から読み取れる。「いつもどおりに，割り切れない気持ちを暗闇《くらやみ》の中で爆発《ばくはつ》させようとして」，「いつも，翌朝にはおもちゃは片付けられ，きれいにプレイルームは整えられている」などから，この行為《こうい》は「ぼく」の夜の習慣になっているのだと推測できる。

問２　「割り切れない気持ち」とは，どうにも納得《なっとく》することができず，すっきりとしない気持ちのこと。その気持ちは，前の「ぼくよりさみしい思いをしている子も，つらい思いをしている子もいっぱいいることはわかっている。けれど，ぼくより楽しんでる子だって数えきれないほどいる。もし，ここで一番不幸なのがぼくだったら，何も考えず泣き叫《さけ》ぶことができるのだろうか」の部分で描かれている。

問３　実際に壮太がいなくなったときの「ぼく」のようすは，四つ目の場面以降で描かれている。さびしさは，「時々，壮太は本当に帰ったんだな，もう遊ぶことはないんだなと気づいて，ぽっかり心に穴が空いていくようだった」に最もよく表れている。

問４　後に「壮太なしでいられるのだろうか」とあるので，傍線④は壮太と過ごす時間のこととわ

かる。前に「壮太ともっと遊びたい。もっと話したい。もっと笑いたい。その思いではちきれそうだった」にも，壮太と過ごす時間を楽しいと感じる「ぼく」の気持ちが表れている。

問５　「明日」は壮太との別れが訪《おとず》れる日，つまり，壮太が検査入院を終えて退院する日である。

問６　Ａ　「頭がぼんやりしてる」，「この薬，一番副作用が強いやつなんだよな」，「眠《ねむ》そうな顔」，「だるい」などから，“疲《つか》れていたり弱っていたりして，身体から力がぬけたようす”を表す「ぐったり」がふさわしい。　　Ｂ　「眠気に負けそうな壮太」，「検査のための薬でこんなにしんどくなるんだ」などから，せかせかしないさまを表す「おっとり」があてはまる。薬の副作用のために，壮太の話し方がいつもよりもゆっくりになっているのだと考えられる。

問７　続く部分に「それに，検査中は寝《ね》てはいけないのに眠気の襲《おそ》う薬が多いようで，母親たちが必死で子どもを起こしている姿には何度も出くわした」とあるので，この日に壮太の母親がそばにいたのも同じ理由だとわかる。

問８　「何(だれ)が」「何(だれ)は」を表す文節を主語，「どうする」「どんなだ」「何だ」を表す文節を述語という。傍線⑦をふくむ一文では，「壮太は」が主語，「進んだ」が述語である。

問９　「気が引ける」は，気おくれがすること。

問10　壮太が「喉《のど》かわいたな」と言い，「ぼく」も「水飲めないって，ちょっとつらいよな」と返しているので，「喉がかわいてしまう」ことにふれている(エ)がよい。

問11　「瑛ちゃんは，優《やさ》しいよな」という壮太の自分に対する評価を聞き，「ぼく」は「まさか」と返しているので，立てた予想が食い違《ちが》うさまを表す「見当違い」が合う。

問12　Ｄ　「みんなはいいよな」と思ってしまう気持ちなので，“自分よりも恵《めぐ》まれている人を見たり，自分よりもすぐれている人と接したりすることで，不満な思いを感じる”ことを表す「うらやむ」が選べる。　　Ｅ　「どうしてぼくばっかりなんだよ」という不満な気持ちには，“自分の思うようにならないことにいらいらする”ことを表す「いらつく」がふさわしい。

問13　一つ目の場面でみたように，「ぼく」は壮太との別れのときがくるのを前日から悲しみ，「壮太ともっと遊びたい」と思っていたのだから，(エ)があてはまる。

問14　「頭を下げる」には，(ア)の“屈服《くっぷく》”，(イ)の“謝罪”，(ウ)の“感謝”，(エ)の“おじぎ”などの意味がある。壮太の母親は，「いろいろお世話になりました」，「瑛介君に仲良く遊んでもらって，入院中，本当に楽しかったみたいで」と言っているので，(ウ)が選べる。

問15　続く部分に「あれ以上言葉を発したら，泣きそうだったからだ。きっと壮太も同じなのだと思う」，「口や目や鼻。いろんなところがじんと熱くなるのをこらえながら」とあるので，「すぐに別れないと，お互《たが》い涙《なみだ》があふれてしまっていた」とある(イ)がよい。なお，壮太との別れは以前から決まっていたことで，「ぼく」も覚悟《かくご》はしていたので，「別れられなくなる」とある(ア)や「別れられない」とある(ウ)は合わない。

問16　問１でみたように，「ぼく」が夜にプレイルームで「真っ暗な中，音が出ないようマットに向かっておもちゃ箱をひっくり返す」ことは習慣になっていたのだから，「何をして遊んだらいいかがよくわからなかった」とある(ア)は適切でない。

問17　ＦもＧも，前で語られている気持ちとは対照的な行動や気持ちが後に続いている。よって，前に述べたことと対立することがらを後に続けるときに使う「だけど」がふさわしい。

問18　少し後の「一，二週間。ひとくくりにしてもらっては困る～大人の感覚で計算するのはやめてほしい」の部分で理由が描かれており，(ウ)があてはまる。

問19　続く部分に「何をぜいたく言っているのだ。遅《おそ》くとも二週間後にはここから出られるし，ここでだって苦しい治療《ちりょう》を受けているわけじゃない。西棟《にしとう》には，何ヶ月も入院している子だっているのだ」とあるので，(ウ)が選べる。なお，(ア)の「どんな感情を持てば良いのかわからなくなってしまった」は，傍線⑭の理由ではなく結果である。(イ)の「もう壮太のことを忘れていることに気がついた」ようすは描かれていない。(エ)は，「ぼく」の自省の気持ちをとらえていないので，ふさわしくない。

問20　「壮太は，知っていたんだ」で始まる三文では，倒置《とうち》法(語順を入れかえることで，意味を強めたり語調を整えたりする技法)が使われている。つまり，「ぼくが夜にプレイルームでおもちゃ箱をひっくり返していたことを」→「壮太は，知っていたんだ」，「そして，壮太がいなくなった後，ぼくがどう過ごせばいいかわからなくなることも」→「壮太は，知っていたんだ」となる。

問21　壮太が残していった大量の紙飛行機から「ぼく」は，病院で退屈な日々を過ごす自分に対する，壮太の心づかいを感じ取ったと考えられる。

問22　戻《もど》す一文に「電気をつけた」とあるので，このとき「ぼく」は暗いところにいたと考えられる。よって，五つ目の場面の「暗い中，目を凝《こ》らしてみると，紙飛行機だ」の直後に入れると，おもちゃ箱から出てきた紙飛行機が「いろんな色の折り紙」でつくられていることを確かめる流れになり，文意が通る。

二　慣用句の完成

①「風の便り」は，風が運んでくるように，どこからともなく伝わってくる知らせやうわさのこと。　②「秋の日はつるべ落とし」は，“秋には井戸《いど》のつるべが落ちるときのように一気に日が沈《しず》む”という意味。「つるべ」は，井戸の中の水をくむための，縄《なわ》や竿《さお》をつけた桶《おけ》。　③「旅の空」は，実家や故郷を遠く離《はな》れた旅先の土地にいて，心細さを感じるようす。　④「天をつく」は，天に届くかと思えるほど高いようす。　⑤「雲の上」は，“一般《いっぱん》人には無縁《むえん》の，特別な世界”という意味。

三　類義語の完成

①「長所」も「美点」も，“すぐれている点”，“よいところ”という意味。　②「同意」も「賛成」も，“他人の意見や提案などを，よいと認めて同調する”という意味。　③「特別」も「例外」も，通例の原則の適用を受けないこと。　④「不在」も「留守」も，家やある場所にいないこと。　⑤「音信」も「消息」も，手紙などの便りのこと。

四　漢字の書き取りと読み

①「雨後の竹の子」は，似たようなものごとが相次いで現れることのたとえ。　② 関係する人を招き集めること。なお，「召集《しょうしゅう》」と書いた場合は，“地位の高い人や目上の立場の人が関係する人をよび集める”という意味になる。　③ ものごとが期待通りに行って，十分に満足できること。　④「功を奏する」は，“成功する”という意味。　⑤ 上水道や農業用水，発電などに利用するために，水を貯《た》めておく人工的につくられた池。　⑥ さまざまなことがらについて，一目でわかるようにまとめた表。　⑦ 音読みは「エン」で，「沿線」などの熟語がある。⑧ 音読みは「イ」で，「異変」などの熟語がある。「～を異にする」で，“～が違っている”という意味。　⑨ 音読みは「セイ」「ショウ」で，「反省」「省略」などの熟語がある。訓読みには

ほかに「かえり(みる)」がある。　⑩　だいたいの傾向《けいこう》。

Memo

2022年度　明治大学付属中野中学校

〔電　話〕(03) 3362－８７０４
〔所在地〕〒164-0003　東京都中野区東中野３－３－４
〔交　通〕JR中央線・都営大江戸線―「東中野駅」より徒歩５分
東京メトロ東西線―「落合駅」より徒歩10分

【算　数】〈第１回試験〉（50分）〈満点：100点〉

1　次の□にあてはまる数を答えなさい。

(1)　$2.7\times3.14-0.9\times1.14\times3+0.9\times6+6\times2.7=\square$

(2)　$\left\{1\frac{4}{5}+\left(3.25-\square\right)\times\frac{12}{25}\right\}\div7\frac{1}{5}=\frac{3}{8}$

(3)　100円，50円，10円の３種類の硬貨《こうか》がたくさんあります。これらを使い，280円の品物を買うとき，支払い方法は全部で□通りあります。ただし，使わない種類の硬貨があってもよいものとします。

2　次の問いに答えなさい。

(1)　ある果物屋で，１個120円のりんごと１個170円のなしを合わせて20個買い，250円のかごに入れたところ，ちょうど3000円となりました。このとき，りんごを何個買いましたか。

(2)　ある学年で国語と算数のテストを行いました。国語のテストのみに合格した人数は全体の$\frac{3}{10}$，算数のテストに合格した人数は全体の$\frac{5}{9}$，どちらにも合格しなかった人数は78人でした。このとき，この学年の生徒の人数を求めなさい。

(3)　右の図は，直角三角形ABCの頂点Bが辺AC上にくるように，CDを折り目として折り曲げたものです。このとき，斜線部分の面積を求めなさい。

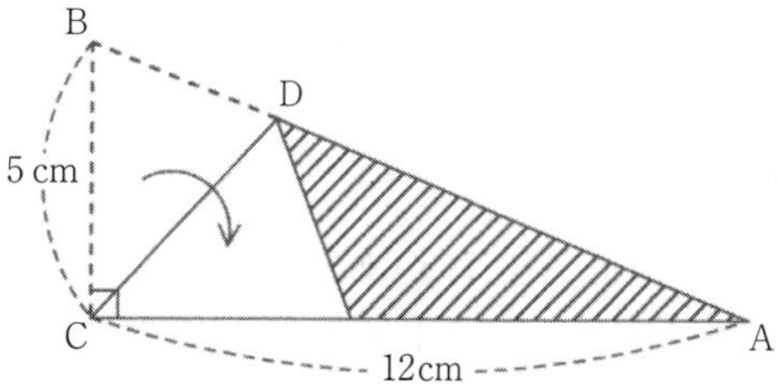

(4)　ある入学試験で，900人の受験生のうち，270人が合格しました。合格者の平均点と不合格者の平均点との差は60点であり，全受験生の平均点は126点でした。このとき，合格者の平均点を求めなさい。

(5)　図１のように，水平な台の上に３分の１の深さまで水が入った直方体の容器があります。この容器を図２のように，辺FGを水平な台につけたまま45°傾《かたむ》けます。このとき，面BFGCと水が触《ふ》れている部分の面積を求めなさい。

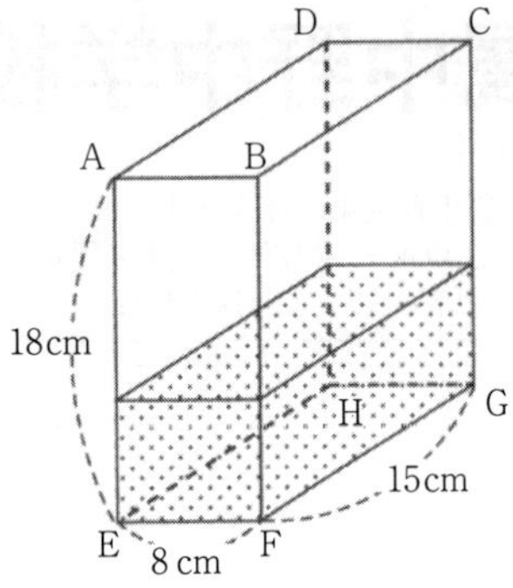

図１

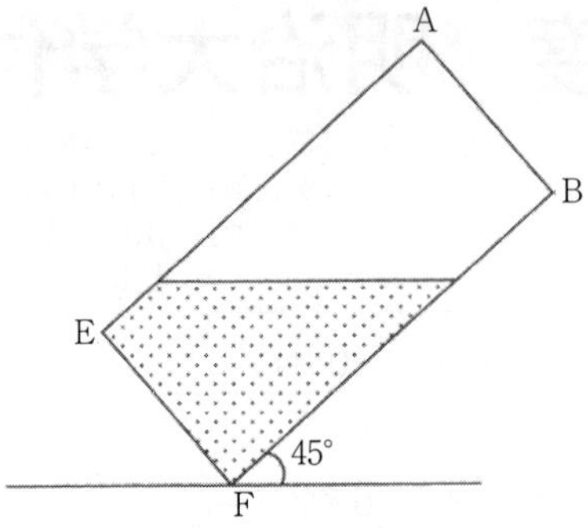

図２

3　次の問いに答えなさい。

(1)　２つの容器A，Bがあり，容器Aには7.2％の食塩水が600ｇ，容器Bには12％の食塩水が900ｇ入っています。これらの容器AとBから同じ量の食塩水をくみ出し，それぞれ逆の容器に入れたところ，両方の食塩水の濃度が同じになりました。このとき，くみ出した食塩水は何ｇずつですか。

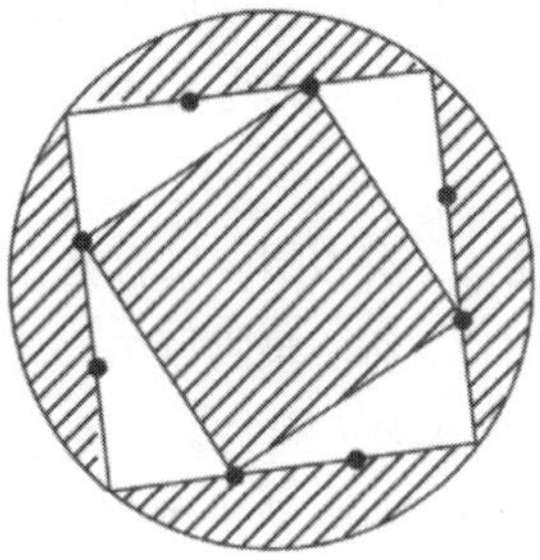

(2)　右の図のように，半径９cmの円の周上を４等分した点を結んで正方形をかき，さらに，この正方形のそれぞれの辺を３等分した点をとり，小さい正方形ができるように点を結びました。このとき，斜線部分の面積の和を求めなさい。ただし，円周率は3.14とします。

4　右の図のように，ADとBCが平行で，AD：BC＝３：４の台形ABCDがあります。AE：EB＝１：２となる点をE，BF：FC＝１：１となる点をFとします。また，BDとEFが交わる点をG，BDとECが交わる点をHとします。このとき，次の問いに答えなさい。

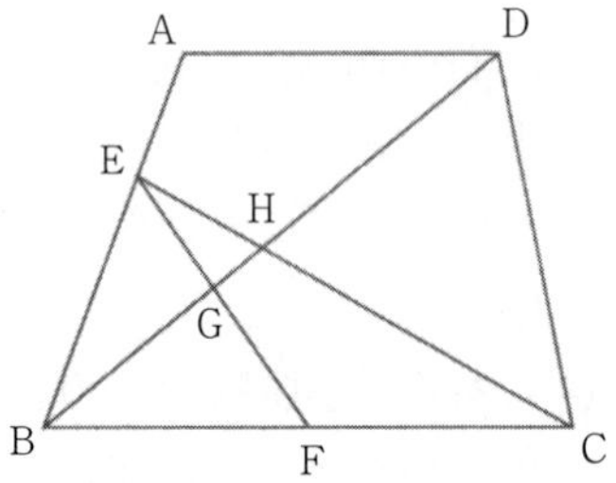

(1)　BH：HDを最も簡単な整数の比で表しなさい。

(2)　三角形EGHの面積は台形ABCDの面積の何倍ですか。

5　右のように，整数をある規則にしたがって並べ，正方形を作ります。

　このとき，次の問いに答えなさい。

１番目	２番目	３番目
1　4	1　8　7	1　12　11　10
2　3	2　　6	2　　　9
	3　4　5	3　　　8
		4　5　6　7

……

(1)　2022番目には整数が何個並べられていますか。

(2)　４つの角《かど》の整数の和が130となる正方形について，並べたすべての整数の和を求めなさい。

6　正面と真上から見ると図１のように見える，直方体を２つ組み合わせた容器があります。この容器を水平な台の上に置き，矢印の方向(⇩)に一定の割合で水を30秒間入れ，ふたをしました。それまでの時間と水面の高さの関係を表したものが図２のグラフです。このとき，次の問いに答えなさい。

(1)　長方形 ABCD と長方形 EFGH の面積の比を最も簡単な整数の比で表しなさい。

(2)　ふたをした容器を逆さまにして，再び水平な台の上に置きました。このとき，水面の高さは何 cm になりましたか。

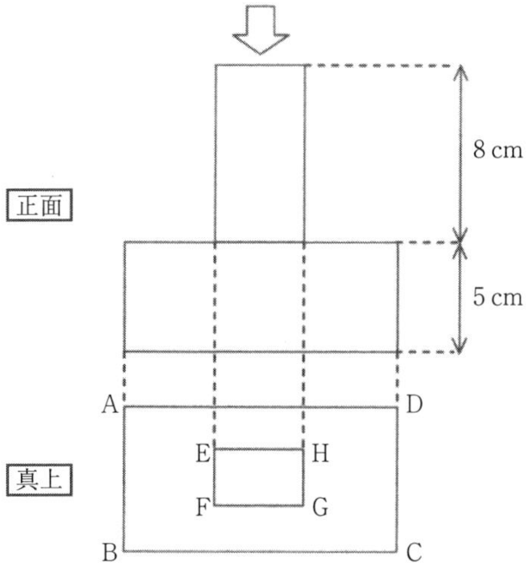

図１

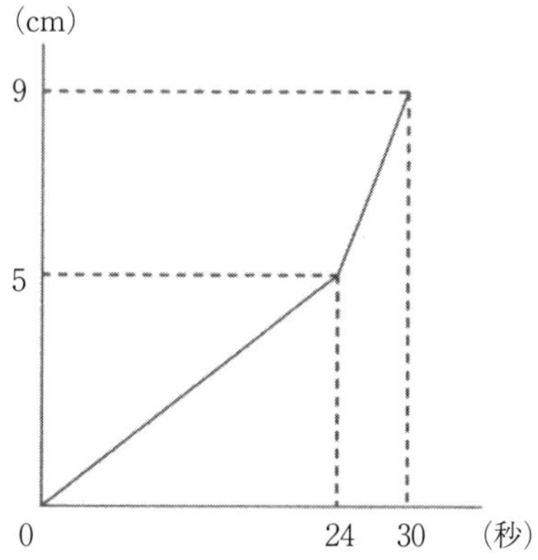

図２

7　兄と弟が8.8km 離れているＡ町とＢ町を往復しました。２人はＡ町を同時に出発して，同じ速さで走っていましたが，弟がＢ町に向かう途中で毎分40mだけ速さを増したので，弟が先にＢ町に到着し，折り返してから800mの所で兄とすれちがいました。そして，兄は弟とすれちがった地点から速さを２倍にしたところ，兄の方が先にＡ町に到着し，その10分後に弟もＡ町に到着しました。また，弟が初めの速さで走っていた時間と速さを増して走っていた時間との比は８：27でした。このとき，次の問いに答えなさい。ただし，２人はＡ町に戻るまで休けいをしなかったものとします。

(1)　兄が初めの速さで走った時間と２倍の速さで走った時間の比を，最も簡単な整数の比で表しなさい。

(2)　兄と弟の初めの速さは時速何 km ですか。

【社　会】〈第１回試験〉（30分）〈満点：50点〉

1　次の地図を見て，問いに答えなさい。

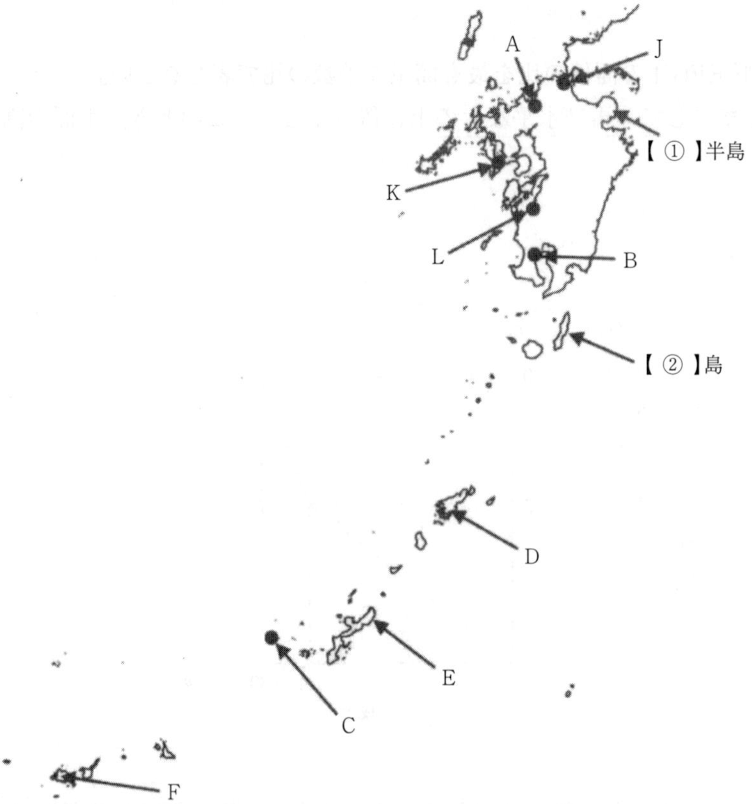

問１．地図中の【①】・【②】にあてはまる地名を，それぞれ漢字で答えなさい。

問２．次のⅠ～Ⅲの雨温図は，地図中のＡ～Ｃのいずれかの地点のものです。Ⅰ～ⅢとＡ～Ｃとの組み合わせとして正しいものを，下のア～カの中から１つ選び，記号で答えなさい。

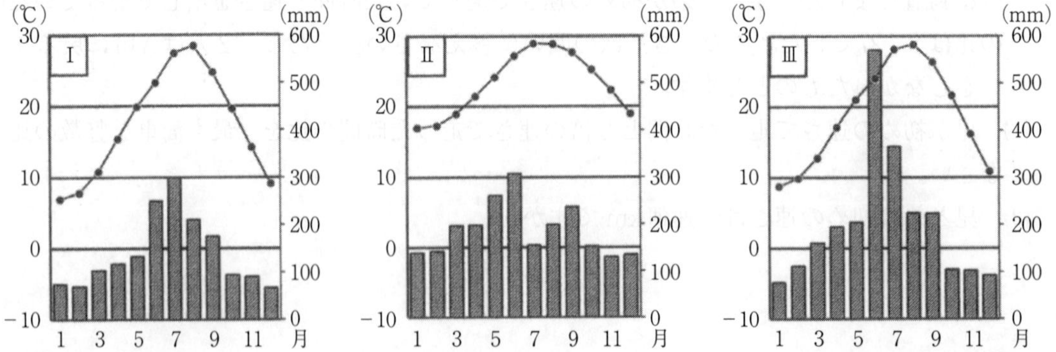

気象庁の統計により作成。

	ア	イ	ウ	エ	オ	カ
Ⅰ	A	A	B	B	C	C
Ⅱ	B	C	A	C	A	B
Ⅲ	C	B	C	A	B	A

問３．次のⅠ～Ⅲの道路標識は，地図中のＤ～Ｆのいずれかの地点で見られる動物(天然記念物・特別天然記念物)への注意をうながしたものです。Ⅰ～ⅢとＤ～Ｆとの組み合わせとして正しいものを，下のア～カの中から１つ選び，記号で答えなさい。

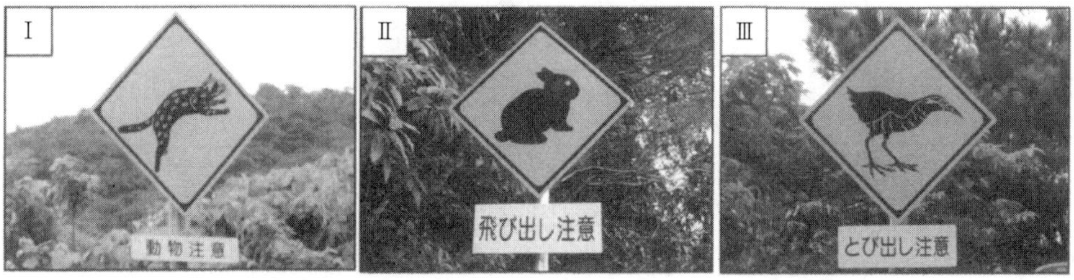

	ア	イ	ウ	エ	オ	カ
Ⅰ	D	D	E	E	F	F
Ⅱ	E	F	D	F	D	E
Ⅲ	F	E	F	D	E	D

問４．次のⅠ～Ⅲの文は，地図中Ｊ～Ｌのいずれかの都市について説明したものです。Ⅰ～ⅢとＪ～Ｌとの組み合わせとして正しいものを，下のア～カの中から１つ選び，記号で答えなさい。

Ⅰ．江戸時代末より造船業が行われ，造船所の一部は世界遺産に登録されている。

Ⅱ．日清戦争の賠償《ばいしょう》金で製鉄所が建設されて以来，鉄鋼業が行われている。

Ⅲ．かつて有機水銀による深刻な公害が発生したが，現在では環境《かんきょう》モデル都市に選ばれている。

	ア	イ	ウ	エ	オ	カ
Ⅰ	J	J	K	K	L	L
Ⅱ	K	L	J	L	J	K
Ⅲ	L	K	L	J	K	J

問５．次の地図Ⅰ～Ⅲは，九州でさかんに生産・飼育されている，さつまいもの収穫量，茶の収穫量，ブロイラーの出荷羽数について，2018年における上位７つの都道府県をぬりつぶして示したものです。Ⅰ～Ⅲと農畜産物《のうちくさんぶつ》の組み合わせとして正しいものを，下のア～カの中から１つ選び，記号で答えなさい。

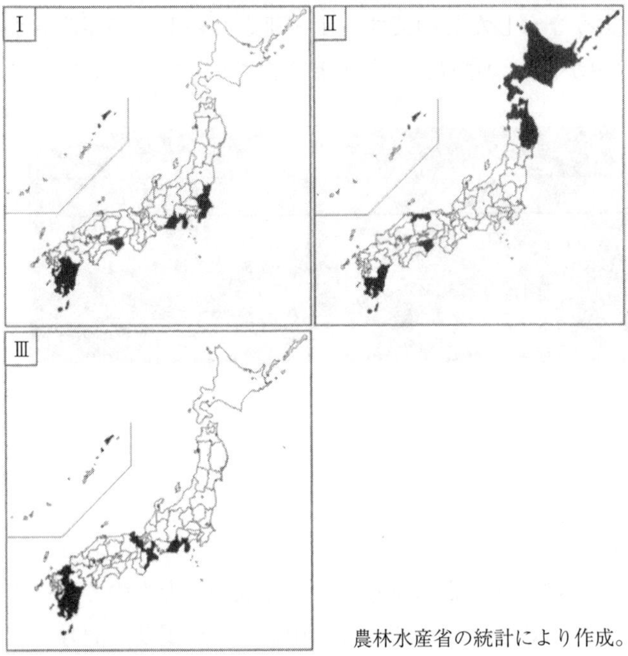

農林水産省の統計により作成。

	Ⅰ	Ⅱ	Ⅲ
ア	さつまいも	茶	ブロイラー
イ	さつまいも	ブロイラー	茶
ウ	茶	さつまいも	ブロイラー
エ	茶	ブロイラー	さつまいも
オ	ブロイラー	さつまいも	茶
カ	ブロイラー	茶	さつまいも

問６．次の表は，2019年における九州地方の３県の海面漁獲《ぎょかく》量，ぶり類とのり類の養殖《ようしょく》収穫《しゅうかく》量を示したものです。表中Ⅰ～Ⅲにあてはまる県の組み合わせとして正しいものを，下のア～カの中から１つ選び，記号で答えなさい。

（単位：百ｔ）

	海面漁獲量	ぶり類 養殖収穫量	のり類 養殖収穫量
Ⅰ	2,508	94	4
Ⅱ	589	430	6
Ⅲ	97	9	652

農林水産省の統計により作成。

	ア	イ	ウ	エ	オ	カ
Ⅰ	鹿児島県	鹿児島県	佐賀県	佐賀県	長崎県	長崎県
Ⅱ	佐賀県	長崎県	鹿児島県	長崎県	鹿児島県	佐賀県
Ⅲ	長崎県	佐賀県	長崎県	鹿児島県	佐賀県	鹿児島県

問７．次の表は，2020年度における九州各県の発電実績を示したものです。表中Ⅰ～Ⅲにあてはまる県の組み合わせとして正しいものを，下のア～カの中から１つ選び，記号で答えなさい。

（単位：10万 kWh）

	水力	火力	原子力	地熱	その他	総発電量
長崎県	66	270,498	—	—	3,442	274,007
Ⅰ	7,591	181,755	—	7,574	5,750	202,670
佐賀県	5,379	1,993	156,309	—	1,399	165,079
福岡県	632	100,300	—	—	6,906	107,838
熊本県	7,599	87,665	—	—	4,036	99,301
Ⅱ	5,579	10,909	60,454	3,337	11,566	91,845
沖縄県	—	74,854	—	—	517	75,371
Ⅲ	33,841	8,208	—	—	4,852	46,901

表中の—は実績がないことを示す。

経済産業省の資料により作成。

	ア	イ	ウ	エ	オ	カ
Ⅰ	大分県	大分県	鹿児島県	鹿児島県	宮崎県	宮崎県
Ⅱ	鹿児島県	宮崎県	大分県	宮崎県	大分県	鹿児島県
Ⅲ	宮崎県	鹿児島県	宮崎県	大分県	鹿児島県	大分県

問８．次のⅠ～Ⅳの写真は，沖縄県内で見られる景観です。それぞれの写真を説明した文として**誤っているもの**を，下のア～エの中から１つ選び，記号で答えなさい。

ア．Ⅰの写真のように，玄関《げんかん》や屋根に，魔《ま》よけの意味を持つシーサーが置かれている家屋が多い。

イ．Ⅱの写真のように，火災に備えるための水タンクが建物の屋根に設置されている家屋が多い。

ウ．Ⅲの写真のように，菊《きく》を栽培《さいばい》している畑では，開花時期を調整するための照明が設置されている。

エ．Ⅳの写真のように，市街地の中に米軍基地が存在し，移設が検討されている。

2

次の文を読んで，問いに答えなさい。

【 A 】に施行《しこう》された日本国憲法は，国民主権，平和主義，①基本的人権の尊重を三大原理としています。国民主権といっても，選挙によって選ばれた国民の代表者が話し合い，国民に代わって政治を行う【 B 】制を採用しています。

国の基本法である憲法は，国家権力を制限するものであり，②憲法に反する法令などはつくることができません。

問１．【A】にあてはまる，日本国憲法が施行された日付として正しいものを，次のア～エの中から１つ選び，記号で答えなさい。

ア．1946年５月３日　　イ．1946年11月３日

ウ．1947年５月３日　　エ．1947年11月３日

問２．【B】にあてはまる語句を，漢字４字で答えなさい。

問３．下線部①について，日本においては，基本的人権として身体の自由が保障されており，正当な理由がなければ逮捕《たいほ》されることはありません。裁判官が発して，逮捕や家宅捜索《そうさく》などを行う際に示されるものを何というか，漢字２字で答えなさい。

問４．下線部②について，日本において，法律などが憲法に適合するかしないかを最終的に決定する機関は，その特性から「憲法の番人」とよばれています。この機関の名称《めいしょう》を，漢字で答えなさい。

3

次の文を読んで，問いに答えなさい。

昨年(2021年)10月14日，衆議院が解散されました。衆議院の解散は天皇の国事行為《こうい》の一つですが，これは①内閣の助言と承認によって行われるものです。

衆議院が解散されると，任期満了《まんりょう》前であっても②衆議院議員としての資格が失われ，解散から【 A 】日以内に実施される衆議院議員総選挙によって，新たな議員が選出されます。また，総選挙の実施《じっし》から【 B 】日以内に特別国会が召集《しょうしゅう》されます。

問１．【A】・【B】にあてはまる数字を，次のア～カの中からそれぞれ１つずつ選び，記号で答えなさい。

ア．10　イ．20　ウ．30　エ．40　オ．50　カ．60

問２．下線部①について，次の文Ⅰ・Ⅱの正誤の組み合わせとして正しいものを，下のア～エの中から１つ選び，記号で答えなさい。

Ⅰ．内閣が国会に提出する法案は，議員が提出する法案に比べて成立する割合が低い。

Ⅱ．内閣を構成する国務大臣は，全員が国会議員でなくてはならない。

	ア	イ	ウ	エ
Ⅰ	正	正	誤	誤
Ⅱ	正	誤	正	誤

問３．下線部②について，衆議院議員に関して述べた文として正しいものを，次のア～オの中から**すべて**選び，記号で答えなさい。

ア．議員の任期は，４年である。

イ．議員定数は，465名である。

ウ．議員定数は，小選挙区選出議員よりも比例代表選出議員の方が多い。

エ．被《ひ》選挙権を有するのは，満《まん》30歳以上の日本国民である。

オ．小選挙区選挙と比例代表選挙の両方に立候補する，重複立候補が認められている。

4 次の［１］～［５］は，日本にある世界文化遺産の名称とその説明です。これを読んで，問いに答えなさい。

［１］【 Ａ 】・古市古墳群

古墳時代の最盛期であった４世紀後半から５世紀後半にかけて，当時の政治・文化の中心地の一つであり，大陸に向かう航路の発着点であった大阪湾《わん》に接する平野上に築造されました。

世界でも独特な，墳長500メートル近くに達する①前方後円墳から20メートル台の墳墓まで，大きさと形状に多様性を示す古墳により構成されています。

［２］ 古都京都の文化財

794年から1868年にかけて天皇が居所をおいた日本の首都であり，武家政権が政治の中心を鎌倉と江戸にうつした時期以外，文化・経済・政治の中心として繁栄《はんえい》しました。

北，西，東の三方を丘陵《きゅうりょう》に囲まれた盆地という地理的特徴《とくちょう》を利用して建設された都市です。中央の平地部では，②幾多《いくた》の※1兵火に見舞《みま》われて火災が頻発《ひんぱつ》し，多くの建物などが失われては再興されるというくり返しでした。しかし，周辺の山麓《さんろく》部は災害を免《まぬが》れ，起伏《きふく》に富んだ自然地形を利用して建てられた大寺院や山荘《さんそう》・庭園がいまでも多数残されています。

平地部にも東寺や二条城などの大きな規模の記念物や各種の伝統的な住宅様式を示す町並みなどの文化遺産が，条坊制の中に残っています。

※１ 戦乱による火災

［３］【 Ｂ 】神社

③瀬戸内海の島を背後にして，その入り江《え》の海の中に木造建物が建ち並ぶ日本でも珍《めずら》しい神社です。社殿《しゃでん》構成は12世紀にはじまりましたが，その後焼失し，1241年に再建されました。海に建つ木造建物として過酷《かこく》な環境下にありながら，歴代政権の厚い保護に支えられて，古い様式を今日に伝えています。この周囲の自然景観は，17世紀頃《ころ》から「日本三景」の一つとしてたたえられてきました。

［４］ 日光の社寺

徳川初代将軍家康の※2霊廟《れいびょう》である東照宮が1616年に造営されて以来，④徳川幕府の聖地となりました。東照宮は，その後1636年に全面的に大規模な造り替《か》えが行われ，現在の規模・構造になりました。さらに，1653年には３代将軍家光の霊廟である大猷院《だいゆういん》が造営されました。８世紀以来，男体山を中心とする山岳信仰《さんがくしんこう》の聖地であり，山麓や中禅寺湖畔《はん》にははやくから社寺が営まれていました。

※２ 先祖の霊をまつってある宮

［５］【 Ｃ 】と絹産業遺跡《いせき》群

世界経済の貿易を通じた一体化が進んだ⑤19世紀後半から20世紀にかけて，高品質な生糸の大量生産の実現に貢献《こうけん》した技術交流と技術革新を示す集合体です。その結果，世界の絹産業の発展と絹消費の大衆化がもたらされました。

この技術革新は，製糸技術の革新と，原料となる良質な繭《まゆ》の増産を支えた養蚕技術の革新の双方《そうほう》が相まって成し遂《と》げられました。本資産は，製糸とこれを支える養蚕の技術革新の過程を示す構成要素を併《あわ》せ持ち，生糸を生産する過程全体を今日に伝える顕著な見本です。

（「文化遺産オンライン」による。一部改変。）

問1．【A】～【C】にあてはまる語句を，それぞれ漢字で答えなさい。

問2．下線部①について，【A】の古墳群に含《ふく》まれる日本最大の前方後円墳の名称を，漢字で答えなさい。

問3．下線部②について，京都を舞台とした次のア～エのできごとを，年代の古い順に並べかえなさい。

ア．応仁の乱　　イ．禁門の変(蛤御門の変)　　ウ．保元の乱　　エ．本能寺の変

問4．下線部③について，瀬戸内海の歴史を述べた文として**誤っているもの**を，次のア～エの中から1つ選び，記号で答えなさい。

ア．平安時代には，平清盛が大輪田泊を整備し，日宋貿易を行った。

イ．室町時代には，日明貿易を行うため，勘合船が往来した。

ウ．江戸時代には，河村瑞賢が開いた東廻《まわ》り航路の寄港地の一つとして，瀬戸内海の港が整備された。

エ．第二次世界大戦後には，石油化学コンビナートがつくられ，重化学工業が発達した。

問5．下線部④について，徳川将軍とその在位中のできごとの組み合わせとして正しいものを，次のア～オの中から**すべて**選び，記号で答えなさい。

ア．徳川家光の時，天草四郎を指導者とする島原の乱が起こった。

イ．徳川綱吉の時，江戸の町人を中心とする化政文化が栄えた。

ウ．徳川吉宗の時，公正な裁判を行うための公事方御定書が制定された。

エ．徳川家斉の時，老中の田沼意次が株仲間を公認した。

オ．徳川家茂の時，桜田門外の変で大老の井伊直弼が暗殺された。

問6．下線部⑤について，明治時代の日本では，富国強兵をめざして工業などの分野で近代化が推進されました。このことを何というか，漢字で答えなさい。

問7．昨年，北海道や東北地方の縄文遺跡群の一部が世界文化遺産に登録されました。**この遺跡群がない**県を，次のア～エの中から1つ選び，記号で答えなさい。

ア．青森県　　イ．秋田県　　ウ．岩手県　　エ．宮城県

問8．世界文化遺産に登録されることの利点と問題点はどのようなところにあると考えられますか。石見銀山を例にとり，次のページの**資料①と資料②にもとづいて**説明しなさい。

資料①　大森町住民憲章

石見銀山のある島根県大田市大森町の住民が，世界文化遺産登録直後の2007年８月に制定した住民憲章

石見銀山　大森町住民憲章

このまちには暮らしがあります。
私たちの暮らしがあるからこそ
世界に誇《ほこ》れる良いまちなのです。
私たちは
　このまちで暮らしながら
　人との絆《きずな》と石見銀山を
　未来に引き継《つ》ぎます。

記

未来に向かって私たちは
　一，歴史と遺跡，そして自然を守ります。
　一，安心して暮らせる住みよいまちにします。
　一，おだやかさと賑《にぎ》わいを両立させます。

平成十九年八月　制定

資料②　石見銀山・観光坑道《こうどう》(龍源寺間歩《まぶ》)の見学者の推移

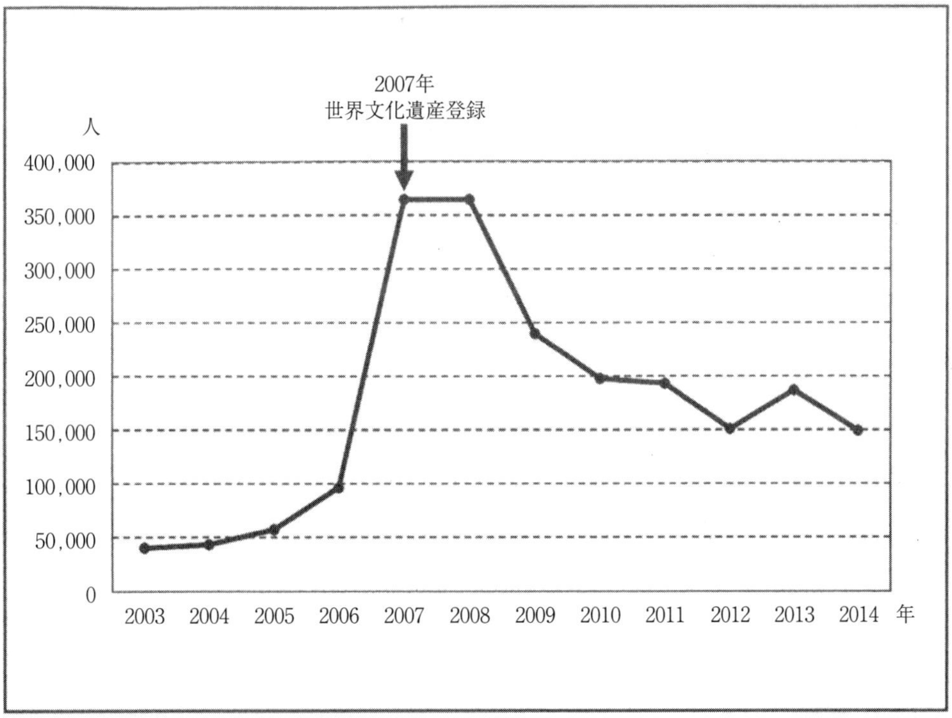

「文化遺産の世界」により作成。

【理　科】〈第１回試験〉（30分）〈満点：50点〉

1　下図は，植物を３つの基準をもとにＡ～Ｄのなかまに分類したもので，各基準にあてはまる場合は○を，あてはまらない場合は×を記してあります。アサガオ，トウモロコシ，スギ，ワラビはそれぞれ図のように分類されます。あとの各問いに答えなさい。

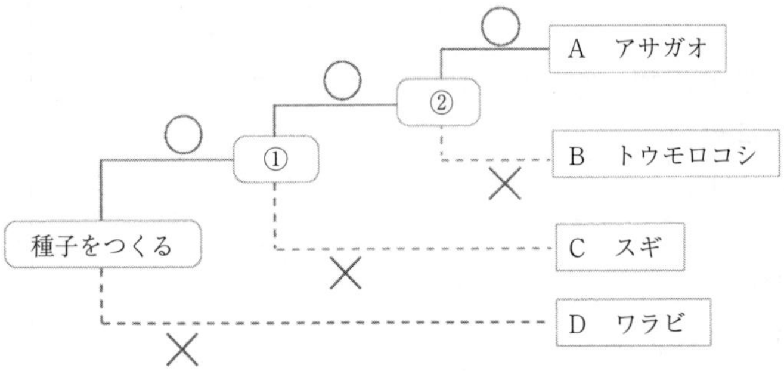

(1)　図の①，②の基準には，次の(ア)～(エ)のいずれかがあてはまります。それぞれの基準にあてはまるものを選び，記号で答えなさい。

(ア)　花が咲《さ》く。

(イ)　子葉が２枚である。

(ウ)　胚珠《はいしゅ》が子房《ぼう》に包まれている。

(エ)　葉脈が平行脈である。

(2)　図のＣのなかまに分類される植物を，次の(ア)～(エ)から２つ選び，解答欄の記号を○で囲みなさい。

(ア)　カエデ　　(イ)　イチョウ　　(ウ)　マツ　　(エ)　ツツジ

(3)　次の特徴《ちょう》をもつ植物は，図のＡ～Ｄのどのなかまに分類されますか。１つ選び，記号で答えなさい。

〔特徴〕

受粉すると実ができ，中には種子があった。また，茎《くき》を輪切りにしたところ，道管と師管の集まりは，茎全体に散らばっていた。

2 図1は，ほ乳類のある動物の血液の流れを表したもので，矢印は血液の流れる向きを表しています。図2は心臓のつくりを表したものです。あとの各問いに答えなさい。

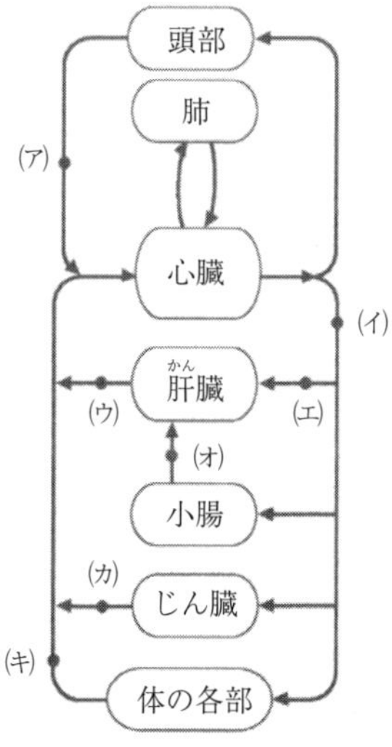

図1

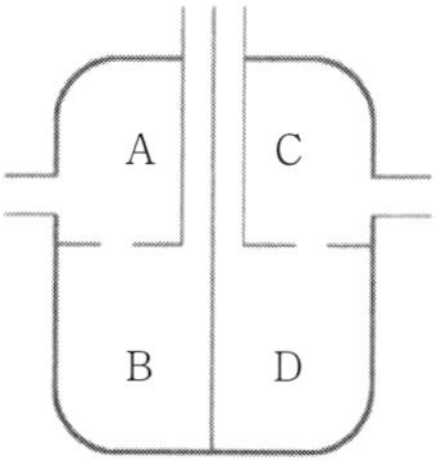

図2

(1) 図1の(ア)～(キ)を流れる血液を同じ量で比べると，二酸化炭素以外の不要物が最も少ないのはどれですか。記号で答えなさい。

(2) 空腹な状態になったとき，図1の(ア)～(キ)を流れる血液を同じ量で比べると，栄養分が最も多いのはどれですか。記号で答えなさい。

(3) 心臓は，図2で示された4つの部屋，A(右心房)，B(右心室)，C(左心房)，D(左心室)からできています。これらの部屋は，血液が流れこむときに広がり，血液を送り出すときに縮みます。心臓の4つの部屋の動き方として，正しいものを次の(ア)～(エ)から1つ選び，記号で答えなさい。

(ア) A，B，C，Dの順に縮む。次に4つの部屋が同時に広がる。これをくり返す。

(イ) AとBが縮むと同時に，CとDは広がる。次にCとDが縮むと同時に，AとBは広がる。これをくり返す。

(ウ) AとDが縮むと同時に，BとCは広がる。次にBとCが縮むと同時に，AとDは広がる。これをくり返す。

(エ) AとCが縮むと同時に，BとDは広がる。次にBとDが縮むと同時に，AとCは広がる。これをくり返す。

3 川を流れる水のはたらきについて，次の各問いに答えなさい。

(1) 雨が降って，川が増水したとき，増水する前に比べてどのような変化がありますか。あてはまるものを次の(ア)～(エ)から2つ選び，解答欄の記号を○で囲みなさい。

(ア) 土砂が運ばれにくくなる。

(イ) 水の流れが速くなる。

(ウ) 石を浮《う》かせる力が小さくなり，大きい石は流されにくくなる。

(エ) 川底をけずる力が大きくなる。

(2)　右図は，川の曲がっているところの断面を下流側から見たものです。あとの①と②に答えなさい。図のＸは下流側から見たときの左側の岸を，Ｙは右側の岸を表しています。

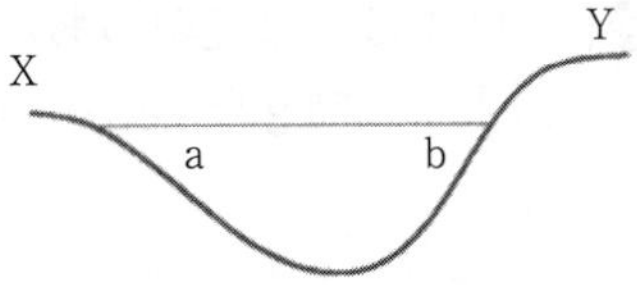

①　図のａとｂでは，水の流れが速いのはどちらですか。記号で答えなさい。

②　この地点の川の曲がり方は，次の(ア)と(イ)のどちらになりますか。記号で答えなさい。(ア)と(イ)のＸとＹは上の図と同じ場所を表しています。

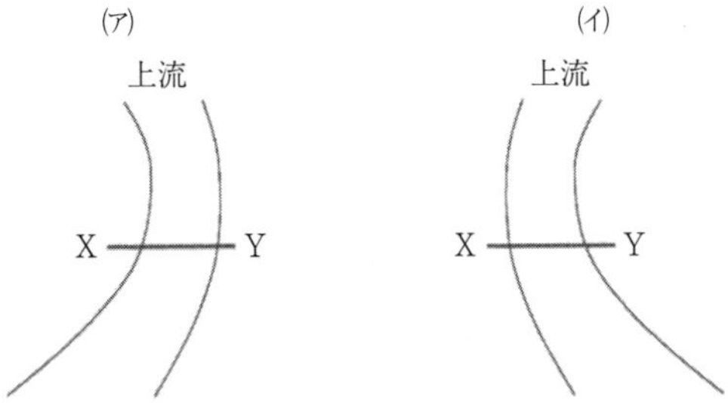

(3)　川の増水による災害を防ぐ工夫の１つに，砂防えんてい(砂防ダム)があります。砂防えんていのはたらきとして，あてはまるものを次の(ア)〜(エ)から２つ選び，解答欄の記号を○で囲みなさい。

(ア)　大量の土砂が流れ出るのを防ぐ。

(イ)　洪水《こうずい》によってあふれた水の一部を，一時的に貯める。

(ウ)　水の流れを遅《おそ》くする。

(エ)　川から水を引き，農業用水として利用する。

4　太陽がのぼる位置や沈《しず》む位置は，日ごとに少しずつ変わっていきます。図は，日本のある場所で常に真東を向き，毎月20日ごろの太陽がのぼる位置を１年間にわたり記録して，古い順に上からならべたものです。あとの各問いに答えなさい。

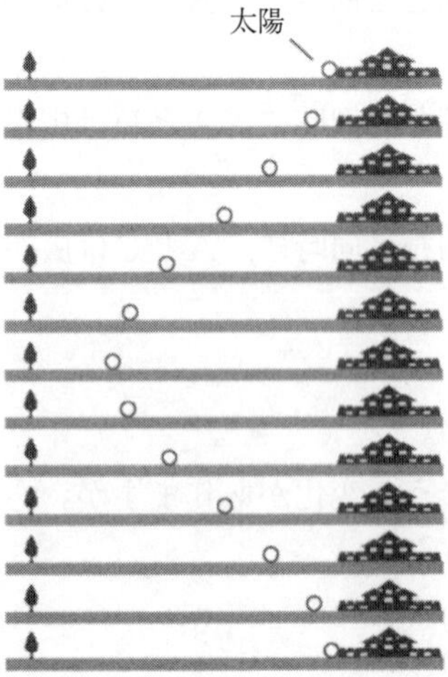

(1)　図中の左端《はし》は，北東・南東・南西・北西のどの方角ですか。

(2)　図の１番上の記録は何月のものですか。１〜12の数字で答えなさい。

(3)　記録を始めた月から同じように１年間，真西を向いて太陽が沈む位置を記録して古い順に上からならべると，どのようになりますか。正しいものを次の(ア)～(エ)から１つ選び，記号で答えなさい。

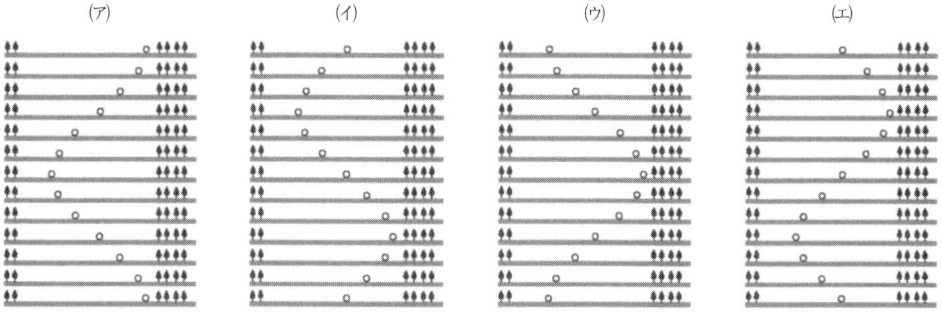

5　次の５種類の水溶《よう》液があります。これらの水溶液を区別するために，いろいろな方法で調べました。ただし，見た目では区別できないものとします。あとの各問いに答えなさい。

〔水溶液〕　うすい塩酸・食塩水・うすい水酸化ナトリウム水溶液・炭酸水
うすいアンモニア水

(1)　水溶液について説明した次の(ア)～(エ)のうち，正しいものを１つ選び，記号で答えなさい。

(ア)　水溶液をろ過することによって，溶《と》けているものと水を分けることができる。

(イ)　水溶液は，色がついていてもついていなくても，すべて透《とう》明である。

(ウ)　水溶液をルーペで観察すると，溶けているものを見ることができる。

(エ)　水溶液を長い時間置いておくと，水溶液の濃《こ》さは，上の方は少しずつうすくなり，底の方は少しずつ濃くなる。

(2)　それぞれの水溶液に，次の(ア)～(エ)のうち，１つの操作を行い，うすい塩酸を見つけたいと思います。どの操作をすればよいですか。記号で答えなさい。

(ア)　青色のリトマス紙に，ガラス棒を使って水溶液をつける。

(イ)　赤色のリトマス紙に，ガラス棒を使って水溶液をつける。

(ウ)　アルミニウムが入った試験管に，水溶液を少量そそぐ。

(エ)　鉄(スチールウール)が入った試験管に，水溶液を少量そそぐ。

(3)　それぞれの水溶液に，次の(ア)～(エ)のうち，２つの操作を行い，食塩水を見つけたいと思います。どの操作とどの操作をすればよいですか。記号で答えなさい。ただし，答えは２通りあります。どちらも答えなさい。

(ア)　青色のリトマス紙に，ガラス棒を使って水溶液をつける。

(イ)　赤色のリトマス紙に，ガラス棒を使って水溶液をつける。

(ウ)　石灰水が入った試験管に，水溶液を少量そそぐ。

(エ)　スライドガラスにガラス棒で水溶液を少量とり，水を蒸発させる。

6 ばねにいろいろな重さのおもりをつり下げて，ばねの伸《の》びを調べました。図１のグラフは測定の結果を表しています。あとの各問いに答えなさい。

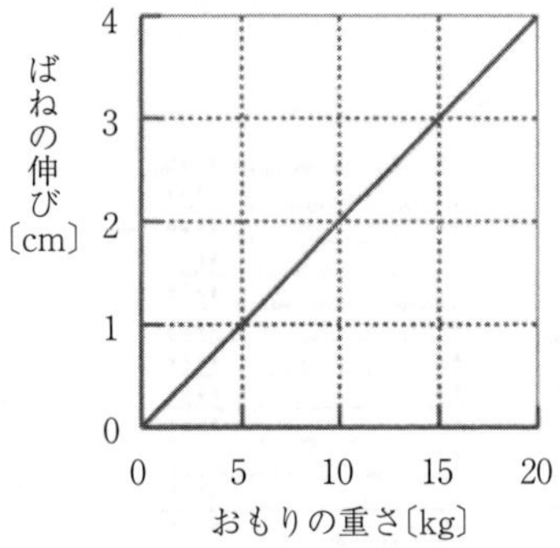

図１

(1) ばねに重さがわからないおもりをつり下げたところ，ばねは2.8cm 伸びました。おもりの重さは何kg ですか。

このばねを使って，図２のような荷物の重さを調べる装置を作りました。ばねの上の端は棒(図では●で示されています)とつながっていて，小さな穴がたくさんあいた壁《かべ》に棒を差しこむことで固定しています。ただし，皿と支点の距離《きょり》は40cm，ばねと支点の距離は50cm とし，皿とステー(皿を支える細長い板)の重さは考えないものとします。

装置は以下の手順で使います。

１．皿に重さをはかりたい荷物をのせる。
２．ステーが下がり，ばねが伸びる(図３)。
３．ステーが水平になる位置まで，ばねの上の端につながった棒を上に動かして壁に差しこむ(図４)。
４．ばねの伸びをはかる。

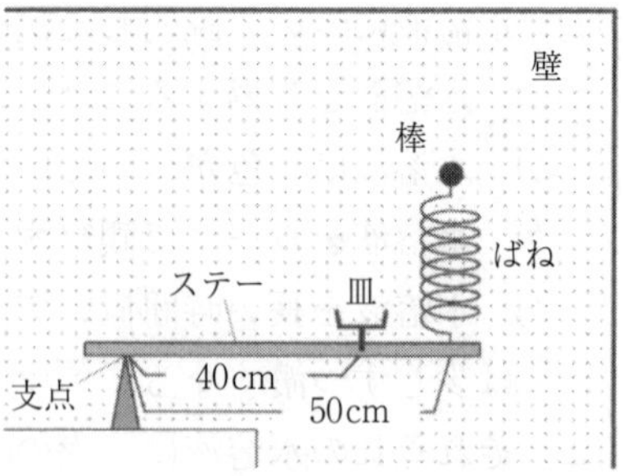

図２

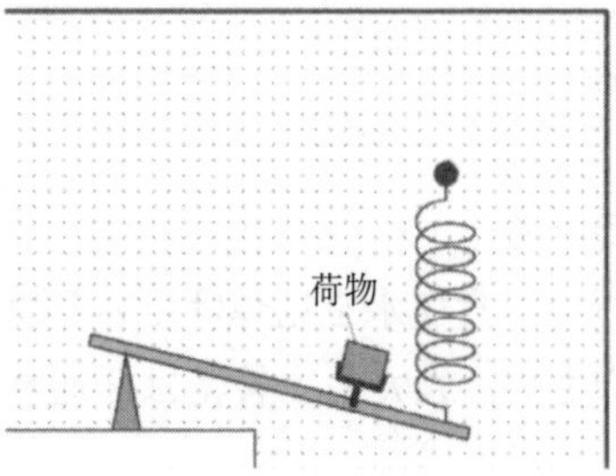

図３

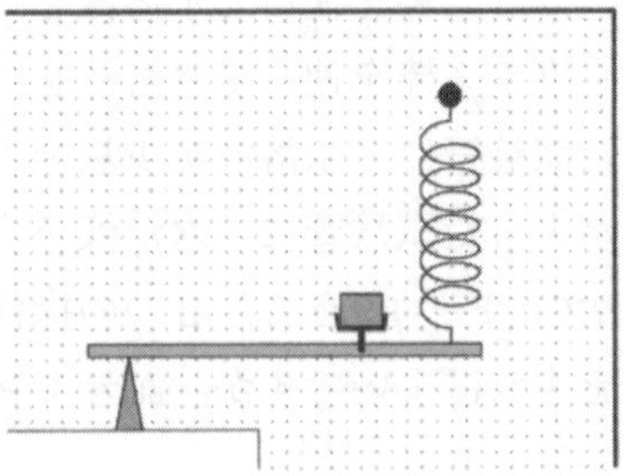
図４

(2) この装置に重さのわからない荷物をのせたところ，ばねは４cm 伸びました。荷物の重さは何kg ですか。

次に，この装置ではかることができる重さを増やすために，図５のように，ステーに穴をあけて皿を置く位置を変えられるようにします。

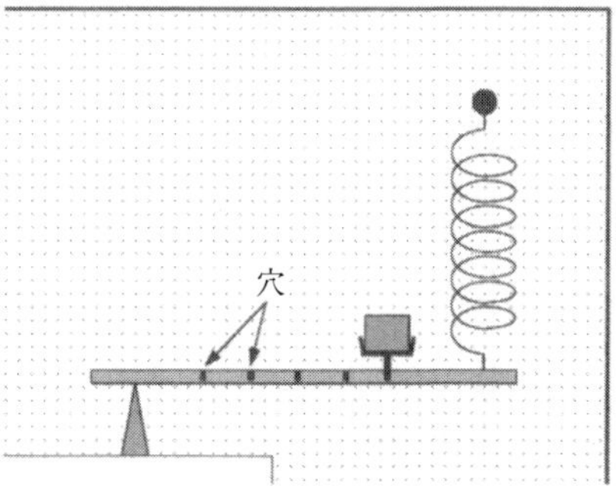

図5

(3)　図5の装置ではかることができる最大の重さを80kgにするには，支点から何cmのところに穴をあけて皿を置けばよいですか。ただし，装置は80kgの荷物をのせても壊《こわ》れませんが，ばねは4cmより伸びると壊れてしまいます。

7　閉じこめた空気や水について，次の各問いに答えなさい。

(1)　下図のように，空気の入った筒《つつ》に，シャボン玉の膜《まく》を間隔《かく》が同じになるように張りました。ピストンを上から押《お》したとき，膜の間隔はどのようになりますか。次の(ア)〜(オ)から1つ選び，記号で答えなさい。

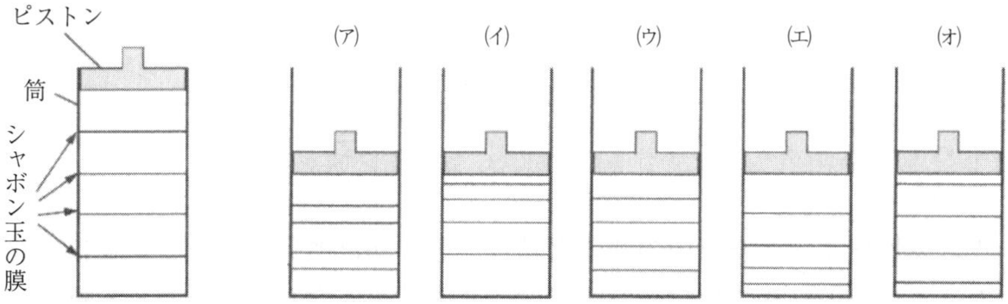

図

(2)　次のA〜Eの条件で，風船を筒の中に閉じこめました。あとの図は，それぞれのようすを表したものです。この状態からピストンを上から押したとき，風船が小さくなるのはどれですか。A〜Eからすべて選び，解答欄の記号を○で囲みなさい。

A　空気が入った風船を筒の底に固定した。

B　水で満たされた風船を筒の底に固定した。

C　空気が入った風船を筒の底に固定し，筒の半分の高さまで水を入れた。

D　水で満たされた風船を筒の底に固定し，筒の半分の高さまで水を入れた。

E　筒の半分の高さまで水を入れ，空気が入った風船を水面に浮かべた。

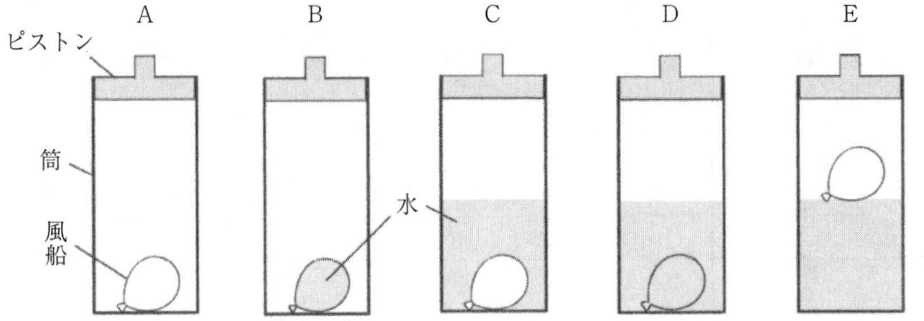

(3)　右図のように，注射器に空気を入れて閉じこめました。この注射器の先をゴムの板に押しつけ，空気の出入りがないようにしました。図の状態からピストンを真上に引いたとき，閉じこめた空気の重さと空気の密度は，それぞれどのように変化しますか。次の(ア)〜(カ)から１つ選び，記号で答えなさい。ただし，空気の密度とは１cm^3あたりの空気の重さのことです。

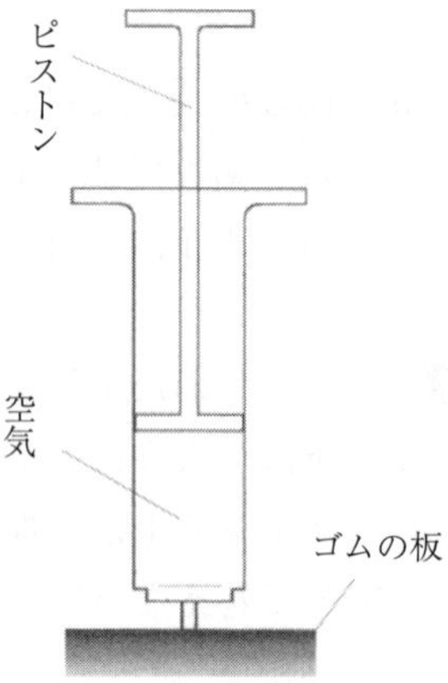

	空気の重さ	空気の密度
(ア)	大きくなる	大きくなる
(イ)	大きくなる	小さくなる
(ウ)	小さくなる	大きくなる
(エ)	小さくなる	小さくなる
(オ)	変わらない	大きくなる
(カ)	変わらない	小さくなる

8　銅やマグネシウムを加熱すると空気中の酸素と結びつき，銅は酸化銅という物質に，マグネシウムは酸化マグネシウムという物質に変わります。また，金属を加熱したあとの重さは，金属に結びついた酸素の分だけ加熱する前よりも重くなります。粉末状の銅とマグネシウムを用いて次の実験を行いました。あとの各問いに答えなさい。

〔実験〕

１．いろいろな重さの粉末状の銅を，図１のようにガスバーナーで十分に加熱して，完全に反応(すべての銅が酸素と結びつくこと)させて，それぞれ加熱後の重さを調べた。

２．いろいろな重さの粉末状のマグネシウムをガスバーナーで十分に加熱して，完全に反応(すべてのマグネシウムが酸素と結びつくこと)させて，それぞれ加熱後の重さを調べた。

３．各金属の加熱前の重さと加熱後の重さの関係を図２のようにまとめた。

図１

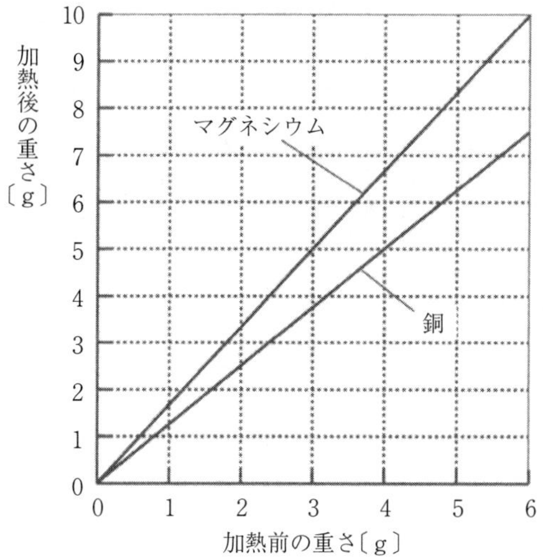

図２

(1)　ある重さの銅を加熱して完全に反応させたところ，８gの酸化銅ができました。何gの銅を加熱しましたか。

(2)　ある重さのマグネシウムを加熱して完全に反応させたところ，３gの酸化マグネシウムができました。このとき結びついた酸素の重さは何gですか。

(3)　13gの銅を加熱したところ，完全には反応しなかったため，加熱後の重さは14.5gになりました。このとき，反応していない銅の重さは何gですか。

(4)　銅とマグネシウムが混ざった粉末4.8gを加熱し，完全に反応させたところ，加熱後の重さは6.5gになりました。もとの粉末に含まれていたマグネシウムの重さは何gですか。

三

次の①～⑤について、一つだけ画数が異なる漢字を(ア)～(エ)の中から一つ選び、それぞれ記号で答えなさい。

① (ア) 弓　(イ) 少　(ウ) 収　(エ) 円
② (ア) 気　(イ) 百　(ウ) 両　(エ) 近
③ (ア) 男　(イ) 吸　(ウ) 防　(エ) 弟
④ (ア) 出　(イ) 写　(ウ) 印　(エ) 氷
⑤ (ア) 世　(イ) 区　(ウ) 月　(エ) 比

四

次の①～⑦の――線部を漢字に改め、⑧～⑩の――線部の読みをひらがなで答えなさい。

① コユウの文化を大切に守る。
② 責任をマットうする。
③ マイクをナイゾウした録音機。
④ どうかマサユメになりますように。
⑤ とてもフウリュウな庭。
⑥ 相手の作戦をサカテにとって反撃《はんげき》に転じた。
⑦ シオドキをみて、父に話した。
⑧ おこづかいを工面しておもちゃを買った。
⑨ 奮ってご参加ください。
⑩ 最後は彼《かれ》に委ねられた。

さい。

問十九、――線⑲「しょっぱいものをのみこんだように口もとをゆがめている」とありますが、この時の「藤堂さん」の気持ちとして最も適切なものを、次の(ア)～(エ)の中から選び、記号で答えなさい。

(ア) 龍介くんのお母さんが息子のいたずらをかばっていることに驚く気持ち。

(イ) 龍介くんのお母さんが息子のいたずらをかばっていることを不愉快《ふゆかい》に思う気持ち。

(ウ) 龍介くんが本当は道場をやめたがっていることを知り、戸惑《とまど》う気持ち。

(エ) 龍介くんが本当は道場をやめたがっていることを知り、不機《ふき》嫌《げん》な気持ち。

問二十、――線⑳「達成感」とありますが、「ぼく」が「達成感」を覚えた理由として**適切でないもの**を、次の(ア)～(エ)の中から一つ選び、記号で答えなさい。

(ア) 自分で自分の疑いを晴らすことができ、藤堂さんにも謝ってもらえたから。

(イ) 予想外だったとはいえ、自分たちの力で事件の真相を解明することができたから。

(ウ) 「ぼく」のことを犯人だと主張していた藤堂さんが、かんちがいを認めてくれたから。

(エ) 事件の真相を解明できただけでなく、思惑《おもわく》通りに真犯人を見つけることができたから。

問二十一、――線㉑「ちょっとにがい味のものだった」とありますが、なぜですか。その理由として最も適切なものを、次の(ア)～(エ)の中から選び、記号で答えなさい。

(ア) ピンポンダッシュの犯人をまちがえてしまい、藤堂さんの面目がつぶれてしまったから。

(イ) ピンポンダッシュの犯人はわかったが、藤堂さんを傷つける結果となってしまったから。

(ウ) ピンポンダッシュの犯人をまちがえてしまい、子どもにぬれぎぬを着せてしまったから。

(エ) ピンポンダッシュの犯人はわかったが、その真相に藤堂さんが腹を立ててしまったから。

二

次の①～⑤の意味になるように、語群〔Ⅰ〕と語群〔Ⅱ〕の言葉を組み合わせて慣用句を作り、それぞれ記号で答えなさい。

① 白状する
② 調子を合わせる
③ 味方をする
④ もてあます
⑤ おおげさなことを言う

語群〔Ⅰ〕

(ア) 大風呂敷《おおぶろしき》を	(イ) 油を	(ウ) 相づちを
(エ) 手を	(オ) 口を	(カ) 肩《かた》を
(キ) 背を		

語群〔Ⅱ〕

(a) さす	(b) わる	(c) うる
(d) うつ	(e) もつ	(f) やく
(g) でる	(h) あう	(i) むける
(j) ひろげる		

号で答えなさい。

(ア) もうどうにでもなれという投げやりな気持ち。
(イ) どうせ勝てないとやけっぱちになる気持ち。
(ウ) なにがなんでもたたかおうと意気込《ご》む気持ち。
(エ) 負けても仕方がないと開き直る気持ち。

問五、――線⑤「藤堂さんの顔が赤くなった」とありますが、なぜですか。その理由として**適切でないもの**を、次の(ア)～(エ)の中から一つ選び、記号で答えなさい。

(ア) 子どもが話の途中《とちゅう》に口をはさんできたので、腹が立ったから。
(イ) 子どもに当然のことを指摘《してき》されて、恥《は》ずかしかったから。
(ウ) 子どもに自分の非を注意されて、気まずかったから。
(エ) 子どもが自分に口答えをしたので、驚《おどろ》いたから。

問六、――線⑥「それ」とはどのようなことを指していますか。十五字以内で具体的に答えなさい。

問七、――線⑦「あそこの花台」とありますが、「花台」の場所を説明した次の文の(ア)・(イ)に当てはまる漢字一字を、それぞれ答えなさい。

> 花台は、玄関から門の方に向かって置いてある飛び石を途中で（ア）側《がわ》に曲がったところにあり、そこから門の外までは、（イ）メートルを切るくらいである。

問八、――線⑧「やられた」とありますが、何を「やられた」のですか。答えなさい。

問九 ⑨・⑱ には同じ言葉が入ります。その言葉として最も適切なものを、次の(ア)～(エ)の中から選び、記号で答えなさい。

(ア) ずかずかと　(イ) おずおずと
(ウ) じりじりと　(エ) ばたばたと

問十、――線⑩「ぼくが押していないという証拠にはならない」とありますが、やっていないことを明らかにすることを本文ではどのように表現していますか。抜き出して答えなさい。

問十一、⑪ に当てはまる言葉として最も適切なものを、次の(ア)～(エ)の中から選び、記号で答えなさい。

(ア) 緊張《きんちょう》　(イ) 反論　(ウ) 動揺《どうよう》　(エ) 反省

問十二、――線⑫「念のためおまえらの指、見せておけ」とありますが、「藤堂さん」がこのように言った目的を、具体的に答えなさい。

問十三、――線⑬「同じこと」とありますが、その内容が具体的に示されている部分を本文中から抜き出し、最初と最後の五字を答えなさい。

問十四、――線⑭「いるんだ」の主語を答えなさい。

問十五、⑮ に当てはまる言葉を十字以内で答えなさい。

問十六、――線⑯「ここ」とはどこを指していますか。本文中から十六字で抜き出して答えなさい。

問十七、～～線Ⓐ「ここの家の人が見ていたかもしれない。」・Ⓑ「あーっ！　見て。」・Ⓒ「え、えっ。」は誰《だれ》の言葉だと考えられますか。最も適切なものを、次の(ア)～(エ)の中から選び、記号で答えなさい。

(ア) Ⓐ魔王・Ⓑぼく・Ⓒぼくと魔王と藤堂さん
(イ) Ⓐぼく・Ⓑ魔王・Ⓒぼくと魔王と藤堂さん
(ウ) Ⓐ魔王・Ⓑ藤堂さん・Ⓒぼくと魔王
(エ) Ⓐぼく・Ⓑぼく・Ⓒぼくと魔王

問十八、――線⑰「聞きたいこと」とありますが、具体的にどのようなことを「聞きたい」のですか。「～ということ。」に続くように、本文中から二十五字で抜き出し、その最初と最後の五字を答えなさい。

「わ、わしが、龍介くんをしかったってか？　あいさつは大きな声でとか、しゃきっと立てとか、そんなことくらいだろ。」

藤堂さんがそういうと、二階でひいっと泣き声があがった。

「藤堂さんにとっては、そんなことくらい、でも、あの子にとってはきつかったんです。あとであらためておわびにうかがいますから、今日はお帰りください。」

おばさんはぼくらを追いだすようにドアの外に押しだし、がしゃんとかぎをかけた。

「龍介、だいじょうぶ？」

ドアのむこうから、そういって階段をかけあがる音が聞こえた。

「なんだ。あれは？」

藤堂さんは、⑲しょっぱいものをのみこんだように口もとをゆがめている。

「わしが『道場、楽しいか？』って聞いたら、楽しいっていっていたんだぞ。」

「どんまいだよ。」

ぼくは藤堂さんの背中をたたいた。

「世の中、いろいろあるよ。ぼくもうまくいかないことばかりだもん。」

「お、おう。」

藤堂さんは、はずかしそうに目を細めた。

それから、深々とぼくに頭をさげてくれたんだ。

「わしの負けだな。犯人とまちがって、悪かった。わしのかんちがいだったようだ。」

「よっし。」

ぼくは、小さくガッツポーズした。ヤッター。

つかめた。やっと、真実がわかった。

藤堂さんにもあやまってもらえた。

⑳達成感がこみあげてきて、思わず魔王とハイタッチする。

真実はぼくが想像したのとちがって、㉑ちょっとにがい味のものだった。犯人は藤堂さんがかわいがっていた子だったからだ。藤堂さんにいたずらしてきらわれようとしてチャイムを押したんだ。それでも、いざとなると、怒られるのがこわくなって、かくれてしまったのかもしれない。

どっちにしろご近所トラブルの一種なのだろう。

藤堂さんはすっかりしょげてしまっていた。でも、ぼくが帰るというと、よびとめてきた。

「もし、時間があったら、ジュースでも飲んでいかないか？　犯人とまちがえたおわびだ。菓子《かし》もあるぞ。」

魔王は「ええっ。」と顔をこわばらせ、びびってあとずさり。けど、ぼくはかまわず大きくうなずいた。

「はい。いただきます。」

（赤羽じゅんこ『ぼくらのスクープ』による）

＊しばたたかせ…しきりにまばたきをして

問一、――線①「再現」と同じ内容を示している言葉を、本文中から抜《ぬ》き出して答えなさい。

問二、――線②「こんなこと」とはどのようなことを指していますか。具体的な内容を「～こと。」に続くように、十字以内で答えなさい。

問三、――線③「あてにならなかった」とありますが、「魔王」はどのような様子なのですか。本文中の言葉を用いて二十字以内で答えなさい。

問四、――線④「やぶれかぶれだ」とありますが、この時の「ぼく」の気持ちとして最も適切なものを、次の(ア)～(エ)の中から選び、記わしの道場にかよっている。じつにかわいい子なんだが、弱弱しかったから、鍛《きた》えてやろうと思って、さそったんだ。」

　げーって思った。ぼくが龍介くんなら、藤堂さんから剣道《けんどう》をならうなんて、ぜったいにいやだ。

「聞いてみよう。今、明かりがついてるから、だれかいるじゃろ。」

　佐々木さんの家はガレージのおくに玄関がある形だ。藤堂さんはずかずかと車の横をすすんでいく。ぼくらはそのあとに続いた。

　藤堂さんはぼくらが後ろにいるのを確認して、チャイムを押した。

「わしじゃ。となりの藤堂だ。ちょっとすまんが顔だしてくれ。」

「はーい。」

　ミニスカートのおばさんがでてきた。目がくりっとしてかわいらしい。しかし、ぼくらを見ると、警戒《けいかい》するような表情をうかべる。

「どうかしましたか?」

「いや、忙《いそが》しいときにすまん。⑰聞きたいことがあって。こいつらが実験だとか調査だとか、うるさくいうもんでな。」

　藤堂さんがそこまでいったときだ。

「Ⓑあーっ！　見て。」

　フレッシュグリーンのパーカーが、目にとびこんできた。犯人にまちがえられたとき、ぼくが着ていたTシャツと同じ色。玄関にあるハンガーラックに、かけてあったのだ。

「おっ。」

　藤堂さんもそれに目をとめる。

「なんですか?　じろじろと。」

　おばさんはハンガーラックをかくすように前に立つ。

「いやその、じつはピンポンダッシュでな……。」

　藤堂さんがそういったときだ。

「やはり、そのことで……。」

　おばさんはあきらかにぎょっと顔をひきつらせ、玄関にひざをついてすわりこんだ。

「ごめんなさい。あやまりにいこうと思ってたんです。でも、龍介がいやがるから、つい、あとで、あとでとなって。しかってはいたんですよ。ほんと、ごめんなさい。」

「Ⓒえ、えっ。」

　ぼくらはみんな、顔を見合わせた。

　ガレージにかくれる子どものすがたを見ていなかったかと聞きたかっただけなのに、話がちがう方向にむかっている。

　魔王が一歩前にでた。

「龍介くんがピンポンダッシュをしたのですか?」

「えっ、そのことできたんじゃないんですか?」

　おばさんが「まずった」という感じに口に手をあてる。

「ばかな。そんなはずはない。あの子はいい子だ。」

　藤堂さんの声が大きくひびく。

　すると、玄関の先にある階段から、ひとりの少年が［⑱］顔だけだした。龍介くんのようだ。

「ピンポンダッシュ、もうしません。もうしないから、ママを怒《おこ》らないで。」

　か細い声でそれだけいうと、すぐに顔をひっこめた。

「ガレージのところで、こそこそかくれていたから、問いただしたんです。でも、理由はあるんですよ。道場、やめたいから、藤堂さんにきらわれるようなことをしようと思ったって。道場で怒られるのが、どうもいやだったらしく……。わたしが近所の手前、やめにくいからがまんしなさいといってしまったから、こじれたのかもしれません。すみません。ほんとうにすみません。」

　おばさんが頭をさげる。

レージに柵がないから、車の横にもぐりこんでかくれていたんだ。
「なんと。」
藤堂さんはぼくを見て、ぽかんとした。
「ほんとうに、おまえは押してないのか？　わしの場所から、チャイムの位置は見えない。ごまかしてないか？」
藤堂さんは、慎重《しんちょう》だった。魔王が押した証拠《しょうこ》はない。それに魔王がチャイムを押したというだけでは、⑩ぼくが押していないという証拠にはならないといいはる。
でも、魔王は［ ⑪ ］しなかった。
「おれが押したという証明ならできます。」
ランドセルを地面に置いて、ふでばこから赤いサインペンを選んで、とりだし、それでチャイムのボタンを赤くぬった。
「おい、おい、やめろ。何をしてる？」
藤堂さんは目をつりあげた。
「こうすれば、押した人の指が赤くなるでしょ。だれが押したか証拠になります。あとで色はきれいに落としますから。」
「そうか。よし。意味はわかった。⑫念のためおまえらの指、見せておけ。」
ぼくらは両手をパーにして藤堂さんに見せた。今、どちらの指も赤くない。
「押したやつの指が、赤くなるんだな。」
もう一度、藤堂さんは花台にもどった。
ぼくと魔王はさっきと同じ位置にもどって、⑬同じことをくりかえす。
チャイムがなると、藤堂さんがとびだしてきた。
ぼくのほうをまず見る。
それから体をのりだして、となりのガレージのところを見た。かくれていた魔王が立ちあがった。
「たしかに、そんなふうにそっちの車のほうにすわっていると、見えないかもな。よし。指を見せてみろ。」
魔王が手をひろげた。ぼくもひろげた。
ひとさし指に赤い色がついているのは、魔王だけだ。
「ね、ぼくが犯人じゃない場合もあるってわかったでしょ。ぼくはやってない。他に⑭いるんだ。いたずらをした犯人が。」
えっへんとむねをはる。
「うーん。」
藤堂さんは目を＊しばたたかせ、腕《うで》をくんだ。
「じゃ、真犯人は、どこのどいつだ？」
声をはりあげる。
「そこまでは、わからないよ。」
「じゃ、おまえかもしれないじゃないか。やってないかもしれんということはわかった。でも、おまえでないという証拠にはならないぞ。」
痛いところを突《つ》かれた。
この実験で証明できるのはここまで。［ ⑮ ］可能性があるってところまでだ。
やっぱり、やってないことの証明、「悪魔の証明」はできないのか。奥歯《おくば》をかみしめたときだ。
「目撃者《もくげきしゃ》をさがそう。このままだったら、気持ち悪い。」
とつぜん、魔王がいいだした。
「⑯ここにかくれるのなら。」
そういって、となりの佐々木さんという家を見る。新築のおしゃれな家で三階建てだ。
「Ⓐここの家の人が見ていたかもしれない。」
「それはいい。この家のことはよく知っている。小一の龍介《りゅうすけ》くんがつんでしまわないと、次の花が咲かないからな。」

藤堂さんは、門をあけて、「こっちこっち。」とまねきいれてくれた。後ろにいた魔王もあわてて、近くにくる。

門から玄関まで飛び石が置いてあった。その飛び石は途中《とちゅう》で二手に分かれていて、右にまがると庭のほうに続いていく。

藤堂さんは、門と庭との間あたりにある花台のところで作業していたらしい。

「それでな、チャイムが聞こえた。わしは、腰《こし》をのばして様子をうかがった。柵《さく》のあたりに、緑の服がちらっと見えた。また、⑧やられたと思い、いそいで、もっていたものをほうりだしてな。」

藤堂さんは、花ばさみを置いて、門にむかう。

「門にいったんじゃ。かんぬきをはずして道にでたら、走っていくおまえの背中が見えた。それでよびとめた。もちろん、よびとめる前に、右、左を両方ともよーく見た。ほかにだれもいなかったんじゃ。まちがいない。だから、おまえしかチャイムを押《お》すことはできない。」

藤堂さんは、最後に「わかったか。」といって、ぜいぜいと息をした。花台から門の外まで、五メートルもないけど、あわてたせいで息がきれている。

「ありがとうございます。」

魔王が［⑨］前にでて、ていねいに、頭をさげる。

「もし、犯人が見えないようにかくれたのなら、どうですか？」

「かくれたって、そういうのは、わしはわかる。よく見たのだから。」

藤堂さんは、つかみかかるようないきおいでいう。

「でも、やってみたいんです。うまくかくれられるかどうか。実験させてください。」

ぼくは九十度くらいに深く頭をさげた。

「お願いします。」

魔王もとなりにきて、頭をさげた。

頭にじりじりと視線を感じた。藤堂さんがにらんでるからだ。

「やってみれば気がすむのか？」

カミナリのような大声。

「はい。チャイムを押して、かくれられるか、藤堂さんに見つかるか、ためしたいんです。」

ふるえる声で魔王がたのむ。

「そうなら早くそういえばいい。」

ヤッター。しぶしぶだが、再現すること、OKしてくれた。

藤堂さんは魔王のほうを見て、どうやるんだってたずねている。

「ピンポンダッシュのときと同じようにしていてください。同じ場所にいて、チャイムを聞いてから動いてください。」

「わかった。あの日と同じことをするんじゃな。」

藤堂さんは、花ばさみを手にとり、手入れを始めた。

ぼくたちは、いそいで外にでた。魔王とぼくはとなりの佐々木《ささき》という家の玄関のあたりに立つ。

「よし、始めよう。」

まず、ぼくは前をむいたまま、急ぎ足で藤堂さんの門をとおりすぎ、そのまま歩道を走る。魔王は体をかがめてチャイムを押すと、さっと逃《に》げた。

「だれだ？」

藤堂さんはかけてきて、がしゃがしゃと木の門をあけて外にでる。右、左を見た。一歩前にでて、もう一度左右を見た。

それから、勝ちほこった様子でぼくを指さす。

「やっぱり、おまえだ。おまえしか見えない。」

「ちがいます。押したのは、ぼくでーす。」

となりの佐々木さんの家の車のかげから、魔王が立ちあがった。ガ

二〇二二年度
明治大学付属中野中学校

【国　語】〈第一回試験〉（五〇分）〈満点：一〇〇点〉

一　次の文章を読んで、後の問いに答えなさい。（字数指定がある問いでは、句読点・記号なども一字として数えます）

> 井田《いだ》敦也《あつや》と魔王《まおう》こと堤《つつみ》奏太《そうた》は学級新聞の係である。良い記事を書くために井田が思いついたことは、以前、自分がぬれぎぬを着せられた「ピンポンダッシュ事件」の真相を明らかにするための取材をすることだった。

「なんじゃ、その①再現なんとかって。」

藤堂《とうどう》さんは、しわのおくの目をかーっと見ひらいて、ぼくをにらんできた。

それだけで、すげー迫力《はくりょく》。八十三歳《さい》の貫《かん》ろくも加わって、寺院にある仁王像《におうぞう》ってやつを思いだしたくらい。

——こわっ。

ぼくは思わずあとずさった。

勇気をふりしぼり、覚悟《かくご》を決めて対決しようと思って、きたんだ。②こんなことで負けてはだめだと思うが、体がかってに後ろにさがる。

魔王はまるで③あてにならなかった。

「それなら、協力するよ。」

ガッツポーズでそういったくせに、五メートルくらいはなれたところで、首をすくめてちぢこまっている。

「聞こえないのか。なんじゃと聞いてるんだ。」

藤堂さんが顔をしかめて、一歩ふみだしてくる。

こうなったら、もう、④やぶれかぶれだと、ぼくはむねをはって、藤堂さんの目をにらみかえした。

「ぼくはピンポンダッシュをしていません。犯人にまちがえられて、めいわくしています。だから、そのときのことを、再現して、ぼくは何もやってないことをわかってもらいたいんです。うたがわれたままじゃ、いやなんです。」

藤堂さんは、考えるように空をあおいだ。

「そうか。あんときのピンポンダッシュの子か。じゃが、わしは、ちゃんと玄関《げんかん》をでて、道を見まわした。この道を歩いていたのは、おまえだけだった。ほかには……。」

「ぼく、『おまえ』じゃありません。ぼくは井田です。」

つい、いいかえしてしまった。⑤藤堂さんの顔が赤くなった。

「こっちが話しているとき、口をはさむんじゃない。いいか。だれがなんていったって、おまえしかいなかった。」

口からあわをとばすようないきおい。

それにしても元気だ。八十三歳でこれなんだから、若いときはどんなだったんだろうと、一瞬《いっしゅん》、ぼうっとしてしまうほど。

いけない。今は、集中しなきゃと、首を横にふった。

「そ、それを再現してみるんです。あのとき、藤堂さんは何をしていたんですか？」

ちゃんと名字でよぶことができた。

魔王が、お年寄りの中には、おじいちゃんとよばれるのをいやがる人もいる、ちゃんと名字でよぼうといったからだ。

⑥それは効果があったらしく、藤堂さんのこわばっていた表情が少しだけゆるんだ。

「⑦あそこの花台で、花の手入れをしていたんだ。咲《さ》きおわった花を

2022年度 明治大学付属中野中学校 ▶解説と解答

算 数 ＜第１回試験＞（50分）＜満点：100点＞

解 答

1 (1) 27　(2) $1\frac{3}{8}$　(3) 12　2 (1) 13個　(2) 540人　(3) $12\frac{6}{17}$cm²　(4) 168点　(5) 150cm²　3 (1) 360 g ずつ　(2) 182.34cm²　4 (1) 4 ： 5　(2) $\frac{2}{63}$倍　5 (1) 8088個　(2) 3570　6 (1) 16 ： 5　(2) 11.75cm　7 (1) 5 ： 3　(2) 時速7.2km

解 説

1 計算のくふう，逆算，場合の数

(1) $2.7\times3.14-0.9\times1.14\times3+0.9\times6+6\times2.7=2.7\times3.14-2.7\times1.14+0.9\times3\times2+2.7\times6=2.7\times3.14-2.7\times1.14+2.7\times2+2.7\times6=2.7\times(3.14-1.14+2+6)=2.7\times10=27$

(2) $\left\{1\frac{4}{5}+(3.25-\square)\times\frac{12}{25}\right\}\div7\frac{1}{5}=\frac{3}{8}$ より，$1\frac{4}{5}+(3.25-\square)\times\frac{12}{25}=\frac{3}{8}\times7\frac{1}{5}=\frac{3}{8}\times\frac{36}{5}=\frac{27}{10}$，$(3.25-\square)\times\frac{12}{25}=\frac{27}{10}-1\frac{4}{5}=\frac{27}{10}-\frac{9}{5}=\frac{27}{10}-\frac{18}{10}=\frac{9}{10}$，$3.25-\square=\frac{9}{10}\div\frac{12}{25}=\frac{9}{10}\times\frac{25}{12}=\frac{15}{8}$　よって，$\square=3.25-\frac{15}{8}=3\frac{1}{4}-\frac{15}{8}=\frac{13}{4}-\frac{15}{8}=\frac{26}{8}-\frac{15}{8}=\frac{11}{8}=1\frac{3}{8}$

(3) 右の表のように，280円の支《し》払《はら》い方法は，100円硬《こう》貨《か》の枚数が０枚，１枚，２枚の場合についてそれぞれ６通り，４通り，２通りあるから，全部で，$6+4+2=12$(通り)とわかる。

100円(枚)	0	0	0	0	0	0	1	1	1	1	2	2
50円(枚)	0	1	2	3	4	5	0	1	2	3	0	1
10円(枚)	28	23	18	13	8	3	18	13	8	3	8	3

2 つるかめ算，集まり，相当算，辺の比と面積の比，平均とのべ，水の深さと体積

(1) かごの代金を除くと，$3000-250=2750$(円)となり，右の図①のようにまとめることができる。なしを20個買ったとすると，$170\times20=3400$(円)となり，実際よりも，$3400-2750=650$(円)高くなる。そこで，なしのかわりにりんごを買うと，１個あたり，$170-120=50$(円)安くなるから，りんごの個数は，$650\div50=13$(個)とわかる。

図①

りんご（１個120円）　なし　（１個170円）｝合わせて20個で2750円

(2) 全体の人数を１として図に表すと，下の図②のようになる。図②より，国語，算数のどちらにも合格しなかった人数の割合は，$1-\left(\frac{3}{10}+\frac{5}{9}\right)=\frac{13}{90}$とわかるので，(全体の人数)$\times\frac{13}{90}=78$(人)と表すことができる。よって，全体の人数は，$78\div\frac{13}{90}=540$(人)と求められる。

図②

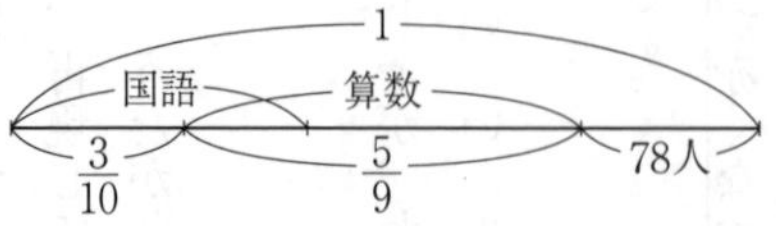

図③

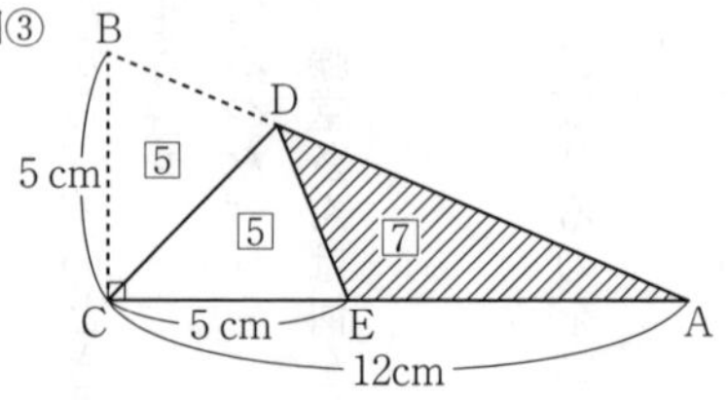

(3)　上の図③で，三角形ABCの面積は，$12\times5\div2=30(\text{cm}^2)$である。また，三角形DCEと三角形DEAは，それぞれの底辺をCE，EAとしたときの高さが等しいから，面積の比は底辺の比に等しく，５：(12－５)＝５：７とわかる。さらに，三角形DCEは三角形DCBと合同である。よって，斜線《しゃせん》部分の面積は，三角形ABCの面積の，$\frac{7}{5+5+7}=\frac{7}{17}$なので，$30\times\frac{7}{17}=\frac{210}{17}=12\frac{6}{17}(\text{cm}^2)$と求められる。

(4)　不合格者の人数は，900－270＝630(人)であり，右の図④のように表すことができる。図④で，かげをつけた部分の面積と太線で囲んだ部分の面積は，どちらも受験生全体の合計点を表しており，これらの面積は等しいから，アとイの長方形の面積も等しくなる。また，アとイの長方形の横の長さの比は，270：630＝３：７なので，たての長さの比は，$\frac{1}{3}:\frac{1}{7}=7:3$となる。よって，アの長方形のたての長さは，$60\times\frac{7}{7+3}=42$(点)とわかるから，合格者の平均点は，126＋42＝168(点)と求められる。

図④
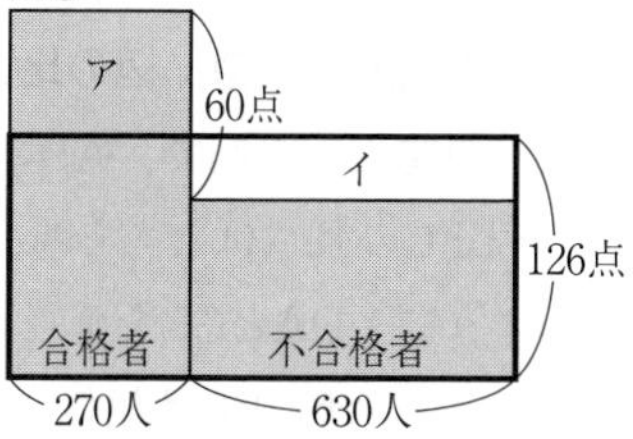

(5)　問題文中の図１で，はじめの水の深さは，$18\times\frac{1}{3}=6$(cm)であり，容器を正面から見ると，右の図⑤のようになる。そして，容器を45度傾《かたむ》けると，右の図⑥のようになる。図⑤と図⑥のかげをつけた四角形は，面積が等しく，高さ(EF)が等しい台形と考えることができるので，上底と下底の和はどちらの四角形も，６＋６＝12(cm)とわかる。また，図⑥で，斜線部分は直角二等辺三角形だから，アの長さは８cmである。すると，イの長さは，(12－８)÷２＝２(cm)となるので，太線部分の長さは，２＋８＝10(cm)と求められる。よって，面BFGCと水が触《ふ》れている部分の面積は，$10\times15=150(\text{cm}^2)$である。

図⑤
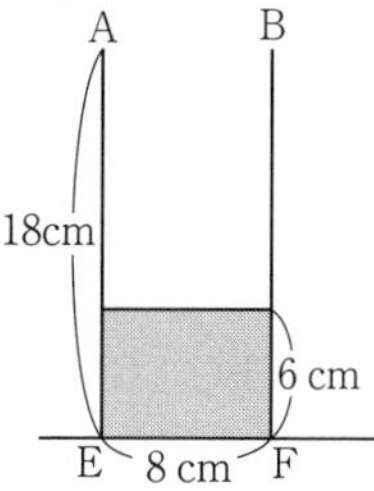

図⑥
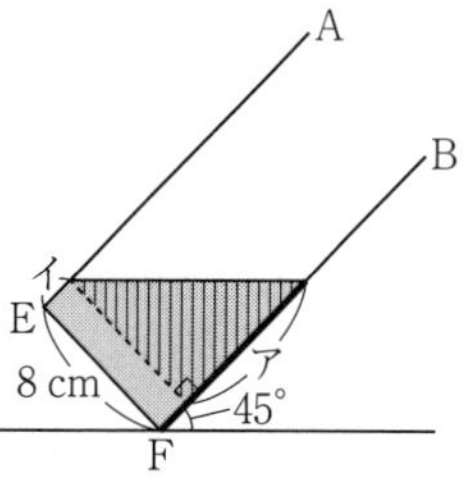

3　濃度《のうど》，面積，辺の比と面積の比

(1)　ＡとＢの濃度が同じになった後は，ＡとＢの食塩水をどのように入れかえてもそれぞれの濃度は変わらないから，同じになったときの濃度は，ＡとＢの食塩水をすべて混ぜた食塩水の濃度に等しい。そして，はじめにＡとＢに含《ふく》まれていた食塩の量の和は，600×0.072＋900×0.12＝151.2(ｇ)，ＡとＢの食塩水の量の和は，600＋900＝1500(ｇ)なので，ＡとＢの食塩水をすべて混ぜた食塩水の濃度は，151.2÷1500×100＝10.08(％)と求められる。よって，Ａについて，くみ出した食塩水の量を□ｇ，くみ出した後に残った食塩水の量を△ｇとすると，Ｂから食塩水を入れたときのようすは右上の図１のようになる。図１で，ア：イ＝(10.08－7.2)：(12－10.08)＝３：２だから，△：□＝$\frac{1}{3}:\frac{1}{2}=2:3$とわかる。この和が600ｇなので，□＝$600\times\frac{3}{2+3}=360$(ｇ)と求められる。

図１
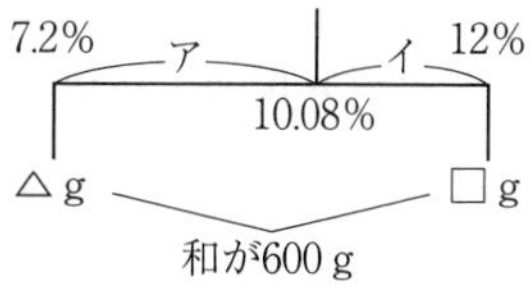

(2)　右の図２で，半径９cmの円の面積は，９×

図２
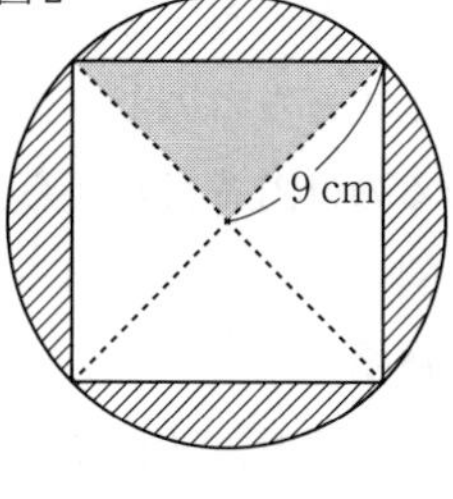

図３
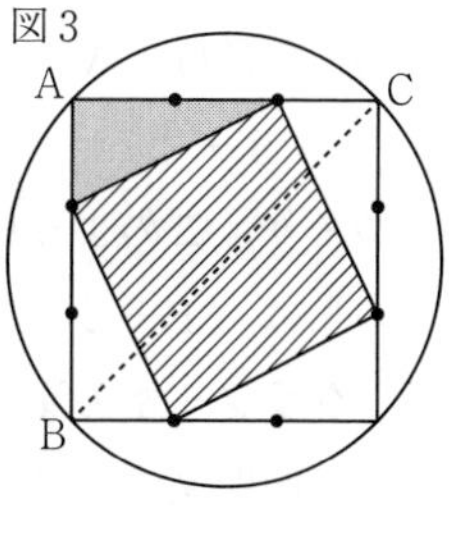

9 ×3.14＝254.34(cm^2)である。また，図２でかげをつけた三角形の面積は，9 × 9 ÷ 2 ＝40.5(cm^2)だから，正方形の面積は，40.5× 4 ＝162(cm^2)となる。よって，図２の斜線部分の面積は，254.34－162＝92.34(cm^2)とわかる。次に，上の図３で，三角形ABCの面積は，40.5× 2 ＝81(cm^2)であり，かげをつけた三角形の面積は，三角形ABCの面積の，$\frac{1}{3}\times\frac{2}{3}=\frac{2}{9}$(倍)だから，81×$\frac{2}{9}$＝18(cm^2)である。したがって，図３の斜線部分の面積は，162－18× 4 ＝90(cm^2)なので，図２と図３の斜線部分の面積の和は，92.34＋90＝182.34(cm^2)と求められる。

4 平面図形―相似，辺の比と面積の比

(1) 問題文中の図で，ADの長さを３，BCの長さを４とすると，BFとFCの長さはどちらも，4 ×$\frac{1}{1+1}$＝２になる。右の図１のように，DAとCEを延長して交わる点をＩとすると，三角形IEAと三角形CEBは相似になる。このとき，相似比は，AE：BE＝１：２だから，IA＝4 ×$\frac{1}{2}$＝２とわかる。また，三角形IHDと三角形CHBも相似であり，相似比は，ID：CB＝(２＋３)：４＝５：４なので，BH：HD＝４：５と求められる。

図１

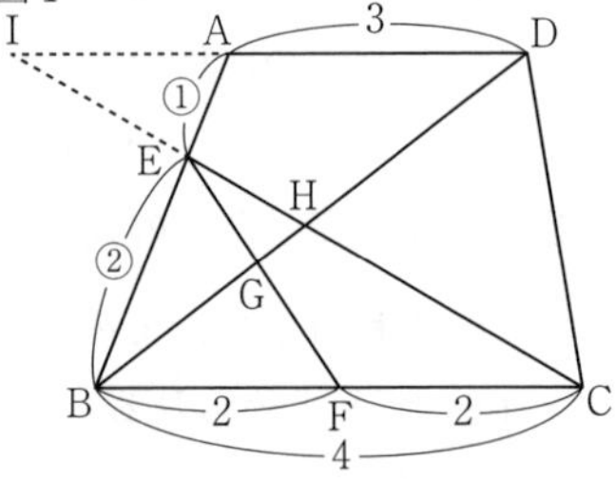

(2) 右の図２のように，DAとFEを延長して交わる点をＪとすると，三角形JEAと三角形FEBは相似になる。このとき，相似比は，AE：BE＝１：２だから，JA＝2 ×$\frac{1}{2}$＝１とわかる。また，三角形JGDと三角形FGBも相似であり，相似比は，JD：FB＝(１＋３)：２＝２：１なので，BG：GD＝１：２と求められる。よって，BHの長さを[4]，HDの長さを[5]とすると，BD＝[4]＋[5]＝[9]，BG＝[9]×$\frac{1}{1+2}$＝[3]，GH＝[4]－[3]＝[1]となるから，三角形EGH(斜線部分)の面積は三角形EBD(かげをつけた部分)の面積の$\frac{1}{9}$倍とわかる。ここで，三角形ABDの面積は台形ABCDの面積の，$\frac{3}{3+4}=\frac{3}{7}$(倍)であり，三角形EBDの面積は三角形ABDの面積の，$\frac{2}{1+2}=\frac{2}{3}$(倍)である。したがって，三角形EGHの面積は台形ABCDの面積の，$\frac{3}{7}\times\frac{2}{3}\times\frac{1}{9}=\frac{2}{63}$(倍)と求められる。

図２

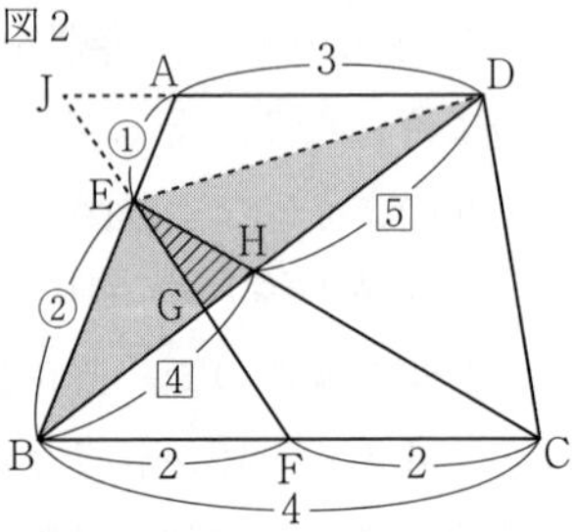

5 図形と規則，数列

(1) たとえば，３番目の正方形を右の図のように４つに区切ると，１つの区切りに並ぶ整数の個数はすべて３個になり，全体の個数は，３×４＝12(個)と求めることができる。同様に考えると，2022番目の正方形は，１つの区切りに並ぶ整数の個数が2022個になるから，全体の個数は，2022× 4 ＝8088(個)とわかる。

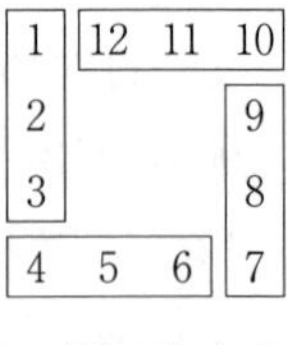

(2) N番目の正方形の左上の角は１，左下の角は(N＋１)，右下の数は，N＋１＋N＝N×２＋１，右上の数は，N×２＋１＋N＝N×３＋１になる。これらの和は，１＋(N＋１)＋(N×２＋１)＋(N×３＋１)＝N×６＋４となるので，N×６＋４＝130より，N＝(130－４)÷６＝21とわかる。つまり，このようになるのは21番目だから，並べた個数は，21×４＝84(個)であり，すべての整数の和は，１＋２＋…＋84＝(１＋84)×84÷２＝3570と求められる。

6 グラフ―水の深さと体積

(1) 問題文中の図１，図２より，30秒後のようすは下の図①のようになる。アの部分に入れた時間

図①

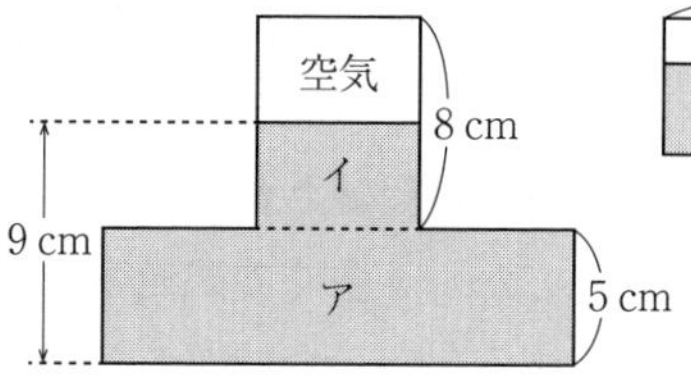

図②

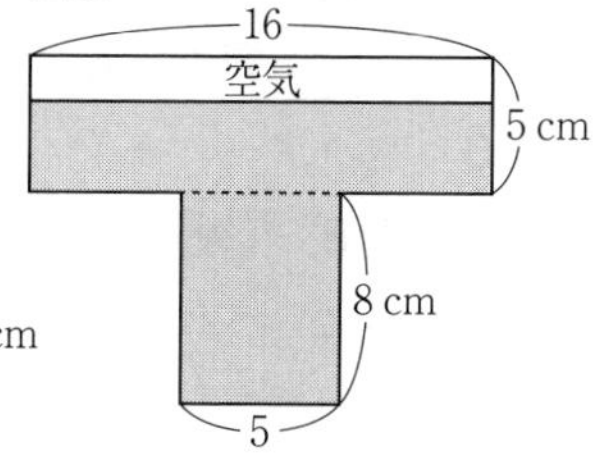

は24秒，イの部分に入れた時間は，30−24＝６(秒)なので，アとイの部分の水の体積の比は，24：６＝４：１である。また，アとイの部分の高さの比は，５：(９−５)＝５：４である。よって，アとイの部分の底面積の比，つまり，長方形ABCDと長方形EFGHの面積の比は，$\frac{4}{5}$：$\frac{1}{4}$＝16：５と求められる。

⑵　長方形ABCDの面積を16，長方形EFGHの面積を５とすると，図①の空気の体積は，５×(８−４)＝20となる。よって，右上の図②の空気の体積も20だから，この部分の高さは，20÷16＝1.25(cm)と求められる。したがって，図②の水面の高さは，８＋５−1.25＝11.75(cm)である。

[7] 速さと比

図１

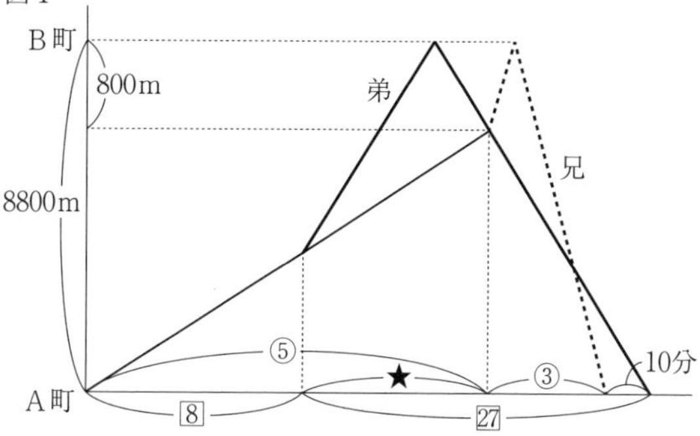

⑴　Ａ町とＢ町の距離《きょり》は，8.8×1000＝8800(m)である。兄が初めの速さで走った道のりと２倍の速さで走った道のりの比は，(8800−800)：(800＋8800)＝５：６であり，このときの速さの比は１：２なので，かかった時間の比は，$\frac{5}{1}$：$\frac{6}{2}$＝５：３とわかる。

⑵　⑴より，２人の進行のようすをグラフに表すと，右の図１のようになる。弟が走った時間の和は，[8]＋[27]＝[35](分)，兄が走った時間の和は，⑤＋③＝⑧(分)であり，この差が10分だから，右の図２のアのような式を作ることができる。また，★の部分で弟と兄が走った道のりの差は，800×２＝1600(m)であり，この部分の２人の速さの差は毎分40mなので，★の部分の時間は，1600÷40＝40(分)とわかる。よって，[27]分と③分の差が，40＋10＝50(分)だから，図２のイのような式を作ることができる。次に，アの式の等号の両側を３倍，イの式の等号の両側を８倍してから２つの式の差を求めると，[216]−[105]＝[111](分)にあたる時間が，400−30＝370(分)とわかる。したがって，[1]＝370÷111＝$\frac{370}{111}$＝$\frac{10}{3}$(分)なので，兄が初めの８kmを走るのにかかった時間は，$\frac{10}{3}$×８＋40＝$\frac{200}{3}$(分)，つまり，$\frac{200}{3}$÷60＝$\frac{10}{9}$(時間)となり，兄と弟の初めの速さは時速，８÷$\frac{10}{9}$＝7.2(km)と求められる。

図２

{[35]−⑧＝10(分)…ア
 [27]−③＝50(分)…イ

⬇

{[105]−㉔＝ 30(分)…ア×３
 [216]−㉔＝400(分)…イ×８

社　会　<第１回試験>（30分）<満点：50点>

解　答

[1] **問１**　①　国東(半島)　②　種子(島)　**問２**　イ　**問３**　オ　**問４**　ウ　**問５**　イ　**問６**　オ　**問７**　ア　**問８**　イ　[2] **問１**　ウ　**問２**　間接民主(制)　**問３**

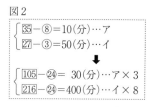

令状　**問４**　最高裁判所　**3**　**問１**　Ａ　エ　Ｂ　ウ　**問２**　エ　**問３**　ア，イ，オ　**4**　**問１**　Ａ　百舌鳥　Ｂ　厳島　Ｃ　富岡製糸場　**問２**　大山(大仙)(古墳)　**問３**　ウ→ア→エ→イ　**問４**　ウ　**問５**　ア，ウ，オ　**問６**　殖産興業(政策)　**問７**　エ　**問８**　(例)　世界文化遺産に登録されると見学に訪れる観光客が増え，地域の経済が活性化されるという利点がある。しかし，多くの観光客が訪れることで地元の人たちの暮らしが乱されたり，自然が破壊されたりするといった問題が起こる可能性がある。

解　説

1　九州地方の地形や産業などについての問題

問１　①　九州北東部には，円形に近い形で瀬戸内海に突《つ》き出す国東《くにさき》半島(大分県)がある。　②　種子島《たねがしま》(鹿児島県)は鹿児島県の南方沖に浮かぶ縦長の島で，戦国時代の1543年に鉄砲が伝えられた地として知られる。島の南部には，国産ロケットの発射台などを持つ宇宙センターがある。なお，すぐ西隣《となり》にある円形の島は屋久島《やくしま》(鹿児島県)。

問２　地図の北から順にＡ→Ｂ→Ｃとなっているので，１月の平均気温が低い順にⅠ→Ⅲ→Ⅱとなる。なお，Ａは福岡市，Ｂは鹿児島市，Ｃは久米《くめ》島(沖縄県)。

問３　標識に描かれた動物はそれぞれ，Ⅰがイリオモテヤマネコで F の西表《いりおもて》島(沖縄県)，ⅡがアマミノクロウサギでＤの奄美《あまみ》大島(鹿児島県)とその南にある徳之島《とくのしま》(鹿児島県)，Ⅲがヤンバルクイナで沖縄島北部の山原《やんばる》地域のみに生息している。なお，こうした貴重な動物が生息していることなどが評価され，これらの島々は2021年に「奄美大島，徳之島，沖縄島北部及《およ》び西表島」としてユネスコ(国連教育科学文化機関)の世界自然遺産に登録された。

問４　Ｊは北九州市(福岡県)で，ここには日清戦争(1894～95年)の賠償《ばいしょう》金の一部に多額の政府資金を加えて，官営の八幡製鉄所が建設された。八幡製鉄所は1901年に操業を開始し，日本の鉄鋼業と重工業の発展を支えた。Ｋは長崎市で，江戸時代末以降，造船業が発達した。その中心となった三菱《みつびし》長崎造船所などは，世界文化遺産の「明治日本の産業革命遺産　製鉄・製鋼，造船，石炭産業」の構成資産となっている。Ｌは水俣《みなまた》市(熊本県)で，化学工場から流された有機水銀が水俣市周辺を汚染したことが原因となり，水俣病という公害病が発生した。

問５　さつまいもの収穫量は鹿児島県が全国第１位で，以下，茨城県，千葉県が続く。茶の収穫量は静岡県と鹿児島県が上位２位を占《し》めているほか，宇治茶の栽培で知られる京都府が上位に入ることが特徴《とくちょう》となっている。ブロイラー(肉用若鶏《わかどり》)の出荷羽数は九州地方の鹿児島県と宮崎県が上位２位を占め，東北地方の岩手県が第３位，青森県が第４位となっている。統計資料は『データでみる県勢』2022年版などによる(以下同じ)。

問６　Ⅰは長崎県で，同県の海面漁獲《ぎょかく》量は北海道，茨城県についで全国で３番目に多い。Ⅱは鹿児島県で，同県はぶり類の養殖《ようしょく》収穫量が全国第１位となっている。Ⅲは佐賀県で，同県はのり類の養殖収穫量が全国第１位となっている。なお，佐賀・長崎・福岡・熊本の４県に囲まれている有明海ではのり類の養殖がさかんで，福岡県は第３位，熊本県は第４位となっている。

問７　九州地方には玄海《げんかい》原子力発電所(佐賀県)と川内《せんだい》原子力発電所(鹿児島県)の２つの原子力発電所があるので，Ⅱに鹿児島県があてはまる。また，大分県は温泉が多く，山間部の八丁原《はっちょうばる》などでは地中から得られた熱や水蒸気をエネルギー源とする地熱発電が行われているので，Ⅰには大分県があてはまる。残ったⅢは，九州地方８県のうちで表中にない宮崎県である。

問８　イは，「火災」ではなく「水不足」が正しい。沖縄県は梅雨や台風の影響《えいきょう》で降水量が多いが，石灰岩質の土地が多く水を通してしまうことや，大きな川がなく降水のほとんどが海に流出してしまうことなどから，水不足になることが多い。そのため，水タンクを屋根に設置している家屋が見られる。

2 日本国憲法についての問題

問１　日本国憲法は，大日本帝国憲法を改正する形で1946年11月３日に公布され，翌47年５月３日に施行された。現在，公布日の11月３日は文化の日，施行日の５月３日は憲法記念日という国民の祝日になっている。

問２　国民全員で議論するのは難しいため，国民が代表者を選挙で選び，その代表者が議会で議論や決定を行うという制度を，間接民主制(代議制)という。日本国憲法では前文で「正当に選挙された国会における代表者を通じて行動し」として，間接民主制を規定している。これに対し，住民たちが直接話し合って議事を決めていくようなしくみは直接民主制とよばれる。現代の政治は間接民主制を原則としているが，地方自治における解職請求《せいきゅう》(リコール)や住民投票などは，直接民主制のしくみを一部取り入れたものということができる。

問３　刑事事件の被疑者(起訴《きそ》されると被告人となる)を警察官が逮捕《たいほ》する場合，現行犯を除き，逮捕令状が必要である。また，家宅捜索《そうさく》には捜索差押《さしおさえ》許可状が，身体検査には身体検査令状が必要である。これらの令状は，いずれも裁判官が発行する。

問４　法律などが憲法に適合するかどうかを，裁判所が具体的な事件を通して審査する権限を違憲立法審査権という。下級裁判所(高等裁判所，地方裁判所，家庭裁判所，簡易裁判所)にもこの権限が認められているが，最終的な判断を下すのは最高裁判所であることから，最高裁判所は「憲法の番人」ともよばれる。

3 国会と選挙についての問題

問１　**A**，**B**　日本国憲法第54条の規定にもとづき，衆議院が解散された場合，解散の日から40日以内に衆議院議員総選挙が行われる。そして，その選挙の日から30日以内に特別国会(特別会)が召集《しょうしゅう》され，それまでの内閣が総辞職して新しい内閣総理大臣の指名が行われる。

問２　Ⅰ　法律案は内閣または国会議員が作成し，いずれかの議院に提出される。そして，国会議員が提出する法律案(議員立法)よりも内閣が提出する法律案(閣法)のほうが数が多く，可決される割合も高い。これは，閣法は担当の省庁が必要に応じて法案を練り上げ，提出の前におもに与党の議員の了解を得ていることの影響が大きい。こうした状況《じょうきょう》は，立法権(国会)に対する行政権(内閣)の優越《ゆうえつ》につながり，議会制民主主義の本来の目的に反するものであると批判されることも多い。　Ⅱ　国務大臣は過半数が国会議員であればよい。

問３　衆議院議員の任期は４年で，任期途中で衆議院が解散されることもある。2022年２月時点の議員定数は465名で，このうち289人が小選挙区選挙によって，176人が比例代表選挙によって選出される。被選挙権は，満25歳以上の国民に認められている。重複立候補が認められているため，小選挙区選挙で落選した候補者が比例代表選挙で当選する「復活当選」が起こりえる。

4 日本にある世界文化遺産とこれに関連する歴史の問題

問１　**A**　大阪平野南部には，世界文化遺産の「百舌鳥《もず》・古市古墳群」がある。　**B**　広島湾の厳島《いつくしま》(宮島)に位置する厳島神社は，平安時代末期に平清盛が一族の繁栄《はんえい》と航海の安全を願い，守り神としてあつく信仰した神社である。海の中に立つ大鳥居が有名で，世界文化遺産に登録されている。また，安芸《あき》国(広島県)に位置していることから「安芸の宮島」ともよばれ，松島(宮城県)，天橋立《あまのはしだて》(京都府)とともに日本三景の一つに数えられている。　**C**　明治時代初め，政府は欧米諸国に追いつくために近代化政策をおし進め，1872年，養蚕業のさかんな群馬県に日本初の官営模《も》範《はん》工場である富岡製糸場を設立し，フランス人技師の指導のもと，フランス製の機械を導入して生糸の生産を開始した。富岡製糸場は「富岡製糸場と絹産業遺産群」として，世界文化遺産に登録されている。

問２　大阪府堺市にある大山《だいせん》(大仙)古墳は，百舌鳥古墳群の中心となる日本最大の前方後円墳である。５世紀ごろにつくられ，仁徳《にんとく》天皇の墓と伝えられている。

問３　アは室町時代の1467～77年，イは江戸時代末期の1864年，ウは平安時代の1156年，エは安土桃山時代の1582年のできごとなので，年代の古い順にウ→ア→エ→イとなる。

問４　ウは，「東廻《まわ》り航路」ではなく「西廻り航路」が正しい。東廻り航路は日本海沿岸から津軽《つがる》海峡経由で江戸にいたり，西廻り航路は日本海沿岸から下関経由で瀬戸内海を経て大坂(大阪)にいたった。

問５　ア　江戸幕府の第３代将軍徳川家光は，島原の乱(1637～38年)をきっかけに，1639年にはポルトガル船の来航を禁止して鎖国体制を確立した。　イ　第５代将軍綱吉《つなよし》が政治を行った元禄《げんろく》時代には，大坂の町人をおもな担い手とする元禄文化が栄えた。なお，化政文化は江戸時代後期，第11代将軍家斉《いえなり》が権力をふるっていた時代に江戸で栄えた町人文化である。　ウ　第８代将軍吉宗は，享保《きょうほう》の改革のなかで公事方御定書《くじかたおさだめがき》を制定した。　エ　田沼意次《おきつぐ》が老中として政治を行ったのは，第10代将軍家治《いえはる》のときである。なお，家斉の時代には老中松平定信が寛政《かんせい》の改革を行った。　オ　江戸時代末期，井伊直弼《なおすけ》は大老になると，天皇の許可を得ないままアメリカと日米修好通商条約を結ぶとともに，紀伊藩(和歌山県)の藩主の徳川慶福《よしとみ》を第14代将軍家茂《いえもち》にすることを決定した。これらに反発した人々を安政の大獄《たいごく》で弾圧《だんあつ》したため，直弼は桜田門外の変で暗殺された。

問６　明治時代初めの日本では，富国強兵(国を豊かにし，軍を強くすること)をめざして，さまざまな政治制度や技術が欧米諸国から導入された。その一つとして殖産興業(政策)が推進されたことで，軍需《ぐんじゅ》工場や官営模範工場などが設立され，鉄道や道路などがつくられた。

問７　世界文化遺産の「北海道・北東北の縄文遺跡群」の構成資産は，北海道，青森県，岩手県，秋田県に点在している。なお，東北地方北部の３県(青森県・岩手県・秋田県)は「北東北」，南部の３県(宮城県・山形県・福島県)は「南東北」とよばれることがある。

問８　資料②から，世界文化遺産に登録されると，これを見学しようと多くの人が訪れるようになることがわかる。一方，資料①にあるように，世界文化遺産のある場所には，そこに住む人の暮らしがある。多くの観光客が訪れることは地域の活性化につながるが，これによってごみが増えたり交通渋滞《じゅうたい》が起こったりする可能性がある。また，観光産業が発達することで，自然が破壊《はかい》されたり景観が悪くなったりすることも考えられる。このように，世界文化遺産に登録された地域は，経済を活性化しながら地元住民の生活・自然・文化などを守るという，難しい問題に直面することになる。

理 科　＜第１回試験＞（30分）＜満点：50点＞

解 答

1 (1) ① (ウ)　② (イ)　(2) (イ), (ウ)　(3) B　2 (1) (カ)　(2) (ウ)　(3) (エ)
3 (1) (イ), (エ)　(2) ① b　② (ア)　(3) (ア), (ウ)　4 (1) 北東　(2) 12月
(3) (ウ)　5 (1) (イ)　(2) (エ)　(3) (ア)と(イ), (イ)と(エ)　6 (1) 14kg　(2) 25kg
(3) 12.5cm　7 (1) (ウ)　(2) A, C, E　(3) (カ)　8 (1) 6.4ｇ　(2) 1.2ｇ
(3) 7ｇ　(4) 1.2ｇ

解 説

1 植物の分類についての問題

(1) 植物のうち，花が咲《さ》くもの（A～C）は，種子をつくって種子でふえる（種子植物という）。一方，花が咲かないもの（D）は，胞子《ほうし》をつくって胞子でふえる（胞子植物という）。また，種子植物のうち，胚珠《はいしゅ》が子房《しぼう》に包まれているもの（A，B）を被子《ひし》植物といい，子房がなく胚珠がむき出しになっているもの（C）を裸子《らし》植物という。被子植物はさらに，発芽のときに２枚の子葉が出る双《そう》子葉類（A）と，１枚の子葉が出る単子葉類（B）に分類される。なお，双子葉類の葉脈はもう状脈，単子葉類の葉脈は平行脈である。

(2) カエデとツツジは双子葉類，イチョウとマツは裸子植物に分類される。

(3) 胚珠は種子になり，子房は実になるので，この植物は被子植物である。また，植物の根・茎《くき》・葉には，根から吸い上げた水などの通り道である道管と，葉でつくられた養分の通り道である師管が通っていて，道管の集まりと師管の集まりが束になっているものを維管束《いかんそく》という。双子葉類の茎を横に切った断面では，維管束が形成層（新しい細胞《さいぼう》をつくる部分）に沿って輪状に並んでいるが，単子葉類の茎の断面では，維管束が不規則に散らばっている。このことから，この植物は単子葉類とわかる。

2 血液の流れについての問題

(1) じん臓は血液から不要物をこし取って尿《にょう》を作る器官で，じん臓を通ったあとの血液が流れる(カ)には，二酸化炭素以外の不要物が最も少ない血液が流れている。

(2) 小腸で血液中に吸収された栄養分は，(オ)の門脈（静脈の一種）を通って肝臓《かんぞう》に送られる。肝臓は，ブドウ糖の一部をグリコーゲンに変えてたくわえ，必要に応じてブドウ糖に分解して血液中に送り出すので，空腹な状態になったときには，(ウ)を流れる血液が栄養分を最も多く含《ふく》む。

(3) ほ乳類の心臓では，右心房《しんぼう》と左心房は同時に収縮し，このとき右心室と左心室は同時に広がる。逆に，右心房と左心房が広がるとき，右心室と左心室は同時に収縮する。

3 川を流れる水のはたらきについての問題

(1) 川や海などの流れる水のはたらきには，ものをけずる侵食《しんしょく》作用，けずったものを運ぶ運搬《うんぱん》作用，運んできたものを積もらせる堆積《たいせき》作用があり，川が増水すると，水の流れが速くなって侵食作用と運搬作用が大きくなり，堆積作用が小さくなる。したがって，(イ)と(エ)が正しく，(ア)と(ウ)は誤っている。

(2) 川が曲がって流れているところでは，曲がりの外側のほうが流れが速く，川底がけずられて深

くなり，川岸は急ながけになっている場合が多い。一方，内側は外側よりも流れが遅《おそ》く，土砂が積もって川底は浅くなっていて，川原ができていることも多い。よって，水の流れが速いのはｂで，この地点の川の曲がり方は(ア)と判断できる。

(3)　砂防えんてい(砂防ダム)は一般《いっぱん》に山間部の谷につくられており，大雨のときに大量の土砂が川下に流れ出ることを防いでいる。砂防えんていに土砂がたまると，上流側の川底が上がって川の勾《こう》配《ばい》がゆるくなり，川幅《かわはば》も広がるため，水の流れは遅くなる。したがって，(ア)と(ウ)が正しい。

4　太陽がのぼる位置や沈《しず》む位置についての問題

(1)　図は真東を向いて記録したものなので，左側が北，右側が南となる。よって，図中の左端《ひだりはし》の方角として北東がふさわしい。

(2)　太陽の通り道は，冬至《とうじ》の日(12月22日ごろ)に１年で最も南寄りになる。図の１番上の記録は，太陽が最も南寄りの位置からのぼっているので，12月とわかる。

(3)　真西を向いて記録した図では，左側が南，右側が北となる。太陽が沈む位置は，冬至の日に１年で最も南寄りになるので，１番上の記録(12月)で太陽が最も南寄りの位置に沈んでいる(ウ)が選べる。

5　水溶液《すいようえき》の区別についての問題

(1)　(ア)　水溶液に溶《と》けているものを溶質といい，溶質を溶かしている水などの液体を溶媒《ようばい》という。溶質のつぶと溶媒のつぶは，どちらもろ紙の目よりはるかに小さいので，ろ過により分けることはできない。　(イ)，(ウ)　水溶液は色の有無にかかわらず透明《とうめい》で，溶質のつぶは非常に小さく，ルーペで観察することはできない。　(エ)　溶質のつぶと溶媒のつぶは均一に混じり合っているため，水溶液のどの部分をとっても同じ濃《こ》さである。

(2)　(ア)，(イ)　リトマス紙の色と水溶液の酸性・中性・アルカリ性の関係は，右の表のようになっている。５種類の水溶液のうち，酸性のものは２種類(うすい塩酸と炭酸水)あるので，リトマス紙を使った１つの操作だけでは，うすい塩酸を見つけることはできない。　(ウ)　アルミニウムは，うすい塩酸にもうすい水酸化ナトリウム水溶液にも溶けて，水素を発生する。したがって，この操作だけではうすい塩酸を見つけることはできない。　(エ)　鉄は，うすい塩酸に溶けて水素を発生するが，ほかの４種類の水溶液とは反応しない。よって，この操作だけでうすい塩酸を見つけることができる。

	酸性	中性	アルカリ性
赤色リトマス紙	変化なし	変化なし	青色に変化
青色リトマス紙	赤色に変化	変化なし	変化なし

(3)　５種類の水溶液のうち，中性の水溶液は食塩水だけなので，(ア)と(イ)を行うと，青色・赤色のどちらのリトマス紙の色も変化しない水溶液が食塩水とわかる。また，食塩水，うすい水酸化ナトリウム水溶液は固体が溶けている水溶液なので，水を蒸発させるとそれぞれ食塩，水酸化ナトリウムの固体が残る。ほかの３種類の水溶液には気体が溶けているので，水を蒸発させると何も残らない。したがって，(エ)を行って固体が残れば，食塩水かうすい水酸化ナトリウム水溶液とわかる。さらに，(イ)を行うと，食塩水ならば変化しないが，うすい水酸化ナトリウム水溶液ならば青色に変化するので，食塩水を見つけることができる。

6　ばねとてこの力のつり合いについての問題

(1)　図１より，このばねは５kgの力で１cm伸《の》びるので，ばねが2.8cm伸びたときにつり下げたおもりの重さは，５×2.8＝14(kg)とわかる。

⑵　てこのつり合いは，てこを回転させようとするはたらき（以下，モーメントという）で考える。モーメントは，（加わる力の大きさ）×（回転の中心からの距離《きょり》）で求められ，左回りと右回りのモーメントが等しいときにてこはつり合って水平になる。図２で，４cm伸びたばねにかかる力は図１より20kgであり，荷物の重さを□kgとすると，20×50＝□×40が成り立つので，□＝20×50÷40＝25（kg）と求められる。

⑶　４cmまで伸びたばねにかかる力は20kgであり，支点から□cmのところに穴をあけたとすると，80kgの荷物をのせたときに，20×50＝80×□が成り立つので，□＝20×50÷80＝12.5（cm）となる。

7　閉じこめた空気や水についての問題

⑴　ピストンを上から押《お》したとき，筒《つつ》の中のどの部分の圧力も等しくなるので，(ウ)のように，膜《まく》の間隔《かんかく》は等しくなる。

⑵　空気は押されるとよく縮むが，水は押されてもほとんど体積が変わらない。したがって，空気が入った風船を用いているＡ，Ｃ，Ｅが選べる。

⑶　空気は注射器に閉じこめられているので，空気の重さは変わらない。図の状態からピストンを真上に引くと，空気の体積が大きくなるので，空気の密度《みつど》（$1\,cm^3$あたりの重さ）は小さくなる。

8　銅やマグネシウムを加熱する実験についての問題

⑴　図２より，４ｇの銅を加熱すると５ｇの酸化銅ができるので，８ｇの酸化銅ができたときには，$4\times\frac{8}{5}=6.4$（ｇ）の銅を加熱している。

⑵　図２より，３ｇのマグネシウムを加熱すると５ｇの酸化マグネシウムができるので，３ｇの酸化マグネシウムができたときには，$3\times\frac{3}{5}=1.8$（ｇ）のマグネシウムを加熱し，３－1.8＝1.2（ｇ）の酸素が結びついている。

⑶　加熱後に結びついた酸素の重さは，14.5－13＝1.5（ｇ）である。また，４ｇの銅を加熱すると，５－４＝１（ｇ）の酸素が結びつく。よって，1.5ｇの酸素が結びついた銅の重さは，$4\times\frac{1.5}{1}=6$（ｇ）なので，反応していない銅の重さは，13－６＝７（ｇ）と求められる。

⑷　4.8ｇの粉末がすべて銅だとすると，加熱後の重さは，$4.8\times\frac{5}{4}=6$（ｇ）となり，実際よりも，6.5－６＝0.5（ｇ）少なくなる。そこで，銅をマグネシウムに入れかえることにすると，１ｇあたり，$\frac{5}{3}-\frac{5}{4}=\frac{5}{12}$（ｇ）ずつ加熱後の重さが重くなる。したがって，もとの粉末に含まれていたマグネシウムの重さは，$0.5\div\frac{5}{12}=1.2$（ｇ）とわかる。

国　語　＜第１回試験＞（50分）＜満点：100点＞

解　答

一　**問１**　実験　**問２**　（例）　相手の迫力に押される（こと。）　**問３**　（例）　藤堂さんからはなれてちぢこまっている。　**問４**　(ア)　**問５**　(イ)　**問６**　（例）　藤堂さんを名字でよんだこと。　**問７**　**ア**　右　**イ**　五　**問８**　ピンポンダッシュ　**問９**　(イ)　**問10**　悪魔の証明　**問11**　(ウ)　**問12**　（例）「ぼく」と魔王がずるをしていないか確かめる目的。　**問13**　まず，ぼく～と逃げた。　**問14**　犯人が　**問15**　（例）　犯人は他にもいる　**問16**　となりの佐々木さんの家の車のかげ　**問17**　(ア)　**問18**　ガレージに～なかったか（ということ。）　**問19**　(ウ)　**問20**　(エ)　**問21**　(イ)　**二**　（Ⅰ，Ⅱの順で）　①　(オ)，(b)　②　(ウ)，(d)　③　(カ)，(e)　④　(エ)，(f)　⑤　(ア)，(j)　**三**　①　(ア)　②　(エ)　③　(イ)　④　(ウ)　⑤　(ア)　**四**　①～⑦　下記を参照のこと。　⑧　くめん　⑨　ふる（って）　⑩　ゆだ（ね）

●漢字の書き取り

四　①　固有　②　全（う）　③　内蔵　④　正夢　⑤　風流　⑥　逆手　⑦　潮時

解　説

一　出典は赤羽《あかはね》じゅんこの『ぼくらのスクープ』による。ピンポンダッシュをしたというぬれぎぬを着せられた「ぼく」は，魔王《まおう》とともに，自分が犯人ではないことを証明するため藤堂《とうどう》さんのもとを訪《おとず》れる。

問１　「再現」とは，藤堂さんがピンポンダッシュをされたときの状況《じょうきょう》をもう一度試してみること。「ぼく」は，そのとき真犯人が見えないようにかくれていたのではないかと考え，それを証明しようとしている。そのために，この後「うまくかくれられるかどうか。実験させてください」と藤堂さんに申し入れている。

問２　「ぼく」は，ピンポンダッシュのぬれぎぬを晴らそうと，「勇気をふりしぼり，覚悟《かくご》を決めて対決しようと思って」藤堂さんを訪ねている。しかし「ぼく」は，藤堂さんの「すげー迫力《はくりょく》」に押《お》されて，思わず後ずさってしまっている。

問３　「あてにならない」は，“期待をかけられず，信用できない”という意味。魔王は，「協力するよ」と言っていたくせに，藤堂さんの迫力に押されて「五メートルくらいはなれたところで，首をすくめてちぢこまっている」と描《えが》かれている。

問４　「やぶれかぶれ」は，どうにでもなれという態度を表すので，(ア)が選べる。

問５　「ぼく」に「おまえ」よばわりを指摘《してき》された藤堂さんは，傍線《ぼうせん》⑤の後でも「おまえしかいなかった」と繰《く》り返しているので，(イ)のような「恥《は》ずかしかった」という感覚はなかったと考えられる。

問６　すぐ前に，「ぼく」は藤堂さんを「ちゃんと名字でよぶことができた」とあり，これは魔王の提案であることが描かれている。

問７　**ア**　続く部分に，「門から玄関まで飛び石が置いてあった。その飛び石は途中《とちゅう》で二手に分かれていて，右にまがると庭のほうに続いていく」，「門と庭との間あたりにある花台」とあるので，「右」があてはまる。　**イ**　「花台から門の外まで，五メートルもない」とあるので，「五メートルを切るくらい」といえる。

問８　「チャイムが聞こえた」から外に出てみると，「走っていくおまえの背中が見えた」と藤堂さんは話している。「ピンポンダッシュ」のいたずらをされたと思ったのである。

問９　「おずおずと」は，おそるおそるためらいながらものごとをするようす。藤堂さんの迫力に押されていた魔王や，藤堂さんがピンポンダッシュをしたことを怒《おこ》りにきたのかと思った龍介《りゅうすけ》の気持ちを推測する。なお，(ア)の「ずかずかと」は，無遠慮《ぶえんりょ》に入りこむさま。(ウ)の「じりじりと」は，ゆっくりとだが確実に近づくようす。(エ)の「ばたばたと」は，ものごとをあわててするようす。

問10　藤堂さんは，魔王がチャイムを押したことがわかった後でも，「やってないかもしれんということはわかった。でも，おまえでないという証拠《しょうこ》にはならない」と話している。これに対して「ぼく」は，「やっぱり，やってないことの証明，『悪魔の証明』はできないのか」と考えている。

問11　「魔王が押した証拠はない」と言いはる藤堂さんに対して，魔王は「おれが押したという証明ならできます」と反論している。今まで藤堂さんの迫力に押されていた魔王だが，このときは「動揺《どうよう》」することなくきちんと反論したのである。

問12　「押した人の指が赤くなる」と聞いた藤堂さんは，二人がずるをして先に指を赤くしているのではないかと疑《うたが》い，二人の指が赤くなっていないことを確認《かくにん》する目的で，先に「指，見せておけ」と言ったのだと考えられる。

問13　「さっきと同じ位置」とは，「となりの佐々木《ささき》という家の玄関のあたり」である。最初の実験では，「まず，ぼくは前をむいたまま，急ぎ足で藤堂さんの門をとおりすぎ，そのまま歩道を走る。魔王は体をかがめてチャイムを押すと，さっと逃《に》げた」とある。

問14　「他にいるんだ。いたずらをした犯人が」と倒置《とうち》の文になっていることに注意する。

問15　「ぼく」は魔王と協力して，ピンポンダッシュをした犯人が他にもいる可能性があることを証明して見せた。しかし，この実験で証明できるのはそこまでで，「ぼく」が「やってないことの証明」にはならないので，「ぼく」は「痛いところを突《つ》かれた」と感じている。

問16　魔王がかくれていた場所をとらえる。最初の実験のとき，「となりの佐々木さんの家の車のかげから，魔王が立ちあがった」とある。それに対して，藤堂さんも「たしかに，そんなふうにそっちの車のほうにすわっていると，見えないかもな」と話している。

問17　Ⓐ　「目撃者《もくげきしゃ》をさがそう」と言い出した魔王は，「ここの家の人が見ていたかもしれない」と考えている。　Ⓑ　「犯人にまちがえられたとき，ぼくが着ていたＴシャツと同じ色」の「パーカー」を見たため，「ぼく」は驚《おどろ》いて叫《さけ》んでいる。　Ⓒ　ピンポンダッシュの真犯人が龍介であることが思いがけず判明し，「ぼく」と魔王だけでなく，藤堂さんも「ばかな。そんなはずはない。あの子はいい子だ」と驚いている。

問18　三人は，佐々木さんの家のだれかが「ガレージにかくれる子どものすがたを見ていなかったか」と聞くために，佐々木さんの家を訪ねている。

問19　すぐ後に「わしが『道場，楽しいか？』って聞いたら，楽しいっていっていたんだぞ」とあり，最後のほうに「藤堂さんはすっかりしょげてしまっていた」とあるので，(ウ)が選べる。なお，藤堂さんは「しょげて」いたのだから，「不機嫌《ふきげん》」とある(エ)は合わない。「しょげる」は，“がっかりして元気がなくなる”という意味。

問20　龍介が真犯人であるとわかったのはたまたまのことなので，(エ)の「思惑《おもわく》通りに真犯人を見つけることができた」は合わない。

問21　すぐ後に「犯人は藤堂さんがかわいがっていた子だったからだ」という理由が書かれており，「藤堂さんはすっかりしょげてしまっていた」とあるので，(イ)がふさわしい。

二　慣用句の完成

①　「口を割る」は，“かくしていたことをしゃべる”という意味。　②　「相づち」は，人の話に対してうなずいたり受け答えをしたりすること。「相づちを打つ」で，“相手の話に調子を合わせる”という意味。　③　「肩《かた》を持つ」は，“その人に味方をして，支持したりかばったりする”と

いう意味。　④「手を焼く」は，“どうやってもうまくいかず，その取りあつかいや処置に困り果てる”という意味。　⑤「大《おお》風《ぶ》呂敷《ろしき》を広げる」は，“その人では実現できないような大きなことを言う”という意味。　なお，「油を売る」は，“仕事をなまけて，長々とむだ話をする”という意味。「背を向ける」は，“無関心な態度をとる”という意味。

三　漢字の総画数

①「弓」は三画で，ほかはすべて四画である。　②「近」は七画で，ほかはすべて六画である。　③「吸」は六画で，ほかはすべて七画である。　④「印」は六画で，ほかはすべて五画である。　⑤「世」は五画で，ほかはすべて四画である。

四　漢字の書き取りと読み

①　そのものだけが特別に持っていること。　②　音読みは「ゼン」で，「全体」などの熟語がある。　③　内部に組みこまれていること。　④　夢に見たとおりのことが実際に起こったときの，その夢。　⑤　上品でおもむきのあること。　⑥　相手の言動や作戦などを，逆に利用すること。　⑦　何かをするうえで，ちょうどよいとき。　⑧　あれこれ苦心してお金を用意すること。　⑨　音読みは「フン」で，「奮発」などの熟語がある。　⑩　音読みは「イ」で，「委員」などの熟語がある。

2022年度　明治大学付属中野中学校

〔電　話〕 (03) 3362－８７０４
〔所在地〕 〒164-0003　東京都中野区東中野３－３－４
〔交　通〕 JR中央線・都営大江戸線－「東中野駅」より徒歩５分
東京メトロ東西線－「落合駅」より徒歩10分

【算　数】 〈第２回試験〉 (50分) 〈満点：100点〉

1　次の□にあてはまる数を答えなさい。

(1)　$(11\times3-9\times2)\times2+15\times2.15-166\div4=\square$

(2)　$3.6-\dfrac{10}{11}\times\left\{\left(0.75-\dfrac{2}{3}\right)\div\square+2\right\}\div5=3$

(3)　１ピラーが14.4円で，１円が$\dfrac{1}{120}$ゼットのとき，27ゼットは□ピラーになります。

2　次の問いに答えなさい。

(1)　Ａ君とＢ君のはじめの所持金の比は５：４でした。２人が買い物でお金を９：２の比で使ったところ，Ａ君は3300円，Ｂ君は4200円残りました。Ａ君のはじめの所持金はいくらですか。

(2)　下の図は，ある立体の展開図を表しています。この立体の体積を求めなさい。

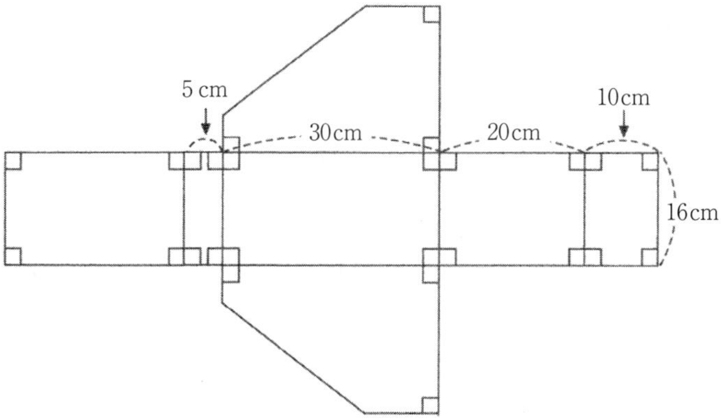

(3)　いくつかのボールと箱があります。ボールを１箱に６個ずつ入れていくと，１個以上４個未満しか入らない箱が１つと，１個もボールが入っていない箱が３つできました。そこで，１箱に４個ずつ入れると，すべての箱にちょうど入れることができました。ボールの数は何個ですか。

(4)　半径５cm 高さ５cm の円柱と，半径２cm 高さ10cm の円柱の，底面と底面をぴったりとくっつけた立体をつくります。ペンキの入った容器の中に，この立体を容器の側面につかないように底面に垂直に入れたところ，ペンキの深さは８cm になりました。下の図１は，このときの容器を横から見たもので，図２は，上から見たものです。この立体を真上に取り出したとき，この立体のペンキがついている部分の面積を求めなさい。ただし，円周率は3.14とします。

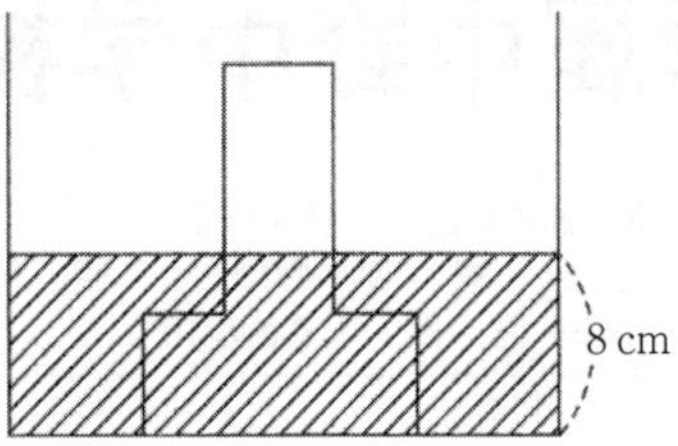

図１

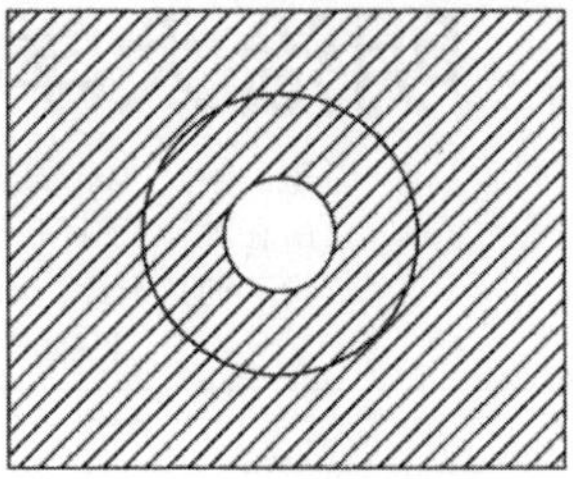

図２

(5)　時計の針は２時を指しています。このあと，７回目に長針と短針でつくられる角度が90°になる時刻は何時何分ですか。

3　右の図のような平行四辺形ABCDがあります。AB上に点E，BDとCEの交わる点をF，ACとBD，ACとDEの交わる点をそれぞれG，Hとします。四角形EFGHの面積が10cm²のとき，次の問いに答えなさい。

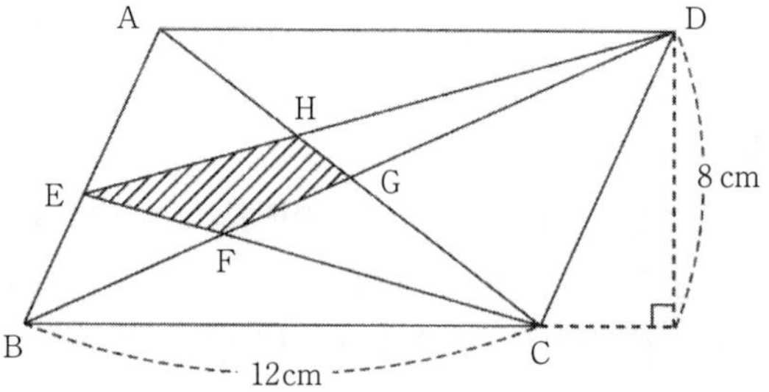

(1)　三角形AEHと三角形BEFの面積の和を求めなさい。

(2)　三角形BCFと三角形AHDの面積の和を求めなさい。

※　編集部注…学校より，問題文に条件不足があったため，**3**については全員正解とするという発表がありました。

4　下の図のマス目の上を  のように「矢印」がかかれたコマが動きます。マス目はアルファベットのかかれた列と，数字のかかれた行で表しています。コマは以下のルールにしたがって動きます。

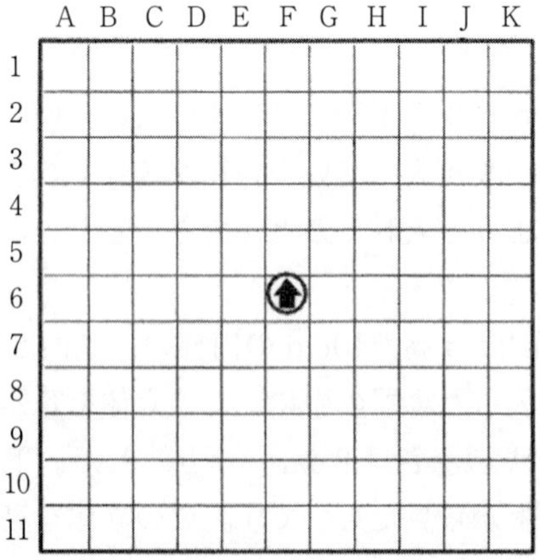

ルール

- 上の図のようにコマは「Ｆ６の位置で北向き」から動き始めます。
- ＜□＊●＞は，コマの動きを表します。
- ●には□をくり返す回数が入ります。
- □に入る文字の意味は，次の通りです。
  - 進：矢印の向きに１マス進む
  - 回：その場で時計まわりの向きに90°回る
- ＜□＊●＞が２つ以上並んだときは，左から順に続けて行います。

次の例１と例２でコマが実際に動いた様子を表します。

例１：＜回＊１＞＜進＊２＞

＜回＊１＞で東に向き，＜進＊２＞でその向きに２つ進むため，コマは「Ｈ６の位置で東向き」になります。

例２：**＜**＜回＊１＞＜進＊２＞＊２**＞**

＜回＊１＞＜進＊２＞が２回くり返されるため＜回＊１＞＜進＊２＞＜回＊１＞＜進＊２＞と同じなので，コマは「Ｈ８の位置で南向き」になります。

コマが以下の(1)(2)の通りに動いた後，コマのある位置と向きを答えなさい。

(1) **＜**＜回＊３＞＜進＊４＞＊３**＞**

(2) **＜**＜進＊２＞＜回＊２＞＜進＊５＞＜回＊１＞＊2022**＞**

5 学校，図書館，郵便局の３地点があり，学校と図書館のちょうど真ん中に郵便局があります。Ａ君とＢ君は，学校から図書館へ移動し，Ｃ君は図書館から学校へ移動します。Ａ君とＢ君は同時に出発しましたが，Ａ君は忘れ物に気づいたため郵便局で折り返し，出発してから12分後に学校に戻りました。そして，４分後に忘れ物を持って再び学校を出発しました。また，Ａ君が学校に戻ったのと同時にＣ君は図書館を出発し，Ｂ君が図書館に到着したのと同時にＣ君は学校に到着しました。Ａ君，Ｂ君，Ｃ君のそれぞれの速さは一定であり，Ｂ君の速さはＡ君の速さの$\frac{2}{5}$倍でした。次の問いに答えなさい。

(1) Ｃ君の速さは，Ａ君の速さの何倍ですか。

(2) Ｂ君がＣ君とすれ違ってから，Ｂ君がＡ君に追いこされるまでにかかる時間は何分何秒ですか。

6　ＡとＢの２つの水そうがあり，はじめからある量の水がそれぞれ入っていました。水道管①は水そうＡに，水道管②は水そうＡからＢに，水道管③は水そうＢから外につながっています。水道管①，②，③には３：５：２の割合で矢印の向きに水が流れています。ただし，水そうから水があふれることはありません。このとき，次の問いに答えなさい。

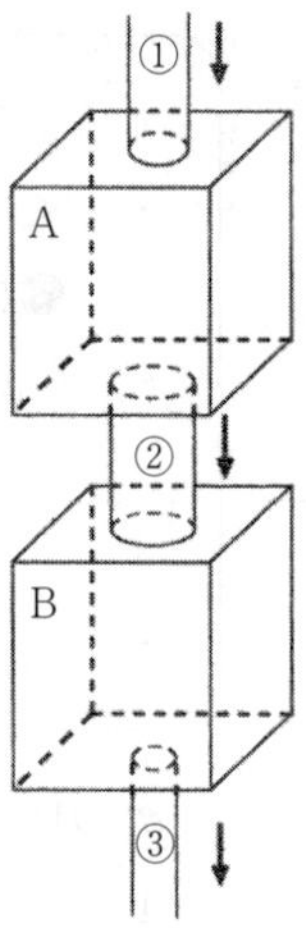

⑴　水そうＡとＢにはじめに入っていた水の量はそれぞれ90Ｌ，50Ｌでした。２つの水そうの水の量が同じになったとき，水そうＡに入っている水の量は何Ｌですか。

⑵　水そうＡとＢにはじめに入っていた水の量の比が10：３でしたが，３分後には２：３になりました。ＡとＢに入っている水の量の比が２：７になるのは，はじめから何分何秒後ですか。

7　下の図のように正方形ABCDがあります。点Ｐは辺AB上を，点Ｑは辺CD上をそれぞれ一定の速さで何度も往復します。正方形ABCDが直線PQによって分けられた図形のうち，頂点Ａ，Ｄを含む図形をＳとします。グラフは，点Ｐ，点ＱがそれぞれＡ，Ｃを同時に出発してから，点Ｑが１往復するまでのＳの面積の変化を表しています。次の問いに答えなさい。

⑴　点Ｐの速さは秒速何cmですか。

⑵　点Ｑが出発してから１往復するまでに，Ｓの面積が正方形ABCDの面積の半分になるのは，点Ｐ，点Ｑが出発してから何秒後と何秒後ですか。ただし，０秒は含めないものとします。

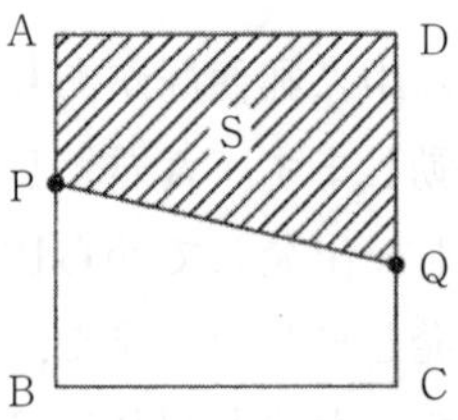

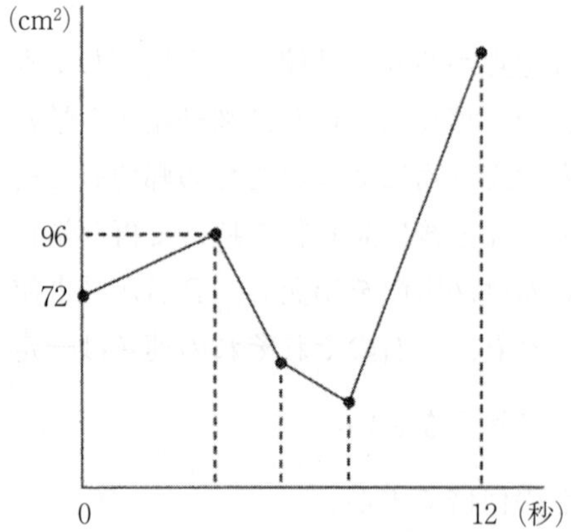

【社　会】〈第２回試験〉（30分）〈満点：50点〉

1　次の文を読んで，問いに答えなさい。

昔のできごとや暮らしを知るよりどころになるものが，文字や絵画などの記録です。①日本人も古くからさまざまなできごとや暮らしを絵に残してきました。漫画《まんが》もその一つで，現在では日本を代表する文化として，海外からも多くの注目を浴びています。

「日本最古の漫画」といわれているのが，昨年(2021年)，東京国立博物館で特別展示された②絵巻物の国宝『鳥獣戯画』です。③12〜13世紀のころにつくられたとされていて，動物を擬《ぎ》人《じん》化して，当時の人々の暮らしや社会の様子などが描《えが》かれています。

④江戸時代になると，それまで一部の貴族や僧侶《そうりょ》のものであった漫画は，印刷技術の発展にともなって，大衆文化として広がりました。なかでもこの時代に活躍《かつやく》した葛飾北斎の『北斎漫画』は有名で，この作品から「漫画」という言葉も定着していったようです。

開国後も漫画は，海外からの文化を取り入れながら発展しました。人々の生活や社会に影《えい》響《きょう》を与《あた》える⑤風刺《ふうし》漫画が流行したのも，その一つです。さらに大正時代の自由な風潮の中で漫画の評価も高まり，多くの少年誌や雑誌が生まれました。

⑥昭和時代に軍国化が進むと，漫画も厳しい規制の対象となり，連載《れんさい》の中止や雑誌の休刊などが相次ぎましたが，⑦終戦とともに漫画の歴史は，再び動き出しました。

⑧高度経済成長によって社会構造や生活様式が大きく変化すると，それまで子どもたちの娯《ご》楽《らく》の一つと見られていた漫画も，大人向けのもの，社会的事件をあつかったものなど，対象やジャンルも幅広くなっていきました。

平成時代以降，⑨インターネットの普及《ふきゅう》によって，その幅《はば》がより一層広くなり，テクノロジーの進化によって，現在もなお，次々と新しい「マンガ」の形が生まれています。

問１．下線部①について，次の写真の遺物には，当時の人々の生活の様子が描かれています。**この遺物の名称《めいしょう》を答えた上で**，当時の人々はどのような生活を営んでいたのか，**ここに描かれた絵から読みとれる情報をもとに**説明しなさい。

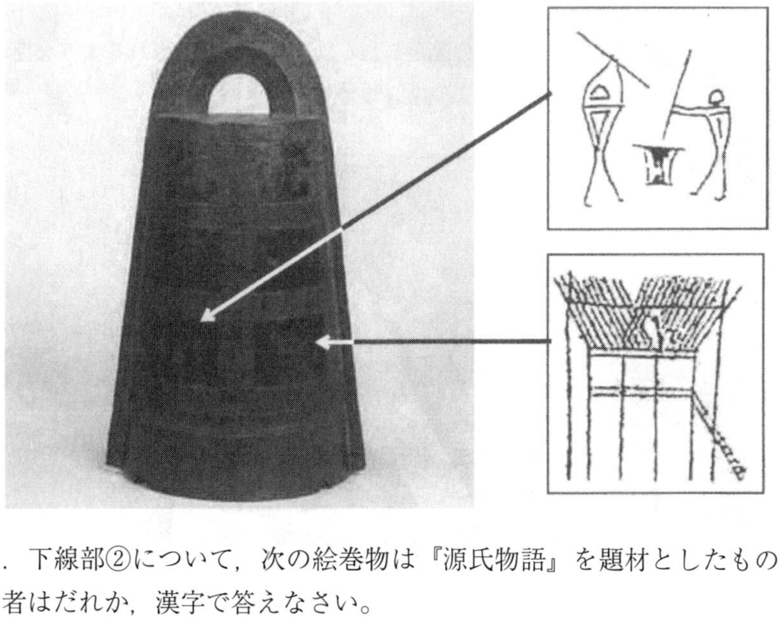

問２．下線部②について，次の絵巻物は『源氏物語』を題材としたものです。『源氏物語』の作者はだれか，漢字で答えなさい。

問３．下線部③について，この時期は，日本では何時代にあたりますか。次のア～オの中から**すべて**選び，記号で答えなさい。

ア．飛鳥時代

イ．奈良時代

ウ．平安時代

エ．鎌倉時代

オ．室町時代

問４．下線部④について，この時代に発達した，右の作品に代表されるような役者や庶民《しょみん》の生活を描いた絵画を何というか，漢字３字で答えなさい。

問５．下線部⑤について，次の風刺画と関連する題材で描かれたものを，下のア～エの中から１つ選び，記号で答えなさい。

ア．

イ．

ウ.

エ.

問6．下線部⑥について，この過程で起きた次のア～エのできごとを，年代の古い順に並べかえなさい。

ア．国際連盟を脱退《だったい》した。

イ．国家総動員法が制定された。

ウ．二・二六事件が起きた。

エ．柳条湖事件が起きた。

問7．下線部⑦について，戦後，漫画表現の開拓《かいたく》者として活躍し，『ジャングル大帝《たいてい》』や『鉄腕《てつわん》アトム』などの優れた作品を数多く残した人物はだれか，漢字で答えなさい。

問8．下線部⑧について，これにともない多くの家庭用電気機械器具(家電)が普及しました。その普及《ふきゅう》率の推移を示した次のグラフ中A～Cにあてはまる家電の組み合わせとして正しいものを，下のア～カの中から1つ選び，記号で答えなさい。

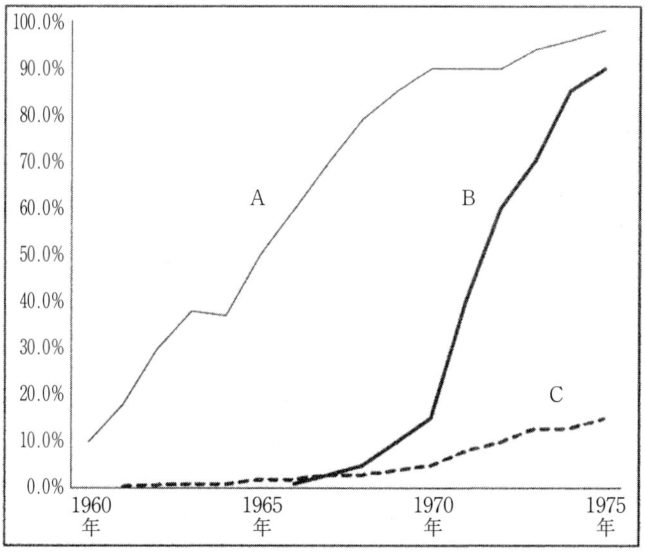

内閣府の資料により作成。

	A	B	C
ア	エアコン	カラーテレビ	電気冷蔵庫
イ	エアコン	電気冷蔵庫	カラーテレビ
ウ	カラーテレビ	エアコン	電気冷蔵庫
エ	カラーテレビ	電気冷蔵庫	エアコン
オ	電気冷蔵庫	エアコン	カラーテレビ
カ	電気冷蔵庫	カラーテレビ	エアコン

問９．下線部⑨について，スマートフォンで家電を操作するなど，あらゆるものがインターネットを通じてつながることを意味する言葉として正しいものを，次のア～エの中から１つ選び，記号で答えなさい。

ア．AI　　イ．ICT　　ウ．IoT　　エ．SNS

2　次の地図1・2を見て，問いに答えなさい。

地図1

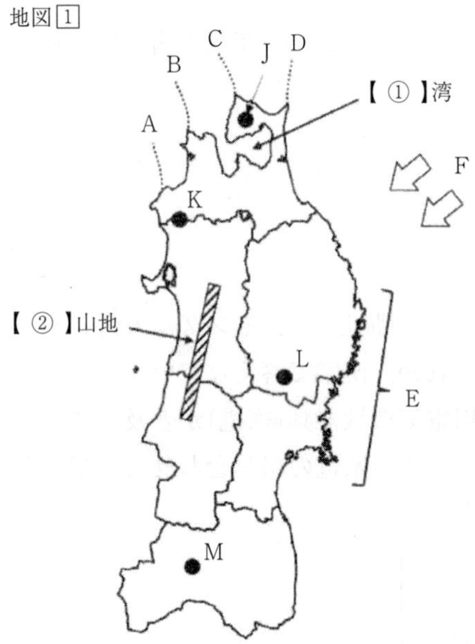

地図2

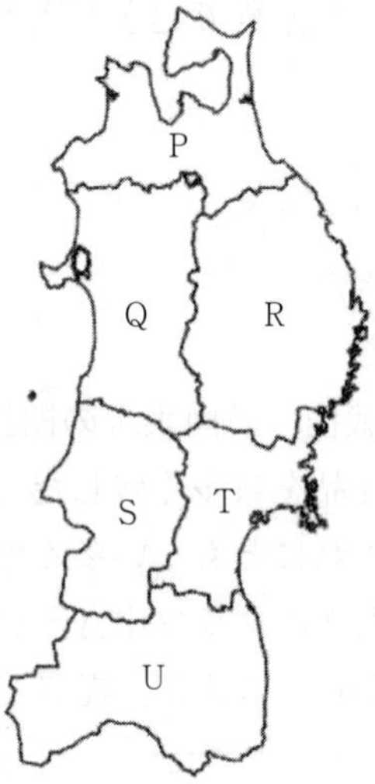

問１．地図1中の【①】・【②】にあてはまる地名を，漢字で答えなさい。

問２．東北地方と北海道を結ぶ青函トンネルのルートとして正しいものを，地図1中のＡ～Ｄの中から１つ選び，記号で答えなさい。

問３．地図1中のＥの地域の海岸には，多くの入り江《え》が見られます。この地域について述べた文として正しいものを，次のア～エの中から１つ選び，記号で答えなさい。

ア．水深が深く波がおだやかで，養殖《ようしょく》業がさかんである。

イ．海岸を掘《ほ》り込《こ》んだ港が多く作られ，重化学工業がさかんである。

ウ．水はけの悪い三角州が広がり，海岸には多くの棚田《たなだ》が連続して見られる。

エ．ほぼ遠浅な海岸が続き，昨年の東京オリンピックでサーフィン会場として使われたところがある。

問４．地図1中のＦが示す風が春から夏にかけて長く続くと，農作物の生育に影響をおよぼすことがあります。この風の性質に関係の深い海流の名称とその種類との組み合わせとして正しいものを，次のア～エの中から１つ選び，記号で答えなさい。

	ア	イ	ウ	エ
名称	親潮	親潮	黒潮	黒潮
種類	寒流	暖流	寒流	暖流

問５．地図1中のＪ～Ｍについて述べた次のア～エの文のうち，正しいものを**すべて**選び，記号で答えなさい。

ア．Ｊが位置する半島は，世界自然遺産に登録されており，エゾシカやヒグマなど，希少な生物が生息している。

イ．Ｋが位置する山地は，世界自然遺産に登録されており，ブナの原生林が広がっている。

ウ．Ｌが位置する地域は，世界文化遺産に登録されており，奥州藤原氏が栄華《えいが》を極めた。

エ．Ｍが位置する地域は，世界文化遺産に登録されており，徳川家康をまつる社寺が建立されている。

問６．東北地方では，さまざまな年中行事・工芸品・郷土料理などの伝統文化が見られます。地図 2 中のＱの県に見られる伝統文化を，次のア～エの写真の中から**すべて**選び，記号で答えなさい。

問７．地図 2 中のＲの県では，かつて，厳しい冬をしのぐために，馬屋と母屋《おもや》を一体化した特《とく》徴《ちょう》的な家屋が見られました。この家屋を真上から見た典型的なかたちを，次のア～エの中から１つ選び，記号で答えなさい。

ア．　イ．　ウ．　エ．

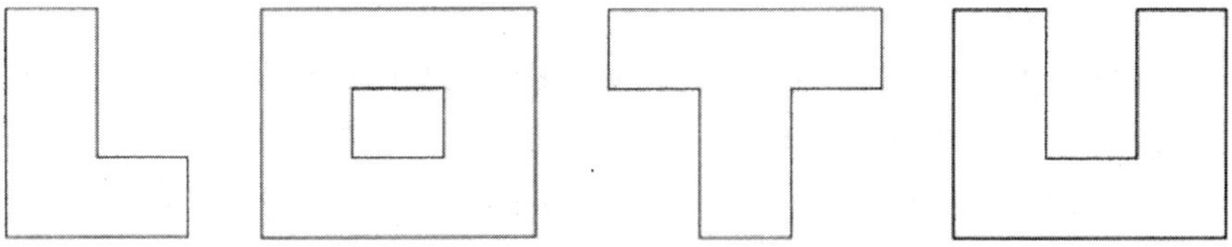

問８．次の表中ア～エは，地図 2 中のＰ・Ｓ・Ｔ・Ｕの県の，2020年における人口密度，人口20万人以上の都市の数，高齢《こうれい》化率(65歳《さい》以上の人口割合)，2015年における第１次産業人口割合を示したものです。Ｓの県にあてはまるものを，次のア～エの中から１つ選び，記号で答えなさい。

	人口密度	人口20万人以上の都市の数	高齢化率	第１次産業人口割合
ア	315人 /km^2	1	27.7%	4.5%
イ	137人 /km^2	3	30.7%	6.7%
ウ	132人 /km^2	2	32.7%	12.4%
エ	116人 /km^2	1	33.1%	9.4%

総務省の統計により作成。

問９．2011年に起こった「東日本大震災」について述べた次のⅠ・Ⅱの文の正誤の組み合わせとして正しいものを，下のア～エの中から１つ選び，記号で答えなさい。

Ⅰ．この地震によって，東北地方だけでなく関東地方の各地でも地盤《じばん》の液状化現象が起こった。

Ⅱ．地図[2]中のＴの県では，原子力発電所事故の影響で，現在も帰還《きかん》困難区域が指定されている。

	ア	イ	ウ	エ
Ⅰ	正	正	誤	誤
Ⅱ	正	誤	正	誤

3

次の新聞記事を読んで，問いに答えなさい。

日本国民が①基本的人権を手にしたのは，皮肉にも，戦争に負けたからである。

1945年10月，GHQ(連合国軍総司令部)は近衛文麿元首相に憲法改正を※1 示唆《しさ》，さらにマッカーサー最高司令官は幣原喜重郎首相に日本の民主化に関する５大改革を示し，その１項目《こうもく》は「参政権付与《ふよ》による日本婦人の解放」だった。

これを受け，幣原内閣は閣議で②女性参政権を承認し，敗戦から４カ月後の同年12月に改正衆議院議員選挙法が成立。20歳以上の男女に平等な選挙権が認められた。46年４月，戦後初の衆議院議員選挙で39人の女性国会議員が誕生。③当選者に占《し》める女性の割合は8.4％だった。史上最高は民主党に政権交代した2009年の11.3％，直近の17年は10.1％だ。

一方，憲法改正は※2 一筋縄ではいかなかった。政府の憲法問題調査委員会がまとめた改憲試案は大日本帝国憲法の「焼き直し」に過ぎず，GHQ は自前の草案作成に乗り出す。

（中略）

マッカーサー草案を見せられた日本政府は※3 驚愕《きょうがく》。GHQ との押《お》し引きの末にまとまった憲法改正草案が46年６月，国会に提出された。幾度《いくど》かの修正を経たのち，日本国憲法が同年11月３日に公布，翌47年５月３日に施行《しこう》された。

新憲法は，アメリカ独立宣言や④フランス人権宣言以降の近代人権思想と⑤近代立憲主義にのっとり，すべての人の※4 普遍《ふへん》的な人権(11条，97条)や個人の尊重，幸福追求の権利(13条)，法の下の平等と⑥性別等による差別の禁止(14条)，婚姻《こんいん》の自由と両性の本質的平等(24条)が明記された。ようやく，日本の女性は男性と同等の権利と平等を獲得《かくとく》した。

しかし，女性の「特性論」や「性別役割分業論」に基づく差別は，日本社会に広く根を張ったままだった。たとえば労働の現場では，女性は結婚を理由に解雇《かいこ》され，定年は男性より早く設定された。女性たちは憲法という「武器」をとり，裁判に※5 公序良俗《りょうぞく》違反《いはん》を訴《うった》えて勝訴《しょうそ》し，それが法改正・整備にもつながった。

86年，【　　】法が施行され，99年に男女共同参画社会基本法が制定された。96年には法制審《しん》議《ぎ》会が選択《せんたく》的夫婦別姓《べっせい》を盛り込《こ》んだ民法改正案を答申した。

(2021年５月３日付　朝日新聞)

※１　それとなく示すこと。

※２　普通の方法。手段。

※３　非常におどろくこと。

※４　すべてに共通し，例外のないこと。

※５　公共の決まりと世の中の良い習わし。

問１．【　】には，事業主が募集《ぼしゅう》や採用などで，性別を理由にし，差別することを禁止した法律が入ります。この法律の名称を，漢字で答えなさい。

問２．下線部①について，次の文は，基本的人権を争点とした訴訟《そしょう》における最高裁判所の判決の内容です。この判決の根拠《こんきょ》となる日本国憲法の条文を，下のア～エの中から１つ選び，記号で答えなさい。

> 新たに薬局を開設するときは，すでにある薬局から一定の距離《きょり》を置かなければならないとする薬事法の規定は違憲《いけん》である。

ア．すべて国民は，法の下に平等であつて，人種，信条，性別，社会的身分又《また》は門地により，政治的，経済的又は社会的関係において，差別されない。

イ．何人も，公共の福祉《ふくし》に反しない限り，居住，移転及《およ》び職業選択の自由を有する。

ウ．すべて国民は，健康で文化的な最低限度の生活を営む権利を有する。

エ．すべて国民は，勤労の権利を有し，義務を負ふ。

問３．下線部②について，平塚らいてう（雷鳥）の呼びかけにより，女性の社会的・政治的地位の向上を目指して1920年に設立された団体の名称を，漢字で答えなさい。

問４．下線部③について，昨年の衆議院議員総選挙で当選した女性国会議員は45名でした。当選者数に占める女性の割合は何％ですか。**小数第２位を四捨五入した**算用数字で答えなさい。

問５．下線部④について，フランス人権宣言は，『社会契約論』を著した哲学《てつがく》者の影響を強く受けています。この人物はだれか，答えなさい。

問６．下線部⑤について，次の日本国憲法の条文の【　】にあてはまる語句を，漢字で答えなさい。

> 第98条　この憲法は，国の【　　】であつて，その条規に反する法律，命令，詔勅《しょうちょく》及び国務に関するその他の行為《こうい》の全部又は一部は，その効力を有しない。

問７．下線部⑥について，生物学的な性別に対して，社会的・文化的につくられる性別（性差）のことを何というか，カタカナで答えなさい。

【理　科】〈第２回試験〉（30分）〈満点：50点〉

1　昆《こん》虫について，次の各問いに答えなさい。

(1)　右図はセミを裏側(はねがついていない側)から見た図です。セミのあしは何本あり，頭・胸・腹のどこについていますか。解答欄の図にすべてのあしを書き入れなさい。

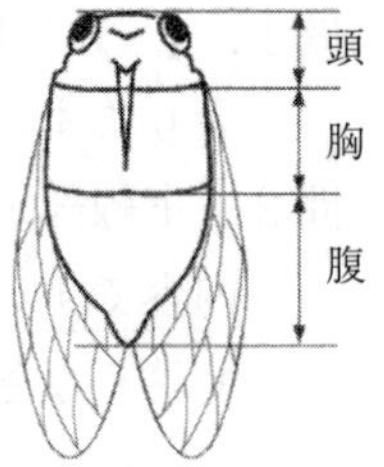

(2)　次の①と②にあてはまる昆虫を，あとの(ア)〜(オ)からそれぞれ１つ選び，記号で答えなさい。

①　冬を幼虫の姿で過ごす。

②　冬を成虫の姿で過ごす。

(ア)　ショウリョウバッタ　　(イ)　ナナホシテントウ　　(ウ)　オオカマキリ

(エ)　アゲハチョウ　　(オ)　カブトムシ

(3)　昆虫はからだとあしに節をもち，外骨格とよばれる硬《かた》い構造でからだがおおわれています。昆虫以外で，節をもち，外骨格でおおわれている生物を，次の(ア)〜(オ)から２つ選び，解答欄の記号を○で囲みなさい。

(ア)　エビ　　(イ)　イカ　　(ウ)　ウニ　　(エ)　カメ　　(オ)　ムカデ

2　人の誕生について，次の各問いに答えなさい。

(1)　人の受精卵と胎《たい》児について説明した次の(ア)〜(オ)のうち，正しいものを２つ選び，解答欄の記号を○で囲みなさい。

(ア)　受精卵は，母親の体内にある胎盤《たいばん》の中で育つ。

(イ)　受精卵は，女性の体内でつくられた卵と男性の体内でつくられた精子が結びついてできる。

(ウ)　受精卵には，子が生まれるまでに必要な栄養がすべて含《ふく》まれている。

(エ)　胎児と胎盤はへそのおでつながっている。

(オ)　胎児は生まれる１ヶ月ほど前から息をはじめる。

(2)　母親のお腹の中で，胎児のまわりにある液体を何といいますか。漢字２字で答えなさい。

(3)　次のグラフは，受精後の週数と，胎児の重さの関係を表したものです。あとの①と②に答えなさい。

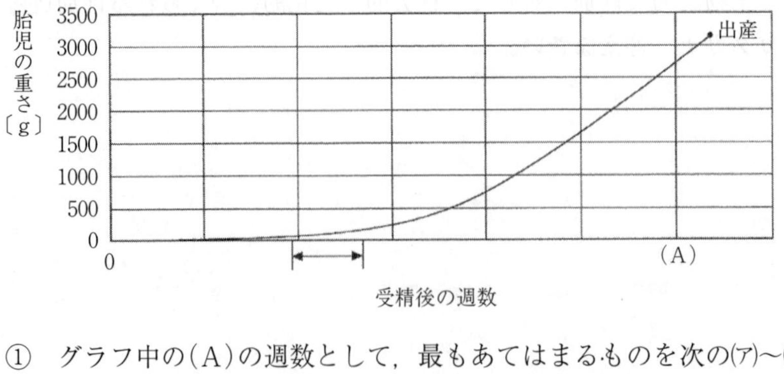

①　グラフ中の(A)の週数として，最もあてはまるものを次の(ア)〜(オ)から選び，記号で答えなさい。

(ア)　12　　(イ)　18　　(ウ)　24　　(エ)　30　　(オ)　36

②　グラフ中の◀━▶の期間で見られるようになる胎児の特徴《ちょう》として，最もあてはまるものを

次の(ア)～(オ)から選び，記号で答えなさい。

(ア)　からだを回転させてよく動くようになり，母親がそれを感じるようになる。

(イ)　お腹の中で回転できないくらい大きくなる。

(ウ)　男性か女性か区別できるようになる。

(エ)　目や耳ができ始める。

(オ)　心臓が動き始める。

3　2021年５月に東京で，かいき月食が観測されました。月食について，次の各問いに答えなさい。

(1)　月食がおこるときの地球・太陽・月の並び順について，正しいものを次の(ア)～(ウ)から１つ選び，記号で答えなさい。

(ア)　地球—太陽—月

(イ)　地球—月　—太陽

(ウ)　月　—地球—太陽

(2)　月食について説明した次の(ア)～(オ)のうち，正しいものを２つ選び，解答欄の記号を○で囲みなさい。

(ア)　月食がおこるのは必ず満月のときである。

(イ)　日中でも月食を観測することができる。

(ウ)　月が最もかけて見えるのは，必ず月が真南にきたときである。

(エ)　約１ヶ月に１度は，月食を地球上のどこかで観測することができる。

(オ)　月食がおこっているとき，地球上の月が見える場所からであれば，どこでも月食を観測することができる。

(3)　2021年５月のかいき月食を，東京で観測したときの月の見えかたのうつり変わりとして，最もあてはまるものを次の(ア)～(エ)から選び，記号で答えなさい。

(ア) 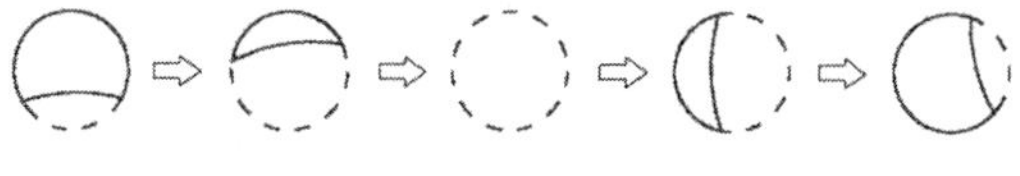

(イ) 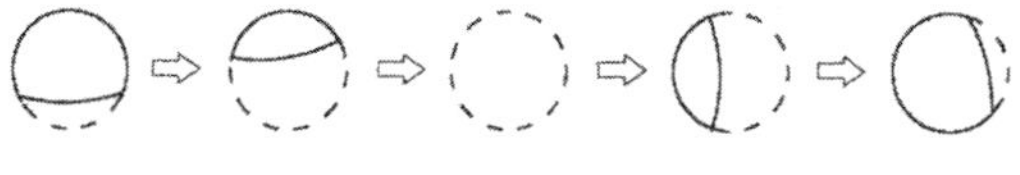

(ウ) 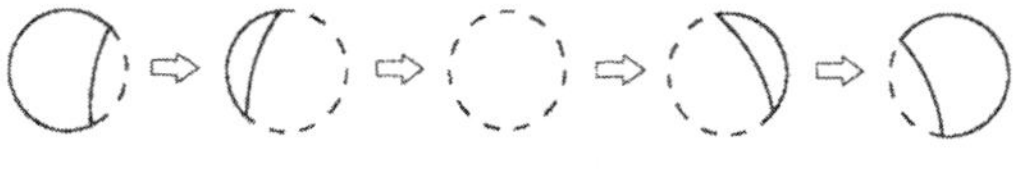

(エ) 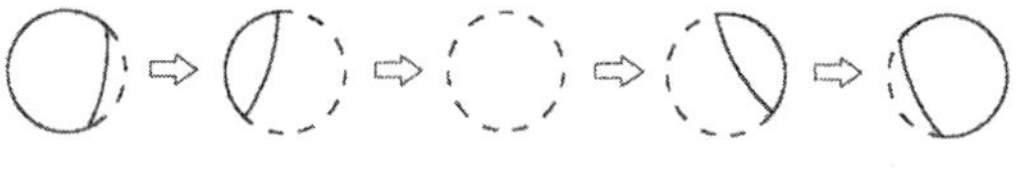

(4)　かいきとなった月(全部かけた月)は何色に見えますか。ただし，全く見えない場合は「なし」と答えなさい。

4　図１は，ろうそくが燃えているようすを模式的に表したものです。ろうそくを使って実験を行いました。あとの各問いに答えなさい。

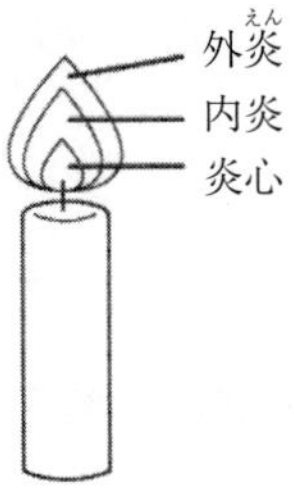

図１

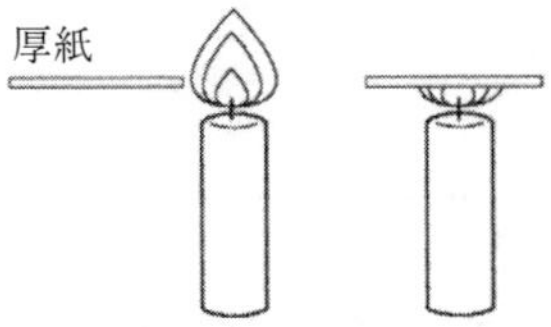

図２

(1)　図２のように，白い厚紙をろうそくの炎《ほのお》の中心に水平に入れて，すぐ抜《ぬ》き取ると，厚紙の一部が黒くなっていました。このときの厚紙のようすとして，最もあてはまるものを次の(ア)～(エ)から選び，記号で答えなさい。

(ア)　(イ)　(ウ)　(エ)

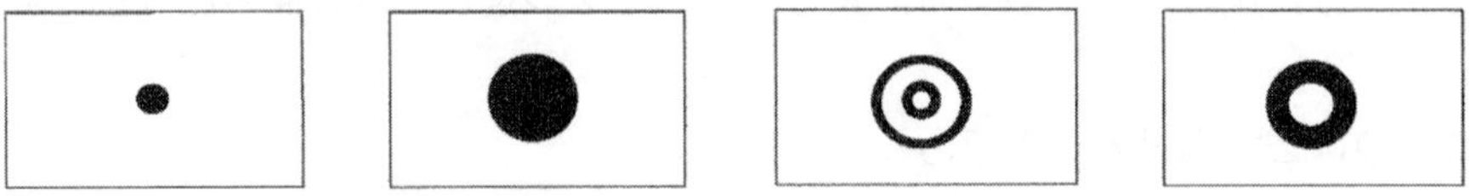

(2)　図３のように，ガラス管の一方の端《はし》を炎心に入れたものを(A)，内炎に入れたものを(B)とします。ガラス管の反対側の端にマッチの火を近づけたとき，(A)と(B)それぞれのようすとして，最もあてはまるものを次の(ア)～(エ)から選び，記号で答えなさい。

(ア)　黒いけむりが出て，けむりに火は着かなかった。
(イ)　黒いけむりが出て，けむりに火が着いた。
(ウ)　白いけむりが出て，けむりに火は着かなかった。
(エ)　白いけむりが出て，けむりに火が着いた。

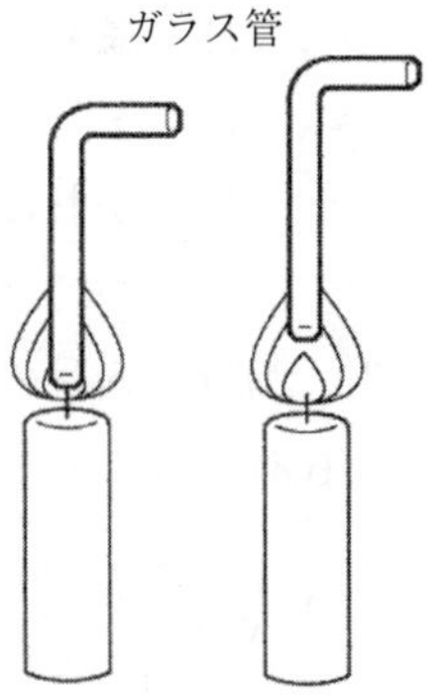

図３

(3)　図４のように，ろうそくに空気の入ったびんをかぶせて，ろうそくの炎とびんのようすを観察しました。あとの①と②に答えなさい。

図４

①　ろうそくの炎とびんのようすとして，正しいものを次の(ア)～(エ)から１つ選び，記号で答えなさい。
(ア)　炎は少しずつ大きくなり，びんの内側がくもった。
(イ)　炎は少しずつ大きくなり，びんの外側がくもった。
(ウ)　炎は少しずつ小さくなって消え，びんの内側がくもった。

(エ)　炎は少しずつ小さくなって消え，びんの外側がくもった。

②　びんがくもったのは，ある物質がついたためです。この物質の名前を答えなさい。

5　台風について，次の各問いに答えなさい。

(1)　海上の台風の観測には，気象衛星が利用されています。日本の気象衛星の愛称《しょう》は何ですか。

(2)　北半球において，台風周辺で吹《ふ》いている風の向きを表した図として，正しいものを次の(ア)～(エ)から１つ選び，記号で答えなさい。ただし，図は台風を上から見たようすを表しています。

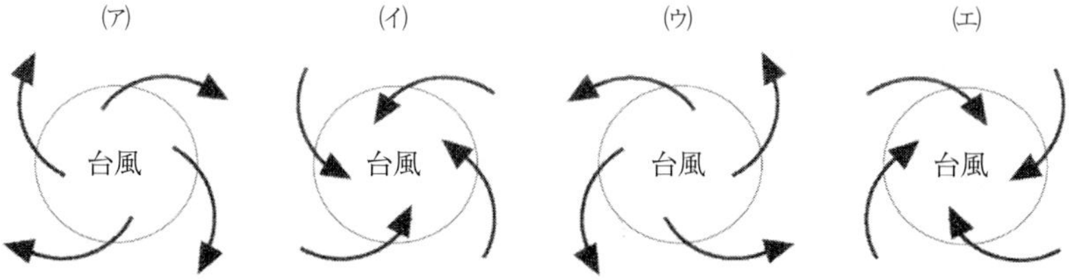

(3)　日本のある地点で，台風が近づいてきたときから遠ざかるまで，風の向きを観測しました。右図は，観測地点と台風の中心の道すじを表したものです。台風の中心の位置がＡとＢのとき，観測地点ではそれぞれどの向きに風が吹きましたか。最もあてはまるものを，次の(ア)～(エ)から選び，記号で答えなさい。

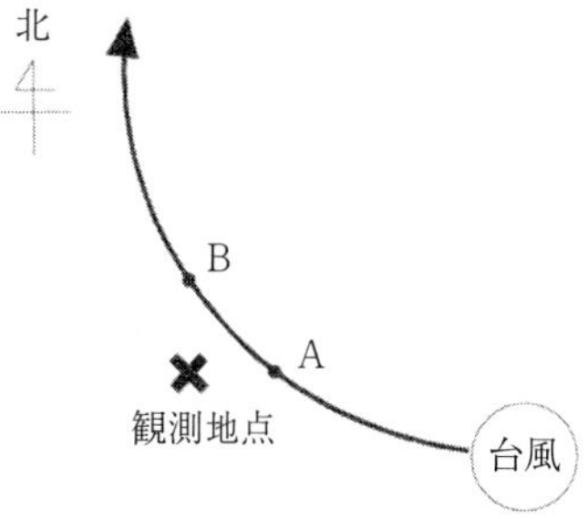

(ア)　北から南　　(イ)　南から北

(ウ)　東から西　　(エ)　西から東

6　下図のような実験装置で，いろいろな太さ(断面積)と長さのニクロム線を使って電流を流し，水100cm^{3}の温度が５℃上昇《しょう》するまでの時間を調べました。下表はその結果をまとめたものです。ただし，すべての実験で電源の電圧は同じにし，ニクロム線から出た熱はすべて水の温度上昇に使われるものとします。あとの各問いに答えなさい。

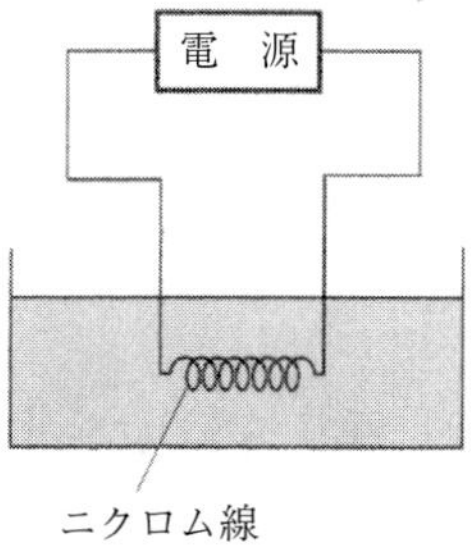

〔使ったニクロム線と水100cm^{3}の温度が５℃上昇するまでの時間〕

断面積〔mm^2〕	長さ〔cm〕	時間〔秒〕
0.2	10	45
0.2	20	90
0.5	5	9
0.5	30	54
1.0	20	18
1.0	30	27

(1)　右の(ア)～(エ)のニクロム線のうち，水100cm^{3}の温度が５℃上昇するまでの時間が最も短いものを選び，記号で答えなさい。

	断面積〔mm^2〕	長さ〔cm〕
(ア)	0.4	10
(イ)	0.5	20
(ウ)	0.7	10
(エ)	1.0	30

(2)　断面積と長さが同じニクロム線を２本ずつ使い，次の(ア)と(イ)の回路を作りました。水100cm^{3}の温度が５℃上昇するまでの時間が短いのは，(ア)と(イ)のどちらですか。記号で答えなさい。また，そのつなぎ方を何つなぎといいますか。

(ア)

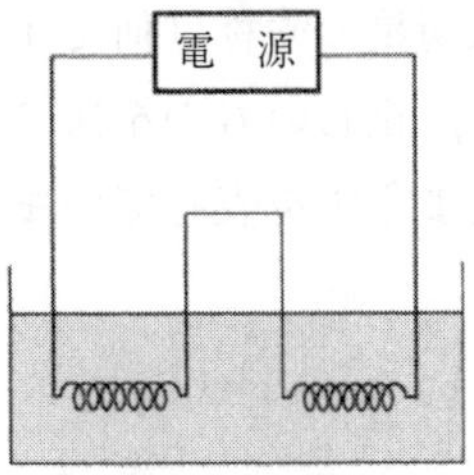

(イ)

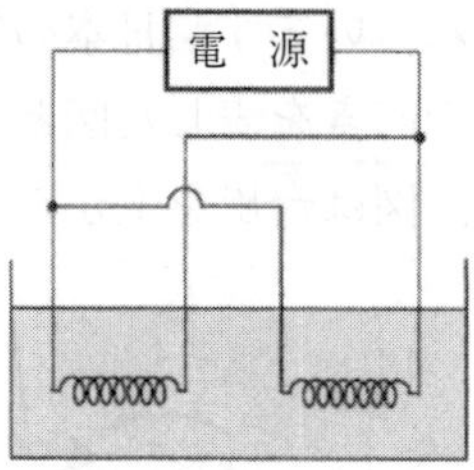

(3)　断面積が0.9mm^{2}で，長さが15cmのニクロム線を１本使い，水100cm^{3}の温度が５℃上昇するまでの時間を調べました。このときにかかった時間と同じ時間で水100cm^{3}の温度を５℃上昇させるためには，断面積が0.2mm^{2}で長さが10cmのニクロム線を何本，何つなぎにすればよいですか。ただし，使うニクロム線の数が最も少なくなるように答えなさい。

7　水中にある物体には浮《ふ》力という，ものを浮《う》かそうとする力がはたらいています。物体にはたらく浮力の大きさは，物体が沈《しず》んでいる部分の水の重さ，つまり物体が押《お》しのけた水の重さと等しくなります。物体が水に浮かんでいるときは，物体の重さと浮力が等しくなっています。浮力について，次の各問いに答えなさい。ただし，水１cm^{3}の重さは１ｇとします。

(1)　重さが800ｇで底面積が200cm^2，高さが６cmの直方体の木片があります。この木片を水に入れると，図１のように浮かびました。あとの①と②に答えなさい。

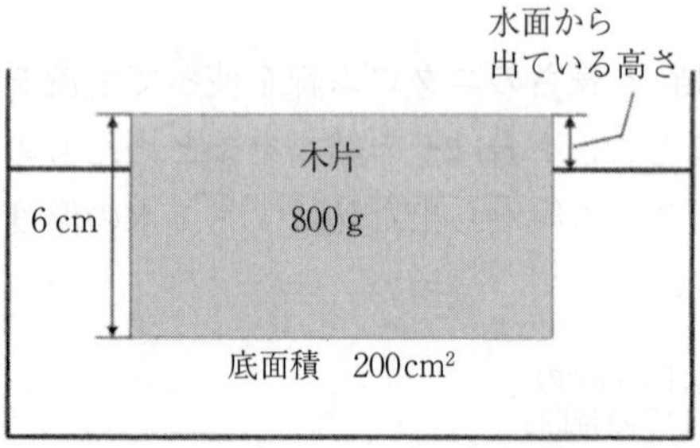

図１

①　この木片にはたらいている浮力は何ｇですか。

②　この木片の水面から出ている部分の高さは何cmですか。

(2)　図２のように，水が入った容器を台ばかりにのせると，台ばかりの目盛りは800ｇを指しました。あとの①と②に答えなさい。

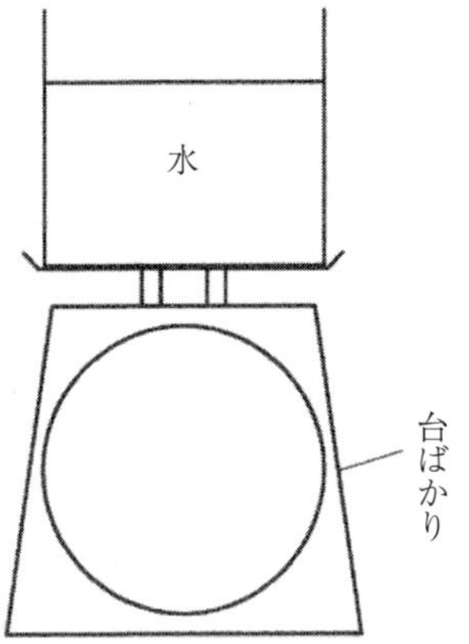

図2

① この容器の中に，重さが600 g で一辺が6 cm の立方体の金属を入れると，図3のように水に沈みました。このとき，台ばかりの目盛りは何 g を指しますか。

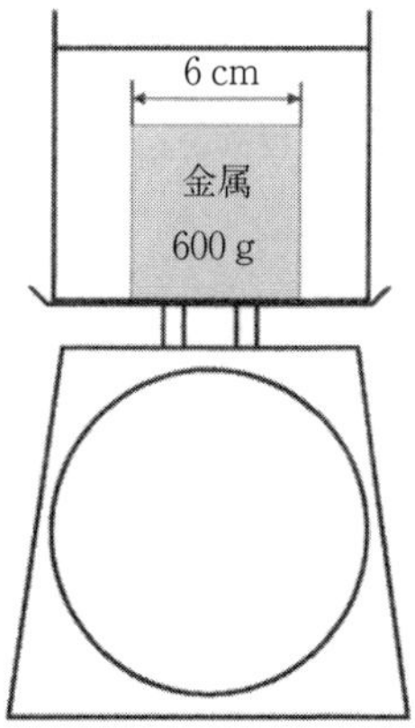

図3

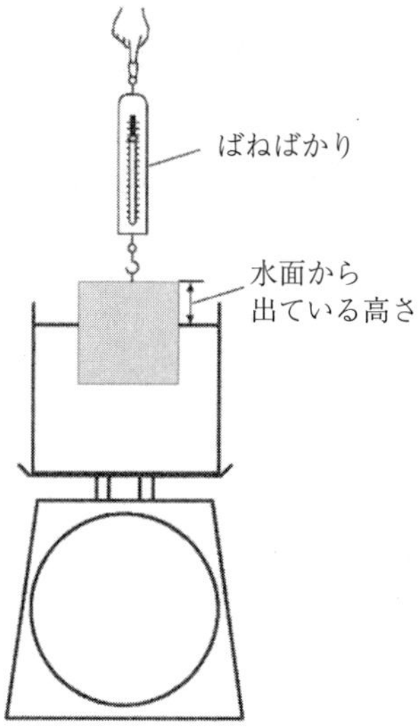

図4

② この立方体の金属に糸を取り付けて，図4のようにばねばかりでゆっくり持ち上げました。ばねばかりの目盛りが474 g を指しているとき，この金属の水面から出ている部分の高さは何 cm ですか。ただし，糸の重さは考えないものとします。

8 ビーカーAとBに，白い固体が70 g ずつ入っています。この白い固体は，食塩と硝酸《しょうさん》カリウムという物質が混ざったもので，混ざっている量はビーカーAとBでちがいます。下表は，食塩と硝酸カリウムについて，いろいろな温度の水100cm^{3}に溶《と》ける限界の重さをまとめたものです。あとの各問いに答えなさい。答えは小数第2位を四捨五入して小数第1位まで求めなさい。

ただし，水の中に食塩と硝酸カリウムをいっしょに入れても，それぞれが溶ける限界の重さは変わらないものとします。また，水に固体が溶けたり，水溶《よう》液の温度が変化したりしても，体積は変わらないものとします。

〔水100cm^3に溶ける限界の重さ〕

水の温度〔℃〕	20	40	60	80	100
食塩〔g〕	35.8	36.3	37.1	38	39.3
硝酸カリウム〔g〕	31.6	63.9	109	169	245

(1)　ビーカーＡに入っている食塩の重さは15ｇ，硝酸カリウムの重さは55ｇです。ビーカーＡに80℃の水50cm^3を加えたところ，固体はすべて溶けました。次の①と②に答えなさい。

①　ビーカーＡを40℃まで冷やしたとき，溶けきれずに出てくる結晶《しょう》がありました。この結晶の重さは何ｇですか。

②　①のあと，ビーカーＡを80℃まであたため，①で溶けきれずに出てきた結晶を再びすべて溶かしました。その後さらに100℃まであたため，100℃を保ったまましばらく加熱を続けたところ，水が蒸発して，また溶けきれずに出てくる結晶がありました。水溶液の体積が20cm^3になったとき，溶けきれずに出てきた結晶の重さは何ｇですか。

(2)　ビーカーＢに水200cm^3を加えて20℃にしたところ，溶けきれない固体がありました。ろ過をして，この固体をとり出したところ，重さは３ｇでした。次の①と②に答えなさい。

①　この固体は何ですか。次の(ア)～(ウ)から１つ選び，記号で答えなさい。

(ア)　食塩　　(イ)　硝酸カリウム　　(ウ)　食塩と硝酸カリウムが混ざったもの

②　ビーカーＢの中に入っていた白い固体70ｇには，食塩は何ｇ含まれていましたか。

⑤ 年上の方をウヤマう。
⑥ 温暖化防止をテイショウする。
⑦ 決勝戦でおしくもヤブれてしまった。
⑧ 無愛想な職人だが、うでは確かだ。
⑨ 易者に占《うらな》ってもらう。
⑩ 王様に仕える。

すか。本文中の言葉を用いて答えなさい。

問十九、――線⑯「取り返しのつかないこと」の内容を示している部分を、本文中から十字以内で抜き出して答えなさい。

問二十、次の一文は本文中から抜いたものですが、どこに入れるのが適切ですか。その**直前**の五字を答えなさい。

> すると川畑さんはそんな疑問を見透《みす》かしたように、続けた。

問二十一、この文章を内容から二つに分ける場合、後半はどこから始まりますか。その最初の五字を答えなさい。

問二十二、本文の内容として適切なものを、次の(ア)～(エ)の中から一つ選び、記号で答えなさい。

(ア)　ニホンジカによる農作物の被害額は、イノシシによる農作物の被害額の3倍にあたる。

(イ)　野生動物の駆除作業は体力が必要だが、しっかりとした知識と経験があれば事故が起きる危険はない。

(ウ)　猟友会の活躍により駆除が進み、多賀町では鹿による農作物の被害は激減している。

(エ)　鹿が人の住む集落に下りる原因の一つは、里山とともに暮らす人々が減ったことである。

二

次の①～⑤について、三字熟語と四字熟語の□には、それぞれ同じ部首の漢字が当てはまります。その部首名を(ア)～(コ)の中から選び、記号で答えなさい。

①　価□観　　以心□心

②　大黒□　　針小□大

③　親□感　　言語□断

④　最高□　　意味□長

⑤　□極的　　一日千□

〈部首名〉

(ア)　うかんむり　　(イ)　おおざと　　(ウ)　きへん

(エ)　さんずい　　(オ)　しんにょう　　(カ)　にんべん

(キ)　のぎへん　　(ク)　まだれ　　(ケ)　もんがまえ

(コ)　れっか

三

次の①～⑤の〈　〉内の意味を表す言葉をひらがなで答えなさい。ただし、一字目は指定したひらがなにし、字数は□の数に合わせること。

①　日本の産業はい□□□□□発展をとげた。〈とくに目立ってはっきりしている。〉

②　手紙をし□□□□。〈書き記す。〉

③　い□□□□負けを認める。〈思い切りがよくさっぱりしている。〉

④　彼はつ□□□□ふるまいをする。〈ひかえめである。〉

⑤　さ□□□□□□ようですが、一言申し上げます。〈立場をわきまえず、よけいな言動をするさま。〉

四

次の①～⑦の――線部を漢字に改め、⑧～⑩の――線部の読みをひらがなで答えなさい。

①　人付き合いにはおセジも必要だ。

②　市長もごリンセキなさった。

③　名画のフクセイを壁《かべ》に飾る。

④　マンションの建築にナンショクを示す。

なさい。

問五、――線④「ササは冬場も生えているので鹿にとって、貴重な食糧ですね」とありますが、このことが関わると考えられる具体的な被害を「〜こと。」に続くように、本文中から抜き出して答えなさい。

問六、――線⑤「はい」を言い切りの形に改めなさい。

問七、――線⑥「は……?」とありますが、私が疑問に感じた理由を、「農作物」という言葉を用いて、四十字以内で答えなさい。

問八、――線⑦「この問題」とはどのような「問題」ですか。「〜の問題。」に続くように、本文中の言葉を用いて答えなさい。

問九、――線⑧「登山」と同じ組み立てである二字熟語を、次の(ア)〜(エ)の中から選び、記号で答えなさい。

(ア)　昼食　(イ)　帰宅　(ウ)　半円　(エ)　外遊

問十、――線⑨「やがて」が直接かかっていく部分を、次の(ア)〜(エ)の中から選び、記号で答えなさい。

(ア)　琵琶湖へと　(イ)　流れ込み

(ウ)　湖の生態系をも　(エ)　変えてしまうかもしれない

問十一、――線⑩「ここ多賀町の自然はすでに悲鳴を上げはじめていた」とは、「多賀町の自然」がどのようになっていることを表していますか。「多賀町の自然が」に続けて解答欄に合うように十字以内で答えなさい。

問十二、[Ⅰ]〜[Ⅳ]には次の(ア)〜(エ)の各文が入ります。正しい順序になるように、解答欄のⅠ〜Ⅳに記号を入れなさい。

(ア)　天敵だったニホンオオカミの絶滅《ぜつめつ》により、命を失う危険が減っていることも大きな要因といえるだろう。

(イ)　２歳《さい》以上のメスのほとんどが妊娠《にんしん》し、エサの確保さえできれば、ほぼ毎年出産するため、短期間でその数はどんどん増えていく。

(ウ)　鹿の生態として、メスは生まれてから１年で出産が可能となり、１年に１回、１頭の子どもを産む。

(エ)　ニホンジカが増えた原因はいくつかあげられる。

問十三、――線⑪「鹿が人が住む集落にやってきて農作物を荒らすのは、戦後に拡大された『造林計画』の影響ともいわれている」とありますが、「造林計画」によって、「鹿」にどのような「影響」があったのですか。それが書かれている形式段落を探し、最初の七字を答えなさい。

問十四、[D]・[E]・[F]に当てはまる言葉の組み合わせとして最も適切なものを、次の(ア)〜(エ)の中から選び、記号で答えなさい。

(ア)　D　なぜなら　E　さらに　F　もちろん

(イ)　D　だから　E　もちろん　F　しかし

(ウ)　D　しかし　E　ところが　F　なぜなら

(エ)　D　つまり　E　しかし　F　そして

問十五、〜〜線ａ〜ｄ「の」の中から、はたらきの異なるものを一つ選び、記号で答えなさい。

問十六、[⑫]・[⑭]に当てはまる体の一部を表す漢字を、それぞれ答えなさい。

問十七、――線⑬「林業に見切りをつけざるを得なくなっていった」とありますが、どういうことですか。最も適切なものを、次の(ア)〜(エ)の中から選び、記号で答えなさい。

(ア)　林業をあきらめたこと。

(イ)　林業の改革をしたこと。

(ウ)　林業に見通しをつけたこと。

(エ)　林業は他人にゆずったこと。

問十八、――線⑮「同じ問題」とは、具体的にどのような「問題」で

た。

ニホンジカがエサとしていた、くりやどんぐりの実がなる広葉樹が、植え替えによってなくなってしまった。当然、ニホンジカは、エサを求めて歩き回り、生きのびるために次第《しだい》に人の住む集落に近づいてくるようになった。

［Ｅ］、鹿は元来人間を恐《おそ》れる生き物で、警戒《けいかい》心がとても強い。そう簡単に人の住む集落に入り込んで来ないのが普通《ふつう》だ（「奈良《なら》のシカ」が、いかに特殊《とくしゅ》かがわかるだろう）。それなのに、多くの鹿が山から下りてきて、田畑を荒らすようになってしまったのはどうしてなのだろう？

一番の原因は、「里山」が激減していることだと考えられている。

里山とは、野生動物と人間、それぞれが住む場所ａの「境界線」のような地域のことだ。人ｂの住む集落に密接している山で、人が山の木々を切って燃料のまきを取ったり、炭を作ったりしていた。人が［⑫］を入れることで里山ｃの生態系は守られていた。

ところが、時代の移り変わりとともに、里山から人ｄの気配が消えてしまった。

多賀町は、森林が町の86パーセントを占め、かつては林業が盛《さか》んで町の中心となる産業だった。しかし、日本の木材は外国からの安い輸入木材に押《お》され、価格競争に勝てなくなって、⑬林業に見切りをつけざるを得なくなっていった。また、電気やガスが普及《ふきゅう》したことで、まきを燃料として使わなくなり、里山とともに暮らす人びとは次第に減っていった。

放置された里山には、野生動物が出て来やすくなる。［Ｆ］、里山からちょっと［⑭］をのばせば、密接する集落に稲《いね》や野菜などおいしい食べ物がたくさんある。一度おいしい作物を味わった動物たちは、危険を承知で山を下りてくる。人が育てた農作物は山で得られるエサとは比べものにならないほど栄養価が高く、野生動物の出生率も上がるに違《ちが》いない。

これは多賀町にかぎってのことではない。集落と山との境界線になっていた里山が消滅《しょうめつ》することで、日本各地で⑮同じ問題が起きている。このまま問題を放っておけば、ニホンジカが増え続け、やがてエサ不足になってニホンジカの数も自然と減っていくのかもしれないが、その前に山の生態系そのもののバランスが崩れ、⑯取り返しのつかないことになるに違いない。各地でニホンジカやイノシシの生息数を適正に管理するための対策が強化されているのは、そのためなのだろう。

（今西乃子『命の境界線　保護されるシカと駆除される鹿』による
ただし、一部表記を改めたところがある）

＊1　ＧＰＳ…人工衛星で地上での現在位置を計測するシステム。
＊2　電牧線…電流を流し、この電線に触《ふ》れた動物にショックを与えて田畑などへの侵入を防ぐものであり、獣害防除、放牧等で広く使用される。
＊3　対じ…山などが向かいあってそびえ立つこと。

問一、――線①「どうしても同行したいです！」とありますが、何に「同行したい」のですか。漢字の訓読みで表している言葉を本文中から抜《ぬ》き出して答えなさい。

問二、［Ａ］～［Ｃ］には、次の(ア)・(イ)のどちらかが入ります。それぞれ選び、記号で答えなさい。

(ア)　大将　　(イ)　待子

問三、――線②「『バックストップ』というルールがあるのだ」とありますが、この「ルール」は何のために「あるの」ですか。本文中の言葉を用いて具体的に答えなさい。

問四、――線③「有害獣駆除」の目的とは何ですか。それが書かれている連続する二文を本文中から抜き出し、その最初の五字を答えたと思っている。自然環境の破壊というお金に換算できないぶん、軽視されてしまうんです。でも、それは大まちがいで……それが、こわいんです」

川畑さんの言葉を聞きながら、私は昨日町役場を訪《おとず》れた時、久保《くぼ》町長が話してくれたことを思い出していた。

「多賀町には米原《まいばら》市にまたがる霊仙山《りょうぜんざん》という山があります。花の多い山で、⑧登山客も多く来るのですが……」

鈴鹿《すずか》山脈の最北に位置する標高１０９４メートルの花が美しい霊仙山。東側の山腹は岐阜《ぎふ》県大垣《おおがき》市上石津《かみいしづ》町と不破《ふわ》郡関ケ原《せきがはら》町に属し、北側には伊吹《いぶき》山が＊3対じしている。「花の百名山」として知られていて、シーズン中は花を楽しみに多くの登山者が訪れる。

しかし今、その霊仙山の一部がハゲ山になっているという。

「20年ほど前まではほんとうに花がきれいな山で、ササがたくさんあった。それが今ではなくなり、山肌《やまはだ》がむき出しになってしまった」

この町で生まれ、暮らしてきた久保町長は嘆《なげ》いていた。

山は多様性に富んだ植物や生物によってバランスが保たれている。それが、ときに人間の経済のために壊《こわ》され、野生動物によって植物が食べつくされ、そのバランスが崩れればさまざまな問題が起きる。そのひとつが山肌がむき出しになった「ハゲ山」だ。そこに大雨が降り続けば、土砂《どしゃ》崩れが起き、町を襲《おそ》う。

滋賀県で、この霊仙山のようなことが周辺でつぎつぎと起きれば、⑨やがて土砂は、日本一の湖、琵琶《びわ》湖へと流れ込み、ついには湖の生態系をも変えてしまうかもしれないというのだ。

鹿やイノシシ、サルなどによる農作物被害も土砂崩れも、すべてはつながっている。

⑩ここ多賀町の自然はすでに悲鳴を上げはじめていた。

「一度壊れたものを、元に戻《もど》すのには、それと同じだけの時間……いや、その倍以上の時間がかかるんです」

私は久保町長の言葉に、自然とともに生きるむずかしさを思い知ると同時に、駆除され続ける鹿たちの運命を思った。

それにしても、なぜ「ニホンジカ」が有害獣として駆除されるまでに増えてしまったのだろうか？

現在、日本におけるニホンジカの数は、２００万頭とも３００万頭を超えるとも推定されている。その数は、同じ有害獣とされている「イノシシ」の3倍にあたる。

近年の急増に対して、環境省は２０１３年に強化対策に乗り出し、10年後の２０２３年までに個体数を半分にまで減らす目標を立てた。現在では、対策によって減少しているものの、年間の捕獲《ほかく》数は50万頭に満たず、目標にはまだまだ遠くおよばない。

その急増は、人間の生活にも影響をおよぼしている。野生鳥獣による農作物被害は、ニホンジカによるものが全体の3分の1を占《し》めていて、その次にイノシシ、カラス、サルと続く。

被害は２０００年頃《ごろ》から日本全国に広がっていき、２０１０年度の被害総額は２３９億円にまで達している。もっとも駆除の急がれる野生獣は、生息頭数の多いニホンジカなのだ。

[　Ⅰ　]。[　Ⅱ　]。[　Ⅲ　]。[　Ⅳ　]。

また、自然環境ばかりがその原因ではない。⑪鹿が人が住む集落にやってきて農作物を荒《あ》らすのは、戦後に拡大された「造林計画」の影響ともいわれているからだ。

造林計画とは、広葉樹からなる天然林を伐採《ばっさい》し、代わりにスギやヒノキ、カラマツ、アカマツなどの針葉樹に置き換《か》えていくことをいう。針葉樹は成長が比較《ひかく》的早く、建築用材として価値が高いからだ。

[　D　]、お金にはならない広葉樹をなくし、代わりに高く売れる針葉樹への植え替《か》えが、戦後(１９４５年以降)、日本各地で行われてき

川畑さんから「ヒルに気をつけて」と忠告され、私は足元を見た。気をつける間もなくヒルが靴《くつ》に2匹くっついていた。油断していると次から次へとヒルがはい上がってくる。ヒルは、おもに哺乳類《ほにゅうるい》の血を好むので、野生動物の数が増えれば増えるほど、ヒルの数も増加するのだという。

ニホンジカがいつ、どこで出没《しゅつぼつ》するのかはだれもわからない。ヒルやダニ、蚊《か》と格闘《かくとう》しながらひたすら待つのは、大変な忍耐《にんたい》が必要だ。何度も足元を気にしていると、川畑さんがそばに生えていたシダを指さして言った。

「ほら、こっちもシダ、あっちもシダ。鹿は植物質なら何でも食べますが、シダはあまり好んで食べないんです。だから、シダばかりが残る。④ササは冬場も生えているので鹿にとって、貴重な食糧《しょくりょう》ですね」

現在、滋賀《しが》県内の鹿の推定生息数は7万1000頭ほど。適正とされる個体数は8000頭とされているので、今いる鹿の頭数を9分の1まで減らさなくてはならないことになる。これは大変な数字だ。

「被害《ひがい》が出ている農作物は、おもに水稲《すいとう》、小麦、大豆、そば、後は野菜。それと……ほら、あそこの杉《すぎ》の木。下の方にビニールを巻きつけてあるでしょう？　鹿が杉の木の皮を⑤はいで食べてしまう。被害は農作物だけじゃなく、林業にも影響《えいきょう》しているんです」

川畑さんが指さす方向にはビニールテープで巻かれた杉の木がたしかにあった。

「多賀町《たがちょう》の駆除目標は年間900頭でしたよね？　鹿の農作物の被害はそれほどひどいのですか？」

「いや、多賀町では、今はずいぶん減りました」

「⑥は……？」

私が首をかしげると、川畑さんはこう続けた。

「多賀町では平成20年度から数年かけて、山と集落の境目に高さ約2メートルある獣《けもの》侵入《しんにゅう》防止《ぼうし》柵《さく》を設置しました。町内にのべ35キロメートルにわたっています。その防止柵を設置した後、鹿による農作物被害は劇的に減ったんですよ。今、一番の厄介者《やっかいもの》はサルですね」

柵の上は＊2電牧線になっていて電気が流れており、この柵がすべて完成してからは、鹿が集落に侵入する被害は激減したという。

ならば、鹿の駆除などもう必要ないのではないか。

「鹿を有害獣として駆除するのは、もちろん農作物を守り、町民の生活を守るという目的もありますが、それだけではありません。林業を守り、野山を守り、この町の本来あるべき姿を守っていくためでもあるんです」

どうやら有害獣駆除の必要性は、今を生きる私たちのことを守るためだけではなく、町の環境《かんきょう》を将来にわたって保全していくという、これからの未来に関わる大きな問題だと言う。

「ニホンジカの適正な生息数というのは、1平方キロメートルあたり3頭から5頭。その数を超《こ》えてしまうと、自然環境にも影響をおよぼすと試算されています」

この数字を上回った状態が続くと、自然の生態系のバランスが崩《くず》れていくという。

「たとえば、多賀町の昨年の有害獣による農作物の被害額は、333万3000円です」

それが多いのか少ないのか私にはわからなかったが、被害額が算出され、町役場で把握しているのは当然のことなのだろうと思った。

すると川畑さんはこう続けた。

「農作物の被害額なら、わかりやすく算出できますよね？　ところが、自然破壊《はかい》はお金に換算《かんさん》することができません。これから10年先、20年先にどうなって、どれだけ私たちの生活に影響が出るのか、簡単には算出できない。住民の多くは農作物がぶじならば⑦この問題は終わっ

二〇二二年度 明治大学付属中野中学校

【国　語】〈第二回試験〉（五〇分）〈満点：一〇〇点〉

一 次の文章を読んで、後の問いに答えなさい。（字数指定がある問いでは、句読点・記号なども一字として数えます）

「さあ、行くか？　言うても、危ないで。行けるんか？」

「①どうしても同行したいです！」とお願いすると、大将は猟友会《りょうゆう》の仲間である小川義幸《よしゆき》さんと、宇都宮勝巳《うつのみやかつみ》さん、菊河義和《きくかわよしかず》さんらと何やら相談した後、菊河さんの車の後についていくようにと言った。

大将の指示どおり、私は町役場の竹田さん、川畑さんといっしょに、菊河さんの後を追って車で10分ほどのところにある、「梨《なし》ノ木山」に向かうことにした。

「狩《か》りはどんな風にするんですかね？」

道中、役場の川畑さんにこれから行われる狩猟《しゅりょう》のやり方を聞くと、「グループの狩りは勢子《せこ》と待子《まちこ》とに分かれてやります」と教えてくれた。

「勢子」とは、狩猟を行うときに、獲物《えもの》を追い立て待子のいる方向に追い込《こ》むリーダー的役割の人を指す。それを待ち受けて獲物を撃《う》つのが「待子」だ。

狩猟は単独で行うこともあるが、今回のようにグループで行う場合を「協猟」という。リーダーの勢子は大将の藤河さん、待子が菊河さん、小川さん、宇都宮さんだ。

「[A]は、猟犬のサクラとモモコを連れて、山に入り、2頭を離《はな》します。犬は匂《にお》いで鹿《しか》の痕跡《こんせき》を追って、鹿を見つけたらほえて[B]に知らせ、そのまま鹿を追い込んで行くんです。そして、追いつめられた場所に[C]が銃《じゅう》をかまえて、鹿が逃《に》げてきたところを撃つ！　という段取りですね」

＊1 GPS装置によって鹿を追う犬の場所はつねに把握《はあく》できるので、その位置を大将が確認《かくにん》して無線で知らせれば、待子は鹿を迎《むか》え撃つことができる、という作戦だ。

到着《とうちゃく》すると、私たちは菊河さんの後について山道を進んだ。

「ここらへんで待っててくれるか？」

そう言われて、私たちはその場にとどまった。

「ここから、あっちは絶対に入ったらあかん！　わかったな？」

菊河さんは山手を指さしていうと、そのまま山の中へわっさ、わっさと入って行った。

銃は山に向かって撃つため、事故が起こらないよう山には入るな、とのことらしい。また、狩りをする場合、②「バックストップ」というルールがあるのだと、役場の川畑さんが教えてくれた。

「あたり前のことですが、銃を撃つときは、まず目視で周囲の安全を確保してから的を定めます。そして、たとえ的に外れたとしても、必ず銃弾《じゅうだん》がとまる場所に向けて撃ちます。山の谷から斜面《しゃめん》にむかって発砲《はっぽう》すれば、弾《たま》が外れたとしても、山があるから人がいる集落には飛んでいかないでしょう？　弾が外れても、必ず留まるエリア、これがバックストップ。これを確かめて撃つのが、狩りのルールなんです。この山の向こうは集落ですからね。ビューンっと飛んで行ってしまったら、大変な事故につながります」

一言で③有害獣駆除《ゆうがいじゅうくじょ》というが、そこには資格があり、ルールがあり、また山に分け入るだけの知識と体力が欠かせない。

気がつくと、菊河さんの姿はすでに山の中に消えていた。

私たちが待つあぜ道では物音ひとつしない。シーンと静まり返る中、

2022年度

明治大学付属中野中学校 ▶解説と解答

算 数 ＜第２回試験＞（50分）＜満点：100点＞

解 答

$\boxed{1}$ (1) 20.75　(2) $\frac{5}{78}$　(3) 225　$\boxed{2}$ (1) 6000円　(2) 7200cm^3　(3) 44個　(4) 339.12cm^2　(5) 5時$43\frac{7}{11}$分　$\boxed{3}$ 省略　$\boxed{4}$ (1) F10の位置で東向き　(2) I 9の位置で南向き　$\boxed{5}$ (1) $\frac{2}{3}$倍　(2) 7分55秒　$\boxed{6}$ (1) 74L　(2) 4分48秒後　$\boxed{7}$ (1) 秒速3cm　(2) 4.8秒後と9.6秒後

解 説

$\boxed{1}$ 四則計算，逆算，単位の計算

(1) $(11\times3-9\times2)\times2+15\times2.15-166\div4=(33-18)\times2+32.25-41.5=15\times2+32.25-41.5=30+32.25-41.5=62.25-41.5=20.75$

(2) $0.75-\frac{2}{3}=\frac{3}{4}-\frac{2}{3}=\frac{9}{12}-\frac{8}{12}=\frac{1}{12}$より，$3.6-\frac{10}{11}\times\left(\frac{1}{12}\div\square+2\right)\div5=3$，$\frac{10}{11}\times\left(\frac{1}{12}\div\square+2\right)\div5=3.6-3=0.6$，$\frac{1}{12}\div\square+2=0.6\times5\div\frac{10}{11}=3\times\frac{11}{10}=\frac{33}{10}$，$\frac{1}{12}\div\square=\frac{33}{10}-2=\frac{33}{10}-\frac{20}{10}=\frac{13}{10}$ よって，$\square=\frac{1}{12}\div\frac{13}{10}=\frac{1}{12}\times\frac{10}{13}=\frac{5}{78}$

(3) 1円が$\frac{1}{120}$ゼットだから，27ゼットは，$27\div\frac{1}{120}=3240$(円)とわかる。さらに，1ピラーが14.4円なので，3240円は，$3240\div14.4=225$(ピラー)になる。よって，27ゼットは225ピラーである。

$\boxed{2}$ 比の性質，展開図，体積，差集め算，水の深さと体積，時計算

(1) 右の図Iのように表すことができ，($\boxed{9}+3300$)：($\boxed{2}+4200$)＝5：4という式をつくることができる。さらに，$P:Q=R:S$のとき，$P\times S=Q\times R$となるから，$(\boxed{9}+3300)\times4=(\boxed{2}+4200)\times5$より，$\boxed{9}\times4+3300\times4=\boxed{2}\times5+4200\times5$，$\boxed{36}+13200=\boxed{10}+21000$，$\boxed{36}-\boxed{10}=21000-13200$，$\boxed{26}=7800$，$\boxed{1}=7800\div26=300$(円)と求められる。よって，A君が使ったお金は，$300\times9=2700$(円)なので，A君のはじめの所持金は，$2700+3300=6000$(円)とわかる。

図I

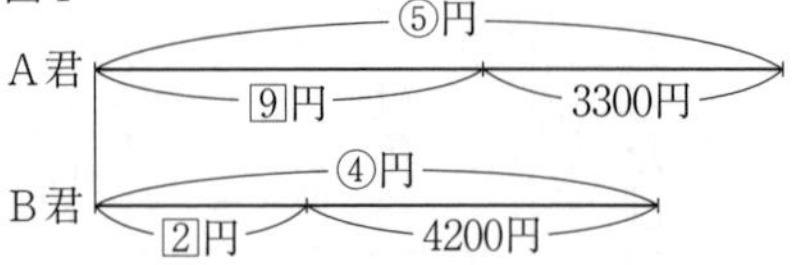

(2) 問題文中の展開図を組み立てると，右の図IIのような，かげをつけた五角形を底面とする五角柱になる。図IIで，アの長さは，$20-5=15$(cm)，イの長さは，$30-10=20$(cm)だから，かげをつけた五角形の面積は，$30\times20-15\times20\div2=450$($cm^2$)となる。よって，この五角柱の体積は，$450\times16=7200$($cm^3$)と求められる。

図II

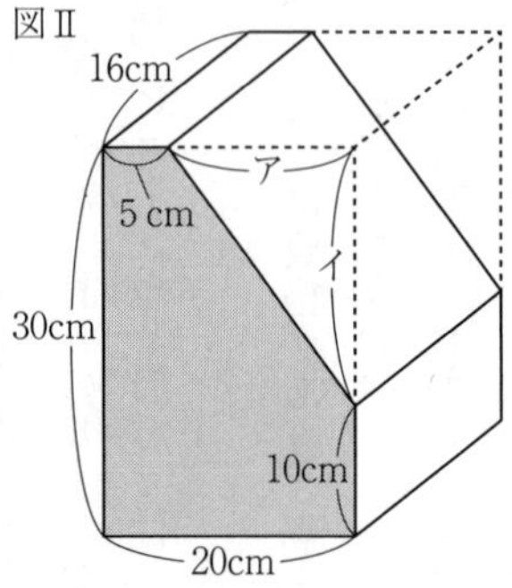

(3) 6個ずつ入れた箱の数を□箱として図に表すと，下の図IIIのようになる。図IIIで，太線の右側の個数は，㋐が1個以上3個以下で

あり，㋑が，４×４＝16(個)だから，太線の右側では㋑が㋐よりも，16－３＝13(個)以上，16－１＝15(個)以下だけ多い。よって，太線の左側では㋐が㋑よりも13個以上15個以下だけ多く，

図Ⅲ

	□箱	
㋐	６個，…，６個	１～３個，０個，０個，０個
㋑	４個，…，４個	４個，４個，４個，４個

これは，６－４＝２(個)の差が□箱だけ集まったものなので，13÷２＝6.5，15÷２＝7.5より，□＝７(箱)と求められる。したがって，ボールの数は，４×(７＋４)＝44(個)とわかる。

(4)　上の円柱でペンキがついている部分の高さは，８－５＝３(cm)であり，右の図Ⅳのようになる。図Ⅳで，太実線の部分の面積は，５×５×3.14＝25×3.14(cm^{2})，太点線の部分の面積は，５×５×3.14－２×２×3.14＝25×3.14－４×3.14＝(25－４)×3.14＝21×3.14(cm^{2})である。また，下の円柱の底面のまわりの長さは，５×２×3.14＝10×3.14(cm)だから，アの部分の側面積は，10×3.14×５＝50×3.14(cm^{2})となる。同様に，上の円柱の底面のまわりの長さは，２×２×3.14＝４×3.14(cm)なので，イの部分の側面積は，４×3.14×３＝12×3.14(cm^{2})とわかる。

図Ⅳ

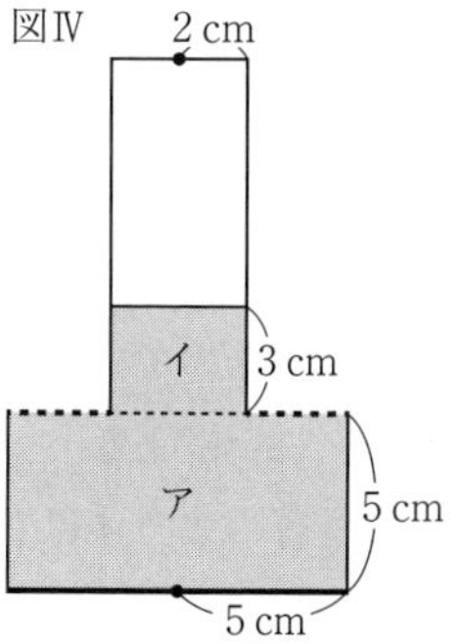

よって，ペンキがついている部分の面積は，25×3.14＋21×3.14＋50×3.14＋12×3.14＝(25＋21＋50＋12)×3.14＝108×3.14＝339.12(cm^{2})と求められる。

(5)　時計の長針は１分間に，360÷60＝６(度)，短針は１分間に，360÷12÷60＝30÷60＝0.5(度)動くから，長針は短針よりも１分間に，６－0.5＝5.5(度)多く動く。長針と短針でつくられる角度が１回目に90度になるのは，(30×２＋90)÷5.5＝$27\frac{3}{11}$(分)より２時$27\frac{3}{11}$分であり，以降は，180÷5.5＝$\frac{360}{11}$(分)ごとに90度になる。よって，$\frac{360}{11}$×(７－１)＝$196\frac{4}{11}$(分)＝３時間$16\frac{4}{11}$分より，７回目は，２時$27\frac{3}{11}$分＋３時間$16\frac{4}{11}$分＝５時$43\frac{7}{11}$分とわかる。

3　省略

※　学校より，問題文に条件不足があったため，③については全員正解とするという発表がありました。

4　**条件の整理，周期算**

(1)　〈回＊３〉は反時計回りに90度回るのと同じことであり，「Ｆ６の位置で北向き」から，反時計回りに90度回転したのちに４マス進むことを３回くり返す。よって，右の図１のように動くので，Ｆ10の位置で東向きになる。

図１

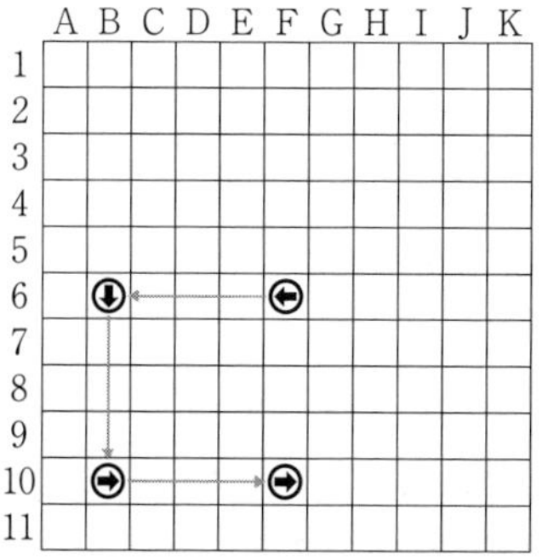

図２

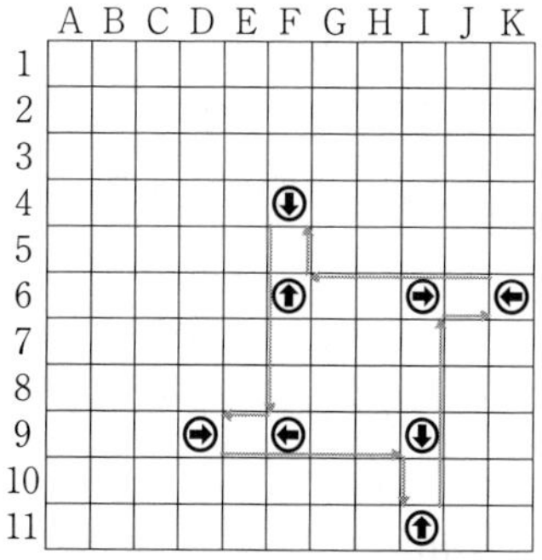

(2)　「Ｆ６の位置で北向き」から，〈進＊２〉〈回＊２〉〈進＊５〉〈回＊１〉を４回行うと，右上の図２のように動き，最初の状態に戻《もど》る。これを１周期と考えると，2022÷４＝505余り２より，2022回くり返した後の状態は，２回行った後の状態と同じ，Ｉ９の位置で南向きになる。

5 旅人算，速さと比

(1)　A君が学校から郵便局まで行くのにかかった時間は，12÷２＝６(分)であり，郵便局は学校と図書館の真ん中にあるので，A君が再び学校を出発してから図書館に着くまでの時間は，６×２＝12(分)となる。すると，A君が再び学校を出発したのは，12＋４＝16(分後)，A君が図書館に到着《とうちゃく》したのは，16＋12＝28(分後)となる。さらに，A君とB君の速さの比は，１：$\frac{2}{5}$＝５：２なので，A君の速さを分速５，B君の速さを分速２とすると，学校から図書館までの距離《きょり》は，５×12＝60となり，B君が図書館に到着したのは，60÷２＝30(分後)と求められる。よって，３人の進行のようすは右上のグラフのようになり，C君が図書館から学校まで行くのにかかった時間は，30－12＝18(分)とわかるので，C君の速さは分速，60÷18＝$\frac{10}{3}$となる。したがって，C君の速さはA君の速さの，$\frac{10}{3}$÷５＝$\frac{2}{3}$(倍)である。

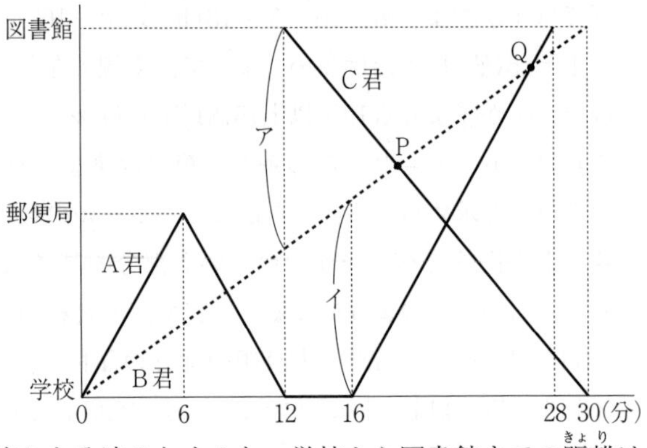

(2)　PからQまでの時間を求める。アの距離は，60－２×12＝36であり，B君とC君は分速，２＋$\frac{10}{3}$＝$\frac{16}{3}$の速さで近づくので，Pの時間は，12＋36÷$\frac{16}{3}$＝$\frac{75}{4}$(分後)とわかる。また，イの距離は，２×16＝32であり，A君はB君に分速，５－２＝３の速さで近づくので，Qの時間は，16＋32÷３＝$\frac{80}{3}$(分後)となる。よって，PからQまでの時間は，$\frac{80}{3}$－$\frac{75}{4}$＝$7\frac{11}{12}$(分)と求められる。これは，60×$\frac{11}{12}$＝55(秒)より，７分55秒となる。

6 比の性質

(1)　AとBに入っている水の量が同じになるまでに水道管①，②，③に流れた水の量をそれぞれ△3L，△5L，△2Lとすると，AとBに入っている水の量はそれぞれ，90＋△3－△5＝90－△2(L)，50＋△5－△2＝50＋△3(L)となり，これらが同じなので，90－△2＝50＋△3と表すことができる。よって，△3＋△2＝90－50，△5＝40，△1＝40÷５＝８(L)と求められるから，Aに入っている水の量は，90－８×２＝74(L)である。

(2)　AとBにはじめに入っていた水の量をそれぞれ$\boxed{10}$L，$\boxed{3}$Lとし，水道管①，②，③に流れる水の割合をそれぞれ分速３L，分速５L，分速２Lとすると，Aに入っている水の量は分速，５－３＝２(L)の割合で減り，Bに入っている水の量は分速，５－２＝３(L)の割合で増える。すると，AとBに入っている水の量の比が３分後に２：３になったことから，($\boxed{10}$－２×３)：($\boxed{3}$＋３×３)＝２：３という式をつくることができ，($\boxed{10}$－６)：($\boxed{3}$＋９)＝２：３，($\boxed{10}$－６)×３＝($\boxed{3}$＋９)×２，$\boxed{10}$×３－６×３＝$\boxed{3}$×２＋９×２，$\boxed{30}$－18＝$\boxed{6}$＋18，$\boxed{30}$－$\boxed{6}$＝18＋18，$\boxed{24}$＝36，$\boxed{1}$＝36÷24＝1.5(L)とわかる。よって，AとBに入っている水の量の比が○分後に２：７になるとすると，(1.5×10－２×○)：(1.5×３＋３×○)＝２：７という式をつくることができ，(15－２×○)×７＝(4.5＋３×○)×２，15×７－２×○×７＝4.5×２＋３×○×２，105－○×14＝９＋○×６，○×６＋○×14＝105－９，○×20＝96，○＝96÷20＝4.8(分後)と求められる。これは，60×0.8＝48(秒)より，４分48秒後となる。

7 **グラフ―図形上の点の移動，速さ，面積**

(1) 点Ｐ，Ｑが出発する前の図形Ｓは三角形ACDである。この面積が72cm²だから，正方形ABCDの面積は，72×２＝144(cm²)となる。よって，144＝12×12より，正方形ABCDの１辺の長さは12cmとわかる。また，問題文中のグラフより，点Ｑが１往復する時間が12秒なので，点Ｑの速さは秒速，(12×２)÷12＝２(cm)と求められる。次に，グラフより，点Ｐ，Ｑが出発するとＳの面積は増加するから，点Ｑよりも点Ｐの方が速いことがわかり，出発して何秒後かには下の図１のようになる。図１で，DQの長さを□cmとすると，(□＋12)×12÷２＝96(cm²)と表すことができるから，□＝96×２÷12−12＝４(cm)とわかる。したがって，CQの長さは，12−４＝８(cm)なので，図１のようになるのは，８÷２＝４(秒後)であり，点Ｐの速さは秒速，12÷４＝３(cm)と求められる。

図１

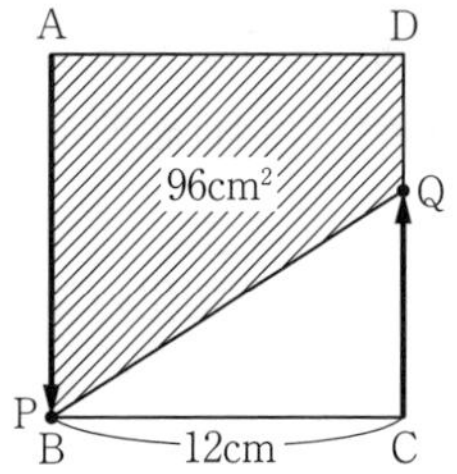

図２（６秒後）

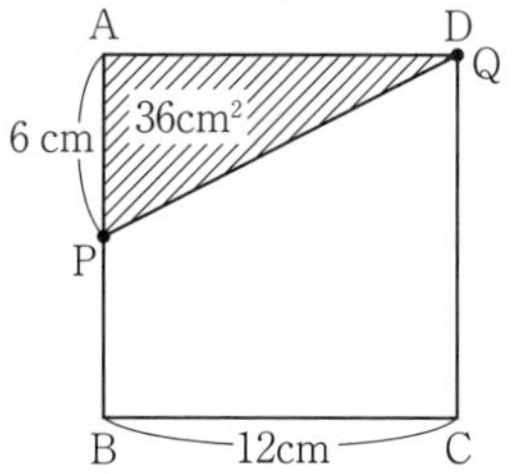

図３（８秒後）

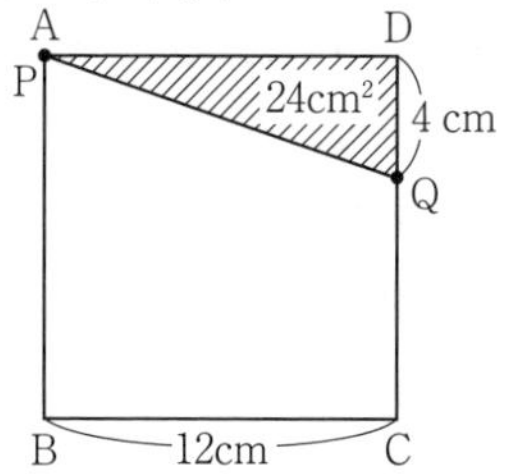

図４（12秒後）

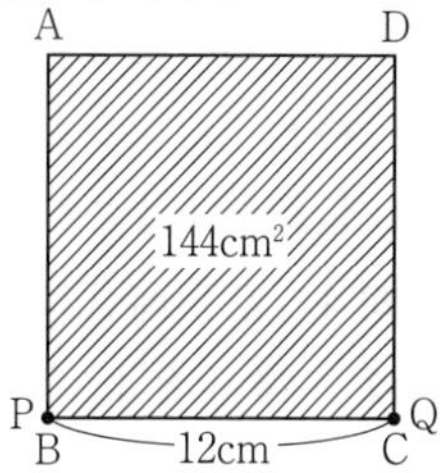

(2) (1)より，上の図２～図４のようになることがわかる。Ｓの面積が正方形ABCDの面積の半分，つまり72cm²になるのは，１回目が図１と図２の間，２回目が図３と図４の間である。Ｓの面積は，図１から図２までの間は１秒間に，(96−36)÷(６−４)＝30(cm²)の割合で減少するので，図１から72cm²になるまでの時間は，(96−72)÷30＝0.8(秒)であり，１回目は，４＋0.8＝4.8(秒後)とわかる。また，図３から図４までの間は１秒間に，(144−24)÷(12−８)＝30(cm²)の割合で増加するので，図３から72cm²になるまでの時間は，(72−24)÷30＝1.6(秒)であり，２回目は，８＋1.6＝9.6(秒後)と求められる。

社　会　＜第２回試験＞（30分）＜満点：50点＞

解　答

1 **問１** （例） 写真の遺物は弥生時代に使われた銅鐸で，表面にはうすときねで米をつくようすや，収穫物をたくわえる高床倉庫が描かれている。ここから，当時の人々が稲作によって食料を生産する生活を営んでいたことが読み取れる。　**問２** 紫式部　**問３** ウ，エ　**問４** 浮世絵　**問５** エ　**問６** エ→ア→ウ→イ　**問７** 手塚治虫　**問８** カ　**問９** ウ

2 **問１** ① 陸奥(湾)　② 出羽(山地)　**問２** Ｂ　**問３** ア　**問４** ア　**問５** イ，ウ　**問６** ウ，エ　**問７** ア　**問８** エ　**問９** イ

3 **問１** 男女雇用機会均等(法)　**問２** イ　**問３** 新婦人協会　**問４** 9.7(％)　**問５** ルソー　**問６** 最高法規　**問７** ジェンダー

解　説

1　漫画《まんが》の歴史を題材とした問題

問１　写真の遺物は銅鐸《どうたく》とよばれる青銅器で，弥生時代に祭器として使われていたと考えられている。弥生時代には稲作が各地に広まり，農具を使った農耕が行われるようになった。写真の拡大図のうち，上側のものは二人の人物がうすに入れた米をきねでついて精米しているようす，下側のものは収穫物をたくわえるための高床倉庫を表しており，いずれも当時の稲作のようすがうかがえるものとなっている。銅鐸に描かれたこうした絵は，当時の祭りごとが豊作を祈ったり収穫に感謝したりするために行われていたことを示すものといえる。

問２　紫式部《むらさきしきぶ》は，平安時代中期に長編小説『源氏物語』を著した女官で，一条天皇のきさきであった彰子《しょうし》(藤原道長の娘)に仕えた。

問３　12～13世紀は1101年から1300年にあたる。一般に，平安時代は794年から始まり，12世紀後半に終わったとされる。このあとは鎌倉時代が始まり，鎌倉幕府が1333年に滅《ほろ》んだことで鎌倉時代は終わった。なお，飛鳥時代は６世紀から８世紀，奈良時代は８世紀，室町時代は14世紀前半から16世紀後半までの時期にあたる。

問４　江戸時代には庶民《しょみん》的風俗画である浮世絵《うきよえ》が流行し，江戸時代後半に栄えた化政文化のころには，錦絵《にしきえ》とよばれる多色刷り版画の技法が確立されて大量生産が可能になり，広く庶民に楽しまれた。なお，示されている絵は，東洲斎写楽《とうしゅうさいしゃらく》の役者絵「大谷鬼次《おにじ》の奴《やっこ》江戸兵衛《えどべえ》」である。写楽は化政文化を代表する浮世絵師で，歌舞伎《かぶき》役者を多く描いた。

問５　示されている絵は「火中の栗《くり》」などとよばれる風刺《ふうし》画で，これとエは，日露戦争(1904～05年)前後の国際情勢を描いている。どちらの絵の人物も左からロシア，日本(日)，イギリス(英)，アメリカ(米)を示しており，イギリスがロシアと戦うよう日本をけしかけるようすを，アメリカが見守っているという構図になっている。なお，アは日清戦争(1894～95年)勝利後，イギリス(一番左の人物)の紹介《しょうかい》で日本(ドアを開けて入ろうとする人物)が欧米列強(たくさんの強い国ぐに)に仲間入りするようす，イは日清戦争後，欧米列強が中国(CHINE)をどう分割するかを話し合うようす，ウは日清戦争前の東アジア情勢(左の人物にあたる日本と右の人物にあたる清(中国)が，魚として描かれた朝鮮を自分のものとして釣り上げようと争っているが，それを横取りしようと橋の上の人物にあたるロシアが狙っている)を描いている。

問６　アは1933年，イは1938年，ウは1936年，エは1931年のできごとなので，年代の古い順にエ→ア→ウ→イとなる。

問７　漫画家の手塚治虫《てづかおさむ》は「戦後ストーリー漫画の開拓《かいたく》者」ともよばれる。代表作の『鉄腕《てつわん》アトム』のほか『ジャングル大帝《たいてい》』など数多くの作品を残し，その後の日本の漫画界に多大な影響《えいきょう》を与えた。

問８　高度経済成長期には家電が普及《ふきゅう》し，その前半にあたる1950年代後半には電気洗濯《せんたく》機・電気冷蔵庫・白黒テレビが「三種の神器《じんぎ》」として人気を集めた。よって，このころに普及率が上がっているＡには，ア～カであげられているもののうちでは電気冷蔵庫があてはまる。その後，1960年代中ごろからはカラーテレビ・自家用車(カー)・クーラー(エアコン)が「３Ｃ(新三種の神器)」として普及していった。オ，カであげられているもののうち，カラーテレビは白黒テレビと入れかわるようにして急速に普及していったが，エアコンの普及は遅かったので，Ｂにはカラーテレビが，Ｃ

にはエアコンがあてはまる。

問９　近年，ICT(情報通信技術)の発展にともない，生活のさまざまな場面で使われるものをインターネットで結ぼうというIoT(もののインターネット)の取り組みが進んでいる。なお，AIは人工知能，SNSはソーシャル・ネットワーキング・サービスの略称。

2　東北地方の自然や産業などについての問題

問１　①　陸奥《むつ》湾は青森県北東部の下北半島と北西部の津軽《つがる》半島に囲まれており，ホタテ貝の養《よう》殖《しょく》がさかんなことで知られる。　②　出羽《でわ》山地は東北地方の日本海側に南北にのびる山地で，同地方の中央部を背骨のようにのびる奥羽山脈との間には多くの盆地が散在する。

問２　青函トンネルは，津軽半島と北海道の松前半島を結んでいる。津軽海峡をつらぬく鉄道専用の海底トンネルで，北海道新幹線と貨物列車がこのトンネルを走っている。

問３　Ｅの地域は三陸海岸の南部にあたり，ここにはリアス海岸がのびている。リアス海岸は，山だったところが海に沈《しず》みこみ，谷だったところに海水が入りこむことによって形成された出入りの複雑な海岸地形で，入り江は水深が深く波もおだやかなため，古くから港として使われ，沿岸漁業や養殖がさかんに行われている。なお，イについて，掘り込《こ》み港としては鹿島港(茨城県)がよく知られ，周囲には重化学工業がさかんな鹿島臨海工業地域が広がっている。ウについて，三角州は平《へい》坦《たん》な地形だが，棚田《たなだ》は傾斜《けいしゃ》の急な場所につくられる。エは九十九里浜(千葉県)について説明している。

問４　東北地方の太平洋側では，初夏から盛夏にかけて，オホーツク海にある高気圧から吹《ふ》き出す北東の風が，沖合を流れる寒流の親潮(千島海流)の上を通り，霧《きり》状の湿った冷たい風となって吹きつけることがある。この風を「やませ」といい，霧や雲が多く発生して日光をさえぎり，気温の上昇をさまたげるので，これが長く続くと農作物の生育が遅れて冷害の原因となる。

問５　ア　Ｊが位置する下北半島には，ユネスコ(国連教育科学文化機関)の世界自然遺産はない。また，エゾシカやヒグマは北海道の固有種ではあるが，希少ではない。なお，北海道東部にある知《しれ》床《とこ》半島は，「知床」として世界自然遺産に登録されている。　イ　青森県と秋田県の境であるＫの位置には世界自然遺産「白神山地」が広がっており，これを正しく説明している。　ウ　岩手県南部のＬの位置には世界文化遺産「平泉—仏国土(浄土《じょうど》)を表す建築・庭園及《およ》び考古学的遺跡群」があり，これを正しく説明している。　エ　Ｍが位置する福島県には，世界遺産はない。なお，栃木県にある世界文化遺産「日光の社寺」には，徳川家康をまつる東照宮《とうしょうぐう》や輪王寺《りんのうじ》などがふくまれている。

問６　Ｑは秋田県で，ウは秋田県北西部の男鹿《おが》半島に伝わる「なまはげ」を写したものである。また，秋田県では，きりたんぽ(練ったお米を秋田杉に巻いて焼いたもの)を鶏肉，ゴボウ，ネギなどとともにしょうゆを中心としたスープで煮込《にこ》んだ「きりたんぽ鍋《なべ》」が郷土料理として伝わっており，エにはこれが写っている。なお，アは「東北四大祭り」の１つである「山形花笠《はながさ》まつり」(山形市)，イは岩手県の盛岡市や奥州市などで生産される伝統的工芸品である南部鉄器。

問７　Ｒは岩手県で，岩手県を中心とする東北地方では，母屋《おもや》(人の暮らす家)と馬屋を一体化させたＬ字型の曲屋《まがりや》(曲り家)という家屋が見られた。

問８　Ｐは青森県，Ｓは山形県，Ｔは宮城県，Ｕは福島県である。このうち，人口密度が最も高いのが宮城県で，人口20万人以上の都市は県庁所在地の仙台市１つだが，県の人口の多くがここに集中している。また，人口20万人以上の都市が３つあるイは福島県で，県庁所在地の福島市に加え，郡山《こおりやま》市と，工業都市として知られるいわき市がこれにあたる。人口20万人以上の都市が２つあるウは青森県で，県庁所在地の青森市に加え，弘前《ひろさき》市がこれにあたる。残ったエが山形県である。

問９　Ⅰ　2011年に発生した東日本大震災では，千葉県の沿岸部など，関東地方でも液状化現象が起こったので，正しい。　Ⅱ　Ｔの宮城県ではなく，Ｕの福島県にあてはまる。

3　日本国憲法や人権などについての問題

問１　1979年に国際連合で女性差別撤廃《てっぱい》条約が採択《さいたく》されたことを受け，これを批准《ひじゅん》（国家として承認する）するため，1985年に男女雇《こ》用《よう》機会均等法が制定され，翌86年に施行された。

問２　示された文は「薬事法訴訟《そしょう》」とよばれる裁判の内容で，当時の薬事法は，薬局どうしの競争が起こって消費者に不利益が生まれることを防ぐため，薬局の設置に一定の距離制限を設けていた。しかし，最高裁判所はこれが営業の自由をふくむ職業選択の自由（日本国憲法第22条）に違反するという判断を下した。なお，ア（第14条）は平等権，ウ（第25条）は生存権，エ（第27条）は勤労の権利と義務を定めた条文。

問３　明治時代末期，平塚らいてう（雷鳥）は女性だけの文学団体である青鞜《せいとう》社の設立の中心となり，その雑誌「青鞜」の創刊号の巻頭に「元始，女性は実に太陽であった」で始まる宣言文を著した。らいてうはその後，市川房枝《ふさえ》らと新婦人協会を設立するなどして，女性の権利獲得《かくとく》や地位向上のために活動した。

問４　2021年時点での衆議院の議員定数は465名だったので，45÷465×100＝9.67…より，45名は9.7％にあたる。

問５　『社会契約《けいやく》論』の著者はフランスの政治思想家ルソーで，国民主権などを唱え，フランス人権宣言に大きな影響を与えた。

問６　日本国憲法第98条は日本国憲法を「国の最高法規」と位置づけ，憲法に反する法律や命令などが無効であることを明記している。

問７　生物学的な性差に対し，「男らしさ」「女らしさ」のように，社会的・文化的につくられた性差のことをジェンダーといい，ジェンダー平等は国際的な目標としてSDGs（持続可能な開発目標）にも掲《かか》げられている。

理　科　＜第２回試験＞（30分）＜満点：50点＞

解　答

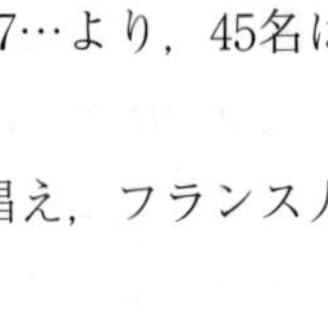

1 (1) 右の図　(2) ① (オ)　② (イ)　(3) (ア)，(オ)　**2** (1) (イ)，(エ)　(2) 羊水　(3) ① (オ)　② (ウ)　**3** (1) (ウ)　(2) (ア)，(オ)　(3) (ア)　(4) 赤黒色　**4** (1) (エ)　(2) (A) (エ)　(B) (ア)　(3) ① (ウ)　② 水　**5** (1) ひまわり　(2) (イ)　(3) Ａ (ア)　Ｂ (エ)　**6** (1) (ウ)　(2) (イ)，並列つなぎ　(3) ３本，並列つなぎ　**7** (1) ① 800 g　② 2 cm　(2) ① 1400 g　② 2.5cm　**8** (1) ① 23.1 g　② 13.1 g　(2) ① (イ)　② 3.8 g

解　説

1　昆虫《こんちゅう》についての問題

(1)　昆虫のあしは３対(６本)で，すべて胸についている。また，はねもすべて胸についている。

(2)　①　カブトムシは，幼虫の姿で冬を越《こ》し，春の終わりから初夏にかけてさなぎになる。　②　ナナホシテントウは，ススキの根元や積もった落葉の下などに，数匹《ひき》の成虫が集まってかたまりになり，冬を越す。なお，ショウリョウバッタとオオカマキリは卵の姿で，アゲハチョウはさなぎの姿で冬を越す。

(3)　昆虫のようにからだとあしに節をもち，外骨格でおおわれているなかまを節足動物という。節足動物には昆虫のなかまのほかに，エビやカニ，ダンゴムシなどの甲殻《こうかく》類や，ムカデやヤスデのなかま，クモのなかまが属する。なお，イカやタコ，アサリなどの貝のなかまは軟体《なんたい》動物とよばれる。ウニはヒトデなどと同じ棘皮《きょくひ》動物，カメは背骨をもつセキツイ動物のうちのは虫類である。

2　人の誕生についての問題

(1)　(ア)　「胎盤《たいばん》」ではなく「子宮」が正しい。胎盤は子宮の壁《かべ》の一部が変化したものである。

(イ)　女性の体内でつくられた卵と，男性の体内でつくられた精子が結びつくことを受精といい，受精した卵を受精卵という。　(ウ)　人の卵の大きさは約0.14mmで，非常に小さい。子が生まれるまでに必要な栄養などは，胎盤を通して母親側から供給される。　(エ)　胎児は胎盤とへそのおでつながり，胎盤で母親側から受け取った酸素や栄養を，へそのおを通して体内に取りこんでいる。また，胎児の体内で発生した不要物は，へそのおを通して運ばれ，胎盤で母親側に渡《わた》される。

(オ)　息をし始めるのは，生まれ出た直後に産声(生まれた直後の泣き声)をあげたときからである。

(2)　子宮の中は羊水という液体で満たされていて，胎児は羊水の中に浮《う》かんでいる。羊水は，胎児を外からの衝撃《しょうげき》から守ったり，胎児の動きが母親におよぶのをやわらげたりするのに役立っている。また，胎児は羊水の中でからだを動かすことで手足の運動をしていたり，羊水を飲んで肺などを満たし，呼吸の準備をしていたりするともいわれる。

(3)　①　人は，一般《いっぱん》に受精後38週ほどで生まれ出てくる。38÷６＝６余り２より，グラフの横じくの１目盛りは６週間にあたるので，(A)の週数は，６×６＝36(週)とわかる。　②　グラフ中の矢印で示された期間は受精後11～16週ごろにあたるので，(ウ)がふさわしい。このころには，からだの形や顔のようすなどもはっきりしてくる。なお，(ア)は約24週，(イ)は約36週，(エ)は約８週，(オ)は約４週のようす。

3　月の動きと月食についての問題

(1)　月食は，月―地球―太陽がこの順で一直線上に並び，地球の影《かげ》の中に月が入ることでおこる。

(2)　(ア)　月―地球―太陽がこの順で一直線上に並ぶときには，地球から見て月の前面のすべてに太陽の光があたるので，満月となる。　(イ)　月食がおこる満月のとき，日中には月が太陽と正反対の方向にあるので，月食を観測することはできない。　(ウ)，(オ)　月食は月が地球の影に入る現象なので，月が真南に見える地域だけでなく，月が見える地域ならばどこでも観測できる。　(エ)　月が地球のまわりを回る面は，地球が太陽のまわりを回る面に対しておよそ５度傾《かたむ》いているため，満月のたびに必ずしも月―地球―太陽が一直線になるわけではなく，１ヶ月に１度月食がおこるわけではない。

(3)　地球の影は月より大きいので，月面にできる影のさかいめの線は，月の丸みに比べて曲がり方が小さい。また，月食のとき，月は地球の影の中を西から東へ公転するので，北半球に位置する東京から見ると，月は左側から欠けていき，左側から満ちていく。2021年５月のかいき月食では，月が東から上った直後から欠け始めたので，(ア)のように地平線側から欠けていくように見えた。

(4)　太陽の光のうち，赤色の光は青色の光に比べて散乱しにくい。また，赤色の光は青色の光より折れ曲がりやすく，地球の大気を通るときに大きく曲がるため，かいきとなった月には太陽の光のうち赤色の光が届く。そのため，月が赤黒く見える。

4　ろうそくの燃え方についての問題

(1)　外炎《がいえん》は，空気中の酸素と十分にふれて完全燃焼している部分で，温度が最も高い。そのため，白い厚紙をろうそくの炎《ほのお》の中心に水平に入れてすぐ抜《ぬ》き取ると，外炎にふれた部分がこげて，(エ)のように黒くなる。

(2)　炎心ではろうが気体になっているので，(A)のガラス管の反対側の端《はし》からは白いけむり（ろうの気体）が出て，マッチの火を近づけるとけむりに火が着く。また，内炎ではすすが発生しているので，(B)のガラス管の反対側の端から出るのは黒いけむり（すす）で，マッチの火を近づけてもけむりに火は着かない。

(3)　図４のような容器中でろうそくを燃やすと，容器中の空気に含《ふく》まれる酸素が減っていくにつれて炎が少しずつ小さくなっていき，その割合が約16％になると火が消える（なお，大気中の酸素は約21％）。また，ろうそくのような，成分に炭素と水素を含む物質が燃えると，二酸化炭素と水（水蒸気）が発生する。この水蒸気がびんの内側の壁にふれて冷えると細かい水滴《すいてき》に変わるため，内側がくもる。

5　台風についての問題

(1)　気象の観測に用いられる人工衛星を気象衛星といい，日本のテレビや新聞の気象情報で見られる雲の画像は，気象衛星「ひまわり」から送られてきている。「ひまわり」は静止衛星で，赤道上空にあって地球の自転と同じ向き・速さで地球のまわりを回っているため，地上から見るといつも同じ位置に止まって見える。

(2)　台風は熱帯低気圧が発達したものである。北半球の低気圧の地表付近では，まわりから中心部に向かって，上から見て反時計回りに風が吹《ふ》きこんでいる。

(3)　(2)より，台風の中心の位置がAのとき，中心から見て西にある観測地点では，北から南の向きに風が吹く。また，台風の中心の位置がBのとき，中心から見て南にある観測地点では，西から東の向きに風が吹く。

6　電流と発熱についての問題

(1)　実験結果を表した表から，断面積と時間は反比例していることがわかる。また，断面積が同じとき，長さと時間は比例していることもわかる。よって，(ア)の時間を１とすると，(イ)の時間は，$1\times\frac{20}{10}\div\frac{0.5}{0.4}=1.6$，(ウ)の時間は，$1\times\frac{10}{10}\div\frac{0.7}{0.4}=0.5\cdots$，(エ)の時間は，$1\times\frac{30}{10}\div\frac{1.0}{0.4}=1.2$となるので，時間が最も短いものは(ウ)とわかる。

(2)　ニクロム線１本のときと比べると，(ア)の直列つなぎは断面積が同じで長さが２倍になったものとみなすことができ，(イ)の並列つなぎは長さが同じで断面積が２倍になったものとみなすことができる。したがって，ニクロム線１本のときにかかる時間を１とすると，(ア)，(イ)でかかる時間はそれぞれ，$1\times2=2$，$1\div2=0.5$となるので，(イ)の方が時間が短い。

⑶　実験結果を表した表より，断面積が0.2mm^{2}で長さが10cmのニクロム線１本の場合の時間が45秒なので，断面積が0.9mm^{2}で長さが15cmのニクロム線１本の場合の時間は，$45\times\frac{15}{10}\div\frac{0.9}{0.2}=15$（秒）である。時間を，$15\div45=\frac{1}{3}$（倍）にするには断面積を３倍にすればよいので，断面積が0.2mm^{2}で長さが10cmのニクロム線を３本並列つなぎにして使えばよい。

7　浮力《ふりょく》と力のつり合いについての問題

⑴　①　木片が浮力を受けて水に浮かんでいるので，浮力の大きさは木片の重さに等しい。したがって，浮力の大きさは800ｇである。　②　木片が押《お》しのけている水の重さは，浮力の大きさに等しく800ｇである。よって，木片が押しのけている水の体積は，800÷１＝800（cm^3）であり，木片の底面積は200cm^{2}なので，木片は水面から，800÷200＝４（cm）沈《しず》んでいる。したがって，この木片の水面から出ている部分の高さは，６－４＝２（cm）である。

⑵　①　台ばかりは，水が入った容器の重さと金属の重さの合計の，800＋600＝1400（ｇ）を示す。

②　ばねばかりの目盛りが474ｇを指しているので，金属にはたらいている浮力（金属が押しのけている水の重さ）は，600－474＝126（ｇ）である。よって，金属が押しのけている水の体積は，126÷１＝126（cm^3）であり，金属の底面積は，６×６＝36（cm^2）なので，金属は水面から，126÷36＝3.5（cm）沈んでいる。したがって，この金属の水面から出ている部分の高さは，６－3.5＝2.5（cm）と求められる。

8　ものの溶《と》け方についての問題

⑴　①　表より，40℃の水50cm^{3}に溶ける限界の重さは，食塩が，$36.3\times\frac{50}{100}=18.15$（ｇ），硝酸《しょうさん》カリウムが，$63.9\times\frac{50}{100}=31.95$（ｇ）である。よって，15ｇの食塩はすべて溶け，55－31.95＝23.05より，硝酸カリウムが23.1ｇ溶けきれずに出てくる。　②　100℃の水20cm^{3}に溶ける限界の重さは，食塩が，$39.3\times\frac{20}{100}=7.86$（ｇ），硝酸カリウムが，$245\times\frac{20}{100}=49$（ｇ）である。したがって，溶けきれずに出てきた結晶《けっしょう》は，食塩が，15－7.86＝7.14より，7.1ｇ，硝酸カリウムが，55－49＝６（ｇ）だから，合わせて，7.1＋６＝13.1（ｇ）となる。

⑵　①　20℃の水200cm^{3}に溶ける限界の重さは，食塩が，$35.8\times\frac{200}{100}=71.6$（ｇ），硝酸カリウムが，$31.6\times\frac{200}{100}=63.2$（ｇ）なので，ビーカーＢに入れた70ｇの固体がすべて食塩であったとしても，水200cm^{3}を加えたときに，食塩が溶けきれずに出てくることはない。よって，溶けきれずに出てきた３ｇの固体は硝酸カリウムとわかる。　②　ビーカーＢに入れた硝酸カリウムは，63.2＋３＝66.2（ｇ）なので，白い固体70ｇに含まれていた食塩は，70－66.2＝3.8（ｇ）と求められる。

国　語　＜第２回試験＞（50分）＜満点：100点＞

解　答

一　**問１**　狩り　**問２**　**Ａ**　(ア)　**Ｂ**　(ア)　**Ｃ**　(イ)　**問３**　（例）　弾が外れても，必ず留まるエリアに向けて撃つことで，銃弾が集落に飛んでいかないようにするため。　**問４**　鹿を有害獣　**問５**　山肌がむき出しになった（山肌がむき出しになってしまった）（こと。）　**問６**　はぐ　**問７**　（例）　鹿を駆除しなければならないほど農作物の被害がひどいという予想を打ち消されたから。　**問８**　(例)　鹿を駆除する必要性(の問題。)　**問９**　(イ)　**問10**　(イ)　**問11**　(例)　(多賀町の自然が)ひどく破壊されている(こと。)　**問12**　Ⅰ　(エ)　Ⅱ　(ウ)　Ⅲ　(イ)　Ⅳ　(ア)　**問13**　ニホンジカがエ　**問14**　(エ)　**問15**　b　**問16**　⑫　手　⑭　足　**問17**　(ア)　**問18**　(例)　動物が人の住む集落に入り込み，田畑を荒らす問題。　**問19**　自然環境の破壊　**問20**　はないか。　**問21**　それにして　**問22**　(エ)　二　①　(カ)　②　(ウ)　③　(オ)　④　(エ)　⑤　(キ)　三　①　いちじるしい　②　したためる　③　いさぎよく　④　つつましい　⑤　さしでがましい　四　①～⑦　下記を参照のこと。　⑧　ぶあいそ　⑨　えきしゃ　⑩　つか(える)

●漢字の書き取り

四　①　世辞　②　臨席　③　複製　④　難色　⑤　敬(う)　⑥　提唱　⑦　敗(れ)

解　説

一　**出典は今西乃子《いまにしのりこ》の『命の境界線　保護されるシカと駆除《くじょ》される鹿《しか》』による。**有害獣《じゅう》として駆除される鹿について，その被害の実態や野生の鹿が増えた背景を説明している。

問１　「同行」は，いっしょに連れ立って行くこと。筆者は大将たちのニホンジカの「狩《か》り」についていき，そのようすを見学しようとしている。なお，設問文に「漢字の訓読みで表している言葉」とあるので，「狩猟《しゅりょう》」は誤り。

問２　「勢子《せこ》」は「狩猟を行うときに，獲物《えもの》を追い立て待子《まちこ》のいる方向に追い込《こ》むリーダー的役割の人」であり，この狩りでは「リーダーの勢子は大将の藤河さん」が担当しているので，猟犬を使って「鹿を追い込んで行く」ほうの空欄《くうらん》A，Bは「大将」となる。一方，「銃《じゅう》をかまえて」いる空欄Cは，「待ち受けて獲物を撃《う》つ」役割の「待子」となる。

問３　「バックストップ」とは，「弾《たま》が外れても，必ず留まるエリア」のことであり，弾が「人がいる集落には飛んでいかない」ようにするためのものであると説明されている。

問４　後のほうで川畑さんが筆者に，「鹿を有害獣として駆除するのは，もちろん農作物を守り，町民の生活を守るという目的もありますが，それだけではありません。林業を守り，野山を守り，この町の本来あるべき姿を守っていくためでもあるんです」と説明しており，これが「有害獣駆除」の目的にあたる。

問５　「ササ」については「霊仙山《りょうぜんざん》」の話題が示されている部分で，昔は「ササがたくさんあった」が今は「山肌《やまはだ》がむき出しになってしまった」と述べられており，そこから「山肌がむき出しになった『ハゲ山』」の問題が説明されている。

問６　傍線《ぼうせん》⑤は，“めくり取る”という意味を表す「はぐ」に，方法を表す「て」がついて，「はいで」と変化したものの一部である。

問７　前の部分で筆者は，「鹿の農作物の被害はそれほどひどいのですか」ときいている。それに対して，「今はずいぶん減りました」と予想を打ち消されたので，筆者は疑問に思ったのである。その疑問が，農作物の被害が減ったのであれば「鹿の駆除などもう必要ないのではないか」という疑問につながっている。

問８　農作物の被害が減ったのであれば「鹿の駆除などもう必要ないのではないか」と筆者が考え

たように，住民の多くも農作物がぶじならば鹿を駆除する必要性はなくなると考えている。それに対して川畑さんは，鹿を駆除して適正な生息数を保たなければ「自然環境《かんきょう》の破壊《はかい》」が進行することを指摘《してき》している。

問９　「登山」は，“山に登る”というように，上の漢字が動作を表し，下の漢字が動作の対象や目的を表す組み立てなので，“宅に帰る”という意味の(イ)が選べる。なお，(イ)以外はいずれも，上の漢字が下の漢字を修飾《しゅうしょく》する組み立て。

問10　言葉のかかり受けでは，直接つなげてみて意味のまとまるところが答えになるので，「やがて」→「流れ込み」となる。

問11　ここでは，「自然環境の破壊」がどんどん進行し深刻化しつつある状況《じょうきょう》を，「悲鳴を上げはじめていた」という擬人《ぎじん》法で表現している。

問12　空欄Ｉの直前に「生息頭数の多いニホンジカ」とあるので，その「増えた原因」を続く部分でいくつかあげていくと述べている(エ)が最初になる。その後，鹿のメスが短期間で出産するようになることを説明した(ウ)と，その後「エサの確保さえできれば，ほぼ毎年出産する」ことを述べた(イ)が続き，(ア)の「天敵だったニホンオオカミの絶滅《ぜつめつ》により，命を失う危険が減っていること」を，「も」という言葉でつけ加える流れになっている。

問13　直後の段落で「造林計画」について，さらにその次の段落で「造林計画」により，ニホンジカのエサとなる「くりやどんぐりの実がなる広葉樹が，植え替えによってなくなって」，その結果ニホンジカがエサを求めて人の住む集落に近づいてきたことが説明されている。

問14　Ｄ　前の部分の「造林計画」の内容について，続く部分で「お金」の話にからめてわかりやすく説明し直しているので，まとめて言い換《か》えるはたらきの「つまり」が入る。　Ｅ　ニホンジカは「次第に人の住む集落に近づいてくるようになった」が，「鹿は元来人間を恐《おそ》れる生き物で，警戒《けいかい》心がとても強い」ので異常な事態だと述べる文脈である。よって，前後で逆の内容が置かれるときに使う「しかし」がよい。　Ｆ　野生動物が「放置された里山」に出てきて，さらにそこから近くの「集落」に行けば食べ物がたくさんあるというつながりなので，前のことがらを受けて，それに続いて次のことが起こる意味を表す「そして」が合う。

問15　ｂは部分の主語を示す用法で，「が」に言い換えられる。ほかは，語と語を結びつけて関係性を持たせるはたらきの「の」である。

問16　⑫　「手を入れる」は，“よい状態にするために直したり補ったりして世話をする”という意味。　⑭　「足をのばす」は，“ある地点まで行ったついでに，さらに遠くまで行く”という意味。

問17　「見切りをつける」は，“これ以上やっても見こみがないと判断して中止する”という意味なので，「あきらめた」とある(ア)がふさわしい。

問18　多賀町では，「『里山』が激減していること」により，多くの鹿が山から人の住む集落まで下りてきて田畑を荒らすという問題が起きていた。そして，このような問題は，「日本各地」の「里山が消滅」しているところでも同様に起きていると考えられる。

問19　「山の生態系そのもののバランスが崩《くず》れ」ると，どのような事態になるのかをとらえる。ニホンジカの適正な生息数が保たれなくなると，自然の生態系のバランスが崩れて「自然環境の破壊」が起こることが，川畑さんの言葉の中で指摘されている。

問20　戻《もど》す一文の内容から，筆者が川畑さんの発言に疑問を抱《いだ》いているようすが，直前に書かれていると推測できる。よって，「ならば，鹿の駆除などもう必要ないのではないか」の直後に入れると，筆者の心の中の疑問に川畑さんが答える流れになり，文意が通る。

問21　文章の前半では，川畑さんの説明や久保《くぼ》町長の言葉をもとに，多賀町の鹿による被害の実態が紹介《しょうかい》されている。一方，文章の後半では，「それにしても，なぜ『ニホンジカ』が有害獣として駆除されるまでに増えてしまったのだろうか？」という問いに答える形で，野生の鹿が増えた背景が客観的に解説されている。

問22　「里山から人の気配が消えてしまった」とあるように，里山とともに暮らす人々が減ったために，鹿が人の住む集落に下りるようになったのだから，(エ)が選べる。なお，(ア)は，「３倍にあたる」のは，ニホンジカとイノシシを比べた場合の「農作物の被害額」ではなく個体の「数」なので，合わない。(イ)は，「知識と経験があれば事故が起きる危険はない」があてはまらない。事故が起こる危険があるから，「バックストップ」などのルールが決められ，それを守って狩りをしている。(ウ)は，多賀町の農作物の被害が激減したのは，「駆除」よりも「獣侵入《けものしんにゅう》防止柵《さく》」の効果が大きかったからなので，ふさわしくない。

二　漢字の部首

①　「価値観」，「以心伝心」となり，部首は「にんべん」。　②　「大黒柱」，「針小棒大」となり，部首は「きへん」。　③　「親近感」，「言語道断」となり，部首は「しんにょう」。　④　「最高潮」，「意味深長」となり，部首は「さんずい」。　⑤　「積極的」，「一日千秋」となり，部首は「のぎへん」。

三　言葉の知識

①　「いちじるしい」は，ちがいや差が目立ってはっきりしているようす。　②　「したためる」は，文字や記号だけを書く場合とは異なり，手紙や日記などを書く場合に多く用いる。　③　「いさぎよい」には，“ひきょうなところがなく，立派なようすである”という意味もある。「いさぎよく責任を取る」のように用いる。　④　「つつましい」には，“ぜいたくではなく質素である”という意味もある。「つつましく暮らしている」などのように用いる。　⑤　「さしでがましい」は，必要以上に他人のことに関与しようとして，よけいな感じをあたえるようすを表す。目上の人に対して意見などをいうときに，前置きのように使用することが多い。

四　漢字の書き取りと読み

①　相手のきげんを取るような，愛想のよい言葉。　②　会や式典などに出席すること。　③　絵などを原画と同じようにそっくりまねてつくること。　④　賛成できないようす。　⑤　音読みは「ケイ」で，「敬語」などの熟語がある。　⑥　新しい考えや意見を言い出すこと。　⑦　音読みは「ハイ」で，「敗戦」などの熟語がある。　⑧　親しみがなく，そっけないようす。　⑨　占《うらな》いをすることを仕事にしている人。　⑩　音読みは「シ」で，「仕事」などの熟語がある。

2021年度　明治大学付属中野中学校

〔電　話〕 (03) 3362－８７０４
〔所在地〕 〒164-0003　東京都中野区東中野３－３－４
〔交　通〕 JR中央線・都営大江戸線―「東中野駅」より徒歩５分
東京メトロ東西線―「落合駅」より徒歩10分

【算　数】〈第１回試験〉（50分）〈満点：100点〉

1　次の□にあてはまる数を答えなさい。

(1)　$25.6\times5+128\times3+8\times8\times192=$ □

(2)　$\left(2\frac{1}{3}-\square\right)\times\frac{3}{4}\div2.2+\frac{3}{8}=1$

(3)　Ａさん，Ｂさん，Ｃさんの所持金について，ＣさんはＢさんの$\frac{3}{4}$であり，また，Ａさんの６割です。このとき，Ｂさんの所持金は，Ａさんの□％です。

2　次の問いに答えなさい。

(1)　４％の食塩水150ｇと12％の食塩水160ｇを混ぜ，さらに水を加えたところ，７％の食塩水になりました。加えた水の量は何ｇですか。

(2)　一定の速さで走っている人が，15分間隔《かんかく》で運行されているバスに20分ごとに追いこされました。バスの速さが時速36km で一定のとき，この人の走る速さは分速何ｍですか。

(3)　右の図の立体は，底面の半径が６cm の円柱から底面の半径が４cm の円柱を，底面の円の中心が重なるようにしてくりぬいたものの一部です。四角形ABCD と四角形EFGH は１辺が２cm の正方形であり，辺AB と辺EF の延長は垂直に交わります。この立体の表面積を求めなさい。ただし，円周率は3.14とします。

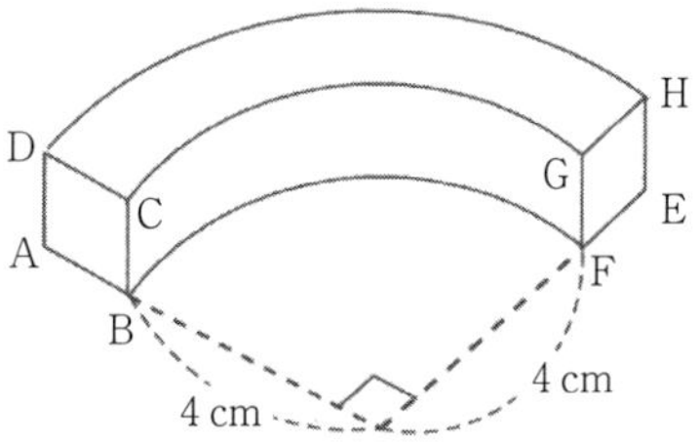

(4)　右の図のように，三角形ABC が直角三角形，三角形ADE と三角形ABF が正三角形のとき，四角形DBCF の面積は三角形ABC の何倍ですか。

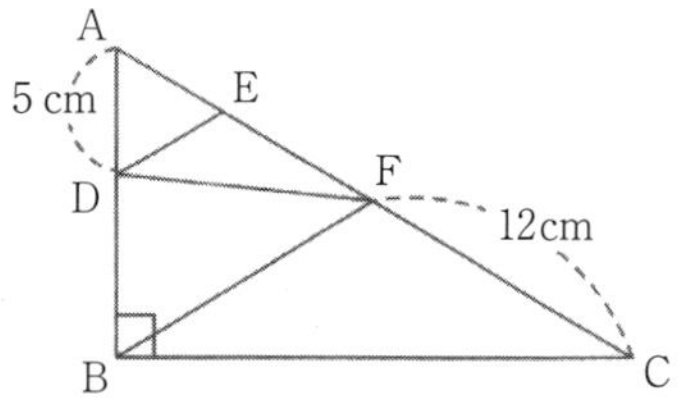

(5)　水そうに水が入っています。図①のように，１辺が６cm の立方体の石を３個重ねて入れると，水面の高さが石の高さと同じになりました。さらに，図②のように同じ立方体の石を４個加え，重ねて入れると，このときも水面の高さが４個重なった石の高さと同じになりました。この水そうに入っている水の量は何cm^3ですか。

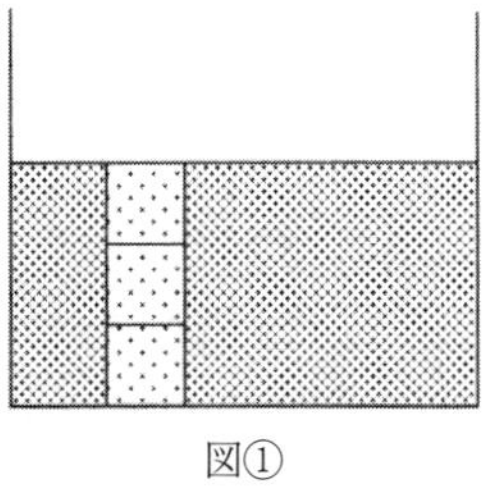
図①

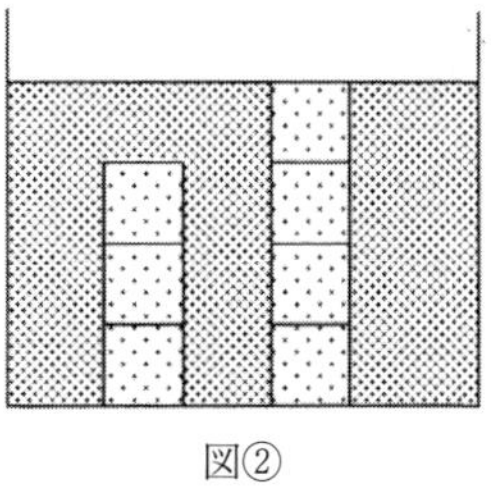
図②

3　次の問いに答えなさい。

(1)　右の図のように，大きさの異なる２つの正方形を重ねて図形を作ります。斜線の部分の面積は279cm^{2}で，重なっている部分の面積はそれぞれの正方形の面積の$\frac{1}{12}$と$\frac{2}{9}$でした。小さい方の正方形の１辺の長さを求めなさい。

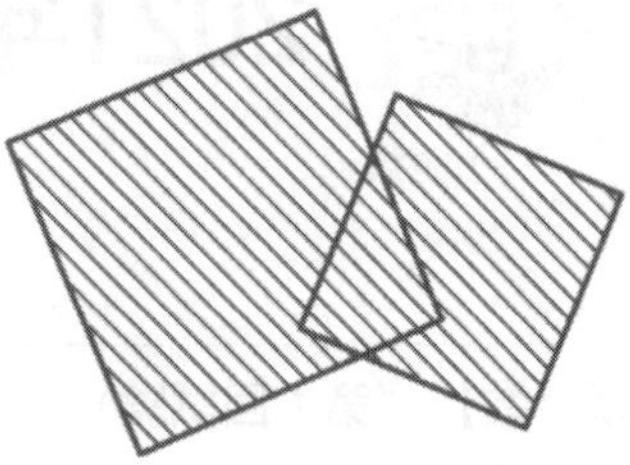

(2)　N君とK君が，ある公園のジョギングコースを同時にスタートして同時にゴールしました。N君は90mを20秒の速さでスタートからゴールまで走りました。K君は，はじめ毎分310mの速さでしたが，３分ごとに走る速さが毎分30mずつ遅くなりました。この公園のジョギングコースは何mですか。

(3)　ある中学校では，男子生徒と女子生徒の人数の比は９：７です。また，犬を飼っている生徒と犬を飼っていない生徒の人数の比は５：19です。さらに，犬を飼っている男子生徒は22人おり，犬を飼っていない女子生徒の割合は全校生徒の$\frac{11}{36}$です。この学校で，犬を飼っていない男子生徒は何人いますか。

4　$[x]$は整数xの各位の数をかけ算した結果の，一の位の数を表すものとします。

また，$a*b=a\times b+a-b$とします。例を参考にして，次の問いに答えなさい。

例　$[512]$は$5\times1\times2=10$より，10の一の位の数が０であるから，$[512]=0$

例　$5*2=5\times2+5-2=13$

(1)　$[20*21]$の値を求めなさい。

(2)　$A*[A]=A$となる整数Aにあてはまる数は次のうちどれですか。㋐～㋕の中からすべて選びなさい。

㋐　12345　　㋑　1357　　㋒　2468　　㋓　2021　　㋔　1　　㋕　5

5　ある水そうには，一定の割合で水を入れる給水管と，一定の割合で水をぬく排水《はいすい》管が，何本かずつついています。この水そうにはある量の水が入っていて，給水管と排水管を１本ずつ開けると10分で水そうは空になり，給水管を４本，排水管を３本開けると６分で空になります。

(1)　初めの状態から，給水管を20本開けたとき，排水管を最低何本開ければ水そうは空になりますか。

(2)　初めの状態から，給水管３本，排水管１本を同時に開きました。水が増えてきたので，開いた４分後に，排水管をもう１本開きました。次の問いに答えなさい。

①　水面の高さが初めの状態と同じになるのは，初めから何分後ですか。

②　水そうが空になるのは，初めから何分後ですか。

6　下の図のように，中心が同じで，半径がそれぞれ210m，280mの２つの円形の道があります。午前10時ちょうどにＡ君は図の位置から外側の道を自転車で時計回りに，Ｂ君は図の位置から内側の道を徒歩で反時計回りに進みます。Ａ君の自転車の速さはＢ君の歩く速さの$2\frac{2}{9}$倍です。また，Ａ君は12分で外側の道を１周します。次の問いに答えなさい。

(1)　最初に２人が最もはなれる時刻を求めなさい。

(2)　午前10時50分にＡ君の自転車が故障したので，Ａ君は自転車を押して歩くことにしました。Ａ君が自転車を押して歩く速さはＢ君が歩く速さの$\frac{14}{27}$倍です。午前10時50分を過ぎてから最初に２人が最も近づく時刻を求めなさい。

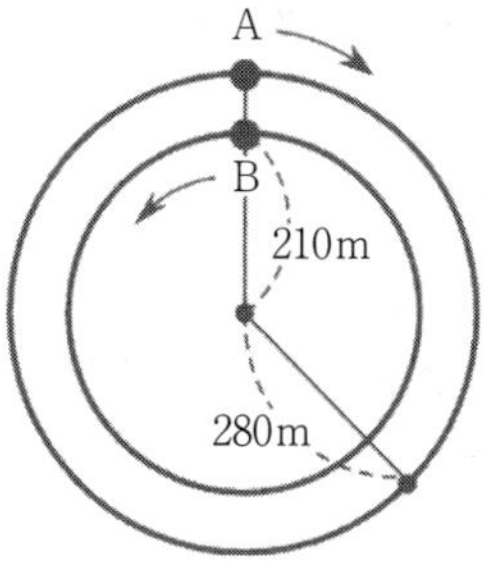

【社　会】〈第１回試験〉（30分）〈満点：50点〉

1　次の文を読んで，問いに答えなさい。

日本国憲法の三大原理の一つに，基本的人権の尊重があります。基本的人権は，第11条および第97条において「侵《おか》すことのできない永久の権利」として保障されています。

基本的人権のうち，平等権は，①第14条などに規定されています。自由権は，身体の自由，精神の自由，②経済活動の自由の三つに分類されます。社会権には，第25条で規定されている【　A　】権をはじめ，勤労の権利，③労働三権などがあります。④参政権は，主権者である国民が政治に参加する権利です。国民が代表者を通じて政治的決定をする間接民主制を基本としますが，⑤住民投票によって重要な政策決定に地域の住民の意思を反映させる手段がとられることもあります。

一方，日本国憲法では国民の義務として，子どもに【　B　】を受けさせる義務，勤労の義務，⑥納税の義務を定めています。

問１．【A】・【B】にあてはまる語句を，それぞれ漢字で答えなさい。

問２．下線部①について，以下の条文の【C】にあてはまる語句を，漢字で答えなさい。

すべて国民は，法の下《もと》に平等であつて，人種，信条，【　C　】，社会的身分又《また》は門地により，政治的，経済的又は社会的関係において，差別されない。

問３．下線部②について，これにあてはまるものを，次のア～エの中から１つ選び，記号で答えなさい。

ア．希望するところに居住したり，移転したりできること。

イ．裁判を受けたり，国や地方公共団体に損害賠償《ばいしょう》を求めたりすること。

ウ．奴隷《どれい》のようにあつかわれたり，むりやり働かされたりしないこと。

エ．どのような思想を持っていても，どのような宗教を信じてもよいこと。

問４．下線部③について，労働三権とは，団結権，団体行動権と，もう１つは何か，漢字で答えなさい。

問５．下線部④について，次のア～エのうち，議員の被《ひ》選挙権の年齢《ねんれい》に関する条件が**他の３つと異なるもの**を１つ選び，記号で答えなさい。

ア．衆議院議員　　　　イ．参議院議員

ウ．都道府県議会議員　　エ．市町村議会議員

問６．下線部⑤について，昨年(2020年)11月，いわゆる「大阪都構想」の賛否を問う住民投票が行われました。「大阪都構想」について述べた文として**誤っているもの**を，次のア～エの中から１つ選び，記号で答えなさい。

ア．「大阪都構想」とは，大阪市を廃止して複数の特別区に再編するというものである。

イ．「大阪都構想」は，地域政党「大阪維新《いしん》の会」を中心に考えが組み立てられた。

ウ．「大阪都構想」の賛否を問う住民投票は，2015年にも行われた。

エ．「大阪都構想」の賛否を問う今回の住民投票では，賛成が過半数をしめた。

問７．下線部⑥について，これとともに大日本帝国憲法で国民(臣民)の義務とされていたものを，漢字で答えなさい。

2　次の文を読み，問いに答えなさい。

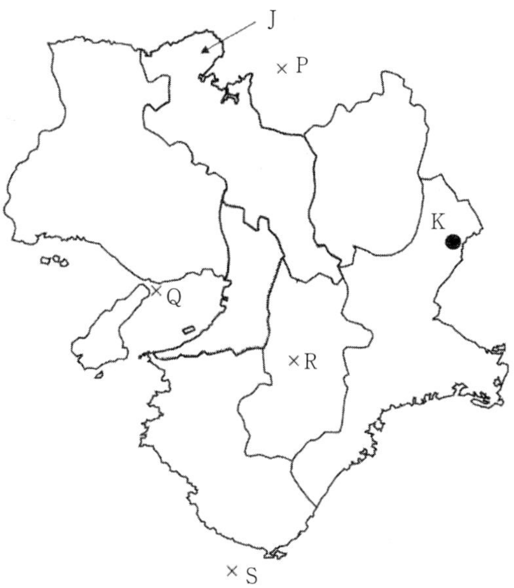

近畿地方は２府①５県からなり，面積は約３万３千km^2で，日本全体の約【　Ａ　】％です。南部は太平洋に，中央部の西側は瀬戸内海に，②北部は日本海に面しています。人口は約2231万人（2019年10月１日現在）ですが，大阪府，③兵庫県，京都府の２府１県で約４分の３をしめています。

近畿地方にはかつて都が置かれ，1000年以上にわたって日本の政治や文化の中心として栄えてきました。歴史ある奈良や④京都の町なみ，数多くの⑤世界文化遺産は，重要な観光資源です。また，⑥伝統的工芸品の生産も盛んです。

近畿地方では，大阪府や兵庫県，⑦三重県を中心に，重化学工業が発達してきました。特に大阪湾岸の⑧埋立《うめたて》地《ち》には，製鉄所や石油化学工場などが建ち並んでいます。

近畿地方で最も人口が多い大阪府では，高度経済成長期に住宅不足が深刻となり，府北部の千里に日本で最初の大型の【　Ｂ　】が建設されました。これは後に全国各地に建設された【　Ｂ　】のモデルとなりました。近年，千里では住民の⑨高齢化や建物の老朽化《ろうきゅうか》が課題となっており，再生事業が進められています。

問１．【Ａ】にあてはまる数値を，次のア～エの中から１つ選び，記号で答えなさい。

ア．４　　イ．９　　ウ．14　　エ．19

問２．【Ｂ】にあてはまる語句を，カタカナで答えなさい。

問３．下線部①について，この５県のいずれかに見られる自然環境《かんきょう》を，次のア～エの中から**すべて**選び，記号で答えなさい。

ア．出雲平野　　イ．木曽山脈　　ウ．紀ノ川　　エ．六甲山地

問４．下線部②について，上の地図中Ｊが示す半島の名称《めいしょう》を，漢字で答えなさい。

問５．下線部③について，兵庫県には日本の標準時子午線が通っています。その経度を，解答欄《らん》にあてはまるように答えなさい。

問６．下線部④について，京都市中心部の町なみを説明した次の文Ⅰ・Ⅱの正誤の組み合わせとして正しいものを，下の表中ア～エの中から１つ選び，記号で答えなさい。

Ⅰ　歴史的な背景から，行き止まりや曲がりくねった迷路《めいろ》状の道が多い。

Ⅱ　景観を損《そこ》ねないために，建物の高さとデザインおよび屋外広告物などに規制がかけられている地域がある。

	Ⅰ	Ⅱ
ア	正	正
イ	正	誤
ウ	誤	正
エ	誤	誤

問７．下線部⑤について，**京都府にない世界文化遺産**を，次のア～エの中から１つ選び，記号で答えなさい。

ア．二条城　　イ．平等院　　ウ．彦根城　　エ．鹿苑寺(金閣)

問８．下線部⑥について，伝統的工芸品とそれが生産されている県との組み合わせとして正しいものを，次のア～エの中から１つ選び，記号で答えなさい。

ア．紀州漆器《しっき》―滋賀県　　イ．信楽焼―奈良県

ウ．西陣織―三重県　　エ．播州そろばん―兵庫県

問９．下線部⑦について，前のページの地図中Ｋの周辺では，1960年代に多数の公害病患者《かんじゃ》が発生しました。この公害病の原因となった物質を，次のア～エの中から１つ選び，記号で答えなさい。

ア．亜硫酸《ありゅうさん》ガス　　イ．カドミウム　　ウ．フロンガス　　エ．有機水銀

問10．下線部⑧について，大阪湾岸の埋立地である夢洲《ゆめしま》で2025年に開催《かいさい》される予定のイベントを，次のア～エの中から１つ選び，記号で答えなさい。

ア．Ｇ20大阪サミット　　イ．日本国際博覧会

ウ．ラグビーワールドカップ　　エ．ワールドマスターズゲームズ

問11．下線部⑨について，昨年の敬老の日に総務省が発表した，日本の全人口にしめる65歳《さい》以上の高齢者の割合として正しいものを，次のア～エの中から１つ選び，記号で答えなさい。

ア．8.7％　　イ．18.7％　　ウ．28.7％　　エ．38.7％

問12．近畿地方では，1995年１月17日に大地震《じしん》が発生し，大きな被害《ひがい》を受けました。この地震の震源として正しいものを，前のページの地図中Ｐ～Ｓの中から１つ選び，記号で答えなさい。

問13．右の表は，近畿地方に位置する滋賀県，三重県，和歌山県における農業産出額の構成比(2017年)を示したものです。表中Ⅰ～Ⅲと県との組み合わせとして正しいものを，次のア～カの中から１つ選び，記号で答えなさい。

	米	野菜	果実	畜産	その他
Ⅰ	56.0％	19.0％	1.2％	16.8％	7.0％
Ⅱ	24.5％	12.6％	6.0％	39.8％	17.1％
Ⅲ	6.3％	14.0％	66.6％	4.3％	8.8％

(『データブック オブ・ザ・ワールド』による)

	Ⅰ	Ⅱ	Ⅲ
ア	滋賀県	三重県	和歌山県
イ	滋賀県	和歌山県	三重県
ウ	三重県	滋賀県	和歌山県
エ	三重県	和歌山県	滋賀県
オ	和歌山県	滋賀県	三重県
カ	和歌山県	三重県	滋賀県

3　次の新聞記事を読んで，問いに答えなさい。

新型コロナウイルスの感染拡大が「パンデミック(世界的な大流行)」とみなされた。過去の感染症《しょう》の広がりを振《ふ》り返ると，社会の変革をもたらしてきた歴史が浮《う》かび上がる。

古代，中国と欧州《おうしゅう》を結んだ【　Ａ　】。中国の絹を西方に運んだ交通路だ。いわば経済のグローバル化の先駆《さきが》けである。商人の盛んな交流に伴《ともな》い，インドが起源と見られる①<u>天然痘《とう》</u>も東西に※１波及《はきゅう》した。

日本にも仏教関連の文物とともに天然痘が持ち込《こ》まれた。奈良の都で藤原一族ら多くの死者が出る。②聖武天皇は仏教の力で社会不安を乗り越《こ》えようとした。【 B 】の大仏を造立《ぞうりゅう》し，遷都《せんと》も繰《く》り返した。

中世になると，欧州で③ペストが猛威《もうい》をふるう。肌《はだ》に黒い斑点《はんてん》ができるため「黒死病」と呼ばれる。

ペストは中央アジアで発生したと考えられている。13世紀にモンゴル帝国が西方に遠征《えんせい》し，欧州の一部まで※2版図を広げると，ペストも欧州に伝わった。交易が活発化しており，黒死病は欧州全域に波及した。欧州の人口の３分の１が死亡したという。

（中略）

「コロンブスの交換《こうかん》」という言葉がある。1492年のコロンブスによる新大陸への到達《とうたつ》以来，欧州と南北アメリカ大陸の間で農作物などが交換された事象を指す。米歴史学者アルフレッド・クロスビーが名付けた。

米大陸から欧州には④トウモロコシやジャガイモが運び込まれた。欧州からは小麦やサトウキビなどに加え，天然痘も伝わった。

（中略）

大航海時代を経た⑤19世紀には，英国がインドを支配する。イギリス東インド会社を中心にアジアや欧州間の交易が活発化した。

1817年，インドで流行していたコレラが一気に広がり，中東や東南アジア，中国，日本などに波及していく。

⑥日本は江戸時代後期だった。鎖国をかいくぐり，【 C 】の貿易などを通じて入り込んだとみられている。江戸の町では「コロリ」と呼ばれて大流行し，多くの死者が出た。

（中略）

⑦第１次世界大戦末期，1918～19年には「スペイン風邪《かぜ》」と呼ばれたインフルエンザが欧州に襲《おそ》いかかった。

流行が始まったのは米国だった。米軍は欧州戦線への参戦を決め，兵士たちが海路，大西洋を渡《わた》り欧州へと向かった。

この船がインフルエンザを「輸送」したらしい。世界中で数千万人，⑧大正時代の日本でも約40万人が死亡した。

（2020年３月13日付　読売新聞）

※１　だんだんと広がり，伝わっていくこと。

※２　領土。

問１．【A】にあてはまる語句を，カタカナで答えなさい。

問２．【B】にあてはまる寺院の名称《めいしょう》を，漢字で答えなさい。

問３．下線部①について，江戸時代，大阪に適塾を開き，天然痘の予防接種を広めた人物を，次のア～エの中から１人選び，記号で答えなさい。

ア．緒方洪庵　　イ．シーボルト　　ウ．杉田玄白　　エ．高野長英

問４．下線部②について，聖武天皇の政策に協力した僧侶《そうりょ》を，次のア～エの中から１人選び，記号で答えなさい。

ア．行基　　イ．空海　　ウ．空也　　エ．日蓮

問5．下線部③について，明治時代にペスト菌《きん》を発見し，破傷風の治療《ちりょう》法も確立した人物を，漢字で答えなさい。

問6．下線部④について，トウモロコシは安土桃山時代，ポルトガル人により日本へ伝えられたといわれています。当時，日本人とポルトガル人やスペイン人との間で行われた貿易を何というか，漢字で答えなさい。

問7．下線部⑤について，**19世紀のできごとではないもの**を，次のア～エの中から1つ選び，記号で答えなさい。

ア．地租改正条例を公布して，地租を地価の3％と定めた。

イ．日露戦争で日本がロシアに勝利し，日本の国際的地位が向上した。

ウ．初めての衆議院議員総選挙が行われ，第1回帝国議会が開催《かいさい》された。

エ．士族による最大の反乱として西南戦争が起こったが，政府により鎮圧《ちんあつ》された。

問8．下線部⑥について，次の(1)・(2)の問いに答えなさい。

(1) 【C】にあてはまる，ヨーロッパとの貿易の窓口となった九州地方の地名を，漢字で答えなさい。

(2) コレラは，江戸だけでなく日本各地で流行しました。一部の地域に入ってきたコレラが日本各地で流行した理由を，**本文の内容をふまえた上で**，**江戸時代の交通にふれながら**説明しなさい。

問9．下線部⑦について，これを説明した文として**誤っているもの**を，次のア～エの中から1つ選び，記号で答えなさい。

ア．この大戦に参戦した日本は，中国の山東半島におけるロシアの租借地を占領《せんりょう》した。

イ．戦車，飛行機，毒ガスなどが兵器として使用され，それまで人類が経験したことがない大規模な戦争となった。

ウ．ヨーロッパが主戦場となったため，それまでヨーロッパからの輸入に頼《たよ》っていた鉄鋼や船舶《せんぱく》を生産する工業が日本で発展した。

エ．この大戦中，日本は中国政府に対し，二十一カ条の要求をつきつけた。

問10．下線部⑧について，この時代のできごととして，その内容が**誤っているもの**を，次のア～エの中から1つ選び，記号で答えなさい。

ア．藩閥政府の打倒《だとう》を目指して，尾崎行雄らが護憲運動を起こした。

イ．普通選挙法が制定され，満20歳《さい》以上のすべての男子に選挙権が与《あた》えられた。

ウ．農村では小作争議が多発し，日本農民組合が設立され，農民の権利を守る運動が広まった。

エ．平塚らいてう(雷鳥)らが新婦人協会を設立し，女性の参政権獲得《かくとく》を目指した運動を行った。

【理　科】〈第１回試験〉(30分)〈満点：50点〉

1　簡易雨量計について，次の各問いに答えなさい。

(1)　ペットボトルを切り取り，下図のような簡易雨量計をつくりました。これを使って広場に降る雨量を測ることにしました。雨量計は，広場のどのような場所に置けばよいですか。下図の(ア)～(オ)の中で最も適している場所を選び，記号で答えなさい。

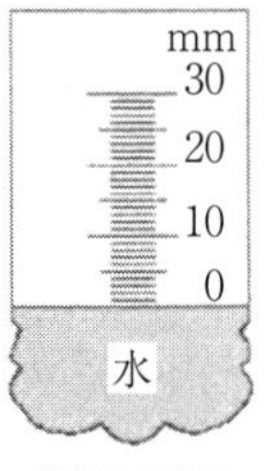

簡易雨量計

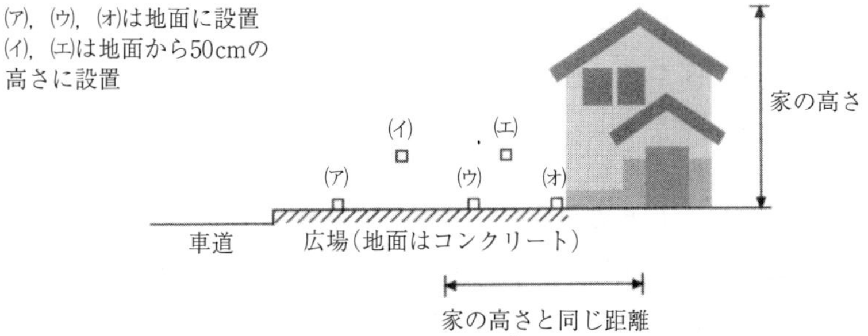

(2)　降雨による崖崩《がけくず》れの危険が非常に高い地区では，自主避《ひ》難行動の１つの目安として簡易雨量計を利用します。そこで，500mL 丸形，1.5Ｌ丸形，２Ｌ角形の３種類のペットボトルを切り取り，下図のＡ～Ｅの５つの簡易雨量計をつくりました。雨が降り始めてから，Ａ～Ｅを外にしばらく置きました。その後の水面の高さについてあとの(ア)～(エ)から最も あてはまるものを選び，記号で答えなさい。

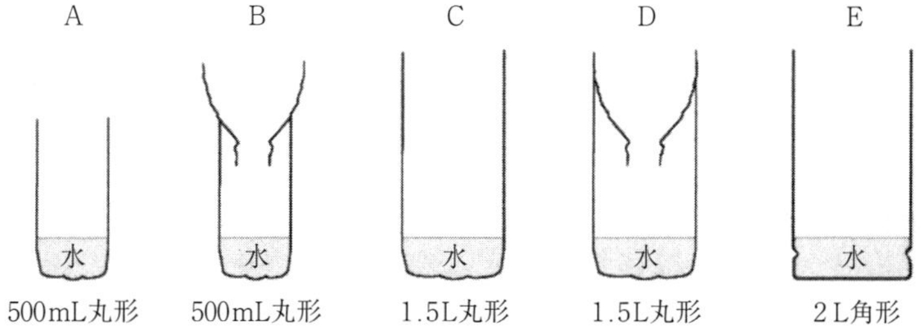

※ＢとＤは切り取った1.5Lペットボトルの上部を逆さにして取り付けて，雨水を集めた。

(ア)　Ａ，Ｃ，Ｅの水面の高さはほぼ同じだが，Ｂ，Ｄは他より高かった。
(イ)　Ａの水面の高さが他より低かった。
(ウ)　Ｂ以外の水面の高さはほぼ同じだった。
(エ)　Ｂ，Ｃ，Ｄの水面の高さはほぼ同じだった。

(3)　数 mm ほどの少ない雨量を測るには，500mL 丸形と1.5Ｌ丸形を組み合わせた右図のような簡易雨量計が適しています。ある日の雨量が３mm だったとき，次の①と②に答えなさい。ただし，それぞれのペットボトルの直径は図に示した値を，円周率は3.14を用いること。また，答えは小数第２位を四捨五入して小数第１位まで求めなさい。

① 簡易雨量計内の水の体積は何cm^3増えましたか。
② 簡易雨量計内の水面は何 mm 上昇しましたか。

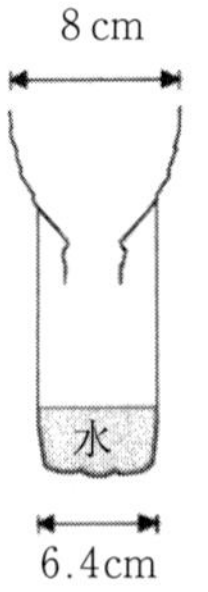

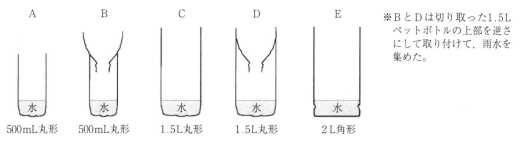

2 庭にヘチマの種をまいて成長を観察しました。右の図１と図２はヘチマにさいた花をスケッチしたものです。ただし，めしべとおしべの先端《たん》は○で表されています。次の各問いに答えなさい。

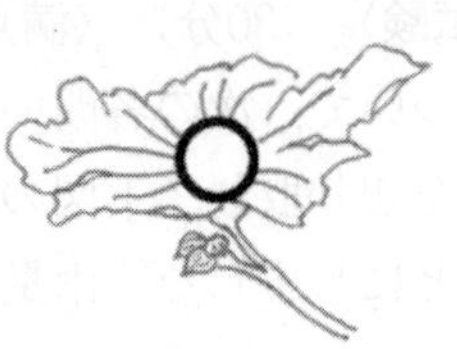
図１

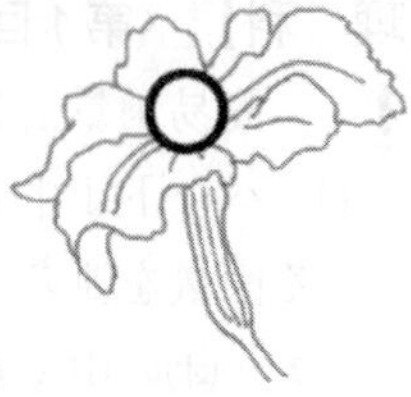
図２

(1) 東京でヘチマを育てるとき，種をまくのに最も適した季節を春・夏・秋・冬で答えなさい。また，その季節に種をまいたとき，実がなる季節はいつごろですか。次の(ア)～(ウ)から最もあてはまるものを選び，記号で答えなさい。

(ア) 春から夏　(イ) 夏から秋　(ウ) 秋から冬

(2) ヘチマの花にはお花とめ花があります。図２はお花とめ花のどちらですか。また，このようにお花とめ花をつくる植物を次の(ア)～(オ)から２つ選び，解答欄の記号を○で囲みなさい。

(ア) マツ　(イ) タンポポ　(ウ) アサガオ　(エ) ホウセンカ　(オ) トウモロコシ

(3) めしべとおしべの観察をしました。次の(ア)と(イ)はめしべ，またはおしべの先端の形で，(ウ)と(エ)はめしべ，またはおしべの先端の特徴《ちょう》です。めしべの先端の形を，(ア)・(イ)から，めしべの特徴を(ウ)・(エ)からそれぞれ選び，記号で答えなさい。

(ア)

(イ)

(ウ) さらさらしていた。　(エ) べとべとしていた。

(4) おしべから花粉をとり，顕《けん》微《び》鏡で観察しました。次の(ア)～(エ)のうち，ヘチマの花粉のスケッチを１つ選び，記号で答えなさい。

(ア)

(イ)
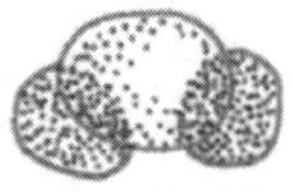

(ウ)

(エ)

(5) (4)で顕微鏡観察を行ったとき，顕微鏡にはＡ～Ｃの対物レンズが付いていて，接眼レンズにはＤとＥがありました。(4)の観察ではＢとＥのレンズを使って観察しました。(4)の観察よりも大きな倍率で観察できるレンズの組み合わせを，あとの(ア)～(エ)からすべて選び，解答欄の記号を○で囲みなさい。

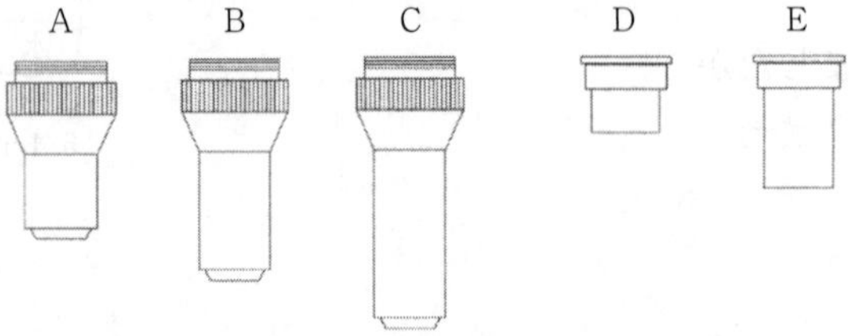

(ア) ＡとＥ　(イ) ＢとＤ　(ウ) ＣとＥ　(エ) ＣとＤ

3　日本にはたくさんの火山があります。火山について，次の各問いに答えなさい。

(1)　水に混ぜる小麦粉の量を変えて，マグマのねばり気と火山の形の関係を調べる実験を行いました。あとの①と②に答えなさい。

〔実験〕

操作１　水100ｇと小麦粉80ｇを混ぜた袋《ふくろ》Ａと，水100ｇと小麦粉100ｇを混ぜた袋Ｂを用意した。

操作２　図１のように穴の開いた板を水平に置き，袋Ａを手で押し，中身を板の上に押し出した。

操作３　袋Ｂも同様に行った。図２のａとｂはそれぞれ，袋Ａまたは袋Ｂの中身を手で押し出した結果である。

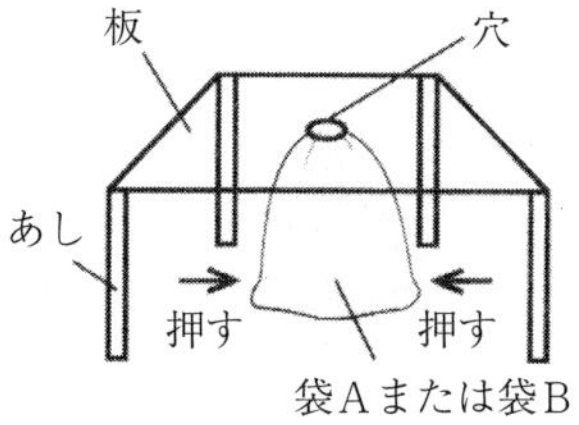

図１

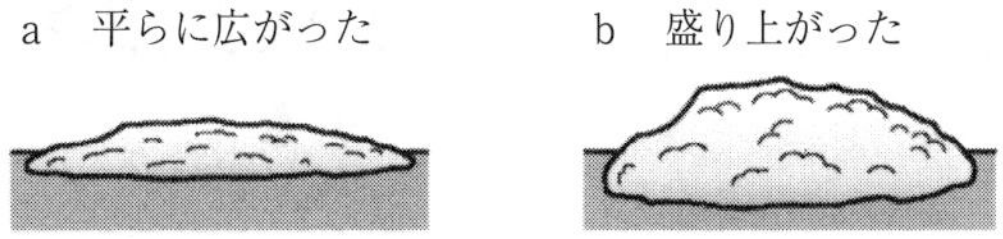

図２

①　袋Ｂの結果だと考えられるのは，図２のａとｂのどちらですか。記号で答えなさい。

②　この実験結果と同じように，マグマのねばり気と火山の形は関係しています。①のような形の火山のでき方として，最もあてはまるものを次の(ア)～(エ)から選び，記号で答えなさい。なお，マグマが地表に出たものを溶《よう》岩といいます。

(ア)　マグマのねばり気が弱いと溶岩が広がりやすくなり，平らな火山になる。

(イ)　マグマのねばり気が弱いと溶岩が広がりにくくなり，盛り上がった火山になる。

(ウ)　マグマのねばり気が強いと溶岩が広がりやすくなり，平らな火山になる。

(エ)　マグマのねばり気が強いと溶岩が広がりにくくなり，盛り上がった火山になる。

(2)　火山灰の説明として最もあてはまるものを次の(ア)～(エ)から選び，記号で答えなさい。

(ア)　マグマが噴《ふん》火の勢いで細かくなって冷やされたもの。

(イ)　マグマが高温で燃えたあとの残りカス。

(ウ)　噴火したとき，岩が焼けてできた灰。

(エ)　火山ガスが高温で燃えたもの。

(3)　地層は，火山のはたらきでできたものと水のはたらきでできたものがあります。火山のはたらきでできた地層の特徴として最もあてはまるものを次の(ア)～(エ)から選び，記号で答えなさい。

(ア)　地層の中にごつごつとした角ばった石や，小さな穴がたくさんあいた石が混じっていることがある。

(イ)　大きい粒《つぶ》の上に小さい粒が積み重なっていることがある。

(ウ)　地層の中の石は角がとれて丸みを帯びていて，川原で見られる石と似ている石が多い。

(エ)　１つの層の中で必ず貝や植物の化石が含まれている。

4 エナメル線を巻きつけたストローに鉄クギを入れて乾《かん》電池とつなぎ，図１のような電磁石をつくりました。電磁石について次の各問いに答えなさい。

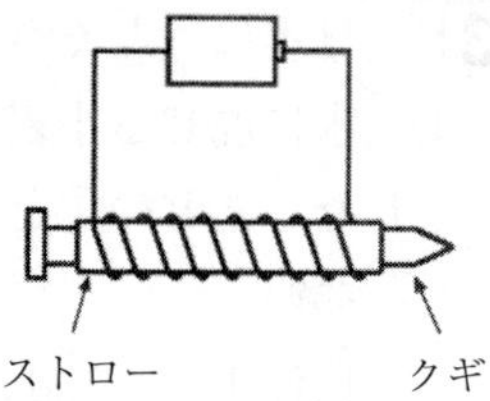

図１

(1) 図２のように電磁石のまわりに棒磁石と方位磁針を置きました。方位磁針は塗《ぬ》りつぶされた方が北を指しています。回路のスイッチを入れたとき，棒磁石のようすとしてあてはまるものを(ア)・(イ)から，方位磁針の向きとしてあてはまるものを(ウ)～(カ)からそれぞれ選び，記号で答えなさい。

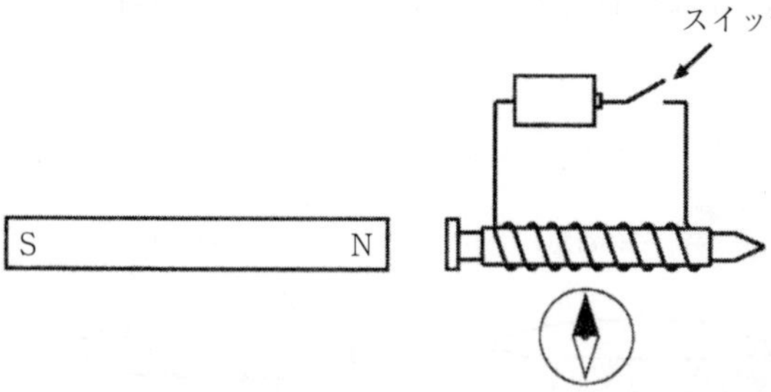

図２

＜棒磁石＞

(ア) 電磁石と引きつけあう。　(イ) 電磁石としりぞけあう。

＜方位磁針＞

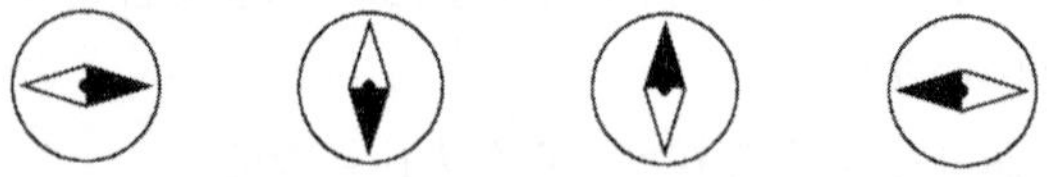

(ウ)　(エ)　(オ)　(カ)

(2) 電磁石に引きつけられるものを次の(ア)～(カ)からすべて選び，解答欄の記号を○で囲みなさい。

(ア) １円玉　(イ) 10円玉　(ウ) 消しゴム

(エ) 砂鉄　(オ) 鉛《えん》筆のしん　(カ) スチール缶《かん》

(3) 電磁石の強さは，エナメル線の長さや太さおよび巻き数によって変わります。下表のようにＡ～Ｅの電磁石をつくりました。長さによるちがい・太さによるちがい・巻き数によるちがいを調べるためにはそれぞれＡ～Ｅのどれとどれを比べるとよいですか。正しい組み合わせをあとの(ア)～(オ)から１つ選び，記号で答えなさい。

	長さ	太さ	巻き数
A	4 m	0.4mm	100回
B	4 m	0.8mm	100回
C	4 m	0.4mm	200回
D	8 m	0.4mm	200回
E	8 m	0.8mm	300回

(ア) （長さ） ＡとＤ （太さ） ＡとＢ （巻き数） ＡとＥ

(イ) （長さ） ＣとＤ （太さ） ＡとＢ （巻き数） ＡとＣ

(ウ) （長さ） ＣとＤ （太さ） ＢとＣ （巻き数） ＢとＥ

(エ)　（長さ）　ＢとＤ　（太さ）　ＢとＣ　（巻き数）　ＡとＣ
(オ)　（長さ）　ＢとＥ　（太さ）　ＤとＥ　（巻き数）　ＢとＣ

5　鏡を使って像の見え方について調べました。次の各問いに答えなさい。

(1)　図１は鏡を置き，上から見たものです。図中の(ア)〜(オ)の●に物体を置きました。★の位置にＡ君が立って鏡を見たとき，鏡に映った物体の像が見えるのはどれですか。すべて選び，解答欄の記号を〇で囲みなさい。

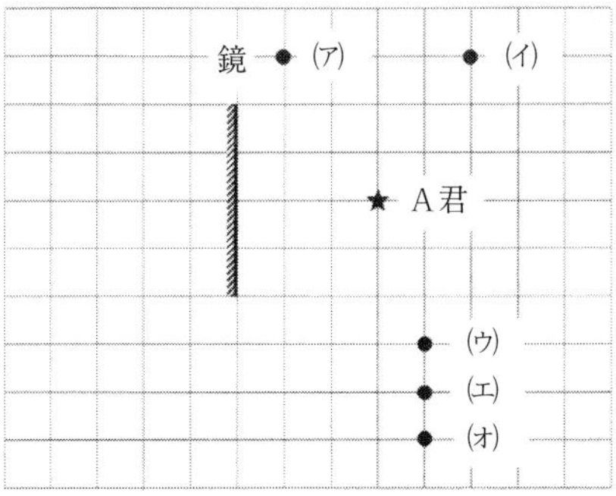

図１

(2)　図２は２枚の鏡①と鏡②を直角に置き，上から見たものです。★の位置にＡ君が立って鏡を見たとき，鏡①にも，鏡②にも物体の像が映って見えるのは，図中の(ア)〜(オ)の●のどこに物体を置いたときですか。すべて選び，解答欄の記号を〇で囲みなさい。

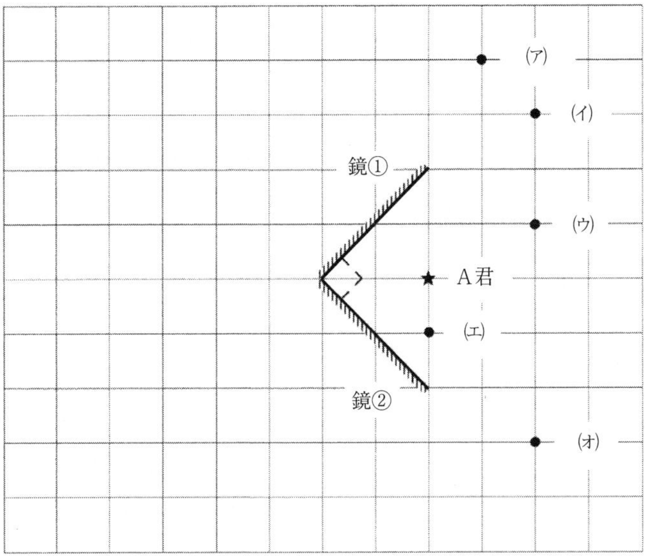

図２

6　私たちは昔から「ものが燃える」という反応を，生活の中でいろいろなことに利用してきました。次の各問いに答えなさい。

(1)　昔は，ご飯を右図のような「かまど」で炊《た》いていました。このとき，火力を強くするために火吹《ふ》き竹とよばれる筒《つつ》状の道具で，かまどの中に息を吹きこみます。火吹き竹を使うと火力が強くなる理由を説明した次の文の(　)にあてはまる気体の名前を答えなさい。

　また，この気体は空気中にどれくらい含《ふく》まれますか。空気の成分とその割合を表した下の円グラフ中の(ア)～(ウ)から，あてはまるものを１つ選び，記号で答えなさい。

　ものが燃えるためには空気中の(　　)が必要で，火吹き竹を使うと，空気をたくさん送ることができるから。

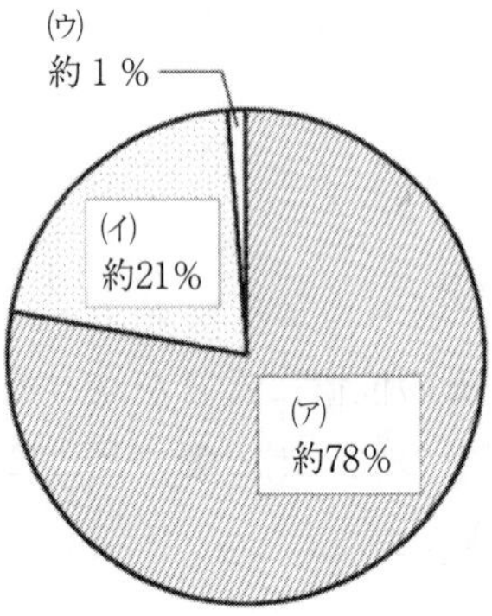

(2)　次の文を読み，①～③にあてはまることばを答えなさい。ただし，①と③については解答欄の正しいものを○で囲みなさい。

　冬の寒い日に，暖炉《だんろ》に火をつけて部屋をあたためました。部屋の空気があたたまると，窓ガラスの(①　内・外・両　)側がくもることがあります。これは，あたたかい空気中に含まれる(　②　)が冷やされて液体となるためです。この現象を結露《けつろ》といいます。結露を防ぐためには，窓を(③　あたためる・冷やす　)とよいとされています。

(3)　薪《まき》を燃やしておふろをわかしたいと思います。薪１kgを完全に燃やしたときに出る熱は，薪にする木の種類によって違《ちが》いますが，ここでは１kgあたり4000kcal(キロカロリー)の熱が出る薪を使うこととします。

　この薪を使って20℃の水150Ｌを40℃まで温めるためには，少なくとも何kgの薪が必要ですか。ただし，薪が燃えて出た熱はすべて水をあたためるために使われるものとします。また，水１Ｌの重さを１kgとし，水１kgの温度を１℃上げるために必要な熱を１kcalとします。

7　塩酸と水酸化ナトリウム水溶液を混ぜると，酸性とアルカリ性が打ち消し合います。また，混合水溶液が中性になるときを「ちょうど中和する」といいます。ある濃《こ》さの塩酸Ａ，ある濃さの水酸化ナトリウム水溶液Ｂ，アルミニウムを用いて次の実験をしました。あとの各問いに答えなさい。

〔実験〕

　１．塩酸Ａが100mL入ったフラスコをいくつか用意し，それぞれのフラスコにさまざまな体積の水酸化ナトリウム水溶液Ｂを加えて混合水溶液にした。

2．１の混合水溶液にアルミニウム0.45ｇをそれぞれ加えるとアルミニウムが溶《と》けて水素が発生した。ただし，アルミニウムがまったく溶けなかったものや，アルミニウムが溶け残ったものもあった。

3．２で発生した水素の体積をはかった。

4．塩酸Ａ100mLに加えた水酸化ナトリウム水溶液Ｂの体積と，混合水溶液にアルミニウムを加えたときに発生した水素の体積の関係をグラフにまとめた。

＜加えた水酸化ナトリウム水溶液Ｂの体積と発生した水素の体積＞

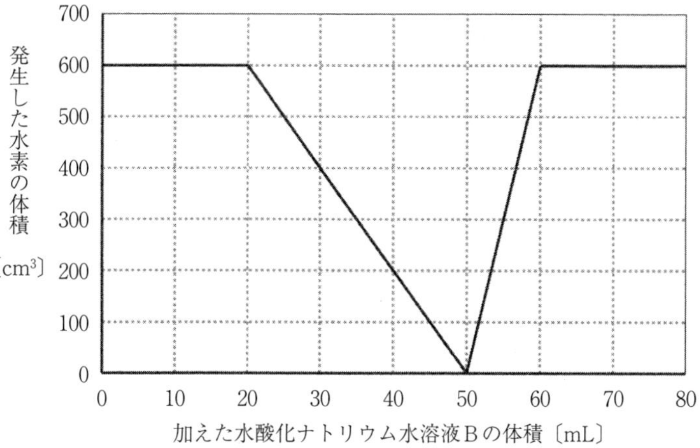

(1) 塩酸Ａ100mLとちょうど中和する水酸化ナトリウム水溶液Ｂは何mLですか。

(2) アルミニウム0.45ｇとちょうど反応する塩酸Ａは何mLですか。

(3) 塩酸Ａ50mLに0.45ｇのアルミニウムを入れたとき，発生する水素の体積は何cm^3ですか。

(4) 塩酸Ａ200mLに水酸化ナトリウム水溶液Ｂを105mL加えた混合水溶液に，アルミニウムを0.3ｇ入れました。このとき発生する水素の体積は何cm^3ですか。

(エ) 草花をカンショウする。

四 次の①～⑦の――線部を漢字に改め、⑧～⑩の――線部の読みをひらがなで答えなさい。

① 父の言葉がネントウに浮かぶ。
② 道路のソクリョウをする。
③ 祖父はとてもハクシキだ。
④ 見つからないようにサイクする。
⑤ アイツぐ事故のニュース。
⑥ 車は文明のリキである。
⑦ わたり鳥がタイキョしてやって来た。
⑧ バレエの先生は所作が美しい。
⑨ 彼は上背がある。
⑩ 京都・奈良《なら》は日本の古都である。

二

次の①～⑤のことわざの□に入る言葉を、下の意味を参考にして漢字で答えなさい。また、同じ言葉を入れて成り立つものをそれぞれ(ア)～(ク)の中から一つずつ選び、記号で答えなさい。

① □作って魂《たましい》入れず
（物事の一番大切な点がおろそかになっていること）

② 良薬は□に苦し
（人のいましめの言葉は、聞くのはつらいが、ためになるということ）

③ たで食う□も好き好き
（人の好みはまちまちで、いちがいに言うことはできないこと）

④ □の上にも三年
（どんなことでもしんぼう強くすれば、きっとうまくいくということ）

⑤ 枯れ木も□のにぎわい
（つまらないものでも、数の中に入れておけば、ないよりましであること）

(ア) 知らぬが□
(イ) 転ばぬ先の□
(ウ) 焼け□に水
(エ) 言わぬが□
(オ) □はわざわいの元
(カ) 船頭多くして船□に上る
(キ) 飛んで火にいる夏の□
(ク) 壁《かべ》に□あり障子に目あり

三

次の①～⑤の～～線部の漢字が――線部の熟語に使われているものを、それぞれ後の(ア)～(エ)の中から一つずつ選び、記号で答えなさい。

① 走ったイキオいでとびこした。
(ア) 試合のタイセイが決まった。
(イ) 反乱軍をセイアツする。
(ウ) 研究のセイカが上がる。
(エ) セイジツな人柄《ひとがら》。

② 科学者になろうとココロザシを立てる。
(ア) 彼《かれ》のシコウ回路は複雑だ。
(イ) 人々のシキが上がる。
(ウ) シサク品ができあがる。
(エ) 彼はとてもイシが強い。

③ 私は彼とはコトなる意見です。
(ア) 私たちは体育館へとイドウした。
(イ) 今日の天気は少しイジョウだ。
(ウ) 仕事を別の人にイニンした。
(エ) 相手のイヒョウをついた。

④ 国をオサめる。
(ア) ここはとてもチアンが良い。
(イ) ゴミをシュウシュウする。
(ウ) こわれたところをシュウリする。
(エ) 期日までにノウゼイする。

⑤ テストにカンする話をしましょう。
(ア) 君の努力にはカンドウする。
(イ) 建物がカンセイした。
(ウ) 弟は歴史にカンシンを持っている。

問十一、[A]に当てはまる言葉を、本文中から抜き出して答えなさい。

問十二、――線⑩「他にも例はあります」とありますが、この場合の「例」とは、どのようなことの「例」ですか。「例。」に続くように、本文中から二十字以内で抜き出して答えなさい。

問十三、――線⑪「とても」が直接かかっていく部分を、次の(ア)～(エ)の中から選び、記号で答えなさい。

(ア) チーターから　(イ) 逃げ切ることは

(ウ) できないように　(エ) 思えます

問十四、――線⑫「チーターの狩りは、半分くらいは失敗しているようです」とありますが、なぜですか。その説明として最も適切なものを、次の(ア)～(エ)の中から選び、記号で答えなさい。

(ア) ガゼルは巧みなステップでチーターを翻弄《ほんろう》するため、チーターは最高速度を出すことができないから。

(イ) ガゼルはチーターと比べて体が小さいため、すばしこく逃げたり物陰に隠れたりすることができるから。

(ウ) ガゼルは独特な走り方を日ごろから練習しているため、チーターよりも速いスピードで走れるから。

(エ) ガゼルは知能が発達しているため、直進しかできないチーターをかわす方法を身につけているから。

問十五、――線⑬「祖先」の対義語を答えなさい。

問十六、――線⑭「ですから、人間は考えることをやめてはいけないのです」と筆者が述べる理由として最も適切なものを、次の(ア)～(エ)の中から選び、記号で答えなさい。

(ア) 人間は競争力の強い生き物に対抗するために、他の弱い生き物たちと協力していく手段を見つけていくべきであるから。

(イ) 人間はさらに知能を発達させることによって、他の動物たちとうまく共存する生き方を探っていかなければならないから。

(ウ) 人間は強い動物たちに住む場所を奪われてしまわないように、体力や攻撃《こうげき》力を上げる方法を生み出していく必要があるから。

(エ) 人間はもともと肉体的には弱い存在であったが、知能を発達させるという強みを持つことにより生き残ることができたから。

問十七、[B]に当てはまる言葉を、本文中から五字以内で抜き出して答えなさい。

問十八、――線⑮「優れた能力を持つネアンデルタール人」とありますが、「ネアンデルタール人」が「ホモ・サピエンス」よりも「優れ」ていた点について具体的に説明している連続した二文を本文中から抜き出し、その最初の五字を答えなさい。

問十九、次の一文は本文中から抜いたものですが、本文中の[I]～[IV]のどこに入れるのが適切ですか。記号で答えなさい。

> じつは、人間もその一つです。

問二十、この文章を大きく三つに分けると、三つ目の部分はどこから始まりますか。その最初の五字を答えなさい。

問二十一、本文の内容に合うものを、次の(ア)～(エ)の中から一つ選び、記号で答えなさい。

(ア) 雑草はもともと弱い存在であったが、ピンチを生き延びることにより次々に新たな強さを獲得していった。

(イ) 自然界には様々な種類の「強さ」があり、生き物はそれぞれが持つ「強さ」を生かして生きている。

(ウ) 自然界は厳しい世界なので、基本的に強い生き物が生き残るということは当たり前のことである。

(エ) ホモ・サピエンスとホモ・ネアンデルターレンシスはともに人類だが、知能の発達によって二つに分かれた。

現代を生きる私たちも、人の役に立つと何だか満たされたような気持ちになります。知らない人に道を教えたり、電車やバスの席を譲《ゆず》ったりして、ありがとうと言われると、なんだかくすぐったいようなうれしい気持ちになります。それが、ホモ・サピエンスが獲得し、生き抜くために発揮した能力なのです。

一方、⑮優れた能力を持つネアンデルタール人は、集団生活をしなくても生きていくことができました。しかし、環境の変化が起こったとき、仲間と助け合うことのできなかったネアンデルタール人は、その困難を乗り越えることができなかったと考えられているのです。

（稲垣栄洋『はずれ者が進化をつくる』による
ただし、出題の都合上、本文を改めたところがある）

＊1　遮蔽…光をさえぎること。

＊2　ニッチ…生物が生態系の中で占《し》める位置のこと。

問一、——線①「そんなバカな」の後に続くと考えられる言葉を補って、意味がはっきりする一文を完成させなさい。

問二、——線②「植物学の教科書には、雑草は強いとは書いてありません」とありますが、「雑草」が「強い」と言えないのはなぜですか。その説明として最も適切なものを、次の(ア)～(エ)の中から選び、記号で答えなさい。

(ア)　生存競争に弱く人間の助けなしには育つことができないから。

(イ)　砂漠や高山などの過酷な環境では生きていくことができないから。

(ウ)　環境の変化の激しい豊かな森の中には生えることができないから。

(エ)　他の野生植物との生き残りをかけた戦いに勝つことができないから。

問三、——線③「強そうに見えます」とありますが、なぜですか。その理由を「から。」に続くように、本文中から十三字で抜き出して答えなさい。

問四、——線④「その秘密」とは、どのような「秘密」のことですか。「秘密。」に続くように、本文中の言葉を用いて二十字以内で答えなさい。

問五、——線⑤「他の植物の陰で光を受けられずに枯れてしまうことでしょう」とありますが、なぜ「光を受けられ」ないと「枯れてしまう」のですか。その理由が書かれている一文を本文中から抜き出し、その最初の五字を答えなさい。

問六、——線⑥「この競争」とは具体的にどのようなものですか。本文中から五字以内で抜き出して答えなさい。

問七、——線⑦「太刀打ちできない」の意味を、次の(ア)～(エ)の中から選び、記号で答えなさい。

(ア)　想像できない　　(イ)　相手にならない

(ウ)　勝負強い　　(エ)　打たれ弱い

問八、——線⑧「そこ」が指している内容を、本文中の言葉を用いて十五字以内で答えなさい。

問九、——線⑨「強くなければ生きていけない自然界で、弱い植物である雑草ははびこっています」とありますが、これは「雑草」がどのような力を持っているからですか。本文中から抜き出して答えなさい。

問十、ⓐ・ⓑ・ⓒに当てはまる言葉の組み合わせとして最も適切なものを、次の(ア)～(エ)の中から選び、記号で答えなさい。

(ア)　ⓐ　そして　ⓑ　たとえば　ⓒ　つまり

(イ)　ⓐ　しかし　ⓑ　つまり　ⓒ　もちろん

(ウ)　ⓐ　もし　ⓑ　しかし　ⓒ　たとえば

(エ)　ⓐ　もちろん　ⓑ　ところが　ⓒ　そして

きます。大きいことが強さであるのと同じように、小さいことも強さなのです。

⑩他にも例はあります。

動物の中でもっとも走るスピードが速いのがチーターです。

チーターの走る速度は、時速一〇〇キロメートルを上回ると言います。

一方、獲物《えもの》となるガゼルのスピードは、時速七〇キロメートルしかありません。これでは、⑪とてもチーターから逃げ切ることはできないように思えます。

ところが、これだけ圧倒的《あっとうてき》なスピードの差があるにもかかわらず、⑫チーターの狩《か》りは、半分くらいは失敗しているようです。つまり、ガゼルが、時速一〇〇キロメートルのチーターから逃げ切っているのです。

チーターに追われると、ガゼルは巧《たく》みなステップで飛び跳《は》ねながら、ジグザグに走って逃げます。そして、ときには、クイックターンをして方向転換《てんかん》をします。

もちろん、走り方を複雑にすると、ガゼルも、本来の最高速度を出すことはできません。

しかし、まっすぐに走るだけではチーターのほうが速いに決まっています。チーターにはできない走り方をすることでガゼルがチーターに勝ってしまうのです。

自然界には、競争や戦いには弱くても、それ以外の強さを発揮して＊2ニッチを獲得《かくとく》している生き物がたくさんいます。

Ⅱ

人間は、学名をホモ・サピエンスという生物です。

人類の⑬祖先は森を失って草原地帯に追い出されたサルの仲間だったと考えられています。肉食獣と戦える力を持っているわけではありません。シマウマのように速く走れるわけでもありません。弱い存在であった人類は、知能を発達させ、道具を作り、他の動物たちに対抗《たいこう》してきました。

Ⅲ

知能を発達させてきたことは、人間の強さの一つです。

⑭ですから、人間は考えることをやめてはいけないのです。

しかし、それだけではありません。

じつは、知能を発達させてきたのは、私たちホモ・サピエンスだけではありません。

人類の進化を遡《さかのぼ》ると、ホモ・サピエンス以外の人類も出現していました。ホモ・サピエンスのライバルとなったのがホモ・ネアンデルターレンシスの学名を持つネアンデルタール人です。

ネアンデルタール人は、ホモ・サピエンスよりも大きくて、がっしりとした体を持っていました。さらに、ホモ・サピエンスよりも優れた知能を発達させていたと考えられています。

ホモ・サピエンスは、ネアンデルタール人と比べると体も小さく力も弱い存在でした。脳の容量もネアンデルタール人よりも小さく、知能でも劣《おと》っていたのです。

しかし今、生き残っているのは、ホモ・サピエンスです。

私たちホモ・サピエンスはどうして生き残ることができたのでしょうか。そして、どうしてネアンデルタール人は滅んでしまったのでしょうか。

ホモ・サピエンスは弱い存在でした。

力が弱かったホモ・サピエンスは、「 B 」という能力を発達させました。そして、足りない能力を互《たが》いに補い合いながら暮らしていったのです。そうしなければ、生きていけなかったのです。

Ⅳ

なに弱くはありません。雑草の競争力などとても⑦太刀打《たちう》ちできないのです。

どこにでも生えるように見える雑草ですが、じつはたくさんの植物がしのぎを削《けず》っている森の中には生えることができません。

豊かな森の環境《かんきょう》は、植物が生存するのには適した場所です。しかし同時に、そこは激しい競争の場でもあります。そのため、競争に弱い雑草は深い森の中に生えることができないのです。

もしかすると、森の中で雑草を見たという人もいるかもしれません。おそらく⑧そこは、手つかずの森の中ではなく、ハイキングコースやキャンプ場など、人間が森の中に作りだした環境です。そういう場所には、雑草は生えることができます。

それは、雑草がある強さを持っているからなのです。

⑨強くなければ生きていけない自然界で、弱い植物である雑草ははびこっています。これはなぜでしょう。

強さというのは、何も競争に強いだけを指しません。

英国の生態学者であるジョン・フィリップ・グライムという人は、植物が成功するためには三つの強さがあると言いました。

一つは競争に強いということです。

植物は、光を浴びて光合成をしなければ生きていくことができません。植物の競争は、まずは光の奪い合いです。成長が早くて、大きくなる植物は、光を独占《どくせん》することができます。［ⓐ］、その植物の陰になれば、十分に光を浴びることはできません。植物にとって、光の争奪《そうだつ》に勝つことは、生きていく上でとても大切なことなのです。

［ⓑ］、この競争に強い植物が、必ずしも勝ち抜くとは限りません。競争に強い植物が強さを発揮できない場所もたくさんあるのです。

それは、水がなかったり、寒かったりという過酷《かこく》な環境です。

この環境にじっと耐《た》えるというのが二つ目の強さです。

［ⓒ］、サボテンは水がない砂漠《さばく》でも枯れることはありません。高い雪山に生える高山植物は、じっと氷雪に耐え忍《しの》ぶことができます。厳しい環境に負けないでじっと我慢《がまん》することも、「強さ」なのです。

三つ目が変化を乗り越《こ》える力です。

さまざまなピンチが訪《おとず》れても、次々にそれを乗り越えていく、これが三つ目の強さです。

じつは、雑草はこの三つ目の強さに優《すぐ》れていると言われています。

雑草の生える場所を思い浮かべてみてください。

草取りをされたり、草刈《くさか》りをされたり、踏《ふ》まれてみたり、土を耕されたり。雑草が生えている場所は、人間によってさまざまな環境の変化がもたらされます。そのピンチを次々に乗り越えていく、これが雑草の強さなのです。

実際には、地球上の植物が、この三つのいずれかに分類されるということではなく、むしろ、すべての植物が、この三つの強さを持っていて、そのバランスで自らの戦略を組み立てていると考えられています。

植物にとって競争に勝つことだけが、強さの象徴《しょうちょう》ではありません。一口に「強さ」と言っても、本当にいろいろな強さがあるのです。

自然界は弱肉強食の世界です。

しかし、競争や戦いに強いものが勝つとは限らないのが、自然界の［Ａ］ところです。

競争や戦いをする上では、体が大きい方が有利です。

しかし、実際には小さい方が有利ということもたくさんあります。

［Ⅰ］

大きな体は体自体を維持《いじ》しなければなりませんし、何しろ目立ちますから、常にライバルに狙《ねら》われて、戦い続けなければなりません。小さい体であれば、すばしこく逃《に》げたり、物陰に隠《かく》れたりすることがで

二〇二一年度
明治大学付属中野中学校

【国　語】〈第一回試験〉（五〇分）〈満点：一〇〇点〉

一　次の文章を読んで、後の問いに答えなさい。（字数指定がある問いでは、句読点・記号なども一字として数えます）

皆《みな》さんは、自分の中に弱さを見つけることがありますか？　弱い自分が嫌《いや》になることがありますか？

そうだとすれば、幸いです。

何しろ自然界を見渡《みわた》してみれば「弱い生き物たち」が繁栄《はんえい》しているからです。「弱い」ことは成功の条件であるかのようです。

①そんなバカな、と思うかもしれません。自然界は「弱肉強食」の世界です。強い者が生き残り、弱い者が滅《ほろ》びてゆくそんなイメージがあるかもしれません。

しかし、強い者が生き残るとは限らないのが、自然界のじつに面白《おもしろ》いところなのです。

皆さんは強そうな生き物というと、どんな動物を想像しますか？　百獣《ひゃくじゅう》の王ライオンや、猛獣《もうじゅう》のトラを思い浮《う》かべるかもしれません。オオカミやホッキョクグマも強さでは負けていないかもしれません。あるいは、巨大《きょだい》な体のゾウやサイも強そうです。大空を飛ぶワシやコンドルも王者の風格があります。

ただ、これらの生物はどれも絶滅《ぜつめつ》が心配されている生き物ばかりです。強そうな猛獣たちは、弱い生き物をエサにして生きています。これらの猛獣が一〇〇匹《ぴき》のネズミを食べているとします。その場合、ネズミが五〇匹に減ってしまえば、猛獣たちはエサがなくて死んでしまうのです。しかし、ネズミは五〇匹に減っても、五〇匹で生きていくことができます。

強そうに見える生き物が絶滅の危機にあるというのは、じつは弱い生き物に頼《たよ》って生きているからと言えるでしょう。

「雑草は強い」

皆さんには、そんなイメージがありませんか。

ところが、②植物学の教科書には、雑草は強いとは書いてありません。それどころか、「雑草は弱い植物である」と説明されています。

しかし、私たちの身の回りに生えている雑草は、どう見ても③強そうに見えます。もし、弱い植物であるのなら、どうして私たちの身の回りにこんなにはびこっているのでしょうか。

弱い植物である雑草が、どうして、こんなにも強く振《ふ》る舞《ま》っているのか。どうやら、そこにこそ「強さとは何なのか？」を考えるヒントがありそうです。まずは④その秘密を探《さぐ》ってみることにしましょう。

「雑草が弱い」というのは、「競争に弱い」ということです。

自然界では、激しい生存競争が行われています。弱肉強食、適者生存が、自然界の厳しいおきてです。それは植物の世界もまったく同じです。

植物は光を奪《うば》い合い、競《きそ》い合って上へ上へと伸《の》びていきます。そして、枝葉を広げて、＊1遮蔽《しゃへい》し合うのです。もし、この競争に敗れ去れば、⑤他の植物の陰《かげ》で光を受けられずに枯《か》れてしまうことでしょう。

雑草と呼ばれる植物は、⑥この競争に弱いのです。

野菜畑などでは、雑草は野菜よりも競争に強いように思えるかもしれません。確かに、人間が改良した植物である野菜は、人間の助けなしには育つことができません。そんな野菜よりは、抜《ぬ》いても抜いても生えてくる雑草の方が競争に強いかもしれません。

しかし実際のところ、自然界に生えている野生の植物たちは、そん

2021年度

明治大学付属中野中学校 ▶解説と解答

算　数　＜第１回試験＞（50分）＜満点：100点＞

解　答

[1] (1)　12800　(2)　$\frac{1}{2}$　(3)　80　[2] (1)　50 g　(2)　分速150m　(3)　70.8cm^2　(4)　$\frac{19}{24}$倍　(5)　1944cm^3　[3] (1)　9 cm　(2)　2916m　(3)　140人　[4] (1)　6　(2)　㋐，㋓，㋔　[5] (1)　12本　(2)　①　14分後　②　29分後　[6] (1)　10時３分45秒　(2)　10時54分48秒

解　説

[1] 四則計算，計算のくふう，逆算，割合と比

(1)　$25.6\times5+128\times3+8\times8\times192=128+128\times3+64\times192=128+128\times3+128\times\frac{1}{2}\times192=128\times1+128\times3+128\times96=128\times(1+3+96)=128\times100=12800$

(2)　$\left(2\frac{1}{3}-\square\right)\times\frac{3}{4}\div2.2+\frac{3}{8}=1$ より，$\left(2\frac{1}{3}-\square\right)\times\frac{3}{4}\div2.2=1-\frac{3}{8}=\frac{8}{8}-\frac{3}{8}=\frac{5}{8}$，$2\frac{1}{3}-\square=\frac{5}{8}\times2.2\div\frac{3}{4}=\frac{5}{8}\times\frac{22}{10}\times\frac{4}{3}=\frac{11}{6}$　よって，$\square=2\frac{1}{3}-\frac{11}{6}=\frac{7}{3}-\frac{11}{6}=\frac{14}{6}-\frac{11}{6}=\frac{3}{6}=\frac{1}{2}$

(3)　Aさん，Bさん，Cさんの所持金をそれぞれa円，b円，c円とすると，$b:c=1:\frac{3}{4}=4:3$，$a:c=1:0.6=1:\frac{3}{5}=5:3$ より，$a:b:c=5:4:3$ となるから，Bさんの所持金はAさんの，$4\div5\times100=80$(%)とわかる。

[2] 濃度《のうど》，速さと比，表面積，辺の比と面積の比，水の深さと体積

(1)　(食塩の量)＝(食塩水の量)×(濃度)より，４%の食塩水150ｇと12%の食塩水160ｇに含《ふく》まれている食塩の量の合計は，$150\times0.04+160\times0.12=25.2$(g)となる。また，食塩水に水を加えても，食塩の量は変わらない。よって，水を加えた後の食塩水の量を□ｇとすると，$\square\times0.07=25.2$(g)と表すことができるので，$\square=25.2\div0.07=360$(g)と求められる。したがって，加えた水の量は，$360-(150+160)=50$(g)とわかる。

(2)　この人がバスに追いこされてから次のバスに追いこされるまでのようすを図に表すと，右の図１のようになる。この人が20分で走る距離《きょり》をバスは，$20-15=5$(分)で走るので，この人とバスの速さの比は，$\frac{1}{20}:\frac{1}{5}=1:4$ とわかる。よって，この人の速さは時速，$36\times\frac{1}{4}=9$(km)であり，これを分速に直すと，$9\times1000\div60=150$(m)になる。

図１

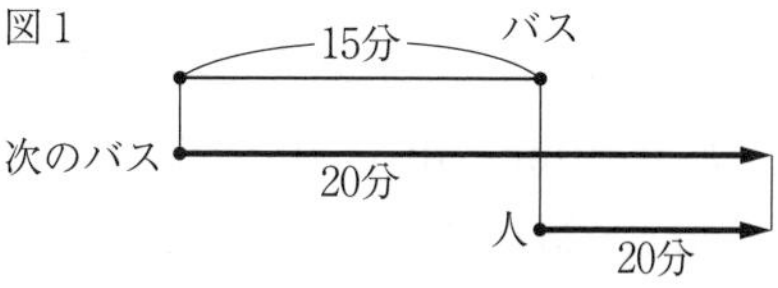

(3)　右の図２で，かげをつけた部分の面積(問題文中の図の立体の底面積)は，$6\times6\times3.14\times\frac{1}{4}-4\times4\times3.14\times\frac{1}{4}=(6\times6-4\times4)\times3.14\times\frac{1}{4}=5\times3.14=15.7$($cm^2$)である。また，かげを

図２

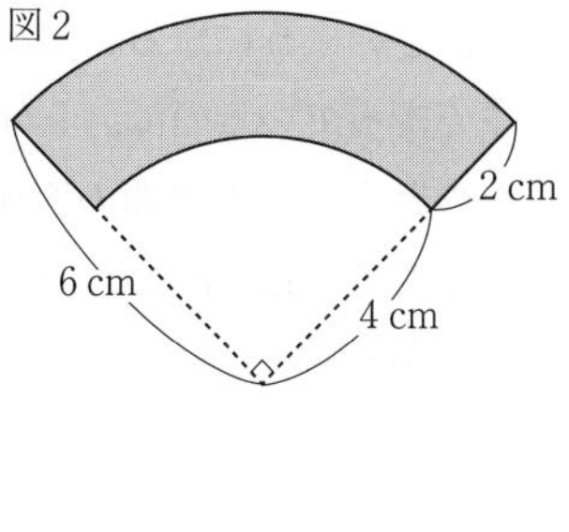

つけた部分のまわりの長さは，$6\times2\times3.14\times\frac{1}{4}+4\times2\times3.14\times\frac{1}{4}+2\times2=(6\times2+4\times2)\times3.14\times\frac{1}{4}+4=5\times3.14+4=19.7$(cm)だから，この立体の側面積は，縦２cm，横19.7cmの長方形の面積と等しく，$2\times19.7=39.4$(cm^2)となる。よって，この立体の表面積は，$15.7\times2+39.4=70.8$(cm^2)と求められる。

(4)　右の図３で，三角形ADEは正三角形だから，角Ａの大きさは60度である。よって，三角形ABCは正三角形を半分にした形の三角形なので，AC：AB＝２：１となる。また，三角形ABFも正三角形だから，AB：AF＝１：１である。したがって，AF：FC＝AB：FC＝１：(２－１)＝１：１となるので，AB＝AF＝FC＝12cmとわかる。以上より，三角形ADFの面積は

図３

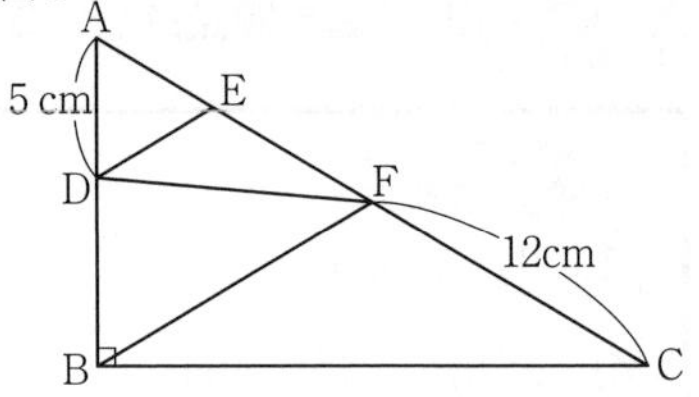

三角形ABCの面積の，$\frac{AD}{AB}\times\frac{AF}{AC}=\frac{5}{12}\times\frac{1}{2}=\frac{5}{24}$(倍)だから，四角形DBCFの面積は三角形ABCの面積の，$1-\frac{5}{24}=\frac{19}{24}$(倍)と求められる。

(5)　右の図４の状態に４個の立方体を加えると右の図５のようになったので，図５の斜線《しゃせん》の部分の体積と，かげをつけた部分の体積は等しい。また，斜線の部分の体積は，$6\times6\times6\times4=864$($cm^3$)である。よって，かげをつけた部分の底面積，つまり，

図４

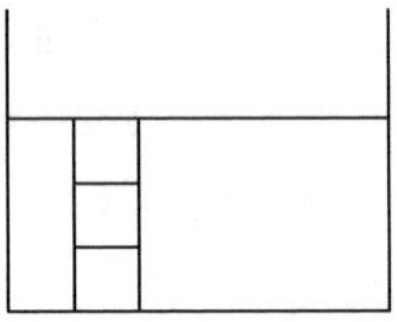

図５

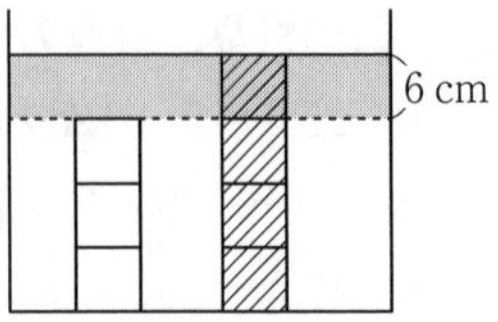

水そうの底面積は，$864\div6=144$(cm^2)とわかるから，図４で水が入っている部分の底面積は，$144-6\times6=108$(cm^2)となる。したがって，水そうに入っている水の量は，$108\times(6\times3)=1944$(cm^3)と求められる。

３　割合と比，面積，旅人算，集まり，比の性質，相当算

(1)　右の図１で，重なっている部分の面積を１とすると，大きい正方形の面積は，$1\div\frac{1}{12}=12$，小さい正方形の面積は，$1\div\frac{2}{9}=4.5$となるから，図１の斜線の部分の面積は，$12+4.5-1=15.5$となる。これが279cm^2なので，１にあたる面積は，$279\div15.5=18$(cm^2)となり，小さい正方形の面積は，$18\times4.5=81$(cm^2)と求められる。よって，$81=9\times9$より，小さい正方形の１辺の長さは９cmとわかる。

図１

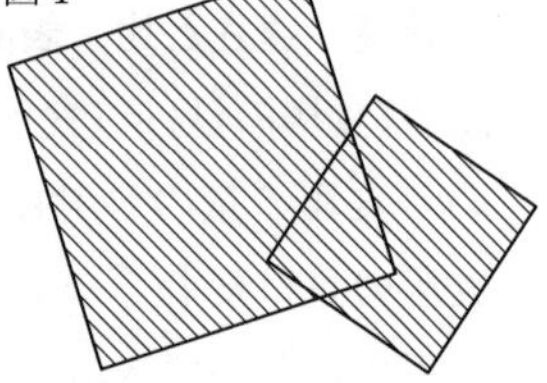

(2)　Ｎ君の走る速さは毎分，$90\div\frac{20}{60}=270$(m)である。また，Ｋ君の走る速さは３分ごとに，毎分310m，310－30＝280(m)，280－30＝250(m)，250－30＝220(m)，…になるから，２人が走った距離の合計を３分ごとに求めると，右の図２のようになる。

図２

時間	Ｎ君	Ｋ君
３分後	270×３＝ 810(m)	310×３＝ 930(m)
６分後	270×６＝1620(m)	930＋280×３＝1770(m)
９分後	270×９＝2430(m)	1770＋250×３＝2520(m)
12分後	270×12＝3240(m)	2520＋220×３＝3180(m)

図２で，９分後まではＫ君の方が多く走っているが，12分後にはＮ君の方が多く走っているので，９分後から12分後までの間に，Ｎ君がＫ君に追いついたことがわかる。９分後のとき，２人の間の距離は，2520－2430＝90(m)であり，この後の２人の速さの差は毎分，270－220＝50(m)なので，Ｎ君がＫ君に追いつくまでの時間は，90÷50＝1.8(分)とわかる。よって，Ｎ君がＫ君に追いついたのは出発してから，９＋1.8＝10.8(分後)なので，このジョギングコースの

距離は，270×10.8＝2916(m)と求められる。

⑶　全校生徒の割合を１とすると，男子生徒の割合は，$1\times\frac{9}{9+7}=\frac{9}{16}$，女子生徒の割合は，$1-\frac{9}{16}=\frac{7}{16}$，犬を飼っている生徒の割合は，$1\times\frac{5}{5+19}=\frac{5}{24}$，犬を飼っていない生徒の割合は，$1-\frac{5}{24}=\frac{19}{24}$，犬を飼っていない女子生徒の割合は，$1\times\frac{11}{36}=\frac{11}{36}$となるから，右の図３のように表すことができる。すると，アの割合は，$\frac{19}{24}-\frac{11}{36}=\frac{35}{72}$，イの割合は，$\frac{9}{16}-\frac{35}{72}=\frac{11}{144}$となり，イの人数は22人なので，全校生徒の人数は，$22\div\frac{11}{144}=288$(人)とわかる。よって，犬を飼っていない男子生徒(ア)の人数は，$288\times\frac{35}{72}=140$(人)と求められる。

図３

	男子	女子	合計
犬を飼っている	イ		$\frac{5}{24}$
犬を飼っていない	ア	$\frac{11}{36}$	$\frac{19}{24}$
合計	$\frac{9}{16}$	$\frac{7}{16}$	1

4　約束記号

⑴　20＊21＝20×21＋20－21＝419，４×１×９＝36より，[20＊21]＝[419]＝６とわかる。

⑵　$[A]=B$とすると，与《あた》えられた式は，$A*B=A$となる。また，$A*B=A\times B+A-B$である。よって，$A\times B+A-B=A$より，$A\times B-B=0$，$A\times B=B$となる。このようになるのは，$A=1$となる場合か，$B=0$となる場合である。$A=1$となるのは㋔の場合である。また，㋐～㋕の場合の[　]の値を求めると上の図のようになるから，$B=[A]=0$となるのは㋐，㋓の場合とわかる。よって，あてはまるのは㋐，㋓，㋔である。

㋐　１×２×３×４×５＝120 ➡ [12345]＝０
㋑　１×３×５×７＝105 ➡ [1357]＝５
㋒　２×４×６×８＝384 ➡ [2468]＝４
㋓　２×０×２×１＝０ ➡ [2021]＝０
㋔　[１]＝１
㋕　[５]＝５

5　ニュートン算

⑴　１本の給水管が１分間に給水する量を①，１本の排《はい》水《すい》管が１分間に排水する量を$\boxed{1}$とする。給水管と排水管を１本ずつ開けるとき，10分間で，①×10＝⑩だけ給水され，その間に，$\boxed{1}$×10＝$\boxed{10}$だけ排水されて空になる。また，給水管４本と排水管３本を開けるとき，６分間で，①×４×６＝㉔だけ給水され，その間に，$\boxed{1}$×３×６＝$\boxed{18}$だけ排水されて空になる。よって，右上の図のように表すことができ，★の部分に注目すると，㉔－⑩＝$\boxed{18}$－$\boxed{10}$，⑭＝$\boxed{8}$，①：$\boxed{1}$＝$\frac{1}{14}:\frac{1}{8}$＝４：７とわかる。そこで，①＝４，$\boxed{1}$＝７とすると，給水管を20本開けたときに１分間に給水される量は，４×20＝80となり，水そうを空にするためには，１分間に排水される量を80より多くする必要がある。したがって，80÷７＝11.4…より，排水管を最低12本開ければ水そうは空になる。

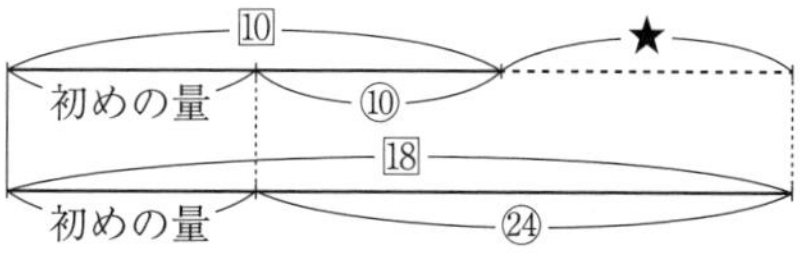

⑵　①　初めの状態から給水管３本と排水管１本を開くと，１分間に，４×３－７×１＝５ずつ増えるので，４分間では，５×４＝20増える。また，排水管をもう１本開くと，１分間に，７－５＝２ずつ減ることになるので，水面の高さが初めの状態と同じになるまでに，20÷２＝10(分)かかる。よって，初めの状態と同じになるのは，初めから，４＋10＝14(分後)である。　②　図より，初めの量は，$\boxed{10}$－⑩＝７×10－４×10＝30とわかる。よって，水そうが空になるのは，初めの状態にもどってから，30÷２＝15(分後)なので，初めから，14＋15＝29(分後)と求められる。

6　旅人算，速さと比

図１

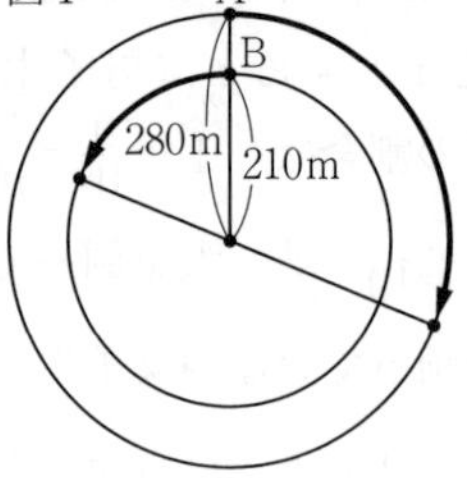

図２

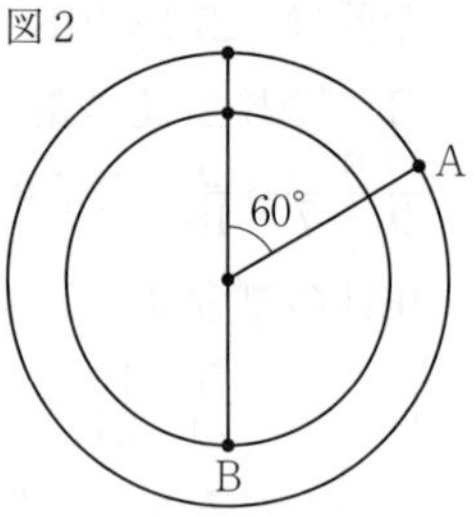

⑴　Ａ君は12分で１周するので，Ａ君が１分間に進む角度は，$360\div12=30$(度)である。また，Ａ君とＢ君の速さの比は，$2\frac{2}{9}:1=20:9$であり，Ａ君とＢ君が進む道の長さの比は，$\{280\times2\times$(円周率)$\}:\{210\times2\times$(円周率)$\}=280:210=4:3$だから，Ａ君とＢ君がそれぞれの道を１周するのにかかる時間の比は，$\frac{4}{20}:\frac{3}{9}=3:5$とわかる。よって，Ｂ君が１周するのにかかる時間は，$12\times\frac{5}{3}=20$(分)なので，Ｂ君が１分間に進む角度は，$360\div20=18$(度)と求められる。最初に２人が最もはなれるのは，上の図１のように，２人が進んだ角度の和が初めて180度になるときなので，出発してから，$180\div(30+18)=3\frac{3}{4}$(分後)とわかる。これは，$60\times\frac{3}{4}=45$(秒)より，３分45秒後となるので，その時刻は，10時＋３分45秒＝10時３分45秒である。

⑵　Ａ君は10時から10時50分までの50分間で，$30\times50=1500$(度)進むから，$1500\div360=4$余り60より，10時50分には出発地点から60度進んだところにいる。同様に，Ｂ君は50分間で，$18\times50=900$(度)進むから，$900\div360=2$余り180より，10時50分には出発地点から180度進んだところにいる。よって，10時50分には右上の図２のようになり，このときのＡ君とＢ君の間の角度は，$180-60=120$(度)である。また，この後のＡ君の速さは，Ｂ君の速さの$\frac{14}{27}$倍となるが，これは初めのＡ君の速さの，$9\times\frac{14}{27}\div20=\frac{7}{30}$(倍)なので，この後Ａ君が１分間に進む角度は，$30\times\frac{7}{30}=7$(度)になる。したがって，２人が最も近づくのは，図２の状態の，$120\div(7+18)=4.8$(分後)であり，これは，$60\times0.8=48$(秒)より，４分48秒後となるから，その時刻は，10時50分＋４分48秒＝10時54分48秒と求められる。

社　会　＜第１回試験＞（30分）＜満点：50点＞

解　答

[1]　問１　Ａ　生存(権)　Ｂ　(普通)教育　問２　性別　問３　ア　問４　団体交渉(権)　問５　イ　問６　エ　問７　兵役(の義務)　[2]　問１　イ　問２　ニュータウン　問３　ウ，エ　問４　丹後(半島)　問５　東(経)135(度)　問６　ウ　問７　ウ　問８　エ　問９　ア　問10　イ　問11　ウ　問12　Ｑ　問13　ア　[3]　問１　シルクロード　問２　東大寺　問３　ア　問４　ア　問５　北里柴三郎　問６　南蛮(貿易)　問７　イ　問８　⑴　長崎　⑵　（例）　外国との交易がさかんになると，外国人の感染者と接した日本人商人が，街道や廻船で各地を移動することによって，全国各地に感染が広まった。　問９　ア　問10　イ

解　説

[1]　日本国憲法を題材とした問題

問１　Ａ　日本国憲法第25条は生存権についての規定で，「すべて国民は，健康で文化的な最低限

度の生活を営む権利を有する」としている。生存権は，勤労の権利や教育を受ける権利とともに，20世紀的人権といわれる社会権に分類される。　**B**　日本国憲法で明記されている国民の義務は，子どもに普通教育を受けさせる義務，勤労の義務，納税の義務の３つである。

問２　日本国憲法第14条は「すべて国民は，法の下《もと》に平等であって，人種，信条，性別，社会的身分又《また》は門地により，政治的，経済的又は社会的関係において，差別されない」と規定している。「門地」とは，家がらのこと。

問３　自由権のうち，居住・移転や職業選択《せんたく》の自由，財産権の保障などが，経済活動の自由にあたる。よって，アがあてはまる。なお，イの裁判を受ける権利や損害賠償《ばいしょう》を求める権利は，基本的人権を守るための権利のうちの請求《せいきゅう》権に，ウの奴隷《どれい》的拘束《こうそく》や本人の意思に反する労働の禁止は身体の自由に，エの思想・信条や信教の自由は精神の自由にあてはまる。

問４　労働三権とよばれるのは，労働者が組合をつくる権利である団結権，組合の代表が会社側と労働条件などについて交渉《こうしょう》する権利である団体交渉権，交渉が不調に終わったときなどに労働者側がストライキなどの団体行動をする権利である団体行動権(争議権)の３つである。

問５　参議院議員と都道府県知事の被選挙権年齢は満30歳以上，衆議院議員，都道府県議会議員，市(区)町村議会議員，市(区)町村長の被選挙権年齢は満25歳以上である。

問６　「大阪都構想」とは，大阪市を廃止して，東京23区のような特別区に再編するというものである。2015年に続き2020年にも，その是非《ぜひ》を問う住民投票が行われたが，いずれも反対票が過半数を占《し》めた。よって，エが誤っている。

問７　戦前の大日本帝国憲法では，国民(臣民)の義務として納税のほか，兵役の義務も条文に記されていた。

２　近畿地方の２府５県の特色についての問題

問１　日本の国土面積は約38万km^2(北方領土をふくむ)なので，$3.3 \div 38 \times 100 = 8.6 \cdots$より，近畿地方の面積(約3.3万$km^2$)は約９％にあたる。

問２　千里ニュータウンは日本最初の大規模なニュータウン(住宅都市)として，大阪府吹田《すいた》市，豊中市にまたがる千里丘陵《きゅうりょう》を開発して造成された。大阪市の北方にあり，当初は大阪市のベッドタウンとしての性格が強かった。

問３　紀ノ川は奈良県から和歌山県にかけて流れる川で，六甲山地は兵庫県にある。よって，ウ，エがあてはまる。なお，アの出雲《いずも》平野は中国地方の島根県，イの木曽山脈は中部地方にある。

問４　地図中のＪは京都府の北西部で日本海に突《つ》き出ている丹後《たんご》半島で，そのつけ根にある天橋《あまのはし》立《だて》は松島(宮城県)，宮島(広島県)とともに日本三景に数えられる。

問５　イギリスの首都ロンドン郊外の旧グリニッジ天文台を通っている経度０度の経線を，本初子午線という。日本は兵庫県明石《あかし》市などを通る東経135度の経線を標準時子午線としている。

問６　Ⅰ　平安京(京都府)は平城京(奈良県)などと同様に，唐(中国)の都の長安(現在の西安《シーアン》)を手本として建設された。都の北部には大内裏《だいだいり》(皇居)があり，東西南北に碁盤《ごばん》の目のように整備された道が特色の条坊《じょうぼう》制が採用されている。そのため，現在の京都市の街並も整然としており，行き止まりや曲がりくねった迷路状の道が多い城下町のようにはなっていない。　Ⅱ　歴史的な街並を保存するため，京都市では条例を定め，建物の高さやデザイン，看板などの広告物に規制をかけている。

問７　ウの彦根城は滋賀県彦根市にあり，天守閣は国宝であるが，ユネスコ(国連教育科学文化機関)の世界文化遺産には登録されていない。アの二条城，イの平等院，エの鹿苑《ろくおん》寺(金閣)は京都府にあり，いずれも世界文化遺産の「古都京都の文化財」の構成資産である。

問８　ア　「紀州」は紀伊国(和歌山県)の別名で，「紀州漆器《しっき》」は和歌山県の伝統的工芸品である。なお，滋賀県の旧国名は近江《おうみ》。　イ　「信楽《しがらき》焼」は滋賀県南部の甲賀《こうか》市信楽町周辺で生産される伝統的工芸品で，タヌキの置物や植木鉢《ばち》などが知られている。　ウ　「西陣織《にしじんおり》」は京都府で生産される伝統的工芸品(絹織物)で，生産の中心地である「西陣」の地名は，応仁の乱(1467～77年)のさい，西軍の総大将である山名持豊《やまなもちとよ》(宗全《そうぜん》)がこの地に本陣を置いたことによる。　エ　「播州《ばんしゅう》」は播磨《はりま》国(兵庫県南部)の別名で，「播州そろばん」は兵庫県小野市周辺で製造される伝統的工芸品である。

問９　地図中Ｋは三重県四日市市で，高度経済成長期に石油化学工場から排出された亜硫酸《ありゅうさん》ガス(二酸化硫黄《いおう》)により，四日市ぜんそくが発生した。なお，イのカドミウムはイタイイタイ病(富山県神通《じんずう》川流域)，エの有機水銀は水俣《みなまた》病(熊本県水俣市周辺)と第二(新潟)水俣病(新潟県阿賀野《あがの》川流域)の原因物質で，四日市ぜんそく，イタイイタイ病，水俣病，第二水俣病は四大公害病とよばれる。また，ウのフロンガスはオゾン層を破壊する気体で，温室効果ガスとしても知られている。

問10　2025年，大阪市で日本国際博覧会(大阪・関西万博)の開催が予定されている。

問11　2020年９月20日，翌21日の敬老の日をむかえるにあたり，総務省は，65歳以上の高齢者人口が約3617万人，人口の高齢化率は28.7％で過去最高を更新したと発表した。

問12　1995年１月17日，兵庫県淡路《あわじ》島の北部の明石《あかし》海峡(地図中Ｑ)を震源とするマグニチュード7.3の兵庫県南部地震により，阪神・淡路大震災が発生した。

問13　三重県はブランド牛の「松阪牛」の産地として知られるので，畜産の割合が高いⅡと考えられる。また，和歌山県はみかん・うめ・かきなどの果樹栽培がさかんなので，果実の割合が高いⅢと考えられる。よって，アが選べる。

３　感染症《しょう》の歴史を題材とした問題

問１　シルクロード(絹の道)は古代から発達してきた交易路で，ユーラシア大陸の東西の地域を結んだ。中国から多くの絹(シルク)が中央アジアを経て西アジアやヨーロッパにもたらされたことから，その名がある。

問２　仏教を厚く信仰《しんこう》した聖武天皇は，仏教の力で国を安らかに治めようと願い，地方の国ごとに国分寺・国分尼《に》寺を建てさせるとともに，都の平城京には総国分寺として東大寺を建て，大仏をつくらせた。

問３　緒方洪庵《おがたこうあん》は江戸時代終わりごろに活躍《かつやく》した蘭学者《らんがくしゃ》で，大坂(大阪)に適塾《てきじゅく》(適適斎塾)を開き，オランダ語や医学の講義を行った。なお，イのシーボルトは長崎のオランダ商館に医師として赴任《ふにん》したドイツ人，ウの杉田玄白《げんぱく》はオランダ語の医学解剖《かいぼう》書『ターヘル＝アナトミア』を翻訳《ほんやく》し『解体新書』として出版した蘭学者，エの高野長英《ちょうえい》はシーボルトが開いた鳴滝塾で学んだ蘭学者。

問４　奈良時代，僧の行基は各地をまわり，民衆に仏の教えを説くとともに，人びとを指導して橋や用水路などをつくった。当時，寺院や僧は国の管理下に置かれていたため，行基の活動はこれを破るものとして弾圧を受けたが，東大寺の大仏づくりが決まると，朝廷は民衆への影響力が大きい行基に寄付集めなどを行わせた。その後，行基は最高僧位である大僧正《だいそうじょう》に任じられた。なお，イの空海は平安時代初めに真言宗を開いた僧，ウの空也は平安時代前半に念仏の功徳を庶民《しょみん》に広めた僧，エの日蓮《にちれん》は鎌倉時代に法華《ほっけ》(日蓮)宗を開いた僧。

問５　北里柴三郎《しばさぶろう》は明治～大正時代に活躍した細菌《さいきん》学者で，ドイツに留学して細菌学の権威《けんい》コッホに学び，破傷風の血清療法《りょうほう》を発見した。帰国すると伝染病研究所の初代所長となり，1894年には香港《ホンコン》でペスト菌を発見した。

問６　戦国時代の後半，ポルトガルとスペインとの貿易が始まった。当時，日本では東南アジアのことを南蛮《なんばん》とよんでおり，南蛮を経由してやってきたポルトガル人やスペイン人を南蛮人とよんだことから，彼らとの貿易は南蛮貿易とよばれた。南蛮貿易では，鉄砲・鉛《なまり》や中国産の生糸・絹織物などが輸入された。

問７　19世紀は1801～1900年である。アの地租改正は1873年，イの日露戦争は1904～05年，ウの帝国議会の開設は1890年，エの西南戦争は1877年のできごとなので，イは20世紀，残り３つが19世紀のできごとになる。なお，「世紀」は100年ごとの区切りで，最後の年からゼロを２つとると，世紀を表す数字になる。

問８　(1)　江戸時代の鎖国中，長崎を唯一《ゆいいつ》の貿易港として，キリスト教の布教を行わないオランダと清(中国)にかぎり，幕府と貿易することが認められた。しかし，オランダ人商人は出島(扇形《おうぎがた》の埋《う》め立て地)に居住区が限定され，中国人は長崎郊外の唐人屋敷《とうじんやしき》に収容されて自由な行動は許されなかった。　(2)　本文では，「商人の盛んな交流」や「交易が活発化」したことで，感染症が拡大したと述べられている。したがって，外国人商人と交流した日本人商人がその外国人から感染し，その日本人商人が街道や船便で国内を移動している過程で，商人と接した人々に感染症が広がったと考えられる。なお，日本で初めてコレラによる感染症が拡大したのは1822年といわれており，このときは西日本で広がった。江戸でコレラが猛威《もうい》をふるったのは1858年からで，安政の五か国条約により，開港地となった横浜に来航した外国人船員から感染が広がったと考えられている。

問９　第一次世界大戦(1914～18年)が始まると，日本は日英同盟を理由に連合国側で参戦し，敵対するドイツが中国(中華民国)から租借《そしゃく》(借り受けること)していた山東《シャントン》半島や，太平洋のドイツ領南洋諸島を占領した。よって，アが誤っている。

問10　イは，「20」ではなく「25」が正しい。大正時代の1925年，普通選挙法が制定され，それまでの納税額の制限(財産制限)がなくなり，満25歳以上のすべての男子に選挙権が認められた。

理　科　＜第１回試験＞（30分）＜満点：50点＞

解　答

1　(1)　(イ)　(2)　(ウ)　(3)　①　$15.1cm^3$　②　4.7mm　2　(1)　**種をまく季節**…春　**実がなる季節**…(イ)　(2)　**図２**…め花　**記号**…(ア)，(オ)　(3)　**形**…(イ)　**特徴**…(エ)　(4)　(エ)　(5)　(イ)，(ウ)，(エ)　3　(1)　①　b　②　(エ)　(2)　(ア)　(3)　(ア)　4　(1)　**棒磁石**…(イ)　**方位磁針**…(ウ)　(2)　(エ)，(カ)　(3)　(イ)　5　(1)　(イ)，(ウ)，(エ)　(2)　(ウ)，(エ)　6　(1)　**名前**…酸素　**記号**…(イ)　(2)　①　内　②　水蒸気　③　あたためる　(3)　0.75kg　7　(1)　50mL　(2)　60mL　(3)　$500cm^3$　(4)　$300cm^3$

解　説

1 簡易雨量計についての問題

⑴　家の近く(家の高さと同じ距離《きょり》以内の範囲《はんい》)は，家により風がさえぎられるなどして，雨量計に入る雨の量を正しく測ることができないのでふさわしくない。また，車道などの道路のそばは，車などがはねた水が入るおそれがあるのでふさわしくない。さらに，地面がコンクリートのようにかたいものの場合は，地面ではね返る雨水や地面を流れてくる雨水が入る可能性があるので，地面のすぐ近くに設置するのはふさわしくない。これらのことより，(イ)が選べる。

⑵　雨量は，地面に降る雨水が地中にしみこまず，そのままたまったとした場合の水の深さをmm(ミリメートル)で表す。Ｂの雨量計は，雨水を受ける部分の面積の方が，雨水がたまる部分の断面積よりも大きいので，水面の高さが他の雨量計よりも高くなる。

⑶　①　雨水を受ける部分は半径，８÷２＝４(cm)の円である。よって，雨量が３mm，つまり，３÷10＝0.3(cm)のとき，４×４×3.14×0.3＝15.072より，簡易雨量計内の水の体積は15.1cm^{3}増える。　②　雨水がたまる部分は半径，6.4÷２＝3.2(cm)の円なので，４×４×3.14×0.3÷(3.2×3.2×3.14)＝0.46875より，簡易雨量計内の水面は0.47cm，つまり，4.7mm上昇《じょうしょう》する。

2 ヘチマの花のつくりについての問題

⑴　ヘチマの種は春にまく。発芽して成長したヘチマは，夏になると花をさかせ，受粉すると夏の間に緑色の実をつける。そして，実が秋にかけて熟すと，内部に種子がつくられる。

⑵　ヘチマなどウリ科の植物の花は単性花で，めしべを欠いたお花(図１)とおしべを欠いため花(図２)が，１つの株に分かれてさく。ヘチマのめ花は，子房《しぼう》(めしべのもとのふくらんだ部分)が細長いのが特徴《とくちょう》である。また，マツ，トウモロコシなどの花も単性花である。マツのお花は枝の下の方に多数集まってつき，め花は枝の先に２～３個つく。トウモロコシのお花は上部に集まってでき，め花は下部に集まっていて，め花の先からはひげのようなめしべが多数出ている。なお，タンポポ，アサガオ，ホウセンカの花は，１つの花におしべとめしべの両方がそろっている両性花である。

⑶　(ア)はお花にあるおしべの先端《せんたん》のやくのようす，(イ)はめ花にあるめしべの先端の柱頭のようすを表している。めしべの先端部分はべとべとしており，花粉がつきやすくなっている。

⑷　ヘチマの花粉はラグビーボール形をしている(エ)である。なお，(ア)はアサガオなど，(イ)はマツ，(ウ)はトウモロコシなどの花粉のようすである。

⑸　対物レンズは，筒《つつ》が長いほど倍率が高い。一方，接眼レンズは，筒が短いほど倍率が高い。よって，対物レンズではＢよりＣの方が，接眼レンズではＥよりＤの方が倍率が高い。観察倍率は対物レンズの倍率と接眼レンズの積で表されるので，ＢとＥの組み合わせよりも倍率が高くなるのは，ＢとＤ，ＣとＥ，ＣとＤの組み合わせである。

3 火山についての問題

⑴　①　水に小麦粉を混ぜる場合，水の量に対する小麦粉の量が多いほど，ねばり気が強くなる。袋《ふくろ》Ａと袋Ｂは水の量が同じ100ｇであり，水の量に対する小麦粉の量は袋Ｂの方が多いので，袋Ｂの方がねばり気が強い。ねばり気が強いと横に広がりにくいので，ｂのように盛り上がった形となる。　②　①のように，マグマのねばり気が強いと溶岩《ようがん》が広がりにくくなり，盛り上がった形の火山になる。

⑵　火山から噴出《ふんしゅつ》された固形物のうち，溶岩以外のものを火山砕屑《さいせつ》物という。火山砕屑物はさらに，火山岩塊《がんかい》(直径64mm以上)，火山れき(直径２～64mm)，火山灰(直径２mm以下)などに分類される。

⑶　流れる水のはたらきによりできた堆積《たいせき》岩の中の粒《つぶ》は，水に運ばれる途中《とちゅう》で角がとれるため丸みを帯びている。一方，火山のはたらきによりできた火成岩の中の粒は，水のはたらきを受けていないため角ばっており，小さな穴(マグマが冷える途中で気体成分がぬけたあと)がたくさんあいていることもある。

４　電磁石についての問題

⑴　右の図のように，コイルには，右手の親指以外の指の先がコイルに流れる電流と同じ向きになるようにコイルをにぎるようにすると，親指の向く方がN極になるという性質がある。したがって，点線のように磁界ができるので，棒磁石は電磁石としりぞけあい，方位磁針は右の向き(磁力線の向き)を指して止まる。

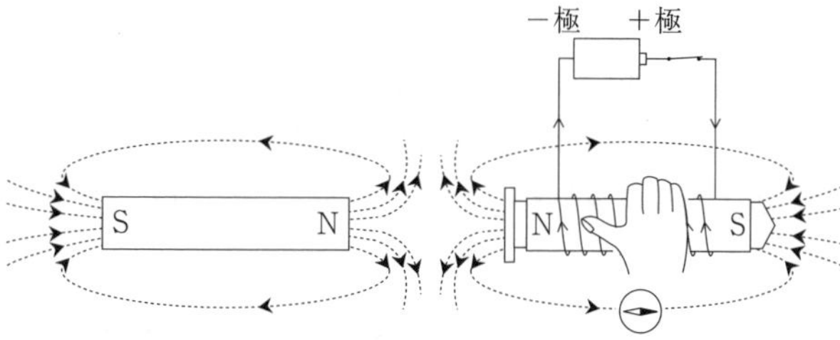

⑵　電磁石や永久磁石などの磁石に引きつけられるのは，鉄やニッケル，コバルトなど一部の金属だけである。砂鉄は鉄の酸化物(鉄が酸素と結びついてできた物質)であるが，磁石に引きつけられる性質が残っている。また，スチール缶《かん》のスチールとは鉄のことである。なお，１円玉はアルミニウム，10円玉はほとんどが銅，消しゴムはおもにプラスチック，鉛筆《えんぴつ》のしんは黒鉛《こくえん》(炭素)や粘土《ねんど》などでできており，いずれも磁石には引きつけられない。

⑶　電磁石のエナメル線の長さによるちがいを調べるには，他の条件(エナメル線の太さと巻き数)が同じで，長さだけがちがうものどうしを比べる必要があるので，ＣとＤの組み合わせが適する。同様に，太さによるちがいを調べるにはＡとＢ，巻き数によるちがいを調べるにはＡとＣの組み合わせがふさわしい。

５　鏡に映る像についての問題

⑴　下の図①で，Ａ君の像は，鏡について線対称《たいしょう》なＡ′の位置にできる。Ａ′の位置からは鏡を通して(イ)，(ウ)，(エ)が見えるので，Ａ君が鏡を見たときに鏡に映った像が見えるのは(イ)，(ウ)，(エ)に置いた物体とわかる。

図①

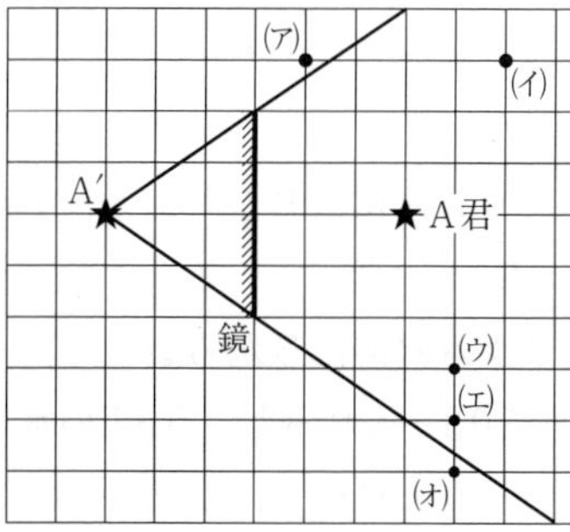

図②

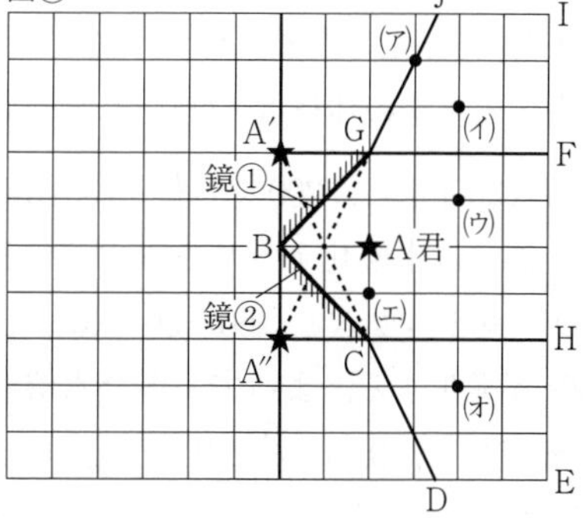

⑵　⑴と同様に考える。上の図②のように，鏡①，鏡②によってできるＡ君の像をそれぞれＡ′，

A″とすると，A′の位置からは鏡①を通して六角形BCDEFGの内側の(ウ)，(エ)，(オ)が見え，A″の位置からは鏡②を通して六角形BCHIJGの内側の(ア)，(イ)，(ウ)，(エ)が見えるので，Ａ君から鏡①にも鏡②にも物体の像が映って見えるのは(ウ)，(エ)に置いた物体となる。

6　ものの燃焼と熱の量についての問題

(1)　空気中に約21％含《ふく》まれている酸素は，ものの燃焼を助ける性質をもった気体である。火吹《ふ》き竹を使うときのように，燃えているものに空気を送りこむと，酸素が供給されてものがよく燃えるようになる。

(2)　①，②　１m^3の空気中に含むことのできる水蒸気の量を飽和《ほうわ》水蒸気量という。飽和水蒸気量は空気の温度により決まっており，温度が低くなるほどその量は少なくなる。冬の寒い日に暖炉《だんろ》をつけると，薪《まき》に含まれる水素が燃えて，水蒸気が発生する。このとき，外の空気により冷やされた窓ガラスに部屋の空気がふれて冷やされ，空気が含むことのできなくなった水蒸気が水滴《すいてき》に変わり，窓ガラスの内側がくもることがある。　③　窓をあたためると，窓ガラスについた水滴が水蒸気になるので，くもりが消える。

(3)　150Ｌ(150kg)の水の温度を20℃から40℃まで上げるために必要な熱の量は，１×150×(40−20)＝3000(kcal)である。また，ここでは１kgの薪を燃やすと，4000kcalの熱が出る。よって，必要な薪の重さは，3000÷4000＝0.75(kg)と求められる。

7　水溶液の中和，金属と水溶液の反応についての問題

(1)　アルミニウムは，塩酸にも水酸化ナトリウム水溶液にも溶《と》けて，そのとき水素が発生する。しかし，塩酸Ａと水酸化ナトリウム水溶液Ｂの混合水溶液がちょうど中和した混合水溶液は食塩水になっていて，アルミニウムを入れても水素がまったく発生しない。グラフで，水素が発生していないのは，100mLの塩酸Ａに50mLの水酸化ナトリウム水溶液Ｂを加えたときである。

(2)　加えた水酸化ナトリウム水溶液Ｂの体積がちがっても発生した水素の体積が変わらないとき(グラフが横軸《よこじく》に平行になっているとき)は，アルミニウム0.45ｇがすべて反応している。加えた水酸化ナトリウム水溶液Ｂの体積が20mLをこえたところで，発生した水素の体積が減少し始めているのは，中和したあとに残っている塩酸Ａの体積が減って，アルミニウムの一部が溶け残るようになったからである。よって，グラフが下降し始める直前，つまり，水酸化ナトリウム水溶液Ｂを20mL加えたときに残っていた塩酸Ａが，0.45ｇのアルミニウムとちょうど反応していることになる。(1)より，このとき中和した塩酸の体積は，$20\times\frac{100}{50}=40$(mL)なので，残っている塩酸Ａは，100−40＝60(mL)である。

(3)　(2)より，50mLの塩酸Ａはすべてアルミニウムと反応し，アルミニウムが一部残る。したがって，発生する水素の体積は，$600\times\frac{50}{60}=500$($cm^3$)と求められる。

(4)　塩酸Ａ200mLと，$200\times\frac{50}{100}=100$(mL)の水酸化ナトリウム水溶液Ｂがちょうど中和するので，混合水溶液には水酸化ナトリウム水溶液Ｂが，105−100＝５(mL)残っている。また，グラフより，0.45ｇのアルミニウムと，60−50＝10(mL)の水酸化ナトリウム水溶液Ｂがちょうど反応して，水素が600cm^3発生する。よって，混合水溶液にアルミニウムを0.3ｇ入れると，５mLの水酸化ナトリウム水溶液Ｂと，$0.45\times\frac{5}{10}=0.225$(ｇ)のアルミニウムがちょうど反応し，水素が，$600\times\frac{5}{10}=300$($cm^3$)発生する。また，このときアルミニウムは一部が溶け残る。

国　語　＜第１回試験＞（50分）＜満点：100点＞

解　答

一　**問１**　(例)　(そんなバカな)ことはありえない(。)　**問２**　(エ)　**問３**　抜いても抜いても生えてくる(から。)　**問４**　(例)　弱い植物である雑草が，強く振る舞っている(秘密。)　**問５**　植物は，光　**問６**　生存競争　**問７**　(イ)　**問８**　(例)　森の中で雑草が見られる場所。　**問９**　変化を乗り越える力　**問10**　(ウ)　**問11**　面白い　**問12**　競争や戦いに強いものが勝つとは限らない(例。)　**問13**　(ウ)　**問14**　(ア)　**問15**　子孫　**問16**　(エ)　**問17**　助け合う　**問18**　ネアンデル　**問19**　Ⅱ　**問20**　自然界は弱　**問21**　(イ)　二　(漢字，記号の順で)　①　仏，(ア)　②　口，(オ)　③　虫，(キ)　④　石，(ウ)　⑤　山，(カ)
三　①　(ア)　②　(エ)　③　(イ)　④　(ア)　⑤　(ウ)　四　①～⑦　下記を参照のこと。
⑧　しょさ　⑨　うわぜい　⑩　こと

●漢字の書き取り

四　①　念頭　②　測量　③　博識　④　細工　⑤　相次(ぐ)　⑥　利器
⑦　大挙

解　説

一　**出典は稲垣栄洋《いながきひでひろ》の『はずれ者が進化をつくる―生き物をめぐる個性の秘密』による。**弱肉強食の自然界で実は弱いものが繁栄《はんえい》していることと，それはなぜなのかということを，雑草や人類をとりあげて説明している。

問１　「そんなバカな」は，“そんなバカなことはありえない”，“そんなバカな話はない”，“そんなバカなことは信じられぬ”といった言葉の省略形で，現実には起こり得ないようなことが起きたときなどに驚《おどろ》いて発する。

問２　(ア)「人間の助けなしには育つことができない」のは，「人間が改良した植物である野菜」である。　(イ)「砂漠《さばく》や高山などの過酷《かこく》な環境《かんきょう》では生きていくことができない」のは，雑草だけでなく，サボテンや高山植物以外の植物も同様である。　(ウ)「豊かな森」は，「激しい競争の場」であると説明されているが，「環境の変化」が「激しい」とは述べられていない。　(エ)続く部分で，「自然界では，激しい生存競争が行われて」いて，「雑草と呼ばれる植物は，この競争に弱いのです」と述べられているので，ふさわしい。

問３　直後の一文の，「私たちの身の回りにこんなにはびこっている」ことが，雑草が強そうに見える理由である。よって，身近な「野菜畑」での雑草のようすを表す「抜《ぬ》いても抜いても生えてくる」が抜き出せる。なお，「はびこる」は，“広がっては困るものの勢力がさかんになる”という意味。

問４　「秘密」を隠《かく》しているような雑草のありようを，「その」は指している。問２，問３で見てきたことが「その」の内容なので，「競争に弱い雑草が身の回りではびこっている」のようにまとめる。あるいは，これと同じ内容について，傍線《ぼうせん》④をふくむ段落で「弱い植物である雑草が，どうして，こんなにも強く振《ふ》る舞《ま》っているのか」と述べられているので，この部分を使ってまとめてもよい。

問５　「植物」と「光」の関係については，少し後で「植物は，光を浴びて光合成をしなければ生きていくことができません」と説明されている。「光合成」は，植物が二酸化炭素と水を材料に，光のエネルギーを使って，養分(でんぷん)をつくりだすはたらきで，副産物として酸素を放出している。

問６　直前の二つの段落で，「弱肉強食，適者生存」の「自然界の厳しいおきて」，すなわち「生存競争」が「植物の世界」でも同様にあることが説明されている。よって，「生存競争」が抜き出せる。

問７　「太刀《たち》打ちできない」は，相手が強くて対等に競《きそ》えないようす。「太刀打ち」は，もともとは太刀(腰《こし》に吊《つ》り下げる長大な刀)で打ち合って戦うことを表す言葉だったが，転じて，互角《ごかく》に競争する意味で使われるようになった。類義語に「歯が立たない」，「かなわない」，「足元にも及《およ》ばない」などがある。

問８　直前の一文に「森の中で雑草を見たという人もいるかもしれません」とあるので，「森の中で雑草が見られる場所」のようにまとめる。

問９　植物の強さとして順に，光を求め上へ上へと伸《の》びる「競争に強い」こと，過酷な「環境にじっと耐《た》える」強さがあること，環境の「変化を乗り越《こ》える力」があることがあげられている。そして，「雑草はこの三つ目の強さに優《すぐ》れている」と述べられている。

問10　ⓐ　後に「れば」とあるので，これと呼応して仮定を表す「もし」が入る。　ⓑ「植物にとって，光の争奪に勝つことは，生きていく上でとても大切なこと」だが，「この競争に強い植物が，必ずしも勝ち抜くとは限りません」というつながりなので，対照的な前後の内容をつなぐときに使う「しかし」か「ところが」が合う。　ⓒ　直前の「環境にじっと耐える」植物の例として，続く部分で「サボテン」と「高山植物」があげられているので，具体的な例をあげるときに用いる「たとえば」がふさわしい。

問11　本文の最初のほうに，空欄《くうらん》Ａをふくむ一文とほぼ同じ「しかし，強い者が生き残るとは限らないのが，自然界のじつに面白《おもしろ》いところなのです」という一文があるので，「面白い」が抜き出せる。

問12　前後では，「大きいことが強さであるのと同じように，小さいことも強さ」であるという例や，チーターよりも走る速度がおそいガゼルがチーターから逃《に》げ切っているという例があげられている。よって，「競争や戦いに強いものが勝つとは限らない」がふさわしい。

問13　言葉のかかり受けでは，直接つなげてみて意味のまとまるところが答えになるので，「とても」→「できないように」となる。

問14　まっすぐ走れば圧倒《あっとう》的に速いチーターに対し，ガゼルはジグザグに走ったりターンしたりして逃《に》げ勝つのだから，(ア)がよい。なお，本文のチーターとガゼルについて説明されている部分では，(イ)の「体」，(ウ)の「練習」，(エ)の「知能」については述べられていない。

問15　「祖先」の対義語は「子孫」である。なお，「祖先」は，一族の初代または初代から先代までの人びと(先祖)，系統の源のことで，本文では後者の意味で使われている。

問16　(ア)，(イ)　本文では，ほかの生き物との「協力」や「共存」については述べられていない。(ウ)　本文では，人間が「体力や攻撃《こうげき》力を上げる」ことについては述べられていない。　(エ)　前の部分に，「弱い存在であった人類は，知能を発達させ，道具を作り，他の動物たちに対抗《たいこう》してきました」や「知能を発達させてきたことは，人間の強さの一つです」とあるので，あてはまる。

問17　ネアンデルタール人より体も小さく力も弱く，知能でも劣《おと》っていたホモ・サピエンスが生き残ったのは，「足りない能力を互《たが》いに補い合」ったからである。このようなホモ・サピエンスとは対照的なネアンデルタール人について，最後の段落で「仲間と助け合うことのできなかったネアンデルタール人」と述べられているので，「助け合う」が抜き出せる。

問18　少し前に，「ネアンデルタール人は，ホモ・サピエンスよりも大きくて，がっしりとした体を持っていました。さらに，ホモ・サピエンスよりも優《すぐ》れた知能を発達させていたと考えられています」とあり，ネアンデルタール人は肉体や知能が優れていたことが説明されている。

問19　もどす一文に「人間もその一つ」とあるので，この一文の前では，人間が属している生物の種類について述べられていると推測できる。よって，空欄Ⅱに入れると，「その」が「競争や戦いには弱くても，それ以外の強さを発揮《はっき》してニッチを獲得《かくとく》している生き物」を指すことになり，文意が通る。また，直後の「人間は，学名をホモ・サピエンスという生物です」にも自然につながる。

問20　一つ目のまとまりは，最初から，「強そうに見える生き物が」で始まる一文まで。「強い者」が生き残るとは限らず「弱さ」も強みになるという，本文全体の話題が提示されている。二つ目のまとまりは，「雑草は強い」から，「一口に『強さ』と言っても，本当にいろいろな強さがあるのです」まで。植物の「強さ」について説明されている。三つ目のまとまりは，「自然界は弱肉強食の世界です」以降の部分。動物や人間の「強さ」について説明されている。

問21　(ア)　ピンチを乗り越える力は，雑草がもともと持っているものであり，「新た」に獲得したものではない。　(ウ)　本文では，「強い者が生き残るとは限らない」ことが，くり返し説明されている。　(エ)　ホモ・サピエンスとネアンデルタール人は，「助け合うこと」ができるかどうかによって二つに分かれた。

二　ことわざの完成

①「仏作って魂《たましい》入れず」は，“大部分はできあがっているが，肝心《かんじん》なところが抜け落ちている”という意味。(ア)は「知らぬが仏」で，知らないでいるために平気でいられること。　②「良薬は口に苦し」は，“よくきく薬が苦くて飲みにくいように，ためになる忠告は聞くのがつらい”という意味。(オ)は「口はわざわいのもと」で，不用意な言葉からわざわいをまねくことがあるということ。　③「たで食う虫も好き好き」は，人の好みはさまざまであること。(キ)は「飛んで火に入る夏の虫」で，自分からすすんで災難や危険に身を投じること。　④「石の上にも三年」は，我慢《がまん》強く辛抱《しんぼう》して待てばいつかは成功すること。(ウ)は「焼け石に水」で，努力や援助がわずかで，何の役にも立たないこと。　⑤「枯《か》れ木も山のにぎわい」は，つまらないものでも，ないよりはあったほうがましであること。(カ)は「船頭多くして船山に上る」で，“指図する人が多すぎるとものごとがうまく運ばない”という意味。　なお，(イ)は「転ばぬ先の杖《つえ》」で，用心に用心を重ねてものごとを行うことのたとえ。(エ)は「言わぬが花」で，ありのままにはっきりと言わないほうが，かえって奥《おく》ゆかしさもあるし，さしさわりもないということ。(ク)は「壁《かべ》に耳あり障子《しょうじ》に目あり」で，いつどこでだれが聞いたり見たりしているかわからず，秘密はもれやすいということ。

三　同音異字の区別

①　音読みは「セイ」で，「姿勢」などの熟語がある。(ア)は「大勢」(おおよその成り行き)，(イ)は「制圧」(力で相手を従わせること)，(ウ)は「成果」(よい結果)，(エ)は「誠実」(いつわりがなく真心

をもって人やものごとに対するようす)。　② 音読みは「シ」で，「志願」などの熟語がある。㋐は「思考」(考え)，㋑は「士気」(事を行おうとする気力，意気ごみ)，㋒は「試作」(試しにつくってみること)，㋓は「意志」(考えて実行しようとする精神の働き)。　③ 音読みは「イ」で，「異変」などの熟語がある。㋐は「移動」(ある場所からほかの場所へ移ること)，㋑は「異常」(普通《ふつう》と異なっていること，正常ではないこと)，㋒は「委任」(仕事などを人に任せること)，㋓は「意表」(考えていなかったこと)。　④ 音読みは「ジ」「チ」で，「政治」「治療」などの熟語がある。訓読みにはほかに「なお(る)」などがある。また，同訓異字には「修める」「収める」「納める」などがある。㋐は「治安」(社会の秩序が保たれて安定していること)，㋑は「収集」(寄せ集めること)，㋒は「修理」(壊《こわ》れたり傷んだりしたところを直すこと)，㋓は「納税」(税を納めること)。　⑤ 「関する」は，かかわること。㋐は「感動」(深く感じて心を動かされること)，㋑は「完成」(完全にできあがること)，㋒は「関心」(興味)，㋓は「観賞」(美的な対象を見聞きして味わうこと)。

四 漢字の書き取りと読み

① 心のうち。　② 地形，土地の位置，面積などを測ること。　③ 広くものごとを知っていること。　④ 手先を使って細かいものをつくること。人目をあざむくたくらみ。　⑤ 「相次ぐ」は，続いて次々に起きるさま。　⑥ 便利な道具や品物。　⑦ 多数のものがそろって行動すること。　⑧ ふるまい。体の動かし方。　⑨ 背の高さ。身長。　⑩ 古いみやこ。

2021年度　明治大学付属中野中学校

〔電　話〕 (03) 3362―８７０４
〔所在地〕 〒164-0003　東京都中野区東中野３―３―４
〔交　通〕 JR中央線・都営大江戸線―「東中野駅」より徒歩５分
東京メトロ東西線―「落合駅」より徒歩10分

【算　数】〈第２回試験〉（50分）〈満点：100点〉

1　次の□にあてはまる数を答えなさい。

(1)　$3 \div \left(2 - 2\frac{5}{14} \div 1\frac{5}{6} - \frac{4}{35}\right) - 1.5 = \square$

(2)　$0.84 \div \square + \frac{4}{25} \times \left(1.125 - \frac{7}{8}\right) = \frac{11}{50}$

(3)　A，B，C，Dの４人の体重を量りました。Bは50kg，Cは54kgでした。AとDの体重の合計は100kgで，A，B，Cの体重の合計はDの体重の５倍に等しくなりました。Aの体重は□kgです。

2　次の問いに答えなさい。

(1)　下の図①は，底面の半径が３cmの円柱を10個たばねて，まわりにひもをかけ，真上から見たものです。ひもの長さが最短となるとき，その長さを求めなさい。ただし，円周率は3.14とします。

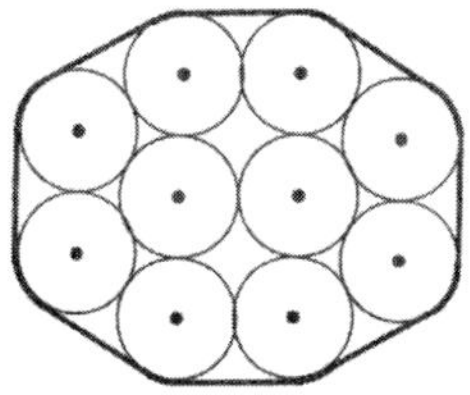
図①

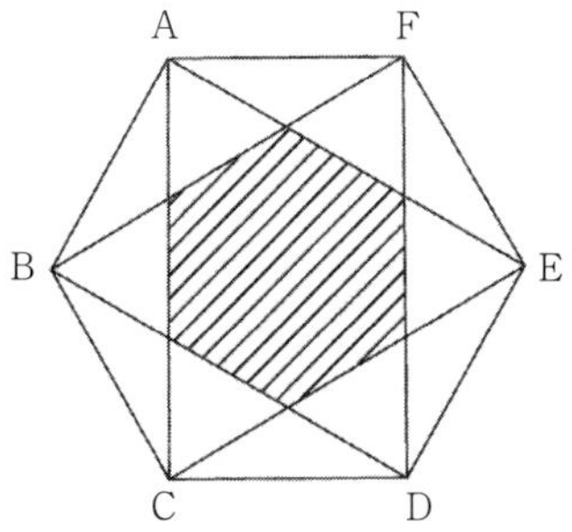

図②

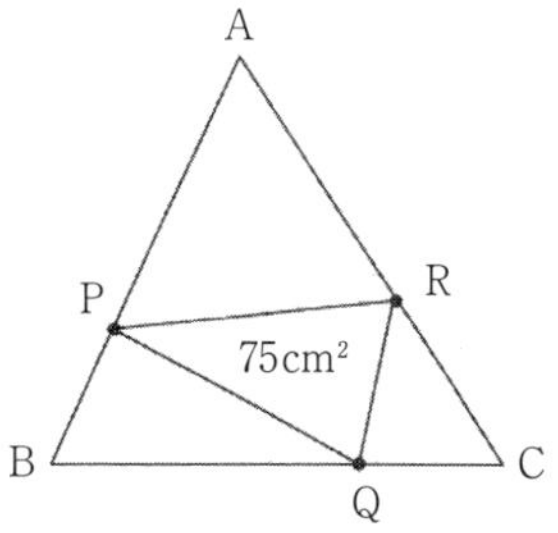

図③

(2)　上の図②は，面積が１cm²の正六角形ABCDEFです。このとき，斜線部分の面積を求めなさい。

(3)　上の図③のように，三角形ABCの各辺上に，点P，Q，RをAP：PB＝２：１，BQ：QC＝３：２，AR：RC＝３：１となるようにとります。三角形PQRの面積が75cm²のとき，三角形ABCの面積を求めなさい。

(4)　右の図④は，正方形と長方形を組み合わせた図形です。この組み合わせた図形を，直線(ア)を軸として回転させてできる立体の表面積を求めなさい。ただし，円周率は3.14とします。

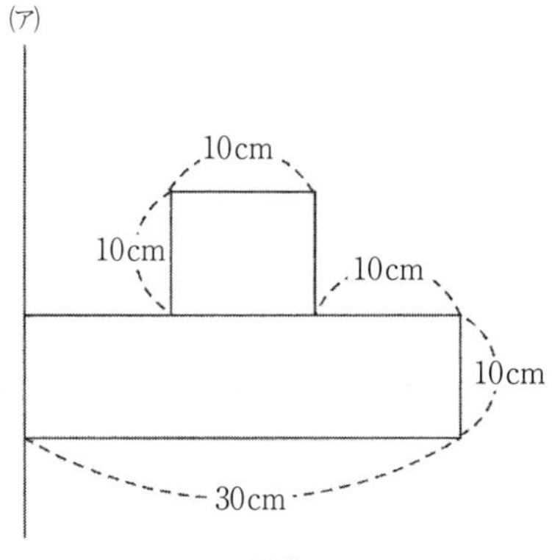

図④

3 次の問いに答えなさい。

(1) ある学校の入学試験では，昨年度は男女合わせて450人の合格者が発表されました。今年度の合格者は昨年度に比べ，男子は８％，女子は５％それぞれ増加したため，480人の合格者が発表されました。このとき，今年度の男子の合格者の人数を求めなさい。

(2) ４％の食塩水200ｇと８％の食塩水300ｇと10％の食塩水を何ｇか混ぜて７％の食塩水をつくります。10％の食塩水は何ｇ混ぜればよいですか。

(3) 数の小数第２位を四捨五入するという記号を＜　＞を使って表します。

例えば，＜5.32＞＝5.3，＜0.75＞＝0.8 です。

このとき，次の**ア**から**ウ**の□にあてはまる数を答えなさい。

① ＜A＞＝5 のとき，A にあてはまる数は［ア］以上［イ］未満です。

② $<\frac{4}{3}>\times\frac{4}{5}+<\frac{13}{4}>=$［ウ］

4 図１のように，直線上に長方形を２個組み合わせた図形①と，縦の長さが８cm の長方形②があります。長方形②を固定し，図形①を矢印の方向へ毎秒１cm の速さで移動させます。図２は移動し始めてからの時間と，２つの図形が重なってできる部分の面積の関係を表したグラフです。

このとき，**ア**から**オ**の□にあてはまる数を答えなさい。

図１

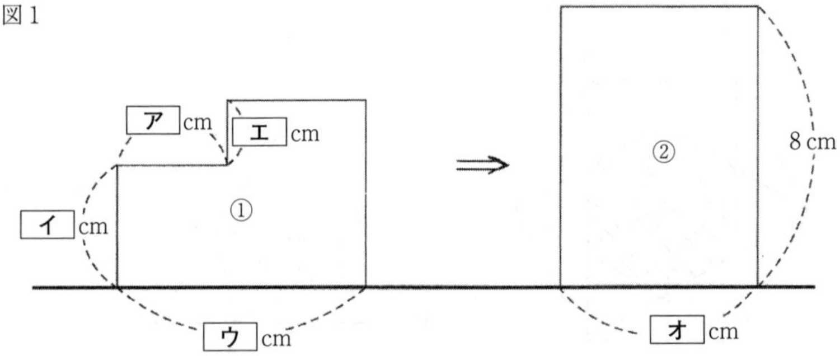

図２

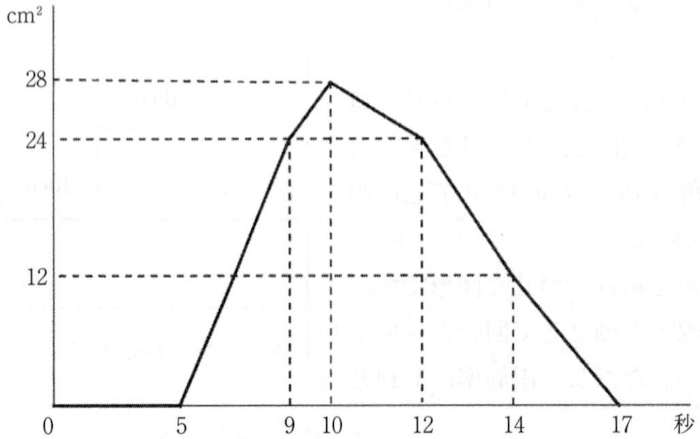

5　１以上の整数から２の倍数，３の倍数，５の倍数を取り除いて，

１，７，11，……

のように小さい順に並べるとき，次の問いに答えなさい。

(1)　１番目から８番目までの数の和を求めなさい。

(2)　2021番目の数を求めなさい。

6　右の図のような台形ABCDがあります。点Pは頂点Aを出発して，毎秒２cmの速さで台形の周上をDを通ってCまで動きます。点Qは頂点Bを出発して，毎秒３cmの速さで台形の周上をCを通ってDまで動きます。２点P，Qが同時に出発するとき，３点P，B，Qを結んでできる三角形PBQの面積について，次の問いに答えなさい。

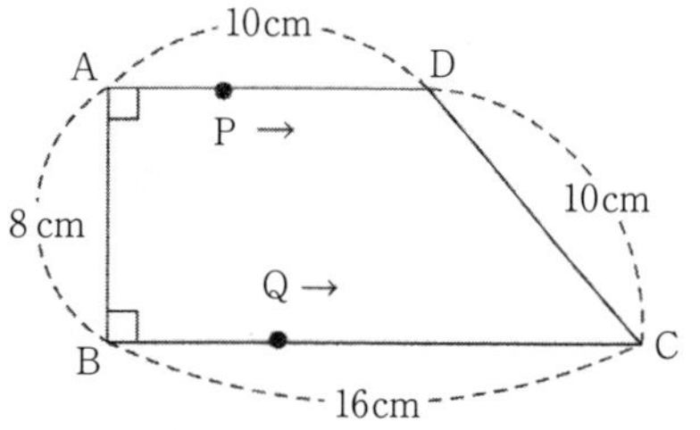

(1)　４秒後の面積を求めなさい。

(2)　７秒後の面積を求めなさい。

(3)　面積が$38.4cm^2$になるのは，２点P，Qが出発してから何秒後ですか。すべて求めなさい。

【社　会】〈第２回試験〉（30分）〈満点：50点〉

1　次の文を読んで，問いに答えなさい。

多くの国や地域では，民主主義に基《もと》づく政治が行われています。1863年，①当時のアメリカ合衆国大統領が演説で用いた「人民の，人民による，人民のための政治」ということばは，この政治のあり方を示しています。

民主主義の実現には，いくつかの条件が整っている必要があります。一つ目は，国民主権です。これは，政治のあり方を最終的に決める力である主権を，国民が持つということです。②日本国憲法でも，前文にその理念が示され，③第１条で具体化されています。

二つ目は，基本的人権の尊重です。基本的人権には，平等権，④自由権，社会権などがあります。政治は，国民の基本的人権を保障するために行われなければなりません。

三つ目は，「法の支配」という考え方が守られていることです。この原則は，国家の権力から国民の人権を守るために，とても大切なものです。また，特定の機関や人に権力が集中することのないように，権力を分散させておたがいに監視《かんし》し合う三権分立も民主主義には欠かせません。三権とは，⑤立法権，⑥行政権，【　Ａ　】権を指します。

問１．【Ａ】にあてはまる語句を，漢字で答えなさい。

問２．下線部①について，この人物名を答えなさい。

問３．下線部②について，日本国憲法の改正について述べた文として正しいものを，次のア～エの中から１つ選び，記号で答えなさい。

ア．各議院の総議員の過半数の賛成で，国会が発議する。

イ．憲法改正の国民投票の投票権を持つのは，満18歳《さい》以上の国民である。

ウ．憲法改正の国民投票で有効投票総数の３分の１以上の賛成があれば，憲法は改正される。

エ．日本国憲法は，施行《しこう》されてから現在までの間に１回改正されたことがある。

問４．下線部③について，以下の条文の【Ｂ】にあてはまる語句を，漢字で答えなさい。

【　Ｂ　】は，日本国の象徴《しょうちょう》であり日本国民統合の象徴であつて，この地位は，主権の存する日本国民の総意に基《もとづ》く。

問５．下線部④について，次の新聞記事中の【Ｃ】にあてはまる中華人民共和国の特別行政区の名《めい》称《しょう》を答えなさい。

【　Ｃ　】で政府に反対する人たちを取り締《し》まるための【　Ｃ　】国家安全維持《いじ》法(国安法)が６月末，施行された。【　Ｃ　】で自由な発言ができなくなり，中国本土とは違《ちが》う社会の仕組みを認めた「一国二制度」が中身のない形だけのものになってしまうのではないか。そんな不安が広がっている。

（2020年８月２日付　朝日中高生新聞）

問６．下線部⑤について，日本国憲法第41条では「国会は，国権の最高機関であつて，国の唯一の立法機関である。」と規定されています。国会が持つ権限や役割として正しいものを，次のア～エの中から**すべて**選び，記号で答えなさい。

ア．国政調査権　　イ．弾劾裁判所の設置

ウ．法律の公布　　エ．予算の作成

問７．下線部⑥について，現在の日本の行政権の長はだれか，人物名を漢字で答えなさい。

2　次のＡ～Ｆの史料を読んで，問いに答えなさい。なお，史料はわかりやすく現代語に改めていることがあります。

Ａ　大業《たいぎょう》３年，倭《わ》の王が①使者を送り貢《みつ》ぎ物を持って挨拶《あいさつ》に来た。……「②中国皇帝《こうてい》にご挨拶するとともに，僧侶《そうりょ》数十人を連れて仏教を学びに来ました」と言った。倭からの国書には「日が昇《のぼ》る国の天子が，日が沈《しず》む国の天子に手紙を送ります。お元気ですか」と書かれていた。皇帝はこれを見て怒《いか》り，外交担当の役人に「外国の手紙に無礼なものがあったならば，二度と報告するな」と言った。

Ｂ　日本の※准三后《じゅさんごう》である③私が，手紙を明の皇帝陛下に差し上げます。……私は幸いなことに国の政治を行い，平和に治めることができています。……商人肥富《こいつみ》を祖阿《そあ》に同行させて，親交を結ぶために，おみやげとして，金千両，馬十匹《ぴき》，扇《おうぎ》百本などを献上《けんじょう》いたします。

※朝廷から与《あた》えられた高い地位，身分。

Ｃ　第一条　清国は朝鮮国が完全無欠な独立自主の国であることを確認する。……

第二条　清国は次の土地の主権並びにその地方にある城塞《じょうさい》や防壁《ぼうへき》，兵器製造所および官有物を，永遠に日本国に割譲《かつじょう》する。

一．遼東半島南部の地

二．台湾全島およびその付属の諸島

三．澎湖列島

第四条　清国は戦費の賠償《ばいしょう》金として銀で二億両《テール》を日本国に支払《しはら》うことを約束する。

Ｄ　④大蒙古国の皇帝が書を日本国王に送る。私が考えるに，昔から小国の君主で，国境を接しているものは，音信を交わし合い，仲良くしあうよう努めている。……【　Ⅰ　】は私たちの東方の属国である。【　Ⅰ　】にほど近い日本は，建国以来，中国に使者を遣《つか》わしてきた。しかし，私の時代になってからは，一人の使者も親交を結びに来たことがない。

Ｅ　一．⑤キリスト教徒たちが徒党を組んで良からぬことを企《くわだ》てれば，直ちに処罰《しょばつ》する。

一．バテレンと信者が隠《かく》れているところへ，【　Ⅱ　】から仕送りの物を与《あた》えている。このようなことから，【　Ⅱ　】船の来航はこれを禁止する。

Ｆ　日本側は，過去において日本国が⑥戦争を通じて中国国民に多大な損害を与えたことについての責任を痛感し，深く反省する。……

日本国政府は，⑦中華人民共和国政府が中国の唯一《ゆいいつ》の合法政府であることを承認する。

問１．史料Ａの下線部①について，この人物名を，漢字で答えなさい。

問２．史料Ａの下線部②について，この時の中国の王朝名として正しいものを，次のア～エの中から１つ選び，記号で答えなさい。

ア．漢　　イ．魏　　ウ．隋　　エ．唐

問３．史料Ｂの下線部③について，この人物名として正しいものを，次のア～エの中から１人選び，記号で答えなさい。

ア．足利義満　　イ．平清盛　　ウ．徳川家康　　エ．源頼朝

問４．史料Ｂについて，日本と明との間で行われたこの時代の貿易を説明した文として正しいものを，次のア～エの中から**すべて**選び，記号で答えなさい。

ア．朱印状を持った船が貿易を行った。

イ．倭寇と区別するために勘合を用いた。

ウ．日本は明から銅銭や生糸《きいと》などを多く輸入した。

エ．貿易の拠点《きょてん》として長崎や横浜の港町が栄えた。

問５．史料Ｃは何という条約か，その名称を答えなさい。

問６．史料Ｃの条約が結ばれた時の日本の外務大臣を，次のア～エの中から１人選び，記号で答えなさい。

ア．井上馨　　　　イ．大隈重信

ウ．小村寿太郎　　エ．陸奥宗光

問７．史料Ｄの【Ⅰ】にあてはまる朝鮮の国名として正しいものを，次のア～エの中から１つ選び，記号で答えなさい。

ア．百済　　イ．高句麗

ウ．高麗　　エ．新羅

問８．史料Ｄの下線部④について，この人物名を答えなさい。

問９．史料Ｅの下線部⑤について，この条文が作成された背景には，1637年に九州で起こった反乱がありました。反乱が起こった場所を，右の地図中ア～エの中から１つ選び，記号で答えなさい。

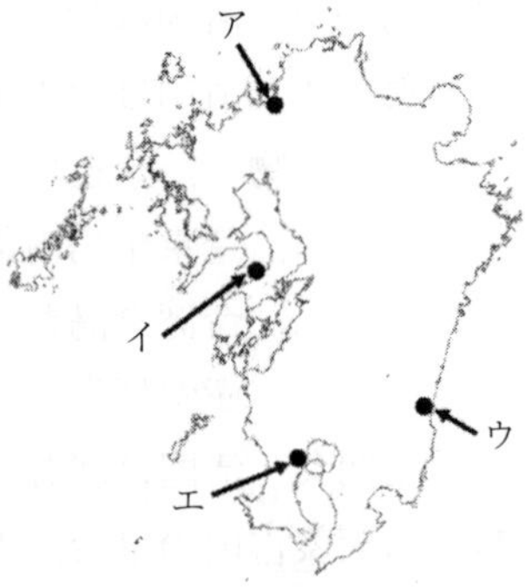

問10．史料Ｅの【Ⅱ】にあてはまる国名として正しいものを，次のア～エの中から１つ選び，記号で答えなさい。

ア．イギリス　　イ．オランダ

ウ．フランス　　エ．ポルトガル

問11．史料Ｆについて，この外交文書が交わされた時の日本の内閣総理大臣を，次のア～エの中から１人選び，記号で答えなさい。

ア．田中角栄　　イ．中曽根康弘

ウ．鳩山一郎　　エ．吉田茂

問12．史料Ｆの下線部⑥について，日中戦争が始まる直接のきっかけとなった1937年のできごととして正しいものを，次のア～エの中から１つ選び，記号で答えなさい。

ア．サラエボ事件　　イ．ノルマントン号事件

ウ．柳条湖事件　　　エ．盧溝橋事件

問13．史料Ｆの下線部⑦について，1949年にこの国を建国した人物を，次のア～エの中から１人選び，記号で答えなさい。

ア．袁世凱　　イ．蔣介石

ウ．毛沢東　　エ．李鴻章

問14．史料Ａ～Ｆを古い順に並べた場合，**２番目**と**４番目**にあたるものを，それぞれ記号で答えなさい。ただしＡとＦは固定とします。

Ａ→**２番目**→３番目→**４番目**→５番目→Ｆ

3　問いに答えなさい。

問１．右の表中Ⅰ～Ⅲは，岩手県，福島県，宮城県における農業産出額の内訳(2017年)を示したものです。Ⅰ～Ⅲと県との組み合わせとして正しいものを，次のア～カの中から１つ選び，記号で答えなさい。

	米	野菜	果実	畜産
Ⅰ	771億円	267億円	24億円	777億円
Ⅱ	747億円	458億円	250億円	495億円
Ⅲ	561億円	260億円	99億円	1,670億円

(農林水産省の統計による)

	Ⅰ	Ⅱ	Ⅲ
ア	岩手県	福島県	宮城県
イ	岩手県	宮城県	福島県
ウ	福島県	岩手県	宮城県
エ	福島県	宮城県	岩手県
オ	宮城県	福島県	岩手県
カ	宮城県	岩手県	福島県

問２．自分が選んだ自治体に寄付ができる「ふるさと納税」では，多くの自治体が地域の特産品を返礼品としています。次のⅠ～Ⅲの返礼品は，秋田県，石川県，沖縄県のいずれかにある市町村のものです。Ⅰ～Ⅲと県との組み合わせとして正しいものを，下のア～カの中から１つ選び，記号で答えなさい。

Ⅰ　九谷焼

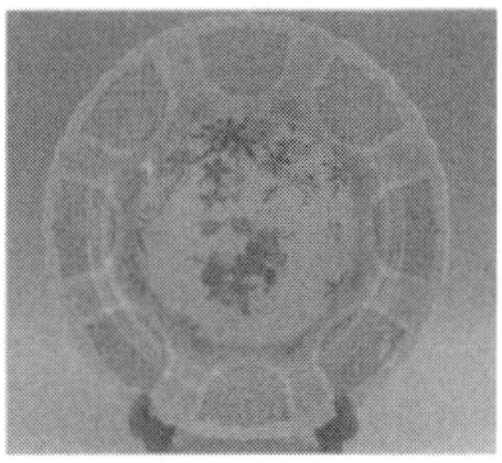

Ⅱ　パイナップル

Ⅲ　曲げわっぱ

	Ⅰ	Ⅱ	Ⅲ
ア	秋田県	石川県	沖縄県
イ	秋田県	沖縄県	石川県
ウ	石川県	秋田県	沖縄県
エ	石川県	沖縄県	秋田県
オ	沖縄県	秋田県	石川県
カ	沖縄県	石川県	秋田県

問３．次の地図Ⅰ～Ⅲは，映画館(2015年)，ゴルフ場(2016年)，スキー場(2016年)の施設数上位５つの都道府県をぬりつぶして示したものです。地図とそれぞれの施設との組み合わせとして正しいものを，下のア～カの中から１つ選び，記号で答えなさい。

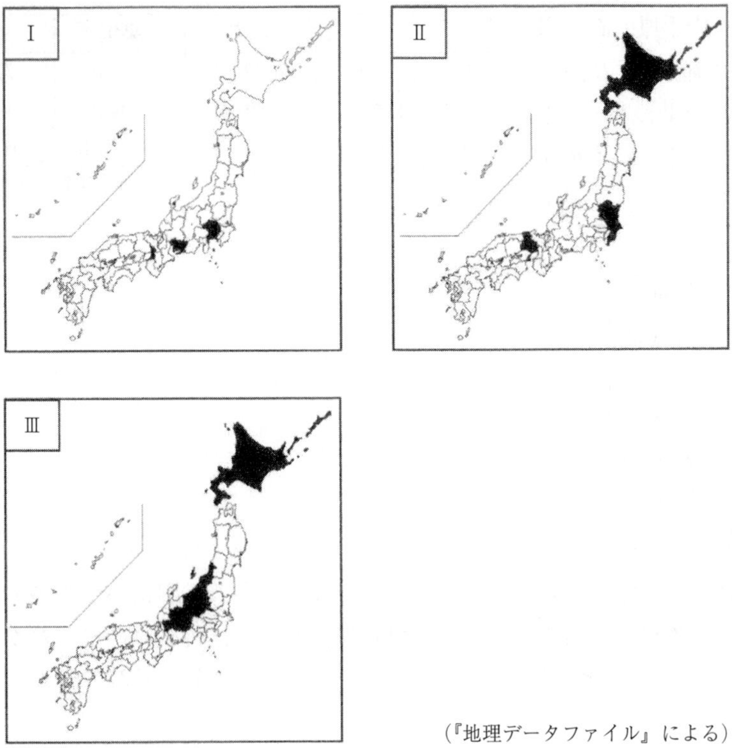

(『地理データファイル』による)

	Ⅰ	Ⅱ	Ⅲ
ア	映画館	ゴルフ場	スキー場
イ	映画館	スキー場	ゴルフ場
ウ	ゴルフ場	映画館	スキー場
エ	ゴルフ場	スキー場	映画館
オ	スキー場	映画館	ゴルフ場
カ	スキー場	ゴルフ場	映画館

問４．昨年(2020年)，新型コロナウイルスの感染拡大により経済的に打撃《だげき》を受けた業種への支援《しえん》を目的とした，政府の「Go Toキャンペーン事業」が開始されました。キャンペーンの名称とそれぞれの所管省庁との組み合わせとして正しいものを，次のア～カの中から１つ選び，記号で答えなさい。

	Go To Eat《イート》	Go To イベント	Go To トラベル
ア	経済産業省	国土交通省	農林水産省
イ	経済産業省	農林水産省	国土交通省
ウ	国土交通省	経済産業省	農林水産省
エ	国土交通省	農林水産省	経済産業省
オ	農林水産省	経済産業省	国土交通省
カ	農林水産省	国土交通省	経済産業省

4　次の地図を見て，問いに答えなさい。なお，地図中の記号（アルファベット）は，それぞれの都道府県を示しています。

問１．日本のほとんどの都道府県は，標章を制定しており，その図案は，都道府県の名称や風土などをデザインしたものが多いです。次のⅠ～Ⅲの標章は，上の地図中Ａ～Ｃのうち，いずれかのものです。Ⅰ～ⅢとＡ～Ｃとの組み合わせとして正しいものを，下のア～カの中から１つ選び，記号で答えなさい。

Ⅰ　　　Ⅱ　　　Ⅲ

	Ⅰ	Ⅱ	Ⅲ
ア	Ａ	Ｂ	Ｃ
イ	Ａ	Ｃ	Ｂ
ウ	Ｂ	Ａ	Ｃ
エ	Ｂ	Ｃ	Ａ
オ	Ｃ	Ａ	Ｂ
カ	Ｃ	Ｂ	Ａ

問２．次のⅠ～Ⅲの雨温図は，上の地図中Ｊ～Ｌのいずれかにおいて最も人口が多い都市のものです。雨温図とＪ～Ｌとの組み合わせとして正しいものを，下のア～カの中から１つ選び，記号で答えなさい。

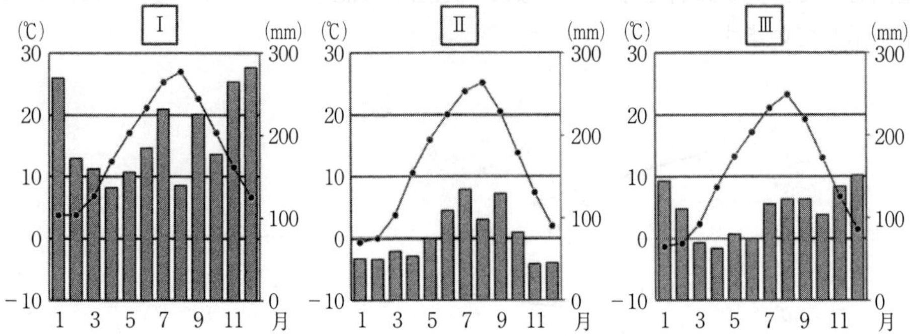

	Ⅰ	Ⅱ	Ⅲ
ア	J	K	L
イ	J	L	K
ウ	K	J	L
エ	K	L	J
オ	L	J	K
カ	L	K	J

問３．９ページの地図中Ｐでは，次の地形図に見られるような湖沼《こしょう》が多数分布しています。その成り立ちの説明として正しいものを，下のア～エの中から１つ選び，記号で答えなさい。

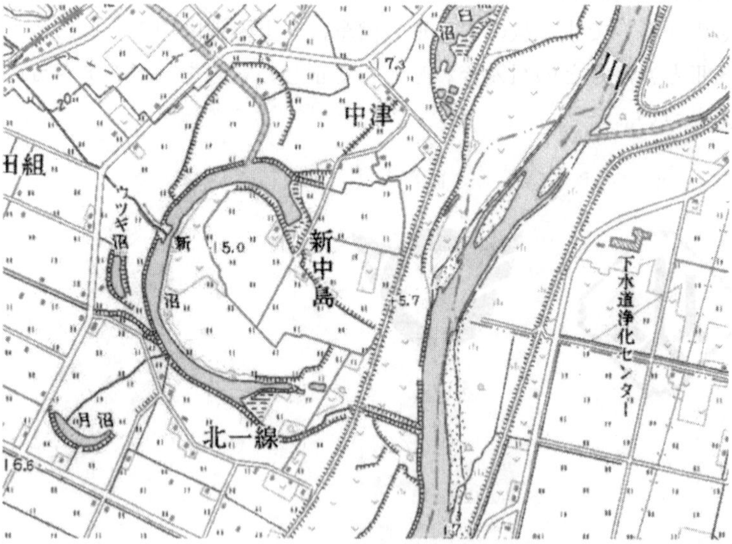

（国土地理院発行５万分１地形図「砂川」を改変）

ア．災害発生時の防火用として水をためた人工湖である。
イ．泥炭地が広がり水はけが悪いため，湖沼となったものである。
ウ．集落の守りを固めるための堀《ほり》としてつくられた人工湖である。
エ．かつては河川の一部だったが，流路が変わって湖沼となったものである。

問４．９ページの地図中Ｑには，源流から河口まで同一の県内を流れるものとしては，日本で最長の河川があります。この河川名を，漢字で答えなさい。

問５．９ページの地図中Ｒでは，降雪量，積雪量が多いため，雪下ろしの必要がない克雪《こくせつ》住宅と呼ばれる家屋が多く建築されており，次の写真はその一例です。このような克雪住宅が持つ機能を説明しなさい。

【理　科】〈第２回試験〉（30分）〈満点：50点〉

1　右表は，食物に含《ふく》まれる栄養素と，それらを分解するときにはたらく消化液との関係をまとめたものです。表中の消化液①～③は，だ液・胃液・すい液のいずれかを，栄養素Ａ，Ｂは，でんぷん，しぼうのどちらかを表しています。また，表中の○は「分解する」，×は「分解しない」ことを表しています。次の各問いに答えなさい。

	タンパク質	Ａ	Ｂ
①	○	×	×
②	○	○	○
③	×	○	×

(1)　表中の①と②の消化液の名前をそれぞれ答えなさい。

(2)　栄養素Ａは，最終的に何という物質に変わって吸収されますか。その物質の名前を答えなさい。また，その物質に変わった後，どこで吸収されますか。吸収する臓器の名前を答えなさい。

(3)　たん汁《じゅう》にはしぼうの消化を助けるはたらきがあります。たん汁をつくっている臓器の名前を答えなさい。

(4)　次の文の（ア）と（イ）にあてはまる語句をそれぞれ答えなさい。

栄養素は消化されて体内に吸収されます。また，ヒトは体内でできた不要物を体外に排《はい》出するしくみをもっています。たとえば，不要物の１つであるアンモニアは，からだにとって有毒なため，（　ア　）につくり変えられたあと，（　イ　）でこしとられ，体外に排出されます。

2　ダイズが発芽するとき，光合成はしないで呼吸だけを行います。呼吸によって吸収される酸素と，排出される二酸化炭素の量について調べるために，次の実験を行いました。あとの各問いに答えなさい。

〔実験〕

1．下図のように，三角フラスコ，太さが一様で等間かくに目盛りをつけたガラス管，小さいビーカーを用いてＡとＢの装置をつくった。

2．ＡとＢにはそれぞれ水で十分に湿《しめ》らせた発芽種子（発芽し始めた種子）を同量ずつ入れた。また，Ａには水を入れたビーカーを，Ｂには水酸化ナトリウム水溶《よう》液を入れたビーカーをそれぞれ入れた。

3．その他の条件は同じにして，暗所に12時間置いたあと，ガラス管内の赤インクの位置を調べた。

※水酸化ナトリウム水溶液は二酸化炭素を吸収する性質があり，三角フラスコ内に生じた二酸化炭素をすべて吸収します。また，水が吸収する二酸化炭素はごくわずかなため，ここでは全く吸収しないものとします。

〔結果〕

実験前に比べて，Ａは２目盛り，Ｂは10目盛りそれぞれ左向きに動いていた。

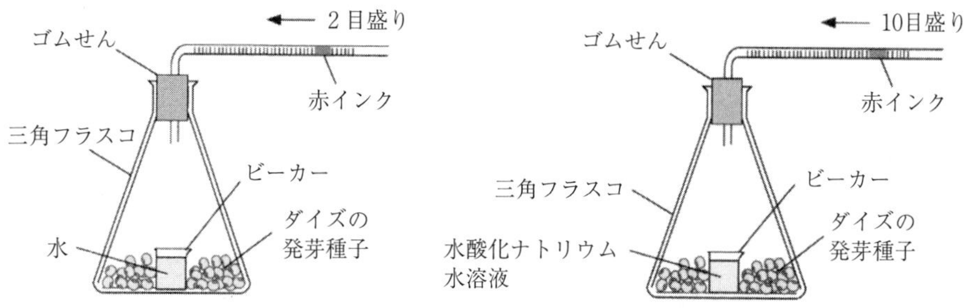

A　　　　　　　　B

(1)　ダイズの発芽には空気の他に何が必要ですか。２つ答えなさい。

(2)　Ｂの装置での赤インクの移動量は，次の(ア)～(カ)のうち，どれにあてはまりますか。１つ選び，記号で答えなさい。

(ア)　酸素の減少量

(イ)　二酸化炭素の減少量

(ウ)　酸素の増加量

(エ)　二酸化炭素の増加量

(オ)　酸素の減少量と二酸化炭素の増加量の差

(カ)　酸素の増加量と二酸化炭素の減少量の差

(3)　ＡとＢそれぞれの赤インクの移動量から，ダイズの発芽種子が吸収する酸素と排出する二酸化炭素の体積比を，最も簡単な整数比で答えなさい。

3　右図は，キャンプに行ったときに崖《がけ》に見られた地層の一部を表したものです。次の各問いに答えなさい。

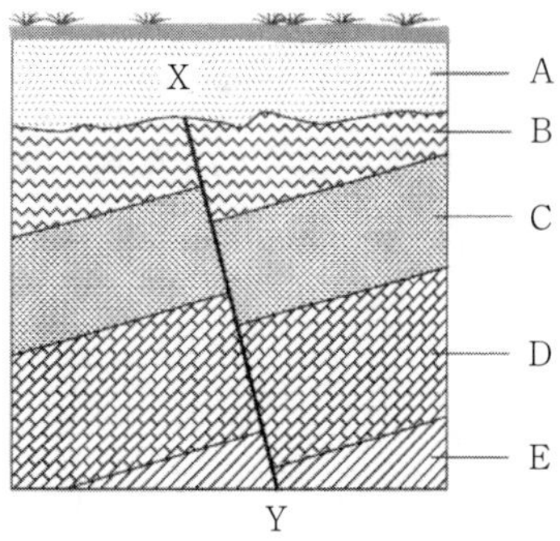

(1)　この崖に見られるＸ－Ｙ面のようなずれを何といいますか。漢字で答えなさい。

(2)　Ｂからサンゴの化石が見つかりました。この層がたい積した当時のこの辺りの環《かん》境としてわかることは何ですか。最もあてはまるものを次の(ア)～(オ)から選び，記号で答えなさい。

(ア)　やや冷たくて浅い海だった。　(イ)　やや冷たくて深い海だった。

(ウ)　あたたかくて浅い海だった。　(エ)　あたたかくて深い海だった。

(オ)　湖や河口付近だった。

(3)　この地層ができるときに起きたできごとの順番を表した次の①～④には，あとの(ア)～(エ)のいずれかが入ります。②と④にあてはまるものを選び，それぞれ記号で答えなさい。

Ｂ～Ｅがたい積したあと，海中から陸上に地層が持ち上げられた。→(　①　)→(　②　)→(　③　)→(　④　)→海中から陸上に地層が持ち上げられた。

(ア)　陸上から海中に地層が沈《しず》んだ。

(イ)　Ａがたい積した。

(ウ)　Ｘ－Ｙ面のずれが生じた。

(エ)　陸上で風や水の流れにより侵《しん》食された。

4 夜空にはたくさんの星がかがやいています。昔の人は，星と星を線で結び，人や物や動物をえがいて星座をつくりました。東京で見える星座について，次の各問いに答えなさい。

(1) 図１は，冬を代表する星座の１つであるオリオン座です。ベテルギウスとリゲルを図中の(ア)～(エ)からそれぞれ選び，記号で答えなさい。

(2) ある日にオリオン座のベテルギウスを見ると，図２のＡの位置に見え，その２時間後にはＢの位置に見えました。図のＢにベテルギウスがあるとき，およそ何時間後に地平線に沈みますか。なお，ベテルギウスは地平線からのぼって，南の空を通って地平線に沈むまでに12時間かかるものとします。

(3) 図３は，北の空に見えたおおぐま座とこぐま座です。北斗《と》七星は，形がひしゃく(水や汁《しる》物をすくう道具)に似ていることから，「ひしゃく星」とも呼ばれ，北極星を探す目印になります。解答欄の星座の中から北斗七星を線で結びなさい。

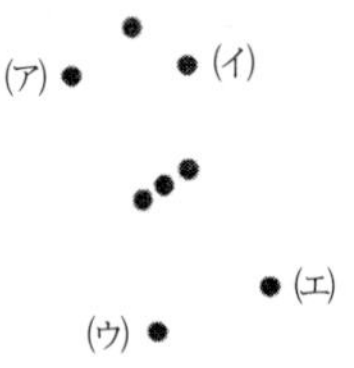

図１

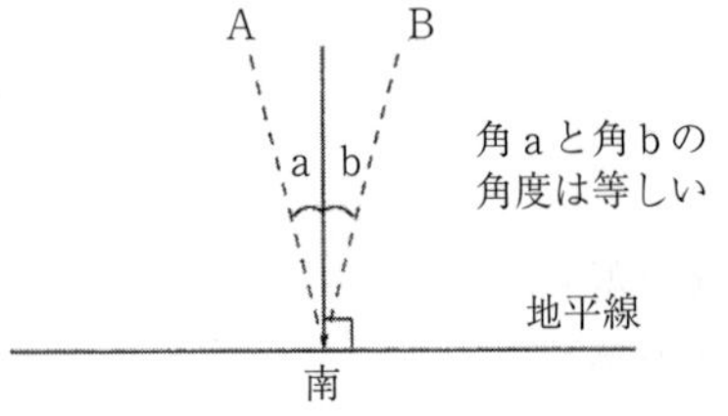

図２

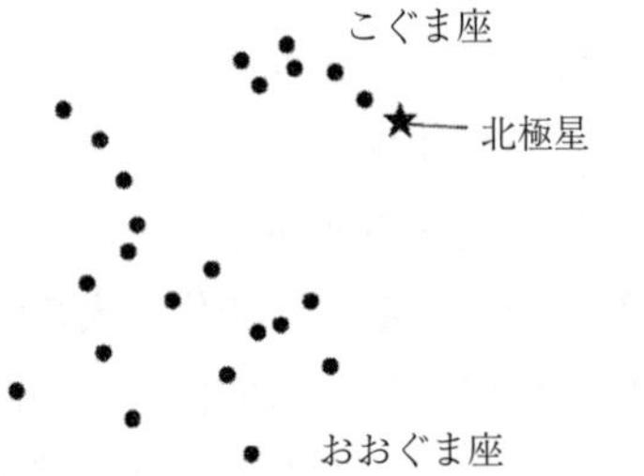

図３

5 輪軸《じく》を利用した力のつり合いについて，次の各問いに答えなさい。なお，小輪と大輪の値は半径を表しています。

(1) 図１のように，輪軸の大輪に180ｇのおもりをつるし，小輪につないだひもにばねはかりを固定して支えました。このとき，ばねはかりは何ｇを示しますか。

小輪　3 cm
大輪　5 cm

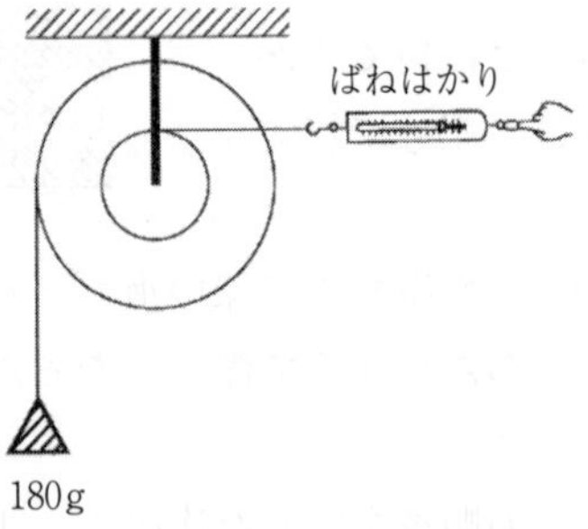

図１

(2) 図２のように，２つの異なる輪軸に，100ｇのおもりと重さのわからないおもりＡをつるしたところ，２つのおもりはつり合いました。おもりＡの重さは何ｇですか。

左の輪軸
小輪　3 cm
大輪　5 cm

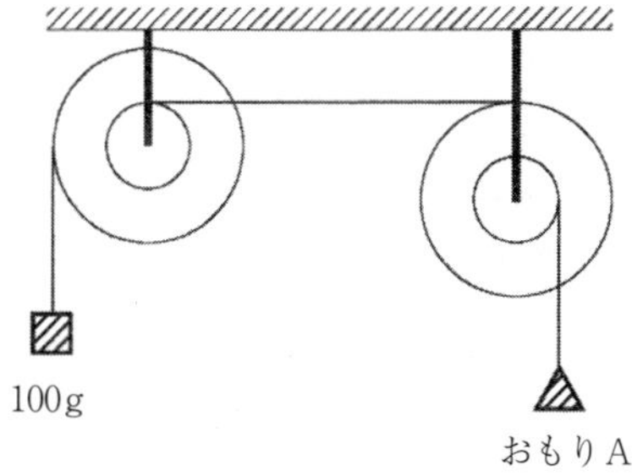

右の輪軸
小輪　2 cm
大輪　6 cm

図２

(3)　(2)の輪軸で100 g のおもりを10cm 引き下げたとき，おもりＡはどちらの向きに何cm 動きますか。ただし，向きについては，上・下のいずれかで答えなさい。

6　Ａ～Ｅの５種類の気体の性質を下表にまとめました。これらの気体は，水素，酸素，二酸化炭素，アンモニア，塩化水素のいずれかであることがわかっています。あとの各問いに答えなさい。

	A	B	C	D	E
におい	あり	なし	（ａ）	あり	なし
水へのとけやすさ	非常にとけやすい	とけにくい	少しとける	非常にとけやすい	とけにくい
空気の重さを１としたときの重さの比	1.27	0.07	1.53	0.59	1.11

(1)　Ｃについて，表中の空欄（ａ）にあてはまるのは「あり」「なし」のどちらですか。解答欄の正しい方を○で囲みなさい。また，Ｃのその他の特徴としてあてはまるものを次の(ア)～(カ)から２つ選び，解答欄の記号を○で囲みなさい。

(ア)　水にとかした水溶液は酸性を示す。
(イ)　水にとかした水溶液は中性を示す。
(ウ)　水にとかした水溶液はアルカリ性を示す。
(エ)　塩化コバルト紙を青色から赤色に変える。
(オ)　大気中にわずかに含まれる。
(カ)　白色の気体である。

(2)　Ａ～Ｅを試験管にそれぞれ入れました。各試験管に火がついたマッチを近づけたとき“ポン”と音を立てて燃える気体をＡ～Ｅから１つ選び，記号で答えなさい。

(3)　ＡとＤについて，次の(ア)～(エ)の操作を行ったとき，Ａの結果とＤの結果が異なるものを２つ選び，解答欄の記号を○で囲みなさい。

(ア)　石灰《かい》水に通す。
(イ)　水にとかして水溶液にしたあと，緑色の BTB 溶液を加える。
(ウ)　水にとかして水溶液にしたあと，蒸発皿に少し入れ，加熱する。
(エ)　水にとかして水溶液にしたあと，スチールウールを入れる。

(4)　Ｅの名前を答えなさい。また，Ｅと同じ気体が発生するものを次の(ア)～(ウ)から１つ選び，記号で答えなさい。

(ア)　石灰石にうすい塩酸を加える。

(イ)　二酸化マンガンにうすい過酸化水素水を加える。

(ウ)　亜鉛《あえん》やアルミニウムにうすい塩酸を加える。

(5)　ＢとＥを混ぜて，点火すると反応して水が生じます。水を満たした目盛り付き容器に，図１のようにＢ20cm^3とＥ10cm^3を入れて，混合気体としました。この混合気体に点火すると，図２のように混合気体がすべて反応し，残った気体はありませんでした。

　次に，混合気体の体積が30cm^3になるようにして，ＢとＥの体積をいろいろ変えて同じように点火しました。そのとき，図３のように，反応しなかった気体が残ることもありました。下表は混合したＢの体積，Ｅの体積，点火したあと反応しないで残った気体の体積についてまとめたものです。あとの①と②に答えなさい。

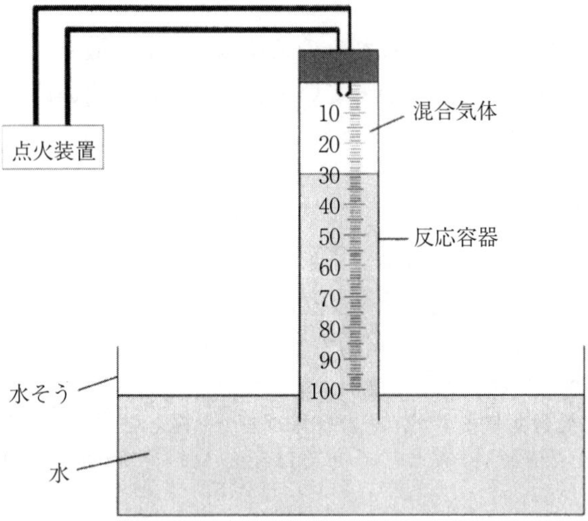

図１

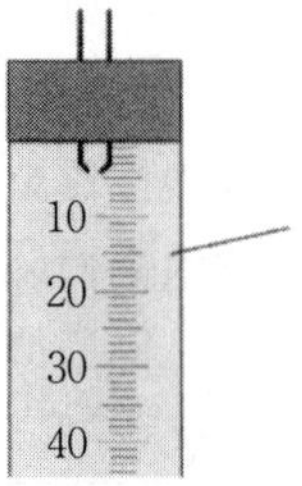

図２

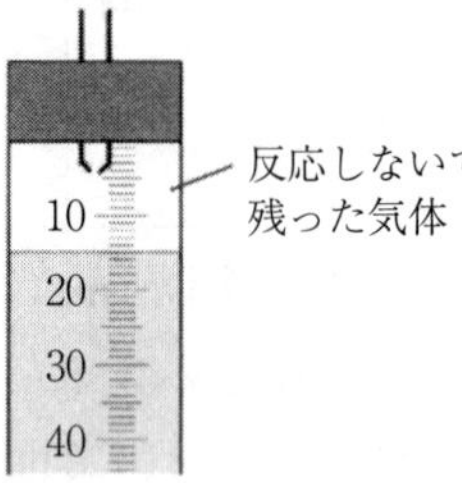

図３

Ｂの体積〔cm^3〕	0	10	20	30
Ｅの体積〔cm^3〕	30	20	10	0
反応しないで残った気体の体積〔cm^3〕	30	15	0	30

①　混合気体30cm^3に含まれるＢの体積を18cm^3にして点火したとき，反応しないで残った気体の体積は何cm^3ですか。

②　反応しないで残った気体の体積が21cm^3となるのは，混合気体30cm^3中のＢの体積が何cm^3と何cm^3のときですか。

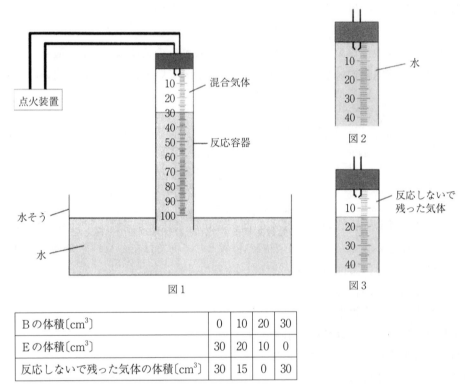

7　図１のように外側にＡ～Ｅの端《たん》子があり，内側の配線が見えない箱(ブラックボックス)を作りました。あとの各問いに答えなさい。

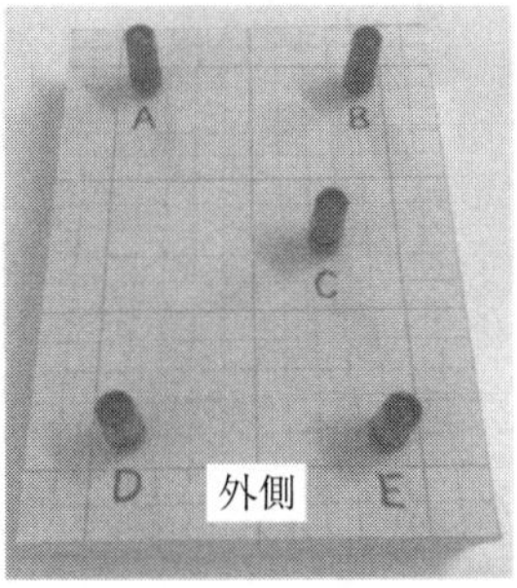

図１

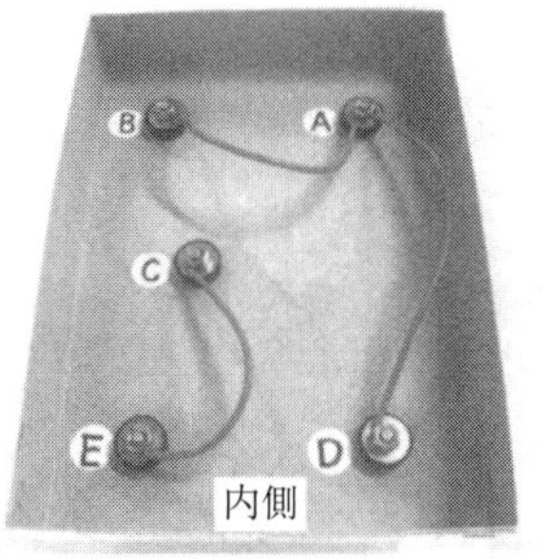

図２

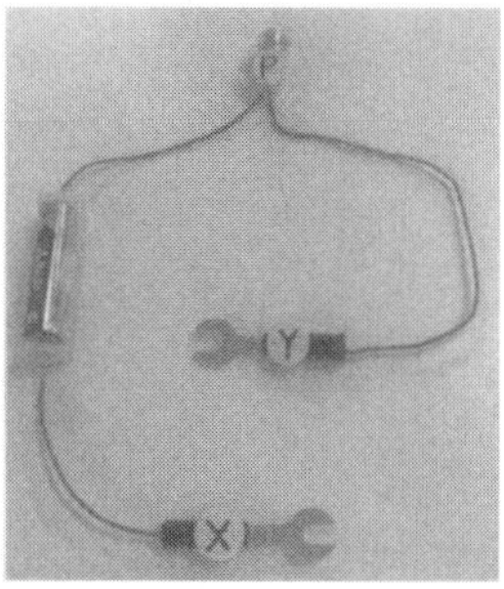

図３

(1)　図２のように３本の導線を箱の内側のＡとＢ，ＡとＤ，ＣとＥにそれぞれ配線しました。次に，乾《かん》電池と豆電球Ｐをつなげた図３の端子Ｘ，Ｙを次の①～③に示す端子につなぎました。豆電球Ｐが点灯したものには○，点灯しなかったものには×を答えなさい。

①　ＡとＢ　　②　ＢとＣ　　③　ＢとＤ

(2)　図２の箱の内側の３本の導線をすべてはずし，図４の導線２本と，豆電球のついた導線１本を使って，箱の内側の配線をし直しました。次に図３の端子Ｘ，Ｙを箱の外側の端子につなぎ，豆電球Ｐの点灯について調べました。次の表はその結果です。箱の内側の配線を解答欄の図に示しなさい。ただし，正解は複数ありますが，そのうちの１つを答えなさい。

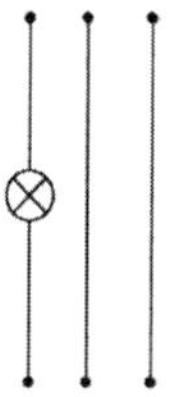
図４

端子	ＡとＢ	ＡとＣ	ＡとＤ	ＡとＥ	ＢとＣ	ＢとＤ	ＢとＥ	ＣとＤ	ＣとＥ	ＤとＥ
点灯	△	△	△	×	○	○	×	○	×	×

○は(1)で点灯したときと同じ明るさで点灯した。
△は(1)で点灯したときより暗く点灯した。
×は点灯しなかった。

(3)　今度は，導線２本と豆電球のついた導線１本を使って箱の内側を図５のように配線し直しました。図３の端子Ｘ，Ｙを次の①，②に示す端子につなぐと豆電球Ｐの明るさはどうなりますか。豆電球Ｐが(1)で点灯したときと同じ明るさで点灯する場合は○，(1)で点灯したときより暗く点灯する場合は△，点灯しない場合は×を答えなさい。

①　ＣとＤ　　②　ＣとＥ

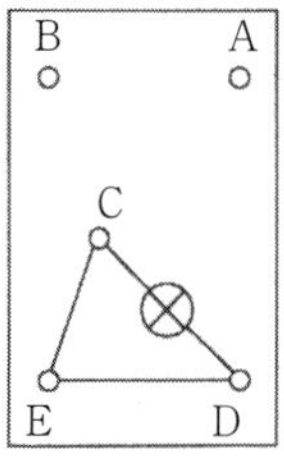

箱の内側の配線
図５

三 次の①～⑤のことわざ・慣用句について、下の意味になるように、□に当てはまる自然に関する漢字一字を答えなさい。

① 肩で□を切る　得意になっている様子。
② □に乗る　うまく調子に乗ること。
③ 立て板に□　すらすら話す様子。
④ □に白鷺《さぎ》　目立たないことのたとえ。
⑤ 木を見て□を見ず　細かい点に注意して全体を見ないことのたとえ。

四 次の①～⑦の――線部を漢字に直し、⑧～⑩の――線部の読みをひらがなで答えなさい。

① 連絡事項《じこう》を書いたサッシを配付する。
② ビルの屋上をリョッカする。
③ 補助の対象からジョガイされる。
④ 対策をコウじる。
⑤ 仕事を人工知能によってショウリョク化する。
⑥ シマフクロウはヤコウ性です。
⑦ 祖母のために席をアけた。
⑧ 一足飛びに順位が上がっていく。
⑨ すさまじい形相で怒る。
⑩ 新宿を経て品川へ行く。

すが、「葉真」の「格好」を本文中から抜き出して答えなさい。

問十、[A]～[C]に当てはまる最も適切な言葉を、次の(ア)～(カ)の中からそれぞれ選び、記号で答えなさい。

(ア) ぎょっと　(イ) むっと　(ウ) するりと
(エ) からりと　(オ) ぐっと　(カ) くるりと

問十一、――線⑩「翌朝」が直接かかっていく部分を、次の(ア)～(オ)の中から選び、記号で答えなさい。

(ア) 珠子は　(イ) おそい朝食を
(ウ) とりながら　(エ) 「今日はなにをしよう」と
(オ) 考えた

問十二、――線⑪「どちらの骨も海の中で泳ぎやすいように、長い時間をかけてこのような形に進化した」とありますが、「進化した」のはどこの「骨」ですか。本文中の言葉を用いて二十字以内で具体的に説明しなさい。

問十三、[⑫]・[⑬]に当てはまる言葉の組み合わせとして適切なものを、次の(ア)～(エ)の中から選び、記号で答えなさい。

(ア) ⑫「海」⑬「氷」　(イ) ⑫「陸」⑬「海」
(ウ) ⑫「鳥」⑬「魚」　(エ) ⑫「空」⑬「海」

問十四、――線⑭「こういったところ」とは、ペンギンの「砂像」の場合、どういう「ところ」ですか。過不足なく表現されている部分を本文中から五字以内で抜き出して答えなさい。

問十五、――線⑮「ハムちゃん、ゆるしてくれるかなぁ」とありますが、「珠子」はどんなことを「ゆるしてくれるかなぁ」と言っているのですか。三十字以内で具体的に答えなさい。

問十六、[⑯]に当てはまる一文を、「葉真」の言葉の中から抜き出して答えなさい。

問十七、――線⑰「無我夢中」とほぼ同じ意味を持つ四字熟語を、次の(ア)～(エ)の中から選び、記号で答えなさい。

(ア) 一刀両断　(イ) 一心同体
(ウ) 一心不乱　(エ) 一念発起《ほっき》

問十八、――線⑱「一べつすると」とありますが、「一べつ」の意味を、次の(ア)～(エ)の中から選び、記号で答えなさい。

(ア) ちらっと見ること　(イ) 不満そうに見ること
(ウ) ふり返って見ること　(エ) 一度だけ見ること

問十九、――線⑲「ヒカルに背を向けて」とありますが、「珠子」がそのような行動をとった理由として**適切でないもの**を、次の(ア)～(エ)の中から一つ選び、記号で答えなさい。

(ア) 「ヒカル」の態度にひるまないよう自分を奮い立たせるため。
(イ) 自分が思ったような砂像を作ることに集中したいため。
(ウ) 「ヒカル」の態度に惑《まど》わされず、自身の欲求に身を任せるため。
(エ) 勝手に板をぬいて使い始めた「ヒカル」を腹立たしく思っているため。

問二十、――線⑳「そのコウテイペンギン」とは具体的にどんな「砂像」ですか。本文中から抜き出して答えなさい。

問二十一、この文章を三つの場面に分けた場合、三つ目の場面はどこから始まりますか。その最初の五字を答えなさい。

二

次の①～⑤の――線部について、正しい場合は「○」を記入し、間違っている場合は適切な敬語表現に直しなさい。

① 社長は昼食に何をいただきますか。
② お客様、日本茶と紅茶、どちらにいたしますか。
③ ご協力くださり、ありがとうございます。
④ 後で母がお宅にいらっしゃいます。
⑤ 先生が転校生からの手紙をお読みになりました。

らだらしている自分を後悔している気持ち。

問二、――線③「大あわてで黄金のシャベルで砂像をこわしはじめた」とありますが、なぜですか。最も適切なものを、次の(ア)～(エ)の中から選び、記号で答えなさい。

(ア)「珠子」が突然やって来たので、その理由が分からず不審《ふしん》に思ったから。

(イ)「珠子」が突然やって来たので、「珠子」が近所に住んでいると思ったから。

(ウ)「珠子」が突然やって来たので、「珠子」も砂場を使うと思ったから。

(エ)「珠子」が突然やって来たので、自分の作品を探《さぐ》りに来たと思ったから。

問三、――線④「珠子は砂場にしゃがみこんで、雨でしめった砂をつかんだ」とありますが、この時の「珠子」の気持ちとして最も適切なものを、次の(ア)～(エ)の中から選び、記号で答えなさい。

(ア)「サンドイッチクラブ」の解散を受け入れられない「珠子」は、「葉真」の気遣《きづか》いのない言葉に動揺《どうよう》し、少し怒《いか》りを覚えている。

(イ)「サンドイッチクラブ」の解散を受け入れられない「珠子」は、「葉真」にはっきり現実を指摘《してき》され、急に不安になっている。

(ウ)「サンドイッチクラブ」の解散を受け入れられない「珠子」は、「ハムちゃん」が勝手に誤解していることに、少し怒りを覚えている。

(エ)「サンドイッチクラブ」の解散を受け入れられない「珠子」は、このままでは「葉真」に勝つことは難しいと困っている。

問四、――線⑤「今のシラベさんのものまね？」とありますが、「シラベさんのものまね」に当たる部分を本文中から抜《ぬ》き出して答えなさい。

問五、～～線ⓐ～ⓓの言葉から読み取れる「珠子」の気持ちを説明したものとして、最も適切なものを、次の(ア)～(エ)の中から選び、記号で答えなさい。

(ア) ⓐ「笑わない」
傷ついた「珠子」に冗談を言ってはぐらかそうとした「葉真」に対する、とまどいの気持ちを持っている。

(イ) ⓑ「ふーん。くわしいんですねえ」
「葉真」の言ったことが本当かどうか判断がつかず、少しからかいの気持ちを持っている。

(ウ) ⓒ「冗談じゃなかったんだ……」
最初に聞いた時は真に受けていなかったが、「葉真」が本気であったことに対してあきれている。

(エ) ⓓ「そんなんじゃない」
「葉真」のライバルにされては心外なので、強く否定しなければならないと思っている。

問六、――線⑥「ライバルはこのオレだから」とありますが、「葉真」の「砂像」への向き合い方を示す二字の熟語を、本文中から抜き出して答えなさい。

問七、――線⑦「なんだ、このオッサン!?」と思った時の「葉真」の気持ちとして最も適切なものを、次の(ア)～(エ)の中から選び、記号で答えなさい。

(ア) 嫉妬《しっと》　(イ) 嫌悪《けんお》　(ウ) 驚嘆《きょうたん》　(エ) 軽蔑《けいべつ》

問八、[⑧]に当てはまる言葉を、本文中から漢字二字で抜き出して答えなさい。

問九、――線⑨「シラベさんにそっくりな格好をした葉真」とありまふりかえると、ヒカルが珠子の砂像を見ていた。

「⑳そのコウテイペンギン、かっこいい」

「…………」

「やっぱりタマゴはモノを作るのがうまい。あたしより、ずっとうまい」

ヒカルは［ C ］背中を向けて、砂山作りのつづきをはじめた。

珠子はヒカルに近づいて言った。

「この前はごめんね。わたし、サンドイッチクラブのメンバーなんだから、砂像を作るべきだったよね。わたしだって、ハムちゃんがないしょでちずちゃんや杏《あん》ちゃんと遊びに行ったら、いやな気持ちになったと思う。ルールを破ったわたしがいけなかった」

ヒカルは筋トレシャベルを宙に浮かせたままの姿勢で、「タマゴのせいじゃない」と言った。

「ときどき、どうしようもなくなるんだ。あたし、心が弱いから」

「ハムちゃんは強いよ」

「ううん。もっと強くなくちゃだめだ」

ヒカルは「もっと」と言ってシャベルをつきさし、すくいあげた砂を木枠《きわく》の中に放った。

もっと。ザクッ。

もっと。ザクッ。

もっと。ザクッ。

ヒカルは砂山を築いていく。

見えない敵にいどむように歯をくいしばってシャベルを地面につきさし、砂を積みかさねていく。

――ああ、やっぱりハムちゃんの前世はチーターだ。

＊4はじめて会った日、雨の中で砂像を蹴っていたヒカルに野生のかがやきを感じた。

ヒカルのことを知って、今はあのときよりもかがやいて見える。

汗をぬぐったヒカルの腕《うで》から、砂が陽《ひ》の光に反射して、きらきらと光りながら落ちていった。

（長江優子『サンドイッチクラブ』による
ただし、一部表記を改めたところがある）

＊1 キメラ…ライオンの頭、蛇《へび》の尾、ヤギの胴を持ち、口から火を吐《は》くというギリシア神話の怪獣《かいじゅう》。

＊2 羽衣音君…「葉真」の弟。

＊3 筋トレシャベル…砂像を作るための砂山を作るのに、筋力トレーニングになるほど力を使わなければならないという意味から名付けられたシャベル。

＊4 はじめて会った日…「珠子」は初めて「ヒカル」に会った日、「葉真」と「ヒカル」の砂像対決の審判《しんぱん》を依頼《いらい》された。

問一、――線①「とりのこされたような気分」・②「後ろめたさ」とありますが、この時の「珠子」の気持ちとして最も適切なものを、次の(ア)～(エ)の中から選び、記号で答えなさい。

(ア) 目的を持って受験勉強をしている友達と比べて、目的が持てない自分を不安に思うとともに、「ハムちゃん」とのトラブルが解消していないことに対して気がとがめる気持ち。

(イ) 目的を持って受験勉強をしている友達と比べて、目的が持てない自分を不安に思うとともに、塾をやめることを後悔《こうかい》している気持ち。

(ウ) 砂像制作も受験勉強も一生懸命《いっしょうけんめい》に取り組んでいる「ハムちゃん」から置いていかれたような自分を不安に思うとともに、両親に対して気がとがめる気持ち。

(エ) 砂像制作も受験勉強も一生懸命に取り組んでいる「ハムちゃん」から置いていかれたような自分を不安に思うとともに、だぼした。

――「あばら骨と肩の筋肉のつきかた」ってなんだろう。

葉真がつぶやいた言葉。あれはどういう意味なのか。

珠子はパソコンを立ちあげると、「コウテイペンギン　骨」と入力した。

瞬時《しゅんじ》に検索《けんさく》結果が出た。画面にあらわれたコウテイペンギンの骨格標本を見て、珠子は思わず「長っ！」と声をあげた。寸胴《ずんどう》で短足に見えたコウテイペンギンの足の骨が、思いのほか長かったのだ。

骨が九十度に曲がっていて、横から見るとイスのようだった。フリッパーとよばれる翼《つばさ》の部分も、珠子が想像していたよりもうんと長くて、四つの骨のパーツが組みあわさってできていた。

ネットの解説文には「⑪どちらの骨も海の中で泳ぎやすいように、長い時間をかけてこのような形に進化した」と書いてあった。

［⑫］ではなく、［⑬］を選んだコウテイペンギン。

極寒《ごっかん》で生きる鳥たちの意思のようなものが、骨格標本から伝わってきた。「見た目だけで判断しないで」と、その骨は訴《うった》えていた。

珠子は自分の部屋に行って、塾用のリュックに入れてあった親子ペンギンの写真をとりだした。

「翼が骨の形にそって曲がってる。羽根におおわれていても、骨の形ってわかるもんなんだ」

前にシラベさんが「砂像は色がないから、形と表面の質感で表現しないといけない」と言ったけど、⑭こういったところを丁寧《ていねい》に作っていけば、かっこいいペンギンになるかもしれない、と珠子は思った。

――今すぐためしてみたいなぁ。

羽根の内側に秘《ひ》めたコウテイペンギンの意思が伝わるような砂像を作ってみたい。

でも、⑮ハムちゃん、ゆるしてくれるかなぁ。

そのとき、心の奥《おく》から、「［⑯］」と葉真の声がきこえてきた。

珠子は窓の外を見た。空は［B］晴れている。

窓ガラスに映った自分と目を合わせてうなずくと、出かける支度《したく》をはじめた。

珠子は公園の駐輪場に自転車をとめて、シラベさんのマンションの駐車場にはじめてひとりで入っていき、木の板と＊3筋トレシャベルとバケツを拝借した。

両手いっぱいにかかえて砂場に行くと、だれもいなかった。独占《どくせん》状態だ。

珠子は砂場の中心に木の板をうめて四角形を作り、筋トレシャベルで砂をひとすくいした。

ひさしぶりの砂の感触《かんしょく》。うれしくて⑰無我《むが》夢中《むちゅう》で砂山を作った。

砂と水がなじむのを待っているあいだ、麦茶をがぶがぶ飲んだ。水《すい》筒《とう》がからっぽになると、児童館の売店に走っていった。サイダーを飲みながら砂場にもどってきたら、ヒカルがいた。

ヒカルは珠子を⑱一べつすると、風呂敷《ふろしき》包みとリュックを地面に下ろして、頭にタオルをまきつけた。珠子の砂山から無断で木の板を引っこぬいて、砂場のうんとはなれたところにうめた。

ヒカルの態度に怖《お》じ気《け》づきそうになった珠子は、心の中で「欲求！」とかつを入れた。

――わたしはやる。ぜったいにやるんだ。

珠子は青空を蹴《け》るようにサンダルをぬぐと、⑲ヒカルに背を向けてコウテイペンギンを作りはじめた。

セミの絶叫《ぜっきょう》がはりつめた緊張《きんちょう》の糸をゆらしつづけるなか、流れる汗《あせ》もそのままに骨と筋肉を意識して親子ペンギンをけずった。

ふいに、背後から「かっこいい」と声がした。

波の音をききながらテントの中で眠るんだ。砂がある場所ならどこへでも出かけていって、でっかい砂像を作るって最高じゃね？　シラベさんにとっちゃ、世界はまるごと大きな［⑧］なんだ」

葉真は空を見上げた。珠子は⑨シラベさんにそっくりな格好をした葉真に、「もしかして、砂像アーティストになりたいの？」ときいた。

「うん。うちの家族はみんなアーティストなんだ。父さんも母さんもデザイナー。じいちゃんは建築家だし、おじさんはイラストレーターだ。オレもアーティストになりたいけど、致命的《ちめいてき》な問題があって……。家の中でじっとしてられないんだ」

「それで砂像アーティストってわけ？」

「そう。今はこんなちっぽけな砂場で作ってるけど、いつかはオレも日本を出て、世界で勝負する。そんで、砂像アーティスト兼《けん》ユーチューバーとして有名になりたい。いや、ぜったいなる！」

「ⓒ冗談《じょうだん》じゃなかったんだ……」

「はい？」

「あっ、前に＊2羽衣音《はいね》君が『葉真はアーティストだから』って言ったの。ほんとにそうなりたいんだとは思わなかった」

「タマゴはどうなんだよ。なんで砂像、作ってんの？　アーティストになりたいのか」

「ⓓそんなんじゃない。将来のことなんて、まだわかんない」

「そっか。よかった。コンビニじゃねーし、砂像アーティストがゴロゴロいても世の中まわっていかねーからな。未来の砂像アーティストはオレだけでいい」

「はいはい、あなたのじゃまはしませんよ。わたしは楽しいからやってるだけ」

「じゃあ、ハムとやればいいじゃん」

「うーん……」

「タマゴはおひとよしなんだよ。飽《あ》くなき欲求のままに生きろよ」

珠子はぽかんと口を開けて、プッとふきだした。

――でも、欲求ってなに？

なにかを強くもとめる気持ちだとしたら、今ほしいのはまさにそれだ。

その気持ちに一番近いところにあるものはなんだろう。そう思ったとき、頭に浮《う》かんだのはコウテイペンギンだった。

氷山の前でたたずんでいる、親子のコウテイペンギンの砂像。

もう二度とあの砂像をヒカルといっしょに作れないと思うと、涙《なみだ》がこみあげてきた。珠子はあわてて葉真に背中を向けた。

「やべっ。あばら骨と肩《かた》の筋肉のつきかたを確認するの、わすれた」

葉真が立ちあがる気配がした。珠子がふりかえると、葉真はからになったペットボトルをゴミ箱に放って、「いつまでここにいるんだよ。おまえがいると作業できないだろ」と迷惑《めいわく》そうな顔をした。

珠子は［Ａ］した。勝手なヤツ。すがすがしいほど自己中心的。

しょうがないなぁ、と言いながら珠子はのろのろと立ちあがった。キュロットスカートについた砂をはらって公園を出ようとしたら、葉真に「おいっ」と呼びとめられた。

「おまえら、いいコンビだったぜ。でもな、そっちがひとりでやろうが、ふたりでやろうが、関係ない。オレが勝つ。ぜったい勝つからな！」

葉真に会った⑩翌朝、珠子はおそい朝食をとりながら、「今日はなにをしよう」と考えた。

夏休みの宿題や、散らかった机の整理。やるべきことはたくさんあった。

食器をかたづけているときだった。アサリのみそしるが入っていたおわんの底に砂がたまっているのに気づいた珠子は、「あ」と声をこ

「えっ、サンドイッチクラブもうやめたのか。はやっ！　秒速解散じゃん！」

葉真がケラケラ笑った。④珠子は砂場にしゃがみこんで、雨でしめった砂をつかんだ。

「あいかわらず口が悪いなぁ。そういう言い方をされると傷つくんだけど」

葉真は黄金のシャベルを砂につきさすと、「甘《あま》ったれんな」とつきはなした。

「砂像ってのはひとりで作るもんなんだ。シラベさんだってそうだろ。これ、常識」

「⑤今のシラベさんのものまね？」

「わかった？」

「うん」

「じゃ、笑えよ」

「ⓐ笑わない。話をもとにもどすけど、ふたりで作っちゃいけないルールはないでしょ。そっちこそ、いつもひとりで作ってるけど、友達がいないんじゃないの？」

「バーカ。いるよ。でも、砂像作りに友達はいらない。だって、⑥ライバルはこのオレだから」

「フフッ、かっこつけちゃって」

「かっこつけてない。かっこいいんだよ」

「はいはいはい。家から遠いのに、よくこんなところで作ってますねえ。そんなにわたしたちにばれるのがいやなんだ？」

「ちがうよ。ここは地味な公園だけど、オレが知るかぎりこのへんでトップクラスの砂なんだ」

「ⓑふーん。くわしいんですねえ」

「オレをなめんなよ。うちから半径三キロ以内にある公園の砂は全部知ってるぜ。『素材がダメじゃいい作品ができない。これ、常識』ってシラベさんが言ってたから」

葉真はベンチにおいてあったコーラをつかむと、ごくごく飲んだ。細い首に汚《よご》れた二本の線がついていて、その間で喉《のど》のふくらみが上下に動いている。「プハーッ。んめぇ！」とペットボトルを空に向かってかかげたついでに、大きなげっぷをした。

それにしても、公園の砂の善し悪《あ》しを調べていたなんて……。それだけ砂像と真剣《しんけん》に向きあってるんだ、と珠子は思った。

「シラベさんとは前から知りあいなの？」

「うん。シラベさんがうちの前のマンションに引《ひ》っ越《こ》してきたときからのつきあい」

「ふーん」

「五年生のとき、公園に行ったら、知らないおじさんがベンチにすわってたんだ。そのときは自由業の人がちょっと休憩《きゅうけい》してるんだろうと思って気にしなかった。オレの父さん、フリーの広告デザイナーだから、自由業の人とサラリーマンじゃ一日のすごし方がちがうって知ってたから。で、そのおじさんは毎日来た。缶《かん》コーヒー持って、ベンチでぼーっとしてるんだ。しかも、見た目があんなだろ。ダメな大人なんだと、オレは納得《なっとく》したわけ。でも、あるとき友達と砂場で遊んでたら、だれかが残した砂山をおじさんが枝でけずりはじめて……。シラベさん、枝一本で白鳥の砂像を作ったんだぜ。マジ、目が点。『⑦なんだ、このオッサン!?』と思って、弟子《でし》入りを決めたってわけ」

「へえ」

珠子はちょっぴり感心した。葉真って調子がいいだけのヤツと思っていたけど、ちゃんと考えたり、人を見たりしてるんだ。

「シラベさんはいいよなぁ。一か月の半分働いて、あとの半分は休み。だれもいない砂浜《すなはま》で、朝日がのぼるのと同時に作業して、夜になると

二〇二一年度
明治大学付属中野中学校

【国　語】〈第二回試験〉（五〇分）〈満点：一〇〇点〉

一　次の文章を読んで、後の問いに答えなさい。（字数指定がある問いでは、句読点・記号なども一字として数えます）

〔前書き〕
桃沢珠子《たまこ》（タマゴ）は小学六年生。受験のために通っていた塾《じゅく》で、羽村ヒカル（ハムちゃん）と出会い、砂像《さぞう》作りに興味を持つ。ヒカルと「サンドイッチクラブ」を結成し、八月三十一日に予定されている葉真《ようま》との砂像対決に向けて、日々制作にはげんでいた。しかし、あることがきっかけでヒカルと仲たがいしてしまう。

雨のふる朝は、眠《ねむ》い。

珠子はひんやりした場所を求めて、シーツの上を寝《ね》転がりながらとろとろと眠った。

日が高くなるにつれて不快感が増し、暑さにたえきれなくなってベッドを出た。

リビングの時計は十時をすぎていた。家にはだれもおらず、テーブルにはおにぎりとトマト入りスクランブルエッグがおいてあった。

珠子はテレビをつけて、おそい朝食をとった。ベランダに目を向けると、雨はすでにあがっていて、ヘチマが太陽の光をあびてきらきらとかがやいていた。

「あー、ひまだなぁ」

塾をやめると決めて、四日がすぎた。

作りたいものを作れる時間ができたのに、やる気が起きなかった。

なにもしていないと、ふとした拍子《ひょうし》に塾のことやサンドイッチクラブのことを思いだした。そのたびに珠子は①とりのこされたような気分を感じた。そして、②後ろめたさも。

珠子は食事をすますと、気分転換《てんかん》に帽子《ぼうし》をかぶって家を出た。マンションの駐輪場《ちゅうりんじょう》から自転車を出して、ぬれたアスファルトの上を走った。

近所の公園の前を通りすぎようとしたとき、フェンスの向こうに人《ひと》影《かげ》が見えた。

珠子は自転車をとめて中をのぞいた。

「あっ、葉真だ！」

全身黒ずくめの葉真が、タブレットをかまえて砂像を撮影《さつえい》していた。

――ライオン？　それとも、＊1キメラ？

手前のすべり台がじゃまで見えない。珠子はフェンス側に自転車をよせてスタンドを立てると、公園の中に入った。葉真に近づいていって、「わっ！」とおどかそうとしたら、いきなり葉真がふりかえった。

「ゲッ、マジか！」

珠子に気づいた葉真はタブレットをベンチにおくと、③大あわてで黄金のシャベルで砂像をこわしはじめた。

「あーあ、もったいない。気にすることないのに」

「勝手に見るな！　偵察《ていさつ》しにくるんじゃねー！」

「それはこっちのセリフ。ネットに隠《かく》し撮《ど》りした動画をアップしたくせに」

「あれはオレじゃない。弟たちが勝手に撮《と》ってきたんだ。まあ、オレがなにを作ってたのか、ハムに言いたきゃ言えばいいさ。オレは痛くもかゆくもねーし」

「言わないよ。だって、ハムちゃんはひとりで作るって言ったから」

2021年度

明治大学付属中野中学校　▶解説と解答

算　数　＜第２回試験＞（50分）＜満点：100点＞

解　答

[1] (1) 3.5　(2) $4\frac{2}{3}$　(3) 66　[2] (1) 66.84cm　(2) $\frac{1}{3}$cm²　(3) 375cm²　(4) 9420cm²　[3] (1) 270人　(2) 100 g　(3) ① ア 4.95　イ 5.05　② 4.34　[4] ア 3　イ 4　ウ 7　エ 2　オ 5　[5] (1) 120　(2) 7577　[6] (1) 48cm²　(2) 6.4cm²　(3) 3.2秒後，６秒後，8.4秒後

解　説

[1] 四則計算，逆算，分配算

(1)　$3\div\left(2-2\frac{5}{14}\div1\frac{5}{6}-\frac{4}{35}\right)-1.5=3\div\left(2-\frac{33}{14}\div\frac{11}{6}-\frac{4}{35}\right)-1.5=3\div\left(2-\frac{33}{14}\times\frac{6}{11}-\frac{4}{35}\right)-1.5=3\div\left(2-\frac{9}{7}-\frac{4}{35}\right)-1.5=3\div\left(\frac{70}{35}-\frac{45}{35}-\frac{4}{35}\right)-1.5=3\div\frac{21}{35}-1.5=3\div\frac{3}{5}-1.5=3\times\frac{5}{3}-1.5=5-1.5=3.5$

(2)　$\frac{4}{25}\times\left(1.125-\frac{7}{8}\right)=\frac{4}{25}\times\left(1\frac{1}{8}-\frac{7}{8}\right)=\frac{4}{25}\times\left(\frac{9}{8}-\frac{7}{8}\right)=\frac{4}{25}\times\frac{2}{8}=\frac{1}{25}$より，$0.84\div□+\frac{1}{25}=\frac{11}{50}$，$0.84\div□=\frac{11}{50}-\frac{1}{25}=\frac{11}{50}-\frac{2}{50}=\frac{9}{50}$　よって，$□=0.84\div\frac{9}{50}=\frac{84}{100}\times\frac{50}{9}=\frac{14}{3}=4\frac{2}{3}$

(3)　A，B，C，Dの４人の体重の合計は，50＋54＋100＝204(kg)であり，A，B，Cの体重の合計はDの体重の５倍に等しいから，右の図のように表すことができる。

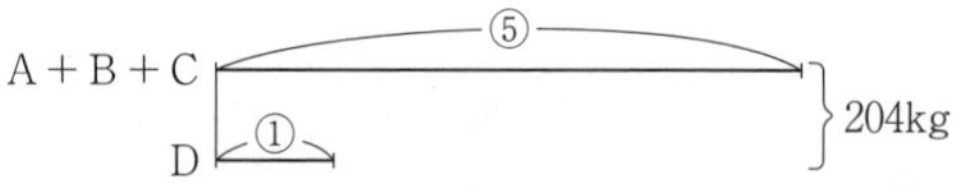

よって，Dの体重は，204÷(５＋１)＝34(kg)であり，AとDの体重の合計は100kgなので，Aの体重は，100－34＝66(kg)とわかる。

[2] 長さ，構成，面積，辺の比と面積の比，表面積

(1)　右の図１の太線部分の長さを求めればよい。直線部分１か所の長さは，３×２＝６(cm)であり，これが全部で８か所あるから，直線部分の長さの合計は，６×８＝48(cm)となる。また，かげをつけた部分を集めると半径が３cmの１個の円になるので，曲線部分の長さの合計は，３×２×3.14＝18.84(cm)とわかる。よって，太線部分の長さは，48＋18.84＝66.84(cm)と求められる。

図１
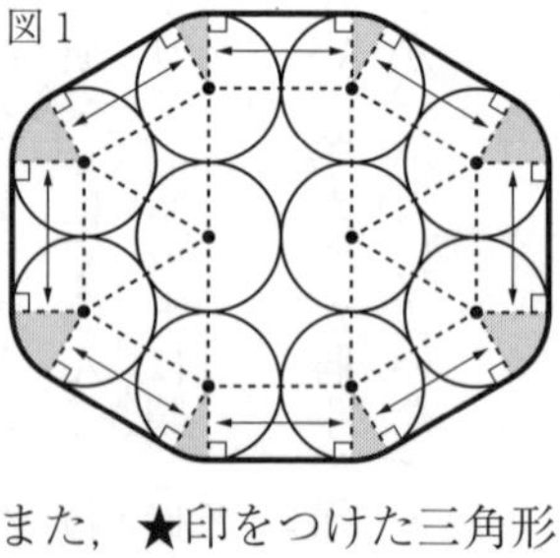

(2)　下の図２で，★印をつけた三角形は同じ大きさの正三角形である。また，★印をつけた三角形と☆印をつけた三角形は，底辺と高さがそれぞれ等しいから，面積も等しい。正六角形ABCDEFの中にある★印と☆印の個数の合計は，６＋６＋６＝18(個)であり，斜線《しゃせん》部分にある★印の個数は６個なので，斜線部分の面積は，$1\times\frac{6}{18}=\frac{1}{3}$(cm²)とわかる。

(3)　下の図３で，三角形ABCの面積を１とすると，三角形APRの面積は，$1\times\frac{2}{2+1}\times\frac{3}{3+1}=\frac{1}{2}$，三角形BQPの面積は，$1\times\frac{3}{3+2}\times\frac{1}{1+2}=\frac{1}{5}$，三角形CRQの面積は，$1\times\frac{1}{1+3}\times\frac{2}{2+3}$

$=\frac{1}{10}$となる。よって，三角形PQRの面積は，$1-\left(\frac{1}{2}+\frac{1}{5}+\frac{1}{10}\right)=\frac{1}{5}$であり，これが$75cm^2$にあたるから，(三角形ABCの面積)$\times\frac{1}{5}=75(cm^2)$と表すことができる。したがって，三角形ABCの面積は，$75\div\frac{1}{5}=375(cm^2)$と求められる。

図２

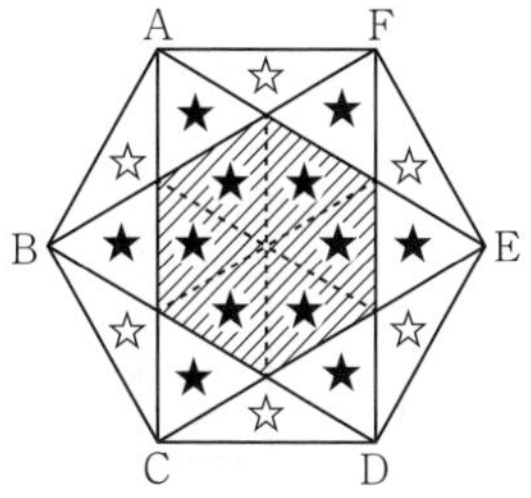

図３

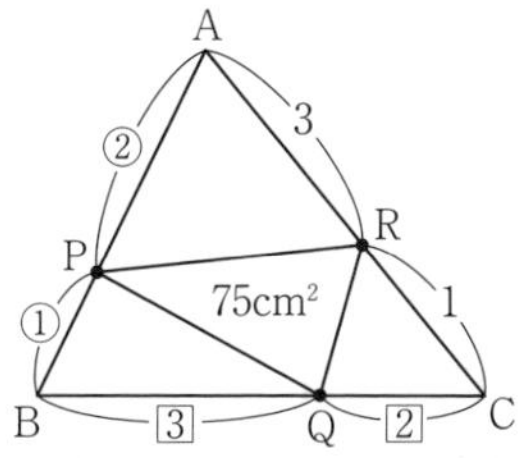

図４

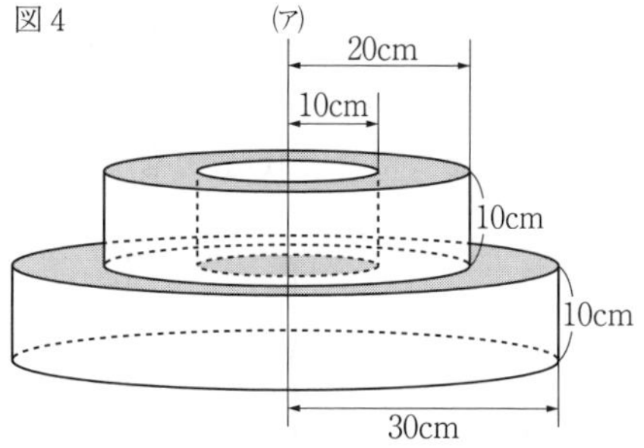

⑷　上の図４のように，底面の円の半径が30cmと20cmの２つの円柱を組み合わせた立体から，底面の円の半径が10cmの円柱を取り除いた形の立体ができる。真上から見るとかげをつけた部分が見え，これらを合わせると半径が30cmの円になる。また，真下から見ても半径が30cmの円が見える。よって，これらの面積の合計は，$30\times30\times3.14\times2=1800\times3.14(cm^2)$となる。さらに，３つの円柱の側面積の合計は，$30\times2\times3.14\times10+20\times2\times3.14\times10+10\times2\times3.14\times10=(30+20+10)\times2\times3.14\times10=1200\times3.14(cm^2)$となる。したがって，この立体の表面積は，$1800\times3.14+1200\times3.14=(1800+1200)\times3.14=3000\times3.14=9420(cm^2)$と求められる。

3　消去算，濃《のう》度《ど》，約束記号

⑴　昨年度の男子の合格者数を[男]人，女子の合格者数を[女]人として式に表すと，右の図１のア，イのようになる。はじめに，アの式の等号の両側を1.05倍すると，$450\times1.05=472.5$(人)より，ウのようになる。次に，イの式からウの式をひくと，[男]×1.08－[男]×1.05＝[男]×0.03(人)にあたる人数が，$480-472.5=7.5$(人)とわかる。よって，[男]＝7.5÷0.03＝250(人)なので，今年度の男子の合格者数は，$250\times1.08=270$(人)となる。

図１

[男]×　1　＋[女]×　1　＝450(人)　…ア
[男]×1.08＋[女]×1.05＝480(人)　…イ

⬇

[男]×1.05＋[女]×1.05＝472.5(人)…ウ
[男]×1.08＋[女]×1.05＝480(人)　…イ

⑵　10％の食塩水の重さを□ｇとして図に表すと，右の図２のようになる。図２で，かげをつけた部分の面積と太線で囲んだ部分の面積は，どちらも混ぜた食塩水にふくまれる食塩の重さを表しており，これらの面積は等しいから，アの面積と(イ＋ウ)の面積も等しくなる。また，アの面積は，$200\times(0.07-0.04)=6$(ｇ)，イの面積は，$300\times(0.08-0.07)=3$(ｇ)にあたるので，ウの面積は，$6-3=3$(ｇ)にあたるとわかる。よって，$\square=3\div(0.1-0.07)=100$(ｇ)と求められる。

図２

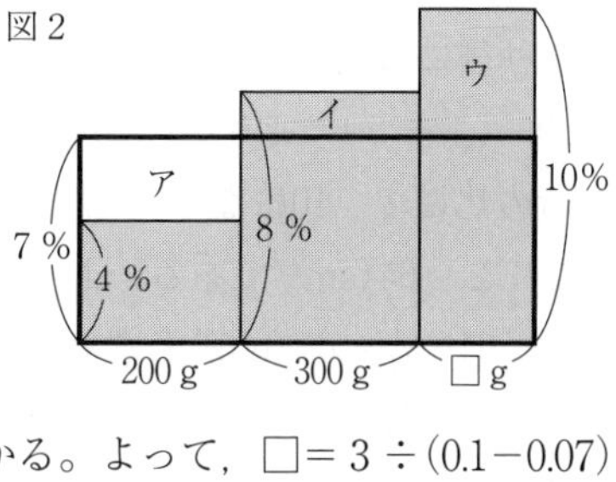

⑶　①　小数第２位を四捨五入して５になる数は，4.95以上5.05未満である。　②　$\langle\frac{4}{3}\rangle=\langle 4\div3\rangle=\langle1.33\cdots\rangle=1.3$，$\langle\frac{13}{4}\rangle=\langle13\div4\rangle=\langle3.25\rangle=3.3$より，$\langle\frac{4}{3}\rangle\times\frac{4}{5}+\langle\frac{13}{4}\rangle=1.3\times\frac{4}{5}+3.3=1.3\times0.8+3.3=1.04+3.3=4.34$となる。

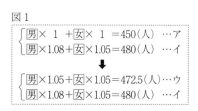

4 グラフ—図形の移動，面積

図形①は下の図のように移動する。５秒後から９秒後までの間に，１×（９－５）＝４(cm)移動するので，x＝４cmであり，y＝24÷４＝６(cm)とわかる。同様に，５秒後から10秒後までの間に，１×(10－５)＝５(cm)移動するので，オ＝５cmとなり，５秒後から12秒後までの間に，１×(12－５)＝７(cm)移動するので，ウ＝７cmとわかる。よって，ア＝ウ－x＝７－４＝３(cm)と求められる。さらに，12秒後の図で，★印をつけた長方形の面積は，６×５－24＝６(cm^2)となるから，エ＝６÷３＝２(cm)となり，イ＝y－エ＝６－２＝４(cm)とわかる。

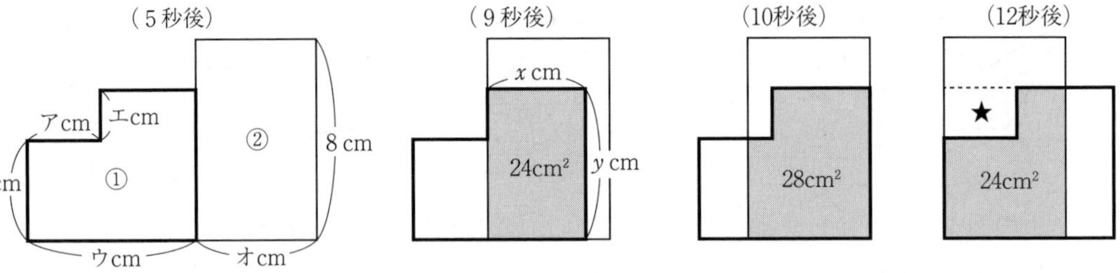

5 数列

⑴　２と３と５の最小公倍数である30ごとに組にすると，右の図のようになる。よって，１番目から８番目までの数の和は，１＋７＋11＋13＋17＋19＋23＋29＝（１＋29）＋（７＋23）＋(11＋19)＋(13＋17)＝30＋30＋30＋30＝120となる。

（１組）	1,	7,	11,	13,	17,	19,	23,	29,	(30)
（２組）	31,	37,	41,	43,	47,	49,	53,	59,	(60)
⋮	⋮	⋮	⋮	⋮	⋮	⋮	⋮	⋮	⋮

⑵　１つの組には８個の数があるので，2021÷８＝252余り５より，2021番目の数は，252＋１＝253(組)の５番目の数とわかる。そして，各組の５番目の数は，17で始まり30ずつ増える等差数列になる。よって，2021番目の数は，17＋30×(253－１)＝7577と求められる。

6 平面図形—図形上の点の移動，面積，辺の比と面積の比

⑴　４秒間で，点Ｐは，２×４＝８(cm)，点Ｑは，３×４＝12(cm)動くから，４秒後には右の図１のようになる。よって，４秒後の三角形PBQの面積は，12×８÷２＝48(cm^2)である。

図１

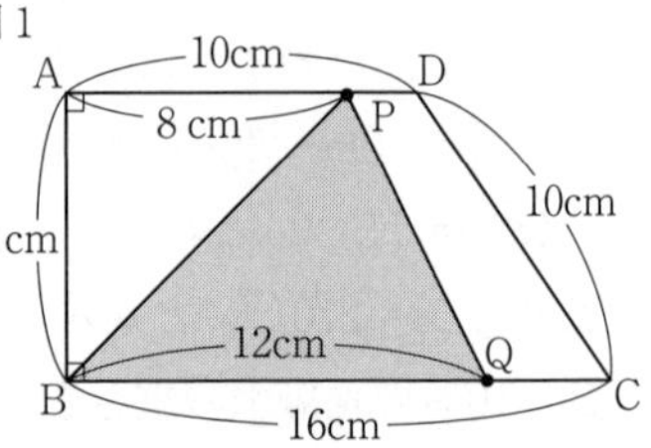

⑵　７秒間で，点Ｐは，２×７＝14(cm)，点Ｑは，３×７＝21(cm)動くから，14－10＝４(cm)，21－16＝５(cm)より，７秒後には右下の図２のようになる。図２で，PQの長さは，10－（４＋５）＝１(cm)だから，三角形PBQと三角形DBCの面積の比は１：10になる。そして，三角形DBCの面積は，16×８÷２＝64(cm^2)である。よって，７秒後の三角形PBQの面積は，64×$\frac{1}{10}$＝6.4(cm^2)と求められる。

図２

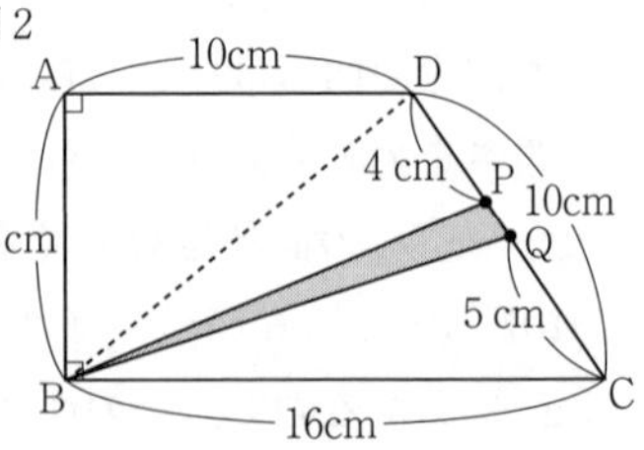

⑶　１回目は，下の図３のように，点Ｐが辺AD上，点Ｑが辺BC上にいるときである。このときのBQの長さを□cmとすると，□×８÷２＝38.4(cm^2)より，□＝38.4×２÷８＝9.6(cm)となる。よって，１回目は出発してから，9.6÷３＝3.2(秒後)である(このとき，点Ｐは辺AD上にいるので，条件に合う)。また，２回目は，下の図４のように点Ｐ，Ｑが辺CD上にいるときである。このとき，三角形PBQと三角形DBCの面積の比は，38.4：64＝３：５だから，PQの長さは，10×$\frac{3}{5}$＝６(cm)とわかる。したがっ

図３

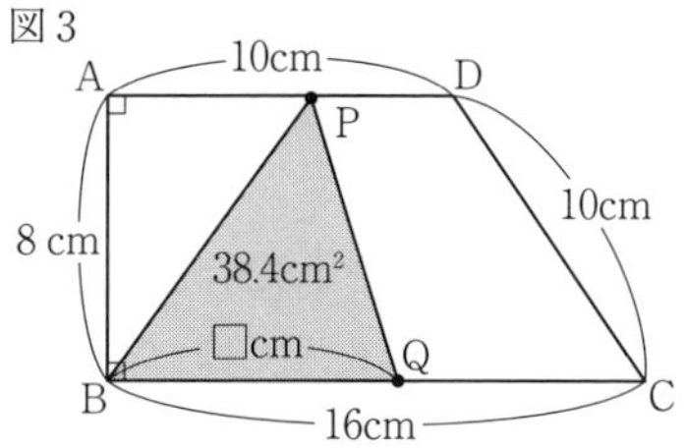

図４

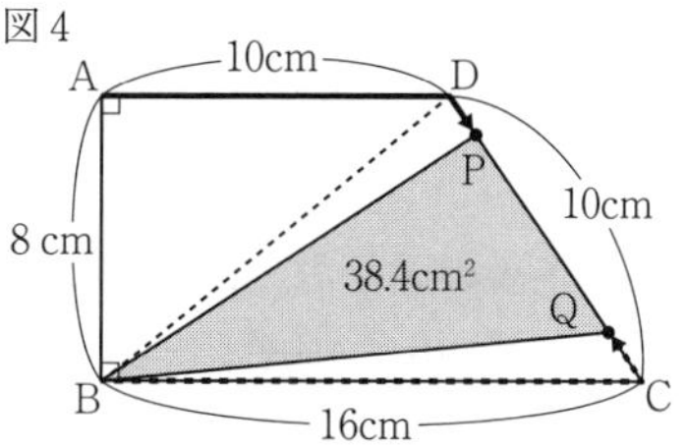

図５

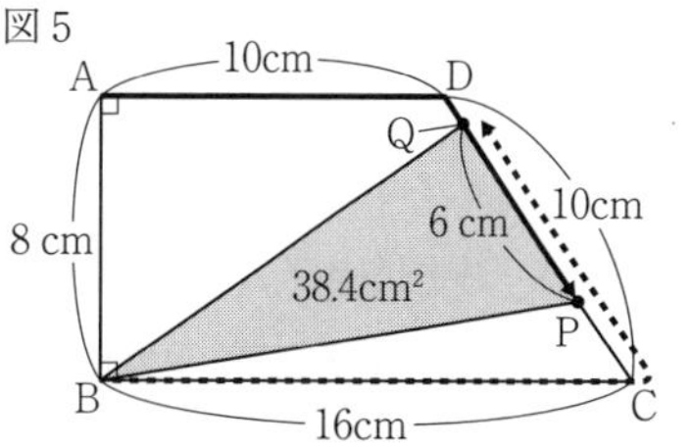

て，このようになるのは点Ｐと点Ｑが合わせて，10＋10＋16－６＝30(cm)動いたときなので，出発してから，30÷（２＋３）＝６（秒後）と求められる（このとき，点Ｐ，Ｑは辺CD上にいるので，条件に合う）。さらに，上の図５のようになったときにも，三角形PBQの面積は38.4cm^{2}になる。このようになるのは点Ｐと点Ｑが合わせて，10＋10＋16＋６＝42(cm)動いたときなので，出発してから，42÷（２＋３）＝8.4(秒後)である（このとき，点Ｐ，Ｑは辺CD上にいるので，条件に合う）。

社　会　＜第２回試験＞（30分）＜満点：50点＞

解　答

1 **問１**　司法(権)　**問２**　リンカーン　**問３**　イ　**問４**　天皇　**問５**　香港　**問６**　ア，イ　**問７**　菅義偉　**2** **問１**　小野妹子　**問２**　ウ　**問３**　ア　**問４**　イ，ウ　**問５**　下関(条約)　**問６**　エ　**問７**　ウ　**問８**　フビライ＝ハン　**問９**　イ　**問10**　エ　**問11**　ア　**問12**　エ　**問13**　ウ　**問14**　**２番目**…Ｄ　**４番目**…Ｅ　**3** **問１**　オ　**問２**　エ　**問３**　ア　**問４**　オ　**4** **問１**　オ　**問２**　エ　**問３**　エ　**問４**　最上(川)　**問５**　(例)　雪が屋根から落ちる構造になっている。(電熱や温水により雪をとかしている。)

解　説

1 **民主主義にもとづく政治や日本国憲法についての問題**

問１　日本では，法律をつくる立法権は国会が，法律にもとづいて実際に政治を行う行政権は内閣が，法律にもとづいて裁判を行う司法権は裁判所が受け持っている。これを三権分立といい，国民の自由や権利を守るため，たがいに監視《かんし》して行き過ぎのないようにおさえ合うしくみをとっている。

問２　アメリカ合衆国の内乱である南北戦争中の1863年，大統領リンカーンが激戦地のゲティスバーグで演説を行った。その中の「人民の，人民による，人民のための政治」という言葉は，民主主義の基本的な考え方を示すものとして，現代に受け継《つ》がれている。

問３　ア，ウ　日本国憲法第96条では，「この憲法の改正は，各議院の総議員の３分の２以上の賛成で，国会が，これを発議し，国民に提案してその承認を経なければならない。この承認には，特別の国民投票又《また》は国会の定める選挙の際行われる投票において，その過半数の賛成を必要とする」と定められている。　イ　2007年，第１次安倍晋三《しんぞう》内閣のときに，憲法改正の際に行われる国民投票の具体的な手続きを定めた国民投票法が制定された(2010年施行)。また，2015年には改正公職選挙法が成立し，選挙権を持つ年齢が満20歳以上から満18歳以上に引き下げられた。　エ　日本国憲法は制定以来，改正されたことは一度もない。

問４　日本国憲法の第１条は天皇の地位と国民主権についての条文で，天皇は日本国と日本国民統合の象徴《しょうちょう》であることと，この地位は主権(政治を決める最高権力)を持つ国民の総意にもとづくことが定められている。

問５　中国(中華人民共和国)は共産主義の国だが，1997年にイギリスから返還された特別行政区の香港《ホンコン》では，資本主義の体制を維持する「一国二制度」がとられている。2020年６月30日，香港に対する統制を強めるため，中国政府は香港国家安全維持法を制定・施行した。これにより，香港でのテロ活動や国家の安全をおびやかす行為《こうい》を犯罪とみなして直接取り締《し》まり，容疑者を中国本土で裁判にかけることが可能になった。

問６　国会が持つ権限や役割には，法律の制定，予算の議決，条約の承認，内閣総理大臣の指名，憲法改正の発議などのほかに，アの国政調査権やイの弾劾《だんがい》裁判所の設置などがある。なお，ウの法律の公布は天皇，エの予算の作成は内閣が行う。

問７　日本の行政権の長は内閣総理大臣(首相)である。2020年８月，安倍晋三首相が病気を理由に辞任する意向を表明すると，これを受けて９月に自由民主党の総裁選挙が行われ，菅義偉《すがよしひで》が新しい総裁に選出された。その後，臨時国会が召集され，その冒頭で安倍内閣が総辞職し，続いて行われた内閣総理大臣の指名選挙を経て，菅が第99代内閣総理大臣となった。

２　歴史上の６つの史料についての問題

問１，問２　史料Ａは，「日が昇《のぼ》る国の天子が，日が沈《しず》む国の天子に手紙を送ります」とあることから，遣隋使《けんずいし》についての記述と判断できる。607年，聖徳太子は隋(中国)のすぐれた制度や文化などを取り入れ，それまでとは異なる立場で国交を開くため，小野妹子を遣隋使として隋に派遣した。なお，史料Ａは中国の歴史書『隋書』倭国《わこく》伝の一部で，日本の天皇を「日出《い》づるところの天子」と表し，隋の皇帝煬帝《ようだい》を「日没《ぼっ》するところの天子」と表した国書を倭王の使者(小野妹子)が持ってきたため，煬帝が不快感を示したことが記されている。

問３　史料Ｂに「明の皇帝陛下」とあることから，下線部③の「私」は室町幕府の第３代将軍を務めた足利義満とわかる。明(中国)との貿易(日明貿易)は，国王が明の朝廷へ朝貢《ちょうこう》(貢《みつ》ぎ物を差し出して臣下の礼をとること)し，その返礼として品物を受け取るという朝貢貿易の形式で行われ，義満には「日本国王」という称号が与《あた》えられた。なお，イの平清盛は，大輪田泊《おおわだのとまり》(現在の神戸港の一部)を修築するとともに瀬戸内海の航路を整備し，宋(中国)と貿易を行って大きな利益をあげた。また，ウの徳川家康は，商人に朱印《しゅいん》状という渡航許可証を発行し，朱印船貿易を進めた。

問４　ア　朱印船貿易は豊臣秀吉や徳川家康がおもに東南アジアとの間で行った貿易で，江戸時代初めにさかんであった。　イ　日明貿易は，1404年，明が倭寇《わこう》(日本の武装商人団・海賊《かいぞく》)の取り締まりを室町幕府に求めてきたのをきっかけに，義満が明と国交を開いたことで始まった。日明貿易では倭寇と区別するため正式な貿易船に「勘合《かんごう》(符《ふ》)」という合い札を持たせたことから，この貿易は勘合貿易ともよばれる。　ウ　日明貿易では，銅銭，生糸，陶磁器《とうじき》，書籍などが輸入され，銅，硫黄《いおう》，刀剣《とうけん》，扇《おうぎ》などが輸出された。　エ　日明貿易では，博多(福岡県)や堺(大阪府)が拠《きょ》点《てん》とされた。

問５　史料Ｃは，「清国」「日本国」とあることから，日清戦争(1894～95年)の講和条約として清(中国)との間で結ばれた下関条約の一部と判断できる。

問６　1895年，日本が勝利をおさめた日清戦争の講和会議が下関(山口県)で開かれ，日本の代表として，首相の伊藤博文と外務大臣の陸奥宗光《むつむねみつ》が出席した。このときに下関条約が結ばれ，清は朝鮮が独立国であると認めること，遼東《リャオトン》半島・台湾・澎湖《ポンフー》諸島を日本の領土とすること，清は２億両《テール》(約３億１千万円)の賠償《ばいしょう》金を日本に支払うことなどが決められた。なお，アの井上馨《かおる》は1883年に鹿鳴館《ろくめいかん》を建設して条約改正交渉《こうしょう》を進めようとした外務卿《きょう》・外務大臣，イの大隈重信《おおくましげのぶ》は井上馨の次の外務大臣，ウの小村寿太郎《じゅたろう》は1905年に日露戦争の講和条約(ポーツマス条約)を結んだ外務大臣。

問７，問８　史料Ｄの「蒙古《もうこ》」はモンゴルを表す。「書を日本国王に送る」とあることから，下線部④の人物はモンゴル帝国の第５代皇帝フビライ＝ハンと判断できる。フビライは，朝鮮半島の高麗《こうらい》を属国(家来の国)とし，中国を征服して元を建国した後，日本に使者を送って服属するよう求めてきた。鎌倉幕府の第８代執権《しっけん》北条時宗がこれを強く断ったことから，フビライは1274年(文永の役)と1281年(弘安の役)の２度にわたり，大軍を送って北九州へ攻めてきた(元寇)。なお，エの新羅《しらぎ》は高麗に滅《ほろ》ぼされた国，アの百済《くだら》とイの高句麗《こうくり》は新羅に滅ぼされた国である。

問９　1637年，領主の圧政やキリシタン(キリスト教信者)への弾圧に苦しめられた島原地方(長崎県)と天草地方(熊本県)の農民たちは，天草四郎をかしらとして一揆《いっき》を起こした。一揆軍はイの原城跡(長崎県)に立てこもって徹底《てってい》的に抗戦したが，江戸幕府は大軍を動員し，４か月かけてようやくこれをしずめた。これを島原・天草一揆(島原の乱)といい，一揆後，参加者はことごとく死刑にされたが，幕府の受けた衝撃《しょうげき》は大きく，鎖国を行う直接的なきっかけとなった。なお，アは福岡市，ウは宮崎市，エは鹿児島市。

問10　島原・天草一揆のあと，江戸幕府は禁教令を徹底してキリスト教徒でないことを証明するための絵踏《えふ》みを強化し，1639年にポルトガル船の来航を禁止する命令を出した。そして1641年に平戸にあったオランダ商館を長崎の出島に移し，鎖国を完成させた。

問11　史料Ｆは，日中共同声明の一部である。1949年に成立した中華人民共和国と日本の間に正式な国交は開かれていなかったが，1972年，田中角栄首相が中国を訪れて政府首脳と会談するとともに日中共同声明に調印したことで，両国間の国交が正常化した。なお，イの中曽根康弘《やすひろ》は1982〜87年，ウの鳩山《はとやま》一郎は1954〜56年，エの吉田茂《しげる》は1946〜47年と1948〜54年に首相を務めた人物。

問12　1937年，北京《ペキン》郊外で日中両軍が衝突《しょうとつ》した盧溝橋《ろこうきょう》事件をきっかけに，日中戦争が始まった。なお，アのサラエボ事件は第一次世界大戦(1914〜18年)，ウの柳条湖《りゅうじょうこ》事件(南満州鉄道爆破事件)は満州事変(1931〜33年)のきっかけとなった事件。また，イのノルマントン号事件(1886年)は，幕末に結ばれた不平等条約の改正を求める世論が高まるきっかけとなった。

問13　ウの毛沢東《もうたくとう》は中国共産党の指導者で，イの蔣介石《しょうかいせき》の率いる中国国民党との内戦に勝利した1949年，中華人民共和国の成立を宣言し，初代国家主席となった。なお，アの袁世凱《えんせいがい》は日本が出した二十一か条の要求(1915年)を受け入れた人物，エの李鴻章《りこうしょう》は下関条約が結ばれたときの清の代表。

問14　古い順に並べると，Ａ(飛鳥時代)→Ｄ(鎌倉時代)→Ｂ(室町時代)→Ｅ(江戸時代)→Ｃ(明治時代)→Ｆ(昭和時代)となる。

３　農業産出額，特産品，娯楽《ごらく》・レクリエーション施設，Go To キャンペーン事業についての問題

問１　岩手県は，乳用牛の飼育頭数が北海道，栃木県，熊本県についで多く，酪農《らくのう》がさかんなので，畜産の金額が３県のうちで最も多いⅢにあてはまると判断できる。また，福島県は，ももの生産量が山梨県についで多いなど，果物栽培がさかんなので，果実の金額が３県のうちで最も多いⅡとなる。残ったⅠは宮城県である。統計資料は『日本国勢図会』2020／21年版による(以下同じ)。

問２　九谷《くたに》焼は，有田焼(佐賀県)の技術を導入して17世紀半ばに石川県の久谷村で生産が始まったとされ，石川県を代表する伝統的工芸品となっている。パイナップルは，熱帯や亜《あ》熱帯で育つ果実で，日本では生産量のほとんどを沖縄県が占《し》めている。曲げわっぱは，秋田県大館《おおだて》市でつくられる伝統的工芸品で，江戸時代に大館城主が領内の豊富な秋田すぎを生かし，武士の内職としてすすめた。

問３　映画館は，地理的条件に関係なく，人口の多い都道府県に多く設置されていると考えられるので，埼玉県・東京都・神奈川県・愛知県・大阪府が上位のⅠとなる。スキー場は雪が多く降る山につくられるので，北海道・新潟県・群馬県・長野県・岐阜県が上位のⅢとなる。残ったⅡがゴルフ場である(北海道・茨城県・栃木県・千葉県・兵庫県)。

問４　Go To Eat《イート》は，飲食店や食材を提供する農林水産業者を支援するために農林水産省が行う事業で，飲食代金が補助される。「Eat」は「食べる」という意味の英語である。Go To イベントは，コンサート・展覧会・演劇・スポーツ観戦などを対象に経済産業省が行う事業で，チケット代金が補助される。「イベント」は「催《もよお》し物」という意味の英語である。Go To トラベルは，旅行によって各地の経済を活性化させるために観光庁(国土交通省に属する)が行う事業で，旅行代金が補助される。「トラベル」は「旅行」という意味の英語である。

４　日本各地の気候や地形についての問題

問１　Ⅰは鳥取県(地図中Ｃ)の標章で，飛ぶ鳥の姿を，鳥取県の頭文字である「と」に造形している。Ⅱは山梨県(地図中Ａ)の標章で，周囲は富士山と武田菱《びし》(武田氏の家紋《かもん》)を表し，中心の３つは人文字で「山」をかたどっている。Ⅲは滋賀県(地図中Ｂ)の標章で，カタカナの「シガ」を図案化しており，中央の丸いところが琵琶湖を表している。

問２　青森県(地図中Ｊ)は青森市が，石川県(地図中Ｋ)は金沢市が，長野県(地図中Ｌ)は長野市が最も人口が多く，いずれも県庁所在地となっている。Ⅱは年間を通して降水量が少ないので，中央高地(内陸性)の気候に属する長野市である。残ったⅠとⅢはどちらも，冬の降水量(降雪量)が多い日本海側の気候に属する都市で，気温がより高いⅠは金沢市，気温がより低いⅢは青森市と判断できる。

問３　地形図に見られるのは三日月湖である。三日月湖は，河川の蛇行《だこう》が著しくなり，川の氾濫《はんらん》などで流路が変わって本流から取り残されて形成された湖で，地図中Ｐの北海道を流れる石狩《いしかり》川の下流域でよく見られる。

問４　最上川は，山形県(地図中Ｑ)南部の吾妻《あづま》山を水源とし，山形県内をおおむね北へ向かって流れ，米沢《よねざわ》盆地・山形盆地を貫くように流れたのち，新庄《しんじょう》盆地で北西へ向きを変え，庄内平野を経て酒田市で日本海に注ぐ。最上川は，富士川(山梨県・静岡県)，球磨《くま》川(熊本県)とともに日本三急流の１つに数えられている。

問５　新潟県(地図中Ｒ)などの豪雪地帯に建築されている克雪《こくせつ》住宅は，雪の重みに耐《た》える耐雪《たいせつ》型住宅，雪を屋根に積もらせずに落とす落雪型住宅，電熱や温水により雪をとかす融雪《ゆうせつ》型住宅の３種類があり，屋根の雪下ろしの必要がないよう工夫されている。

理 科 ＜第２回試験＞（30分）＜満点：50点＞

解 答

1 (1) ① 胃液　② すい液　(2) **物質**…ブドウ糖　**臓器**…小腸　(3) かん臓　(4) **ア** にょう素　**イ** じん臓　**2** (1) 水，適温　(2) (ア)　(3) 5：4　**3** (1) 断層　(2) (ウ)　(3) ② (エ)　④ (イ)　**4** (1) **ベテルギウス**…(ア)　**リゲル**…(エ)　(2) 5時間後　(3) 右の図Ⅰ　**5** (1) 300 g　(2) 500 g　(3) 上，2 cm　**6** (1) なし／(ア)，(オ)　(2) B　(3) (イ)，(エ)　(4) **名前**…酸素　**記号**…(イ)　(5) ① 3 cm^3　② 6 cm^3，27 cm^3　**7** (1) ① ○　② ×　③ ○　(2) (例) 右上の図Ⅱ　(3) ① ○　② ○

図Ⅰ

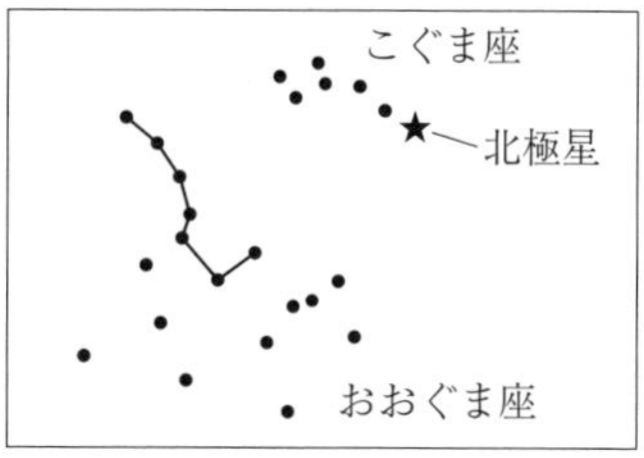

図Ⅱ

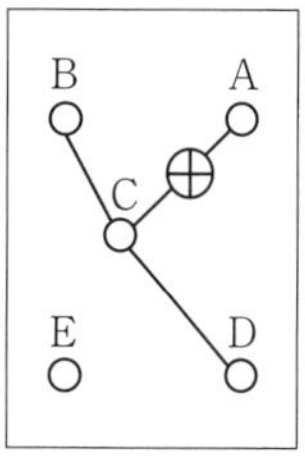

解 説

1 **消化液のはたらきについての問題**

(1) ① たんぱく質だけにはたらいているので，胃液である。　② たんぱく質，でんぷん，しぼうの全部にはたらいているので，すい液となる。

(2) (1)より，栄養素Aを分解するときに③のだ液がはたらくことから，栄養素Aはでんぷんとわかる。でんぷんは消化液によってブドウ糖になり，小腸にあるじゅう毛から吸収される。

(3) たん汁《じゅう》はかん臓でつくられ，たんのうにたくわえられる。なお，たん汁は，消化酵素《こうそ》を含《ふく》んでいないが，しぼうを細かい粒《つぶ》に変えることで，すい液がしぼうを消化するのを助けるはたらきがある。

(4) 体内でたんぱく質が使われたときなどにできるアンモニアは有害なので，かん臓でにょう素という無害なものにつくり変えられる。にょう素は血液にとけてじん臓に運ばれ，じん臓で血液からこしとられる。こしとられたにょう素を含んだにょうは，一時的にぼうこうにたくわえられたあと，体外に排出《はいしゅつ》される。

2 **ダイズの発芽についての問題**

(1) 種子が発芽するために必要な条件はふつう，空気(酸素)，水，適当な温度の３つである。

(2) ダイズの発芽種子は呼吸によって三角フラスコの中の酸素を使い，二酸化炭素を排出する。しかし，Bの装置では，二酸化炭素はすべて水酸化ナトリウム水溶液《すいようえき》に吸収されるので，赤インクの移動量はダイズに吸収された酸素の減少量を示す。

(3) Aの装置では，ダイズの発芽種子の呼吸で排出された二酸化炭素は水に吸収されないので，赤インクの移動量はダイズの発芽種子の呼吸に使われた酸素と発生した二酸化炭素の体積の差を示している。(2)より，呼吸に使われた酸素は10目盛り分であり，呼吸に使われた酸素と排出された二酸化炭素の差は２目盛り分なので，排出された二酸化炭素は，10－２＝８(目盛り分)とわかる。したがって，ダイズの発芽種子が吸収する酸素と排出する二酸化炭素の体積比は，10：８＝５：４と求められる。

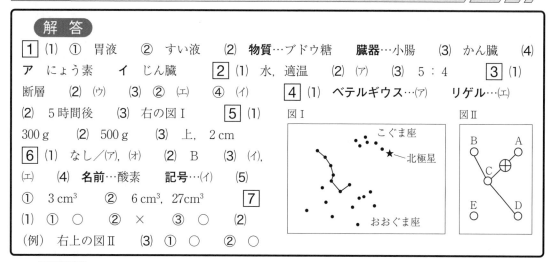

3 地層についての問題

(1)　地層の両側から力がはたらいてその力にたえ切れなくなると，地層が断ち切られてずれることがある。このような地層のずれを断層という。断層では，断層面の上側にある層を上盤《うわばん》，下側にある層を下盤《したばん》という。外側に水平に引っ張る力が地層にはたらくと，図のＸ―Ｙ面のように，上盤がずり下がる向きに地層がずれる。このような断層を特に正断層という。逆に，内側に水平に押《お》し合う力がはたらくと，上盤がずり上がる向きに地層がずれる。このような断層は特に逆断層とよばれる。

(2)　サンゴはふつう，あたたかく浅い海にすむので，ある層からサンゴの化石が見つかったとき，その層ができた当時の海はあたたかくて浅かったと推測することができる。なお，サンゴの化石のように，地層がたい積した当時の環境を知る手がかりとなる化石を示相化石という。

(3)　２つ以上の地層が連続的にたい積している状態を整合といい，地層どうしの境目はまっすぐになる。一方，地層が隆起《りゅうき》して陸上に出て風化や侵食《しんしょく》を受け，再び沈降《ちんこう》して海底などになった上に新しい地層がたい積すると，その境目はでこぼこになる。このような地層の重なり方を不整合という。図の地層では，整合しているＢ～Ｅがたい積したあと，海中から陸上に地層が持ち上げられ，Ｘ―Ｙ面の断層ができ，Ｂの上面が陸上に出て侵食を受けて不整合面ができ，地層が再び海中に沈《しず》んでＡがたい積している。その後，地層が再び陸上に持ち上げられて崖《がけ》ができたことで，地層が観察できるようになっている。

4 星座についての問題

(1)　図１は，オリオン座が南中する少し前のようすを表している。赤くかがやく１等星のベテルギウスは(ア)，青白くかがやく１等星のリゲルは(エ)である。なお，ベテルギウスは，こいぬ座のプロキオン，おおいぬ座のシリウスとともに冬の大三角をつくっている。

(2)　オリオン座は真東から出て真西に沈む星座なので，東の地平線から出たベテルギウスは，12÷２＝６(時間)後に南中し，その６時間後に西の地平線に沈む。また，角 b は，２÷２＝１(時間)に移動した角度にあたる。したがって，図のＢにベテルギウスがあるとき，およそ，６－１＝５(時間)後に地平線に沈む。

(3)　北斗《ほくと》七星はおおぐま座の尾の部分にあたる。なお，北斗七星，カシオペヤ座，北極星の位置関係は右の図のようになっている。

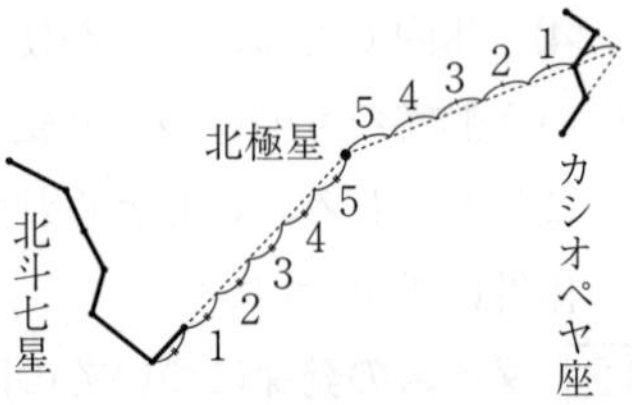

5 輪軸《りんじく》を使った力のつり合いについての問題

(1)　輪軸のつり合いは，支点を中心とした輪軸を回そうとするはたらき(以下，モーメントという)で考える。モーメントは，(加わる力の大きさ)×(支点からの距離《きょり》)で求められ，左回りと右回りのモーメントが等しいときに輪軸の回転が止まる。図１で，輪軸がつり合うとき，ばねはかりが□ｇを示すとすると，180×５＝□×３が成り立ち，□＝900÷３＝300(ｇ)と求められる。

(2)　図２で，左右の輪軸をつなぐひもにかかる力を□ｇとすると，左の輪軸について，100×５＝□×３が成り立ち，□＝500÷３＝$\frac{500}{3}$(ｇ)となる。すると，右の輪軸について，おもりＡの重さを△ｇとすると，$\frac{500}{3}$×６＝△×２が成り立ち，△＝1000÷２＝500(ｇ)とわかる。

(3)　図２で，100ｇのおもりを10cm引き下げると，左の輪軸の小輪に，左右の輪軸をつなぐひもが，10×$\frac{3}{5}$＝６(cm)巻きとられる。すると，右の輪軸の大輪もその分だけ左回りに回転するので，おもりＡは上向きに，$6\times\frac{2}{6}=2$（cm）動く。

6 気体についての問題

⑴　表で，空気の重さを１としたときの重さの比が１より小さい気体は空気より軽く，１より大きい気体は空気より重い。においがあって水に非常にとけやすいＡとＤについて，空気より軽いＤはアンモニア，空気より重いＡは塩化水素である。また，においがなく水にとけにくいＢとＥについて，空気より非常に軽いＢは水素，空気よりやや重いＥは酸素である。残ったＣは二酸化炭素で，空気より重く，においや色はなく，水に少しとけて，その水溶液（炭酸水）は酸性を示す。また，二酸化炭素は大気中に約0.04％含まれている。なお，塩化コバルト紙は水の検出によく使われる試験紙で，水にふれると青色から（うすい）赤色に変わる。

⑵　水素を集めた試験管の口元にマッチの火を近づけると，ポンと音を立てて燃える。また，水素が燃えると水ができるので，試験管の内側に細かな水滴《すいてき》がつく。

⑶　㋐　石灰水は水酸化カルシウムの水溶液で，石灰水に二酸化炭素を通すと，水酸化カルシウムと二酸化炭素の反応により，水にとけない炭酸カルシウムができ，その粒が液に広がるために白くにごる。しかし，石灰水に塩化水素やアンモニアを通した場合には，白くにごることはない。なお，石灰水はアルカリ性の水溶液なので，酸性の塩酸（塩化水素の水溶液）とは中和するが，気体や沈《ちん》でん物などは発生しない。また，石灰水はアルカリ性のアンモニア水（アンモニアの水溶液）とは中和反応を起こさない。そのため，ＡとＤの見た目の結果は同じといえる。　㋑　BTB溶液は酸性で黄色，中性で緑色，アルカリ性で青色を示すので，Ａを溶《と》かした水溶液は黄色，Ｄを溶かした水溶液は青色になる。　㋒　気体や液体がとけている水溶液を加熱すると，とけている物質は空気中に逃《に》げていくので，水が蒸発した後には何も残らない。そのため，Ａを溶かした水溶液もＤを溶かした水溶液も，蒸発皿には何も残らない。　㋓　スチールウールは鉄でできているので，塩酸にとけて水素を発生するが，アンモニア水とは反応しない。

⑷　二酸化マンガンにうすい過酸化水素水を加えると，過酸化水素水にとけている過酸化水素が分解して，酸素と水ができる。このとき，二酸化マンガンは過酸化水素が分解するのを助けるはたらきをするだけで，それ自身は変化しない。なお，㋐は二酸化炭素，㋒は水素が発生する。

⑸　①　表より，水素（Ｂ）と酸素（Ｅ）は，20：10＝２：１の体積比で過不足なく反応することがわかる。混合気体30cm^3に含まれる水素の体積が18cm^3のとき，酸素の体積は，$30-18=12$（cm^3）である。この混合気体に点火すると，18cm^3の水素と，$18\times\frac{1}{2}=9$（cm^3）の酸素が反応して水になり，反応しなかった酸素が，$12-9=3$（cm^3）残る。　②　反応しないで残った気体の体積が21cm^3であるとき，反応した気体は，$30-21=9$（cm^3）であり，そのうち反応した水素の体積は，$9\times\frac{2}{2+1}=6$（cm^3）である。よって，点火前の混合気体30cm^3中の水素の体積は，反応しないで残った気体が酸素である場合には６cm^3，反応しないで残った気体が水素である場合には，$6+21=27$（cm^3）と求められる。

7 乾電池《かんでんち》と豆電球の配線についての問題

⑴　①　端子《たんし》Ａと端子Ｂが箱の内側で導線でつながっているので，豆電球Ｐは点灯する。　②　端子Ｂと端子Ｃが箱の内側で導線でつながっていないので，豆電球Ｐは点灯しない。　③　端子Ａと端子Ｂ，端子Ａと端子Ｄが箱の内側で導線でつながっており，端子Ｂから端子Ｄまでが１つの道すじでつながっているので，豆電球Ｐは点灯する。

⑵　まず，図３で，端子Ｘ→乾電池→豆電球Ｐ→端子Ｙとつながっているので，図４の豆電球が豆電球Ｐと並列つなぎになることはない。次に，表で，「ＡとＥ」「ＢとＥ」「ＣとＥ」「ＤとＥ」は豆電球Ｐが点灯しないので，箱の内側で端子Ｅに導線はつながれていない。さらに，「ＢとＣ」「ＢとＤ」「ＣとＤ」は豆電球Ｐが⑴のときと同じ明るさで点灯するので，箱の内側で端子Ｂ，端子Ｃ，端子Ｄは導線でつながれている（BC間，BD間，CD間のうちの２つが２本の導線でつながれている）。そして，「ＡとＢ」「ＡとＣ」「ＡとＤ」は豆電球Ｐが⑴のときより暗く点灯するので，図４の豆電球のついた導線の一方は箱の内側で端子Ａに，もう一方は端子Ｂ，端子Ｃ，端子Ｄのどれかにつながり，豆電球Ｐと図４の豆電球が直列つなぎになる。

⑶　①　端子Ｃと端子Ｄにそれぞれ端子Ｘと端子Ｙをつないだとき，箱の内側では，電流のほとんどがCE間，ED間の導線を流れるので，CD間の豆電球には電流がほとんど流れない。そのため，豆電球Ｐは⑴のときと同じ明るさで点灯する。　②　端子Ｃと端子Ｄにそれぞれ端子Ｘと端子Ｙをつないだとき，箱の内側では，電流のほとんどがCE間を流れるので，ED間の導線やCD間の豆電球には電流がほとんど流れない。そのため，豆電球Ｐは⑴のときと同じ明るさで点灯する。

国語　＜第２回試験＞（50分）＜満点：100点＞

解答

一　**問１**　(ア)　**問２**　(エ)　**問３**　(イ)　**問４**　これ，常識　**問５**　(イ)　**問６**　真剣　**問７**　(ウ)　**問８**　砂場　**問９**　全身黒ずくめ　**問10**　Ａ　(イ)　Ｂ　(エ)　Ｃ　(カ)　**問11**　(オ)　**問12**　(例)　足の骨と，フリッパーとよばれる翼の骨。　**問13**　(エ)　**問14**　骨と筋肉　**問15**　(例)　ちずちゃんたちと遊ぶのをサンドイッチクラブより優先したこと。　**問16**　飽くなき欲求のままに生きろよ　**問17**　(ウ)　**問18**　(ア)　**問19**　(エ)　**問20**　氷山の前でたたずんでいる，親子のコウテイペンギンの砂像　**問21**　珠子は公園　二　①　めしあがりますか　②　なさいますか　③　○　④　おうかがいします（参ります，うかがいます）　⑤　○　三　①　風　②　波　③　水　④　雪　⑤　森　四　①～⑦　下記を参照のこと。　⑧　いっそくと（び）　⑨　ぎょうそう　⑩　へ（て）

●漢字の書き取り

四　①　冊子　②　緑化　③　除外　④　講（じる）　⑤　省力　⑥　夜行　⑦　空（けた）

解説

一　**出典は長江《ながえ》優子《ゆうこ》の『サンドイッチクラブ』による。**砂像作りの「サンドイッチクラブ」を結成した桃沢珠子《たまこ》（タマゴ）と羽村ヒカル（ハムちゃん）は仲たがいしていたが，仲直りする。

問１　少し前に「やる気が起きなかった」とあり，〔前書き〕に「ヒカルと仲たがいしてしまう」とあるので，(ア)がふさわしい。　(イ)　珠子は塾をやめると決めたことで「作りたいものを作れる時間ができた」と感じているので，「塾をやめることを後悔《こうかい》している」は合わない。　(ウ)，(エ)　ヒカルが「受験勉強」に「一生懸命《けんめい》に取り組んでいる」ようすは描《えが》かれていない。

問２　すぐ後で葉真《ようま》が「偵察《ていさつ》しにくるんじゃねー！」と言っているので，「自分の作品を探《さぐ》りに来たと思ったから」とある(エ)が合う。珠子・ヒカルの「サンドイッチクラブ」と葉真は砂像対決をするはずだったから，警戒《けいかい》したのである。

問３　珠子は「あいかわらず口が悪いなぁ。そういう言い方をされると傷つくんだけど」と続けているので，「不安」とある(イ)が選べる。なお，続く部分で二人はふつうに会話しているので，「怒《いか》り」とある(ア)と(ウ)は合わない。また，波線ⓓの二つ後のせりふに「わたしは楽しいからやってるだけ」とあるように，珠子は勝つことにこだわっていないので，「このままでは『葉真』に勝つことは難しいと困っている」とある(エ)も合わない。

問４　直前の「砂像ってのはひとりで作るもんなんだ。シラベさんだってそうだろ」は葉真自身の意見で，「これ，常識」は，意見の中に出てきた「シラベさん」の「ものまね」である。波線ⓑの次のせりふの「『素材がダメじゃいい作品ができない。これ，常識』ってシラベさんが言ってた」も参考になる。

問５　(ア)　続く部分の「ふたりで作っちゃいけないルールはないでしょ」は，「砂像ってのはひとりで作るもんなんだ」という葉真の持論への反論である。明快な反論で，「とまどいの気持ち」はない。「とまどう」は，“どうしてよいかわからず，まよう”という意味。　(イ)　前に「フフッ，かっこつけちゃって」とあり，少し後に「それにしても，公園の砂の善し悪《あ》しを調べていたなんて……」とあるので，あてはまる。　(ウ)　葉真が「砂像と真剣《しんけん》に向きあってる」こと，シラベさんを見極めて「弟子入り」したことに珠子は「感心」しているので，「『葉真』が本気であったことに対してあきれている」は合わない。　(エ)　砂像アーティストになりたいのかと葉真に聞かれた珠子は，「将来のことなんて，まだわかんない」，「楽しいからやってるだけ」と答えている。これが「そんなんじゃない」という珠子の気持ちなので，ライバルにされたら「心外」というのは的外れである。「心外」は，予想外の結果に怒りや残念な思いを感じること。

問６　少し後で珠子は，葉真がシラベさんの助言に従い，近辺の公園の砂について善し悪しを全部調べたと知って，「砂像と真剣《しんけん》に向きあってる」と思っている。「真剣」は，本気でものごとに取り組むこと。

問７　すぐ前の「目が点」は「目が点になる」の略で，“驚《おどろ》きあきれる”という意味なので，非常に驚いて感心する気持ちを表す(ウ)の「驚嘆《きょうたん》」がふさわしい。なお，(ア)の「嫉妬《しっと》」は，自分よりすぐれていたり愛されていたりする人に対して，妬《ねた》ましく思う気持ち。(イ)の「嫌悪《けんお》」は，ひどく嫌《きら》って憎《にく》む気持ち。(エ)の「軽蔑《けいべつ》」は，相手を軽く見て蔑《さげす》む気持ち。

問８　シラベさんは「砂がある場所ならどこへでも出かけていって，でっかい砂像を作る」のだから，シラベさんにとっては「世界」のどこであれ「砂像を作る」のに適した「砂場」なのだといえる。

問９　珠子が公園の葉真を見つけた場面に，「全身黒ずくめの葉真」とある。

問10　**A**　珠子は葉真を「勝手なヤツ」と思っているのだから，こみあげる腹立たしさをおさえるようすを表す「むっと」が合う。　**B**　「空」が「晴れている」さまなので，明るくさわやかなようすを表す「からりと」がふさわしい。　**C**　ヒカルが珠子に「背中を向け」た場面なので，軽く回るようすを表す「くるりと」が入る。

問11　言葉のかかり受けでは，直接つなげてみて意味のまとまるところが答えになるので，「翌朝」→「考えた」となる。

問12　「どちら」は，二つあるもののうちの一方を指す。すぐ前の二つの段落で，「足の骨」と「フリッパーとよばれる翼《つばさ》の部分」の骨という，二種類の骨について描かれている。

問13　ペンギンは鳥だが，飛ぶことをやめて泳ぐことに適した体に進化したのだから，「空」ではなく「海」を選んだといえる。

問14　珠子は，葉真の言った「あばら骨と肩《かた》の筋肉のつきかた」をきっかけに，ペンギンの骨を調べている。そして少し後で，「骨と筋肉」を意識してつくった砂像が，ヒカルから「かっこいい」とほめられている。なお，傍線《ぼうせん》⑭の少し後に「羽根の内側に秘《ひ》めたコウテイペンギンの意思が伝わるような砂像を作ってみたい」とあるのも参考になる。問12，問13で見たように，羽根の内側にある「長い骨」は，ペンギンが海で生きることを選んだ「意思」の結果なのである。

問15　最後のほうで，珠子はヒカルに「この前はごめんね。わたし，サンドイッチクラブのメンバーなんだから，砂像を作るべきだったよね。わたしだって，ハムちゃんがないしょでちずちゃんや杏《あん》ちゃんと遊びに行ったら，いやな気持ちになったと思う」と謝《あやま》っている。これをもとに，「砂像づくりをさぼり，ヒカルに内緒で友だちと遊びに行ったこと」や，「ヒカルと砂像をつくるべきだったのに友だちと遊びに行ったこと」のようにまとめればよい。

問16　少し後に「ヒカルの態度に怖《お》じ気《け》づきそうになった珠子は，心の中で『欲求！』とかつを入れた」とあるので，「欲求」をふくんでいる「飽《あ》くなき欲求のままに生きろよ」がぬき出せる。

問17　「無我夢中」は我を忘れるほど何かに熱中するさまを表すので，一つのことに集中するようすを表す(ウ)の「一心不乱」が選べる。なお，(ア)の「一刀両断」は，すばやくはっきりした処置をとること。(イ)の「一心同体」は，二人以上の人が心を一つにして力を合わせること。(エ)の「一念発起」は，あることを成しとげようと強く決心すること。

問18　「一べつする」は，“ちょっとだけ見る”という意味。

問19　最後のほうに「ヒカルに野生のかがやきを感じた」とあるように，ヒカルは変わった子だと珠子は感じている。したがって，(エ)のように，ヒカルの行為《こうい》を「腹立たしく思」うことはないと考えられる。

問20　ヒカルが「そのコウテイペンギン，かっこいい」と言ったのは，珠子が自分の中の「欲求」に向き合って砂像を作ったからだと考えられる。この「欲求」という言葉を葉真から聞かされた場面で珠子の頭に浮《う》かんだのは，「氷山の前でたたずんでいる，親子のコウテイペンギンの砂像」である。

問21　一つ目のまとまりは，最初から，「オレが勝つ。ぜったい勝つからな！」まで。葉真と話すうちに砂像を作りたい自分の気持ちに気づいた珠子のようすが描かれている。二つ目のまとまりは，「葉真に会った翌朝」から，「出かける支度《したく》をはじめた」まで。コウテイペンギンの骨を調べ，砂像を作りたい気持ちが高まる場面である。三つ目のまとまりは，「珠子は公園の駐輪場に自転車をとめて」以降の部分。珠子が砂像を作るようすと，ヒカルと和解するようすが描かれている。

二　敬語の使い方

①　社長の動作なので，「食べる」の尊敬語「めしあがる」などを使うのがよい。「いただく」は謙《けん》譲《じょう》語である。　②　お客様の動作には，「する」の尊敬語「なさる」などを使う。「いたす」は謙譲語。　③　「くださる」は「くれる」の尊敬語で，ここでは使い方として正しい。　④　身内の母の動作だから，「行く」の謙譲語「参る」か，「訪問する」の謙譲語「うかがう」などを使

う。「いらっしゃる」は尊敬語。　⑤「お～になる」は尊敬表現で，ここでは使い方として正しい。

三　慣用句・ことわざの完成

①「肩《かた》で風を切る」は，“得意になって威勢《いせい》よくする”という意味。　②「波に乗る」は，“時の流れにうまく合って発展する”，“調子に乗る”という意味。　③「立て板に水」は，すらすらとよどみなくしゃべるようす。　④「雪に白鷺《しらさぎ》」は，どちらも白い雪と白鷺のように，区別がつかないこと。また，目立たないことのたとえ。　⑤「木を見て森を見ず」は，“細部にばかり目を向け，一向に全体を見ようとしない”という意味。

四　漢字の書き取りと読み

①　手書きした紙や印刷した紙を糸などでとじて本のようにしたもの。　②　緑の乏《とぼ》しいところに草木を植えること。　③　ある範囲《はんい》には入らないものとして取り除くこと。　④“問題を解決するために適当な方法をとる”という意味。　⑤「省力化」は，機械を導入したり作業を合理化したりすることで，労働力が少なくてすむようにすること。　⑥「夜行性」は，動物が昼間は眠《ねむ》ったり休息したりして，夜間に活動する性質。　⑦　音読みは「クウ」で，「空気」などの熟語がある。訓読みにはほかに「そら」「から」などがある。　⑧「一足飛び」は，一定の順序をふまえずに，一気に進むこと。　⑨　激しい感情があらわれた顔かたち。　⑩　音読みは「ケイ」「キョウ」で，「経済」「経典」などの熟語がある。

Dr.福井の
入試に勝つ！脳とからだのウルトラ科学

睡眠時間や休み時間も勉強!?

みんなは寝不足になっていないかな？　もしそうなら大変だ。睡眠時間が少ないと，体にも悪いし，脳にも悪い。なぜなら，眠っている間に，脳は海馬《かいば》という部分に記憶をくっつけているんだから。つまり，自分が眠っている間も頭は勉強しているわけだ。それに，成長ホルモン（体内に出される背をのばす薬みたいなもの）も眠っている間に出されている。昔から言われている「寝る子は育つ」は，医学的にも正しいことなんだ。

寝不足だと，勉強の成果も上がらないし，体も大きくなりにくく，いいことがない。だから，睡眠時間はちゃんと確保するように心がけよう。ただし，だからといって寝すぎるのもダメ。アメリカの学者タウブによると，10時間以上も眠ると，逆に能力や集中力がダウンしたという研究報告があるんだ。

睡眠時間と同じくらい大切なのが，休み時間だ。適度に休憩するのが勉強をはかどらせるコツといえる。何時間もぶっ続けで勉強するよりも，50分勉強して10分休むことをくり返すようにしたほうがよい。休み時間は，散歩や体操などをして体を動かそう。かたまった体をほぐして，つかれた脳を休ませるためだ。マンガを読んだりテレビを見たりするのは，頭を休めたことにならないから要注意！

頭の疲れに関連して，勉強の順序にもふれておこう。算数の応用問題や理科の計算問題，国語の読解問題などを勉強するときには，脳のおもに前頭葉という部分を使う。それに対して，国語の知識問題（漢字や語句など）や社会などの勉強では，おもに海馬《かいば》という部分を使う。したがって，それらを交互に勉強すると，１日中勉強しても疲れにくい。

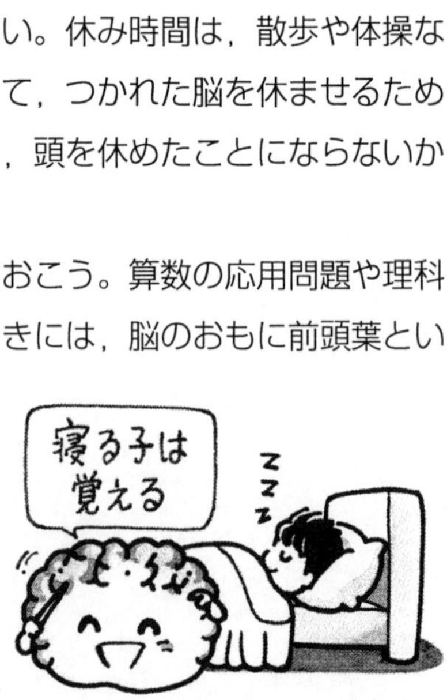

Dr.福井（福《ふく》井《い》一成《かずしげ》）…医学博士。開成中・高から東大・文Ⅱに入学後，再受験して翌年東大・理Ⅲに合格。同大医学部卒。さまざまな勉強法や脳科学に関する著書多数。

2020年度　明治大学付属中野中学校

〔電　話〕（03）3362－８７０４
〔所在地〕〒164-0003　東京都中野区東中野３－３－４
〔交　通〕JR中央線・都営大江戸線─「東中野駅」より徒歩５分
東京メトロ東西線─「落合駅」より徒歩10分

【算　数】〈第１回試験〉（50分）〈満点：100点〉

1　次の□にあてはまる数を答えなさい。

(1)　$26\times14.8+52\times2.4-16\times19.6=\square$

(2)　$\dfrac{3}{4}+\left\{5-\left(7\dfrac{4}{5}\div\square-1.2\right)\right\}\div3.2=1.875$

(3)　$\dfrac{23}{53}$の分母と分子に，同じ整数□をそれぞれ加えると$\dfrac{7}{12}$になりました。

2　次の問いに答えなさい。

(1)　兄と弟の所持金の比は13：８でしたが，兄が弟に450円渡したので，兄と弟の所持金の比は４：３になりました。最初，兄はいくら持っていましたか。

(2)　45人のクラスで身長を測ったところ，平均は146.5cmでした。その後，男子が平均2.1cm，女子が平均1.6cm伸びたので，全体の平均は148.3cmになりました。このクラスの男子の人数は何人ですか。

(3)　分母が７で分子が整数である分数のうち，０より大きく10より小さい分数について考えます。それらの分数の中で，約分できないものをすべてたすといくつになりますか。

(4)　右の図①のように，同じ目がくっつくように４つのさいころを並べました。アの目の数がイの目の数より大きいとき，アの目の数はいくつですか。

(5)　右の図②のように，三角形ABCをPQで分けたところ，三角形APQの面積と，四角形PBCQの面積が等しくなりました。AC＝36cm，AP：PB＝５：１のとき，AQの長さを求めなさい。

図①

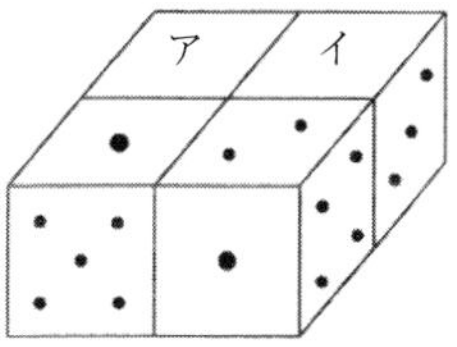

図②

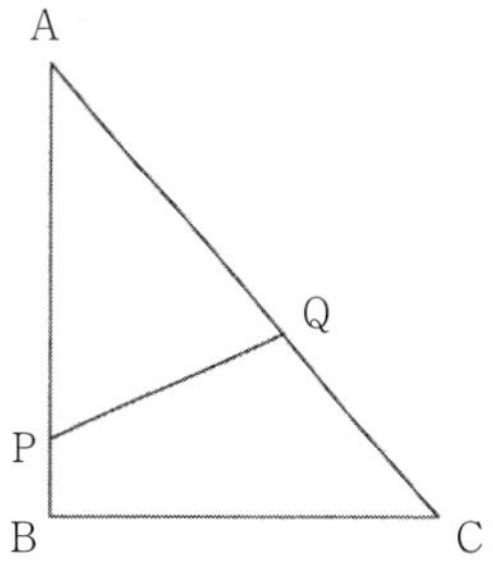

3　右の図①，②のように，底面の半径がそれぞれ４cm，６cm，８cmである円柱A，B，Cを積み重ねた形の水そうがあり，円柱B，Cの高さはともに６cmです。いま，あるコップを水でみたし，それを水そうに移します。すると，図①の水そうでは，12回移したと

図①

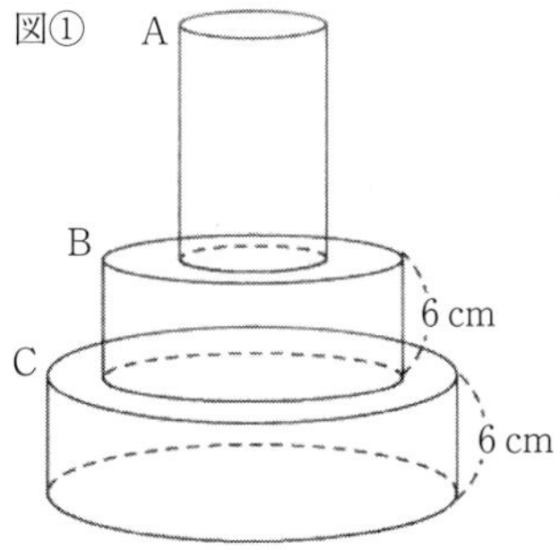

図②

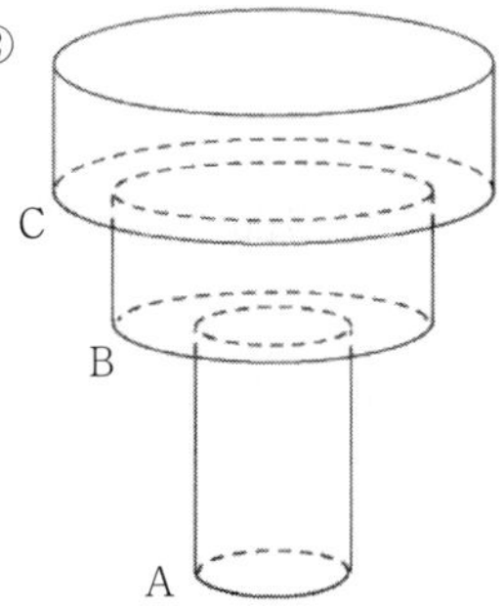

ころで円柱Ｃの部分がいっぱいになりました。また，図②の水そうでは，同じコップで水を15回移したところ，円柱Ａ，Ｂの部分がともにいっぱいになりました。円柱Ａの高さを求めなさい。ただし，円周率は3.14とします。

4　右の図の平行四辺形ABCDにおいて，ADとEFは平行で，AE：EB＝5：3，AG：GD＝2：1のとき，次の問いに答えなさい。

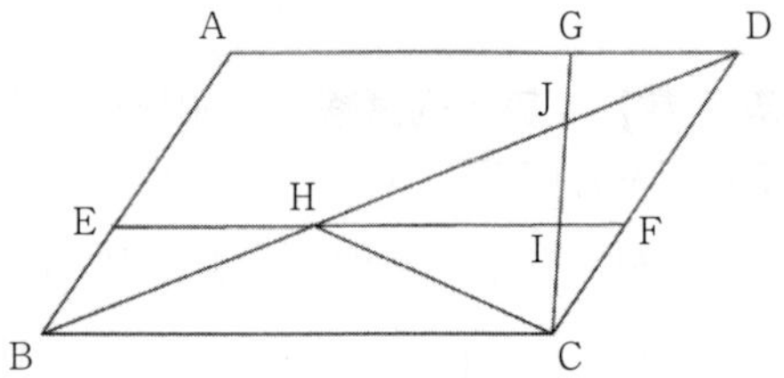

(1)　GD：HIを最も簡単な整数の比で答えなさい。

(2)　三角形HBCの面積は，三角形GJDの面積の何倍になりますか。

5　次のように，ある規則にしたがって整数が並んでいます。

1，2，3，4，2，3，4，1，3，4，1，2，4，1，2，3，1，2，3，4，…

(1)　１番目から90番目までの数の和はいくつですか。

(2)「…，４，１，…」という数の並びが初めて現れたときの４は，はじめから数えて７番目です。

「…，４，１，…」という数の並びが2020回目に現れたときの４は，はじめから数えて何番目ですか。

6　右の図①のように，たて20cm，横25cm，高さ14cmである直方体の水そうがあります。この水そうのふたには水を入れる穴Ａが，底面には水をぬく穴Ｂがあります。また，この水そうの底面は，底面と側面に垂直な長方形のしきりによって，ア，イの２つの部分に分けられています。Ａの穴から一定の割合で水を入れ，途中でＢの穴から一定の割合で水をぬいたところ，200秒で水そうの水がいっぱいになりました。ここで，Ａの穴から水を入れるのをやめ，Ｂの穴からは水をぬき続けました。次のページの図②は，水を入れはじめてからの時間と，最も高い水面の高さとの関係を表したグラフです。しきりの厚さは考えないものとして，次の問いに答えなさい。

図①

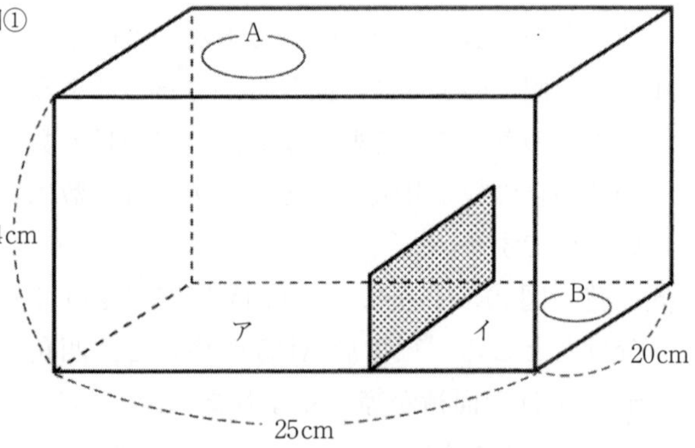

(1)　アの部分の底面積は何cm^{2}ですか。

(2)　図②のウにあてはまる数を求めなさい。

(3)　図②のエにあてはまる数を求めなさい。

図②

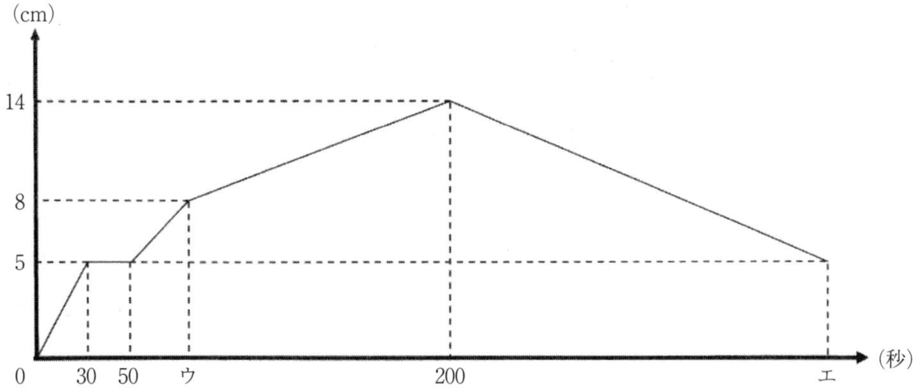

7　下の図のAは正しい時刻を示す時計であり，Bは一定の割合でおくれてしまう時計です。

ある日の正午にBの時刻を合わせました。その後，図①のようにAがその日の午後３時９分を示したとき，Bは午後３時ちょうどを示していました。また，図②のようにAがその日の午後５時15分を示したとき，Bは午後５時ちょうどを示していました。次の問いに答えなさい。

(1)　図③のように，Bはその日の午後６時から午後７時までの間で，アの角とイの角の大きさが等しくなりました。このとき，Bが示している時刻は午後６時何分ですか。

(2)　(1)のときに，Aが示している時刻は午後６時何分ですか。

図①

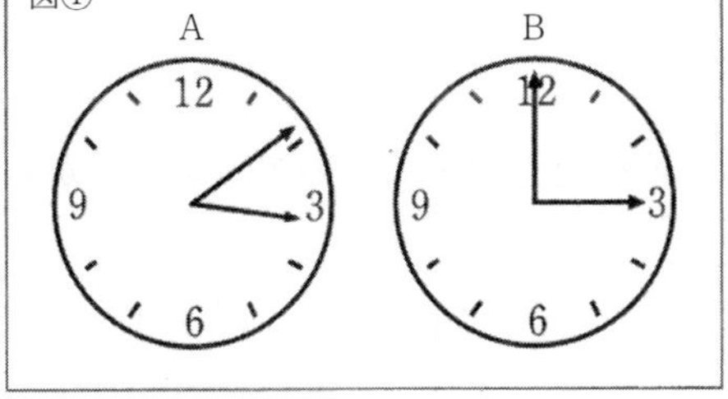

図②

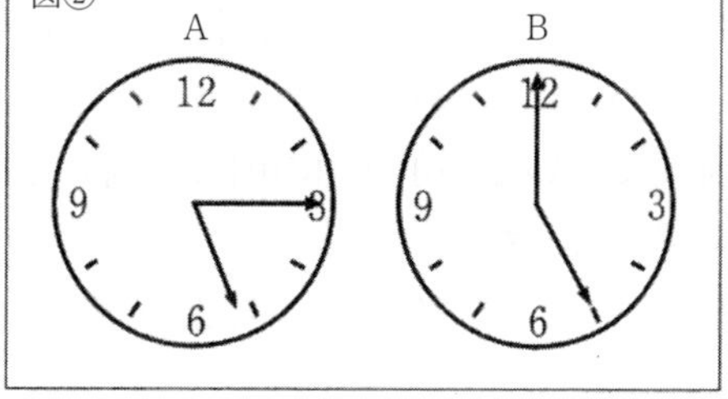

図③

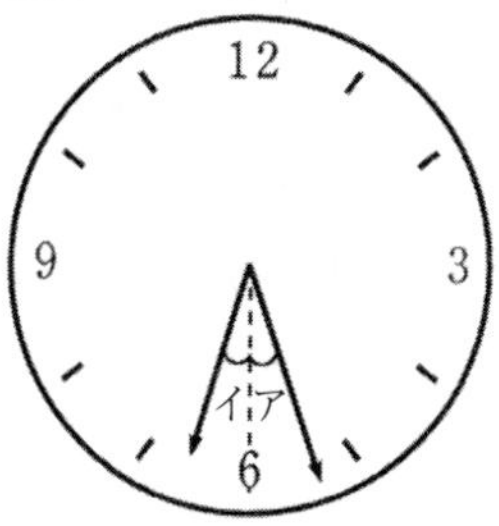

【社　会】〈第１回試験〉（30分）〈満点：50点〉

1　次の文を読み，問いに答えなさい。

日本国憲法は，①国会・②内閣・裁判所がたがいに均衡《きんこう》をはかり抑制《よくせい》し合う「三権分立」の原則を定めています。主権者である国民から③選挙によって選ばれた議員で構成される国会は，憲法第41条において，「国権の【　　】であつて，国の唯一《ゆいいつ》の立法機関である。」とされています。

④国会には，通常国会・臨時国会・特別国会・緊急《きんきゅう》集会の４種類があり，審議《しんぎ》を効率的に行うために，委員会制度を採用しています。⑤税金や⑥社会保障など，国民の関心が高い重要な案件については，委員会が⑦利害関係者や有識者の意見をはば広く取り入れることもあります。

問１．【　】にあてはまる語句を，漢字で答えなさい。

問２．下線部①について，国会のはたらきとして正しいものを，次のア～オの中からすべて選び，記号で答えなさい。

ア．条約の締結《ていけつ》を承認すること

イ．政令を制定すること

ウ．憲法の改正を発議すること

エ．内閣総理大臣を任命すること

オ．最高裁判所の長官を指名すること

問３．下線部②について，安倍晋三首相は，昨年(2019年)，通算在任期間が最も長い内閣総理大臣となりました。安倍晋三首相に次いで，２番目に在任期間が長い内閣総理大臣を，漢字で答えなさい。

問４．下線部③について，現在の衆議院議員総選挙は，小選挙区制ともう１つ何という制度を組み合わせているか，漢字で答えなさい。

問５．下線部④について，４種類の国会に関して正しく述べたものを，次のア～エの中から１つ選び，記号で答えなさい。

ア．通常国会は，その年度の予算案や関連法案を議題としてあつかい，会期は120日間である。

イ．臨時国会は，内閣が必要と認めたとき，または衆議院・参議院いずれかの議院の総議員の４分の１以上の要求があった場合に召集《しょうしゅう》される。

ウ．特別国会は，衆議院解散による総選挙から20日以内に召集され，国務大臣の指名を行う。

エ．緊急集会は，衆議院の解散中に緊急の必要がある場合，天皇により召集される。

問６．下線部⑤について，現在の日本の税金に関して正しく述べたものを，次のア～エの中から１つ選び，記号で答えなさい。

ア．相続税は，直接税であり，都道府県に納められている。

イ．固定資産税は，間接税であり，市町村に納められている。

ウ．所得税は，直接税であり，すべての国民は，その所得に対して同じ税率で納めている。

エ．消費税は，間接税であり，一部の商品に対しては，軽減税率が適用されている。

問７．下線部⑥について，日本の社会保障制度は，社会保険，公的扶助《ふじょ》，社会福祉《ふくし》，公衆衛生の４つの柱から成り立っています。次のⅠ・Ⅱの文はどれにあてはまるか，下のア～エの中からそれぞれ１つずつ選び，記号で答えなさい。

Ⅰ．国民の健康増進を図るとともに，予防接種などを行い，感染症《しょう》の予防をめざす。

Ⅱ．生活に困っている人に対して，国が食費や光熱費，教育費などの一部を給付する。

ア．社会保険　　イ．公的扶助　　ウ．社会福祉　　エ．公衆衛生

問８．下線部⑦について，このために開かれる会を何というか，漢字で答えなさい。

2　次の＜史料１＞～＜史料６＞を読んで，問いに答えなさい。なお，史料は一部改めています。

＜史料１＞

景初二年六月，倭の女王が難升米《なしめ》たちを帯方郡につかわして，中国の皇帝《こうてい》に面会して朝貢《ちょうこう》することを求めた。……

その年十二月，詔書《しょうしょ》を倭の女王にくだして言うには，「……今あなたを【 Ａ 】倭王となし，金印を与《あた》える……」。

＜史料２＞

寛仁二年十月十六日，今日は女御威子《にょうごいし》を皇后に立てる日である。……

①太閤《たいこう》が私を招いて，「和歌を詠《よ》もうと思う。必ず返歌を詠め。」……

「この世をば　我が世とぞ思う　【 Ｂ 】の　かけたることも　なしと思えば」。

＜史料３＞

承久三年五月十九日……北条政子は，家来らを呼び言った。「みな心を一つにして聞きなさい。これが最後の言葉です。故源頼朝が平氏を倒《たお》し，関東を平定して後，あなた方は官位や恩賞などをたくさん与えてもらいました。この恩は山より高く，大海より深いはずです。……院につきたければ今すぐ申し上げなさい。そうでないなら，源氏三代の恩に報《むく》いるためにも挙兵しなさい。」

＜史料４＞

日本はもともと神の国である。……ここにキリスト教徒がたまたまやってきた。彼《かれ》らは貿易だけでなく，キリスト教を広め神仏を惑《まど》わし，日本の政治を改め，自分たちの領土としようとしている。……急いでキリスト教を禁止しなければ，後に国家にとって良くないことが起こるだろう。

＜史料５＞

予算について，最も歳出《さいしゅつ》の多いものは，【 Ｃ 】でございます。……国家が独立自衛するためには二つの道があります。一つは主権線を守ること，もう一つは②利益線を保護することです。

＜史料６＞

一，③日本国とソヴィエト社会主義共和国連邦《れんぽう》との間の戦争状態は，この宣言が効力を生ずる日に終了《しゅうりょう》し，両国の間に平和および友好善隣《ぜんりん》関係が回復される。

問１．＜史料１＞の【Ａ】にあてはまる語句を，漢字で答えなさい。

問２．＜史料１＞のころの日本の説明として正しいものを，次のア～エの中から１つ選び，記号で答えなさい。

ア．稲作《いなさく》はまだ伝わっておらず，狩猟《しゅりょう》採集の生活が営まれていた。

イ．弓矢の使用が始まり，足の速い動物を狩《か》ることが可能となった。

ウ．金属器が伝来し，主に農具などには鉄を，祭礼具などには青銅を使用した。

エ．この時代の遺跡《いせき》である大森貝塚から，貝がらや石器などが出土している。

問３．＜史料２＞の下線部①について，太閤とは誰《だれ》か，漢字で答えなさい。

問４．＜史料２＞の【Ｂ】にあてはまる語句を，漢字で答えなさい。

問５．＜史料２＞のころの日本の説明として正しいものを，次のア～エの中から１つ選び，記号で答えなさい。

ア．鎮護《ちんご》国家思想を広めるため，中国から鑑真が来日した。

イ．天皇に代わって上皇が権力をにぎり，院政が行われた。

ウ．貴族たちは，書院造という形式の邸宅《ていたく》に住むようになった。

エ．地方で武士が台頭し始め，しだいに中央へ進出するようになった。

問６．鎌倉時代は武士が権力をにぎり，幕府主導の政治が行われたとされています。この時代，天皇(上皇)が果たした役割はどのようなものでしたか。また，幕府は天皇(上皇)をどのような存在と考えていましたか。＜史料３＞にある演説が行われた背景と，次のⅠ・Ⅱの文を参考にして，説明しなさい。

Ⅰ．源頼朝は，後白河法皇に征夷大将軍の職を求めたが，これを拒否《きょひ》され，右近衛《うこのえ》大将の職を与えられたといわれている。その後，源頼朝は，後鳥羽天皇により征夷大将軍の職を与えられた。

Ⅱ．３代将軍源実朝が死去すると，幕府は皇族を将軍に迎《むか》えようとしたが，後鳥羽上皇により拒否された。その後，執権北条時頼の時に，念願の皇族将軍として宗尊《むねたか》親王を６代将軍に迎えた。

問７．＜史料４＞は，江戸時代に発布された禁教令の一部です。江戸幕府はこの後，鎖国政策をとりましたが，鎖国が完成した時の将軍を，漢字で答えなさい。

問８．＜史料５＞は，初期の帝国議会における，山県有朋首相の演説です。【Ｃ】にあてはまる，明治時代初期の日本において，最も歳出の割合が高い項目《こうもく》として正しいものを，次のア～エの中から１つ選び，記号で答えなさい。

ア．外交の経費　　イ．教育の経費　　ウ．社会保障の経費　　エ．陸海軍の経費

問９．＜史料５＞の下線部②について，利益線とは朝鮮半島のことを指します。明治時代以降の日本と朝鮮半島との関係について，次のア～オのできごとを古い順に並べた時，４番目にあたるものを１つ選び，記号で答えなさい。

ア．日韓基本条約を結んだ。　　イ．日朝修好条規を結んだ。

ウ．日本が韓国を併合《へいごう》した。　　エ．三・一独立運動が起こった。

オ．日韓秘密軍事情報保護協定を結んだ。

問10．＜史料６＞の下線部③について，日本とソ連との関係を述べた文として誤っているものを，次のア～エの中から１つ選び，記号で答えなさい。

ア．1941年，日ソ中立条約が結ばれた。

イ．日本がポツダム宣言を受け入れた後，ソ連が千島列島を占領《せんりょう》した。

ウ．第二次世界大戦中に拘束《こうそく》された日本兵らは，その大多数がモスクワへ送られて強制労働をしいられた。

エ．＜史料６＞の宣言を発表した後，日本の国際連合への加盟が実現した。

問11．＜史料６＞の宣言が調印された時の日本の首相を，漢字で答えなさい。

3　次の地図を見て，問いに答えなさい。なお，地図中の経線と緯線《いせん》は同じ間隔《かんかく》で引かれています。

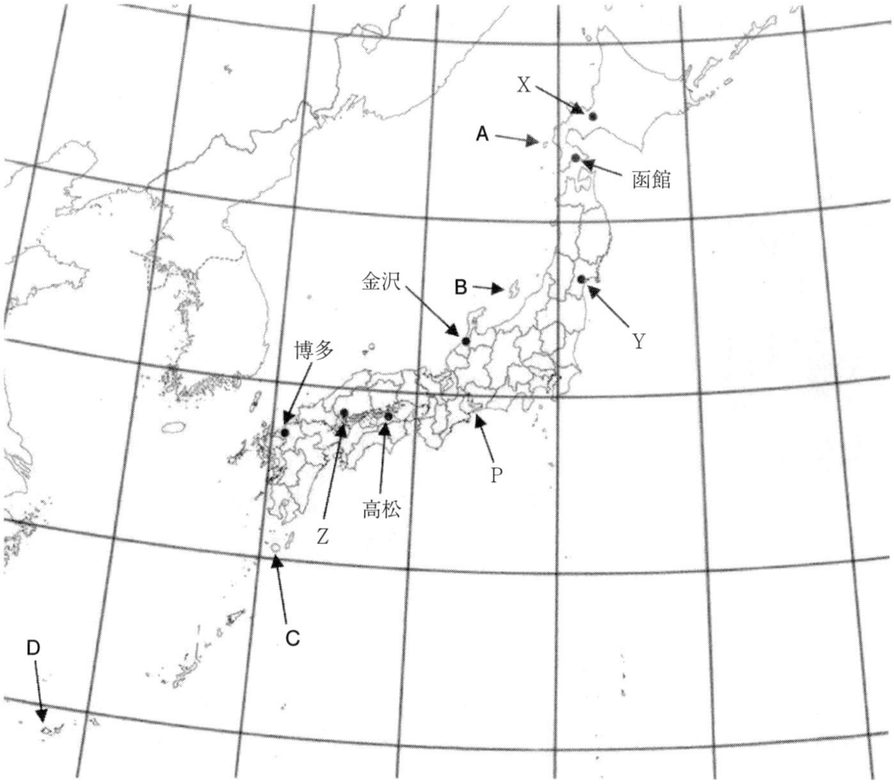

問１．次の表中ア～エは，東京駅から上の地図中の函館・金沢・高松・博多のいずれかの駅まで，鉄道や船舶《せんぱく》を使って移動した際にかかる※所要時間の変化を示したものです。函館にあてはまるものを，ア～エの中から１つ選び，記号で答えなさい。

※所要時間：乗り換え時間を含む，最短またはそれに準じる時間。

	1958年	1978年	1988年	2019年
ア	10時間14分	5時間1分	4時間19分	2時間28分
イ	14時間5分	5時間30分	4時間56分	4時間21分
ウ	17時間5分	13時間10分	7時間14分	4時間26分
エ	17時間10分	6時間56分	5時間57分	4時間52分

（日本交通公社・JTB時刻表による）

問２．次のア～エの文は，上の地図中**A**～**D**のいずれかの島について述べたものです。**A**・**B**の島を説明した文を，ア～エの中からそれぞれ１つずつ選び，記号で答えなさい。また，**C**・**D**の島名を，それぞれ漢字で答えなさい。

ア．数千年の樹齢《じゅれい》をほこる縄文杉《すぎ》が有名である。島の一部は世界遺産に登録されている。

イ．島名はアイヌ語に由来する。1993年に起きた地震の際，大きな津波《つなみ》の被害《ひがい》を受けた。

ウ．特別天然記念物に指定されている野生のネコが生息する。海岸や河川の河口付近には，マングローブがみられるところもある。

エ．江戸時代には，金山の開発が行われた。かつては野生のトキが多数生息していたが，絶《ぜつ》滅《めつ》し，現在は人工繁殖《はんしょく》が行われている。

問３．下の写真は，前のページの地図中**Ａ**～**Ｄ**のいずれかの島にある子午線のモニュメントです。これは，東経123度45分6.789秒に位置しています。このモニュメントがある島を，**Ａ**～**Ｄ**の中から１つ選び，記号で答えなさい。

問４．次のア～エのグラフは，前のページの地図中**Ａ**～**Ｄ**のいずれかの島にある観測点の雨温図です。**Ｂ**・**Ｃ**にあてはまるものを，ア～エの中からそれぞれ１つずつ選び，記号で答えなさい。

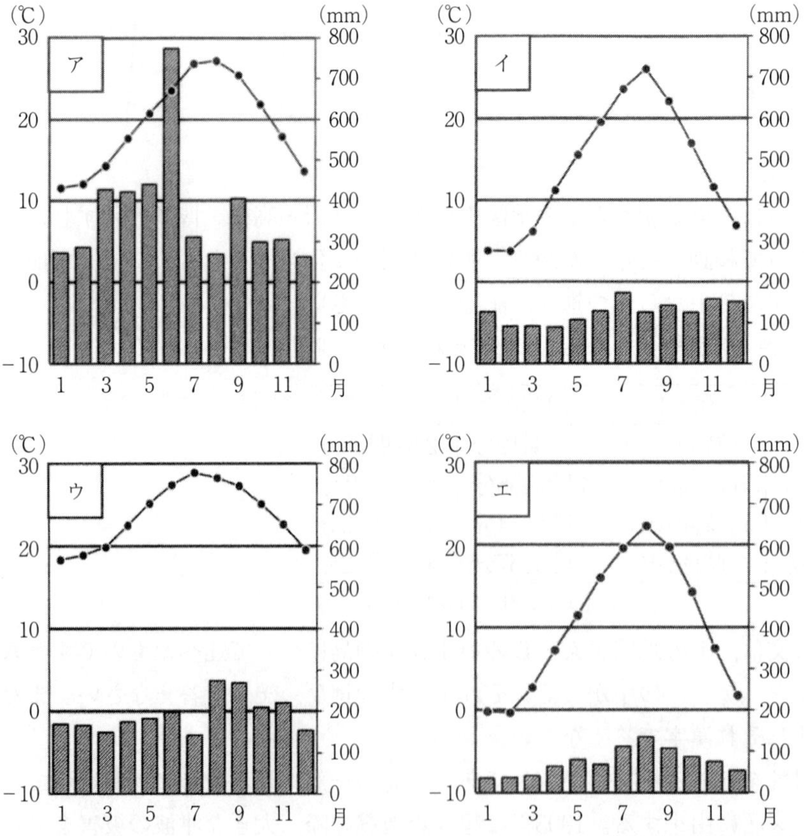

(気象庁の統計による)

問５．７ページの地図中Ｐ県は，繊維，鉄鋼，輸送用機器の各製造品出荷額が都道府県別で第１位となっています。次のⅠ～Ⅲの地図は，それらの製造品出荷額(2016年)の上位５都道府県を塗りつぶして示したものです。各製造品と地図の組み合わせとして正しいものを，下のア～カの中から１つ選び，記号で答えなさい。

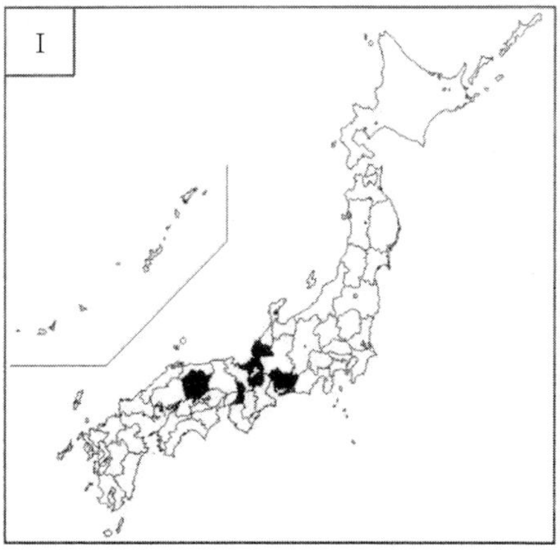

(工業統計表による)

	繊維	鉄鋼	輸送用機器
ア	Ⅰ	Ⅱ	Ⅲ
イ	Ⅰ	Ⅲ	Ⅱ
ウ	Ⅱ	Ⅰ	Ⅲ
エ	Ⅱ	Ⅲ	Ⅰ
オ	Ⅲ	Ⅰ	Ⅱ
カ	Ⅲ	Ⅱ	Ⅰ

問６．昨年11月，ローマ教皇フランシスコが来日し，７ページの地図中Ｘ～Ｚのいずれかの都市を訪問しました。次のページの地図Ⅰ～Ⅲは，Ｘ～Ｚのいずれかの都市のものです。教皇フランシスコが訪れた都市と地図Ⅰ～Ⅲの組み合わせとして正しいものを，次のア～ケの中から１つ選び，記号で答えなさい。

ア．Ｘ－Ⅰ　　イ．Ｘ－Ⅱ　　ウ．Ｘ－Ⅲ

エ．Ｙ－Ⅰ　　オ．Ｙ－Ⅱ　　カ．Ｙ－Ⅲ

キ．Ｚ－Ⅰ　　ク．Ｚ－Ⅱ　　ケ．Ｚ－Ⅲ

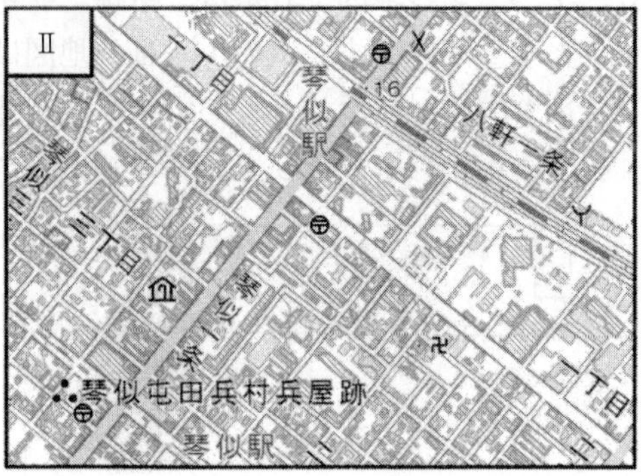

問７．次の表中ア～エは，青森・沖縄・東京・鳥取の各都県の海岸線の距離《きょり》と島の数を示したものです。沖縄と東京のものを，ア～エの中からそれぞれ１つずつ選び，記号で答えなさい。

	海岸線の距離	島の数
ア	129km	35
イ	752km	114
ウ	761km	330
エ	2,027km	363

（理科年表による）

【理　科】〈第１回試験〉（30分）〈満点：50点〉

1　下図は，北極星側から見た地球と月の位置関係と太陽の光を表しています。あとの各問いに答えなさい。

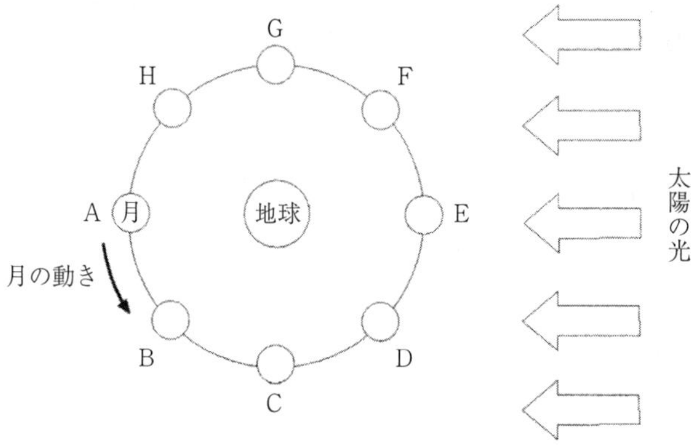

(1) 「新月」の月の位置は，図のＡ～Ｈのどこですか。記号で答えなさい。

(2) 東京で月を肉眼で観察したとき，図のＣの位置にある月の形はどのように見えますか。次の(ア)～(キ)から，最も近いものを選び，記号で答えなさい。

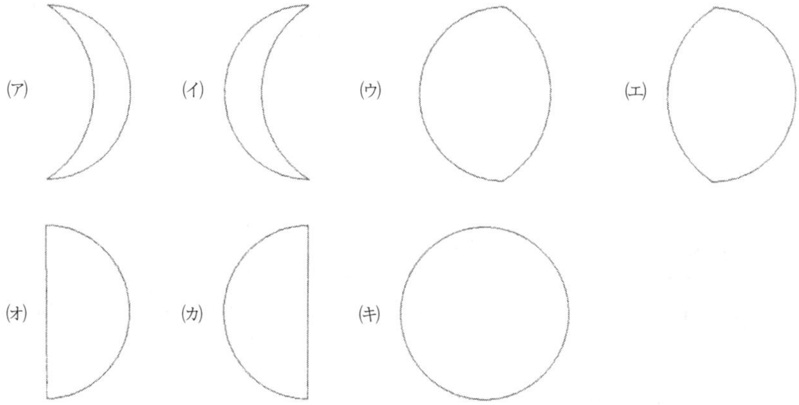

(3) 東京で図のＧの位置にある月を観察しました。午後６時ごろと午前０時ごろの月はそれぞれどこに見えますか。次の(ア)～(ウ)から最も適するものを選び，記号で答えなさい。

(ア)　東の方の低い空

(イ)　ほぼ真南の空

(ウ)　西の方の低い空

2　Ａ　植物について，(1)～(3)の各問いに答えなさい。

(1) アブラナは，単子葉類と双《そう》子葉類のどちらかに分類されます。次の(ア)～(オ)のうち，アブラナと同じなかまに分類されるものを２つ選び，解答欄の記号を○で囲みなさい。

(ア)　エンドウ　　(イ)　ユリ　　(ウ)　ススキ

(エ)　ササ　　(オ)　アサガオ

(2) トウモロコシも単子葉類と双子葉類のどちらかに分類されます。トウモロコシと同じなかまに分類される植物の根や葉脈はどのようになっていますか。根を(ア)・(イ)から，葉脈を(ウ)・(エ)からそれぞれ選び，記号で答えなさい。

【根】　(ア)　主根と側根　　(イ)　ひげ根

【葉脈】　(ウ)　平行脈　　(エ)　網《もう》状脈

(3)　図1は，ある植物の葉の断面を表しています。根で吸収された水が通る管が多くあるのは，図の(ア)〜(エ)のどの部分ですか。1つ選び，記号で答えなさい。また，その管の名前を答えなさい。

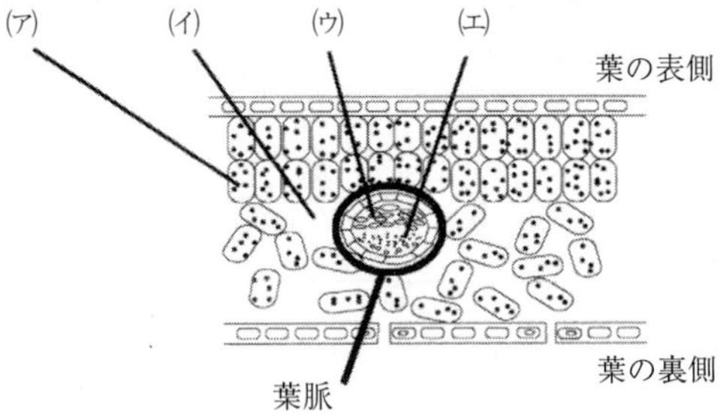

図1

B　植物の蒸散について調べるため，次の《実験》を行いました。(4)〜(6)の各問いに答えなさい。

《実験》

茎の太さや長さ，葉の大きさや枚数が同じホウセンカを4本用意し，下表のようにワセリンを塗《ぬ》り，図2のように，同じ量の水が入ったメスシリンダーA〜Dにそれぞれ入れた。そこに，水面からの水の蒸発を防ぐために食用油を数滴《てき》ずつ入れた。

次に，室温25℃でメスシリンダーA〜Dに入れたホウセンカに強い光を一定時間当て，それぞれの減った水の量を調べたところ，下表の実験結果が得られた。なお，ワセリンは塗ったところからの蒸散をさまたげる物質である。

図2

メスシリンダー	ワセリンを塗ったところ	実験結果（減った水の量〔mL〕）
A	葉の裏側	1.2
B	葉の表側と裏側	0.4
C	茎	(　　)
D	どこにも塗らない	3.2

(4)　葉の表側から蒸散した水の量は，A〜Dのどの2本から求めることができますか。解答欄の記号を○で囲みなさい。

(5)　上表の(　)にあてはまる数値を求めなさい。

(6)　蒸散には，植物のからだの温度を下げるはたらきがあります。次の(ア)〜(エ)のうち，蒸散によって温度が下がるしくみと最も関係のないものを選び，記号で答えなさい。

(ア)　おでこに氷《ひょう》のうをのせて冷やす。

(イ)　夏の暑い日に，道路に打ち水をしたところ，路面の温度が下がる。

(ウ)　運動後，汗をふかずにそのままにしておくと，汗をふいたときより体が冷える。

(エ)　注射のための消毒で，腕《うで》にアルコールを塗り，その部分に息を吹きかけると冷たく感じる。

3　液体のあたたまり方や冷め方について，次の各問いに答えなさい。

(1)　水のあたたまり方を調べるために，示《し》温テープをガラス棒に貼《は》って，水の入った試験管に入れました。示温テープは試験管にふれないようにして，図1と図2のように弱火でゆっくり加熱しました。この実験で使用した示温テープは50℃以上になると色が変わります。図1と図2の示温テープの色はそれぞれどのように変わりますか。あとの(ア)〜(エ)から1つずつ選び，記号で答えなさい。

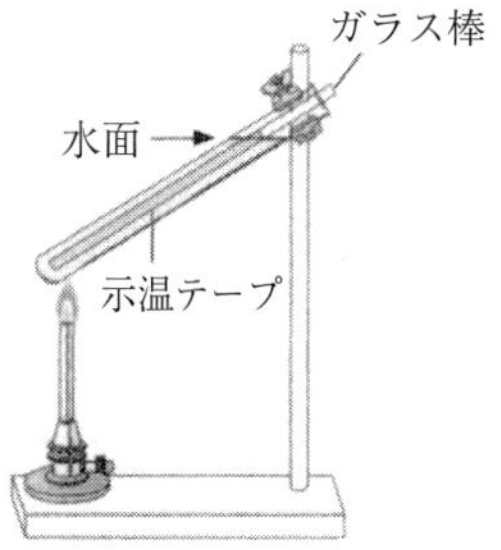

図１

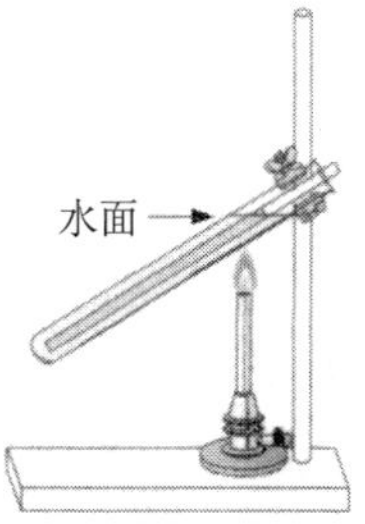

図２

(ア)　水面付近の色が最初に変わり，その後，試験管の底の方へ変わっていった。

(イ)　水面付近の色が最初に変わったが，試験管の底の方はなかなか変わらなかった。

(ウ)　試験管の底付近の色が最初に変わり，その後，水面の方へ変わっていった。

(エ)　試験管の底付近の色が最初に変わったが，水面付近はなかなか変わらなかった。

(2)　熱いみそ汁《しる》をそのまま置いておくと，茶色の粒がもやもやと動き出し，図３のようなまだら模様が現れます。次の文は，この現象について述べたものです。文中の①～③にあてはまる語句をあとの語群の，①は(ア)・(イ)から，②は(ウ)・(エ)から，③は(オ)・(カ)からそれぞれ１つ選び，記号で答えなさい。

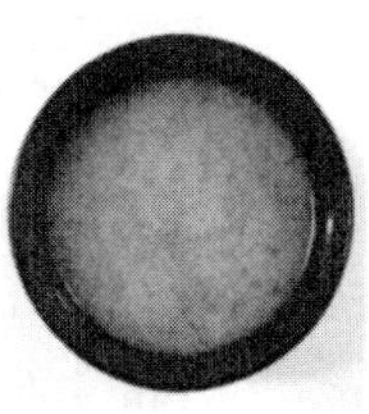
図３

温度の低下がはやい（ ① ）のみそ汁が（ ② ）なり，（ ③ ）へ移動することによって，みそ汁の茶色の粒が動き始める。これによってまだら模様が現れる。

語群

(ア)　液面付近　　(イ)　内部

(ウ)　軽く　　(エ)　重く

(オ)　上　　(カ)　下

(3)　琵琶《びわ》湖は，ある時期になると，湖面付近の水と湖底付近の水が入れ替《か》わります。この現象を「全循環《じゅんかん》」といいます。

①　(2)で答えたことをもとにして考えると，全循環が起こりやすいのは夏と冬のどちらですか。

②　全循環が起こると，湖面付近の水に溶《と》けているある気体が湖底の方にも供給されるため，湖底付近にいる生物にとってよい環境が保たれます。ある気体の名前を答えなさい。

4　天気の変化と雨の量について，次の各問いに答えなさい。

(1)　次の文を読み，①・②の問いに答えなさい。

日本では，「夕焼けの翌日は（ Ａ ）」という言い伝えがある。これは天気が（ Ｂ ）から（ Ｃ ）に移り変わることが多いためである。このように昔の人はさまざまな自然現象から天気を予想してきた。

現在は，全国約1300か所の地域気象観測所から自動的に気象庁へ送られてくるデータなどをもとに，天気の変化を総合的に判断している。

①　文中のＡには「晴れ」または「雨」を入れ，ＢとＣには「東・西・南・北」のいずれかをそれぞれ入れて文を完成させなさい。

② 文中の下線部のように，自動的に気温や降水量などの観測データを集めるしくみを何といいますか。カタカナで答えなさい。

(2) 降った雨の量は，雨量計の中の雨水の水面の高さが何 mm 上昇したかで計ります。降った雨の量を調べるためにペットボトルを切り取り，雨量計を作りました。ペットボトルには１mm ごとに目盛りの線を引いてあります。

① 雨量計として最も適するものは次の(ア)～(エ)のどれですか。記号で答えなさい。なお，(ア)・(イ)は目盛り０まで水を入れてあり，(ウ)・(エ)は水を入れていません。

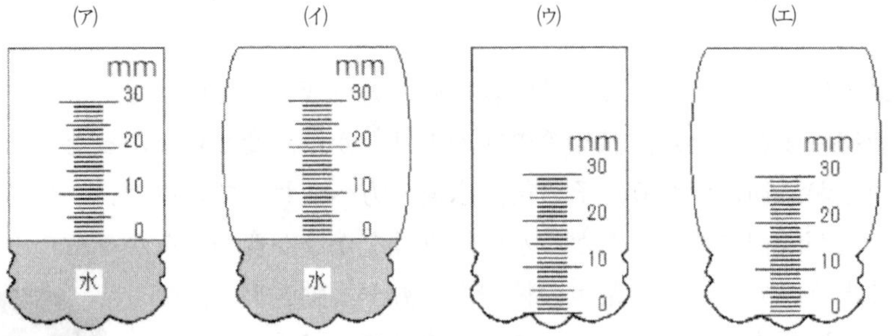

② ある雨の日，(2)で作った雨量計を校庭に置きました。雨量計を使って降った雨の量を調べると，10分間で２mm でした。雨がこのまま同じように降り続いたとき，１時間あたり校庭１m^2に何 kg の雨が降ったことになりますか。雨１cm^3の重さを１ｇとして求めなさい。

5 石灰《かい》とよばれる物質には「消《しょう》石灰」と「生《せい》石灰」の２種類があります。石灰水は，「消石灰」を水に溶かしたものです。また，「生石灰」は，のりやせんべいの袋に入っている乾燥剤などに使われています。

(1) リトマス紙を使って石灰水の性質を調べました。リトマス紙の色の変化として正しいものを次の(ア)～(ウ)から１つ選び，記号で答えなさい。また，この結果から石灰水は何性だとわかりますか。

(ア) どちらのリトマス紙も変わらない。
(イ) 青色リトマス紙は変わるが，赤色リトマス紙は変わらない。
(ウ) 赤色リトマス紙は変わるが，青色リトマス紙は変わらない。

(2) 「生石灰」は，石灰岩や貝がらに含まれる炭酸カルシウムを高い温度で加熱してつくられます。下表は，加熱した炭酸カルシウムの重さと，生じた生石灰の重さの関係を表しています。

炭酸カルシウムを加熱して生石灰70ｇをつくるためには，何ｇの炭酸カルシウムが必要ですか。

加熱した炭酸カルシウムの重さ（ｇ）	10	30	50
生じた生石灰の重さ（ｇ）	5.6	16.8	28

(3) 「消石灰」は，生石灰と水が反応するとできます。生石灰28ｇに水を加えてすべての生石灰を反応させると，37ｇの消石灰ができます。生石灰の重さと，水と反応してできる消石灰の重さが比例するとき，185ｇの消石灰をつくるためには，何ｇの炭酸カルシウムが必要ですか。

6　A　てこに関する(1)・(2)の各問いに答えなさい。

(1)　ペンチはてこを利用した道具です。支点，力点，作用点の位置は下図の(ア)〜(ウ)のどこになりますか。それぞれ記号で答えなさい。

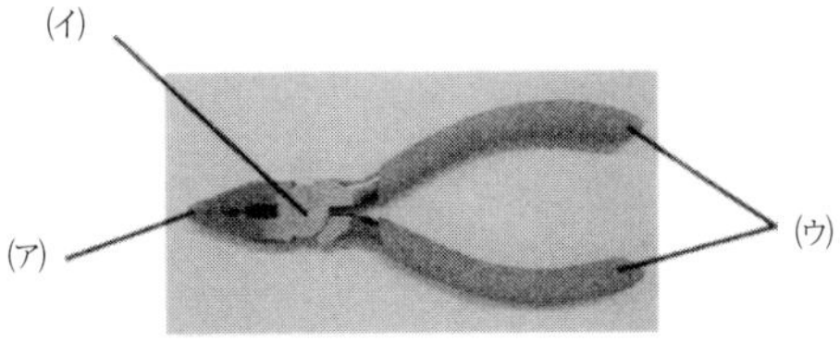

(2)　支点，力点，作用点の位置関係がペンチと同じものを，次の(ア)〜(エ)から２つ選び，解答欄の記号を◯で囲みなさい。

(ア)　せんぬき

(イ)　くぎ抜き

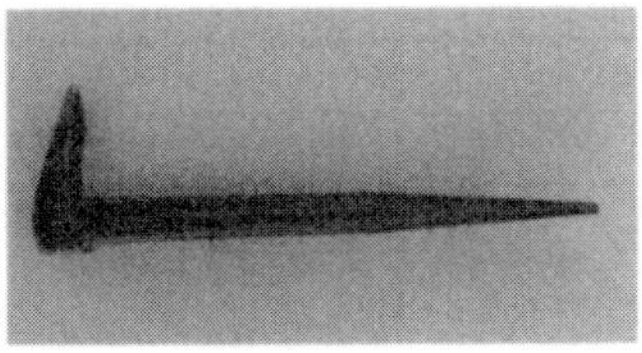

(ウ)　プルタブ(缶ジュースのふた)

(エ)　トング

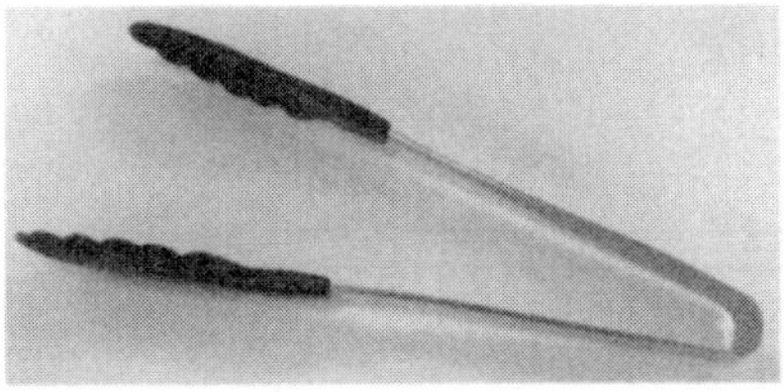

B　右の図１は竿《さお》ばかりといい，江戸時代から昭和中期(約50年前)まで物の重さをはかるために使われていた道具です。つり下げ糸を手で持ち，はかりたい物を皿にのせ，おもりを左右に動かしてつり合わせます。つり合わせたときの，おもりがある位置の目盛りから物の重さを知ることができます。

自由研究で竿ばかりをつくることにしました。

まっすぐで太さの一様な長さ40cmの木製の棒，つり下げる糸が付いた金属製の皿，つり合わせるのに使う糸が付いたおもりを用意して，それぞれの重さをはかったところ棒は20ｇ，糸付きの皿は30ｇ，糸付きのおもりは100ｇでした。(3)〜(6)の各問いに答えなさい。

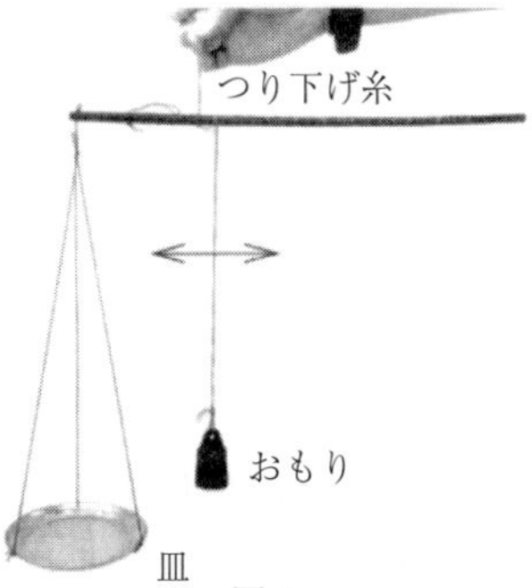

図１

(3)　図２のように，棒の左端《はし》に皿を取り付け，つり下げ糸の位置を左右に動かして，おもりを使わないで棒をつり合わせました。つり下げ糸の位置は，棒の左端から何cmのところですか。

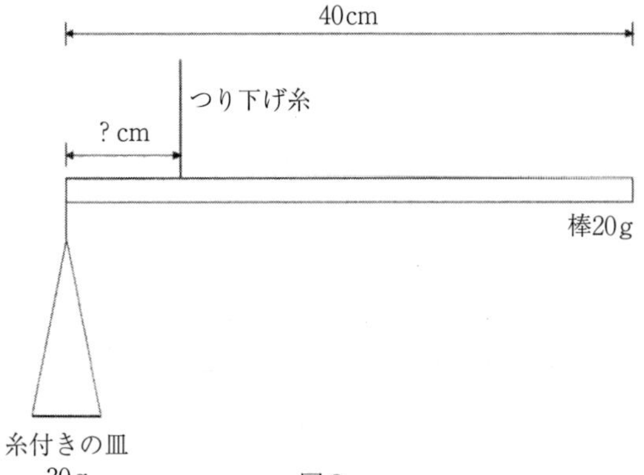

図２

(4)　図３のように，つり下げ糸を棒の左端から10cmのところに取り付け，皿に何ものせずにつり下げ糸を持ち，おもりを左右に動かしてつり合わせました。この位置を「目盛り０《ゼロ》」とします。このときのおもりの位置は，つり下げ糸から右に何cmのところですか。

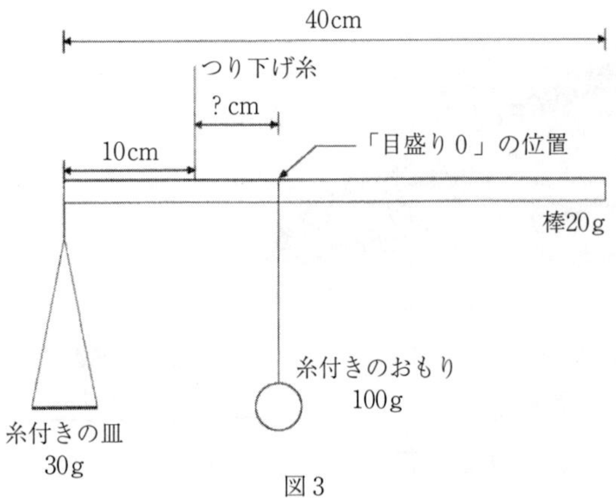

図３

(5)　次に，皿に10ｇの物体をのせて，おもりを動かしてつり合わせました。このときのおもりの位置を「目盛り10」とします。今度は皿にのせる物体を20ｇに変えて同様のことを行い，「目盛り20」の位置を決めました。このとき「目盛り０と10」の間隔《かく》と「目盛り10と20」の間隔はともに１cmとなりました。このことと(4)の結果から，図３の竿ばかりでは最大何ｇの重さの物体まではかることができますか。

(6)　この竿ばかりで，(5)よりさらに重い物体をはかれるようにしたいと思います。どのような工夫をすればよいですか。かんたんに説明しなさい。ただし，図３の状態から糸付きの皿やおもり・つり下げ糸・棒の種類や数を変えず，皿の位置も棒の左端のまま変えないものとします。また，目盛りの位置は(5)の時と変わります。

科学的に考えれば、稲が声を出すはずがありません。これは非科学的で、無知な、古くさい教えだったのでしょうか。

二 次の①～⑤の□にはそれぞれ共通する言葉が入ります。その言葉を**ひらがな**で答えなさい。

① 悪態を□。　意表を□。
　核心《かくしん》を□。

② 招集を□。　手間を□。
　磨《みが》きを□。

③ 権力を□。　弁舌《べんぜつ》を□。
　猛威《もうい》を□。

④ 大台に□。　軌道《きどう》に□。
　手に□。

⑤ 大目玉を□。　足止めを□。
　肩《かた》すかしを□。

三 次の①～⑤の——線をつけた言葉と同様の意味を持つ熟語を、後のア～オの中からそれぞれ選び、記号で答えなさい。

① 心の琴線《きんせん》に触《ふ》れる言葉。
② 誕生日の豪華《ごうか》な夕食に目を見張る。
③ その事件に関しては、一切口をつぐむ。
④ 自分の店が一番良いと手前みそを並べる。
⑤ お世辞ばかり使って鼻持ちならない男だ。

ア、沈黙《ちんもく》　イ、仰天《ぎょうてん》　ウ、感銘《かんめい》
エ、不愉快《ふゆかい》　オ、自画自賛

四 次の①～⑩の——線をつけたカタカナは漢字に、漢字はひらがなに直しなさい。

① 環境《かんきょう》のホゴを訴える。
② 細胞《さいぼう》のコウゾウを学ぶ。
③ コンザツする前に帰ろう。
④ 大きなカンバンを掲《かか》げる。
⑤ コクモツの自給率が下がる。
⑥ キショウな価値を持つ。
⑦ テンシュカクを再建する。
⑧ 巻頭のさし絵が美しい。
⑨ 根幹を揺《ゆ》るがす問題だ。
⑩ 系統を立てて勉強する。

ア、歓喜《かんき》　イ、残念　ウ、愛着　エ、後悔《こうかい》

問六、――線⑧「名前を覚えたい、呼びたいと思う生きものの名前を選択して、覚えていくこと」を、筆者は何と表現していますか。本文中から二字熟語で抜き出して答えなさい。

問七、⑨に当てはまる言葉を、本文中から十字で抜き出して答えなさい。

問八、――線⑩「活動範囲は広くなった」とありますが、「活動範囲」が「広くなった」理由を、本文中の言葉を用いて答えなさい。

問九、――線⑪「これはとてもまずいことです」とありますが、どのようなことが「まずいこと」だと述べていますか。本文中から三十字以内で抜き出し、その最初と最後の五字を答えなさい。

問十、――線⑫「草の名前を覚え始めたら、草がよく見えるようになってきた」とありますが、「草の名前を覚え」ることによって、結局どのようなことができるようになったと述べていますか。本文中の言葉を用いて十五字以内で答えなさい。

問十一、――線⑬「没頭」の意味を、次のア～エの中から選び、記号で答えなさい。

ア、積極的に取り組むこと

イ、他人の言いなりになること

ウ、必要なことだけを考えること

エ、何もかも忘れて打ち込《こ》むこと

問十二、――線⑭「【　】前」が「専門家として通用する技能を備えていること」という意味になるように、【　】に当てはまる言葉を漢字で答えなさい。

問十三、――線⑮「たしかに」が直接かかっていく部分を、次のア～オの中から選び、記号で答えなさい。

ア、非常事態の中では

イ、興奮していますから

ウ、そう感じるのであって

エ、耳を傾けることは

オ、ありません

問十四、――線⑯「稲の気持ちがわかるような気がする」とありますが、こうなるために必要なことを、「……こと。」に続くように本文中から二十五字以内で抜き出し、その最初と最後の五字を答えなさい。

問十五、――線⑰「外からのまなざし」とはどのような「まなざし」ですか。「……というまなざし。」に続くように本文中から三十五字以内で抜き出し、その最初と最後の五字を答えなさい。

問十六、――線⑱「内からのまなざしのすごさ」が具体的に表現されている二十五字以内の一文を、本文中から抜き出し、その最初の五字を答えなさい。

問十七、⑲・⑳・㉑に当てはまる言葉として最もふさわしいものを、次のア～オの中からそれぞれ選び、記号で答えなさい。

ア、だから　イ、たとえば　ウ、ところが

エ、そもそも　オ、あるいは

問十八、――線㉒「避暑地なのです」とありますが、何のことを「避暑地」と表現していますか。本文中から抜き出して答えなさい。

問十九、――線㉓「この気持ちを誰かに語るならば『擬人法』になります」とありますが、ここで筆者は、どういうことを「擬人法」と述べていますか。本文中の言葉を用いて説明しなさい。

問二十、㉔に当てはまる二字熟語を、本文中から抜き出して答えなさい。

問二十一、次の二文は本文中から抜いたものですが、どこに入れるのが適切ですか。その直前の十字を答えなさい。

でもなく、私たち百姓は草や虫と普段《ふだん》に話をしています。⑲相手が苦しそうな表情を浮かべていたら、相手の苦しみを読み取るから、同情し、手助けをしようと思うのです。この力こそ、人間が身につけた能力の中でもすごいものではないでしょうか。⑳人間の社会もできあがり、社会生活もうまくいくようになったのです。㉑、この能力は、人間以外の生きものにも簡単に適用できるのです。うっかり蛙《カエル》を踏《ふ》んづけたら、私は即座《そくざ》に「ごめん」と言います。蛙に人間の言葉がわかるはずはありませんが、私は蛙に向かって謝《あやま》っているのです。これはどうしてでしょうか。

私たちは、生きものの心をつかもうとする習慣を身につけているのです。それは、自分の経験を引っ張り出してきて、当てはめることです。そうやって、私たちの先祖はまだ科学がない頃から、生きてきました。私のこのような語り方は「擬人法《ぎじんほう》」と呼ばれています。生きものの気持ちを語る時には、私は人間の言語しか使えませんから、人間の言葉に置き換《か》えて語るしかありません。これは、なかなかの知恵《ちえ》だったのではないでしょうか。

こういうこともありました。田植えの後しばらくは、稲の葉が繁《しげ》っていないので、田んぼの水は直射日光をまともに浴びて、まるで風呂《ふろ》に入っているような熱さになります。沼蛙《ヌマガエル》はこの熱さにも平気ですが、土蛙や雨蛙や殿様蛙《トノサマガエル》のお玉杓子《オタマジャクシ》はそうはいきません。水面下の田んぼの中につけた私の足跡《あしあと》の底に集まっています。どうやら足跡の底の方が水温が低いことに気づいたようです。㉒避暑地《ひしょち》なのです。私はそれを見て、お玉杓子に「どうだ、足跡をちゃんとつけておいたオレは偉《えら》いだろう」と少し自慢《じまん》したくなります。お玉杓子も喜んでいるような気がするのです。しかし、㉓この気持ちを誰かに語るならば「擬人法」になります。

しかし、自然とつきあううちに、このような経験というか感覚というか、生きものと㉔できる能力が身につくようになるのです。こういう精神世界を抜《ぬ》きに自然は語れるはずがない、と私は思います。

（宇根　豊『日本人にとって自然とはなにか』による
ただし、一部表記を改めたところがある）

※「百姓」という言葉について、筆者は、「決して差別語ではなく、江《え》戸《ど》時代から誇《ほこ》り高い呼称《こしょう》でした」と記している。

問一、――線①「みなさんはなぜ生きものの名前をおぼえたのですか」とありますが、「名前」を知っているということについて説明した次の文の□に当てはまる言葉を、本文中から十字以内で抜き出して答えなさい。

> 名前を知っているということは、その名前を持つ生きものの世界に□ということである。

問二、②～④に当てはまる言葉を、次のア～ウの中からそれぞれ選び、記号で答えなさい。ただし、同じ記号を二回使うことはできません。

ア、またかぶと虫を捕りに行こう
イ、この生きものの名前は何と言うの
ウ、かぶと虫は、あそこの森にいっぱいいるよ。くぬぎの木にね

問三、――線⑤「たじろぐ」と同様の意味を持つ言葉を、次のア～エの中から選び、記号で答えなさい。

ア、驚《おどろ》く　イ、ひるむ　ウ、とぼける　エ、あわてる

問四、――線⑥「名前は二度名づけるものだと思っています。最初は初めて会った時です」とありますが、「初めて会った時」に「名づける」理由を、本文中から抜き出して答えなさい。

問五、――線⑦「しめたもの」とありますが、「しめた」に近い気持ちを表す熟語を、次のア～エの中から選び、記号で答えなさい。

うと、九〇歳《さい》以上の百姓に比べると、生きものの名前を三分の一しか知らないのです。これはどうしてでしょうか。生きものと一緒《いっしょ》に生きている世界が狭《せま》くなってしまったのです。もちろん昔に比べれば、⑩活動範囲《はんい》は広くなったでしょう。でも、生きものと目を合わせてつきあう時間が減ってしまったことが原因です。

五〇年前は田んぼで働く時間は、10アール（１０００㎡・一〇人分の米がとれる広さ）当たり一一八時間でした。二〇一七年では二八時間です。もちろんそれだけ機械化され、効率化され、生産性が向上したのですが、生きものへまなざしを向ける時間も減ってしまったのです。これは農業にとって、よくないことだと私は思っています。農業が自然を守るためには、⑪これはとてもまずいことです。

若い頃は田んぼのあぜ草の名前なんてあまり知りませんでした。その頃の私のあぜ草刈《か》りの気分は、「ああ暑い。早く刈ってしまおう」というようなものでした。やがて、⑫草の名前を覚え始めたら、草がよく見えるようになってきたのです。「まだ秋なのにもう春の草のあざみが咲《さ》いているな」「蔓簿《ツルボ》は一年に三月と九月の二回も葉が出る変な草だ」「田んぼの入り口から、なかなか中の方に入って来られないのが小待宵草《コマツヨイグサ》だ」というようなつきあいができてくるのです。

こうなると、草刈りしていても、草たちと話をするようになるのです。「もう花が咲いたのか。早過ぎはしないか」「今度はあまり伸《の》びていないから、君たちは刈らないよ」「今年もやっぱり会えたね」と、口には出しませんが、心の中で会話しながら、草刈りをするようになります。こうなると草刈りが苦にならなくなったのです。草刈りという仕事に⑬没頭《ぼっとう》できるようになったのです。草刈りが楽しくなったのです。草刈りによって、自然の中に入っていけるようになったのです。

若い頃の私は、何人もの年寄りの百姓から「稲《いね》の声が聞こえるようにならないと⑭【　】前ではない」と教えられ、まったく理解できませんでした。

百姓になって三年の夏のことです。夜中になって、急に土砂降《どしゃぶ》りの大雨になり、家の横の小川の濁流《だくりゅう》の音で目が覚めました。「そうだ。田んぼの水口《みずくち》を閉めていなかった」と気づき、あわててレインコートを着て、田んぼに出かけようとしました。妻が「足を滑《すべ》らせて、川に流されたらどうするのよ」と止めようとします。しかし、田んぼが、稲が呼んでいると感じたのです。⑮たしかに非常事態の中では、異常に興奮していますから、そう感じるのであって、平常はそこまで稲の声に耳を傾《かたむ》けることはありません。

私にはまだ稲の声が聞こえるわけではありませんが、⑯稲の気持ちがわかるような気がするのです。若い頃こういう心理を「非科学的だ」と思っていたのは、相手の作物から距離《きょり》を置いて、冷静に、客観的に、科学的に観察する方が、稲のことはよくわかるという教育を受けていたからです。いくら「相手の気持ちになれ」と言われても、それは人間の関係の中だけのものと、思っていたからです。これが科学という⑰外からのまなざしの影響《えいきょう》でした。

ところがこれまで話してきたように、生きものにしっかりまなざしを向けるようになると、人間も同じ生きもの同士だという感覚が生まれてくるものです。そうすると、自然にまなざしが引き寄せられるような感覚になり、相手が何を訴《うった》えているのかが、少しずつわかって来るような気がするのです。科学的な分析《ぶんせき》も重要ですが、それよりも相手が何を伝えようとしているのか、相手の身になって感じることはもっと大切ではないでしょうか。これが⑱内からのまなざしのすごさです。

生きものに（場合によっては物に）生を感じて、会話しようとする習性は、本来人間に備わった能力だと言われています。これは「心理学」の数々の実験で確かめられていますが、べつに実験で確かめるま

二〇二〇年度 明治大学付属中野中学校

【国語】〈第一回試験〉(五〇分)〈満点：一〇〇点〉

一 次の文章を読んで、後の問いに答えなさい。(字数指定がある問いでは、句読点・記号なども一字として数えます)

①みなさんはなぜ生きものの名前をおぼえたのですか。その名前は、どこで、誰《だれ》に習ったのか、覚えていますか。珍《めずら》しい生きものの名前なら、どこでどうして覚えたのか、思い出すこともあるでしょう。しかし、身近なありふれた生きものの名前はどうでしょうか。私は、源五郎《ゲンゴロウ》や目高《メダカ》や蟬《セミ》や燕《ツバメ》の名前を誰から教えてもらったのか、まったく覚えていません。たぶん小さい頃《ころ》に家族や近所の人から習ったのでしょう。

では、家族や近所の人はなぜ子どもに教えるのでしょうか。

(1)子どもが「②」と尋《たず》ねるからです。では、なぜ子どもは名前を知りたがるのでしょうか。名前を呼ぶ(名づける)ことによって、その生きものと同じ世界に生きているということを実感できるからです。「③」と言うことによって、かぶと虫の姿とそれがいる森の世界が生き生きと目に浮《う》かびます。仲間とかぶと虫と森とを共有できます。また、人にもその世界やかぶと虫捕《と》りのことを伝えることができます。

(2)家族や近所の人も、子どもに名前を教えたいからです。自分もそうやって教えられてきて、よかったと思っているからです。名前を教えるということは、その生きものとのつきあいまで教えることになります。「④」というわけです。

ところが、幼い子どもから「ヘラクレスオオカブトって知ってる」と聞かれると、⑤たじろぐしかありません。そういう虫がすんでいる世界を私は知らないからです。もちろん子どもは絵本や図鑑《ずかん》で覚えたのです。名前を知っている分、これらの生きものが生きている熱帯雨林の世界については、私よりも「経験」が深いのです。しかし、その世界は身近な所にはありません。どういう生きものの名前を知っているか、はその人が関心を持っている世界を表現しているのです。

私は、⑥名前は二度名づけるものだと思っています。最初は初めて会った時です。もちろん名前はわかりません。そこで「何という名前なんだろう」と感じ、何か名前をつけて呼びたいと思ったら⑦しめたものです。その姿を覚えておこうと思っているからです。じつはここで無意識に名づけているのです。その姿を覚えておこうとすることが、名づけることの始まりです。「白くて、小さくて、よく上下に動きながら飛んでいる蝶《チョウ》」と名づけているようなものです。

やがて、母親から「あれは紋白蝶《モンシロチョウ》だよ」と教えられたときに、二度目の名付けが行われるのです。このように自分の世界では、最初に出会った時から名前を知っていることはありません。そして⑧名前を覚えたい、呼びたいと思う生きものの名前を選択《せんたく》して、覚えていくことによって、自分の世界が広がって、深くなっていくのです。

かつての※百姓《ひゃくしょう》は生きものの名前を四〇〇種から六〇〇種ぐらい知っていました。しかも、よく知っているだけでなく、実際に名前を呼んで(使って)きました。それは図鑑で覚えた名前ではなく、「君は何という名前なんだ」と尋ねて、家族や近所の人たちから習ってきたものです。名前を知っているということは、その生きものへの情愛(場合によっては反発)が深いということです。⑨という実感があるということです。

ところが現在の福岡県《ふくおかけん》の百姓へのアンケート調査では、生きものの名前を知っているのは平均すると一五〇種あまりです。今の年齢《ねんれい》で言

2020年度 明治大学付属中野中学校 ▶解説と解答

算　数　＜第１回試験＞（50分）＜満点：100点＞

解　答

1 (1) 196　(2) 3　(3) 19　2 (1) 5850円　(2) 18人　(3) 300　(4) 6　(5) 21.6cm　3 16.5cm　4 (1) 2 : 3　(2) 4.5倍　5 (1) 227　(2) 10775番目　6 (1) 300cm^2　(2) 80　(3) 380　7 (1) 午後６時$27\frac{9}{13}$分　(2) 午後６時$47\frac{1}{13}$分

解　説

1 計算のくふう，逆算，比の性質

(1) $26\times14.8+52\times2.4-16\times19.6=26\times14.8+26\times2\times2.4-16\times19.6=26\times14.8+26\times4.8-16\times19.6=26\times(14.8+4.8)-16\times19.6=26\times19.6-16\times19.6=(26-16)\times19.6=10\times19.6=196$

(2) $\frac{3}{4}+\left\{5-\left(7\frac{4}{5}\div\square-1.2\right)\right\}\div3.2=1.875$より，$\left\{5-\left(7\frac{4}{5}\div\square-1.2\right)\right\}\div3.2=1.875-\frac{3}{4}=1\frac{7}{8}-\frac{6}{8}=1\frac{1}{8}$，$5-\left(7\frac{4}{5}\div\square-1.2\right)=1\frac{1}{8}\times3.2=\frac{9}{8}\times\frac{16}{5}=\frac{18}{5}$，$7\frac{4}{5}\div\square-1.2=5-\frac{18}{5}=\frac{25}{5}-\frac{18}{5}=\frac{7}{5}$，$7\frac{4}{5}\div\square=\frac{7}{5}+1.2=\frac{7}{5}+\frac{6}{5}=\frac{13}{5}$　よって，$\square=7\frac{4}{5}\div\frac{13}{5}=\frac{39}{5}\times\frac{5}{13}=3$

(3) 分母と分子に加えた整数を□として図に表すと，右のようになる。この図で，⑫－⑦＝⑤にあたる数が，53－23＝30だから，①にあたる数は，30÷５＝６と求められる。よって，⑦にあたる数は，６×７＝42なので，□にあてはまる数は，42－23＝19とわかる。

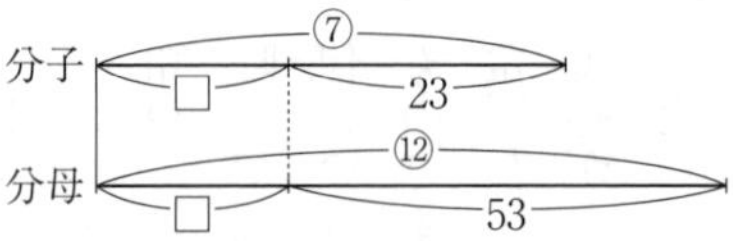

2 倍数算，つるかめ算，数列，条件の整理，辺の比と面積の比

(1) お金のやりとりの前後で，兄と弟が持っているお金の和は変わらない。そこで，兄と弟が持っているお金の比の和をそろえると，右の図１のようになる。すると，そろえた比の，13－12＝１にあたる金額が450円になるから，兄が最初に持っていたお金は，450×13＝5850(円)と求められる。

図１

	兄		弟		兄		弟
前	13	：	8	＝	13	：	8
		和21		×１		和21	
後	4	：	3	＝	12	：	9
		和７		×３		和21	

(2) (平均)＝(合計)÷(人数)より，(合計)＝(平均)×(人数)となる。ここで，45人の平均が，148.3－146.5＝1.8(cm)伸《の》びたから，45人の合計は，1.8×45＝81(cm)伸びている。よって，右の図２のようにまとめることができ，女子が45人いたとすると，全体では，1.6×45＝72(cm)伸びるので，実際よりも，81－72＝９(cm)低くなる。また，女子と男子を１人ずつ交換《こうかん》すると，2.1－1.6＝0.5(cm)ずつ高くなる。したがって，男子の人数は，９÷0.5＝18(人)とわかる。

図２

(男子)１人あたり2.1cm伸びる｝合わせて
(女子)１人あたり1.6cm伸びる｝45人で81cm伸びる

(3) 最も小さい分数は$\frac{1}{7}$，最も大きい分数は，$9\frac{6}{7}=\frac{69}{7}$なので，$\frac{1}{7}$から$\frac{69}{7}$までの69個の分数につい

て考える。このうち約分できるのは，分子が７の倍数になっている$\left\{\frac{7}{7},\ \frac{14}{7},\ \frac{21}{7},\ \cdots,\ \frac{63}{7}\right\}$の９個である。よって，分子だけを計算すると，すべての分数の分子の和は，１＋２＋…＋69＝(１＋69)×69÷２＝2415，約分できる分数の分子の和は，７＋14＋…＋63＝(７＋63)×９÷２＝315となるので，約分できない分数の分子の和は，2415－315＝2100と求められる。したがって，約分できない分数の和は，$\frac{2100}{7}$＝300である。

⑷　問題文中の図をもとにして，さいころの向かい合う面の目の和が７であることに注意しながら，真上の面の目の数を大きな文字で，側面の４つの面の目の数を小さな文字で表すと，右の図３のようになる(底の面の目の数は書いていない)。図３より，アの目の数は１か６，イの目の数は２か５であり，ア＞イとなるのは，アの目の数が６の場合とわかる。

図３

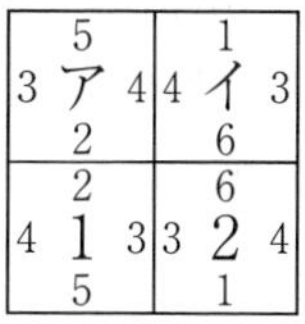

⑸　右の図４で，AP：PB＝５：１より，三角形APQと三角形PBQの面積の比は５：１だから，三角形APQの面積を５，三角形PBQの面積を１とする。すると，三角形APQと四角形PBCQの面積が等しいことから，四角形PBCQの面積は５となる。よって，三角形QBCの面積は，５－１＝４なので，三角形ABQと三角形QBCの面積の比は，(５＋１)：４＝３：２となり，AQ：QC＝３：２とわかる。したがって，AQの長さは，$36\times\frac{3}{3+2}$＝21.6(cm)と求められる。

図４

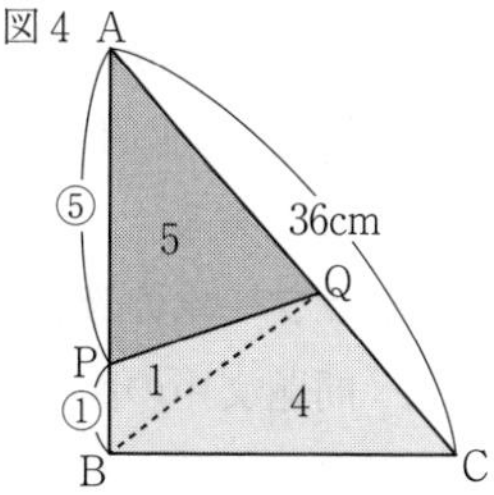

3　水の深さと体積

　右の図で，A，B，Cの底面の円の半径の比は，４：６：８＝２：３：４だから，底面積の比は，(２×２)：(３×３)：(４×４)＝４：９：16となる。この比を用いると，Bの容積は，９×６＝54，Cの容積は，16×６＝96となる。また，Cと(A＋B)の容積の比は，コップで水を移した回数の比と等しく，12：15＝４：５なので，(A＋B)の容積は，$96\times\frac{5}{4}$＝120となり，Aの容積は，120－54＝66と求められる。よって，Aの高さは，66÷４＝16.5(cm)とわかる。

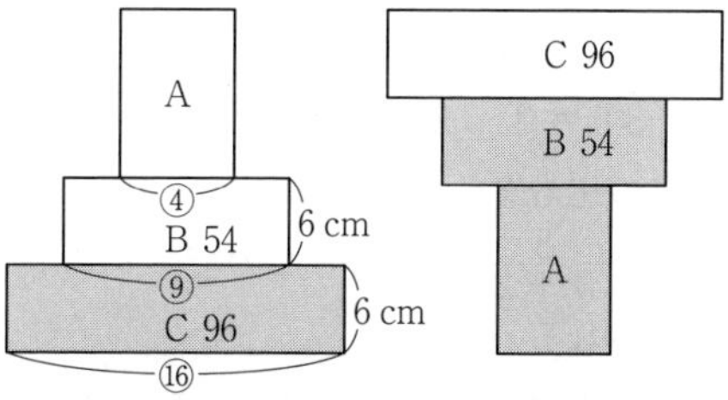

4　平面図形―相似，辺の比と面積の比

⑴　右の図で，DF＝AE＝⑤，FC＝EB＝③とすると，DC＝AB＝⑤＋③＝⑧となり，AG＝$\boxed{2}$，GD＝$\boxed{1}$とすると，BC＝AD＝$\boxed{2}$＋$\boxed{1}$＝$\boxed{3}$となる。この図で，三角形DHFと三角形DBCは相似であり，相似比は，DF：DC＝５：８だから，HF＝$\boxed{3}\times\frac{5}{8}=\boxed{\frac{15}{8}}$となる。また，三角形CFIと三角形CDGも相似であり，相似比は，CF：CD＝３：８なので，IF＝$\boxed{1}\times\frac{3}{8}=\boxed{\frac{3}{8}}$とわかる。よって，HI＝$\boxed{\frac{15}{8}}-\boxed{\frac{3}{8}}=\boxed{\frac{3}{2}}$だから，GD：HI＝１：$\frac{3}{2}$＝２：３と求められる。

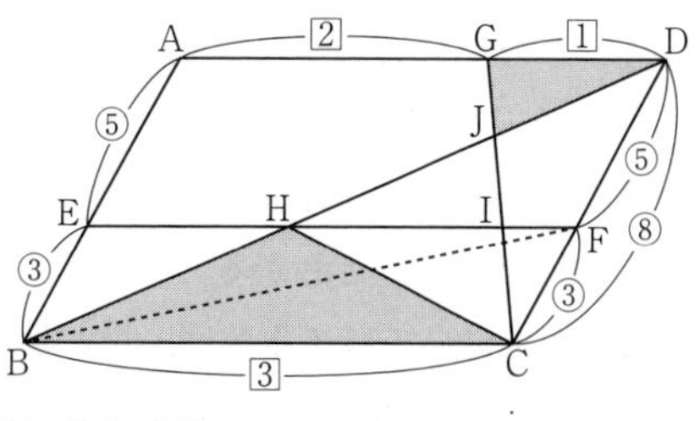

⑵　合同な三角形ABDと三角形CDBの面積を１とする。三角形HBCの面積は，三角形FBCの面積と等しいので，$1\times\frac{3}{3+5}=\frac{3}{8}$となる。また，三角形GJDと三角形CJBは相似であり，相似比は，

GD：CB＝１：３なので，DJ：JB＝１：３である。よって，三角形GJDの面積は，$1\times\frac{1}{1+2}\times\frac{1}{1+3}=\frac{1}{12}$と求められる。したがって，三角形HBCの面積は，三角形GJDの面積の，$\frac{3}{8}\div\frac{1}{12}=4.5$(倍)である。

5 周期算

(1) {(１，２，３，４)，(２，３，４，１)，(３，４，１，２)，(４，１，２，３)}の，４×４＝16(個)を１周期と考える。１つの(　)の４個の数の和はいずれも，１＋２＋３＋４＝10なので，１周期の和は，10×４＝40になる。１番目から90番目までには，90÷16＝５余り10より，５周期と10個の数がある。そして，５周期の和は，40×５＝200であり，最後の10個の数の和は，10×２＋３＋４＝27となる。よって，１番目から90番目までの数の和は，200＋27＝227と求められる。

(2) 「…，４，１，…」という数の並びは，(1)の＿のように，１周期の中に３回現れ，周期と周期がつながる部分には現れないので，2020÷３＝673余り１より，2020回目に現れるのは，673＋１＝674(周期)の１回目とわかる。よって，そのときの４は，はじめから数えて，16×673＋７＝10775(番目)である。

6 グラフ―水の深さと体積

(1) 問題文中の図①，図②より，右の図のⅠ→Ⅱ→Ⅲ→Ⅳの順に水が入る(Ⅳの部分だけは，Ａから水を入れながらＢから水をぬいている)。また，Ⅲの部分の高さは，８－５＝３(cm)，Ⅳの部分の高さは，14－８＝６(cm)である。Ⅰ，Ⅱの部分について，水を入れた時間の比が，30：(50－30)＝３：２だから，容積の比も３：２であり，横の長さの比も３：２となる。よって，Ⅰの部分の横の長さは，

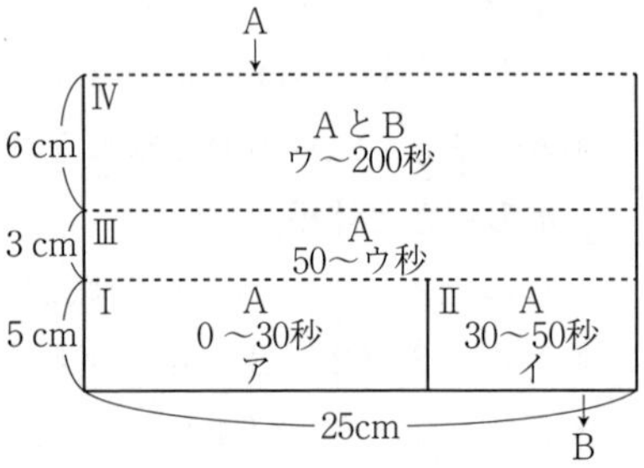

$25\times\frac{3}{3+2}=15$(cm)なので，その底面積，つまり，アの部分の底面積は，20×15＝300(cm^2)と求められる。

(2) ウにあてはまる数は，Ⅰ～Ⅲの部分がいっぱいになる時間である。また，Ⅰ，Ⅱの部分と，Ⅰ～Ⅲの部分の容積の比は，高さの比に等しく５：８だから，Ⅰ，Ⅱの部分がいっぱいになる時間(50秒)と，Ⅰ～Ⅲの部分がいっぱいになる時間の比も５：８である。よって，ウにあてはまる数は，$50\times\frac{8}{5}=80$(秒)となる。

(3) Ⅰの部分の容積は，300×５＝1500(cm^3)なので，Ａから水を入れる割合は毎秒，1500÷30＝50(cm^3)とわかる。また，Ⅳの部分の容積は，20×25×６＝3000(cm^3)であり，Ⅳの部分に入れた時間は，200－80＝120(秒)なので，Ａから水を入れる割合とＢから水をぬく割合の差は毎秒，3000÷120＝25(cm^3)とわかる。よって，Ｂから水をぬく割合は毎秒，50－25＝25(cm^3)と求められる。次に，エにあてはまる数は，ⅣとⅢの部分の水がぬけたときの時間になり，これらの部分の容積は，20×25×(６＋３)＝4500(cm^3)である。したがって，エにあてはまる数は，200＋4500÷25＝380(秒)となる。

図Ⅰ

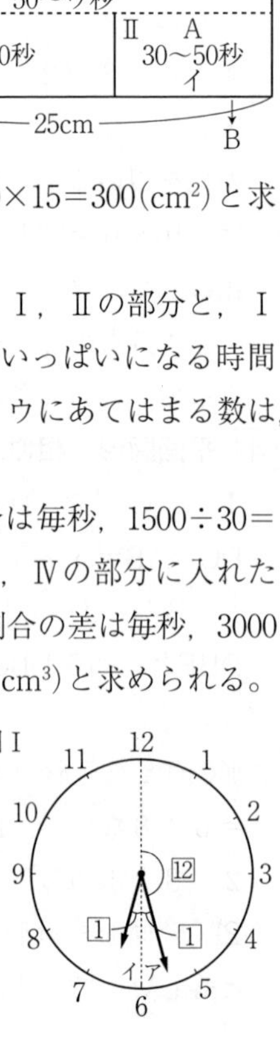

7 時計算，速さと比

(1) １分間に長針は，360÷60＝６(度)，短針は，360÷12÷60＝0.5(度)動くので，長針と短針が１分間に動く角の大きさの比は，６：0.5＝

12：１である。よって，上の図Ⅰのように，６時ちょうどから長針と短針が動いた角の大きさをそれぞれ$\boxed{12}$度，$\boxed{1}$度とすると，アの角とイの角の大きさが等しいとき，$\boxed{12}+\boxed{1}=\boxed{13}$(度)にあたる角の大きさが180度になる。したがって，６時ちょうどから図Ⅰのようになるまでに長針が動いた角の大きさは，$180\times\frac{12}{13}=\frac{2160}{13}$(度)なので，$\frac{2160}{13}\div 6=27\frac{9}{13}$(分)より，図Ⅰの時刻は６時$27\frac{9}{13}$分と求められる。

(2)　右の図Ⅱの□にあてはまる時刻を求めればよい。ウの時間は，５時15分－３時９分＝２時間６分＝126分，エの時間は，５時０分－３時０分＝２時間＝120分だから，ウとエの時間の比は，126：120＝21：20となる。つまり，ＡとＢの進む時間の比が21：20なので，オとカの時間の比も21：20とわかる。また，カの時間は，６時$27\frac{9}{13}$分－５時０分＝１時間$27\frac{9}{13}$分＝$87\frac{9}{13}$分である。よって，オの時間は，$87\frac{9}{13}\times\frac{21}{20}=92\frac{1}{13}$(分)だから，□にあてはまる時刻は，５時15分＋$92\frac{1}{13}$分＝５時15分＋１時間$32\frac{1}{13}$分＝６時$47\frac{1}{13}$分と求められる。

図Ⅱ

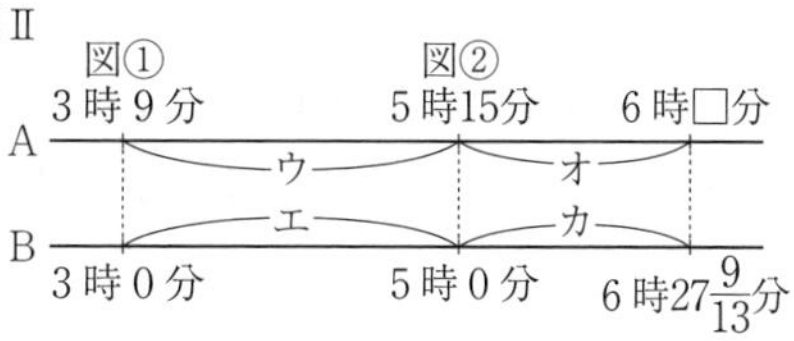

社　会　＜第１回試験＞（30分）＜満点：50点＞

解　答

$\boxed{1}$ **問１**　最高機関　**問２**　ア，ウ　**問３**　桂太郎　**問４**　比例代表(制)　**問５**　イ　**問６**　エ　**問７**　Ⅰ　エ　Ⅱ　イ　**問８**　公聴会　$\boxed{2}$ **問１**　親魏　**問２**　ウ　**問３**　藤原道長　**問４**　望月　**問５**　エ　**問６**　（例）　征夷大将軍は天皇から任命される役職であり，幕府は天皇や朝廷の権威の裏づけのもとで全国を支配した。しかし，承久の乱のさいの対応からもわかるように，実権をにぎるのはあくまで幕府であり，天皇や朝廷が政治上の権限を持つことは認めなかった。　**問７**　徳川家光　**問８**　エ　**問９**　ア　**問10**　ウ　**問11**　鳩山一郎　$\boxed{3}$ **問１**　ウ　**問２**　**Ａ**　イ　**Ｂ**　エ　**Ｃ**　屋久(島)　**Ｄ**　西表(島)　**問３**　Ｄ　**問４**　**Ｂ**　イ　**Ｃ**　ア　**問５**　イ　**問６**　ケ　**問７**　**沖縄**…エ　**東京**…ウ

解　説

$\boxed{1}$ **日本国憲法と日本の政治についての問題**

問１　日本国憲法第41条では，国会の地位について「国権の最高機関であって，国の唯一《ゆいいつ》の立法機関」と定めており，法律を制定する権限を国会だけに認めている。

問２　条約は内閣が締結《ていけつ》し，原則として事前に(やむをえない場合は事後に)，国会の承認(批准《ひじゅん》)が必要である。また，日本国憲法第96条１項では，「この憲法の改正は，各議院の総議員の３分の２以上の賛成で，国会が，これを発議し，国民に提案してその承認を経なければならない。この承認には，特別の国民投票又《また》は国会の定める選挙の際行われる投票において，その過半数の賛成を必要とする」と定められている。したがって，アとウが正しい。なお，イとオは内閣のはたらき，エは天皇の国事行為《こうい》である。

問３　2019年11月，安倍晋三《しんぞう》首相の通算在職日数が，明治・大正時代に首相を３度務めた桂《かつら》太郎をぬき，歴代最長になったことで話題となった。

問４　衆議院の選挙制度は「小選挙区比例代表並立制」とよばれ，全国を289の選挙区に分けて１人ずつを選出する小選挙区制と，全国を11のブロックに分けて176人を選出する比例代表制で行われる(合計465人)。比例代表制は，各政党があらかじめ順位のついた候補者名簿《めいぼ》を提出する拘束《こうそく》名簿式で行われ，有権者は投票用紙に政党名を記入して投票し，得票数に応じて議席を配分する形で各政党の議席数が決まり，名簿順位の上位の者から当選となる。

問５　ア　通常国会(常会)の会期は150日である。なお，通常国会は毎年１回，１月中に召集《しょうしゅう》され，１回に限り延長ができる。　イ　臨時国会(臨時会)についての説明であり，内容も正しい。ウ　特別国会(特別会)は衆議院の解散による総選挙の日から30日以内に召集される。また，ほかの議案に先立って内閣総理大臣の指名が行われる。国務大臣の任命と罷免《ひめん》(やめさせること)は，ともに内閣総理大臣の役割である。　エ　緊急《きんきゅう》集会は内閣の求めにより開かれる。

問６　ア　相続税は国税であるから，国に納められる。　イ　固定資産税は土地や家屋などの固定資産に対して市町村から課される直接税である。　ウ　所得税では所得が多いほど税率が高くなる累進《るいしん》課税の制度がとられている。　エ　消費税は購入した商品やサービスの代金に上乗せされる形で課税される間接税。2019年10月から税率が10％に引き上げられたが，酒類と外食を除く飲食料品などは税率を８％のままとする軽減税率の制度が取り入れられた。

問７　Ⅰは公衆衛生で，保健所など官民の保健機関が中心となって，感染症《しょう》予防や母子保健などの活動が行われる。Ⅱは公的扶助《ふじょ》(生活保護)で，生活保護法にもとづいて，収入の少ない家庭に対して生活扶助や教育扶助などが行われる。なお，アの社会保険は医療《いりょう》保険や年金保険など，ウの社会福祉《ふくし》は高齢者や身体障がい者に対する公的な援助などがあてはまる。

問８　国会での審議は，まず委員会で行われ，その後，本会議で審議・議決される。委員会では，必要に応じて専門家や利害関係者などの意見を聞くために公聴会が開かれる。公聴会は，予算の審議や予算をともなう議案の審議のさいには，必ず開かれることになっている。

2 史料を用いた歴史的なことがらについての問題

問１　＜史料１＞は中国の歴史書『魏志《ぎし》』倭人《わじん》伝の一部。３世紀前半の倭(日本)のようすのほか，邪馬台国《やまたいこく》の女王卑弥呼《ひみこ》が魏(中国)に使いを送り，皇帝から「親魏倭王」の称号や金印，銅鏡などをさずけられたことなどが記されている。

問２　３世紀は弥生時代にあたり，このころには大陸から金属器が伝わった。金属器のうち，鉄器はおもに武器や農具として，青銅器はおもに祭器として使われたので，ウが正しい。

問３，問４　平安時代，藤原氏は自分の娘を天皇のきさきとし，生まれた子(孫)を天皇に即位《そくい》させるなどして天皇家との関係を深め，天皇が幼少のときは摂政《せっしょう》，成人後は関白となって，政治の実権をにぎった。これを摂関政治といい，11世紀前半の藤原道長・頼通《よりみち》父子のときにその全盛期を迎えた。「この世をば～」の短歌は，道長が３人目の娘(威子《いし》)を天皇のきさきにしたことを祝う席で詠《よ》んだもので，空らんＢには「望月」が入る。「望月(満月)に欠けたところがないように，この世のすべてが自分の思い通りになって満足だ」という，道長の得意な気持ちが表されている。「返歌」は人から贈られた歌に対する返答の歌なので，「私」に対して返歌を求めた「太閤《たいこう》」は道長と判断できる。なお，太閤とは摂政や関白の職を子にゆずった人を指す言葉で，1016年に摂政となった道長は，翌17年，その職を頼通にゆずり，みずからは太政《だいじょう》大臣となったことから，太閤とよばれた。

問５　道長や頼通が権力をにぎっていた平安時代中期，地方では武士が台頭し始め，なかには都に進出して皇族や貴族に仕える者もいたので，エがあてはまる。なお，アは奈良時代，イは平安時代末期の説明。また，ウは「書院造」ではなく「寝殿造」が正しい。書院造は今日の和風建築のもとになった建築様式で，室町時代に広まった。

問６　征夷《せいい》大将軍は平安時代初め，東北地方の蝦夷《えみし》を平定するために桓武《かんむ》天皇により朝廷に設けられた臨時の将軍職で，坂上田村麻呂がよく知られているが，源頼朝以降は武家の棟梁《とうりょう》(かしら)という意味で使われ，代々，源氏に引き継《つ》がれた。Ⅰの文で頼朝が征夷大将軍の職を求め，Ⅱの文で幕府が皇族を将軍に迎えたのは，権力の裏づけとして天皇や朝廷の権威を利用するためであった。ただし，＜史料３＞にある承久《じょうきゅう》の乱のさいの北条政子の演説に見られるように，実権を持つのはあくまで武家であり，天皇や朝廷がみずから権力を行使することを武家は認めなかった。鎌倉幕府成立後，数百年にわたって武家政権が続いたにもかかわらず朝廷が存在し得たのは，武家と朝廷がそのような関係にあったためだともいえる。

問７　禁教政策を強めていった江戸幕府は，1624年にスペイン船の来航を禁止すると，1635年には日本人の海外渡航と海外在住の日本人の帰国を禁止した。さらに，1639年にはポルトガル船の来航を禁止して鎖国を完成させた。これらは，第３代将軍徳川家光の時代のできごとである。

問８　少し後に「自衛」とあるので，軍事費にあたるエが選べる。なお，＜史料５＞の「主権線」は国土や国境，「利益線」は近隣地域(特に朝鮮)を表している。

問９　アは1965年，イは1876年，ウは1910年，エは1919年，オは2016年のできごとである。よって，年代の古い順にイ→ウ→エ→ア→オとなる。なお，オの協定の略称はGSOMIA(ジーソミア)。

問10　ア　日中戦争(1937～45年)が長期化する中で，東南アジアの石油やゴムなどの資源を確保しようとしていた日本は，1941年４月，ソヴィエト社会主義共和国連邦(ソ連)との間で日ソ中立条約を結び，東南アジアに軍隊を進めた(南進政策)。　　イ，ウ　第二次世界大戦末期の1945年８月８日，ソ連は日ソ中立条約の破棄を通告し，日本に宣戦布告。翌日，ソ連軍は満州(中国東北部)への侵攻《しんこう》を開始し，さらに樺太《からふと》や千島列島へも侵攻した。戦いは日本がポツダム宣言を受け入れた後も続き，ソ連軍は８月25日に樺太全域を，９月５日には千島列島を占領した。これらの戦いの中で捕《ほ》虜《りょ》とされた50万人以上の日本の兵士や民間人がシベリアなどへ送られ，劣悪《れつあく》な環境の中で強制労働をしいられ，５万人余りの死者を出した(シベリア抑留《よくりゅう》)。　　エ　＜史料６＞は日ソ共同宣言の一部。1956年10月，日本はこの宣言に調印し，ソ連と国交を開いた。その結果，ソ連をはじめとする社会主義国の反対がなくなり，同年12月，日本は国際連合への加盟をはたし，国際社会に復帰した。

問11　モスクワを訪れて日ソ共同宣言に調印したのは，鳩山《はとやま》一郎首相である。

３　各地域の自然環境と産業を中心とした問題

問１　東京駅から鉄道や船舶を使って函館駅(北海道)に向かう場合，1988年に青函《せいかん》トンネルが完成するまでは，津軽《つがる》海峡を青函連絡船で渡る必要があった。よって，1978年から1988年にかけて所要時間が大きく減っているウが選べる。なお，2016年の北海道新幹線の開通により，所要時間はさらに短縮された。アは金沢駅(石川県)で，2015年の北陸新幹線の開通により所要時間が３時間を切っている。イは高松駅(香川県)で，1972年に山陽新幹線の新大阪駅—岡山駅間が，1988年に瀬戸大橋線が開通した。エは博多駅（福岡県）で，1975年に山陽新幹線の岡山駅―博多駅間が開通した。

問２　アは地図中Ｃの屋久島（鹿児島県），イはＡの奥尻《おくしり》島（北海道），ウはＤの西表《いりおもて》島（沖縄県），エはＢの佐渡《さど》島（新潟県）の説明である。なお，ウの「野生のネコ」とはイリオモテヤマネコのこと。

問３　秋田県の大潟村（八郎潟干拓《かんたく》地）のほぼ中央では北緯40度の緯線と東経140度の経線が交差している。また，東経135度の経線（日本標準時子午線）は明石《あかし》市（兵庫県）や淡路《あわじ》島（兵庫県）を通ることから，地図中の経線は５度間隔で引かれていることがわかる。したがって，東経123度45分6.789秒に位置するモニュメントはＤにあると判断できる。なお，北緯35度の緯線が琵琶湖（滋賀県）の南端付近を通ることから，この地図中では経線も５度間隔で引かれていることがわかる。

問４　降水量の多いアは地図中Ｃの屋久島，１・２月の月平均気温が20℃近いウはＤの西表島，１年を通してほかより気温が低いエはＡの奥尻島と判断できる。残るイがＢの佐渡島である。佐渡島は島の北西部と南東部に山地があることから，北西部の沿岸地域を除いて降雪量はそれほど多くなく，付近を暖流の対馬《つしま》海流が流れているため，冬の寒さもそれほどきびしくない。

問５　綿織物産業がさかんな岡山県や絹織物産業がさかんな福井県が上位に入っているⅠは繊維《せんい》，自動車工業がさかんな神奈川・静岡・広島・群馬の各県が上位に入っているⅡは輸送用機器，千葉市・君津《きみつ》市がある千葉県，堺市がある大阪府，姫路市や加古川《かこがわ》市などがある兵庫県，福山市・呉《くれ》市がある広島県が上位に入っているⅢは鉄鋼である。

問６　2019年，ローマ教皇フランシスコが来日し，東京，長崎，広島を訪れた。地図中Ｘは札幌市（北海道），Ｙは仙台市（宮城県），Ｚは広島市を指しているので，ここではＺがあてはまる。広島市は地図Ⅲで，「原爆ドーム」や「平和記念公園」などがあることから判断できる。なお，地図Ⅰは，「伊達政宗《だてまさむね》墓」があることから，伊達政宗を藩祖とする仙台藩のあった仙台市。地図Ⅱは，「琴似屯《ことにとん》田兵《でんへい》村兵屋跡」とあり，格子状の街並みが見られるので，明治時代に開拓使という機関が置かれ，屯田兵の入植地から発展した札幌市とわかる。

問７　表中で，島の数が最も多く，海岸線の距離が最も長いエは沖縄県，島の数が最も少なく，海岸線の距離が最も短いアは鳥取県と判断できる。イとウは海岸線の距離が同じくらいであるが，島の数が多いウが東京都で，残るイが青森県である。東京都は伊豆諸島や小笠原《おがさわら》諸島があるため，島の数が多くなっている。なお，沖縄県の海岸線の距離は北海道，長崎県，鹿児島県についで全国第４位。鳥取県の海岸線の距離は，海に面した都道府県の中では最も短い。

理　科　＜第１回試験＞（30分）＜満点：50点＞

解　答

[1] (1)　Ｅ　(2)　(カ)　(3)　**午後６時ごろ**…(イ)　**午前０時ごろ**…(ウ)　[2] (1)　(ア)，(オ)　(2)　**根**…(イ)　**葉脈**…(ウ)　(3)　(ウ)，道管　(4)　Ａ，Ｂ　(5)　2.8　(6)　(ア)　[3] (1)　**図１**…(ア)　**図２**…(イ)　(2)　①　(ア)　②　(エ)　③　(カ)　(3)　①　冬　②　酸素

[4] (1)　①　**Ａ**　晴れ　**Ｂ**　西　**Ｃ**　東　②　アメダス　(2)　①　(ア)　②　12kg

[5] (1)　(ウ)，アルカリ性　(2)　125ｇ　(3)　250ｇ　[6] (1)　**支点**…(イ)　**力点**…(ウ)　**作用点**…(ア)　(2)　(イ)，(ウ)　(3)　８cm　(4)　１cm　(5)　290ｇ　(6)　（例）　つり下げ

糸を棒につなぐ位置を左に移す。

解説

1 月の動きと見え方についての問題

⑴　新月の月の位置はＥである。このとき新月は，太陽に照らされている月面が地球からは見えないだけでなく，太陽の強い光によってじゃまされてほとんど見えない状態である。

⑵　Ｃの位置に月があるとき，地球と月を結ぶ方向と，月と太陽を結ぶ方向が直角になっているので，東京(北半球)から見て左半分が光って見える半月，つまり，(カ)の下弦《かげん》の月となる。

⑶　月がＧの位置にあるときは，東京(北半球)から見ると右半分が光る半月，つまり，上弦の月となる。上弦の月は太陽からほぼ90度東に離《はな》れた方向に見えるため，正午ごろ東からのぼり，日の入りのころ(午後６時ごろ)南中し，真夜中ごろ(午前０時ごろ)西に沈《しず》む。

2 植物のつくりとはたらきについての問題

⑴　種子をつくる種子植物のうち，胚珠《はいしゅ》が子房《しぼう》に包まれているものを被子《ひし》植物という。被子植物は，発芽のときに１枚の子葉が出る単子葉類と，発芽のときに２枚の子葉が出る双《そう》子葉類に分類される。ユリ，ススキ，ササは単子葉類，アブラナ，エンドウ，アサガオは双子葉類である。

⑵，⑶　植物の根・茎《くき》・葉には，根から吸い上げた水などの通り道である道管と，葉でつくられた養分の通り道である師管が通っている。また，道管の集まりと師管の集まりが束《たば》になっているものを維管束《いかんそく》といい，葉脈は維管束の枝分かれが葉ですじのように見えるものである。茎の維管束の中では道管が内側，師管が外側にあり，葉の道管や師管とはそれぞれ右の図のようにつながっているので，図１の(ウ)は道管，(エ)は師管とわかる。トウモロコシなどの単子葉類は，葉に平行脈(およそ平行な葉脈)が見られ，根は茎のつけねから細い根が多数出ているひげ根というつくりになっており，茎の断面では維管束が不規則に散らばっている。一方，双子葉類は，葉に網《もう》状脈(網目《あみめ》状の葉脈)が見られ，根は主根とよばれる太い根と，主根から分かれてのびる側根とでできており，茎の断面では維管束が輪状に並んでいる。

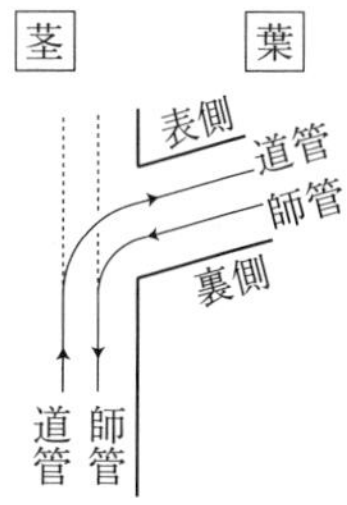

⑷　蒸散する部分を○，蒸散しない部分を×で表すと，右の表のようにまとめることができる。ＡとＢを比べると，葉の表側から蒸散した水の量は，1.2−0.4＝0.8(mL)と求められる。

	葉の表側	葉の裏側	茎	減った水の量
A	○	×	○	1.2mL
B	×	×	○	0.4mL
C	○	○	×	(　　)
D	○	○	○	3.2mL

⑸　ＢとＤを比べると，Ｃの水の量は，3.2−0.4＝2.8(mL)となる。

⑹　蒸散によって植物のからだの温度が下がるのは，水が蒸発するときにまわりから熱(気化熱という)をうばうからであり，(イ)〜(エ)も同じしくみである。(ア)は，氷が融《と》けるときにまわりから熱(融解《ゆうかい》熱という)をうばうことで温度が下がっている。

3 液体のあたたまり方についての問題

⑴　図１のように，試験管に水を入れて下の方の一部をあたためると，あたためられた水はかさが増え，まわりの水に比べて同じ体積あたりの重さが軽くなるため，上に移動する。すると，かわりにまわりの水が下に流れこんでくるため，ぐるぐると水が循環《じゅんかん》してしだいに全体があたたまっていく。このような物質の流れや熱の伝わり方を対流といい，示温テープは水面付近の方から色が変わり，全体があたたまるにしたがって，試験管の底の方へ色の変化が進んでいく。一方，図２では，

水面付近を加熱しているため水の対流が起こりにくく，示温テープは水面付近の色が最初に変わる。水は伝導では熱を伝えにくいので，試験管の底の方への熱の伝わり方はたいへん遅くなる。

(2)　図３では，液面付近から最初に熱が逃《に》げていく。温度が下がると，同じ体積あたりの重さは重くなるので，冷えた液面付近のみそ汁が下へ移動する。これによって，みそ汁の茶色の粒《つぶ》が動き，まだら模様《もよう》が現れる。

(3)　①　(2)では，みそ汁の液面から冷えていくことで，対流が起こっている。このことから，琵琶湖でも湖面付近が冷えて対流が起こるはずなので，湖面付近の気温の低い冬の方が，全循環が起こりやすいと考えられる。　②　湖などの水の動きの少ない環境《かんきょう》では，湖面付近で空気中から水に溶《と》けこんだ酸素は湖底まで届きにくい。そのため，全循環が起こると，酸素が湖底の方にも供給されるため，湖底付近にいる生物にとってよい環境が保たれる。

4　天気の変化と雨量についての問題

(1)　①　日本では，「夕焼けの翌日は晴れ」という言い伝えがある。夕焼けは，太陽が沈むころに西の空が赤い色にそまって見える現象で，西の空に雲がない(西の地方で晴れている)ときに見られる。日本の天気は偏西風《へんせいふう》の影響《えいきょう》で西から東に移り変わることが多いので，夕焼けが見られた日の次の日は，その晴れの天気がやってくると考えられる。　②　気象庁の「地域気象観測システム」の通称を「アメダス」という。全国約1300か所の観測点があり，降水量，気温，日照時間，風向・風速などの観測とそのデータの送信が自動で行われ，集まったデータは天気予報や防災対策などに役立てられている。

(2)　①　雨量は，降った雨水がそのまま断面積が一定の容器にたまったときの水面の高さで表す。したがって，断面積が一定の部分にたまった雨水の高さを測るようになっている(ア)が，最も適している。　②　10分間で２mmたまったので，１時間(60分)では，$2\times\frac{60}{10}=12$(mm)＝1.2(cm)たまっている。また，１m^2は，100×100＝10000(cm^2)である。したがって，１時間あたり校庭１m^2に，10000×1.2＝12000(cm^3)の雨が降っており，その重さは，１×12000÷1000＝12(kg)と求められる。

5　石灰の種類と反応についての問題

(1)　石灰水はアルカリ性の水溶液《すいようえき》である。青色リトマス紙は，酸性の水溶液をつけると赤色に変化するが，中性やアルカリ性の水溶液をつけても青色のままで変化しない。一方，赤色リトマス紙は，アルカリ性の水溶液をつけると青色に変化するが，中性や酸性の水溶液をつけても赤色のままで変化しない。

(2)　表を見ると，加熱した炭酸カルシウムの重さと生じた生石灰の重さは比例している。したがって，炭酸カルシウムを加熱して生石灰70ｇをつくるためには，$10\times\frac{70}{5.6}=125$(ｇ)の炭酸カルシウムが必要である。

(3)　表より，炭酸カルシウム50ｇから生石灰28ｇができる。また，生石灰28ｇに水を加えてすべての生石灰を反応させると，37ｇの消石灰ができると述べられている。つまり，炭酸カルシウム50ｇから37ｇの消石灰ができるので，185ｇの消石灰をつくるためには，$50\times\frac{185}{37}=250$(ｇ)の炭酸カルシウムが必要である。

6　てこのはたらきと竿《さお》ばかりについての問題

(1)　(ア)は作用点，(イ)は支点，(ウ)は力点である。支点から作用点までの長さよりも，支点から力点までの長さの方が長いので，手で加えた力よりも大きな力が作用点にはたらく。

⑵　てこは，てこの３点(支点，力点，作用点)の位置関係によって，支点が力点と作用点の間にあるもの(ペンチ，くぎ抜《ぬ》き，プルタブなど)，作用点が支点と力点の間にあるもの(せんぬきなど)，力点が支点と作用点の間にあるもの(トングなど)の３種類に分類される。

⑶　棒はまっすぐで太さが一様なので，棒の重さ20ｇは棒の真ん中，つまり，棒の左端《ひだりはし》から，40÷２＝20(cm)の点に集まってはたらいているとみなせる(この点を棒の重心という)。また，てこのはたらきを考えるときには，どの部分を支点にしてもよい。よって，棒の左端を支点と考え，つり下げ糸の位置を棒の左端から□cmのところとすると，(30＋20)×□＝20×20が成り立ち，□＝400÷50＝８(cm)と求められる。

⑷　つり下げ糸の位置を支点と考え，目盛り０の位置を支点から右に□cmのところとすると，30×10＝100×□＋20×(20－10)が成り立ち，□＝(300－200)÷100＝１(cm)となる。

⑸　皿にのせる物体の重さが10ｇ増えるごとに，目盛りが１cmずつ右にずれるので，図３の竿ばかりでは最大，10×(40－10－１)＝290(ｇ)の重さの物体まで計ることができる。

⑹　皿にのせる物体の重さを１ｇ増やすごとの左回りのモーメントの増え方は，図３のときには，１×10＝10であり，つり下げ糸の位置を左に移すと10よりも小さくなる。したがって，つり下げ糸の位置を左に移すと，⑸よりもさらに重い物体を計れるようになる。

国　語　＜第１回試験＞（50分）＜満点：100点＞

解　答

一　**問１**　関心を持っている　**問２**　②　イ　③　ア　④　ウ　**問３**　イ　**問４**　その姿を覚えておこうと思っているから　**問５**　ア　**問６**　経験　**問７**　同じ世界に生きている　**問８**　(例)　農業が機械化され，効率化されてきたから。　**問９**　生きものと～まったこと　**問10**　(例)　自然の中に入っていくこと。　**問11**　エ　**問12**　一人　**問13**　オ　**問14**　何を伝えよ～って感じる(こと。)　**問15**　相手の作物～に観察する(というまなざし。)　**問16**　しかし，田　**問17**　⑲　エ　⑳　ア　㉑　ウ　**問18**　(私の)足跡の底　**問19**　(例)　生きものの気持ちを人間の言葉に置き換えて語ること。　**問20**　会話　**問21**　解できませんでした。　二　①　つく　②　かける　③　ふるう　④　のる　⑤　くう

三　①　ウ　②　イ　③　ア　④　オ　⑤　エ　四　①～⑦　下記を参照のこと。

⑧　かんとう　⑨　こんかん　⑩　けいとう

●漢字の書き取り

四　①　保護　②　構造　③　混雑　④　看板　⑤　穀物　⑥　希少

⑦　天守閣

解　説

一　**出典は宇《う》根《ね》豊《ゆたか》の『日本人にとって自然とはなにか』による。**生きものにしっかりまなざしを向けるようになると，生きものと会話できるようになると説明している。

問１　示されている文に「名前」「生きもの」「世界」とあることに注意する。少し後で，「生きものの名前」と「世界」の関係について，「どういう生きものの名前を知っているか，はその人が関

心を持っている世界を表現している」と述べられている。

問２　②　直後の一文に「では，なぜ子どもは名前を知りたがるのでしょうか」とあるので，「子どもが『この生きものの名前は何と言うの』と尋《たず》ねる」とするのが合う。　③　続く部分に「かぶと虫捕《と》り」とあるので，「またかぶと虫を捕りに行こう」がふさわしい。　④「家族や近所の人」が「子ども」に「教える」ようすなので，「かぶと虫は，あそこの森にいっぱいいるよ。くぬぎの木にね」がよい。

問３　「たじろぐ」は，相手の力や勢いにおされて，しりごみするような気持ちになること。

問４　「理由」が問われているので，「～から」「～ので」のような，理由であることを示す表現に注意すると，「その姿を覚えておこうと思っているから」がぬき出せる。

問５　「しめた」は，ものごとがうまくいって喜ぶときに言う言葉なので，心の底から喜ぶことを表す「歓喜《かんき》」が選べる。

問６　傍線《ぼうせん》⑧により，「自分の世界が広がって，深くなっていく」ことに注意する。少し前で，熱帯雨林の「世界」についての幼《おさな》い子どもの「経験」のようすが述べられているので，「経験」がふさわしい。

問７　前後に「名前」「生きもの」「という実感」とあるので，前のほうの「名前を呼ぶ（名づける）ことによって，その生きものと同じ世界に生きているということを実感できる」の部分から，「同じ世界に生きている」がぬき出せる。

問８　「活動」とは，ここでは「百姓《ひゃくしょう》」が日ごろ行っている「農業」のことで，その「範囲《はんい》」が「広くなった」のは，次の段落で述べられているように，農業が「機械化され，効率化され」てきたからである。

問９　筆者が「まずい」と考えていることがらについては，傍線⑪をふくむ段落と直前の段落で説明されている。その内容のうちの，「どのようなこと」にあたることがらなので，「生きものと目を合わせてつきあう時間が減ってしまったこと」があてはまる。

問10　傍線⑫は，筆者の「草刈《か》り」についての説明である。草刈りについて述べられている部分のうちで「結局」にあたるのは，「草刈りによって，自然の中に入っていけるようになったのです」である。

問11　「没頭《ぼっとう》」は，一つのことに熱中して，ほかをかえりみないこと。

問12　「一人前《いちにんまえ》」は，大人と同じ能力であること。能力や腕前《うでまえ》などがある水準になること。

問13　言葉のかかり受けでは，直接つなげてみて意味のまとまるところが答えになるので，「たしかに」→「ありません」となる。

問14　続く部分で，「科学的」な「外からのまなざし」と，「非科学的」な「内からのまなざし」が対比されていることに注意する。傍線⑯は「非科学的」にあたる心理なので，「内からのまなざし」の説明の部分から，「何を伝えようとしているのか，相手の身になって感じる」がぬき出せる。

問15　「外からのまなざし」は「科学的」なまなざし，つまり，「相手の作物から距離《きょり》を置いて，冷静に，客観的に，科学的に観察する」というまなざしである。

問16　「内からのまなざし」について「具体的に表現」されている一文なので，「しかし，田んぼが，稲が呼んでいると感じたのです」という「非科学的」な一文がよい。

問17　⑲　段落の最初なので，ものごとを説き起こすときに使う「そもそも」が合う。　⑳　人間は相手に同情する能力があるから，人間の社会もできあがったという文脈である。よって，続く部分の理由が前にあることを示す「だから」がよい。　㉑　直前で述べられている「能力」は，もともとは「人間」に対して適用されるものだが，「人間以外の生きもの」にも適用できるという文脈なので，前のことがらを受けて，それに反する内容を述べるときに用いる「ところが」が入る。

問18　「避暑《ひしょ》」は，夏の暑さを避《さ》けるために，すずしい土地に行くこと。ここでは，「まるで風呂《ふろ》に入っているような熱さ」になった田んぼの中で水温が低い「足跡《あしあと》の底」を，避暑地にたとえている。

問19　「この気持ち」とは，お玉杓子《オタマジャクシ》の喜んでいる気持ちのこと。「擬人《ぎじん》法」は，人でないものを人に見立てて表現する技法であり，少し前で「生きものの気持ちを語る時には，私は人間の言語しか使えませんから，人間の言葉に置き換《か》えて語るしかありません」と述べられている。

問20　前後に「生きものと」「能力」とあるので，前のほうの「生きものに～生を感じて，会話しようとする習性は，本来人間に備わった能力」の部分から，「会話」がぬき出せる。

問21　もどす文に「稲が声を出すはずがありません」とあるので，「稲の声」が聞こえるようにならないと一人前ではないとある一文の直後にもどすと，文意が通る。

二　慣用句の完成

①　「悪態をつく」は，人に憎《にく》まれるようなことを言うこと。「意表をつく」は，相手の予期しないことをするようす。「核心《かくしん》をつく」は，最も重要なところに言いおよぶこと。　②　「招集《しょうしゅう》をかける」は，会議などのために人びとをよび集めること。「手間をかける」は，ある仕事をするのに，多くの時間や労力をかけること。「磨《みが》きをかける」は，修練を積んだり経験を重ねたりすることで，技量などをいっそうすぐれたものにすること。　③　「権力をふるう」は，思うままに権力を行使すること。「弁舌《べんぜつ》をふるう」は，大勢の前で，自分の意見や考えを口頭で発表すること。「猛威《もうい》をふるう」は，病気や台風などが，広い範囲に大きな影響《えいきょう》をおよぼすこと。　④　「大台にのる」は，数量が大きな区切りや目安になる数値に到達《とうたつ》すること。「軌道《きどう》にのる」は，ものごとが順調に進むようになること。「手にのる」は，相手の計略にひっかかること。　⑤　「大目玉をくう」は，“ひどくしかられる”という意味。「足止めをくう」は，移動手段がなくなり，その場から動けなくなること。「肩《かた》すかしをくう」は，意気ごんで相手に向かっていったものの，うまくかわされること。

三　慣用句の知識

①　「琴線《きんせん》に触《ふ》れる」は，心の奥《おく》深いところで感動したり共鳴したりすること。　②　「目を見張る」は，驚《おどろ》きや感動で目を大きく開いて見つめること。　③　「口をつぐむ」は，話すのをやめること。　④　「手前みそ」は，自分がつくった味噌《みそ》なら多少まずくてもおいしいと自慢《じまん》することから，自分で自分のことをほめたり誇《ほこ》ったりすること。　⑤　「鼻持ちならない」は，気取ったりいばったりしていやらしく，我慢できないほど不愉快《ゆかい》であること。

四　漢字の書き取りと読み

①　危険がおよばないように守ること。　②　内部の組み立てやしくみ。　③　人や車などが混み合うこと。　④　店の名前や商品名，注意書きなどを目立つように書いてかかげたもの。　⑤　種子を食用とする農作物で，おもに主食となるもの。米，麦，とうもろこしなど。　⑥　数が大変少なく，めずらしいこと。　⑦　城の中央にある最大のやぐら。戦時には展望台，司令塔《とう》，最後の根拠《こんきょ》地になり，平時は権勢を表した。　⑧　本や巻き物などの，最初の部分。　⑨　も

のごとの大もと。　⑩　ものごとのすじ道。

2020年度　明治大学付属中野中学校

〔電　話〕（03）3362－８７０４
〔所在地〕〒164-0003　東京都中野区東中野３－３－４
〔交　通〕JR中央線・都営大江戸線―「東中野駅」より徒歩５分
東京メトロ東西線―「落合駅」より徒歩10分

【算　数】〈第２回試験〉（50分）〈満点：100点〉

1　次の□にあてはまる数を答えなさい。

(1)　$\{(16-3\times4+5)-(306\div9\div4-3)\}\div14=\square$

(2)　$\left(1.25-\frac{1}{5}\right)\div\left\{1\frac{2}{3}-0.875\times(3-\square)+0.2\right\}=2\frac{1}{4}$

(3)　右の図は，半径が３cm，高さが５cmの円柱です。この円柱の表面積は□cm^2です。ただし，円周率は3.14とします。

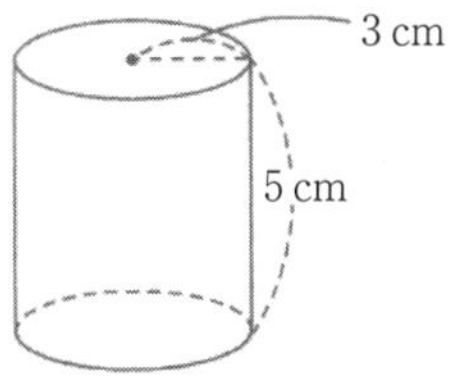

(4)　ある生徒は９科目の試験を受けます。そのうち８科目の平均点が67点でした。全科目の平均点を69点とするためには，残り１科目の試験では□点を取らなければなりません。

2　次の問いに答えなさい。

(1)　はじめ，太郎君と次郎君の所持金の比は６：５でした。２人に400円ずつ渡したところ所持金の比は７：６になりました。太郎君のはじめの所持金を求めなさい。

(2)　９％の食塩水と，何％かの食塩水を４：５の割合で混ぜ合わせたら７％の食塩水になりました。混ぜた食塩水の濃度は何％ですか。

(3)　容器の中にペンキが入っています。右の図のように，一辺が４cmの立方体を容器の中に側面にふれないように入れました。立方体の一辺は容器の底についています。この立方体を取り出したとき，ペンキがついている部分の面積を求めなさい。

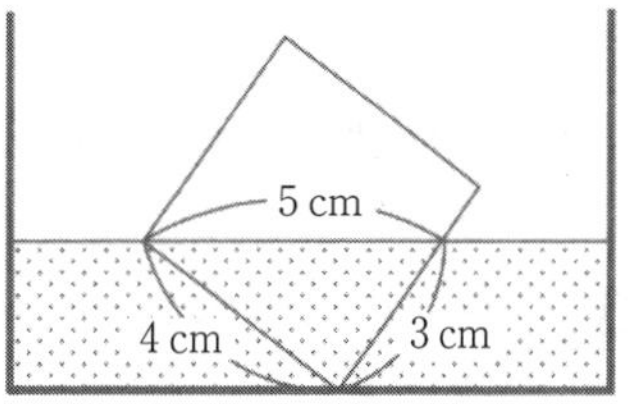

(4)　0，1，2，3，4の５枚のカードから４枚を選びます。選んだカードを一列に並べて，４けたの整数を作るとき，６の倍数は何通り作ることができますか。

(5)　下の図１のように，ABの真ん中の点をMとし，AD＝BCのとき，角①と角②の大きさの和は何度か答えなさい。

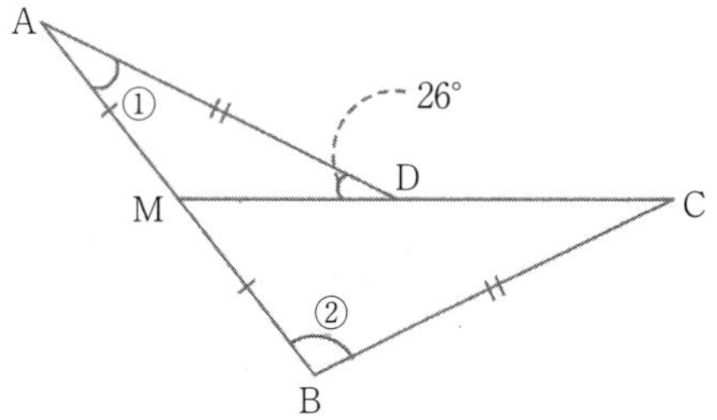

図１

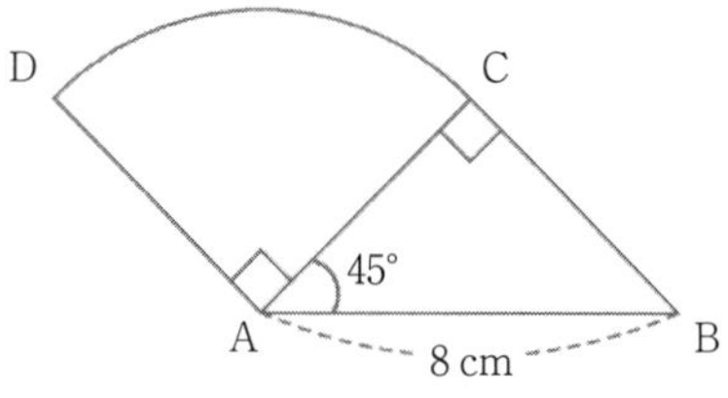

図２

(6)　上の図２のように，直角二等辺三角形とおうぎ形を合わせた図形があります。AB＝8cmのとき，この図形の面積を求めなさい。ただし，円周率は3.14とします。

3　次の問いに答えなさい。

(1)　ある商品を定価で売ると仕入れ値に対して1350円の利益があり，定価の３割引きで売ると仕入れ値に対して600円の損失になります。このとき，この商品の仕入れ値を求めなさい。

(2)　Ａ君とＢ君とＣ君の３人ですると６分，Ｃ君とＤ君の２人ですると５分かかる作業があります。この作業をＡ君だけですると12分かかり，Ｂ君だけですると１時間かかるとき，Ｄ君だけで作業をすると何分何秒かかりますか。

4　太郎君と次郎君は，ある整数に別の整数をたして，さらにこの２つの整数とは別の整数をかけた計算をしました。次の文章はこの計算について，太郎君と次郎君が先生と交わした会話です。下の問いに答えなさい。

先生「それでは，この計算の答えを聞こうかな。太郎君，どうかな。」

太郎「はい。答えは443になりました。」

先生「それはどこかで計算ミスをしていますよ。どう計算したのか教えてくれますか。」

太郎「［①］と［②］をかけて，９をたしました。」

先生「太郎君。問題をよく見てごらん。［①］と［②］をたして，その数に９をかけるんですよ。」

太郎「あ。本当だ。」

先生「次郎君はどうですか。」

次郎「先生，ぼくも間違えて計算してしまいました。ぼくは，先に［②］と９をかけてから，［①］をたしてしまったので，157になってしまいました。」

先生「２人とも少し時間をあげますので，もう一度解き直してみてください。……どうですか。」

(1)　［①］と［②］にあてはまる数を答えなさい。

(2)　この計算の正しい答えを求めなさい。

5　図１の直方体をすべらせずに，不規則に転がしていくと，図２のような道すじになりました。いま，ある立体を同じようにすべらせずに，不規則に転がしていくと，図３のような道すじになりました。このとき，この立体の体積を求めなさい。

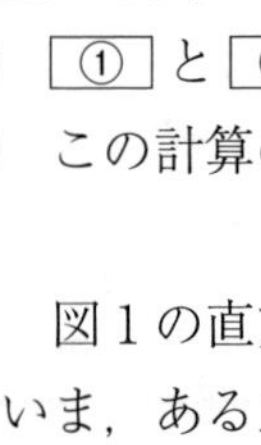

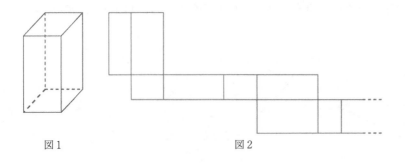

図１

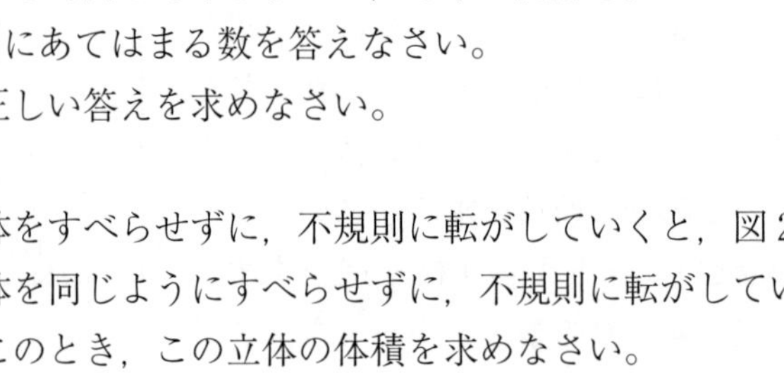

図２

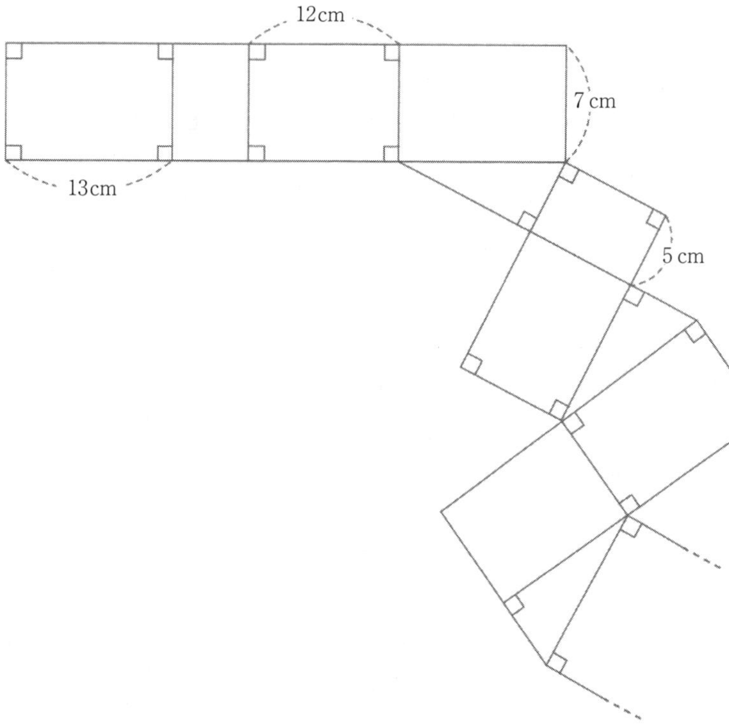

図３

6　整数 x の一の位の数を＜ x ＞と表すことにします。

例えば，＜3＞＝3，＜12＞＝2，＜369＞＝9となります。このとき，次の問いに答えなさい。

(1)　２を11回かけた数を A とします。このとき，＜ A ＞はいくつになりますか。

(2)　３を90回かけた数を B，８を90回かけた数を C とします。このとき，＜＜ B ＞×＜ C ＞＞はいくつになりますか。

7　右の図は，兄弟２人の移動した様子を表しています。兄は家から800m離れた駅へ向かい，弟は駅から家へ向かいました。兄は分速60mで歩いていましたが，途中で忘れ物に気づいて，分速120mで家に戻りました。家で２分間忘れ物を探し，分速120mで再び駅へ向かいました。このとき，次の問いに答えなさい。

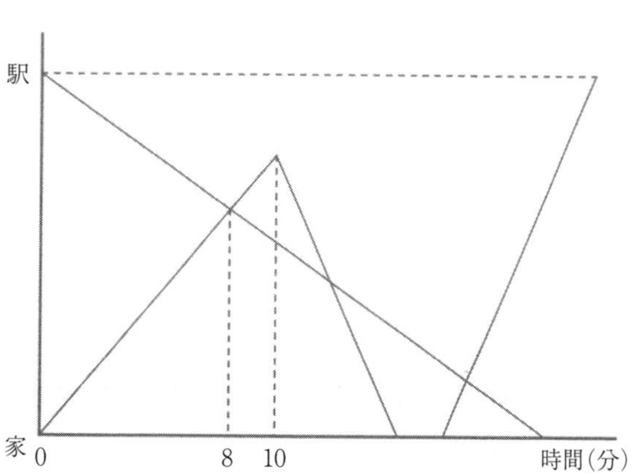

(1)　忘れ物に気づいた兄は，家に戻る途中で弟を追いこしました。追いこしたのは家から何mのところですか。

(2)　家に着いた兄が忘れ物を探してから再び駅へ向かう途中で，弟と出会いました。このとき，弟と出会ったのは，はじめに家を出てから何分何秒後ですか。

【社　会】〈第２回試験〉（30分）〈満点：50点〉

1　次の文を読んで，問いに答えなさい。

日本は，国土のおよそ【　　】％を①山脈・山地・丘陵《きゅうりょう》地がしめています。②湖沼《こしょう》や③河川などの割合は，国土のおよそ４％です。比較的平坦《ひかくてきへいたん》な地域では，④人口密度が高く，さまざまな産業が営まれています。

鉱産資源のとぼしい日本は，⑤石油などの燃料を大量に輸入し，それらをもとにさまざまな工業製品をつくっています。日本から海外へ輸出されるものも工業製品が多く，機械類や自動車の輸出額が上位をしめています。

日本は，⑥地域によって気候が異なるため，それぞれの地域の気候を生かした農業が行われていますが，海外からの食料の輸入も増加しています。1960年に79％だった食料自給率は，近年では40％を下回っています。中でも，⑦小麦や大豆，⑧とうもろこしの自給率は非常に低く，多くをアメリカ合衆国などからの輸入にたよっています。⑨食料の輸入が増加すればするほど，環境《かんきょう》への負担が大きくなるので，近年では，地産地消の動きがさかんになっています。

問１．【　】にあてはまる数字を，次のア～エの中から１つ選び，記号で答えなさい。

ア．33　　イ．53　　ウ．73　　エ．93

問２．下線部①について，日高山脈，奥羽山脈，讃岐山脈が走る方向の組み合わせとして最も適当なものを，次のア～カの中から１つ選び，記号で答えなさい。

	日高山脈	奥羽山脈	讃岐山脈
ア	東西方向	東西方向	南北方向
イ	東西方向	南北方向	東西方向
ウ	東西方向	南北方向	南北方向
エ	南北方向	南北方向	東西方向
オ	南北方向	東西方向	南北方向
カ	南北方向	東西方向	東西方向

問３．下線部②について，日本で最も水深が深い湖が位置する道県を，右の地図中Ａ～Ｄの中から１つ選び，記号で答えなさい。また，その湖の名称を，漢字で答えなさい。

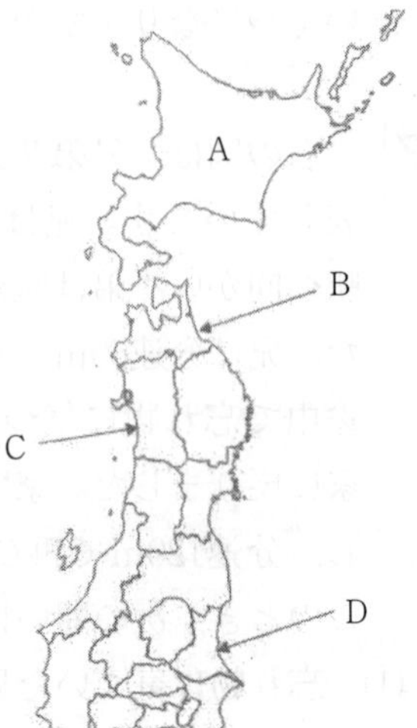

問４．下線部③について，次のⅠ～Ⅲの文は，日本のある河川について説明したものです。Ⅰ～Ⅲと，河川の名称の組み合わせとして正しいものを，次のページのア～クの中から１つ選び，記号で答えなさい。

Ⅰ．「日本最後の清流」とよばれる，高知県に河口があり，太平洋に注ぐ河川

Ⅱ．日本三大急流の１つで，熊本県に河口があり，八代海(不知火海)に注ぐ河川

Ⅲ．かつて流域で深刻な公害が発生した，新潟県に河口があり，日本海に注ぐ河川

	Ⅰ	Ⅱ	Ⅲ
ア	四万十川	球磨川	阿賀野川
イ	四万十川	球磨川	神通川
ウ	四万十川	筑後川	阿賀野川
エ	四万十川	筑後川	神通川
オ	吉野川	球磨川	阿賀野川
カ	吉野川	球磨川	神通川
キ	吉野川	筑後川	阿賀野川
ク	吉野川	筑後川	神通川

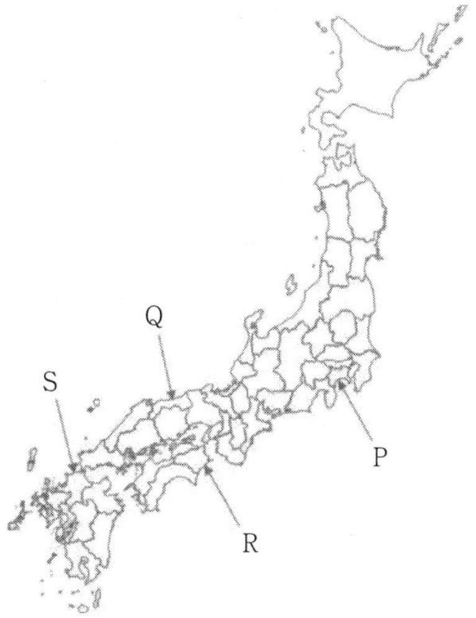

問５．下線部④について，右の地図中Ｐ～Ｓの県を，人口密度が高い順に並べた時，２番目にあたる県を１つ選び，記号で答えなさい。

問６．下線部⑤について，石油を輸送する，次の写真のような船舶《せんぱく》を何といいますか。

問７．下線部⑥について，次の表中ア～エは，岡山市，銚子市，長野市，新潟市の４都市における２月と８月の平均気温および平均降水量の平年値を示したものです。銚子市と長野市にあてはまるものをア～エの中から１つずつ選び，それぞれ記号で答えなさい。

	２月の平均気温	８月の平均気温	２月の平均降水量	８月の平均降水量
ア	0.1℃	25.2℃	49.8mm	97.8mm
イ	2.7℃	26.4℃	122.4mm	140.6mm
ウ	5.5℃	28.3℃	50.5mm	87.4mm
エ	6.6℃	25.2℃	88.9mm	109.6mm

（気象庁の統計による）

問８．下線部⑦について，次のア～エのグラフは，小麦，大豆，果実，肉類のいずれかについて，日本の輸入相手国とその割合(2018年)を示したものです。小麦と大豆にあてはまるものを，ア～エの中から１つずつ選び，記号で答えなさい。

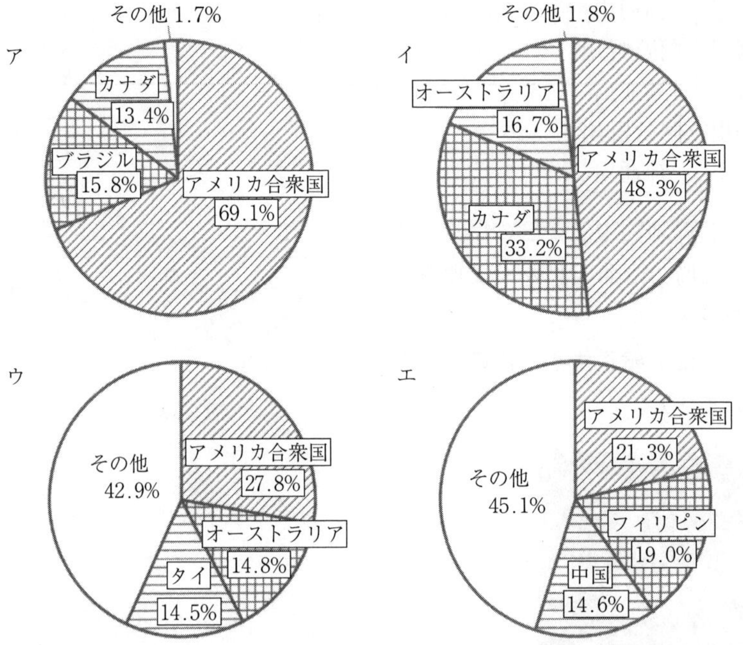

(財務省の統計による)

問９．下線部⑧について，次のグラフは，日本に輸入されたとうもろこしの用《よう》途《と》別割合(2018年)を示しています。グラフのXにあてはまる，最も割合が高い用途は何か，答えなさい。

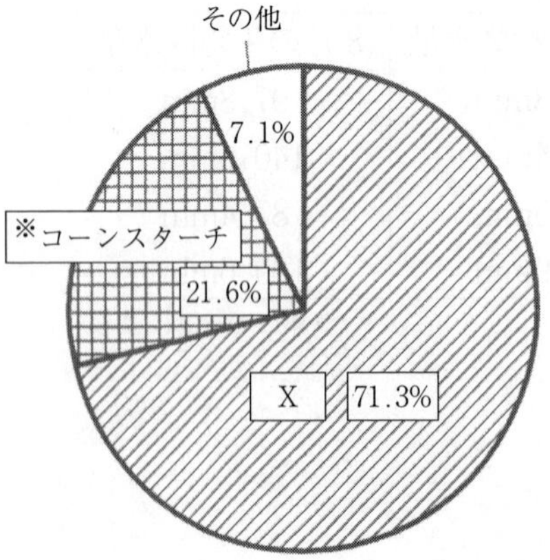

※コーンスターチ：とうもろこしから処理され，つくられたでんぷんまたはでんぷん食品。

(財務省の統計による)

問10．下線部⑨について，この理由を，「輸送」という語句を用いて説明しなさい。

2　次の日本国憲法の条文を読み，問いに答えなさい。

第11条　国民は，すべての基本的人権の享有《きょうゆう》を妨《さまた》げられない。この憲法が国民に保障する基本的人権は，侵《おか》すことのできない永久の権利として，現在及《およ》び将来の国民に与《あた》へられる。

第26条　②　すべて国民は，法律の定めるところにより，その保護する子女に普通《ふつう》教育を受けさせる義務を負ふ。義務教育は，これを【　X　】とする。

第27条　①　すべて国民は，【　Y　】の権利を有し，義務を負ふ。

第30条　国民は，法律の定めるところにより，【　Z　】の義務を負ふ。

問１．下線部について，自由権は，ア「精神の自由」，イ「身体の自由」，ウ「経済活動の自由」に分けることができます。次のⅠ～Ⅳはそれぞれどれにあてはまるか，ア～ウの記号で答えなさい。

Ⅰ．いかなる奴隷《どれい》的拘束《こうそく》も受けない。

Ⅱ．好きな職業を選ぶことができる。

Ⅲ．どのような宗教でも信仰《しんこう》することができる。

Ⅳ．興味関心のある分野を研究することができる。

問２．【X】にあてはまる語句として正しいものを，次のア～エの中から１つ選び，記号で答えなさい。

ア．６年間　　イ．９年間　　ウ．無償《むしょう》　　エ．有償《ゆうしょう》

問３．【Y】・【Z】にあてはまる語句を，それぞれ漢字で答えなさい。

3　次の文を読み，問いに答えなさい。

「持続可能な開発」ということばがよく使われるようになっています。これは，「現代の世代の要求を満たしながらも，将来の世代も豊かで快適な生活ができるような開発」のことです。

現在，さまざまな①地球環境問題や②経済格差・貧困などの問題が解決されずに残っています。現代を生きる私たちは，このような諸問題に真剣《しんけん》に向き合い，③「持続可能な開発」の実現に向けて自分にできることは何かを考え，行動することが求められています。

問１．下線部①について，過放牧や過耕作で地力がおとろえた結果，不毛の土地が広がる現象を何といいますか。

問２．下線部①について，昨年(2019年)，国連気候変動枠組《わくぐみ》条約第25回締約《ていやく》国会議が開催《かいさい》されました。この会議に参加した環境活動家のグレタ・トゥーンベリさんの出身国はどこか，次のア～エの中から１つ選び，記号で答えなさい。

ア．イギリス　　イ．スウェーデン　　ウ．スペイン　　エ．ドイツ

問３．下線部②について，世界的な経済格差の問題を「南北問題」といいます。なぜ「南北問題」というのか，その理由を次の２つの語句を用いて説明しなさい。

先進国　　発展途上《とじょう》国

問４．下線部③について，国際連合は「持続可能な開発目標」として17の目標を掲《かか》げています。次の３つの図は，その一部です。また，下のａ～ｃは，図で示された目標を説明した文です。それぞれの図の番号と目標の組み合わせとして正しいものを，以下のア～カの中から１つ選び，記号で答えなさい。

a．つくる責任　つかう責任

b．すべての人に健康と福祉《ふくし》を

c．平和と公正をすべての人に

	3	12	16
ア	a	b	c
イ	a	c	b
ウ	b	a	c
エ	b	c	a
オ	c	a	b
カ	c	b	a

4　次の新聞記事を読んで，問いに答えなさい。

「①大宝律令」「②応仁の乱」――。日本史の教科書に登場する用語には元号を冠《かん》したものが多くある。日本では③飛鳥時代の「大化」(④645～650)から始まり，約1300年間にわたって247の元号を使ってきた。

もともとは紀元前２世紀に，いまの中国にあった⑤漢の武帝《ぶてい》がつくった制度だが，中国やベトナムはすでに廃止《はいし》。いまも使い続けるのは日本だけだ。

⑥明治以降は天皇の代替《だいが》わり時にだけ改める「【　　】」という方式になったが，過去には美しい雲の出現などおめでたい出来事を祝って元号を改めた「祥瑞《しょうずい》改元」や，⑦飢饉《ききん》や感染症《しょう》の流行といった凶事《きょうじ》を断ち切るための「⑧災異改元」もあった。天皇が人や領土だけでなく，時も支配することができると考えられていたためで，江戸時代の孝明天皇は17年間で６回も元号を改めた。

(中略)

元号の漢字２字は⑨『春秋』『論語』といった中国の古い書物の文章から引用するのが習わしだ。⑩昭和は「各国が一緒《いっしょ》に繁栄《はんえい》する」(書経)，平成は「国内も海外も平和を達成する」(史記)との願いが込《こ》められた。ただ，近年は中国のものではなく⑪『万葉集』など日本の古典にするべきとの意見もある。

(後略)

(2019年１月27日付　朝日中高生新聞)

問１．【　】にあてはまる語句を，漢字４字で答えなさい。

問２．下線部①について，これを編さんした人物の組み合わせとして正しいものを，次のア～エの中から１つ選び，記号で答えなさい。

ア．刑部親王・藤原鎌足　　イ．刑部親王・藤原不比等

ウ．舎人親王・藤原鎌足　　エ．舎人親王・藤原不比等

問３．下線部②について，この乱で東軍の総大将とされた人物を，漢字で答えなさい。

問４．下線部③について，この時代に制作された仏像を，次のア～エの中から１つ選び，記号で答えなさい。

ア

イ

ウ

エ

問５．下線部④について，645年，日本史上初めての譲位《じょうい》がなされました。このとき譲位した天皇を，漢字で答えなさい。

問６．下線部⑤について，漢の歴史を記録した『漢書』地理志には紀元前１世紀ごろの日本の様子が書かれています。その内容として正しいものを，次のア～エの中から１つ選び，記号で答えなさい。

ア．倭の奴国の王が中国に使いを送り，皇帝から金印を授《さず》けられた。

イ．倭の女王が中国に使いを送り，皇帝から銅鏡100枚などを授けられた。

ウ．５人の倭王が相次いで中国に使いを送り，安東大将軍の称号《しょうごう》を与えられた。

エ．倭人が100余りの小国をつくり，定期的に朝鮮半島の楽浪郡に使いを送っていた。

問７．下線部⑥について，この時代に制定された大日本帝国憲法を説明した文として正しいものを，次のア～エの中から１つ選び，記号で答えなさい。

ア．帝国議会で審議《しんぎ》された上で，制定された。

イ．伊藤博文が内閣総理大臣在任中に発布された。

ウ．法律案の議決について，参議院に対し，衆議院の優越《ゆうえつ》が認められていた。

エ．君主の権力が強い，プロイセン(ドイツ)憲法を参考に，条文が起草された。

問８．下線部⑦について，江戸時代に起きた飢饉を古い順に並べたものを，次のア～カの中から１つ選び，記号で答えなさい。

ア．享保の飢饉→天明の飢饉→天保の飢饉

イ．享保の飢饉→天保の飢饉→天明の飢饉

ウ．天保の飢饉→享保の飢饉→天明の飢饉

エ．天保の飢饉→天明の飢饉→享保の飢饉

オ．天明の飢饉→享保の飢饉→天保の飢饉

カ．天明の飢饉→天保の飢饉→享保の飢饉

問９．下線部⑧について，1657年，江戸で大規模な災害が起こり，翌年，安全を祈願《きがん》して「明《めい》暦《れき》」から「万治《まんじ》」に改元されました。どのような災害が起きたか，答えなさい。

問10．下線部⑨について，これらは儒学の経典として知られています。江戸時代の寛政期に，幕府の学校で武士たちが教わる儒学の学派は，１つに限定されました。この学問を何というか，漢字で答えなさい。

問11．下線部⑩について，次のア～オは，この時代のできごとです。これらを古い順に並べた時，３番目にあたるものを１つ選び，記号で答えなさい。

ア．柳条湖事件が起きた。

イ．盧溝橋事件が起きた。

ウ．日本が真珠湾を攻撃《こうげき》した。

エ．日本が国際連盟を脱退《だったい》した。

オ．日独伊三国軍事同盟が結ばれた。

問12．下線部⑪について，この歌集に歌を残した人物を，次のア～エの中から１人選び，記号で答えなさい。

ア．紀貫之　　イ．清少納言　　ウ．紫式部　　エ．山上憶良

【理　科】〈第２回試験〉（30分）〈満点：50点〉

1　電気について，次の各問いに答えなさい。

(1)　図１のような回路をつくり，回路の途《と》中の［　　］に身のまわりにある(ア)～(オ)をつなぎました。豆電球が光るものを２つ選び，解答欄の記号を○で囲みなさい。

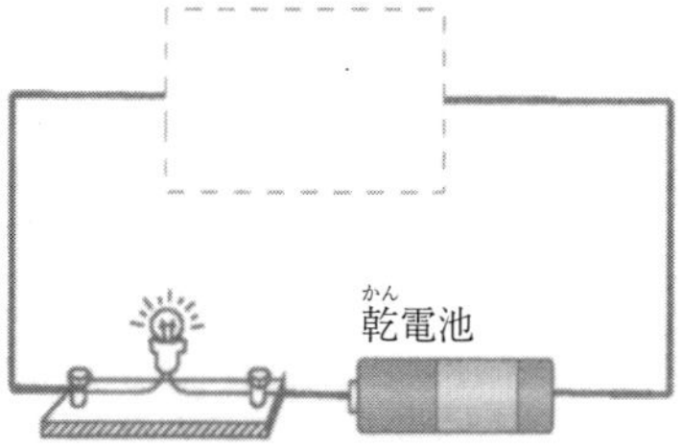

図１

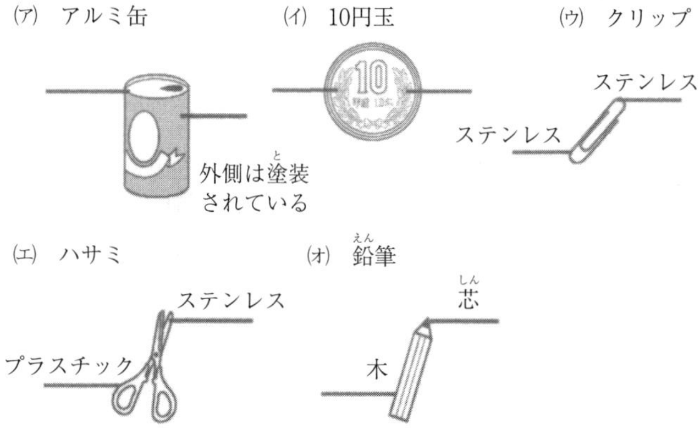

(2)　乾電池１個と豆電球２個を使い，豆電球のつなぎ方による豆電球の明るさと乾電池の寿《じゅ》命について調べました。あとの①・②のとき，図２と比べて豆電球の明るさと乾電池の寿命はそれぞれどのようになりますか。明るさは(ア)～(ウ)，寿命は(エ)～(カ)から選び，記号で答えなさい。

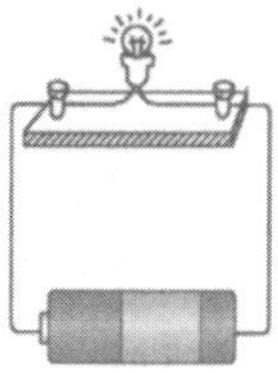

図２

①　豆電球を直列につなぐ。

〔明るさ〕(ア)　明るくなる　　(イ)　暗くなる　　(ウ)　変わらない

〔寿　命〕(エ)　長くなる　　(オ)　短くなる　　(カ)　変わらない

②　豆電球を並《へい》列につなぐ。

〔明るさ〕(ア)　明るくなる　　(イ)　暗くなる　　(ウ)　変わらない

〔寿　命〕(エ)　長くなる　　(オ)　短くなる　　(カ)　変わらない

2　ヒトのからだのつくりと動きについて，次の各問いに答えなさい。

(1)　図１は，ヒトの全身の骨を示したものです。骨は，からだを支えたり，からだを守ったりするはたらきがあります。からだの中にあるやわらかいところを守るはたらきをする骨を図の(ア)～(オ)から２つ選び，解答欄の記号を○で囲みなさい。

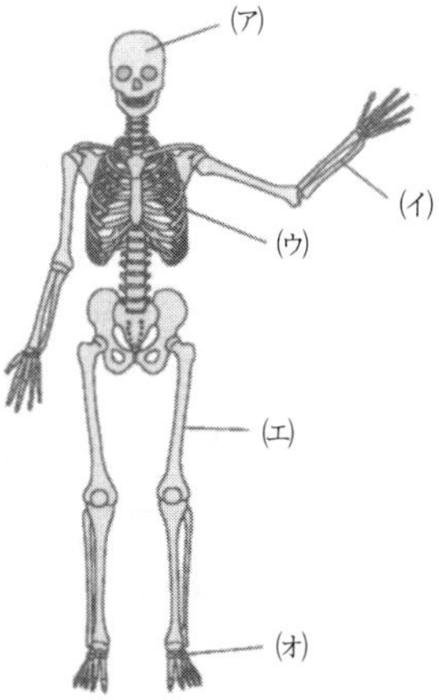

図１

(2)　おとなのヒトのからだには，約200個の骨があります。１つの骨で最も大きな骨と最も小さな骨があるところはそれぞれどこですか。次の(ア)～(キ)から選び，記号で答えなさい。

(ア)　耳の中　　(イ)　鼻の中　　(ウ)　あご

(エ)　上腕《じょうわん》(肩とひじとの間)

(オ)　足の小指　　(カ)　太もも　　(キ)　すね

(3)　次の①と②の各問いに答えなさい。

①　骨と骨のつなぎ目で，からだの曲がるところを何といいますか。漢字で答えなさい。

② 図２は，ヒトの腕《うで》を示しています。図の(ア)～(オ)が指しているところのうち，①にあてはまるところを２つ選び，解答欄の記号を○で囲みなさい。

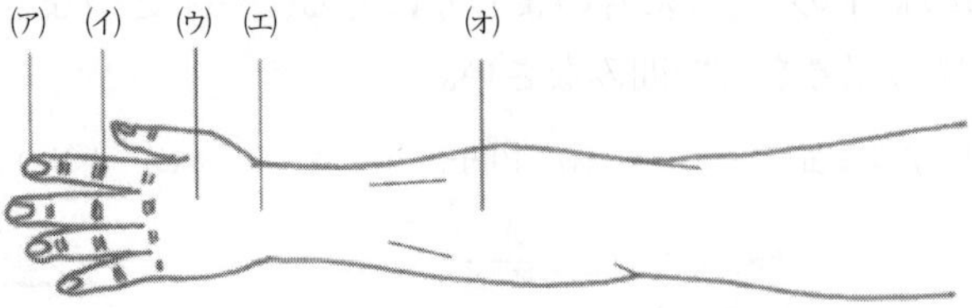

図２

(4) 図３は，ヒトの腕の骨と，腕を動かす筋肉を示しています。

① (ア)の筋肉は，骨にくっつく部分の一方が描《えが》かれていません。この筋肉の端《はし》は図の骨Ａと骨Ｂのどちらにくっついていますか。記号で答えなさい。

② 腕を曲げた状態から図のように伸《の》ばすとき，ちぢむ筋肉は(ア)と(イ)のどちらですか。記号で答えなさい。

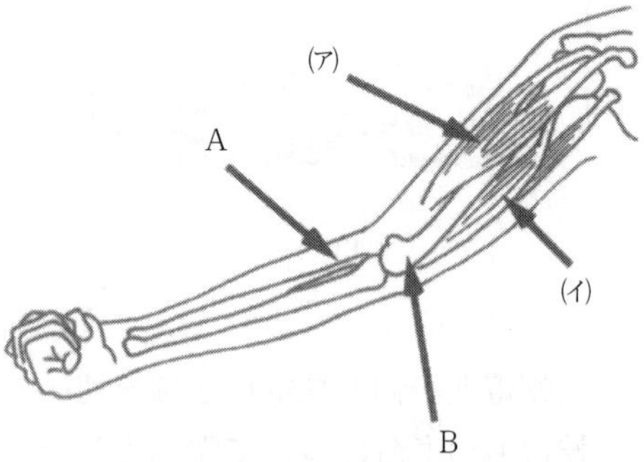

図３

(5) からだには，腕や足を動かす筋肉の他に，臓器に含まれていて臓器が動くための筋肉もあります。次の(ア)～(オ)のうち，筋肉が含まれていて動くことができる臓器を２つ選び，解答欄の記号を○で囲みなさい。

(ア) 脳　(イ) 食道　(ウ) 胃　(エ) 肺　(オ) じん臓

3 東京で星座や太陽の動きを観察しました。次の各問いに答えなさい。

(1) 図１のような星座早見を使い，星座を観察しました。

① 星座早見の中心にある星は何ですか。名前を漢字で答えなさい。

② 西の空を観察するとき，(ア)～(ウ)のどの部分を下にして夜空の星とくらべますか。最も適するものを選び，記号で答えなさい。

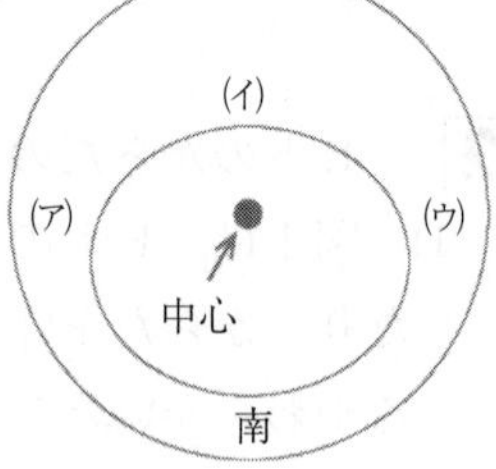

図１

(2) 太陽の動きを観察するために，図２のような透《とう》明半球を日当たりのよい水平な場所に置きました。７時にペンの先の影が中心にくるようにして，透明半球の上に点を打ち，その後も13時まで１時間ごとに同じようにして点を打ちました。また，太陽が真南にきたときにも点を打ち，Ｑ点としました。

図３は，図２で打った点を通るように紙テープを置き，紙テープに点を写しとり，点と点の間の長さをはかったものです。図３より，太陽が南中した時刻を求めなさい。

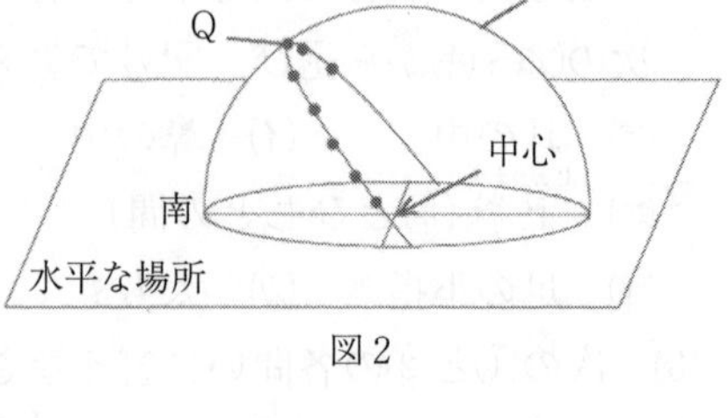

図２

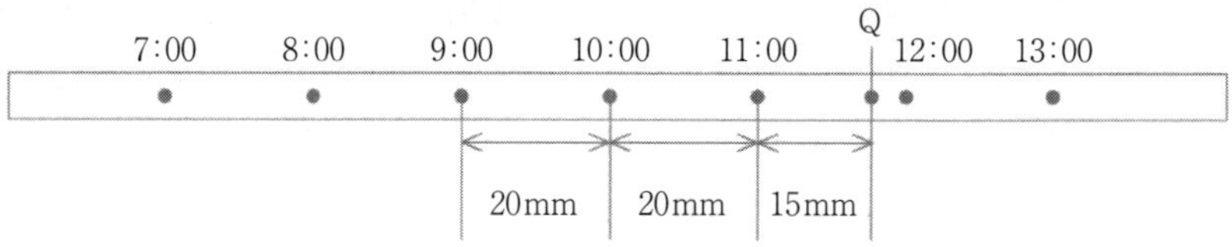

点を写しとった紙テープ

図３

(3)　晴れた日に，図４のような時計を使うと，方位を知ることができます。次の文のようにして南をさがしました。文中の①～③に適する数をそれぞれ答えなさい。ただし，太陽が南中する時刻を12時とします。

図４

　今，時刻は８時です。文字盤《ばん》を地面に対して水平にし，短針を太陽の方へ向けました。時計の短針は１時間に（　①　）°動きます。太陽は南中してから次の日の南中まで24時間かかるので，１時間に（　②　）°動きます。南中まであと４時間かかることから，文字盤の（　③　）時の方向が南であることがわかります。

4　地震《しん》について，次の各問いに答えなさい。

(1)　地球の表面は，プレートとよばれる十数枚の厚い岩盤でおおわれています。プレートはごくわずかですが少しずつ動いていて，プレート境界（プレートどうしがぶつかっているところ）では強い力がはたらき，この力によって地震が発生します。右図は，日本周辺にあるプレート境界を点線で表したものです。図中のａ－ｂにおけるプレート境界の断面としてあてはまるものを，次の(ア)～(エ)から１つ選び，記号で答えなさい。なお，図中の矢印はそれぞれプレートの動く向きを表しています。

(ア)

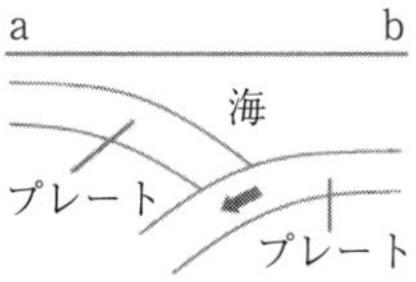

(イ)

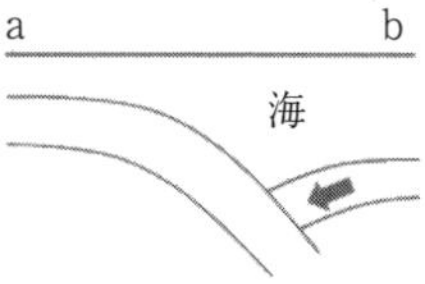

(ウ)

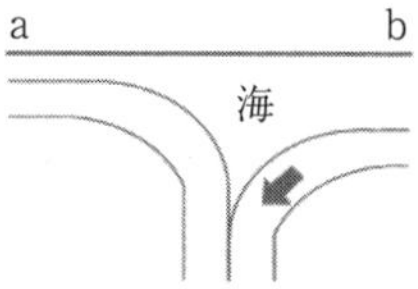

(エ)

(2)　地震が発生したとき「マグニチュード」と「震度」というものが気象庁から発表されます。マグニチュードと震度について説明した次の(ア)～(エ)のうち，間違っているものを１つ選び，記号で答えなさい。

(ア)　マグニチュードが大きな地震でも，震源（地震が発生した場所）から遠いところでは，震度は小さくなる。

(イ)　マグニチュードは地震の規模を表し，同じ地震でも場所によって異なる。

(ウ)　震度は地震のゆれの大きさを表し，各地に設置された震度計で計っている。

(エ)　震度は０～７の数字で表され，５と６はさらに強と弱に分けられているため，震度には10階級ある。

(3)　マグニチュードが0.2大きくなると地震のエネルギーは約２倍になり，１大きくなると約32倍になります。このことから，マグニチュードが２大きくなると，地震のエネルギーは約何倍になると考えられますか。次の(ア)～(エ)から最も近いものを選び，記号で答えなさい。

(ア)　60倍　　(イ)　200倍　　(ウ)　600倍　　(エ)　1000倍

5　金属の鉄は，鉄鉱石から酸素や不純物を取り除くことによって得られます。鉄鉱石は主に，鉄に酸素が結びついた「酸化鉄」とよばれる物質からできています。酸化鉄には，いくつかの種類があり，結びついている鉄と酸素の重さの比が異なります。ここでは，酸化鉄はすべて，「鉄の重さ：酸素の重さ＝7：3」で結びついているものとします。次の各問いに答えなさい。

(1)　鉄にうすい塩酸を反応させたとき，気体が発生します。その気体の名前を答えなさい。

(2)　32ｇの酸化鉄に含まれる鉄は何ｇですか。

(3)　鉄鉱石には，酸化鉄以外の物質も含まれています。鉄鉱石175ｇから鉄が112ｇ得られました。もとの鉄鉱石に含まれていた，酸化鉄以外の物質は何ｇですか。

(4)　酸化鉄をアルミニウムと反応させると，酸化鉄から酸素を取り除くことができます。このとき，アルミニウムは酸化鉄に含まれていたすべての酸素と結びついて「酸化アルミニウム」という物質に変わります。

　80ｇの酸化鉄をアルミニウムと反応させてすべて鉄にしたところ，酸化アルミニウムが51ｇできました。このとき反応したアルミニウムは何ｇですか。

6　小球を糸に付けて振《ふ》り子をつくり，〔実験１〕～〔実験４〕を行いました。あとの各問いに答えなさい。

〔実験１〕

　図１のように小球を糸に付けて振り子をつくり，振り子が10往復する時間を４回調べたところ，表１の結果が得られた。

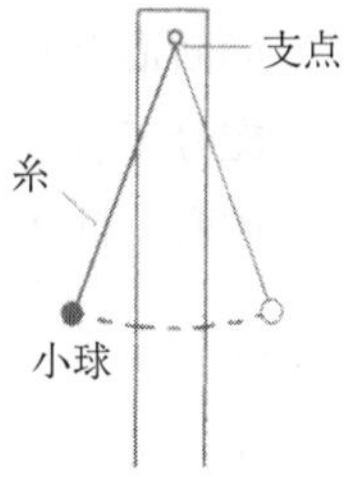

図１

表１

１回目	２回目	３回目	４回目
12.4秒	12.7秒	12.6秒	12.3秒

(1)　振り子が10往復する時間の計り方として正しいものを，次の(ア)～(ウ)から１つ選び，記号で答えなさい。

(ア)　小球が左端にきたときストップウォッチをスタートさせ，その後，右端にきたときと左端にきたときの両方を数え，合わせて10回目でストップウォッチを止めた。

(イ)　小球が支点の真下にきたときにストップウォッチをスタートさせ，その後，真下にくるたびに数え，10回目でストップウォッチを止めた。

(ウ)　小球が左端にきたときストップウォッチをスタートさせ，その後，左端にくるたびに数え，10回目でストップウォッチを止めた。

(2)　〔実験１〕の結果より，１往復にかかる時間は何秒ですか。小数第２位を四捨五入して小数第１位まで答えなさい。

次に，〔実験２〕〜〔実験４〕を行いました。(3)の問いに答えなさい。

〔実験２〕と〔実験３〕

振り子の糸の長さをそれぞれ変え，〔実験１〕と同様に振り子が10往復する時間を調べ，１往復にかかる時間を求めたところ，表２の結果が得られた。

表２　１往復にかかる時間

〔実験２〕	1.4秒
〔実験３〕	1.0秒

〔実験４〕

図２のように，〔実験２〕と同じ長さの糸を小球に付け，クギから小球までの長さが〔実験３〕の糸の長さと同じになるようにクギを打った。この振り子を振らせて１往復にかかる時間を求めたところ，1.2秒になった。

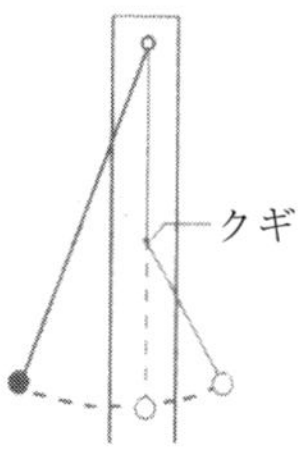

図２

(3)　〔実験４〕で，振り子が１往復する間に，振り子の糸がクギに触《ふ》れていない時間とクギに触れている時間は，それぞれ何秒であったと考えられますか。

7　８ｇの水酸化ナトリウムを水に溶《と》かして100mL の水酸化ナトリウム水溶《よう》液をつくりました。この水溶液と塩酸を使って，次の実験をしました。あとの各問いに答えなさい。ただし，塩酸の濃《こ》さはすべて同じものとします。

〔実験１〕　水酸化ナトリウム水溶液20mL に BTB 溶液を数滴《てき》入れ，塩酸20mL を加えた。その結果，溶液の色は緑色に変わった。

〔実験２〕　水酸化ナトリウム水溶液20mL に，塩酸20mL を加えた。この混合水溶液を加熱して水分を蒸発させ，水酸化ナトリウムと塩酸が反応してできる物質を取り出したところ，2.34ｇの結晶が得られた。

(1)　〔実験２〕で得られた結晶は何ですか。その結晶の名前を答えなさい。

(2)　水酸化ナトリウム水溶液20mL に，塩酸15mL を加えました。この混合水溶液中に，反応しないで残っている水酸化ナトリウムの重さは何ｇですか。

(3)　水酸化ナトリウム水溶液20mLに，塩酸30mLを少しずつ加えていきました。水酸化ナトリウムと塩酸が反応してできた(1)の物質（結晶ではなく溶けた状態）の重さと，反応しないで残っている水酸化ナトリウムの重さの和はどのようになりますか。加えた塩酸の体積と下線部の重さの和の関係を表したグラフとして，最も適するものを次の(ア)～(オ)から選び，記号で答えなさい。

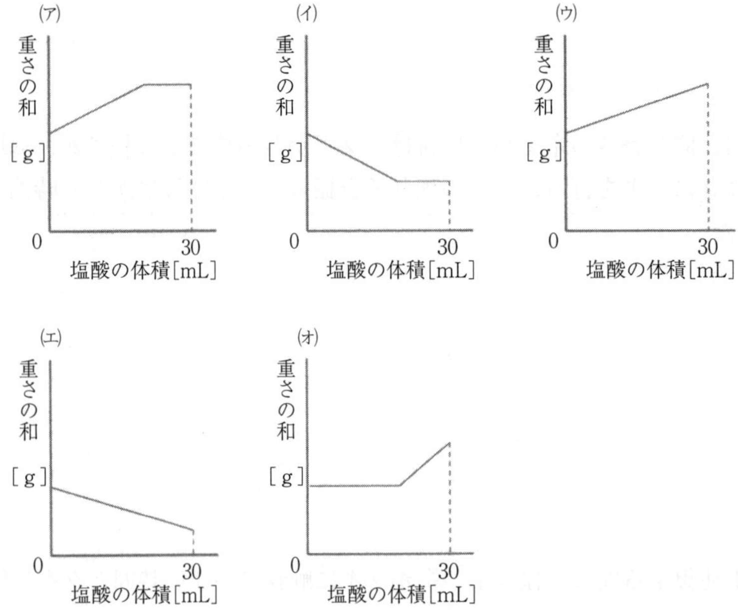

(エ) 今まで振り返ってくれなかったお母さんが振り返ってくれたことを、うれしく思う気持ち。

問十六、〰〰線㋐〜㋒「すげー」の中で、意味の異なるものを一つ選び、記号で答えなさい。

問十七、——線⑮「やっぱり小さいな」の主語を答えなさい。

問十八、——線⑯「ふに落ちない」の意味を説明した次の文の□に当てはまる言葉を答えなさい。

【□がいかない。】

問十九、——線⑰「大きく可に丸がついていた」とありますが、これは「風汰」が「子どもたち」にどのように接していたからだと考えられますか。次の文の□に当てはまる言葉を、本文中から抜き出して答えなさい。

【□いたから。】

問二十、次の形式段落は本文中から抜いたものですが、本文中の〔Ⅰ〕〜〔Ⅳ〕のどこに入れるのが適切ですか。記号で答えなさい。

> みんな大好きなんだ、お母さんのことが。

二

次の①〜⑤のA・Bの——線部を漢字で書いた場合、その漢字の画数が少ないのはどちらですか。少ない方の漢字を書きなさい(送り仮名は必要ありません)。また、画数が同じ場合は、解答欄に「〇」を書きなさい(全て「〇」と解答した場合は、採点対象外とします)。

① A、意見がわかれる。
　B、成功をおさめる。

② A、家をたてる。
　B、魚を川にはなす。

③ A、富士山はけだかい。
　B、東京きんこうの村。

④ A、おんせんに出かける。
　B、ふん火のちょうこうが現れる。

⑤ A、父のみょうだいとして出席する。
　B、深くこきゅうする。

三

次の①〜⑤の言葉が表す季節を、後の(ア)〜(エ)の中からそれぞれ選び、記号で答えなさい。

① 花曇《ぐも》り　② おぼろ月夜　③ いわし雲
④ 夕すずみ　⑤ 鏡開き

(ア) 春　(イ) 夏　(ウ) 秋　(エ) 冬

四

次の①〜⑦の——線部を漢字に直し、⑧〜⑩の——線部の読みをひらがなで答えなさい。

① 借金のヘンサイをせまられる。
② 飛行機のソウジュウを習う。
③ カホウは寝《ね》て待て。
④ ジョウギを使って線を引く。
⑤ 臓器イショクの手術を行う。
⑥ モッカのところ欠席者は一名だ。
⑦ 彼《かれ》とはどうもソりが合わない。
⑧ 作品を合評する。
⑨ 白羽の矢が立つ。
⑩ 観音様にお祈《いの》りする。

ら。

(エ)　風汰が園児たちに、まるで動物を扱うような言い方で言ったから。

問八、――線⑦「どくんと心臓が鳴った」理由が示されている一文を本文中から抜き出し、その最初の七字を答えなさい。

問九、――線⑧「どうしていつも余計なことばっかり」とありますが、「余計なこと」とはこの場合、どういうことを指していますか。十字以内で答えなさい。

問十、――線⑨「形のいい口元をゆがめる」とありますが、この時の「お母さん」の心情として**ふさわしくないもの**を、次の(ア)～(エ)の中から一つ選び、記号で答えなさい。

(ア)　不満　　(イ)　不快　　(ウ)　不服　　(エ)　不安

問十一、[⑩]に当てはまる言葉を、本文中から二字で抜き出して答えなさい。

問十二、――線⑪「そんなしおん君の小さくて薄い肩に、林田がそっと両手をあてた」とありますが、「林田」が「そっと両手をあてた」理由として最も適切なものを、次の(ア)～(エ)の中から選び、記号で答えなさい。

(ア)　しおん君が、何も言わずにホールを出て行ってしまったお母さんに手を振る姿がいじらしかったから。

(イ)　しおん君が、反省している様子を全く見せないので、もう一度怒《おこ》られるのではないかと心配になったから。

(ウ)　しおん君が、先生からほめられてうれしくなり、むじゃきにお母さんに手を振る姿がかわいらしかったから。

(エ)　しおん君が、視線をそらして無言で立ち去ろうとするお母さんのことを嫌いにならないでほしかったから。

問十三、――線⑫「こんなの、だめだ」とありますが、「こんなの」が指している内容として**ふさわしくないもの**を、次の(ア)～(エ)の中から一つ選び、記号で答えなさい。

(ア)　「しおん君」が「いってらっしゃい」に応えてくれない「お母さん」に対して、怒ったり泣いたり追いかけたりせず、見送っていること。

(イ)　「しおん君」が「いってらっしゃい」に応えてくれない「お母さん」に対して、分かってくれないとあきらめてしまっていること。

(ウ)　「お母さん」が「しおん君」の「いってらっしゃい」に、まったく振り返って応えることなく行ってしまったこと。

(エ)　「お母さん」が「しおん君」の「いってらっしゃい」に、振り返って応えないことで「しおん君」が寂しい気持ちになってしまうこと。

問十四、――線⑬「しおん君が、つないでいる風汰の手をぎゅっと握った」とありますが、この時の「しおん君」の心情として**ふさわしくないもの**を、次の(ア)～(エ)の中から一つ選び、記号で答えなさい。

(ア)　我慢《がまん》　　(イ)　期待　　(ウ)　決心　　(エ)　緊張《きんちょう》

問十五、――線⑭「ぐっと伸び上がり、しおん君は大きく何度も手を振った」とありますが、この時の「しおん君」の気持ちとして最も適切なものを、次の(ア)～(エ)の中から選び、記号で答えなさい。

(ア)　今まで失敗ばかりして怒らせてきたお母さんを、なんとか喜ばせてあげたいという気持ち。

(イ)　自分のために必死になってお母さんを呼び止めてくれた風汰の行動に、感謝する気持ち。

(ウ)　自分がずっと伝えたかったお母さんへの気持ちが、届かなかったことにがっかりする気持ち。

『斗羽風汰君の評価は、上記にあるような項目ではうまくお伝え出来ません。受け入れ先として大変申し訳なく思いますが、どうぞご理解ください。その代わり、子どもたちの絵を送らせていただきます。斗羽君が五日間いっしょに過ごした、きりん組の子どもたち八人が描いた絵です。これが、わたくしども職員の評価です。ありがとうございました。』

最後に、「次年度の職場体験受け入れ」の欄に、⑰大きく可に丸がついていた。

（いとうみく『天使のにもつ』による
ただし、一部表記を改めたところがある）

＊1　ミュール…かかとの部分がおおわれていないヒール付きのサンダル。
＊2　ポン先生…本田先生、「エンジェル保育園」の保育士の一人。
＊3　林田…「エンジェル保育園」の保育士の一人。きりん組の担任で、職場体験では風汰を担当している。
＊4　あのときのこと…土曜の夜、風汰はマンションの階段に一人でいるしおん君を見かけ、声をかけたが、しおん君はそれに応えなかった。
＊5　石塚…風汰の担任の先生。

問一、A・B に当てはまる言葉を、次の(ア)～(オ)の中からそれぞれ選び、記号で答えなさい。

(ア)　がくんと　(イ)　くすりと　(ウ)　ほっと
(エ)　とんと　(オ)　するりと

問二、――線①「あいまいに首をかしげる」とありますが、「首をかしげ」たのは、どのような気持ちがあったからですか。その気持ちが表現されている部分を、本文中から二十字以内で抜《ぬ》き出して答えなさい。

問三、――線②「七時三十分を過ぎると急に騒がしくなった」とありますが、「騒がしくなった」原因を、二十字以内で答えなさい。

問四、――線③「ホールお願い」について、
(1)　どのようなことを「お願い」しているのですか。具体的に答えなさい。
(2)　なぜ、そうするのですか。本文中の言葉を用いて答えなさい。

問五、――線④「布団の端についているマーク」にはどのような意味があるのですか。その説明として最も適切なものを、次の(ア)～(エ)の中から選び、記号で答えなさい。

(ア)　どの子どもがどのクラスに属しているのかを示している。
(イ)　どの子どもがどんなキャラクターを好きなのかを示している。
(ウ)　どの子どもがどの布団の持ち主であるのかを示している。
(エ)　どの子どもがどんな宝物を大切にしているのかを示している。

問六、――線⑤「フォロー」の意味として最も適切なものを、次の(ア)～(エ)の中から選び、記号で答えなさい。

(ア)　あとに続くこと。　(イ)　補い助けること。
(ウ)　じゃまをしないこと。　(エ)　周りを片付けること。

問七、――線⑥「林田は苦笑した」とありますが、なぜですか。その理由として最も適切なものを、次の(ア)～(エ)の中から選び、記号で答えなさい。

(ア)　風汰が園児たちのことを、まるで初めて接するように言ったから。
(イ)　風汰が園児たちに、まるで初めて接するような口調で言ったから。
(ウ)　風汰が園児たちのことを、まるで動物を扱《あつか》うように言ったか

出した。四つ葉じゃなくて、普通《ふつう》の三つ葉のクローバー。風汰の手に、しおん君がクローバーをのせた。

⑮やっぱり小さいな。小さいけど、強い。

しおん君は強い子だ。だけど、本当はもっともっと弱くていい。四歳じゃん。たった四つ。びーびー泣いて、わがまま言って、甘《あま》えていい。そんで、ちゃんと守られて。

「サンキュ」

オレはなんにもしてやれない。なにかしてやれるほど、大人じゃない。なにが正しくて、なにをすることがこいつのためになるのかもわからない。守ってやる力なんてない。

だいたいオレ、アホだし。

でも、いまこの瞬間にしてやれることだったらわかる。

いまできることは、笑って、しおん君が握ってきた小さな手を、しっかり握り返す。それだけだ。

風汰は、しおん君の手を握り、それからぱっと抱き上げて、「ヒコーキ！」と、ぐるりと二回まわった。

しおん君が、きゃあきゃあ声を立てる。

軽い。軽くて小さい。

この小さいからだで背負ってるんだ。いっぱいいっぱい、小さい背中で背負ってる。

「びゅーん！　ちゃくりーく」

地面に降ろすと、しおん君は黒目の大きな瞳《ひとみ》でまっすぐに風汰を見た。

「しおん、ふうたくんだいすき！」

「オレも」

オレもしおん君のこと大好きだ。言葉にしなきゃダメなのに、これ以上声が出なかった。

言葉にしたら、泣いてしまいそうだから。

風汰はもう一度、さっきより高く、大きく、しおん君を青空に向かって抱き上げた。

――後日――

＊5石塚《いしづか》は、職員室の机の上にのっている画用紙をめくりながらあごをこすった。

「先生、どうかされました？」

うしろから、音楽教師の真田《さなだ》がのぞきこむと、クレヨンで描《えが》かれた絵が数枚のっている。

「あ、真田先生」

「これどうしたんですか？」

「いやぁ、エンジェル保育園から届いたんですが」

「エンジェル保育園って、斗羽君が行っていた体験先の保育園ですよね」

「まあ、ええ、そうなんですが」

石塚はどこか⑯ふに落ちない顔をして、画用紙の横にある『職場体験・評価表』と書かれた用紙を手にとった。

「あら」

評価表には、「進路や生き方への関心が高まった」「職業、働くことへの関心が高まった」「人間関係を広げようという意欲が高まった」「あいさつなど、社会的マナーが身についてきた」「職場体験のねらいが明確だった」「実施《じっし》時期・期間は適切だった」等等の項目《こうもく》が十五ほど並び、四段階で評価をしてもらうようになっているが、そのどれにもチェックがついていなかった。かわりに、自由記述の欄が埋《う》まっていた。

手を振ってやってよ」

お母さんの姿が廊下《ろうか》の向こうに消える。でもしおん君はじっと、廊下を見つめている。

なんだよ、なんでだよ……。

⑫こんなの、だめだ。

風汰は、しおん君の手を握《にぎ》って廊下を走った。はだしのまま玄関《げんかん》から飛び出すと、ヒールを鳴らして歩いていく背中に向かって叫《さけ》んだ。

「いってらっしゃーい！　いってらっしゃーい！　しおん君のお母さん！」

お母さんが立ち止まる。

⑬しおん君が、つないでいる風汰の手をぎゅっと握った。

「おかーあさーん」

しおん君が大きな声で叫んだ。

その瞬間、お母さんはびくっとしたように振り返った。

「おかーあさーん、いってらっしゃーい」

⑭ぐっと伸び上がり、しおん君は大きく何度も手を振った。

午後のおやつが終わると、園長がきりん組に来た。

「お疲《つか》れさま。五日間、どうだった？」

「㋐すげー大変だった」

「あら」と、園長はおかしそうに笑って、それからゆっくりうなずいた。

「子どもたちにちゃんと向き合ってくれて、ありがとう」

べつに、と風汰が意味もなくからだを動かすと、頭の上で結《ゆ》わいた前髪《まえがみ》がぴょこぴょこ揺《ゆ》れた。

「みんな㋑すげーって思った」

「そう」

「うん。㋒すげー」

「そうね、しおん君も」

風汰はこくんとうなずいて、「うそつきだけどね」とつぶやいた。

あいつは、しおん君はうそつきだ。お母さんが好きで、笑った顔が見たくって、愛されたくて、嫌《きら》われたくなくて、困らせたくなくて、そばにいてほしくて。

だから、笑ってる。寂《さび》しくても、悲しくても、好きなあそびができなくても、平気だよって笑っている。

苦しいほど素直《すなお》で、正直で、うそつきだ。

だけど、ううん、だからそのうそは、誰かがちゃんと見つけてあげなきゃいけない。

「ふーたくーん！」

園庭から子どもたちの声が聞こえる。泥《どろ》んこの中で、早く早くと手を振っている。風汰は手を振り返して園庭に出た。

青空に向かって大きく伸びをした。

パコン！

「いてっ」

尻《しり》に手をあてると、甲高《かんだか》い声が背中でわいた。振り返ると、新聞紙を丸めて作った刀を振り回しながら三つの小さな背中が、クスノキの向こうにひょいと消えた。

――エンジェル保育園

屋根の上にある看板に目をやって、苦笑した。

ウサギ小屋の前へ行くと、しおん君がまぶしそうに風汰を見上げた。

土曜の夜とはまったく違《ちが》う。＊4　あのときのことなんて忘れてしまったように笑っている。

しおん君はパッと立ち上がると、「あげる」と、クローバーを差し

Ⅲ

ホールの中は、「おはようございます」の声が飛び交《か》い、入れ替わり立ち替わり、大きな袋を抱えた親子がやってくる。子どもたちは布団にシーツをかけている母親のそばでごろごろしたり、持ってきたタオルケットを首に巻きつけたりして、母親に、「やめなさい」「じゃましないの」と叱《しか》られている。それでも子どもたちは母親にまとわりついている。おかしなくらい、どの子もだ。

Ⅳ

ホールを駆《か》け回る三歳《さい》児を捕獲《ほかく》して、ぱんだ組に連れていこうとしていた風汰はその子を床《ゆか》に下ろして、崩れた布団を重ね直した。

「おはようございます」

林田の声に、今度は誰《だれ》だ、とホールの入口を振り返った瞬間《しゅんかん》、⑦どくんと心臓が鳴った。

しおん君。

たたたたたっ！　しおん君は駆けてくると、くんとあごを上げて風汰を見た。

「おはよぉ」

「オ、オッス」

風汰が言うと、しおん君はいつものように少しはにかんだように笑い、かばんを下げたまま、並べてある布団のところへ走っていく。そのうしろから、しおん君のお母さんが表情を動かすこともなく入ってきた。

「おかあさーん、しおんのおふとんあった」

しおん君が重ねてある布団の上にのって、ひまわりマークの布団を引っぱる。

ひまわりは、しおん君のマークだ。

お母さんは表情を変えずにしおん君のところまで行くと、ぴしゃっと足を叩いた。

「あっ」

風汰は思わず声をもらした。

「布団の上にのっていいの？　いけないの？」

しおん君はびくっと硬直《こうちょく》して、あわてて布団から下りる。「これ」と、ひまわりマークの布団を指さすしおん君を一度見て、お母さんは周りの布団を整えはじめた。

「⑧どうしていつも余計なことばっかり」

「お母さん大丈夫《だいじょうぶ》ですよ」

林田が足早にやってきて、お母さんの隣《となり》にしゃがんだ。

「マークが見えていればわかりますから」

「こういうことはきちんとしないと。あの子はなにをやらせてもいい加減なんです。面倒《めんどう》なことばかりするんです」

⑨形のいい口元をゆがめるお母さんに、林田はゆっくり息を飲みこむようにして笑った。

「お母さん。しおん君はいい子です。すごくいい子です。大丈夫ですよ」

お母さんは立ち上がると、黙《だま》って布団を広げた。しおん君がカバンからシーツを取り出して、「はい」と手を伸《の》ばす。あごを上げてお母さんを見上げる。［⑩　　］だ。

そんなしおん君から、お母さんは視線をそらして手早くシーツをかけると、なにも言わず、ホールを出ていった。

「おかあさーん、いってらっしゃい」

あとを追いかけて笑顔《えがお》で手を振っている。⑪そんなしおん君の小さくて薄《うす》い肩に、林田がそっと両手をあてた。

風汰は、しおん君と、しおん君のお母さんの背中を見つめた。

（振り返ってくれよ。頼《たの》むから。一度、一瞬でいいから、しおん君に

二〇二〇年度 明治大学付属中野中学校

【国　語】〈第二回試験〉（五〇分）〈満点：一〇〇点〉

一　次の文章を読んで、後の問いに答えなさい。（字数指定がある問いでは、句読点・記号なども一字として数えます）

中学二年生の斗羽《とば》風太《ふうた》は、六月二十日の火曜日から「エンジェル保育園」で職場体験をしている。月曜日の今日は最終日である。

園の周りを二周して、風太は門の外側から中をのぞきこんだ。保育園になんて行きたくない。休みたい。このまま職場体験を終わりにしたい。しおん君の顔を見たくない。そう思って昨日一日を過ごしたのに……。

午前七時十五分。

って、なんでオレ、こんなに早くに来てんだよ。

キーッ！　とけたたましいブレーキ音を響《ひび》かせて、門の横にママチャリが止まった。ワンピースに＊1ミュールをつっかけた母親が「早く早く」と、後ろのチャイルドシートから男の子を下ろし、前カゴに入っている大きな袋《ふくろ》を抱《かか》えて中へ入っていった。そのうしろから、やっぱり大きな袋を持ったお母さんが、ベビーカーごと門の中に入っていく。

Ⅰ

肩《かた》を　A　叩《たた》かれて振《ふ》り返ると、右の頬《ほお》に指先があたった。

「ひっかかった～」

＊2ポン先生は指をぴゅんと引っこめてクスクス笑う。

「おはよ。どうしたの？　まだ七時だよ」

「あ、まあ」

風太が①あいまいに首をかしげると、ポン先生は「行こ」と、風太の背中を押《お》して門をくぐった。

「今日で職場体験、終わりだね。さみしくなるなぁ」

思ってもみなかったひと言に風太がぽかんと口を開けると、ポン先生は　B　笑った。

②七時三十分を過ぎると急に騒《さわ》がしくなった。なにをすればいいのかわからず、事務室でうろうろしていると、＊3林田《はやしだ》が呼びに来た。

「斗羽君、③ホールお願い」

ホールには昼寝《ひるね》の時間でもないのに布団《ふとん》が出ていた。半分に折った状態で、④布団の端《はし》についているマークが見えるように少しずつずらして重ねてある。

「なにこれ」

「月曜日はシーツかけとか、着替《きが》えの補充《ほじゅう》があるから朝は大忙《おおいそが》し。できるだけお母さんたちが素早《すばや》く準備できるように、こうやって布団を押入《おしい》れから出しておくんだけどね」と、林田は布団の上を飛びまわる子どもを「向こうであそぼうね」と抱《だ》き上げて、崩《くず》れた布団を並べ直した。

Ⅱ

「シーツはお母さんたちがかけるから手伝わなくていいよ。でもすぐ布団が崩れてマークが見えなくなるでしょ、子どもたちも入ってくるから、⑤フォローしてほしいの」

「オッケーっす。布団直したり、子どもを追っ払《ぱら》えばいいってことっすね」

「まあそうだね」と⑥林田は苦笑《くしょう》した。

2020年度
明治大学付属中野中学校 ▶解説と解答

算　数　＜第２回試験＞（50分）＜満点：100点＞

解　答

[1] (1) $\frac{1}{4}$　(2) $1\frac{2}{5}$　(3) 150.72　(4) 85　[2] (1) 2400円　(2) 5.4％　(3) 40cm²　(4) 24通り　(5) 128度　(6) 41.12cm²　[3] (1) 5150円　(2) ７分30秒　[4] (1) ① 31　② 14　(2) 405　[5] 210cm³　[6] (1) 8　(2) 6　[7] (1) 300m　(2) 17分45秒後

解　説

[1] 四則計算，逆算，表面積，平均とのべ

(1) $\{(16-3\times4+5)-(306\div9\div4-3)\}\div14=\{(16-12+5)-(34\div4-3)\}\div14=\{9-(8.5-3)\}\div14=(9-5.5)\div14=3.5\div14=\frac{3.5}{14}=\frac{35}{140}=\frac{1}{4}$

(2) $1.25-\frac{1}{5}=1\frac{1}{4}-\frac{1}{5}=\frac{5}{4}-\frac{1}{5}=\frac{25}{20}-\frac{4}{20}=\frac{21}{20}$より，$\frac{21}{20}\div\left\{1\frac{2}{3}-0.875\times(3-\square)+0.2\right\}=2\frac{1}{4}$，$1\frac{2}{3}-0.875\times(3-\square)+0.2=\frac{21}{20}\div2\frac{1}{4}=\frac{21}{20}\div\frac{9}{4}=\frac{21}{20}\times\frac{4}{9}=\frac{7}{15}$，$1\frac{2}{3}-0.875\times(3-\square)=\frac{7}{15}-0.2=\frac{7}{15}-\frac{1}{5}=\frac{7}{15}-\frac{3}{15}=\frac{4}{15}$，$0.875\times(3-\square)=1\frac{2}{3}-\frac{4}{15}=\frac{5}{3}-\frac{4}{15}=\frac{25}{15}-\frac{4}{15}=\frac{21}{15}=\frac{7}{5}$，$3-\square=\frac{7}{5}\div0.875=\frac{7}{5}\div\frac{7}{8}=\frac{7}{5}\times\frac{8}{7}=\frac{8}{5}$　よって，$\square=3-\frac{8}{5}=\frac{15}{5}-\frac{8}{5}=\frac{7}{5}=1\frac{2}{5}$

(3) 問題文中の図の円柱の底面積は，$3\times3\times3.14=9\times3.14$(cm²)である。また，底面の円の周りの長さは，$3\times2\times3.14=6\times3.14$(cm)だから，側面積は，$5\times6\times3.14=30\times3.14$(cm²)となる。よって，この円柱の表面積は，$9\times3.14\times2+30\times3.14=18\times3.14+30\times3.14=(18+30)\times3.14=48\times3.14=150.72$(cm²)と求められる。

(4) (平均点)＝(合計点)÷(科目数)より，(合計点)＝(平均点)×(科目数)となるので，８科目の合計点は，$67\times8=536$(点)とわかる。また，９科目の平均点を69点にするためには，９科目の合計点を，$69\times9=621$(点)にする必要がある。よって，残り１科目の試験では，$621-536=85$(点)を取る必要がある。

[2] 倍数算，濃度《のうど》，表面積，場合の数，角度，面積

(1) ２人の所持金は400円ずつ増えるから，２人の所持金の差は変わらない。また，はじめの比の差は，$6-5=1$であり，400円ずつ増えた後の比の差も，$7-6=1$なので，これらの比の１にあたる金額は等しい。よって，比の１にあたる金額が400円だから，太郎君のはじめの所持金は，$400\times6=2400$(円)とわかる。

(2) ９％の食塩水と何％かの食塩水の重さの比が４：５であることから，それぞれの重さを400ｇ，500ｇとすると，できた食塩水の重さは，$400+500=900$(ｇ)になる。また，できた食塩水の濃度が７％なので，(食塩の重さ)＝(食塩水の重さ)×(濃度)より，できた食塩水にふくまれる食塩の重さは，$900\times0.07=63$(ｇ)とわかる。このうち，９％の食塩水にふくまれていた食塩の重さは，400×

0.09＝36(g)だから，混ぜた食塩水にふくまれていた食塩の重さは，63－36＝27(g)と求められる。よって，混ぜた食塩水の濃度は，27÷500×100＝5.4(%)である。

(3) 右の図１で，ペンキがついているのは，三角形ABC，三角形DEF，長方形CBEF，正方形ABEDの４つの面である。三角形ABCと三角形DEFの面積はどちらも，３×４÷２＝６(cm^2)，長方形CBEFの面積は，３×４＝12(cm^2)，正方形ABEDの面積は，４×４＝16(cm^2)だから，全部で，６×２＋12＋16＝40(cm^2)となる。

図１

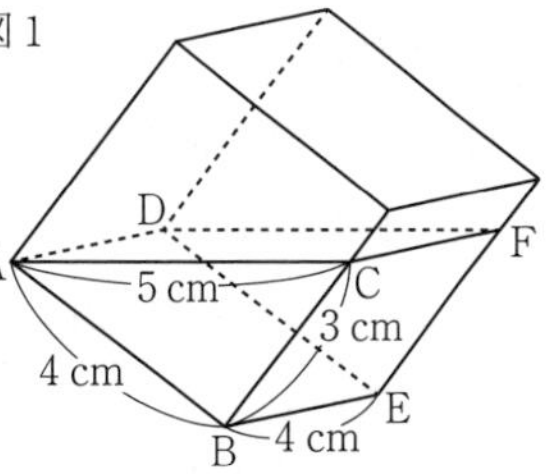

(4) ６の倍数は，３の倍数でも２の倍数でもある。また，３の倍数は，各位の和が３の倍数になる。よって，和が３の倍数になるように４枚を取り出し，それらを一の位が偶数《ぐうすう》になるように並べると，６の倍数ができる。ここで，和が３の倍数になる４枚の組み合わせは，㋐{0，1，2，3}，㋑{0，2，3，4}の２通りある。㋐の場合，一の位を０にすると，３×２×１＝６(通り)，一の位を２にすると，２×２×１＝４(通り)の並べ方があるから，４けたの偶数は，６＋４＝10(通り)できる。同様に，㋑の場合，一の位を０にすると６通り，一の位を２または４にするとどちらも４通りの並べ方があるので，４けたの偶数は，６＋４＋４＝14(通り)できる。したがって，６の倍数は全部で，10＋14＝24(通り)できる。

(5) 下の図２で，三角形AMDをMを中心にして180度回転させると，三角形BC(D)は二等辺三角形だから，角Ｃの大きさは26度とわかる。よって，角①と角②の大きさの和は，180－26×２＝128(度)と求められる。

(6) 下の図３で，三角形CAEは直角二等辺三角形だから，CE＝AE＝８÷２＝４(cm)であり，三角形CABの面積は，８×４÷２＝16(cm^2)となる。また，ACの長さを□cmとすると，ACを１辺とする正方形の面積は，16×２＝32(cm^2)なので，□×□＝32(cm^2)とわかる。よって，おうぎ形ACDの面積は，□×□×3.14×$\frac{1}{4}$＝32×3.14×$\frac{1}{4}$＝８×3.14＝25.12(cm^2)だから，この図形の面積は，16＋25.12＝41.12(cm^2)となる。

図２

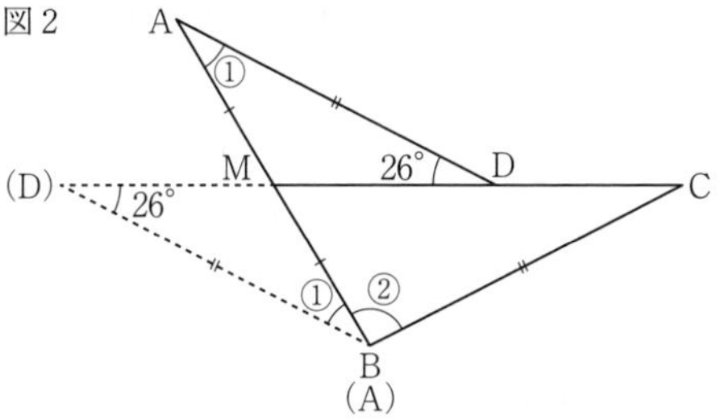

図３

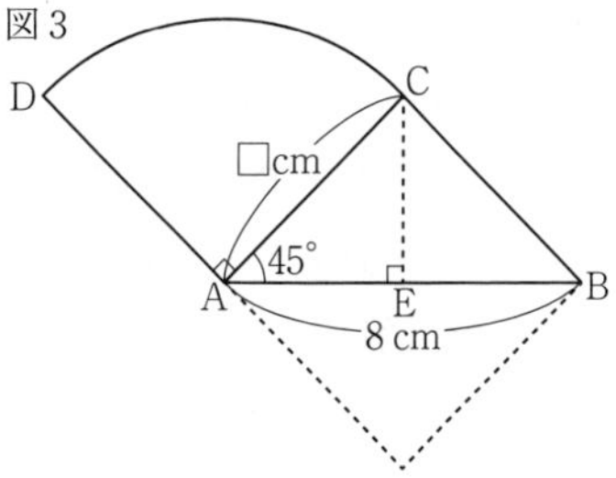

3 売買損益，相当算，仕事算

(1) 定価を①円として図に表すと右のようになる。この図で，0.3円にあたる金額が，600＋1350＝1950(円)だから，①＝1950÷0.3＝6500(円)とわかり，仕入れ値は，6500－1350＝5150(円)と求められる。

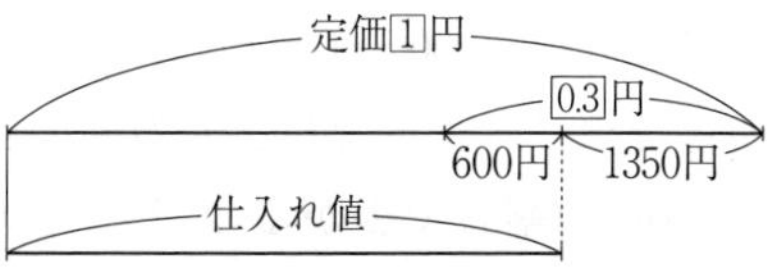

(2) 作業全体の量を１とすると，１分間にする作業の量は，Ａ君とＢ君とＣ君の和が，$1 \div 6 = \frac{1}{6}$，Ａ君が，$1 \div 12 = \frac{1}{12}$，Ｂ君が，$1 \div 60 = \frac{1}{60}$となるので，Ｃ君は，$\frac{1}{6} - \left(\frac{1}{12} + \frac{1}{60}\right) = \frac{1}{15}$とわかる。さら

に，C君とD君の和が，$1\div5=\frac{1}{5}$となるから，D君は，$\frac{1}{5}-\frac{1}{15}=\frac{2}{15}$と求められる。よって，D君だけで作業をすると，$1\div\frac{2}{15}=7.5$(分)かかる。これは，60×0.5＝30(秒)より，７分30秒となる。

4 整数の性質

⑴ 太郎君の計算は，①×②＋９＝443となるから，①×②＝443－９＝434である。そして，434を素数の積で表すと，434＝２×７×31となる。この素数の積をもとに，①×②＝434を満たす①と②を調べ，それぞれについて(②×９＋①)を計算すると，右の表のようになる。よって，次郎君と同じ157になるのは①が31，②が14のときとわかる。

①	②	②×９＋①
1	434	3907
2	217	1955
7	62	565
14	31	293
31	14	157
62	7	125
217	2	235
434	1	443

⑵ 正しく計算すると，(31＋14)×９＝45×９＝405になる。

5 立体図形―体積

下の図①のような三角柱を転がすと，下の図②のような道すじになる。よって，この三角柱の体積は，５×12÷２×７＝210(cm^3)となる。

図①

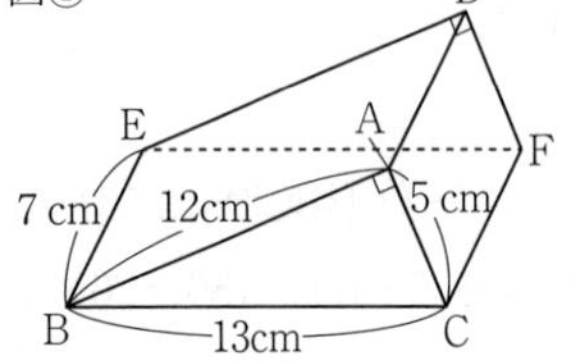

図②

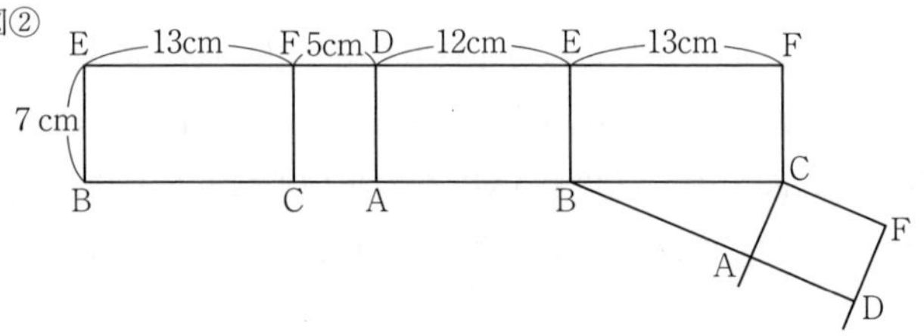

6 約束記号，周期算

⑴ ２，２×２＝４，４×２＝８，８×２＝16，16×２＝32，…より，２を何回かかけた数の一の位は{２，４，８，６}の４個の数のくり返しになる。また，11÷４＝２余り３より，11回かけた数の一の位は，３回かけた数の一の位と等しくなる。よって，〈A〉＝８となる。

⑵ 一の位の数だけを計算すると，３，３×３＝９，９×３＝27，７×３＝21，１×３＝３，…となるので，３を何回かかけた数の一の位は{３，９，７，１}の４個の数のくり返しになる。同様に，８，８×８＝64，４×８＝32，２×８＝16，６×８＝48，…となるから，８を何回かかけた数の一の位は{８，４，２，６}の４個の数のくり返しになる。よって，90÷４＝22余り２より，〈B〉＝９，〈C〉＝４とわかるので，〈〈B〉×〈C〉〉＝〈９×４〉＝〈36〉＝６と求められる。

7 グラフ―旅人算

⑴ 右のグラフで，はじめ，兄と弟は８分間で合わせて800m歩いたから，このときの兄と弟の速さの和は分速，800÷８＝100(m)となり，弟の速さは分速，100－60＝40(m)とわかる。また，★印をつけた部分では２人の間の距離《きょり》は１分間に100mの割合で広がるので，アの距離は，100×(10－８)＝200(m)と求められる。さらに，斜線《しゃせん》をつけた部分では２人の間の距離は１分間に，

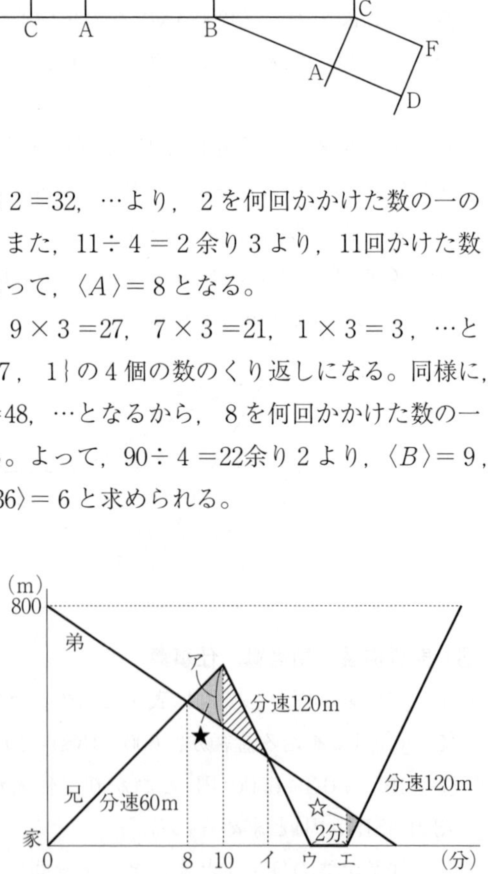

120－40＝80(m)の割合で縮まるから，斜線をつけた部分の時間は，200÷80＝2.5(分)となり，イ

の時間は，10＋2.5＝12.5(分)とわかる。よって，兄に追いこされるまでに弟が歩いた距離は，40×12.5＝500(m)なので，兄が弟を追いこしたのは家から，800－500＝300(m)のところである。

(2)　兄が弟を追いこしてから家に着くまでの時間は，300÷120＝2.5(分)なので，ウ＝12.5＋2.5＝15(分)となり，エ＝15＋２＝17(分)とわかる。また，弟が17分で歩いた距離は，40×17＝680(m)だから，兄が再び家を出たときの２人の間の距離は，800－680＝120(m)と求められる。さらに，☆印をつけた部分では２人の間の距離は１分間に，120＋40＝160(m)の割合で縮まるので，☆印をつけた部分の時間は，120÷160＝$\frac{3}{4}$(分)，つまり，60×$\frac{3}{4}$＝45(秒)となる。よって，兄と弟が再び出会ったのははじめに家を出てから，17分＋45秒＝17分45秒後である。

社　会　＜第２回試験＞（30分）＜満点：50点＞

解　答

1　**問１**　ウ　**問２**　エ　**問３**　C，田沢(湖)　**問４**　ア　**問５**　S　**問６**　タンカー　**問７**　**銚子**…エ　**長野**…ア　**問８**　**小麦**…イ　**大豆**…ア　**問９**　飼料(家畜のえさ)　**問10**　(例)　船舶や航空機で輸送するさいに多くの石油を燃料として消費し，二酸化炭素などを排出するから。　**2**　**問１**　Ⅰ　イ　Ⅱ　ウ　Ⅲ　ア　Ⅳ　ア　**問２**　ウ　**問３**　Y　勤労　Z　納税　**3**　**問１**　砂漠化　**問２**　イ　**問３**　(例)　北の地域に多い先進国と，南の地域に多い発展途上国との間の経済格差が縮まらないという問題であるから。　**問４**　ウ　**4**　**問１**　一世一元　**問２**　イ　**問３**　細川勝元　**問４**　ア　**問５**　皇極(天皇)　**問６**　エ　**問７**　エ　**問８**　ア　**問９**　(例)　火事(火災，明暦の大火)　**問10**　朱子学　**問11**　イ　**問12**　エ

解　説

1　日本の国土と自然，産業についての問題

問１　日本は国土の約４分の３を山地・丘陵《きゅうりょう》地が占《し》めており，その多くが森林でおおわれているため，森林の割合が非常に高くなっている。

問２　日高山脈は北海道の中南部をほぼ南北に，奥羽山脈は東北地方中央部を南北に貫く山脈である。一方，讃岐《さぬき》山脈は香川県と徳島県の県境付近を東西に走る山脈である。

問３　地図中Cの秋田県の中東部に位置する田沢湖はカルデラ湖で，水深が423mと日本一深い。なお，地図中Aは北海道，Bは青森県，Dは茨城県。

問４　Ⅰは四万十川。高知県西部を流れる四国地方で最長の河川である。際立って透明度が高かったり，水質がよかったりするわけではないが，本流に大規模なダムがなく，豊かな自然が残ることから「日本最後の清流」とよばれている。Ⅱは球磨《くま》川。熊本県南部を流れて八代《やつしろ》海に注ぐ河川で，下流域には八代平野が広がっている。また，最上川(山形県)，富士川(山梨県・静岡県)とともに日本三大急流に数えられる。Ⅲは阿賀野《あがの》川。福島県西部から新潟県北部を流れて新潟市で日本海に注ぐ。中流域にあった化学工場から流出した有機水銀(メチル水銀)が原因で，1960年代に公害病の新潟水俣《みなまた》病(第二水俣病)が発生した。

問５　人口密度($1\ km^2$あたりの人口)の高い順に，Pの神奈川県(3798.0人)，Sの福岡県(1024.2人)，

Ｒの徳島県(177.5人)，Ｑの鳥取県(159.8人)となっている(2018年)。統計資料は『日本国勢図会』2019／20年版による(以下同じ)。

問６　石油(原油)を運ぶ専用船はタンカーとよばれる。船内に大型のタンク(液槽《えきそう》)が設置されていることから，その名がある。本来は液体を運ぶ船全般を指す言葉であるが，一般にはタンカーといえば石油専用船を意味する。

問７　２月の平均気温が低いアは中央高地(内陸性)の気候に属する長野市，２月の平均降水量が多いイは日本海側の気候に属する新潟市と判断できる。残る２つのうち，２月と８月の平均降水量が少ないウが瀬戸内の気候に属する岡山市で，エが銚子《ちょうし》市(千葉県)である。太平洋に突《つ》き出た場所に位置する銚子市は，海洋の影響を受けるため，夏と冬の気温差はそれほど大きくならない。

問８　アは大豆，イは小麦，ウは肉類，エは果実である。肉類について，アメリカ合衆国とオーストラリアからはおもに牛肉が，タイからはおもに鶏肉が輸入されている。また，果実でフィリピンが第２位に入っているのは，果実の輸入量に占めるバナナの割合が最も高く，その９割以上をフィリピンから輸入していることが大きく影響している。

問９　日本に輸入されるとうもろこしの７割以上は，家畜の飼料として使われるものである。なお，ここでいう「とうもろこし」とは飼料用や加工用のものであり，国内で生産される食用のとうもろこしは，統計上「スイートコーン」とよばれ区別されている。

問10　食料の輸入は船舶や航空機を利用して行われるため，燃料として大量の石油が消費される。その結果，輸送にともない多くの二酸化炭素や窒素《ちっそ》酸化物などが排出されるので，地球温暖化や大気汚染の原因の１つとなっている。

2　**日本国憲法と国民の権利・義務についての問題**

問１　Ｉは日本国憲法第18条が保障する「奴隷《どれい》的拘束及《こうそくおよ》び苦役からの自由」であり，身体の自由にあてはまる。Ⅱは第22条１項が保障する「職業選択《せんたく》の自由」であり，経済活動の自由にあてはまる。Ⅲは第20条１項が保障する「信教の自由」，Ⅳは第23条が保障する「学問の自由」であり，ともに精神の自由にあてはまる。

問２　日本国憲法第26条は，その１項で国民の「教育を受ける権利」を保障するとともに，２項で「保護する子女に普通教育を受けさせる義務」があることを定め，さらに「義務教育は，これを無《む》償《しょう》とする」ことも規定している。なお，ここでいう「無償」とは，公立の小・中学校においては授業料を徴収《ちょうしゅう》しないことを意味する。

問３　日本国憲法第27条は「勤労の義務」，第30条は「納税の義務」について規定している。国民にとって勤労は，権利であるとともに義務でもある。また，「勤労の義務」と「納税の義務」は，「保護する子女に普通教育を受けさせる義務」とともに国民の三大義務とよばれる。

3　**「持続可能な開発」を題材とした問題**

問１　食料の増産のため，森林を切り開いて耕地を拡大したり，家畜を放牧しすぎたりした結果，地力がおとろえ，荒地が増えていく現象は，砂漠《さばく》化とよばれる。

問２　グレタ・トゥーンベリは環境活動家として知られるスウェーデンの高校生。2018年，15歳の彼女は，より強い気候変動対策を求めて「気候のための学校ストライキ」というプラカードを掲《かか》げて議会の外で人々によびかける運動を始め，注目を集めた。これ以後，その考えに共鳴する動きが世界各地に広がり，2019年にマドリード(スペイン)で開かれた気候変動枠組《わくぐみ》条約(地球温暖化防止条約)の第25回締約《ていやく》国会議(COP25)にはグレタも参加し，演説を行っている。

問３　北の地域に多い先進国と，アジア・アフリカ・南アメリカなど南の地域に多い発展途上国の間の経済格差が縮まらないという問題は，南北問題とよばれる。地球環境問題や難民問題，核軍縮の問題などとともに，現代の国際社会がかかえる最も大きな課題の１つとなっている。

問４　「持続可能な開発目標」は，2015年にニューヨークの国連本部で開かれた「持続可能な開発サミット」で示されたもので，略称はSDGs。2030年までに達成をめざす17分野にわたる目標と，それらを達成するための具体的な目安である169のターゲットからなり，17の目標にはそれぞれロゴマークが定められている。図はそのうちの３つであり，３は「すべての人に健康と福祉《ふくし》を」(あらゆる年齢のすべての人の健康的な生活を確保し，福祉を推進する)，12は「つくる責任　つかう責任」(持続可能な生産と消費の形態を確保する)，16は「平和と公正をすべての人に」(平和で包《ほう》摂《せつ》的な社会を推進し，すべての人に司法へのアクセスを提供するとともに，あらゆるレベルにおいて効果的で責任ある包摂的な制度を構築する)という目標を，それぞれ示している。

４　元号を題材とした問題

問１　1868年，新政府が慶応から明治に改元したさい，一世一元の制が定められ，天皇の代に合わせて元号が定められることとなった。それまでは，天皇の代替わりのさいに改元されることもあったが，１人の天皇の代の間に何回も改元されることや，慶長や寛永などのように天皇が代替わりしても改元されないことも多かった。

問２　701年に制定された大宝律令は，文武天皇の命により刑部《おさかべ》親王と藤原不比等《ふひと》が中心となって編さんした法令である。刑部親王は天武天皇の子，藤原不比等は中臣鎌足《なかとみのかまたり》(藤原鎌足)の子である。なお，舎人《とねり》親王は『日本書紀』の編さんにかかわった人物で，天武天皇の子である。

問３　応仁の乱(1467～77年)は，室町幕府の第８代将軍足利義政の後継者争いや，有力守護大名どうしの対立などが原因となって起こった。戦いは，諸国の守護大名が東西両軍に分かれ，京都を中心に11年も続いたため，京都の町はすっかり荒れはててしまった。この戦乱では，守護大名であった細川勝元が東軍の総大将，山名持豊《やまなもちとよ》(宗全)が西軍の総大将であった。

問４　飛鳥時代につくられたのは，法隆寺(奈良県)にあるアの釈迦三尊《しゃかさんぞん》像。鞍作鳥《くらつくりのとり》(止利《とり》仏師)がつくったとされる飛鳥文化を代表する仏像である。なお，イは奈良時代につくられた東大寺(奈良県)の大仏で，現在あるのは大部分が江戸時代に再建されたもの。ウは鎌倉時代に運慶・快慶らによってつくられた東大寺南大門の金剛《こんごう》力士像。エは奈良時代につくられた鑑真和上坐《がんじんわじょうざ》像。唐招提《とうしょうだい》寺《じ》(奈良県)にある肖像彫刻の傑作《けっさく》である。

問５　642年に即位《そくい》した皇極《こうぎょく》天皇(中大兄《なかのおおえの》皇子や大海人《おおあまの》皇子らの母)は，645年，大化の改新のきっかけとなった乙巳《いっし》の変の後，弟の軽《かるの》皇子(のちの孝徳《こうとく》天皇)に譲位《じょうい》した。天皇が生前に譲位したのはこれが初めてとされる。その後，654年に孝徳天皇が崩御《ほうぎょ》(死去)したことから，再び皇位につき，斉明《さいめい》天皇となった。退位した天皇が再び即位することを重祚《ちょうそ》といい，皇極天皇は初めて重祚した天皇でもある。

問６　中国の歴史書『漢書』地理志には，紀元前１世紀ごろ，倭《わ》(日本)には100余りの国々があったことや，その中に楽浪《らくろう》郡(漢が朝鮮半島北部においた郡)に使いを送ってくる国があったことなどが記されている。したがって，エがあてはまる。なお，アは１世紀，イは３世紀，ウは５世紀ごろのようすで，それぞれ『後漢書』東夷《とうい》伝，『魏志《ぎし》』倭人伝，『宋書』倭国伝に記述が見られる。

問７　ア　大日本帝国憲法は伊藤博文《ひろぶみ》らが草案を作成。枢密院《すうみついん》による審議を経て，1889年２月11日，天皇が国民にさずけあたえるという形で発布された。帝国議会の開設はその翌90年のできごとであるから，議会による審議・議決は経ていない。　イ　憲法発布時の内閣総理大臣は，第２代の黒田清隆《きよたか》であった。　ウ　帝国議会は衆議院と貴族院の二院制をとっており，原則として両院の権限は対等であった。　エ　伊藤らは，君主権の強いドイツ(プロイセン)の憲法を参考に草案づくりを進めた。よって，正しい。

問８　18世紀前半に起きた享保《きょうほう》の飢饉《ききん》，18世紀後半に起きた天明の飢饉，19世紀前半に起きた天《てん》保《ぽう》の飢饉は，江戸時代の三大飢饉とよばれる。

問９　1657年(明暦《めいれき》３年)に江戸で起きた大火事は，明暦の大火とよばれる。本郷・小石川・麹町《こうじまち》の３か所から広がったこの火事により，江戸市街の大半が焼失。江戸城の天守閣もこのとき焼失し，その後，再建されなかった。

問10　江戸幕府は儒学《じゅがく》の中でも朱子《しゅし》学を奨励《しょうれい》し，武士たちにこれを学ばせた。江戸時代中期になると，朱子学以外の学派もさかんになっていたが，老中松平定信はそれらを「異学」とし，幕府の学校では「正学」である朱子学の講義だけを行わせた。こうした政策は「寛政異学の禁」とよばれる。

問11　アは1931年，イは1937年，ウは1941年，エは1933年，オは1940年のできごとである。よって，年代の古い順にア→エ→イ→オ→ウとなる。なお，アは満州事変，イは日中戦争，ウはアジア太平洋戦争の，それぞれきっかけとなったできごとである。

問12　『万葉集』は奈良時代に成立したわが国最古の歌集で，天皇や皇族，農民，兵士などさまざまな人々による歌約4500首が収録されている。山上憶良《やまのうえのおくら》はその代表的な歌人の１人で，特に長歌の「貧窮問答歌《ひんきゅうもんどうか》」はよく知られる。なお，ほかの３人はいずれも平安時代中期に活躍《かつやく》した人物である。

理　科　＜第２回試験＞（30分）＜満点：50点＞

解　答

[1] (1)　(イ)，(ウ)　(2)　①　**明るさ**…(イ)　**寿命**…(エ)　②　**明るさ**…(ウ)　**寿命**…(オ)
[2] (1)　(ア)，(ウ)　(2)　**大きい**…(カ)　**小さい**…(ア)　(3)　①　関節　②　(イ)，(エ)　(4)　①　A　②　(イ)　(5)　(イ)，(ウ)　[3] (1)　①　北極星　②　(ウ)　(2)　11時45分　(3)　①　30　②　15　③　10　[4] (1)　(ア)　(2)　(イ)　(3)　(エ)　[5] (1)　水素　(2)　22.4 g　(3)　15 g　(4)　27 g　[6] (1)　(ウ)　(2)　1.3秒　(3)　**触れていない**…0.7秒　**触れている**…0.5秒　[7] (1)　食塩(塩化ナトリウム)　(2)　0.4 g　(3)　(ア)

解　説

[1] 電気と豆電球の明るさについての問題

(1)　金属はすべて電流を通すので，銅でできている(イ)と，ステンレス(鉄とクロムやニッケルとの合金)でできている(ウ)が選べる。なお，(ア)は，アルミニウムは電流を通すが，外側の塗料《とりょう》は電流を通さない。(エ)は，ステンレスは電流を通すが，プラスチックは電流を通さない。(オ)は，黒鉛《こくえん》(炭素)

を含《ふく》む芯《しん》は電流を通すが，木は電流を通さない。

(2)　①　豆電球を直列につなぐと，全体の抵抗《ていこう》(電流の通しにくさ)が大きくなるので，流れる電流は小さくなり，豆電球の明るさは暗くなる。また，乾《かん》電池から出ていく電流が小さくなるので，乾電池の寿命《じゅみょう》は長くなる。　②　豆電球を並列につなぐと，それぞれの豆電球に，単独に乾電池につないだときと同じ大きさの電流が流れるので，明るさは変わらない。また，乾電池からはそれぞれの豆電球に単独につないだときと同じ大きさの電流が流れるので，乾電池から出ていく電流は合計で増えることになり，電池の寿命は短くなる。

2　ヒトのからだのつくりと動きについての問題

(1)　(ア)は脳を守る頭蓋《とうがい》骨，(ウ)は肺や心臓を守る肋《ろっ》骨で，どちらも内側のやわらかいところを守るはたらきをしている。一方，(イ)は尺《しゃっ》骨，(エ)は大腿《だいたい》骨，(オ)は足根骨で，からだを支えている。

(2)　ヒトは２足歩行をする動物であり，重いからだを２本の足で支えているため，大腿骨が最も大きい。一方，最も小さい骨は，耳の中で鼓膜《こまく》のふるえを伝える耳小骨とよばれる３つの骨である。

(3)　①　骨と骨のつなぎめの部分を関節という。関節でつながっている２つの骨の先の一方は丸く，もう一方はくぼんでいて，うまくはまりこむようになっている。　②　(イ)は指の関節，(エ)は手首の関節である。ヒトの場合，あご，肩《かた》，肘《ひじ》，指，股《また》，膝《ひざ》，足首，足の指などにもそれぞれ関節がある。

(4)　筋肉は，ちぢむときには力を生むが，ゆるむときには力を生まない。(ア)，(イ)の筋肉はどちらも骨Ａの側につながっており，腕《うで》を曲げるときには(ア)の筋肉がちぢんで(イ)の筋肉がゆるみ，腕を伸《の》ばすときにはその逆の動きをする。

(5)　(イ)の食道は筋肉でできた筒《つつ》状の器官で，口から取り入れた食物をぜん動とよばれる動きで運んでいる。(ウ)の胃は筋肉でできた袋《ふくろ》状の器官で，食物を消化液と混ぜ合わせている。

3　星座や太陽の動きについての問題

(1)　①　星座早見は，星座がえがかれている星座盤《ばん》(下盤)と窓のついた地平盤(上盤)を重ね合わせたつくりになっていて，星座盤と地平盤は中心でとめられている。この中心の位置には，星座をつくるすべての星の回転の中心となる北極星がある。　②　図１(星座早見)の地平板の(ア)は東，(イ)は北，(ウ)は西である。星座早見は，見る方角を下にして持ち，上にかざして使うものなので，南北に対して東西が反対となる。

(2)　図３で，１時間(60分)ごとに打った点の間隔《かんかく》は20mmなので，11時の点からＱ点までの時間は，$60\times\frac{15}{20}=45$(分)である。したがって，太陽が南中した時刻は11時45分となる。

(3)　①　時計の短針は１時間に，360÷12＝30(度)動く。　②　太陽は１時間に，360÷24＝15(度)動く。　③　太陽は，東の地平線→南の空→西の地平線という向き，つまり，時計回りに動く。②より，太陽が４時間で動く角度は，15×４＝60(度)である。図４では，太陽の方向に短針が向いた状態で８時を指しているので，太陽が南中する方向(真南)は，短針が文字盤を，60÷30＝２(時間)進んだ方向，つまり，10時の方向となる。

4　地震《じしん》についての問題

(1)　日本列島の付近では，２つの大陸プレート(北米プレートとユーラシアプレート)と２つの海洋プレート(太平洋プレートとフィリピン海プレート)がぶつかっており，海洋プレートが大陸プレートの下にゆっくりと沈《しず》み込《こ》んでいる(日本列島のほとんどは大陸プレート上にある)。日本海溝《かいこう》の付近では，(ア)のように太平洋プレートが北米プレートの下に沈み込んでおり，東日本大震災を引き起こした東北地方太平洋沖地震などが発生している。また，南海トラフの付近では，フィリピン海プレートがユーラシアプレートの下に沈み込んでおり，東海地震・東南海地震・南海地震，さらにはそれらが連動する巨大地震の発生が心配されている。

(2)　(ア)　震度は地震によるゆれの大きさの程度を表す尺度で，震源からの距離《きょり》，地盤の固さなどによって大幅《はば》に異なる。　(イ)　マグニチュードは地震そのものの規模《きぼ》(放出したエネルギーの大きさ)を示す尺度で，１つの地震については１つの値が定まる。　(ウ)　震度は，以前は建物のようすや人体の感じ方などをもとにして決められていたが，現在は各地に設置された震度計で測っている。　(エ)　震度は０～４，５弱，５強，６弱，６強，７の10階級で表される。

(3)　マグニチュードが１大きくなると，地震のエネルギーはおよそ32倍になるので，２大きくなるとおよそ，32×32＝1024(倍)になる。よって，(エ)が最も近い。

5　鉄についての問題

(1)　鉄やアルミニウム，亜鉛《あえん》などの金属は，塩酸に溶《と》けて水素を発生する。

(2)　酸化鉄に含まれる鉄の重さは酸化鉄の重さの，$\frac{7}{7+3}=\frac{7}{10}$なので，32ｇの酸化鉄には，$32\times\frac{7}{10}$＝22.4(ｇ)の鉄が含まれている。

(3)　この鉄鉱石175ｇに含まれていた酸化鉄は，$112\times\frac{10}{7}$＝160(ｇ)である。したがって，酸化鉄以外の物質は，175－160＝15(ｇ)と求められる。

(4)　80ｇの酸化鉄に含まれていた酸素は，$80\times\frac{3}{10}$＝24(ｇ)であり，この酸素とアルミニウムが結びついて51ｇの酸化アルミニウムができたので，反応したアルミニウムは，51－24＝27(ｇ)とわかる。

6　振《ふ》り子の動きについての問題

(1)　振り子の１往復とは，たとえば左端《ひだりはし》の位置から振れて再び左端の位置までもどってくるまでの動きなので，(ウ)が正しい。なお，(ア)と(イ)は５往復する時間を計っている。

(2)　10往復の時間の平均は，(12.4＋12.7＋12.6＋12.3)÷４＝12.5(秒)である。よって，12.5÷10＝1.25より，１往復にかかる時間は1.3秒となる。

(3)　図２のようにして振り子を振らせると，クギの左側では実験２の振り子として１往復の半分振れ，クギの右側では実験３の振り子として１往復の半分振れる。したがって，振り子の糸がクギに触《ふ》れていない時間は，1.4÷２＝0.7(秒)，触れている時間は，1.0÷２＝0.5(秒)である。

7　水溶液《すいようえき》の中和についての問題

(1)　水酸化ナトリウム水溶液に塩酸を加えると，たがいの性質を打ち消し合う中和反応が起こり，食塩(塩化ナトリウム)と水ができる。また，BTB溶液は，塩酸が余っているとき(酸性)は黄色，ちょうど中和しているとき(中性)は緑色，水酸化ナトリウム水溶液が余っているとき(アルカリ性)は青色を示す。実験１より，水酸化ナトリウム水溶液と塩酸は20mL(同量)どうしでちょうど中和するので，実験２で得られた2.34ｇの結晶《けっしょう》はすべて食塩である。

(2)　実験１より，塩酸15mLとちょうど中和する水酸化ナトリウム水溶液は15mLなので，混合水溶液中には水酸化ナトリウム水溶液が，20－15＝５(mL)余っている。また，この水酸化ナトリウム水溶液は，８ｇの水酸化ナトリウムを水に溶かして100mLにしたものである。よって，この混合水溶液中に，反応しないで残っている水酸化ナトリウムの重さは，$8\times\frac{5}{100}$＝0.4(ｇ)である。

⑶　水酸化ナトリウム水溶液20mLには，$8\times\frac{20}{100}=1.6$(g)の水酸化ナトリウムが溶けており，このすべてが塩酸と中和すると，2.34gの食塩になる。つまり，水酸化ナトリウムが塩酸と中和してできる食塩の重さは，中和した水酸化ナトリウムの重さより重くなっている。したがって，塩酸を少しずつ加えていくと，できた食塩の重さと残っている水酸化ナトリウムの重さの和も，加えた塩酸の体積に応じて大きくなっていく。水酸化ナトリウムがすべて食塩に変わると，新しく食塩ができることはなく，水酸化ナトリウムも残っていないので，食塩の重さと水酸化ナトリウムの重さの和は一定となる。よって，(ア)が適する。

国　語　＜第２回試験＞（50分）＜満点：100点＞

解　答

一　**問１**　**A**　(エ)　**B**　(イ)　**問２**　なんでオレ，こんなに早くに来てんだよ。　**問３**　（例）　子どもたちが次々に登園してくるから。　**問４**　⑴　（例）　マークが見えるように崩れた布団を並べ直したり，布団の上で飛びまわる子どもを追い払ったりすること。　⑵　（例）　お母さんたちが素早く準備ができるようにするため。　**問５**　(ウ)　**問６**　(イ)　**問７**　(ウ)　**問８**　しおん君の顔を　**問９**　（例）　布団の上にのること。　**問10**　(エ)　**問11**　笑顔　**問12**　(ア)　**問13**　(イ)　**問14**　(ア)　**問15**　(エ)　**問16**　(ア)　**問17**　しおん君は　**問18**　納得(がいかない。)　**問19**　子どもたちにちゃんと向き合ってくれて(いたから。)　**問20**　Ⅳ
二　①　○　②　放　③　気　④　泉　⑤　○　**三**　①　(ア)　②　(ア)　③　(ウ)　④　(イ)　⑤　(エ)　**四**　①～⑦　下記を参照のこと。　⑧　がっぴょう　⑨　しらは　⑩　かんのん

●漢字の書き取り

四　①　返済　②　操縦　③　果報　④　定規　⑤　移植　⑥　目下　⑦　反(り)

解　説

一　**出典はいとうみくの『天使のにもつ』による。**中学二年生の斗羽風汰《とばふうた》は，「エンジェル保育園」で職場体験をして子どもたちと向き合う。

問１　**A**　肩《かた》を「叩《たた》かれ」たようすなので，ものを軽く叩くさまを表す「とんと」がよい。　**B**　「笑った」ようすなので，わずかに笑い声を漏《も》らすさまを表す「くすりと」が合う。

問２　「首をかしげる」は，疑問や不審《ふしん》を感じたとき首をななめにすること。「どうしたの？」と問われてこのようなしぐさをしているのだから，「なんでオレ，こんなに早くに来てんだよ」という気持ちを，風汰自身も説明できなかったのだと考えられる。

問３　少し前で，「ママチャリ」や「ベビーカー」の登園のようすが描《えが》かれている。傍線《ぼうせん》②は，登園する子どもが多くなったためと推測できる。

問４　⑴　「ホール」では，園児たちの布団にお母さんたちがシーツかけをするために，「布団の端《はし》についているマークが見えるように少しずつずらして重ねて」あり，風汰に指示した林田《はやしだ》は，「布団の上を飛びまわる子どもを『向こうであそぼうね』と抱《だ》き上げて，崩《くず》れた布団を並べ直し」てい

る。それを見た風汰が「布団直したり，子どもを追っ払《ばら》えばいいってことっすね」と発言していることに着目する。　⑵　林田が「シーツはお母さんたちがかけるから手伝わなくていいよ」と話していることをおさえる。「できるだけお母さんたちが素早《すばや》く準備できるように」，あらかじめ布団をホールに並べているのである。

問５　少し後の，しおん君がひまわりマークの布団を引っぱりだした場面に，「しおんのおふとんあった」「ひまわりは，しおん君のマークだ」とあるので，(ウ)が選べる。

問６　「フォロー」は，後に続くこと。または，補い助けること。この場面では，風汰は林田の仕事を手伝っているので，(イ)がよい。

問７　林田が苦笑したのは，園児たちの扱《あつか》いについて風汰が，「子どもを追っ払えばいいってことっすね」とあけすけに言ったからである。よって，(ウ)がふさわしい。風汰が園児たちのことを動物であるかのようにとらえていることは，少し後の「ホールを駆《か》け回る三歳《さい》児を捕獲《ほかく》して」などの表現からも伝わってくる。

問８　傍線⑦は，しおん君の姿を見た風汰が驚《おどろ》いたようすを表している。風汰は，お母さんから冷たい扱いをされているしおん君に同情しながらも，「オレはなんにもしてやれない」と感じている。そのため，本文の最初にあるように，「しおん君の顔を見たくない」という思いになってしまっている。しおん君の顔を見ると，自分が無力であることを痛感し，苦しい気持ちになってしまうために，このように思ってしまったのだと考えられる。

問９　しおん君のお母さんが「布団の上にのっていいの？　いけないの？」と言ってしおん君を叱《しか》っていることに着目する。

問10　しおん君を叱っている場面であり，「お母さん大丈夫《だいじょうぶ》ですよ」と言う林田に反論してもいるので，「不満」「不快」「不服」は合うが，「不安」はふさわしくない。

問11　少し後に「あとを追いかけて笑顔《えがお》で手を振《ふ》っている」とあるように，冷たい扱いをされてもしおん君はお母さんが好きなのだから，「笑顔」がぬき出せる。

問12　(ア)「林田はゆっくり息を飲みこむようにして笑った」などの描写《びょうしゃ》から，お母さんがしおん君を冷たく扱うことを，林田が心配しているようすがうかがえるので，あてはまる。　(イ)　お母さんは「ホールを出ていった」のだから，しおん君が「もう一度怒《おこ》られる」ことはないと考えられる。　(ウ)　(ア)で見た林田の心配をとらえていないので，ふさわしくない。　(エ)　冷たい扱いをされてもしおん君が「お母さんが好き」であることを，林田はよく理解している。よって，「お母さんのことを嫌《きら》いにならないでほしかった」は合わない。

問13　冷たい扱いをされてもしおん君は「お母さんが好き」なのだから，「あきらめてしまっている」とある(イ)がふさわしくない。

問14　「大きな声で叫《さけ》んだ」のだから，「我慢《がまん》」は合わない。なお，すぐ後のしおん君のようすから，お母さんが振り返ってくれるかもしれないという「期待」や，お母さんがどんな反応をするかという「緊張《きんちょう》」，それでもお母さんに声をかけようという「決心」はあてはまる。

問15　お母さんが「振り返った」のを見たときの気持ちなので，「振り返ってくれた」とある(エ)が選べる。

問16　「すげー」は「すごい」のくだけた言い方で，「すごい」には“すばらしい”という意味と“程度がはなはだしい”という意味がある。㋐は，職場体験の大変さの“程度がはなはだしい”という意味。㋑と㋒は，子どもたちがみんな“すばらしい”という意味。

問17　「何(だれ)が」「何(だれ)は」を表す文節を主語，「どうする」「どんなだ」「何だ」を表す文節を述語という。傍線⑮では，「やっぱり小さいな」が述語で，主語の「しおん君は」が省略されている。

問18　「ふに落ちる」は，“納得《なっとく》がいく”という意味。

問19　風汰の『職場体験・評価表』を書いたのは園長と考えられる。園長が風汰と話しているときに，風汰に「子どもたちにちゃんと向き合ってくれて，ありがとう」と伝えていることに着目する。

問20　もどす一文に「みんな」とあるので，「どの子も」の直後の空欄《くうらん》Ⅳに入れると，「どの子も」→「みんな」とうまくつながる。

二　漢字の画数

①　Ａは「分かれる」，Ｂは「収める」で，「分」も「収」も四画である。　②　Ａは「建てる」，Ｂは「放す」で，「建」は九画，「放」は八画である。　③　Ａは「気高い」，Ｂは「近郊」で，「気」は六画，「近」は七画である。　④　Ａは「温泉」，Ｂは「兆候」で，「泉」は九画，「候」は十画である。　⑤　Ａは「名代」，Ｂは「呼吸」で，「名」も「吸」も六画である。

三　季語の知識

①　「花曇《はなぐも》り」は，桜の花がさく春の曇り空のこと。　②　「おぼろ月夜」は，春の夜に，月がぼんやりとかすんで見えること。　③　「いわし雲」は，秋に見られる白い小さな雲の集まりで，正式名称は「巻《けん》積雲」。　④　「夕すずみ」は，暑い夏の夕方に，外に出てすずむこと。　⑤　「鏡開き」は，正月にかざってあった鏡餅《もち》を割って，お汁粉《しるこ》などにして食べる行事。

四　漢字の書き取りと読み

①　借りたものや金を返すこと。　②　思いどおりに動かすこと。特に飛行機を運転すること。　③　よいめぐり合わせ。幸運。「果報は寝《ね》て待て」は，“幸運は望んで得られるものではないから，あせらずに気長に待っているのがよい”という意味。　④　線を引くときや，長さを測るときに使う文房具《ぶんぼうぐ》。　⑤　植物などを移し植えること。「臓器移植」は，機能が十分に働かなくなった臓器の代わりに，ほかの個体からとった臓器を移植すること。　⑥　現在。さしあたり。　⑦　音読みは「ハン」「ホン」「タン」で，「反対」「謀反《むほん》」「反物」などの熟語がある。　⑧　多くの人が集まり，作品などについて意見を言い合うこと。　⑨　「白羽の矢が立つ」は，多くの中から特に選び出されることのたとえ。　⑩　「観世音菩薩《かんぜおんぼさつ》」の略。仏教で，救いの求めに応じて，いろいろに姿をかえてこの世に現れるという菩薩。

Memo

2025年度用

中学スーパー過去問

■編集人 声の教育社・編集部
■発行所 株式会社 声の教育社
〒162-0814 東京都新宿区新小川町8-15
☎03-5261-5061㈹ FAX03-5261-5062
https://www.koenokyoikusha.co.jp

※本書の内容についての一切の責任は当社にあります。内容・解説・解答・その他は当社ホームページよりお問い合わせ下さい。

東京都／神奈川県／千葉県／埼玉県／茨城県／栃木県ほか

2025年度用
声の教育社版

中学受験案内

■全校を見開き2ページでワイドに紹介！

■中学～高校までの授業内容をはじめ部活や行事など、6年間の学校生活を凝縮！

■偏差値・併願校から学費・卒業後の進路まで、知っておきたい情報が満載！

私立・国公立353校掲載

Ⅰ 首都圏（東京・神奈川・千葉・埼玉・その他）の私立・国公立中学校の受験情報を掲載。

合格情報
近年の倍率推移・偏差値による合格分布予想グラフ・入試ホット情報ほか

学校情報
授業、施設、特色、ICT機器の活用、併設大学への内部進学状況と併設高校からの主な大学進学実績ほか

入試ガイド
募集人員、試験科目、試験日、願書受付期間、合格発表日、学費ほか

Ⅱ 資　料

(1)私立・国公立中学の合格基準一覧表（四谷大塚、首都圏模試、サピックス）
(2)主要中学早わかりマップ
(3)各校の制服カラー写真
(4)奨学金・特待生制度，帰国生受け入れ校，部活動一覧

Ⅲ 大学進学資料

(1)併設高校の主要大学合格状況一覧
(2)併設・系列大学への内部進学状況と条件

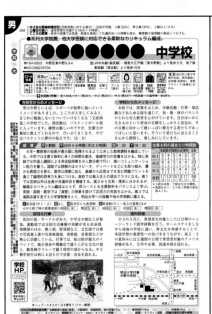

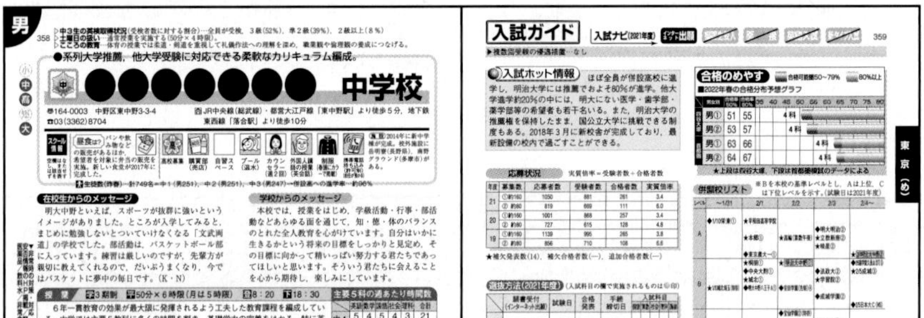

志望校・併願校を この１冊で選ぶ！決める!!

過去問で君の夢を応援します

声の教育社

〒162-0814　東京都新宿区新小川町8-15
TEL.03-5261-5061　FAX.03-5261-5062
https://www.koenokyoikusha.co.jp

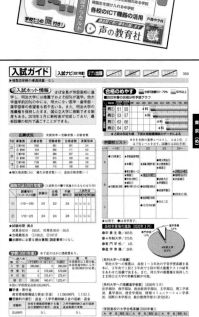

カコを追いかけ
ミライをつかめ
「今の説明、もう一回」を何度でも
web過去問
ストリーミング配信による入試問題の解説動画
もっと古いカコモンないの?
カコ過去問
「さらにカコの」過去問をHPに掲載(DL)
声の教育社
詳しくはこちらから

よくある解答用紙のご質問

01

実物のサイズにできない

拡大率にしたがってコピーすると，「解答欄」が実物大になります。配点などを含むため，用紙は実物よりも大きくなることがあります。

02

A3用紙に収まらない

拡大率164％以上の解答用紙は実物のサイズ（「出題傾向＆対策」をご覧ください）が大きいために，Ａ３に収まらない場合があります。

03

拡大率が書かれていない

複数ページにわたる解答用紙は，いずれかのページに拡大率を記載しています。どこにも表記がない場合は，正確な拡大率が不明です。

04

１ページに２つある

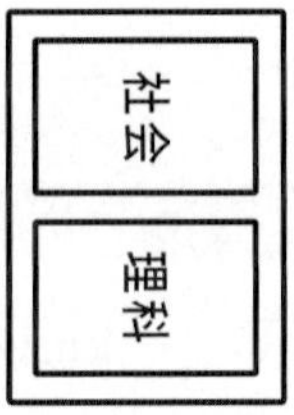

１ページに２つ解答用紙が掲載されている場合は，正確な拡大率が不明です。ほかの試験回の同じ教科をご参考になさってください。

明治大学付属中野中学校

【別冊】入試問題解答用紙編

禁無断転載

解答用紙は本体からていねいに抜きとり、別冊としてご使用ください。

※　実際の解答欄の大きさで練習するには、指定の倍率で拡大コピーしてください。なお、ページの上下に小社作成の見出しや配点を記載しているため、コピー後の用紙サイズが実物の解答用紙と異なる場合があります。

●入試結果表

年　度	回	項　目	国　語	算　数	社　会	理　科	4科合計	合格者
2024	第１回	配点(満点)	100	100	50	50	300	最高点
		合格者平均点	74.9	61.5	30.0	36.3	202.7	260
		受験者平均点	65.6	44.3	24.1	31.5	165.5	最低点
		キミの得点						180
	第２回	配点(満点)	100	100	50	50	300	最高点
		合格者平均点	62.8	59.9	31.5	38.2	192.4	238
		受験者平均点	54.7	34.9	26.0	31.0	146.6	最低点
		キミの得点						175
2023	第１回	配点(満点)	100	100	50	50	300	最高点
		合格者平均点	73.3	77.3	31.9	36.5	219.0	268
		受験者平均点	64.7	59.7	28.1	30.8	183.3	最低点
		キミの得点						201
	第２回	配点(満点)	100	100	50	50	300	最高点
		合格者平均点	68.9	62.0	29.8	35.0	195.7	232
		受験者平均点	61.2	41.3	24.2	28.7	155.4	最低点
		キミの得点						184
2022	第１回	配点(満点)	100	100	50	50	300	最高点
		合格者平均点	76.9	73.8	37.0	37.0	224.7	266
		受験者平均点	70.0	52.9	31.4	30.0	184.3	最低点
		キミの得点						208
	第２回	配点(満点)	100	100	50	50	300	最高点
		合格者平均点	66.0	61.6	32.9	32.3	192.8	235
		受験者平均点	55.1	44.9	27.1	26.2	153.3	最低点
		キミの得点						179
2021	第１回	配点(満点)	100	100	50	50	300	最高点
		合格者平均点	75.1	61.6	38.5	28.4	203.6	266
		受験者平均点	66.0	41.5	33.4	22.5	163.4	最低点
		キミの得点						182
	第２回	配点(満点)	100	100	50	50	300	最高点
		合格者平均点	67.7	80.7	42.8	36.9	228.1	271
		受験者平均点	58.4	59.6	36.7	26.8	181.5	最低点
		キミの得点						215
2020	第１回	配点(満点)	100	100	50	50	300	最高点
		合格者平均点	68.2	75.3	34.7	38.4	216.6	272
		受験者平均点	60.8	53.8	29.1	31.6	175.3	最低点
		キミの得点						198
	第２回	配点(満点)	100	100	50	50	300	最高点
		合格者平均点	61.8	81.8	32.8	36.2	212.6	264
		受験者平均点	53.3	61.3	26.9	30.0	171.5	最低点
		キミの得点						197

※　表中のデータは学校公表のものです。ただし、４科合計は各教科の平均点を合計したものなので、目安としてご覧ください。

2024年度　明治大学付属中野中学校

算数解答用紙　第1回

番号		氏名		評点	／100

1	(1)		(2)	
	(3)			

2	(1)	円	(2)	g
	(3)	cm²	(4)	個
	(5)	CF　：　FD	(6)	cm³

3	(1)	通り	(2)	通り

4	(1)		(2)	うどん　人	ねぎ　人

5	(1)	時　分	(2)	km

6	(1)	ヤギ　：　ヒツジ	(2)	日間
	(3)	ヤギ または ヒツジ		日間

（注）この解答用紙は実物を縮小してあります。B５→A４(115%)に拡大コピーすると、ほぼ実物大の解答欄になります。

〔算　数〕100点(推定配点)

1, 2　各５点×9　3～5　各６点×6＜4は各々完答＞　6　(1), (2)　各６点×2　(3)　７点＜完答＞

２０２４年度　明治大学付属中野中学校

社会解答用紙　第１回

番号		氏名		評点	／50

1

問１ ①　　島　②　　岬　問２　問３

問４　問５　問６　問７　問８

2

問１　問２　問３　問４　　人　問５

問６（１）　問６（２）

問７ X　Y

3

問１　問２　問３　問４

問５　問６　問７

問８　→　→　→

問９

（注）この解答用紙は実物を縮小してあります。Ｂ５→Ｂ４(141%)に拡大コピーすると、ほぼ実物大の解答欄になります。

〔社　会〕50点(推定配点)

1　問１　各１点×２　問２～問８　各２点×７　2　問１～問５　各２点×５　問６　(1)　２点＜完答＞　(2)　１点　問７　各１点×２　3　問１～問８　各２点×８＜問３，問７，問８は完答＞　問９　３点

２０２４年度　明治大学付属中野中学校

理科解答用紙　第１回

番号		氏名	

評点	／50

＊ 点線で区切られた問題は，すべて正解の場合のみ，得点とします。

1

(1) ア イ ウ エ オ　(2) ① ア イ ウ エ オ　② X　Y

2

(1)　(2)　(3) ① 前・後　② 左・右

3

(1) 星座　座　星C　(2)

(3) ①　② カ月後

4

(1) 秒　(2) 時　分　秒　(3) ア イ ウ エ オ カ キ

5

(1) ア イ ウ エ　(2) ①　②　③

(3) ① ℃　②〔A〕　〔B〕

6

(1) g　(2) g　(3) g

7

(1)　(2) cm　(3)

（注）この解答用紙は実物を縮小してあります。Ｂ５→Ａ４（115%）に拡大コピーすると，ほぼ実物大の解答欄になります。

〔理　科〕50点（推定配点）

1～7 各２点×25＜1の(1)は完答，(2)は各々完答，2の(3)，3の(1)，4の(3)，5の(1)，(3)の②は完答＞

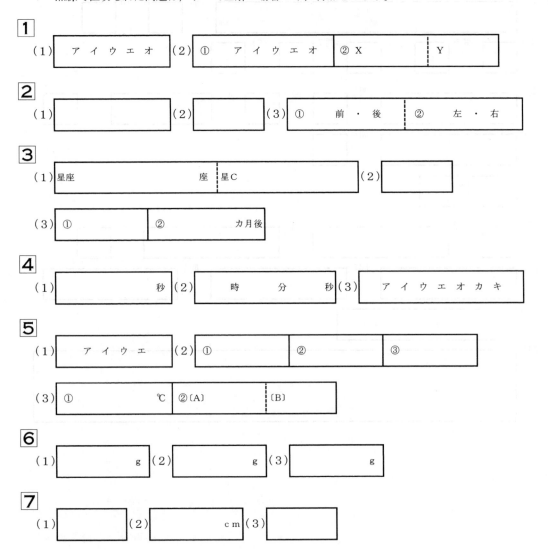

２０２４年度　明治大学付属中野中学校

国語解答用紙　第一回

番号　　　氏名　　　評点　／100

一

問一　問二　問三　問四　問五　問六　問七　問八

問九　〜

問十　問十一

問十二　できあがる。

問十三

問十四　問十五　問十六　〜

問十七

問十八　問十九　問二十　問二十一

二

① ② ③ ④ ⑤

三

① ② ③ ④ ⑤

四

① ② ③ ④ ⑤ べ

⑥ ⑦ ⑧ ⑨ ⑩

（注）この解答用紙は実物を縮小してあります。Ｂ５→Ｂ４（141％）に拡大コピーすると、ほぼ実物大の解答欄になります。

〔国　語〕100点(推定配点)

一　問１　２点　問２〜問10　各３点×９　問11　２点　問12〜問14　各３点×３　問15　２点　問16〜問21　各３点×６　二〜四　各２点×20

２０２４年度　明治大学付属中野中学校

算数解答用紙　第２回

番号		氏名		評点	／100

1	(1)		(2)	
	(3)			

2	(1)		(2)	11時　　分と11時　　分		
	(3)	円	(4)	分	(5)	

3	(1)	度	(2)	cm^2
	(3)	倍		

4	(1)	分	(2)	分間

5	(1)	分速　　m	(2)	分　　秒

6	(1)	AD : DG
	(2)	三角形ABD : 三角形BGD : 三角形CDG : 三角形ADC
	(3)	cm

（注）この解答用紙は実物を縮小してあります。Ｂ５→Ａ４（115%）に拡大コピーすると、ほぼ実物大の解答欄になります。

〔算　数〕100点（推定配点）

1，2　各５点×８<2の(2)は完答>　3～6　各６点×10

２０２４年度　　明治大学付属中野中学校

社会解答用紙　第２回

番号		氏名		評点	／50

1

問1　問2　問3　問4　→　→　→

問5　問6　問7

問8　問9（1）

問9（2）

問10　年～　年

2

問1　問2　現象　問3　問4

問5　駅　問6　問7

問8　問9

問10

3

問1　問2　問3

問4　問5　問6

問7　問8

（注）この解答用紙は実物を縮小してあります。Ｂ５→Ｂ４（141%）に拡大コピーすると、ほぼ実物大の解答欄になります。

〔社　会〕50点(推定配点)

1　問1～問3　各1点×3　問4，問5　各2点×2＜問4は完答＞　問6　1点　問7，問8　各2点×2＜各々完答＞　問9　(1)　1点　(2)　3点　問10　2点　2　問1　1点　問2，問3　各2点×2　問4　1点　問5，問6　各2点×2＜問6は完答＞　問7　1点　問8　2点　問9　1点　問10　3点　3　問1～問6　各2点×6＜問5は完答＞　問7　1点　問8　2点＜完答＞

２０２４年度　　明治大学付属中野中学校

理科解答用紙　第２回

番号		氏名		評点	／50

＊　点線で区切られた問題は，すべて正解の場合のみ，得点とします。

1

(1)　(2) ①　A　B　C　D　E　②　と

2

(1) X　個 ┆ Y　個　(2) ① ┆ ②

3

(1)　ア　イ　ウ　エ　オ　(2) ①　②　ア　イ　ウ　エ　オ　カ

4

(1)　(2)　(3)　ア　イ　ウ　エ

5

(1)　g　(2)　℃　(3) ①　m　②　℃

6

(1)

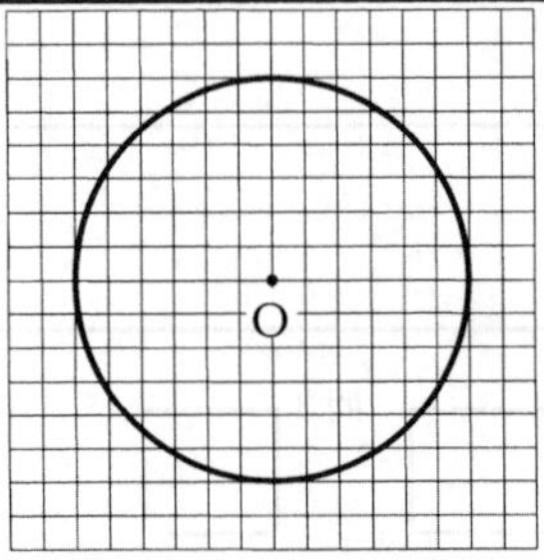

(2)　(3) ① ┆ ②

7

(1)　(2)　(3)　秒

8

(1)　g　(2) X ┆ Y

(3) ①　g　②　g

（注）この解答用紙は実物を縮小してあります。Ｂ５→Ａ４(115%)に拡大コピーすると、ほぼ実物大の解答欄になります。

〔理　科〕50点(推定配点)

1～8　各２点×25＜1の(2)の①，2の(1)，(2)，3の(1)，(2)の②，4の(3)，6の(3)，8の(2)は完答＞

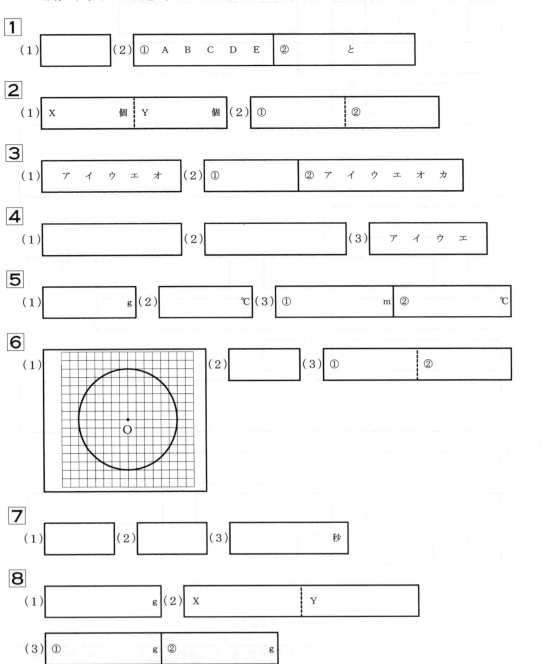

２０２４年度　明治大学付属中野中学校

国語解答用紙　第二回

番号		氏名		評点	/100

一

問一　問二 記号 場所

問三　問四 ③ ⑨

問五　問六 最初 最後

問七 まま

問八　問九

問十

問十一 一つ目 二つ目 三つ目

問十二　問十三 A B

問十四　問十五　問十六　問十七

問十八

問十九　問二十

二

問一　問二　問三

三

① 記号　② 記号　③ 記号

四

① →　② →　③ →　④ →

五

①　②　③　④　⑤

⑥　⑦ ちに　⑧ い　⑨　⑩

（注）この解答用紙は実物を縮小してあります。B５→A３（163%）に拡大コピーすると、ほぼ実物大の解答欄になります。

〔国　語〕100点（推定配点）

一　問1～問3　各3点×3＜問2は完答＞　問4　各2点×2　問5～問8　各3点×4　問9　2点　問10　3点　問11　各2点×3　問12，問13　各3点×2＜問13は完答＞　問14～問16　各2点×3　問17～問20　各3点×4　二～五　各2点×20＜三，四は各々完答＞

2023年度　明治大学付属中野中学校

算数解答用紙　第1回

番号		氏名		評点	／100

1	(1)		(2)		(3)	：

2	(1)	個	(2)	人	(3)	個
	(4)	cm^2	(5)	本		

3	(1)	cm	(2)	cm^2	(3)	回

4	(1)	分	(2)	分

5	(1)	分後	(2)	分後

6	(1)	cm^2	(2)	秒後

(注) この解答用紙は実物大です。

〔算　数〕100点(推定配点)

1, 2　各5点×8　3　各6点×3　4～6　各7点×6

２０２３年度　明治大学付属中野中学校

社会解答用紙　第１回

番号		氏名		評点	／50

1

問１　省　問２　問３　問４

問５　問６　問７　問８

2

問１　①　川　②　岬　問２　問３

問４

問５　Ⅰ　Ⅱ　問６　問７

問８

3

問１　B　D　問２　問３　→　→　→

問４　問５　問６　問７

問８　問９

問10

（注）この解答用紙は実物を縮小してあります。B５→B４(141%)に拡大コピーすると、ほぼ実物大の解答欄になります。

〔社　会〕50点(推定配点)

1　問１～問４　各１点×４　問５～問８　各２点×４＜問７は完答＞　2　問１　各１点×２　問２，問３　各２点×２　問４　３点　問５　各１点×２　問６～問８　各２点×３＜問８は完答＞　3　問１～問９　各２点×９＜問１，問３は完答＞　問10　３点

２０２３年度　明治大学付属中野中学校

理科解答用紙　第１回

番号		氏名	

評点	／50

＊　点線で区切られた問題は，すべて正解の場合のみ，得点とします。

1

(1) A　B　C　D　E　(2) A　B　C　D　E　(3)

2

(1) ①　と ┆ ②　と　(2)　(3) 酸素 ┆ 二酸化炭素

3

(1)　(2) ア　イ　ウ　エ　(3) ア　イ　ウ　エ　オ　カ　キ

4

(1)　(2)　(3) cm^3

5

(1)　(2) 光が折れ曲がって進むこと ┆ 位置　(3)

6

(1) ①　ア　イ　ウ　エ　オ　②　③ 位置 ┆ 見え方　(2)

(3) ①　②　か月後

7

(1) g　(2) cm　(3) g　(4) 端に　g

（注）この解答用紙は実物を縮小してあります。Ｂ５→Ｂ４(141%)に拡大コピーすると、ほぼ実物大の解答欄になります。

〔理　科〕50点(推定配点)

1～7　各２点×25＜1の(1)，(2)，2の(1)，(3)，3の(2)，(3)，5の(2)，6の(1)の①，③，7の(4)は完答＞

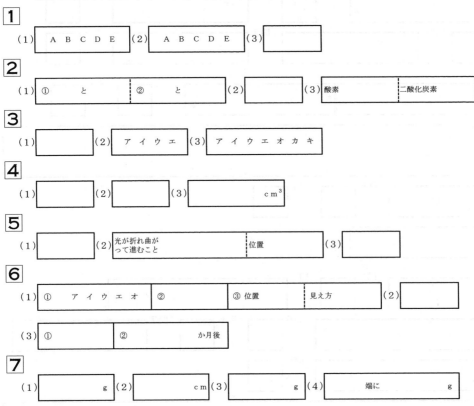

二〇二三年度　明治大学付属中野中学校

国語解答用紙　第一回

番号　　氏名　　評点　／100

一

問一

問二　一点目　二点目

問三　　問四

問五

問六　A　B　C

問七　　問八

問九　X　Y

問十　〜　から。　問十一　X　Y　問十二

問十三　　問十四　点。

問十五

問十六　装具を装着することで、

問十七　　問十八　a　b　　問十九　〜　日。

問二十　　問二十一

二　①　②　③　④　⑤

三　①　②　③　④　⑤

四　①　②　③　④　⑤　⑥　⑦　⑧　⑨　む　⑩

（注）この解答用紙は実物を縮小してあります。B5→B4（141%）に拡大コピーすると、ほぼ実物大の解答欄になります。

〔国　語〕100点(推定配点)

一　問1〜問6　各2点×9　問7〜問9　各3点×4　問10〜問14　各2点×6　問15, 問16　各3点×2　問17〜問19　各2点×3　問20, 問21　各3点×2　二〜四　各2点×20

2023年度　　明治大学付属中野中学校

算数解答用紙　第2回

番号		氏名		評点	／100

1	(1)		(2)	
	(3)	時間　分　秒		

2	(1)	円	(2)	度	(3)	g
	(4)	km	(5)	通り		

3	(1)	BH　HK　KE ：　：		
	(2)	AH　HI　IJ　JC ：　：　：	(3)	cm²

4	(1)	cm³	(2)	cm²

5	(1)	cm²	(2)	L

6	(1)	歳	(2)	歳	(3)	歳

7	(1)	蛇口　排水口 ：
	(2)	ア　イ　ウ ：　：

（注）この解答用紙は実物を縮小してあります。B５→B４(141%)に拡大コピーすると、ほぼ実物大の解答欄になります。

〔算　数〕100点(推定配点)

1～7　各５点×20

２０２３年度　明治大学付属中野中学校

社会解答用紙　第２回

番号		氏名	

評点	／50

1

問１　A　天皇　B　天皇

問２

問３　問４

問５

問６　問７　問８　２番目　４番目

2

問１　問２　問３　問４　問５

3

問１　問２

問３

4

問１　川　問２　問３　問４

問５　問６　問７　問８　問９

（注）この解答用紙は実物を縮小してあります。Ｂ５→Ｂ４（141%）に拡大コピーすると、ほぼ実物大の解答欄になります。

〔社　会〕50点（推定配点）

1　問１　各１点×２　問２～問４　各２点×３＜問３，問４は完答＞　問５　４点　問６～問８　各２点×３＜問８は完答＞　2　問１，問２　各１点×２　問３～問５　各２点×３＜問３は完答＞　3，4　各２点×12＜4の問５は完答＞

２０２３年度　明治大学付属中野中学校

理科解答用紙　第２回

番号		氏名	

評点	／50

＊　点線で区切られた問題は，すべて正解の場合のみ，得点とします。

1

（1）　（2）動物 ｜ なかま　a　b　c　d　e

（3）① ｜ ② ｜ ③

2

（1）ア　イ　ウ　エ　オ　（2）ア　イ　ウ　エ　オ　（3）

3

（1）　（2）名前 ｜ 記号　（3）

4

（1）　（2）ア　イ　ウ　エ　オ　（3）

5

（1）①　ア　イ　ウ　エ ｜ ②　すべて明るくなる　すべて変わらない　すべて暗くなる

（2）① ｜ ②　ア　イ　ウ　エ

6

（1）色 ｜ 塩化ナトリウム　g　（2）g

（3）①X ｜ Y ｜ ②

7

（1）g　（2）cm　（3）cm

8

（1）　（2）　（3）　（4）

（注）この解答用紙は実物を縮小してあります。Ｂ５→Ａ４（115％）に拡大コピーすると、ほぼ実物大の解答欄になります。

〔理　科〕50点(推定配点)

1～8　各２点×25＜1の(2)，(3)，2の(1)，(2)，3の(2)，4の(2)，5の(1)，(2)の②，6の(1)，(3)は完答＞

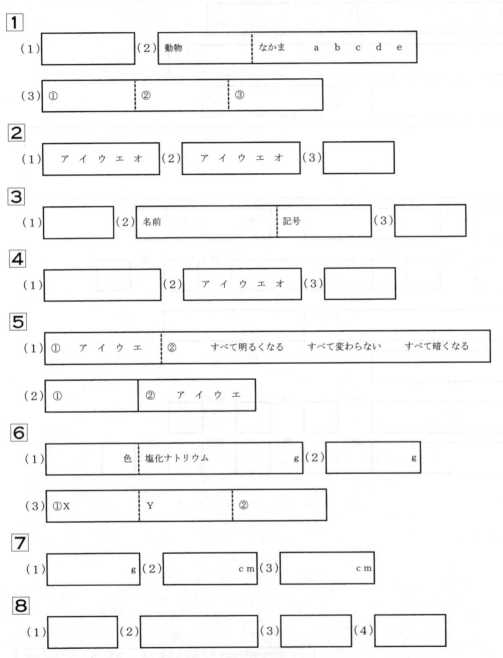

二〇二三年度　明治大学付属中野中学校

国語解答用紙　第二回

番号		氏名		評点	/100

一

問一

問二

問三　　問四　時間。

問五　　問六　A　B

問七　　問八

問九　　問十　　問十一　　問十二　D　E

問十三　　問十四　　問十五　　問十六　　問十七

問十八　　問十九　　問二十

問二十一

問二十二

二

①　②　③　④　⑤

三

①　②　③　④　⑤

四

①　②　③　④　した　⑤

⑥　⑦　って　⑧　⑨　いた　⑩

（注）この解答用紙は実物を縮小してあります。B５→B４（141%）に拡大コピーすると、ほぼ実物大の解答欄になります。

〔国　語〕100点(推定配点)

一　問１　２点　問２　４点　問３，問４　各２点×２　問５　３点　問６　各２点×２　問７　３点　問８〜問14　各２点×８　問15〜問22　各３点×８　二〜四　各２点×20

2022年度　明治大学付属中野中学校

算数解答用紙　第1回

番号		氏名		評点	／100

1	(1)		(2)		(3)	

2	(1)	個	(2)	人	(3)	cm^2
	(4)	点	(5)	cm^2		

3	(1)	g ずつ	(2)	cm^2

4	(1)	：	(2)	倍

5	(1)	個	(2)	

6	(1)	：	(2)	cm

7	(1)	：	(2)	時速 km

(注) この解答用紙は実物大です。

〔算　数〕100点(推定配点)

1, 2　各5点×8　3～7　各6点×10

２０２２年度　明治大学付属中野中学校

社会解答用紙　第１回

番号		氏名	

評点	／50

1

問1　①　　半島　②　　島
問2
問3
問4
問5
問6
問7
問8

2

問1
問2　　制
問3
問4

3

問1　A　B
問2
問3

4

問1　A　B　C
問2　　古墳
問3　→　→　→
問4
問5
問6
問7
問8

（注）この解答用紙は実物を縮小してあります。Ｂ５→Ｂ４(141%)に拡大コピーすると、ほぼ実物大の解答欄になります。

〔社　会〕50点(推定配点)

1　問1　各1点×2　問2～問8　各2点×7　2, 3　各2点×7＜3の問1, 問3は完答＞　4　問1　各1点×3　問2～問7　各2点×6＜問3, 問5は完答＞　問8　5点

２０２２年度　明治大学付属中野中学校

理科解答用紙　第１回

番号		氏名		評点	／50

＊　点線で区切られた問題は，すべて正解の場合のみ，得点とします。

1

(1) ①　②　(2) ア　イ　ウ　エ　(3)

2

(1)　(2)　(3)

3

(1) ア　イ　ウ　エ　(2) ①　②　(3) ア　イ　ウ　エ

4

(1)　(2) 月　(3)

5

(1)　(2)　(3) と　と

6

(1) ｋｇ　(2) ｋｇ　(3) ｃｍ

7

(1)　(2) Ａ　Ｂ　Ｃ　Ｄ　Ｅ　(3)

8

(1) g　(2) g　(3) g　(4) g

（注）この解答用紙は実物大です。

〔理　科〕50点(推定配点)

1，2　各２点×6＜1の(1)，(2)は完答＞　3　各２点×3＜各々完答＞　4～8　各２点×16＜5の(3)，7の(2)は完答＞

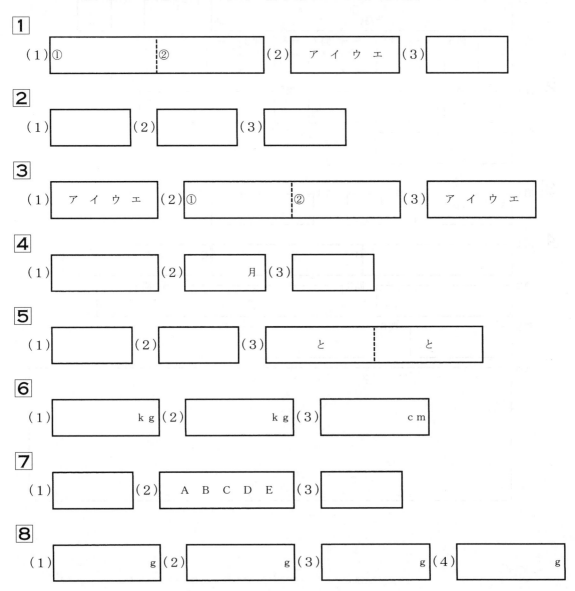

二〇二二年度　明治大学付属中野中学校

国語解答用紙　第一回

番号　　氏名　　評点　／100

一

問一

問二　こと。

問三

問四　問五

問六

問七　ア　イ

問八

問九　問十　問十一

問十二

問十三　〜

問十四

問十五

問十六

問十七

問十八　〜　ということ。

問十九　問二十　問二十一

二

① Ⅰ Ⅱ　② Ⅰ Ⅱ　③ Ⅰ Ⅱ　④ Ⅰ Ⅱ　⑤ Ⅰ Ⅱ

三

①　②　③　④　⑤

四

①　②　う　③　④　⑤

⑥　⑦　⑧　⑨　って　⑩　ね

（注）この解答用紙は実物を縮小してあります。Ｂ５→Ｂ４（141%）に拡大コピーすると、ほぼ実物大の解答欄になります。

〔国　語〕100点(推定配点)

一　問1〜問3　各2点×3　問4〜問21　各3点×18<問7は完答>　二〜四　各2点×20

２０２２年度　明治大学付属中野中学校

算数解答用紙　第２回

番号		氏名		評点	／100

1	(1)		(2)		(3)	

2	(1)	円	(2)	cm^3	(3)	個
	(4)	cm^2	(5)	時　分		

3	(1)	cm^2	(2)	cm^2

4	(1)	の位置で　向き	(2)	の位置で　向き

5	(1)	倍	(2)	分　秒

6	(1)	L	(2)	分　秒後

7	(1)	秒速　cm	(2)	秒後　と　秒後

（注）この解答用紙は実物大です。

〔算　数〕100点(推定配点)

1，2　各５点×8　3～7　各６点×10＜4は各々完答，7の(2)は完答＞

２０２２年度　明治大学付属中野中学校

社会解答用紙　第２回

番号		氏名		評点	／50

1

問1

問2　問3　問4

問5　問6　→　→　→　問7　問8

問9

2

問1　①　湾　②　山地　問2　問3

問4　問5　問6　問7　問8

問9

3

問1　法　問2　問3

問4　%　問5　問6

問7

（注）この解答用紙は実物を縮小してあります。B５→B４(141%)に拡大コピーすると、ほぼ実物大の解答欄になります。

〔社　会〕50点(推定配点)

1　問１　４点　問２～問９　各２点×８＜問３，問６は完答＞　2　問１～問３　各１点×４　問４～問９　各２点×６＜問５，問６は完答＞　3　各２点×７

2022年度　明治大学付属中野中学校

理科解答用紙　第2回

番号		氏名		評点	／50

＊ 点線で区切られた問題は，すべて正解の場合のみ，得点とします。

1

(1) 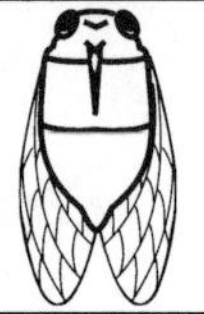

(2) ①　②

(3) ア　イ　ウ　エ　オ

2

(1) ア　イ　ウ　エ　オ

(2)

(3) ①　②

3

(1)

(2) ア　イ　ウ　エ　オ

(3)

(4)

4

(1)

(2) A　B

(3) ①　②

5

(1)

(2)

(3) A　B

6

(1)

(2) 記号　つなぎ

(3) 本　つなぎ

7

(1) ① g　② cm

(2) ① g　② cm

8

(1) ① g　② g

(2) ①　② g

(注) この解答用紙は実物を縮小してあります。B５→A４(115%)に拡大コピーすると、ほぼ実物大の解答欄になります。

〔理　科〕50点(推定配点)

1～8 各２点×25＜1の(2)，(3)，2の(1)，(3)，3の(2)，4の(2)，(3)，5の(3)，6の(2)，(3)，7の(1)，8の(2)は完答＞

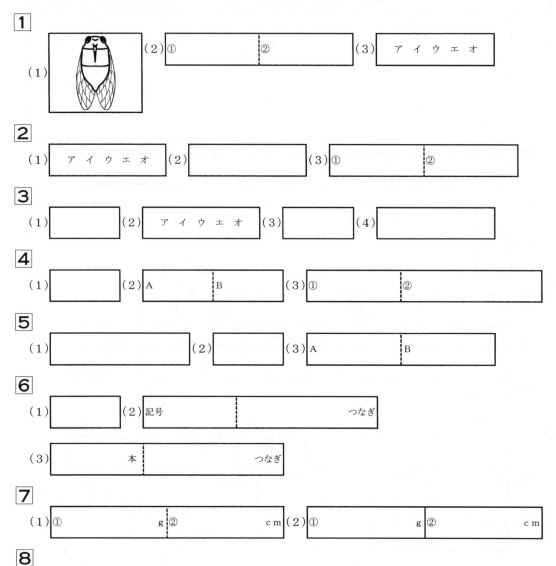

二〇二二年度　明治大学付属中野中学校

国語解答用紙　第二回

番号　　氏名　　評点　／100

一
問一
問二　A　B　C
問三
問四
問五　こと。
問六
問七
問八　の問題。
問九
問十
問十一　多賀町の自然が　こと。
問十二　Ⅰ　Ⅱ　Ⅲ　Ⅳ
問十三
問十四
問十五
問十六　⑫　⑭
問十七
問十八
問十九
問二十
問二十一
問二十二

二
①　②　③　④　⑤

三
①い　②し　③い
④つ　⑤さ

四
①　②　③　④　⑤う
⑥　⑦れ　⑧　⑨　⑩える

（注）この解答用紙は実物を縮小してあります。B5→B4（141%）に拡大コピーすると、ほぼ実物大の解答欄になります。

〔国　語〕100点(推定配点)

一　問1～問6　各2点×6＜問2は完答＞　問7～問22　各3点×16＜問12，問16は完答＞　二～四　各2点×20

2021年度　明治大学付属中野中学校

算数解答用紙　第1回

番号		氏名		評点	／100

1	(1)		(2)		(3)	

2	(1)	g	(2)	分速　m	(3)	㎠
	(4)	倍	(5)	㎤		

3	(1)	cm	(2)	m	(3)	人

4	(1)		(2)	

5	(1)	本	(2)①	分後	(2)②	分後

6	(1)	時　分　秒	(2)	時　分　秒

(注) この解答用紙は実物大です。

〔算　数〕100点(推定配点)

1, 2　各5点×8　3〜6　各6点×10＜4の(2)は完答＞

２０２１年度　明治大学付属中野中学校

社会解答用紙　第１回

番号		氏名	

評点	／50

1

問１　A　権　B

問２

問３

問４　権

問５

問６

問７　の義務

2

問１

問２

問３

問４　半島

問５　経　度

問６

問７

問８

問９

問10

問11

問12

問13

3

問１

問２

問３

問４

問５

問６　貿易

問７

問８（１）

問８（２）

問９

問10

（注）この解答用紙は実物を縮小してあります。Ｂ５→Ｂ４(141%)に拡大コピーすると、ほぼ実物大の解答欄になります。

〔社　会〕50点(推定配点)

1　各２点×8　2　問１～問７　各２点×7＜問３は完答＞　問８～問13　各１点×6　3　問１～問７　各１点×7　問８　(1)　１点　(2)　４点　問９，問10　各１点×2

2021年度　明治大学付属中野中学校

理科解答用紙　第1回

番号		氏名		評点	／50

＊ 点線で区切られた問題は，すべて正解の場合のみ，得点とします。

1

(1)　(2)　(3) ① cm^3 ② mm

2

(1) 種をまく季節　実がなる季節　(2) 図2　ア イ ウ エ オ

(3) 形　特徴　(4)　(5) ア イ ウ エ

3

(1) ①　②　(2)　(3)

4

(1) 棒磁石　方位磁針　(2) ア イ ウ エ オ カ　(3)

5

(1) ア イ ウ エ オ　(2) ア イ ウ エ オ

6

(1) 名前　記号

(2) ① 内 外 両　②　③ あたためる 冷やす　(3) kg

7

(1) mL　(2) mL　(3) cm^3　(4) cm^3

（注）この解答用紙は実物を縮小してあります。B5→A4（115%）に拡大コピーすると、ほぼ実物大の解答欄になります。

〔理　科〕50点(推定配点)

1～4　各2点×15＜2の(1)，(2)，(3)，(5)，3の(1)，4の(1)，(2)は完答＞　5　各3点×2＜各々完答＞　6，7　各2点×7＜6の(1)，(2)は完答＞

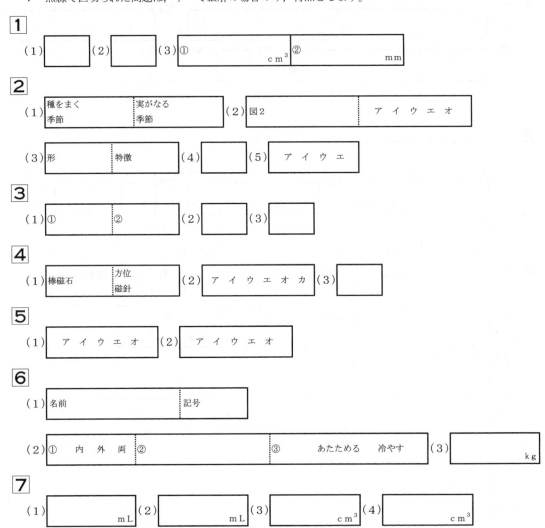

二〇二二年度　明治大学付属中野中学校

国語解答用紙　第一回

番号　　氏名　　評点　/100

一

問一　そんなバカな　　。　問二

問三　　から。

問四　　秘密。

問五　問六　問七

問八

問九　問十　問十一

問十二　　例。

問十三　問十四　問十五

問十六　問十七　問十八

問十九　問二十　問二十一

二

①	②	③	④	⑤
漢字	漢字	漢字	漢字	漢字
記号	記号	記号	記号	記号

三

①	②	③	④	⑤

四

①	②	③	④	⑤　ぐ
⑥	⑦	⑧	⑨	⑩

（注）この解答用紙は実物を縮小してあります。B５→B４（141%）に拡大コピーすると、ほぼ実物大の解答欄になります。

〔国　語〕100点(推定配点)

一　問1～問3　各2点×3　問4～問21　各3点×18　二～四　各2点×20<二は各々完答>

２０２１年度　　明治大学付属中野中学校

算数解答用紙　第２回

番号		氏名		評点	／100

1	(1)		(2)	
	(3)			

2	(1)	cm	(2)	cm^2
	(3)	cm^2	(4)	cm^2

3	(1)		人	(2)	g
	(3)	①	ア	イ	
		②	ウ		

4	ア		イ		ウ	
	エ		オ			

5	(1)		(2)	

6	(1)	cm^2	(2)	cm^2
	(3)			

（注）この解答用紙は実物を縮小してあります。Ｂ５→Ａ４（115%）に拡大コピーすると、ほぼ実物大の解答欄になります。

〔算　数〕100点（推定配点）

1～3　各５点×11＜3の①は完答＞　4　各４点×５　5，6　各５点×５＜6の(3)は完答＞

２０２１年度　　明治大学付属中野中学校

社会解答用紙　第２回

番号		氏名		評点	／50

1

問１　権　問２　問３

問４　問５　問６

問７

2

問１　問２　問３　問４

問５　条約　問６　問７　問８

問９　問10　問11　問12　問13　問14　２番目　４番目

3

問１　問２　問３　問４

4

問１　問２　問３　問４　川

問５

（注）この解答用紙は実物を縮小してあります。Ｂ５→Ｂ４（141％）に拡大コピーすると、ほぼ実物大の解答欄になります。

〔社　会〕50点（推定配点）

1　各２点×７＜問６は完答＞　2　問１～問８　各２点×８＜問４は完答＞　問９～問14　各１点×７　3　各１点×４　4　問１～問３　各１点×３　問４　２点　問５　４点

２０２１年度　明治大学付属中野中学校

理科解答用紙　第２回

番号		氏名	

評点	／50

＊　点線で区切られた問題は，すべて正解の場合のみ，得点とします。

1

(１) ① ②

(２) 物質　臓器　(３)

(４) ア　イ

2

(１)　(２)　(３) 酸素：二酸化炭素＝　：

3

(１)　(２)　(３) ② ④

4

(１) ベテルギウス　リゲル　(２) 時間後　(３)

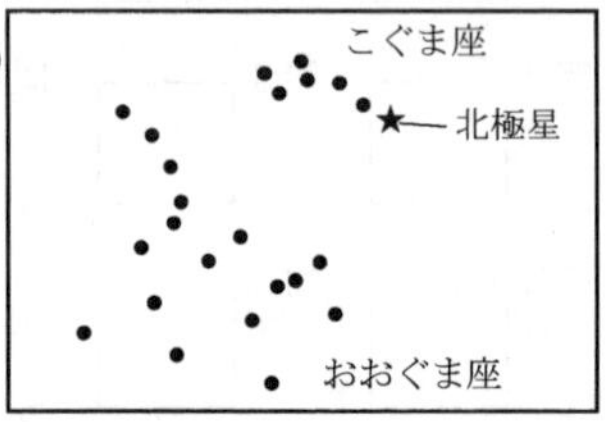

5

(１) g　(２) g　(３) 向き　cm

6

(１) (a)　あり　なし　ア　イ　ウ　エ　オ　カ　(２)　(３) ア　イ　ウ　エ

(４) 名前　記号　(５) ① cm^3　② cm^3　cm^3

7

(１) ① ② ③　(２)

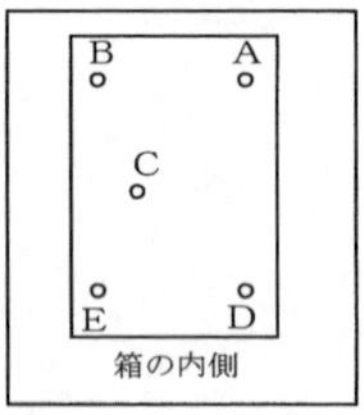

(３) ① ②

(注) この解答用紙は実物を縮小してあります。Ｂ５→Ｂ４(141%)に拡大コピーすると、ほぼ実物大の解答欄になります。

〔理　科〕50点(推定配点)

[1]～[7]　各２点×25＜[1]の(1)，(2)，(4)，[2]の(1)，[3]の(3)，[4]の(1)，[5]の(3)，[6]の(1)，(3)，(4)，(5)の②，[7]の(1)，(3)は完答＞

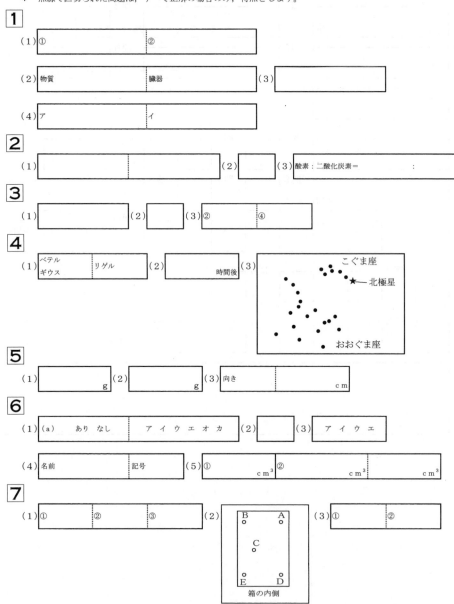

二〇二二年度　明治大学付属中野中学校

国語解答用紙　第一回

番号		氏名		評点	/100

一

問一　問二　問三　問四

問五　問六　問七　問八

問九　問十 A B C　問十一

問十二

問十三　問十四

問十五

問十六

問十七　問十八　問十九

問二十

問二十一

二

① ② ③ ④ ⑤

三

① ② ③ ④ ⑤

四

① ② ③ ④じる ⑤

⑥ ⑦けた ⑧び ⑨ ⑩て

（注）この解答用紙は実物を縮小してあります。B5→B4（141%）に拡大コピーすると、ほぼ実物大の解答欄になります。

〔国　語〕100点（推定配点）

一　問1～問4　各2点×4　問5～問14　各3点×10<問10は完答>　問15　4点　問16～問21　各3点×6　二～四　各2点×20

２０２０年度　　明治大学付属中野中学校

算数解答用紙　第１回

番号		氏名		評点	／100

1	(1)		(2)		(3)	

2	(1)	円	(2)	人	(3)	
	(4)		(5)	cm		

3	cm

4	(1)	：	(2)	倍

5	(1)		(2)	番目

6	(1)	cm^2	(2)		(3)	

7	(1)	午後６時　分	(2)	午後６時　分

（注）この解答用紙は実物大です。

〔算　数〕100点(推定配点)

1, 2　各５点×８　3～7　各６点×10

２０２０年度　明治大学付属中野中学校

社会解答用紙　第１回

番号		氏名		評点	／50

1

問１　問２　問３

問４　　制　問５　問６　問７　Ⅰ　Ⅱ

問８

2

問１　問２　問３

問４　問５

問６

問７　問８　問９　問10

問11

3

問１　問２　A　B　C　島　D　島

問３　問４　B　C　問５　問６　問７　沖縄　東京

（注）この解答用紙は実物を縮小してあります。Ｂ４用紙に133%拡大コピーすると、ほぼ実物大で使用できます。（タイトルと配点表は含みません）

〔社　会〕50点（推定配点）

1　問１〜問４　各２点×4＜問２は完答＞　問５〜問７　各１点×４　問８　２点　2　問１〜問５　各２点×5　問６　４点　問７〜問11　各２点×5　3　各１点×12

2020年度　明治大学付属中野中学校

理科解答用紙　第1回

番号		氏名		評点	／50

＊　点線で区切られた問題は，すべて正解の場合のみ，得点とします。

1

(1)　(2)　(3) 午後6時ごろ ｜ 午前0時ごろ

2

(1) ア　イ　ウ　エ　オ　(2) 根 ｜ 葉脈　(3) 記号 ｜ 名前

(4) A　B　C　D　(5)　(6)

3

(1) 図1 ｜ 図2　(2) ① ｜ ② ｜ ③

(3) ① ｜ ②

4

(1) ①A ｜ B ｜ C　②

(2) ①　② kg

5

(1) 記号 ｜ 性　(2) g　(3) g

6

(1) 支点 ｜ 力点 ｜ 作用点

(2) ア　イ　ウ　エ　(3) cm　(4) cm　(5) g

(6)

(注) この解答用紙は実物を縮小してあります。A４用紙に109%拡大コピーすると、ほぼ実物大で使用できます。(タイトルと配点表は含みません)

〔理　科〕50点(推定配点)

1～6　各２点×25＜3は各々完答，1の(3)，2の(1)，(2)，(3)，(4)，4の(1)，5の(1)，6の(1)，(2)は完答＞

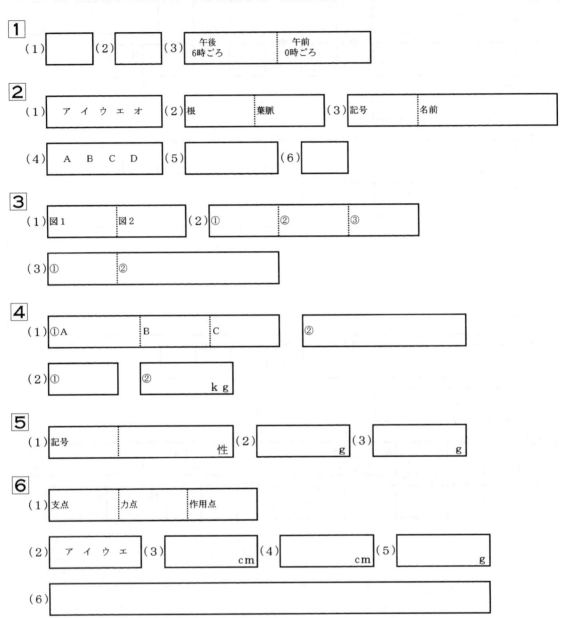

二〇二〇年度　明治大学付属中野中学校

国語解答用紙　第一回

番号　　氏名　　評点　／100

一

問一

問二　②　③　④

問三

問四

問五

問六

問七

問八

問九　最初　最後

問十

問十一

問十二

問十三

問十四　最初　最後　こと。

問十五　最初　最後　というまなざし。

問十六

問十七　⑲　⑳　㉑

問十八

問十九

問二十

問二十一

二　①　②　③　④　⑤

三　①　②　③　④　⑤

四　①　②　③　④　⑤　⑥　⑦　⑧　⑨　⑩

(注) この解答用紙は実物を縮小してあります。A３用紙に149%拡大コピーすると、ほぼ実物大で使用できます。(タイトルと配点表は含みません)

〔国　語〕100点(推定配点)

一　問1，問2　各3点×2＜問2は完答＞　問3〜問5　各2点×3　問6〜問10　各3点×5　問11〜問13　各2点×3　問14〜問16　各3点×3　問17　各2点×3　問18〜問21　各3点×4　二〜四　各2点×20

２０２０年度　明治大学付属中野中学校

算数解答用紙　第２回

番号		氏名		評点	／100

1	(1)		(2)	
	(3)		(4)	

2	(1)	円	(2)	%	(3)	cm^2
	(4)	通り	(5)	度	(6)	cm^2

3	(1)	円	(2)	分　秒

4	(1)	①	②	(2)	

5	cm^3

6	(1)		(2)	

7	(1)	m	(2)	分　秒後

(注) この解答用紙は実物大です。

〔算　数〕100点(推定配点)

1～4　各５点×14＜4の(1)は完答＞　5～7　各６点×５

２０２０年度　明治大学付属中野中学校

社会解答用紙　第２回

番号　　氏名　　評点　／50

1
問１　問２　問３ 記号　湖　問４　問５
問６　問７ 銚子　長野　問８ 小麦　大豆
問９
問10

2
問１ Ⅰ　Ⅱ　Ⅲ　Ⅳ　問２
問３ Y　Z

3
問１　問２
問３
問４

4
問１　問２　問３　問４
問５ 天皇　問６　問７　問８
問９　問10　問11　問12

〔社　会〕50点(推定配点)

1 問１，問２　各１点×２　問３　２点＜完答＞　問４，問５　各１点×２　問６　２点　問７，問８　各１点×４　問９，問10　各２点×２　2　各２点×４＜問１は完答＞　3　問１　２点　問２　１点　問３　３点　問４　１点　4　問１〜問５　各２点×５　問６〜問８　各１点×３　問９，問10　各２点×２　問11，問12　各１点×２

２０２０年度　明治大学付属中野中学校

理科解答用紙　第２回

番号　　氏名　　評点　／50

＊　点線で区切られた問題は，すべて正解の場合のみ，得点とします。

1
(１) ア　イ　ウ　エ　オ　(２) ①明るさ　寿命　②明るさ　寿命

2
(１) ア　イ　ウ　エ　オ　(２) 大きい　小さい　(３) ①　②　ア　イ　ウ　エ　オ
(４) ①　②　(５) ア　イ　ウ　エ　オ

3
(１) ①　②　(２) 時　分
(３) ①　②　③

4
(１)　(２)　(３)

5
(１)　(２) g　(３) g　(４) g

6
(１)　(２) 秒　(３) 触れていない　秒　触れている　秒

7
(１)　(２) g　(３)

〔理　科〕50点(推定配点)

1〜7　各２点×25＜1は各々完答，2の(1)，(3)，(4)，(5)，3の(1)，(3)，6の(3)は完答＞

二〇二〇年度　明治大学付属中野中学校

国語解答用紙　第二回

番号		氏名		評点	/100

一

問一　A　B

問二

問三

問四　(1)　(2)

問五　問六　問七　問八

問九　問十　問十一

問十二　問十三　問十四　問十五

問十六　問十七

問十八　がいかない。

問十九　いたから。

問二十

二　①　②　③　④　⑤

三　①　②　③　④　⑤

四　①　②　③　④　⑤　⑥　⑦　り　⑧　⑨　⑩

(注)　この解答用紙は実物を縮小してあります。B４用紙に135%拡大コピーすると、ほぼ実物大で使用できます。(タイトルと配点表は含みません)

〔国　語〕100点(推定配点)

一　問１　各２点×2　問２～問11　各３点×11　問12～問15　各２点×4　問16～問20　各３点×5　二～四　各２点×20